2014 中国工业统计年鉴

上册

CHINA INDUSTRY STATISTICAL YEARBOOK

Volume 1

中华人民共和国国家统计局工业统计司　编

Compiled by Department of Industry Statistics,
National Bureau of Statistics of China

图书在版编目（C I P）数据

中国工业统计年鉴. 2014 / 国家统计局工业统计司编. --北京 ：中国统计出版社, 2015.3
ISBN 978-7-5037-7411-9

Ⅰ. ①中… Ⅱ. ①国… Ⅲ. ①工业统计－中国－2014－年鉴 Ⅳ. ①F42-54

中国版本图书馆 CIP 数据核字(2015)第 059531 号

中国工业统计年鉴-2014（上、下册）

作　　者/中华人民共和国国家统计局工业统计司
责任编辑/许立舫
封面设计/何　平　张　冰
出版发行/中国统计出版社
通信地址/北京市丰台区西三环南路甲 6 号 邮政编码/100073
电　　话/邮购（010）63376909　书店（010）68783171
网　　址/http://csp.stats.gov.cn
印　　刷/河北天普润印刷厂
经　　销/新华书店
开　　本/880mm×1230mm　1/16
字　　数/1340 千字
印　　张/42.75
版　　别/2015 年 4 月第 1 版
版　　次/2015 年 4 月第 1 次印刷
定　　价/580.00 元

如有印装差错，由本社发行部调换。

《中国工业统计年鉴—2014》
指导委员会、编辑委员会、编辑部

编 者 说 明

一、《中国工业统计年鉴 2014》是一部全面反映中华人民共和国工业经济发展情况的资料性年刊。本书系统地收录了2013年全国各经济类型、各工业行业和各省、自治区、直辖市等工业经济各方面的统计数据，以及部分重要历史数据。

二、全书包括四大部分内容：综合数据、分行业数据、分地区数据和附录。主要反映中国工业经济的发展、中国工业经济的行业结构、中国工业经济的地区布局。可供社会各界了解和研究我国工业经济发展情况使用和参考。

三、本书所涉及的全国工业统计数据，均未包括香港特别行政区、澳门特别行政区和台湾省的数据。1997年及以前，我国工业统计范围按隶属关系划分，1998年及以后年份改变为按企业规模划分。本书1998年至2006年为全部国有及年主营业务收入在500万元及以上非国有工业企业；2007年至2010年为全部年主营业务收入在500万元及以上的工业企业；2011年及以后年份为年主营业务收入在2000万元及以上的工业企业。

四、因2013年为经济普查年份，本书增加了“全部工业企业主要经济指标”表。此表统计范围为规模以上工业和规模以下工业的总和。

五、“国有控股企业”即为原“国有及国有控股企业”。

目　录

一、综合数据

1-0　全部工业企业主要经济指标……2
1-1　工业企业和生产单位数……3
1-2　资产合计……3
1-3　流动资产合计……4
1-4　固定资产原价……4
1-5　负债合计……5
1-6　所有者权益……5
1-7　主营业务收入……6
1-8　主营业务税金及附加……6
1-9　利润总额……7
1-10　应交增值税……7
1-11　分注册类型规模以上工业企业主要经济指标……8
1-12　分行业规模以上工业企业主要效益指标……14
1-13　分地区规模以上工业企业主要效益指标……15
1-14　历年主要工业产品产量……16
1-15　主要工业产品产量(2013 年、2012 年)……32
1-16　全国规模以上工业主要产品生产能力(2013 年、2012 年)……39

二、分行业数据

2-1　规模以上工业企业主要经济指标(大、中、小类行业)……42
2-2　国有控股工业企业主要经济指标(大、中类行业)……156
2-3　私营工业企业主要经济指标(大、中类行业)……192
2-4　外商投资和港澳台商投资工业企业主要经济指标(大、中类行业)……228
2-5　大中型工业企业主要经济指标(大、中类行业)……264

三、分地区数据

3-1　规模以上工业企业主要经济指标……302
3-2　国有控股工业企业主要经济指标……308
3-3　集体工业企业主要经济指标……314
3-4　有限责任公司工业企业主要经济指标……320
3-5　股份有限公司工业企业主要经济指标……326
3-6　私营工业企业主要经济指标……332
3-7　港澳台商投资工业企业主要经济指标……338
3-8　外商投资工业企业主要经济指标……344

3-9 大型工业企业主要经济指标 …… 350
3-10 中型工业企业主要经济指标 …… 356
3-11 小型工业企业主要经济指标 …… 362
3-12 采掘业主要经济指标 …… 368
3-13 煤炭开采和洗选业主要经济指标 …… 374
3-14 石油和天然气开采业主要经济指标 …… 380
3-15 黑色金属矿采选业主要经济指标 …… 386
3-16 有色金属矿采选业主要经济指标 …… 392
3-17 非金属矿采选业主要经济指标 …… 398
3-18 开采辅助活动主要经济指标 …… 404
3-19 其他采矿业主要经济指标 …… 410
3-20 制造业主要经济指标 …… 416
3-21 农副食品加工业主要经济指标 …… 422
3-22 食品制造业主要经济指标 …… 428
3-23 酒、饮料和精制茶制造业主要经济指标 …… 434
3-24 烟草制品业主要经济指标 …… 440
3-25 纺织业主要经济指标 …… 446
3-26 纺织服装、服饰业主要经济指标 …… 452
3-27 皮革、毛皮、羽毛及其制品和制鞋业主要经济指标 …… 458
3-28 木材加工和木、竹、藤、棕、草制品业主要经济指标 …… 464
3-29 家具制造业主要经济指标 …… 470
3-30 造纸和纸制品业主要经济指标 …… 476
3-31 印刷和记录媒介复制业主要经济指标 …… 482
3-32 文教、工美、体育和娱乐用品制造业主要经济指标 …… 488
3-33 石油加工、炼焦和核燃料加工业主要经济指标 …… 494
3-34 化学原料和化学制品制造业主要经济指标 …… 500
3-35 医药制造业主要经济指标 …… 506
3-36 化学纤维制造业主要经济指标 …… 512
3-37 橡胶和塑料制品业主要经济指标 …… 518
3-38 非金属矿制品业主要经济指标 …… 524
3-39 黑色金属冶炼和压延加工业主要经济指标 …… 530
3-40 有色金属冶炼和压延加工业主要经济指标 …… 536
3-41 金属制品业主要经济指标 …… 542
3-42 通用设备制造业主要经济指标 …… 548
3-43 专用设备制造业主要经济指标 …… 554
3-44 汽车制造业主要经济指标 …… 560
3-47 铁路、船舶、航空航天和其他运输设备制造业主要经济指标 …… 566
3-46 电气机械和器材设备制造业主要经济指标 …… 572
3-47 计算机、通讯和其他电子设备制造业主要经济指标 …… 578
3-48 仪器仪表制造业主要经济指标 …… 584
3-49 其他制造业主要经济指标 …… 590

3-50 废弃资源综合利用业主要经济指标 …… 596
3-51 金属制品、机械和设备修理业主要经济指标 …… 602
3-52 电力、燃气和水的生产和供应业主要经济指标 …… 608
3-53 电力、热力生产和供应业主要经济指标 …… 614
3-54 燃气生产和供应业主要经济指标 …… 620
3-55 水的生产和供应业主要经济指标 …… 626
3-56 主要工业产品产量(2013 年) …… 632

四、附录

主要统计指标解释 …… 651

一、综合数据

1-0 全部工业企业主要经济指标

单位:亿元

行业名称	企业单位数(个)	资产总计	实收资本	主营业务收入	主营业务税金及附加	从业人员(万人)
总 计	**2409533**	**1051993.43**	**250674.08**	**1138348.34**	**17925.31**	**14025.80**
煤炭开采和洗选业	18688	56624.67	8526.36	34563.03	525.91	611.30
石油和天然气开采业	479	20702.23	7561.92	12027.62	1176.73	80.10
黑色金属矿采选业	14549	12191.32	2727.09	10780.50	193.69	98.56
有色金属矿采选业	9747	6412.49	1577.28	6593.85	81.26	76.21
非金属矿采选业	41473	5536.12	1730.85	6628.52	151.15	124.91
开采辅助活动	2531	3839.42	1754.99	2257.22	49.41	39.67
其他采矿业	1609	208.31	97.16	87.25	3.26	4.18
农副食品加工业	103838	34652.45	8752.00	64450.18	378.50	584.13
食品制造业	47124	13949.12	3709.03	20271.00	164.00	289.50
酒、饮料和精制茶制造业	38027	15271.76	3976.67	16467.42	568.95	219.28
烟草制品业	383	8039.84	994.80	8345.45	4436.57	21.77
纺织业	108035	27736.55	6504.35	40774.50	253.75	663.67
纺织服装、服饰业	120786	15604.41	4141.82	24449.19	210.56	750.78
皮革、毛皮、羽毛及其制品和制鞋业	55910	8815.65	2641.80	15199.23	118.20	441.92
木材加工和木、竹、藤、棕、草制品业	70065	7652.48	2305.66	14830.96	148.75	265.43
家具制造业	45946	5996.57	1931.55	8237.97	74.35	199.11
造纸和纸制品业	53676	15161.65	9010.87	14751.68	98.61	219.77
印刷和记录媒介复制业	66693	7200.36	2216.93	8337.59	87.37	195.06
文教、工美、体育和娱乐用品制造业	75044	10239.82	7565.30	15953.77	120.96	371.57
石油加工、炼焦和核燃料加工业	6815	25067.37	6021.80	41628.38	3118.56	105.66
化学原料和化学制品制造业	101556	74972.54	17165.62	80736.91	679.01	655.27
医药制造业	18851	20507.18	4859.98	21207.70	170.20	242.74
化学纤维制造业	5937	6770.14	1521.82	7322.63	22.03	56.25
橡胶和塑料制品业	138963	24664.32	7481.91	33028.54	246.50	547.08
非金属矿物制品业	213276	54617.08	15479.26	60567.72	612.01	987.79
黑色金属冶炼和压延加工业	37315	68623.19	10723.44	78467.00	260.25	471.80
有色金属冶炼和压延加工业	25932	34927.35	6313.63	48453.92	172.64	243.54
金属制品业	190566	30818.87	8317.84	40315.71	322.26	663.86
通用设备制造业	216621	47336.15	11315.79	51597.56	422.76	789.36
专用设备制造业	143241	43047.80	10579.90	38208.35	297.92	580.23
汽车制造业	54079	51988.36	9549.49	62948.65	1429.11	529.20
铁路、船舶、航空航天和其他运输设备制造业	26055	22306.96	4233.00	17575.25	108.31	236.65
电气机械和器材制造业	138012	57200.98	13499.20	66962.47	374.31	844.20
计算机、通信和其他电子设备制造业	73461	57324.05	13761.71	81789.96	278.08	1028.31
仪器仪表制造业	29781	8081.41	2002.67	8650.01	63.77	157.67
其他制造业	22912	3744.53	963.15	3162.50	31.45	78.31
废弃资源综合利用业	9395	2265.77	554.89	3826.85	25.83	29.87
金属制品、机械和设备修理业	13345	1771.81	518.64	1355.72	16.92	40.04
电力、热力生产和供应业	44766	119890.90	22898.99	58885.16	369.98	370.13
燃气生产和供应业	5823	7196.54	2035.80	4503.42	30.20	34.64
水的生产和供应业	18228	13034.89	3149.13	2147.01	31.25	76.30

注:“全部工业企业”指规模以上工业企业和规模以下工业企业的总和。年主营业务收入在2000万元及以上的工业企业为“规模以上工业企业”,年主营业务收入在2000万元以下的工业企业为“规模以下工业企业”。

1-1 工业企业和生产单位数

单位：万个

年份	全国总计	国有控股	私营	外商投资和港澳台商投资
1998	16.51	6.47	1.07	2.64
1999	16.20	5.07	1.46	2.68
2000	16.29	5.35	2.21	2.84
2001	17.13	4.68	3.62	3.14
2002	18.16	4.11	4.92	3.45
2003	19.62	3.43	6.76	3.86
2004	27.65	3.56	11.94	5.72
2005	27.18	2.75	12.38	5.64
2006	30.20	2.50	14.97	6.09
2007	33.68	2.07	17.71	6.75
2008	42.61	2.07	24.59	7.78
2009	43.44	2.05	25.60	7.54
2010	45.29	2.03	27.33	7.41
2011	32.56	1.71	18.06	5.72
2012	34.38	1.79	18.93	5.69
2013	36.98	1.86	20.84	5.74

注：1.统计范围1998～2006年为全部国有及年产品销售收入在500万元及以上非国有工业企业。
2.2007年至2010年为年主营业务收入在500万元及以上的工业企业。
3.2011年及以后年份为年主营业务收入在2000万元及以上工业企业。（下同）

1-2 资产合计

单位：亿元

年份	全国总计	国有控股	私营	外商投资和港澳台商投资
1998	108821.87	74916.27	1486.98	21326.95
1999	116968.89	80471.69	2289.21	23018.92
2000	126211.24	84014.94	3873.83	25714.06
2001	135402.49	87901.54	5901.98	28354.46
2002	146217.78	89094.60	8759.62	31513.76
2003	168807.70	94519.79	14525.29	39260.26
2004	215358.00	109708.25	23724.80	55601.79
2005	244784.25	117629.61	30325.12	64308.47
2006	291214.51	135153.35	40514.83	77108.65
2007	353037.37	158187.87	53304.95	96367.04
2008	431305.55	188811.37	75879.59	112145.01
2009	493692.86	215742.01	91175.60	124477.56
2010	592881.89	247759.86	116867.83	148552.32
2011	675796.86	281673.87	127749.86	161987.74
2012	768421.20	312094.37	152548.13	172320.28
2013	870751.07	343985.88	187704.40	188661.42

1-3 流动资产合计

单位：亿元

年 份	全国	国有控股	私营	外商投资和港澳台商投资
1998	46600.87	29559.03	776.53	9971.87
1999	49630.23	31042.81	1217.04	11127.85
2000	54338.15	32628.81	1910.75	12849.54
2001	57804.97	33239.63	3130.00	14029.75
2002	63468.46	33468.77	4686.53	16237.04
2003	76163.74	36125.14	7838.48	21489.84
2004	97183.74	39376.20	13080.46	30615.15
2005	111031.41	42155.31	16426.01	35303.97
2006	132310.12	46713.09	22035.64	42674.93
2007	163259.62	54997.45	29412.56	53781.51
2008	195681.75	65493.98	40572.42	60340.18
2009	223038.68	74113.99	47550.43	69082.13
2010	279227.32	90810.23	61798.67	84328.64
2011	327778.65	106550.42	69059.45	95334.64
2012	368200.71	115385.64	81049.07	100289.94
2013	413490.92	1244529.35	99272.00	108770.23

1-4 固定资产原价

单位：亿元

年 份	全国	国有控股	私营	外商投资和港澳台商投资
1998	64832.05	47913.25	681.14	11439.70
1999	71847.09	53146.30	1034.21	12747.02
2000	78646.30	57294.96	1651.37	14318.30
2001	86293.10	61782.45	2741.06	16700.30
2002	93887.95	64521.95	3959.95	18726.88
2003	105557.09	69701.11	6228.85	21818.93
2004	125761.85	76599.42	9992.56	29387.92
2005	143143.63	83515.49	12983.32	34266.82
2006	168850.20	96085.32	17316.09	40865.54
2007	198739.27	110084.72	22383.18	49543.59
2008	245352.80	129146.64	34437.22	60440.68
2009	278541.09	145330.28	42366.46	65507.53
2010	334839.41	165601.04	56459.89	77608.97
2011	386086.72	185896.57	65621.77	84358.88
2012	434474.27	204603.12	79904.05	91410.29
2013	499404.09	226435.38	103175.81	102638.41

1-5 负债合计

单位：亿元

年 份	全国	国有控股	私营	外商投资和港澳台商投资
1998	69363.79	35648.27	909.42	12481.58
1999	72322.98	49877.69	1367.12	13287.86
2000	76743.84	51239.61	2208.83	14658.92
2001	79843.42	52025.60	3527.40	15558.91
2002	85857.42	52837.08	5192.26	17136.03
2003	99527.97	55990.53	8781.24	21763.06
2004	124847.41	62005.79	14529.31	31278.34
2005	141509.84	66653.58	18038.87	36459.37
2006	167322.23	76012.52	23946.79	43398.56
2007	202913.68	89372.34	31120.19	55168.22
2008	248899.38	111374.72	42825.30	62831.00
2009	285732.81	130098.87	50495.45	69928.77
2010	340396.39	149432.08	64068.41	82038.76
2011	392644.64	172289.91	69744.77	92130.82
2012	445371.75	191349.97	82699.28	97414.09
2013	505694.32	214230.57	101333.98	106197.33

1-6 所有者权益

单位：亿元

年 份	全国	国有控股	私营	外商投资和港澳台商投资
1998	39445.40	26759.22	577.55	8844.84
1999	44618.80	30566.88	922.10	9730.41
2000	49406.88	32714.81	1664.99	11054.36
2001	55424.40	35741.27	2374.59	12794.29
2002	60242.01	36139.17	3567.35	14359.94
2003	69129.56	38381.02	5743.95	17473.30
2004	90286.70	47479.25	9195.48	24298.79
2005	102882.02	50625.00	12286.22	27770.72
2006	123402.54	58656.37	16567.96	33663.65
2007	149876.15	68568.59	22184.60	41198.76
2008	182353.38	77388.89	33051.48	49307.20
2009	206688.83	85186.57	40383.67	54251.47
2010	251160.35	98085.57	52295.51	66258.92
2011	282003.81	109233.21	57479.12	69702.34
2012	320614.07	120336.83	68946.35	74485.85
2013	361263.38	128655.24	84938.19	81845.13

1-7　主营业务收入

单位：亿元

年　份	全国	国有控股	私营	外商投资和港澳台商投资
1998	64148.86	33566.11	1846.25	15604.60
1999	69851.73	35950.70	2921.58	17966.55
2000	84151.75	42203.12	4791.50	22545.74
2001	93733.34	44443.52	7982.43	26022.08
2002	109485.77	47844.21	11971.63	31189.27
2003	143171.53	58027.15	19733.77	43607.63
2004	198908.87	71430.99	33487.25	65105.85
2005	248544.00	85574.18	45801.43	78564.46
2006	313592.45	101404.62	64817.70	98936.12
2007	399717.06	122617.13	90277.81	125497.96
2008	500020.07	147507.90	131525.40	146613.62
2009	542522.43	151700.55	156603.57	150263.06
2010	697744.00	194339.68	207838.22	188729.41
2011	841830.24	228900.13	247277.89	216304.29
2012	929291.51	245075.97	285621.48	221948.78
2013	1038659.45	257816.87	342002.60	242964.16

1-8　主营业务税金及附加

单位：亿元

年　份	全国	国有控股	私营	外商投资和港澳台商投资
1998	1236.79	993.53	21.13	98.64
1999	1307.65	1062.21	30.46	111.51
2000	1434.17	1150.28	44.91	129.76
2001	1553.82	1250.18	68.46	134.78
2002	1761.61	1401.82	95.67	151.87
2003	2049.21	1589.87	146.14	223.65
2004	2616.25	1921.90	257.14	296.90
2005	2997.34	2121.74	352.22	326.90
2006	3746.35	2612.74	476.64	477.55
2007	4772.08	3242.18	656.62	653.89
2008	6277.28	3882.05	1123.38	884.89
2009	8995.95	6199.11	1311.38	1162.81
2010	11183.11	8016.31	1628.84	1488.98
2011	12669.53	9053.12	1553.57	1665.28
2012	14462.73	10170.35	1873.01	1934.80
2013	15835.24	10732.38	2323.30	2207.91

1-9　利润总额

单位：亿元

年　份	全国	国有控股	私营	港澳台商投资
1998	1458.11	525.14	67.25	418.61
1999	2288.24	997.86	121.52	753.93
2000	4393.48	2408.33	189.68	1282.48
2001	4733.43	2388.56	312.56	1442.95
2002	5784.48	2632.94	490.23	1877.22
2003	8337.24	3836.20	859.64	2777.44
2004	11929.30	5453.10	1429.74	3875.97
2005	14802.54	6519.75	2120.65	4140.81
2006	19504.44	8485.46	3191.05	5384.06
2007	27155.18	10795.19	5053.74	7527.38
2008	30562.37	9063.59	8302.06	8242.63
2009	34542.22	9287.03	9677.69	10107.05
2010	53049.66	14737.65	15102.50	15019.55
2011	61396.33	16457.57	18155.52	15494.22
2012	68378.91	15917.68	23327.08	15802.58

1-10　应交增值税

单位：亿元

年　份	全国	国有控股	私营	港澳台商投资
1998	2827.02	1852.36	53.04	521.06
1999	3105.92	2019.03	85.49	590.79
2000	3685.20	2320.36	143.60	738.88
2001	4018.09	2408.97	242.55	876.37
2002	4476.01	2580.51	368.39	960.87
2003	5487.73	3025.57	589.24	1189.01
2004	6912.78	3514.68	964.44	1508.66
2005	8520.94	4098.37	1336.63	1811.52
2006	10707.16	4930.24	1868.62	2361.95
2007	13650.34	5951.44	2698.44	3016.72
2008	17690.72	6769.35	4378.36	3916.89
2009	17490.20	6508.74	4546.76	4034.05
2010	22472.72	8362.00	6063.91	5121.08
2011	26302.71	9406.51	7023.82	5674.87
2012	29566.64	10201.77	8239.81	6201.34
2013	33460.27	10835.46	9961.18	7093.30

1-11 分注册类型规模以上工业企业

分 组	企业单位数（个）	工业销售产值（当年价格）	出口交货值	资产总计	固定资产合计
总 计	**369813**	**1019405.30**	**112824.03**	**870751.07**	**316231.10**
一、按登记注册类型分组:					
内资企业	312445	778132.13	36888.99	682089.65	257473.32
国有企业	3957	50358.04	734.29	69825.76	31361.28
中央企业	899	35584.91	512.53	51543.27	22787.27
地方企业	3058	14773.14	221.76	18282.49	8574.01
集体企业	3777	7504.11	293.79	4213.94	1124.85
股份合作企业	1422	1649.70	93.33	1270.11	284.54
联营企业	232	718.71	25.72	400.46	202.79
国有联营企业	28	398.53	12.79	268.71	154.26
集体联营企业	88	123.89	4.90	47.52	19.11
国有与集体联营企业	45	54.42	0.82	29.70	7.08
其他联营企业	71	141.86	7.21	54.54	22.34
有限责任公司	82310	274279.80	12121.97	301474.92	118446.73
国有独资公司	2846	42121.51	1329.97	70377.51	28835.76
其他有限责任公司	79464	232158.28	10791.99	231097.41	89610.97
股份有限公司	10308	97971.87	6419.96	114741.98	39081.88
私营企业	208409	341836.32	17084.72	187704.40	65738.61
私营独资企业	18644	23985.21	628.58	8478.09	3642.44
私营合伙企业	3408	3969.27	113.25	1678.23	708.24
私营有限责任公司	177467	290159.55	14938.49	160847.35	55885.46
私营股份有限公司	8890	23722.30	1404.40	16700.72	5502.47
其他企业	2030	3813.59	115.21	2458.08	1232.64
港、澳、台商投资企业	26455	88351.20	29132.59	73052.56	22281.06
合资经营企业(港或澳、台资)	8384	30868.37	5790.50	27792.60	9025.38
合作经营企业(港或澳、台资)	784	2204.65	534.22	1668.84	541.40
港澳台商独资经营企业	16758	51434.47	22202.80	39306.63	11553.81
港澳台商投资股份有限公司	494	3730.50	577.94	4203.30	1133.09
其他港澳台商投资企业	35	113.22	27.13	81.19	27.38
外商投资企业	30913	152921.96	46802.46	115608.86	36476.71
中外合资经营企业	11248	69953.49	11279.06	54086.41	16927.30
中外合作经营企业	789	3174.34	666.48	2509.45	858.69
外资企业	18308	74061.35	33102.24	52770.93	16366.15
外商投资股份有限公司	496	5297.63	1734.93	5962.54	2217.84
其他外商投资企业	72	435.16	19.74	279.53	106.73
二、在总计中:亏损企业	41711	85322.72	9548.54	127032.76	50124.78
在总计中:国有控股企业	18574	240315.31	8791.96	343985.88	146122.27
在总计中:大型企业	9806	399055.09	63464.08	419709.73	153704.59
中型企业	55708	246868.94	27239.04	207021.79	75862.22
小型企业	304299	373481.26	22120.91	244019.55	86664.28

主要经济指标

单位：亿元

固定资产原价	累计折旧	流动资产合计	应收账款	存货	产成品	负债合计
499404.09	**208700.07**	**413490.92**	**97402.73**	**97119.22**	**34535.80**	**505694.32**
396765.68	161678.33	304720.69	64942.02	72720.16	26145.93	399496.99
49547.12	21045.99	20686.24	2856.56	4983.57	1126.13	41658.23
36788.87	15793.77	13668.72	1999.06	3695.33	761.69	30017.06
12758.25	5252.22	7017.53	857.50	1288.24	364.44	11641.18
2056.89	1018.20	2587.80	502.68	459.60	223.42	2381.62
489.00	230.36	605.32	173.65	138.43	61.68	719.23
397.59	200.99	140.43	37.02	43.63	18.74	234.95
285.65	134.44	73.20	15.82	26.87	10.09	166.56
26.65	9.11	24.49	6.58	6.41	4.05	23.20
17.60	10.68	17.54	6.93	5.05	2.03	19.47
67.69	46.77	25.20	7.68	5.31	2.58	25.72
172060.04	65446.50	130143.52	26787.37	31483.37	10391.28	190618.20
43575.82	17171.52	24738.21	4488.13	6001.79	1552.34	44637.86
128484.22	48274.98	105405.31	22299.24	25481.58	8838.94	145980.34
67044.94	29499.34	50312.60	9730.95	12324.77	4147.35	61295.25
103175.81	43358.32	99272.00	24676.23	23118.89	10101.74	101333.98
5669.86	2332.10	3860.84	942.55	710.30	370.58	3361.97
1008.36	359.30	731.35	160.89	112.97	59.28	738.47
88376.10	37553.81	85910.68	21529.77	20347.42	8815.70	89056.01
8121.49	3113.12	8769.13	2043.02	1948.20	856.18	8177.53
1994.28	878.63	972.78	177.57	167.91	75.59	1255.52
37866.53	16775.27	42275.75	12002.60	9576.44	3340.90	41957.58
14536.17	6041.93	15130.08	3599.03	3348.08	1253.69	16741.60
1165.94	671.25	983.51	211.37	196.30	54.27	878.16
20285.54	9294.03	23901.47	7615.03	5422.73	1879.59	22176.39
1834.36	748.67	2225.55	563.29	598.78	149.79	2118.16
44.52	19.40	35.15	13.88	10.56	3.57	43.27
64771.88	30246.46	66494.47	20458.11	14822.61	5048.97	64239.76
28483.91	12481.44	30499.92	8154.15	6438.92	2342.72	31233.06
1753.32	968.05	1343.71	360.66	319.06	91.59	1417.99
30758.92	15182.55	31923.10	11246.98	7460.95	2426.21	28582.00
3604.82	1547.71	2585.63	640.30	577.56	178.65	2871.93
170.90	66.71	142.12	56.01	26.13	9.81	134.78
72443.60	27842.29	55186.24	11428.65	15028.61	5149.01	95730.30
226435.38	91660.49	124529.35	22513.92	31551.63	8458.42	214230.57
251389.38	109983.99	186767.41	38390.72	45154.92	13654.75	250741.21
117614.10	47922.30	102221.68	24906.87	23834.10	9236.82	119968.06
130400.61	50793.78	124501.82	34105.13	28130.19	11644.23	134985.05

1-11 续表 1

分组	流动负债合计	应付账款	所有者权益合计	实收资本	国家资本
总计	**380845.89**	**104105.91**	**361263.38**	**173673.36**	**34694.96**
一、按登记注册类型分组:					
内资企业	291205.42	70924.32	279418.25	125110.30	32187.45
国有企业	24831.20	6801.87	27426.00	9751.10	6940.54
中央企业	17163.86	5195.46	20811.52	7151.13	5274.91
地方企业	7667.34	1606.41	6614.48	2599.98	1665.62
集体企业	1954.60	494.28	1791.69	669.50	7.33
股份合作企业	598.76	107.13	544.86	186.06	1.83
联营企业	197.47	45.45	163.80	73.73	11.73
国有联营企业	143.53	25.27	102.02	40.83	6.96
集体联营企业	17.61	5.59	23.06	9.53	0.03
国有与集体联营企业	16.38	7.16	10.02	8.24	3.30
其他联营企业	19.95	7.44	28.70	15.14	1.45
有限责任公司	133373.05	32560.71	110130.68	55635.23	16459.95
国有独资公司	28444.93	7375.45	25681.08	11267.11	7271.90
其他有限责任公司	104928.12	25185.26	84449.60	44368.13	9188.05
股份有限公司	44906.53	12467.02	53242.81	21696.07	8573.79
私营企业	84505.99	18168.08	84938.19	36729.07	150.78
私营独资企业	2533.42	556.50	4993.34	2040.13	7.14
私营合伙企业	555.92	113.31	909.60	410.24	1.62
私营有限责任公司	74924.84	16127.32	70601.78	31270.28	126.87
私营股份有限公司	6491.82	1370.95	8433.46	3008.42	15.15
其他企业	837.81	279.78	1180.24	369.53	41.50
港、澳、台商投资企业	35592.46	12172.48	30731.91	18879.07	637.88
合资经营企业(港或澳、台资)	13857.32	3404.77	10968.56	6103.37	480.35
合作经营企业(港或澳、台资)	728.34	174.55	784.99	383.68	58.30
港澳台商独资经营企业	19205.43	7999.02	16861.68	11499.85	67.36
港澳台商投资股份有限公司	1770.14	587.02	2079.89	875.36	30.19
其他港澳台商投资企业	31.22	7.12	36.79	16.81	1.68
外商投资企业	54048.01	21009.11	51113.22	29683.99	1869.64
中外合资经营企业	26095.65	9144.18	22733.10	11986.31	1442.00
中外合作经营企业	1068.08	354.58	1082.91	645.71	86.83
外资企业	24690.73	10816.04	24080.11	15648.46	96.66
外商投资股份有限公司	2073.04	652.05	3072.48	1355.37	243.38
其他外商投资企业	120.52	42.26	144.62	48.13	0.77
二、在总计中:亏损企业	71428.60	16952.72	31075.09	33949.98	7268.58
在总计中:国有控股企业	140376.51	38826.69	128655.24	63390.89	33129.26
在总计中:大型企业	184720.94	56034.69	168048.24	66511.33	23137.33
中型企业	93531.43	23476.47	86524.99	43926.95	6615.43
小型企业	102593.51	24594.75	106690.15	63235.07	4942.20

单位：亿元

					主营业务收　入	主营业务成　本	主营业务税金及附加
集体资本	法人资本	个人资本	港澳台资本	外商资本			
3383.92	**61044.70**	**38806.07**	**12366.09**	**22153.57**	**1038659.45**	**880679.68**	**15835.24**
3015.06	51880.11	35706.03	543.79	720.64	795695.29	673423.94	13627.33
82.56	2296.76	98.06	6.01	13.03	53126.18	45184.09	2141.93
3.77	1511.19	51.20	0.02	2.91	37373.02	31550.86	1760.30
78.79	785.56	46.86	5.99	10.12	15753.16	13633.23	381.63
365.13	137.13	147.47	6.76	2.52	7717.20	6527.88	59.00
18.23	64.47	100.84	0.40	0.26	1660.01	1397.61	13.32
3.83	41.66	15.03	1.00		524.37	451.06	3.76
	33.09	0.78			213.56	190.59	1.30
1.83	3.67	2.88	1.00		118.98	100.63	1.33
1.72	1.04	2.05			50.67	43.45	0.23
0.28	3.86	9.32			141.17	116.40	0.90
1453.84	27048.55	9745.97	220.80	341.19	285143.14	240928.56	5728.91
37.07	3554.05	109.58	67.99	107.25	47394.67	40376.46	1924.68
1416.77	23494.50	9636.40	152.81	233.94	237748.46	200552.10	3804.23
668.15	7920.41	4094.73	176.32	217.96	101784.95	82118.07	3307.45
413.74	14208.00	21366.54	125.20	138.53	342002.60	293764.75	2323.30
12.72	787.21	1172.56	5.52	4.79	23840.87	20126.33	225.66
7.00	135.41	258.66	2.71	0.01	3931.64	3203.28	52.38
345.09	12065.14	18264.01	85.07	119.72	290754.52	250661.16	1893.34
48.92	1220.25	1671.31	31.90	14.01	23475.57	19773.99	151.92
9.58	163.12	137.37	7.30	7.15	3736.85	3051.90	49.64
147.64	3465.79	2242.31	10493.84	1849.28	88811.39	76536.83	548.15
122.11	2225.55	439.51	2201.27	616.27	30475.40	26025.44	178.45
4.83	90.63	22.11	190.61	17.09	2167.78	1794.15	12.48
16.81	792.74	1645.15	7773.92	1180.09	52280.86	45497.58	243.53
3.85	354.83	132.74	321.48	32.13	3770.98	3117.74	113.39
0.03	2.04	2.81	6.55	3.70	116.37	101.92	0.29
221.22	5698.80	857.73	1328.47	19583.64	154152.77	130718.91	1659.76
170.25	4162.23	554.34	459.12	5140.36	70618.65	58537.30	1257.05
9.27	158.70	19.17	40.79	330.96	3151.42	2619.18	62.65
39.78	1073.61	169.26	772.04	13430.63	74541.95	64645.79	292.67
1.84	289.40	110.01	54.17	656.57	5367.61	4507.76	44.72
0.09	14.86	4.94	2.34	25.12	473.15	408.88	2.68
686.78	11716.82	5859.92	2501.67	5523.03	87352.01	81694.34	1904.03
940.65	24617.45	1790.25	578.62	1827.18	257816.87	213204.73	10732.38
1076.74	22950.05	6039.76	4361.22	8635.91	418215.09	352336.92	10901.80
847.86	16397.25	9030.70	4198.49	6682.84	247068.24	208738.86	2137.30
1459.32	21697.40	23735.61	3806.38	6834.81	373376.13	319603.91	2796.14

1-11 续表 2

分　组	销售费用	管理费用		财务费用		
			税金		利息收入	利息支出
总　计	**25945.22**	**39431.90**	**2116.41**	**12008.26**	**1668.02**	**12346.02**
一、按登记注册类型分组:						
内资企业	18113.00	29553.58	1672.84	10565.24	1179.45	10492.75
国有企业	714.99	2009.25	92.40	767.77	92.66	855.72
中央企业	484.96	1210.94	56.38	552.95	48.63	610.53
地方企业	230.03	798.32	36.02	214.82	44.03	245.19
集体企业	227.55	294.25	18.54	49.04	4.10	40.75
股份合作企业	35.18	71.69	3.91	13.61	13.37	23.73
联营企业	10.48	23.21	0.79	5.65	0.87	7.70
国有联营企业	2.49	8.04	0.37	4.04	0.78	6.32
集体联营企业	3.88	5.71	0.17	0.57	0.06	0.47
国有与集体联营企业	0.95	3.16	0.07	0.21	0.02	0.16
其他联营企业	3.16	6.29	0.18	0.83	0.01	0.76
有限责任公司	6459.30	11508.01	620.31	4877.19	536.43	5011.58
国有独资公司	759.47	2200.87	117.81	956.55	127.12	1064.67
其他有限责任公司	5699.83	9307.14	502.50	3920.64	409.31	3946.91
股份有限公司	3423.58	4773.77	252.14	1340.96	322.88	1554.12
私营企业	7161.74	10719.69	671.17	3471.55	204.37	2965.57
私营独资企业	469.31	661.38	50.95	159.86	3.36	118.93
私营合伙企业	99.61	146.76	9.18	30.86	0.58	22.36
私营有限责任公司	5984.39	9056.72	559.62	3004.66	169.55	2578.58
私营股份有限公司	608.44	854.83	51.41	276.17	30.88	245.70
其他企业	80.18	153.70	13.58	39.45	4.78	33.57
港、澳、台商投资企业	2440.56	3500.33	157.15	710.20	187.65	800.43
合资经营企业(港或澳、台资)	832.61	1176.29	59.05	380.94	68.23	403.95
合作经营企业(港或澳、台资)	43.55	107.80	3.77	18.03	3.20	18.95
港澳台商独资经营企业	1433.33	2023.27	87.30	274.58	105.00	330.07
港澳台商投资股份有限公司	127.61	188.85	6.62	34.74	11.15	45.71
其他港澳台商投资企业	3.46	4.11	0.40	1.91	0.06	1.74
外商投资企业	5391.66	6378.00	286.42	732.82	300.92	1052.84
中外合资经营企业	2520.18	2756.94	132.91	430.82	154.30	571.57
中外合作经营企业	88.84	122.88	5.92	28.31	4.17	33.92
外资企业	2563.40	3279.37	137.04	215.90	127.88	378.78
外商投资股份有限公司	202.94	209.37	10.00	54.82	14.09	65.21
其他外商投资企业	16.30	9.44	0.55	2.98	0.49	3.36
二、在总计中:亏损企业	2142.73	4943.81	241.33	2386.53	161.36	2325.69
在总计中:国有控股企业	5201.24	11567.94	597.95	4513.20	727.22	5197.98
在总计中:大型企业	11167.45	15788.17	846.85	4862.24	1045.73	5748.61
中型企业	6421.96	10359.73	556.15	3135.85	360.55	3128.22
小型企业	8355.81	13283.99	713.40	4010.17	261.73	3469.19

单位：亿元

投资收益（损失以“-”号记）	营业利润	利润总额	亏损企业亏损额	应交增值税	应交所得税	从业人员平均人数（万人）
776.22	**68355.21**	**68378.91**	**5571.32**	**33460.27**	**9476.42**	**9791.46**
638.99	52623.14	52576.32	4126.14	26366.97	6830.72	7255.39
377.71	2766.84	2944.29	352.17	2079.24	544.04	363.06
352.72	2170.99	2286.03	197.71	1465.05	416.49	196.41
24.99	595.85	658.27	154.46	614.19	127.55	166.65
-13.78	577.76	579.67	18.70	212.07	62.14	91.50
-5.80	131.58	135.67	3.48	50.18	10.76	20.65
0.24	30.90	29.21	6.95	18.55	1.91	7.71
0.31	6.79	7.40	6.51	10.95	0.90	3.61
0.16	7.08	6.58	0.13	3.85	0.44	1.95
-0.24	2.53	2.68	0.17	1.47	0.22	0.61
0.02	14.50	12.55	0.14	2.27	0.35	1.53
-26.92	16946.73	17216.45	2064.42	9809.55	2575.72	2590.60
202.55	1754.58	1934.21	441.00	1879.31	387.77	429.63
-229.46	15192.15	15282.23	1623.42	7930.23	2187.96	2160.97
893.20	7812.24	8042.91	927.14	4096.28	1028.93	786.70
-579.79	24038.21	23327.08	744.33	9961.18	2584.46	3359.39
-33.73	2038.67	1988.04	17.71	767.16	206.73	232.05
-12.26	352.50	340.83	7.07	150.75	38.62	53.11
-542.81	19770.78	19200.80	664.52	8350.38	2150.09	2861.41
9.01	1876.26	1797.42	55.03	692.90	189.03	212.81
-5.88	318.89	301.04	8.94	139.92	22.75	35.79
-20.28	5387.86	5455.83	482.81	2599.88	822.23	1206.28
-41.95	1992.38	1978.16	151.82	932.88	293.14	315.64
1.29	194.00	196.90	7.57	78.11	32.59	26.93
6.75	2971.25	3032.43	258.87	1472.13	460.07	828.17
13.63	226.00	243.87	64.25	112.58	36.06	33.45
	4.23	4.48	0.31	4.18	0.37	2.09
157.51	10344.21	10346.75	962.36	4493.42	1823.47	1329.80
103.70	5565.87	5589.37	329.90	2415.97	950.74	446.77
0.75	242.08	242.68	13.88	138.78	42.31	27.85
3.57	4090.04	4068.41	597.53	1771.48	769.94	812.20
46.21	408.36	412.10	20.26	153.30	56.10	39.63
3.28	37.85	34.19	0.80	13.89	4.38	3.35
-149.33	-5686.50	-5571.32	5571.32	2036.84	40.11	1266.05
1561.14	15152.88	15917.68	2792.46	10835.46	2736.80	1889.49
1462.87	26242.64	26557.40	2280.02	14542.68	4123.10	3415.17
-186.35	17393.73	17449.82	1589.94	8289.53	2411.40	3042.08
-500.30	24718.84	24371.68	1701.36	10628.06	2941.92	3334.22

1-12 分行业规模以上工业企业主要效益指标

甲栏分组	总资产贡献率 (%)	资产负债率 (%)	流动资产周转率 (次/年)	成本费用利润率 (%)
总　计	**14.77**	**58.08**	**2.56**	**7.00**
煤炭开采和洗选业	12.29	64.77	1.87	8.41
石油和天然气开采业	31.61	46.83	4.48	53.34
黑色金属矿采选业	20.64	55.64	2.60	13.14
有色金属矿采选业	21.00	49.83	3.36	12.18
非金属矿采选业	24.09	48.46	3.79	9.69
开采辅助活动	5.02	54.15	1.56	-0.01
其他采矿业	18.51	31.62	5.28	7.14
农副食品加工业	19.73	53.81	4.01	6.11
食品制造业	21.74	48.57	3.16	9.66
酒、饮料和精制茶制造业	22.83	47.67	2.23	12.83
烟草制品业	83.65	25.38	1.69	31.66
纺织业	16.60	55.51	3.09	6.31
纺织服装、服饰业	18.71	49.66	2.88	6.99
皮革、毛皮、羽毛及其制品和制鞋业	20.57	45.22	2.89	7.59
木材加工和木、竹、藤、棕、草制品业	26.45	44.40	4.84	7.84
家具制造业	17.29	51.06	2.81	6.96
造纸和纸制品业	11.01	57.58	2.24	6.32
印刷和记录媒介复制业	16.73	48.14	2.48	8.76
文教、工美、体育和娱乐用品制造业	18.92	53.22	3.17	6.12
石油加工、炼焦和核燃料加工业	24.38	66.03	3.94	1.67
化学原料和化学制品制造业	13.26	58.06	2.85	6.21
医药制造业	18.61	43.97	2.07	11.58
化学纤维制造业	8.93	63.53	2.30	3.93
橡胶和塑料制品业	16.17	50.91	2.80	7.28
非金属矿物制品业	16.70	54.79	2.72	8.43
黑色金属冶炼和压延加工业	7.56	67.48	2.83	2.68
有色金属冶炼和压延加工业	10.74	64.16	2.90	3.88
金属制品业	15.49	52.93	2.66	6.69
通用设备制造业	13.79	54.54	2.00	7.46
专用设备制造业	12.36	55.35	1.72	7.62
汽车制造业	18.79	57.36	2.27	9.35
铁路、船舶、航空航天和其他运输设备制造业	7.96	65.46	1.36	5.90
电气机械和器材制造业	13.28	57.64	2.04	6.52
计算机、通信和其他电子设备制造业	11.67	58.46	2.34	5.04
仪器仪表制造业	15.64	48.08	1.83	9.47
其他制造业	12.12	58.39	2.00	7.01
废弃资源综合利用业	20.21	64.88	3.24	5.50
金属制品、机械和设备修理业	7.41	57.88	1.45	5.54
电力、热力生产和供应业	8.52	66.14	3.71	7.35
燃气生产和供应业	10.70	57.59	2.37	9.74
水的生产和供应业	3.56	56.28	0.71	6.62

1-13 分地区规模以上工业企业主要效益指标

甲栏分组	总资产贡献率 (%)	资产负债率 (%)	流动资产周转率 (次/年)	成本费用利润率 (%)
全　国	**14.77**	**58.08**	**2.56**	**7.00**
北　京	7.46	52.62	1.50	7.12
天　津	17.45	63.61	2.31	8.84
河　北	13.00	58.53	3.12	6.20
山　西	7.23	71.95	1.72	3.29
内蒙古	14.33	61.90	2.41	11.17
辽　宁	15.00	57.92	3.02	6.09
吉　林	16.57	54.60	3.36	6.02
黑龙江	18.29	57.77	2.35	9.82
上　海	12.82	50.86	1.81	7.30
江　苏	15.80	56.70	2.67	6.59
浙　江	11.45	59.95	1.79	6.04
安　徽	15.10	59.32	3.01	6.67
福　建	15.79	54.41	2.59	7.16
江　西	22.15	54.50	4.26	7.24
山　东	18.80	56.59	3.43	7.07
河　南	16.94	48.47	3.02	8.18
湖　北	15.89	57.36	2.82	6.79
湖　南	22.69	55.27	3.75	7.02
广　东	14.53	58.10	2.32	6.46
广　西	15.92	62.92	2.82	6.27
海　南	12.76	53.27	1.79	8.56
重　庆	14.19	63.78	2.56	6.10
四　川	13.26	61.27	2.44	7.02
贵　州	14.00	65.20	1.84	9.56
云　南	13.69	64.48	1.82	6.86
西　藏	3.40	35.80	0.70	7.15
陕　西	17.08	56.98	2.12	13.60
甘　肃	8.93	64.16	2.19	3.64
青　海	7.98	67.34	1.50	7.47
宁　夏	8.19	66.88	1.65	5.44
新　疆	12.04	61.26	2.07	10.96

1-14 历年主要工业产品产量

年 份	铁矿石原矿 (万吨)	硫铁矿石 (折含硫35%) (万吨)	磷矿石 (折含五氧化二磷30%) (万吨)	原盐 (万吨)
1957	1937.00	149.00	31.00	828.00
1963	2422.00	213.00	23.00	1056.00
1964	2674.00	245.00	74.00	501.00
1965	3149.00	336.00	158.00	1147.00
1966	3929.00	315.00	352.00	998.00
1967	2962.00	276.00	256.00	1043.00
1968	2679.00	220.00	101.00	1325.00
1969	4333.00	206.00	198.00	966.00
1970	6422.00	346.00	394.00	1109.00
1971	8146.00	392.00	563.00	1235.00
1972	8460.00	460.00	551.00	1386.00
1973	9164.00	431.00	530.00	1076.00
1974	8681.00	458.00	694.00	1456.00
1975	9693.00	519.00	1018.00	1481.00
1976	8970.00	588.00	866.00	1401.00
1977	9384.00	659.00	1117.00	1710.00
1978	11779.00	687.00	1138.00	1953.00
1979	11876.00	634.00	852.00	1477.00
1980	11259.00	589.00	1081.00	1728.00
1981	10459.00	588.00	1087.00	1832.00
1982	10732.00	620.00	1169.00	1638.00
1983	11339.00	742.00	1160.00	1613.00
1984	12670.00	203.00	1345.00	1642.00
1985	13819.00	692.00	681.00	1479.00
1986	14751.00	783.00	962.00	1766.00
1987	16143.00	1087.00	1517.00	1764.00
1988	16854.00	1119.00	1824.00	2264.00
1989	17145.00	1269.00	1983.00	2829.00
1990	17941.00	1275.00	2155.00	2023.00
1991	19016.00	1413.00	2140.00	2410.00
1992	21022.00	1585.00	2320.00	2838.00
1993	22599.00	1490.00	2116.00	2943.00
1994	25056.00	1724.00	2482.00	2996.00
1995	26210.00	1770.70	3120.00	2977.72
1996	25228.00	1828.07	3104.00	2903.57
1997	26699.00	2583.00	3476.00	3082.66
1998	24689.00	1284.00	2703.00	2242.52
1999	23723.00	1194.00	2510.00	2812.36
2000	22256.19	963.87	1937.00	3128.00
2001	21701.47	883.99	2100.79	3410.51
2002	23143.00	926.00	2301.00	3602.43
2003	26138.83	871.47	2447.00	3437.70
2004	34634.27	1270.00	3726.53	4043.44
2005	42049.00	1146.00	3044.00	4661.06
2006	58888.27	1189.00	3895.95	5663.13
2007	70665.53	1200.54	4541.72	6166.97
2008	82673.50	1571.01	6135.12	6664.43
2009	88122.34	1247.96	6020.89	6662.79
2010	107770.51	1512.90	6807.00	7037.76
2011	130749.01	1583.80	8122.30	6742.16
2012	130963.70	1547.40	9529.60	6911.78
2013	148636.41	1703.99	11139.40	7367.60

注：1.2004年、2008年、2013年为全国经济普查数据。
2.硫铁矿、磷矿石1995年及以后年份为实物量。
3.本书不包括能源产品产量(下同)。

1-14 续表 1

年 份	精制食用植物油（万吨）	成品糖（万吨）	乳制品（万吨）	罐头（万吨）	饮料酒（万千升）	#啤酒
1957	110.00	86.00	1.27	6.20	67.00	5.00
1963	84.00	44.00	1.33	7.30	90.00	9.00
1964	113.00	107.00	1.76	10.10	97.00	8.00
1965	139.00	146.00	2.12	12.20	89.00	9.00
1966	149.00	159.00	2.35	14.10	94.00	9.00
1967	145.00	148.00	2.31	12.20	87.00	11.00
1968	120.00	151.00	2.31	13.10	96.00	12.00
1969	100.00	121.00	2.62	15.20	105.00	15.00
1970	103.00	135.00	2.96	19.30	121.00	16.00
1971	124.00	141.00	3.03	20.00	133.00	18.00
1972	132.00	155.00	3.40	24.10	152.00	20.00
1973	136.00	191.00	3.45	28.40	163.00	23.00
1974	166.00	184.00	3.53	32.20	185.00	23.00
1975	156.00	174.00	3.66	35.10	212.00	27.00
1976	148.00	165.00	3.67	35.30	212.00	30.00
1977	154.00	182.00	3.92	44.20	238.00	35.00
1978	177.00	227.00	4.65	48.80	247.00	40.00
1979	214.00	250.00	5.36	50.10	310.00	52.00
1980	222.00	257.00	6.32	57.20	368.00	69.00
1981	292.00	317.00	7.91	68.40	447.00	91.00
1982	345.00	338.00	9.97	78.50	493.00	117.00
1983	360.00	377.00	11.22	84.50	604.00	163.00
1984	382.00	380.00	13.02	109.00	711.00	224.00
1985	401.00	451.00	16.37	142.50	851.00	310.00
1986	441.00	525.00	22.58	164.10	985.00	413.00
1987	478.00	506.00	27.22	161.50	1195.00	540.00
1988	480.00	461.00	29.53	220.90	1357.00	656.00
1989	494.00	501.00	26.68	232.50	1285.00	643.00
1990	544.00	582.00	31.37	157.10	1386.00	692.00
1991	644.00	640.00	37.66	193.00	1539.00	838.00
1992	661.00	829.00	41.29	224.30	1753.00	1021.00
1993	965.00	771.00	41.73	230.30	1971.00	1192.00
1994	724.00	592.00	42.46	247.30	2233.00	1415.00
1995	1144.00	558.64	52.57	310.60	2560.00	1568.82
1996	947.00	640.20	50.41	282.60	2651.00	1681.91
1997	894.00	702.58	56.48	254.60	2834.00	1888.94
1998	603.00	826.00	54.03	156.50		1987.67
1999	734.00	861.00	69.10	169.10	2706.00	2098.77
2000	835.00	700.00	82.92	178.20	2846.00	2231.32
2001	1383.00	653.10	74.29	290.37	2803.00	2288.93
2002	1531.00	926.00	84.55	375.20	2887.00	2402.70
2003	1584.29	1083.94	140.59	436.38	3001.33	2540.48
2004	1682.63	1033.70	1060.11	533.56	4532.60	2948.59
2005	2071.00	912.37	1204.37	500.30	3566.00	3126.05
2006	2335.23	949.07	1441.78	513.88	4072.00	3543.58
2007	2636.98	1271.38	1761.80	603.62	4601.65	3954.07
2008	2805.09	1432.61	1809.21	764.77	5394.94	4156.91
2009	3433.43	1338.35	1924.08	811.65	5066.52	4162.18
2010	3878.54	1117.59	2157.77	980.52	5668.13	4490.16
2011	4331.80	1187.43	2316.44	1093.41	6168.41	4834.50
2012	5172.97	1409.47	2537.91	1043.01	6239.37	4778.58
2013	5590.55	1592.76	2636.87	1163.62	6558.26	4982.79

注：1.精制食用植物油2005年及以前名称为食用植物油。
2.成品糖1997年及以前名称为糖，产量包括土糖，1998-2004年名称为机制糖。
3.饮料酒、啤酒2003年及以前计量单位为万吨。

1-14 续表 2

年 份	卷烟 (亿支)	纱 (万吨)	布 (亿米)	#棉布	印染布 (亿米)	绒线(毛线) (万吨)
1957	446.00	84.40	50.50		29.40	0.57
1963	323.00	67.80	33.40	30.70	23.40	0.80
1964	413.00	97.00	47.10	43.80	29.80	0.93
1965	478.00	130.00	62.80	57.40	35.90	1.10
1966	540.00	156.50	73.10	64.80	40.40	1.25
1967	490.00	135.20	65.60	58.10	35.10	1.11
1968	521.00	137.70	64.40	56.00	37.10	1.21
1969	677.00	180.50	82.10	71.00	48.80	1.70
1970	783.00	205.20	91.50	78.00	53.00	2.17
1971	701.00	190.00	84.20	71.00	47.60	2.35
1972	745.00	188.60	83.50	70.00	46.50	2.21
1973	846.00	196.70	87.10	72.20	51.60	2.32
1974	872.00	180.30	80.80	66.50	51.30	2.36
1975	992.00	210.80	94.00	77.70	58.90	2.66
1976	982.00	196.00	88.40	71.70	53.60	2.78
1977	1211.00	223.00	101.50	81.60	59.80	3.11
1978	1182.00	238.20	110.30	81.50	65.00	3.78
1979	1303.00	263.50	121.50	82.20	71.80	4.44
1980	1520.00	292.60	134.70	87.10	80.70	5.73
1981	1704.00	317.00	142.70	85.10	82.90	7.65
1982	1885.00	335.40	153.50	101.30	80.80	9.25
1983	1938.00	327.00	148.80	90.40	73.30	10.21
1984	2132.00	321.90	137.00	70.10	68.10	11.00
1985	2370.00	353.50	146.70	82.10	75.30	12.59
1986	2596.00	397.80	164.70	100.60	79.50	14.91
1987	2881.00	436.80	173.10	107.65	83.10	20.47
1988	3096.00	465.70	187.90	118.74	95.10	22.50
1989	3195.00	476.70	189.20	117.95	94.90	25.00
1990	3298.00	462.60	188.80	108.25	91.60	23.80
1991	3226.00	460.80	181.70	108.58	99.50	28.30
1992	3285.00	501.70	190.70	111.88	125.70	35.06
1993	3376.00	501.50	203.00	122.07	137.60	34.35
1994	3432.00	489.50	211.30	115.73	137.00	43.94
1995	3485.02	542.20	260.18	131.84	136.50	51.38
1996	3401.92	512.21	209.10	105.23	120.60	48.25
1997	3377.42	559.83	248.79	118.85	141.40	48.80
1998	3374.00	542.00	241.00	114.27	146.50	30.70
1999	3340.00	567.00	250.00	118.46	159.10	38.56
2000	3397.00	657.00	277.00	139.22	158.19	42.32
2001	3402.10	760.68	290.00	153.98	178.30	46.21
2002	3467.08	850.00	322.39	172.54	210.87	51.50
2003	3580.86	983.58	353.52	200.86	251.32	65.74
2004	18736.35	1291.34	482.10	242.00	427.57	61.78
2005	19389.08	1450.54	484.39	196.58	362.15	38.70
2006	20218.13	1742.96	598.55	235.49	430.30	40.55
2007	21438.84	1958.42	675.26	271.12	490.19	35.84
2008	22199.20	2055.72	723.05	423.64	754.03	38.13
2009	22901.50	2266.45	753.42	319.62	539.80	32.55
2010	23752.60	2572.82	800.00	383.30	601.50	29.90
2011	24474.00	2717.86	814.14	365.26	593.10	30.40
2012	25160.90	2984.00	848.94	369.59	566.20	39.23
2013	25603.86	3200.00	897.59	398.81	577.84	37.93

注：1.卷烟2003年及以前计量单位为万箱。

2.根据2012年纱专项调查,对2007-2011年纱产量进行了修订。

1-14 续表 3

年份	毛机织物(呢绒)(万米)	服装(亿件)	皮革鞋靴(万双)	胶合板(万立方米)	家具(万件)	机制纸及纸板(万吨)	#新闻纸
1957	1817.00		2529.00	7.00		91.00	12.20
1963	4369.00	2.56	2635.00	10.40		128.00	17.70
1964	4809.00	3.07	2114.00	12.00		145.00	19.40
1965	4240.00	3.85	1808.00	13.90		173.00	20.80
1966	4383.00	4.41	1970.00	15.00		209.00	23.50
1967	3577.00	4.08	2023.00	12.20		196.00	20.70
1968	3976.00	3.25	2204.00	10.60		177.00	19.20
1969	4975.00	3.54	2283.00	14.70		217.00	23.50
1970	5776.00	3.66	4729.00	17.10		241.00	23.70
1971	6153.00	4.14	4710.00	17.20		263.00	24.00
1972	6046.00	4.86	4647.00	18.20		282.00	25.90
1973	6211.00	5.47	5468.00	18.80		313.00	28.90
1974	6357.00	5.68	5794.00	17.60		299.00	28.40
1975	6943.00	6.73	6646.00	19.20		341.00	29.00
1976	7072.00	7.18	7382.00	18.40		341.00	30.60
1977	7840.00	7.17	9119.00	20.90		377.00	32.70
1978	8885.00	6.73	10053.00	25.20		439.00	33.90
1979	9017.00	7.44	11608.00	29.20		493.00	35.70
1980	10095.00	9.45	15745.00	33.00		535.00	37.60
1981	11308.00	10.08	20239.00	35.10		540.00	35.50
1982	12669.00	9.85	18661.00	39.50		589.00	37.60
1983	14291.00	10.04	18361.00	45.50		661.00	39.60
1984	18049.00	11.06	19676.00	49.00		756.00	41.30
1985	21816.00	12.67	23162.00	23.90	11641.00	911.00	42.50
1986	25187.00	27.00	26440.00	28.60	12008.60	998.00	41.40
1987	26537.00	23.00	30910.00	77.60	14484.50	1141.00	36.60
1988	28609.00	29.11	34720.00	82.70	16583.50	1270.00	34.20
1989	27962.00	30.04	35433.00	72.80	16660.20	1333.00	38.70
1990	29505.00	31.75	43770.00	75.90	16372.40	1372.00	40.00
1991	31141.00	36.30	53592.00	105.40	21437.90	1479.00	43.80
1992	33792.00	42.66	77068.00	156.50	21650.70	1725.00	48.90
1993	35382.00	63.68	115059.00	212.50	30867.40	1914.00	73.60
1994	41900.00	79.37	154284.00	260.60	50514.50	2138.00	73.30
1995	65392.00	179.96	320207.00	759.30	61865.00	2812.30	78.30
1996	45954.00	126.64	237528.00	490.30	50164.20	2638.20	90.10
1997	38791.00	136.74	247343.00	758.40	43894.30	2733.20	73.00
1998	26777.00	150.29	120562.00	446.50	10038.10	2125.63	95.60
1999	27317.00	160.90	101375.00	727.60	9968.70	2159.30	112.90
2000	27832.00	209.34	146838.00	992.54	9212.34	2486.94	145.53
2001	34303.39	228.44	133586.00	904.50	10923.10	3777.07	172.95
2002	32691.21	252.37	152282.44	1135.20	13376.00	4666.99	182.56
2003	44294.58	363.08	181646.92	2102.35	17199.08	4849.33	207.11
2004	81689.47	375.18	274393.13	5190.59	83589.21	5413.27	335.19
2005	32960.00	147.98	252547.52	2418.98	33990.14	6205.42	340.96
2006	44482.54	170.02	300300.15	2919.17	41628.59	6863.02	392.90
2007	54548.22	201.66	322902.11	4054.42	48480.56	7792.43	425.81
2008	85040.15	362.91	331533.00	7112.33	80799.21	8404.30	463.28
2009	49506.01	237.50	354616.80	6578.95	60819.04	8965.13	428.71
2010	56630.00	285.21	419308.30	9804.00	77032.70	9832.63	402.07
2011	51835.60	254.20	426642.35	11848.80	69895.60	11010.89	368.60
2012	47872.18	267.28	449662.50	14106.54	65444.30	10956.54	389.50
2013	49423.89	276.59	452369.42	15221.15	66833.02	11323.06	364.50

注：皮革鞋靴2008年及以前名称为皮鞋。

1-14 续表 4

年 份	硫酸(折100%)(万吨)	浓硝酸(折100%)(万吨)	盐酸(氯化氢含量31%)(万吨)	纯碱(万吨)	烧碱(折100%)(万吨)	合成氨(万吨)
1957	63.20	3.87	8.20	50.60	19.80	15.30
1963	130.60	5.59	19.30	66.40	33.80	64.40
1964	170.40	7.61	21.80	69.50	41.10	93.10
1965	234.00	11.56	29.00	88.00	55.60	148.40
1966	290.90	16.45	32.90	106.60	69.30	212.40
1967	198.30	11.25	29.80	91.50	57.80	152.10
1968	141.50	10.57	26.70	70.10	49.60	103.40
1969	234.30	17.95	37.80	89.40	70.40	160.30
1970	291.40	22.72	47.10	107.70	89.20	244.50
1971	357.90	28.49	52.80	115.50	105.50	310.00
1972	400.50	28.84	59.60	119.70	111.50	395.60
1973	468.10	29.36	63.10	120.40	121.00	474.40
1974	442.70	25.38	63.10	110.60	112.60	452.50
1975	484.70	30.23	78.00	124.30	128.90	607.70
1976	450.80	28.96	83.70	111.70	121.50	618.50
1977	537.50	32.88	96.20	107.70	138.60	870.30
1978	661.00	33.76	111.50	132.90	164.00	1183.50
1979	699.80	28.19	107.80	148.60	182.60	1348.20
1980	764.30	22.77	117.70	161.30	192.30	1497.40
1981	780.70	19.26	129.20	165.20	192.30	1483.40
1982	817.50	24.61	148.30	173.50	207.30	1546.30
1983	869.60	25.60	158.30	179.30	212.30	1677.10
1984	817.20	25.78	170.40	188.00	222.20	1837.40
1985	676.40	27.40	185.60	201.10	235.30	1718.80
1986	763.10	27.53	206.00	214.60	251.80	1672.90
1987	983.30	29.02	227.00	236.30	273.90	1940.60
1988	1111.30	30.33	246.20	260.90	300.50	1986.30
1989	1153.30	32.82	257.90	304.20	321.10	2068.10
1990	1196.90	31.80	262.30	379.50	335.40	2129.00
1991	1332.90	34.34	285.20	393.60	354.10	2201.60
1992	1408.70	44.41	302.80	455.00	379.50	2298.10
1993	1336.50	56.13	323.90	534.90	395.40	2192.50
1994	1536.50	49.31	336.20	581.40	429.60	2436.80
1995	1811.00	56.01	370.60	597.71	531.82	2765.90
1996	1883.57	64.17	403.90	669.29	573.78	3094.20
1997	2036.87	66.96	409.20	725.76	574.40	3000.30
1998	2171.00	75.50	371.60	744.00	539.37	3134.20
1999	2356.00	75.05	408.00	766.00	580.14	3431.70
2000	2427.00	82.48	442.10	834.00	667.88	3363.70
2001	2696.32	87.97	470.57	914.37	787.96	3427.28
2002	3050.40	99.15	492.60	1033.15	877.97	3675.30
2003	3371.22	116.16	527.60	1133.56	945.27	3822.70
2004	3928.89	184.79	737.91	1334.70	1041.12	4135.06
2005	4544.66	156.97	658.18	1421.08	1239.98	4596.30
2006	5033.17	181.78	730.58	1560.03	1511.78	4936.81
2007	5412.56	200.89	747.60	1765.00	1759.29	5171.05
2008	5097.95	197.74	730.44	1854.60	1926.01	4876.24
2009	5960.91	205.57	803.44	1944.77	1832.37	5136.35
2010	7090.47	235.60	839.00	2034.82	2228.39	4964.59
2011	7482.70	255.10	841.00	2294.03	2473.52	5252.70
2012	7876.63	262.40	876.60	2395.93	2696.82	5528.40
2013	8154.49	269.19	899.28	2431.63	2927.44	5739.00

1-14 续表 5

年 份	农用氮、磷、钾化肥（万吨）	#氮肥	磷肥	钾肥	化学农药原药（万吨）	纯苯（万吨）	碳化钙(电石)（万吨）
1957	15.10	12.90	2.10		6.50	5.00	4.90
1963	64.80	45.80	18.90	0.10	10.80	6.70	25.40
1964	100.80	67.50	33.20	0.10	12.90	8.30	32.50
1965	172.60	103.70	68.80	0.10	19.30	11.80	44.00
1966	240.90	146.10	94.60	0.20	26.20	15.10	56.10
1967	164.10	101.50	62.20	0.40	22.40	10.20	4.20
1968	110.90	68.40	42.20	0.30	17.10	8.20	36.00
1969	174.90	102.30	72.30	0.30	26.20	12.90	55.90
1970	243.50	152.30	90.70	0.50	32.10	16.70	69.60
1971	299.40	190.40	107.80	1.20	38.70	19.20	78.00
1972	370.10	244.40	124.90	0.80	40.20	20.50	81.30
1973	459.20	299.60	158.90	0.70	45.60	21.00	89.60
1974	422.20	282.70	139.00	0.50	37.10	18.80	91.30
1975	524.70	370.90	153.10	0.70	42.20	21.30	98.30
1976	524.40	381.50	141.80	1.10	39.10	21.10	96.30
1977	723.80	550.90	170.80	2.10	45.70	22.50	98.90
1978	869.30	763.90	103.30	2.10	53.30	32.00	123.80
1979	1065.40	882.10	181.70	1.60	53.70	33.90	140.70
1980	1232.10	999.30	230.80	2.00	53.70	36.00	152.00
1981	1239.00	985.70	250.80	2.50	48.40	35.20	151.30
1982	1278.10	1021.90	253.70	2.50	45.70	39.30	167.50
1983	1378.90	1109.40	266.60	2.90	33.10	42.50	180.80
1984	1460.20	1221.00	236.00	3.20	29.90	41.60	184.60
1985	1322.20	1143.80	176.00	2.40	21.10	39.00	195.30
1986	1395.70	1159.20	234.00	2.50	20.30	42.60	215.00
1987	1672.20	1342.30	325.90	4.00	16.10	49.40	241.20
1988	1740.20	1365.60	369.20	5.40	17.90	57.10	225.60
1989	1802.50	1424.10	372.80	5.70	20.80	59.80	246.10
1990	1879.70	1463.10	411.40	4.60	22.80	65.40	228.00
1991	1979.50	1510.10	459.70	9.90	25.50	77.50	235.80
1992	2047.90	1570.50	462.20	15.30	28.10	81.90	242.50
1993	1956.30	1525.60	419.00	11.70	25.70	81.70	264.20
1994	2272.80	1736.30	504.40	32.70	29.00	89.40	292.00
1995	2548.14	1859.18	662.60	26.30	41.65	102.30	345.70
1996	2809.04	2136.00	651.20	21.80	44.75	113.50	309.20
1997	2820.96	2075.00	714.60	31.50	52.67	135.80	344.70
1998	3010.00	2225.67	666.79	62.52	55.90	143.10	281.30
1999	3251.00	2471.96	636.07	77.86	62.50	165.70	273.10
2000	3186.00	2398.11	663.03	85.98	60.70	184.70	340.40
2001	3383.01	2527.37	752.56	100.49	78.72	198.80	346.30
2002	3791.00	2808.48	801.03	89.42	92.90	213.10	425.60
2003	3881.31	2814.50	978.10	88.60	76.72	240.80	530.00
2004	4804.82	3357.73	1246.78	200.31	82.08	262.77	796.20
2005	5177.86	3809.03	1206.20	159.09	114.73	306.10	894.57
2006	5345.05	3911.54	1225.46	207.51	138.46	344.08	1177.36
2007	5824.98	4233.13	1339.28	252.53	176.48	405.88	1471.30
2008	6028.05	4392.42	1385.50	250.13	209.99	444.67	1295.64
2009	6385.01	4553.36	1513.14	318.51	208.92	463.77	1503.27
2010	6337.86	4458.67	1532.91	346.28	223.52	553.10	1471.43
2011	6419.39	4500.97	1561.22	357.20	230.00	665.90	1725.54
2012	6832.10	4865.58	1564.41	402.11	290.88	662.30	1858.83
2013	7026.18	4832.61	1673.08	520.48	303.14	728.55	2287.52

注：农用化肥按100%有效成分计算。

1-14 续表 6

年 份	乙烯 (万吨)	初级形态的塑料 (万吨)	合成橡胶 (万吨)	冰乙酸(冰醋酸) (万吨)	合成洗涤剂 (万吨)	化学药品原药 (万吨)
1957		1.30		0.24		0.22
1963	0.18	4.80	0.69	0.98	2.20	0.77
1964	0.20	6.40	0.94	1.18	2.30	0.85
1965	0.30	9.70	1.59	2.08	3.00	1.05
1966	0.54	13.90	3.06	3.22	4.20	1.45
1967	0.36	11.00	1.90	2.33	3.70	1.30
1968	0.37	10.60	1.47	2.36	4.20	1.18
1969	0.51	15.10	1.85	3.66	6.20	1.67
1970	1.51	17.60	2.54	3.54	9.30	2.15
1971	3.19	21.60	3.54	4.41	10.90	2.56
1972	4.44	24.80	3.57	4.96	15.20	2.75
1973	5.10	29.50	4.09	5.09	17.90	2.90
1974	6.10	30.40	4.73	5.22	19.30	2.51
1975	6.47	33.00	5.67	6.69	22.30	(2.73)3.05
1976	13.35	34.50	5.99	6.66	21.70	3.12
1977	30.27	52.40	7.75	8.79	25.70	3.52
1978	38.03	67.90	10.19	10.46	32.40	4.07
1979	43.49	79.30	12.06	11.55	39.70	4.17
1980	48.99	89.80	12.30	12.46	39.30	4.01
1981	50.48	91.60	12.49	13.85	47.80	3.73
1982	56.49	100.30	13.60	15.54	56.90	4.22
1983	65.37	112.10	16.89	18.94	67.70	4.80
1984	64.80	118.00	17.41	17.79	81.00	5.35
1985	65.21	123.40	18.11	18.68	100.50	15.77
1986	69.52	132.10	18.84	20.82	117.50	15.14
1987	93.72	152.60	21.87	23.44	119.20	18.05
1988	123.21	190.40	25.76	28.16	131.90	20.72
1989	139.57	200.80	29.22	26.15	146.60	20.83
1990	157.20	227.00	31.76	35.85	151.40	22.10
1991	176.10	283.00	33.64	40.15	146.20	24.25
1992	200.30	330.80	37.26	44.37	166.60	28.06
1993	202.70	359.90	39.26	43.44	188.30	35.08
1994	212.90	401.40	44.35	43.65	217.50	33.09
1995	240.10	516.87	58.56	51.83	299.80	48.68
1996	304.00	576.86	59.97	51.65	262.20	42.90
1997	358.60	685.76	64.23	59.82	279.90	44.28
1998	377.30	692.58	58.90	59.87	280.30	41.55
1999	435.00	871.10	73.28	73.66	286.50	43.63
2000	470.00	1087.51	86.52	86.51	297.47	52.57
2001	480.60	1288.71	121.98	86.14	330.40	76.22
2002	543.02	1455.67	136.21	84.09	348.30	73.93
2003	611.77	1652.08	134.83	94.68	386.79	99.42
2004	629.85	2366.50	184.04	106.84	465.17	103.05
2005	755.54	2308.86	205.13	136.96	516.95	126.70
2006	940.51	2602.60	199.81	142.05	527.68	176.55
2007	1027.80	3184.54	228.92	162.79	582.97	205.07
2008	987.58	3680.23	296.03	287.01	655.31	209.70
2009	1072.62	3629.97	274.91	272.06	699.66	201.22
2010	1421.34	4432.59	319.52	383.90	752.59	226.14
2011	1527.50	4992.31	367.13	424.80	888.14	248.85
2012	1486.80	5330.92	397.39	430.20	933.80	292.19
2013	1599.31	6293.03	480.64	454.21	1094.27	263.30

注：1.初级形态的塑料2004年及以前名称为塑料树脂及共聚物，简称塑料。
2.化学药品原药1975年及以前和括号内数字为七大类药品。1975年括号外数字及以后各年为十二大类药品。

1-14 续表 7

年 份	化学纤维 (万吨)	#合成纤维	塑料制品 (万吨)	橡胶轮胎外胎 (万条)	水泥 (万吨)	平板玻璃 (万重量箱)
1957	0.02		1.40	88.00	686.00	430.00
1963	1.89	0.09	6.10	167.00	806.00	497.00
1964	3.21	0.19	9.20	202.00	1209.00	539.00
1965	5.01	0.52	13.00	232.00	1634.00	599.00
1966	7.58	1.77	17.60	262.00	2015.00	719.00
1967	5.22	1.54	17.80	238.00	1462.00	578.00
1968	3.60	0.97	17.10	247.00	1262.00	573.00
1969	6.66	2.11	24.60	310.00	1829.00	807.00
1970	10.09	3.62	32.80	425.00	2575.00	928.00
1971	11.99	4.39	32.50	474.00	3258.00	1051.00
1972	13.73	5.03	39.30	525.00	3547.00	1048.00
1973	14.88	5.66	50.70	578.00	3731.00	1042.00
1974	14.26	5.73	52.10	553.00	3709.00	1024.00
1975	15.48	6.57	60.70	700.00	4626.00	1262.00
1976	14.61	7.84	64.20	676.00	4670.00	1261.00
1977	18.98	10.57	76.80	770.00	5565.00	1481.00
1978	28.46	16.94	92.30	936.00	6524.00	1784.00
1979	32.63	21.36	94.90	1169.00	7390.00	2083.00
1980	45.03	31.41	114.40	1146.00	7986.00	2466.00
1981	52.73	38.47	138.40	729.00	8290.00	2701.00
1982	51.70	37.53	166.10	864.00	9520.00	3154.00
1983	54.07	40.20	191.80	1271.00	10825.00	3647.00
1984	73.49	57.58	215.30	1569.00	12302.00	4190.00
1985	94.78	77.06	248.00	1926.00	14595.00	4942.00
1986	101.73	83.07	274.50	1924.00	16606.00	5202.00
1987	117.50	98.20	297.10	2333.00	18625.00	5803.00
1988	130.12	112.47	334.60	2991.00	21014.00	7293.00
1989	148.09	128.20	352.50	3226.00	21029.00	8442.00
1990	165.42	143.43	366.80	3209.00	20971.00	8067.00
1991	191.03	167.03	443.50	3940.00	25261.00	8712.00
1992	213.04	188.17	536.80	5183.00	30822.00	9359.00
1993	237.37	208.86	669.00	6391.00	36788.00	11086.00
1994	280.33	246.72	843.00	9302.00	42118.00	11925.00
1995	341.17	308.87		7945.00	47560.59	15731.71
1996	375.45	337.05	1574.10	8806.00	49118.90	16069.37
1997	471.62	428.46	1534.20	9599.00	51173.80	16630.70
1998	510.00	441.64	843.30	9513.00	53600.00	17194.03
1999	600.00	548.75	937.60	10970.00	57300.00	17419.79
2000	694.00	629.52	1035.76	12157.87	59700.00	18352.20
2001	841.38	759.68	1184.33	13573.00	66103.99	20964.12
2002	991.20	915.16	1400.50	16306.59	72500.00	23445.56
2003	1181.15	1069.17	1650.50	19311.96	86208.11	27702.60
2004	1699.80	1581.35	3760.71	39058.33	96681.99	37026.17
2005	1664.79	1496.66	2198.54	34390.00	106884.79	40210.24
2006	2073.18	1859.63	2801.87	43547.08	123676.48	46574.70
2007	2413.78	2173.47	3305.23	55832.97	136117.25	53918.07
2008	2453.29	2244.68	5723.68	51956.94	142355.73	59890.39
2009	2747.28	2494.05	4479.28	65601.56	164397.78	58574.07
2010	3090.00	2850.27	5830.60	77611.83	188191.17	66330.80
2011	3390.07	3096.68	5474.40	83566.22	209925.86	79107.55
2012	3837.37	3448.48	5781.80	89370.49	220984.08	75050.50
2013	4160.28	3735.56	6938.65	110440.12	241923.89	79285.80

1-14 续表 8

年份	生铁(万吨)	粗钢(万吨)	成品钢材(万吨)	#重轨	轻轨	#大型型钢
1957	594.00	535.00	415.00	41.10	8.90	32.70
1963	741.00	762.00	533.00	28.20	12.90	9.90
1964	902.00	964.00	688.00	43.60	10.50	18.10
1965	1077.00	1223.00	881.00	53.50	13.80	21.50
1966	1334.00	1532.00	1035.00	49.90	16.70	30.40
1967	663.00	1029.00	718.00	24.00	11.30	35.70
1968	857.00	904.00	666.00	21.70	14.90	14.60
1969	1280.00	1333.00	926.00	32.20	13.90	29.60
1970	1706.00	1779.00	1188.00	61.90	16.60	41.30
1971	2100.00	2132.00	1389.00	66.70	24.80	50.10
1972	2355.00	2338.00	1561.00	82.10	22.50	52.20
1973	2490.00	2522.00	1684.00	77.90	26.40	53.30
1974	2062.00	2112.00	1466.00	41.50	19.70	38.70
1975	2449.00	2390.00	1622.00	49.50	14.90	64.70
1976	2233.00	2046.00	1466.00	49.00	15.50	49.40
1977	2505.00	2374.00	1633.00	66.10	19.70	54.60
1978	3479.00	3178.00	2208.00	81.80	26.30	88.60
1979	3673.00	3448.00	2497.00	81.30	21.60	83.00
1980	3802.00	3712.00	2716.00	67.30	22.00	69.40
1981	3417.00	3560.00	2670.00	55.60	26.00	73.00
1982	3551.00	3716.00	2902.00	63.50	26.70	89.10
1983	3738.00	4002.00	3072.00	78.40	27.50	64.70
1984	4001.00	4347.00	3372.00	85.20	28.90	61.50
1985	4384.00	4679.00	3693.00	86.80	25.30	84.70
1986	5064.00	5220.00	4058.00	88.10	22.00	79.10
1987	5503.00	5628.00	4386.00	95.70	24.30	86.90
1988	5704.00	5943.00	4689.00	98.80	25.10	87.00
1989	5820.00	6159.00	4859.00	100.50	25.10	90.60
1990	6238.00	6635.00	5153.00	92.20	34.40	105.10
1991	6765.00	7100.00	5638.00	93.30	29.90	68.40
1992	7589.00	8094.00	6697.00	92.50	21.70	87.10
1993	8739.00	8956.00	7716.00	125.60	14.10	129.30
1994	9741.00	9261.00	8428.00	137.40	30.50	103.40
1995	10529.27	9535.99	8979.80	101.70	23.80	118.10
1996	10722.50	10124.06	9338.02	73.20	34.20	115.30
1997	11511.41	10894.17	9978.93	96.40	22.40	130.60
1998	11863.67	11559.00	10737.80	114.69	13.70	102.90
1999	12539.24	12426.00	12109.78	111.87	11.30	115.40
2000	13101.48	12850.00	13146.00	116.86	12.96	161.52
2001	15554.25	15163.44	16067.61	126.35	16.83	226.17
2002	17084.60	18236.61	19251.59	135.70	25.70	267.80
2003	21366.68	22233.60	24108.01	122.50	28.20	309.30
2004	26830.99	28291.09	31975.72	172.07	58.49	809.46
2005	34375.19	35323.98	37771.14	192.67	40.21	752.04
2006	41245.19	41914.85	46893.36	201.70	90.62	917.28
2007	47651.63	48928.80	56560.87	179.32	102.66	1008.11
2008	47824.42	50305.75	60460.29	322.42	95.92	962.45
2009	55283.46	57218.23	69405.40	442.07	100.83	947.10
2010	59733.34	63722.99	80276.58	433.50	97.20	946.54
2011	64050.88	68528.31	88619.57	291.50	121.60	1085.25
2012	66354.40	72388.22	95577.83	321.50	155.60	1134.07
2013	71149.88	81313.89	108200.54	428.20	140.13	1282.61

1-14 续表 9

年 份				铁合金 (万吨)	发动机 (万千瓦)	金属切削机床 (万台)	泵 (万台)
	线材	无缝钢管	焊接钢管				
1957	55.60	7.80	8.20	10.50	50.78	2.80	5.10
1963	92.40	18.40	13.70	22.50	94.94	2.22	8.50
1964	103.00	22.80	21.80	26.20	131.01	2.81	11.10
1965	107.40	29.00	30.30	33.90	205.34	3.96	15.10
1966	139.20	34.20	35.90	48.70	283.36	5.49	29.70
1967	98.10	22.70	25.00	42.50	198.72	4.07	24.70
1968	94.90	22.70	27.20	28.80	204.61	4.64	22.30
1969	118.50	34.20	37.50	46.60	299.55	8.56	28.90
1970	150.30	38.80	44.30	59.50	539.49	13.89	58.20
1971	170.10	45.20	50.30	67.00	796.35	14.57	76.40
1972	186.60	49.40	55.40	75.70	978.14	16.22	83.20
1973	218.90	53.80	66.20	85.00	1218.08	18.33	110.00
1974	189.20	47.80	67.10	69.10	1340.99	16.45	112.80
1975	216.80	56.20	65.20	76.90	1728.13	17.49	118.80
1976	195.20	49.40	69.20	65.90	1715.62	15.70	109.30
1977	215.20	62.60	65.40	73.20	2017.38	19.87	121.40
1978	290.90	81.50	86.70	93.90	2074.05	18.32	133.10
1979	360.90	91.00	89.10	117.30	2140.29	13.96	125.60
1980	443.20	96.10	120.70	99.40	1868.70	13.36	109.60
1981	462.90	91.90	129.60	79.90	1474.94	10.26	115.60
1982	414.10	101.20	149.80	88.90	1689.86	9.98	156.50
1983	445.40	115.10	159.70	108.80	2133.66	12.10	185.10
1984	509.80	127.70	172.10	127.50	2996.99	13.35	220.20
1985	598.30	139.20	181.80	149.40	4082.59	16.72	210.90
1986	632.20	146.20	229.20	159.70	3625.54	16.37	261.90
1987	691.70	162.90	244.80	184.60	4335.84	17.22	332.00
1988	798.20	178.30	223.80	208.40	5932.08	19.17	411.50
1989	882.10	194.10	214.20	238.20	5905.23	17.87	420.90
1990	999.00	211.10	220.90	244.20	5402.32	13.45	366.40
1991	1099.90	231.40	261.60	246.00	6690.23	16.39	399.20
1992	1257.10	265.60	315.40	265.00	9252.53	22.87	515.00
1993	1389.50	283.10	298.70	299.90	10080.53	26.20	663.20
1994	1571.40	303.90	413.80	336.10	12181.52	20.65	645.30
1995	1687.20	327.00	497.10	431.90	15819.00	20.34	1060.60
1996	1834.00	334.00	430.10	418.00	22152.79	17.74	887.50
1997	1953.80	360.50	566.50	404.40	20641.85	18.65	1016.60
1998	2203.10	346.90	463.90	354.06	16034.30	11.91	674.60
1999	2594.90	345.80	425.20	381.40	17801.62	14.22	736.80
2000	2635.37	414.83	518.93	402.92	18857.30	17.66	1045.60
2001	3109.71	535.68	602.44	450.82	20531.17	25.58	1539.30
2002	3562.40	608.30	701.40	483.70	28505.75	30.86	1744.70
2003	4026.70	699.90	1070.20	634.06	31851.30	30.58	2263.87
2004	5148.51	1005.65	1722.13	1173.00	31893.56	48.72	2898.40
2005	6094.74	1033.32	1567.06	1067.00	36563.46	51.14	2904.30
2006	7207.40	1528.04	1977.14	1442.75	45267.36	57.30	3752.50
2007	7919.02	1881.50	2371.30	1743.60	56641.90	64.69	5946.90
2008	8053.55	2359.86	2683.64	1991.30	54977.10	71.73	10466.70
2009	9604.13	2192.88	3100.57	2210.56	84892.52	58.55	5915.46
2010	10572.67	2549.90	3246.85	2442.83	138592.03	69.73	7815.39
2011	12461.56	2680.75	4077.68	2795.64	137099.43	88.68	9739.20
2012	13659.94	2836.70	4775.40	3129.30	136111.48	88.23	8502.00
2013	15001.38	3192.83	5319.62	3709.57	193670.93	87.55	9981.31

注：2009年起内燃机指标名称改为发动机。

1-14 续表 10

年 份	风机 (万台)	气体压缩机 (万台)	大中型拖拉机 (万台)	小型拖拉机 (万台)	两轮脚踏自行车 (万辆)
1957	5.40	0.63			80.60
1963	1.60	0.53	0.87	0.02	148.90
1964	4.20	0.85	0.98	0.09	170.50
1965	5.80	1.23	0.96	0.36	183.80
1966	5.30	1.32	1.18	1.16	205.30
1967	3.90	0.52	0.85	0.97	177.10
1968	3.50	0.35	0.89	1.11	201.10
1969	4.90	0.90	1.34	1.94	292.10
1970	6.40	0.92	3.19	5.14	368.80
1971	7.50	1.05	4.45	8.09	412.60
1972	8.20	1.52	4.93	8.95	440.40
1973	10.20	1.95	5.79	11.93	496.80
1974	11.30	2.11	6.27	13.80	519.60
1975	13.80	2.54	7.84	20.94	623.20
1976	12.70	2.10	7.37	24.00	668.10
1977	12.70	2.10	9.93	32.05	742.70
1978	20.10	2.63	11.35	32.42	854.00
1979	23.70	2.13	12.56	31.75	1009.50
1980	20.40	1.85	9.77	21.79	1302.40
1981	19.90	1.14	5.28	19.89	1745.30
1982	20.00	1.65	4.03	29.83	2420.00
1983	22.10	1.77	3.70	49.77	2758.20
1984	30.20	2.69	3.97	68.86	2861.40
1985	38.30	7.59	4.50	82.25	3227.70
1986	40.10	5.32	2.86	77.45	3568.30
1987	44.60	4.46	3.71	110.60	4116.70
1988	54.80	6.77	4.72	133.57	4140.10
1989	48.10	7.68	3.98	111.81	3676.80
1990	34.10	5.47	3.94	110.14	3141.60
1991	42.90	6.22	5.27	134.78	3676.80
1992	61.90	8.83	5.70	139.07	4083.60
1993	58.50	9.88	3.77	96.14	4149.60
1994	138.40	10.48	4.67	135.54	4364.90
1995	223.80	86.90	6.33	206.30	4472.20
1996	183.50	62.80	8.37	209.66	3361.20
1997	121.60	40.10	8.24	201.64	2999.30
1998	94.60	47.91	6.78	187.40	2312.50
1999	53.40	53.16	6.54	205.52	2397.60
2000	66.93	25.20	4.10	193.43	2906.79
2001	65.84	18.99	3.82	192.45	2902.30
2002	76.17	31.13	4.54	184.50	3957.50
2003	123.33	41.09	4.88	186.46	5451.70
2004	1215.24	7289.56	11.38	193.98	7906.22
2005	263.80	1442.72	16.33	201.01	6900.64
2006	263.96	1841.05	19.93	191.51	7886.63
2007	432.33	3093.30	20.31	213.80	7475.20
2008	1679.65	11788.17	28.44	175.80	7185.18
2009	931.72	10164.02	37.13	190.56	5757.65
2010	1376.70	15932.90	33.68	228.10	6819.48
2011	1085.10	19250.30	40.19	237.27	7169.11
2012	2162.20	25776.90	52.73	178.70	7612.85
2013	1708.60	29339.50	66.56	184.86	7545.25

注：气体压缩机中2004年包括空调压缩机，2008年包括规模以下工业。

1-14 续表 11

年 份	表 (万只)	照相机 (万台)	铁路机车 (辆)	铁路客车 (辆)	铁路货车 (万辆)	汽车 (万辆)		
							#载货汽车	轿车
1957	0.40	0.01	167	454	0.73	0.79	0.62	
1963	91.80	1.22	20	341	0.14	2.06	1.67	
1964	101.50	1.08	59	321	0.24	2.81	2.08	
1965	108.30	1.72	146	160	0.29	4.05	2.65	
1966	137.40	2.79	353	114	0.50	5.59	3.41	
1967	145.00	4.40	269	87	0.56	2.04	1.09	
1968	183.80	4.45	280	117	0.64	2.51	1.20	
1969	268.60	4.98	397	284	0.99	5.31	3.04	
1970	358.10	4.04	573	576	1.38	8.72	4.71	
1971	429.20	4.48	598	674	1.44	11.10	5.81	
1972	491.70	5.80	595	672	1.35	10.82	6.05	
1973	573.20	7.69	665	829	1.87	11.62	6.44	
1974	673.50	11.10	573	635	1.65	10.48	5.69	
1975	809.00	18.49	526	804	1.57	13.98	7.76	
1976	949.60	22.50	327	556	0.80	13.52	7.45	
1977	1152.80	24.66	293	538	0.64	12.54	7.59	
1978	1410.80	17.89	521	784	1.70	14.91	9.61	
1979	1750.40	23.81	573	856	1.60	18.57	11.67	
1980	2267.50	37.28	512	1002	1.06	22.23	13.55	0.54
1981	2906.60	62.30	398	1159	0.88	17.56	10.83	0.34
1982	3313.20	74.23	486	1153	1.06	19.63	12.18	0.51
1983	3478.10	92.56	589	1230	1.58	23.98	13.71	0.60
1984	3807.10	126.18	658	1200	1.81	31.64	18.18	0.65
1985	5447.10	178.96	746	1447	1.93	43.72	26.90	0.90
1986	7332.00	202.54	818	1522	2.06	36.98	22.91	1.17
1987	6159.40	256.70	909	1791	1.16	47.18	29.84	1.79
1988	6788.90	312.26	844	1980	2.33	64.47	40.33	2.96
1989	7559.60	245.18	680	2000	2.41	58.35	36.34	3.58
1990	8671.30	213.22	655	1866	1.86	51.40	28.97	3.50
1991	7824.90	478.18	706	1674	1.85	71.42	38.25	6.87
1992	8658.80	526.48	798	1652	2.16	106.67	47.67	16.17
1993	19290.80	1136.49	922	1847	2.90	129.85	59.79	22.29
1994	47776.80	2830.02	992	1837	3.76	136.69	66.30	26.87
1995	48191.30	3326.15	974	2395	3.73	145.27	59.60	33.70
1996	47975.60	4120.77	1050	2616	3.28	147.52	62.51	38.29
1997	29504.60	4686.89	1069	2535	3.12	158.25	57.36	48.60
1998	23642.20	5521.87	278	1576	2.35	163.00	73.56	50.71
1999	24051.50	4832.29	300	1778	1.86	183.20	83.96	57.10
2000	21430.69	5514.52	243	3244	2.73	207.00	86.29	60.70
2001	18431.60	5962.09	303	3273	3.07	234.17	89.01	70.36
2002	18391.90	5309.61	336	2856	3.13	325.10	109.20	109.20
2003	18136.85	6198.14	323	1525	3.12	444.39	112.44	207.08
2004	50154.42	7891.40	442	1867	3.17	509.11	111.56	227.63
2005	15498.86	8199.00	838	2001	3.92	570.49	149.46	277.01
2006	14178.25	8551.51	984	2143	3.93	727.89	179.76	386.94
2007	12266.55	8689.60	1002	2425	4.22	888.89	218.31	479.78
2008	11919.20	8193.03	1235	1835	5.73	930.59	202.70	503.81
2009	13306.38	8457.81	1753	7107	4.28	1379.53	308.00	748.48
2010	14631.80	9327.70	2571	7450	4.81	1826.53	391.57	957.59
2011	13162.50	8241.34	2530	6853	6.69	1841.64	324.74	1012.67
2012	15795.80	8801.71	1622	7562	5.92	1927.62	302.04	1077.00
2013	18354.82	4690.89	1351	3631	5.19	2212.09	321.50	1210.43

注：铁路客车2008年、2010年及以后年份不包括动车组产量。铁路客车1998-2004年计量单位为万千瓦。

1-14 续表 12

年 份	发电设备(万千瓦)	#水轮发电机组	交流电动机(万千瓦)	变压器(万千伏安)	家用电冰箱(万台)	家用洗衣机(万台)
1957	19.80	7.20	146.00	420.00	0.16	
1963	40.40	27.80	313.00	437.00	0.14	
1964	44.00	32.50	308.00	572.00	0.17	
1965	68.30	28.00	405.00	818.00	0.30	
1966	132.30	38.20	615.00	1303.00	0.54	
1967	61.90	5.20	496.00	999.00	0.59	
1968	137.50	30.20	460.00	650.00	0.67	
1969	203.10	69.80	810.00	1490.00	0.66	
1970	291.80	90.20	1456.00	2741.00	0.52	
1971	353.30	151.40	1831.00	3011.00	0.61	
1972	432.50	177.50	2195.00	3173.00	0.76	
1973	501.80	157.50	2717.00	3490.00	1.00	
1974	461.60	131.60	2626.00	3989.00	1.34	
1975	496.50	113.60	2799.00	4097.00	1.80	
1976	400.20	57.40	2609.00	3656.00	2.12	
1977	318.10	62.60	2696.00	3581.00	2.46	
1978	483.80	144.60	3195.00	4862.00	2.80	0.04
1979	621.20	171.70	3563.00	5823.00	3.18	1.81
1980	419.30	123.80	2570.00	4461.00	4.90	24.53
1981	139.50	63.20	2126.00	2734.00	5.56	128.08
1982	164.50	57.50	2420.00	3143.00	9.99	253.26
1983	274.00	66.90	2868.00	4228.00	18.85	365.86
1984	467.40	85.80	3051.00	5030.00	54.74	578.06
1985	563.60	140.20	3484.00	8045.00	144.81	887.20
1986	722.40	188.40	3967.00	7729.00	225.02	893.40
1987	941.10	177.70	4172.00	9297.00	401.34	990.20
1988	1109.30	198.40	4511.00	10039.00	757.63	1046.80
1989	1174.00	203.50	4096.00	9931.00	670.79	825.40
1990	1225.40	210.10	3528.00	7443.00	463.06	662.70
1991	1164.20	354.00	3825.00	7748.00	469.94	678.20
1992	1297.00	411.00	5243.00	9949.00	485.76	707.90
1993	1472.80	247.30	5450.00	14332.00	596.66	895.90
1994	1674.10	609.00	5946.00	39398.00	768.12	1094.20
1995	1667.90	297.00	6011.00	16449.00	918.54	948.40
1996	2353.50	333.80	5313.00	15104.00	979.65	1074.70
1997	2405.10	326.90	5127.00	16134.00	1044.43	1254.50
1998	1608.00		4310.00	14910.00	1060.00	1207.31
1999	1369.00	468.91	4602.00	17719.00	1210.00	1342.17
2000	1249.00	391.50	5134.20	21670.39	1279.00	1442.98
2001	1340.14	303.16	6263.27	25137.00	1351.26	1341.61
2002	2120.84	353.27	7004.80	29605.79	1598.87	1595.76
2003	3700.62	608.56	8920.00	37651.00	2242.56	1964.46
2004	9233.01	1079.56	19534.76	240476.62	3007.59	2533.41
2005	9200.00	1200.86	12934.88	63115.84	2987.06	3035.52
2006	11694.27	1834.90	15826.48	73645.50	3530.89	3560.50
2007	12990.98	2836.08	18848.22	91020.78	4397.13	4005.10
2008	13942.42	2249.05	24053.72	122165.87	4799.95	4447.00
2009	11729.25	2303.96	18710.14	126075.27	5930.45	4973.63
2010	12880.21	2033.90	23212.90	134630.40	7295.72	6247.73
2011	14410.52	2644.05	26563.92	141804.05	8699.20	6715.94
2012	13005.52	2337.95	25691.20	143132.40	8427.00	6791.12
2013	14197.66	2492.01	27900.94	157294.27	9255.74	7300.53

注：家用电冰箱1979年以前为主要电冰箱厂的电冰箱数字，1979年及以后各年为全国家用电冰箱数字。

1-14 续表 13

年 份	家用电风扇（万台）	房间空气调节器（万台）	家用吸尘器（万台）	半导体分立器件（亿只）	集成电路（万块）	彩色电视机（万台）
1957						
1963				0.02		
1964				0.04		
1965				0.12		
1966				0.28		
1967				0.34	2	
1968				0.37	8	
1969				0.66	78	
1970				1.55	423	
1971				2.32	406	0.02
1972				1.94	264	0.01
1973				1.77	186	0.07
1974				2.27	388	0.24
1975				3.15	579	0.29
1976				3.75		0.28
1977				4.52		0.25
1978	137.80	0.02	0.41	4.42	3041	0.38
1979	233.10	0.86	0.57	4.01		0.95
1980	723.70	1.32	1.48	6.96	1684	3.21
1981	1049.90	1.40	1.73	9.96	1279	15.21
1982	918.60	2.44	2.23	6.75	1352	28.81
1983	1045.70	3.45	4.43	8.22	2604	53.11
1984	1770.70	6.12	9.10	11.76	4148	133.95
1985	3174.60	12.35	8.82	14.79	6385	435.28
1986	3528.70	9.65	8.40	10.99	5720	414.60
1987	3660.70	13.22	35.34	15.14	9544	672.72
1988	4495.50	25.91	182.93	19.77	13160	1037.66
1989	4991.90	37.47	218.98	24.80	13156	940.02
1990	5799.30	24.07	71.67	33.38	10838	1033.04
1991	6219.10	63.03	68.61	54.69	17049	1205.06
1992	6837.00	158.03	112.92	67.19	16099	1333.08
1993	7387.30	346.41	149.00	95.06	20101	1435.76
1994	8613.00	393.42	321.81	167.02	48462	1689.15
1995	12966.70	682.56	805.50		551686	2057.74
1996	10291.70	786.21	879.74	187.67	388987	2537.60
1997	8171.40	974.01	976.40	313.37	255455	2711.33
1998	6724.49	1156.87	519.18	223.83	262577	3497.00
1999	6158.14	1337.64	574.99	278.76	415000	4262.00
2000	7661.61	1826.67	1010.30	511.98	588000	3936.00
2001	9616.10	2333.64	1141.17	476.91	636288	4093.70
2002	10761.33	3135.11	1611.16	593.39	963101	5155.00
2003	12980.92	4820.86	2185.35	875.45	1483100	6541.40
2004	14169.67	6390.33	5015.42	1956.43	2355100	7431.83
2005	12022.39	6764.57	4679.31	2062.90	2699700	8283.22
2006	14465.85	6849.42	5319.13	2224.70	3357500	8375.40
2007	15440.04	8014.28	6514.22	2504.60	4116200	8478.01
2008	15866.85	8147.37	8324.32	2902.10	4387700	9187.14
2009	15955.05	8078.25	6534.66	2637.38	4144000	9898.79
2010	18067.92	10887.47	7669.36	3403.80	6525000	11830.03
2011	18845.89	13912.50	8400.46	4067.78	7195200	12231.34
2012	16593.59	12398.72	8145.09	4256.30	7796100	12823.52
2013	15875.50	13069.30	8981.07	4905.17	9034600	12745.21

注：半导体器件从1995年及以后年份为半导体分立器件。

1-14 续表 14

年 份	改装汽车 (万辆)	摩托车整车 (万辆)	家用吸排油烟机 (万台)	微波炉 (万台)	电饭锅 (万个)	电话单机 (万部)
1985	11.26	91.70			511.85	274.10
1986	8.61	65.57			711.41	471.68
1987	10.90	73.77			1078.74	451.96
1988	14.91	117.18			849.02	721.64
1989	11.97	104.83			918.42	880.00
1990	11.05	97.85			711.88	880.00
1991	14.99	134.10			1183.35	1482.00
1992	22.67	204.61				1982.27
1993	26.87	355.63				2663.59
1994	22.42	535.39				5722.92
1995	27.26	825.41	522.50	99.79	2149.83	9956.36
1996	24.19	916.75	309.18	302.26	1697.55	7960.82
1997	22.13	1033.42	287.59	432.40	1642.09	8653.71
1998	21.17	829.09	258.15		1057.99	6520.48
1999	25.26	978.20	351.41	824.28	871.65	7139.93
2000	28.52	960.19	366.15	1257.16	1355.46	9597.99
2001	31.42	1041.45	456.28	1817.70	1442.47	10302.74
2002	40.80	1198.80	426.46	2270.89	2109.32	11892.42
2003	39.45	1461.34	477.25	3660.40	3691.02	12935.90
2004	59.41	1674.92	677.44	4353.33	10781.90	19515.71
2005	48.16	1690.93	730.10	4931.89	6154.14	18861.52
2006	61.82	2054.50	1118.07	5570.17	8879.82	18647.83
2007	69.17	2508.32	1216.88	6289.09	11463.29	16516.46
2008	104.94	2837.87	1709.71	6286.02	13356.50	18244.72
2009	100.20	2758.72	1714.48	6107.28	14313.89	14537.70
2010	120.36	2734.17	2028.33	6781.70	17086.20	16769.68
2011	123.57	2735.50	2032.06	6692.10	18329.40	14017.91
2012	119.19	2603.02	2235.37	6999.40	18404.80	12773.84
2013	135.07	2527.10	2783.55	7277.64	21730.79	12519.67

注：电饭锅1991年以前包括电热蒸煮器具。

1-14 续表 15

年 份	传真机 (万部)	微型计算机设备 (万台)	移动通信手持机 (万台)	程控交换机 (万线)	复印和胶版印制设备 (万台)
1985					2.37
1986		4.21			1.80
1987		5.12			1.81
1988		11.61			
1989		7.54			
1990		8.21			
1991		16.25			
1992		12.62			4.38
1993		14.66			6.06
1994		24.57			4.10
1995	136.12	83.57		2091.60	21.75
1996	137.87	138.83		2274.80	63.87
1997	162.51	206.55		2787.30	107.75
1998	128.69	291.40		4219.90	117.93
1999	159.99	405.00		4726.00	210.29
2000	196.29	672.00	5247.88	7136.00	156.63
2001	318.19	877.65	8031.66	7223.50	144.12
2002	297.29	1463.51	12146.35	5860.70	207.39
2003	746.58	3216.70	18231.37	6549.10	264.17
2004	851.16	5974.90	23751.58	7625.22	324.57
2005	1068.15	8084.89	30354.21	7720.90	403.56
2006	1188.63	9336.44	48013.79	7404.63	467.80
2007	888.53	12073.38	54857.86	5387.05	452.36
2008	749.40	15853.65	55945.10	4583.95	517.70
2009	683.51	18215.07	68193.37	4152.51	421.02
2010	181.09	24584.46	99827.36	3137.97	534.82
2011	268.13	32036.93	113257.71	3034.04	655.05
2012	263.57	31806.71	118154.57	2829.08	609.69
2013	172.08	35348.41	152343.90	2698.53	698.20

1-15 主要工业产品产量(2013年、2012年)

产品名称	计量单位	2013年	2012年
铁矿石原矿	万吨	148636.41	130963.70
铜金属含量	万吨	179.74	159.12
铅金属含量	万吨	313.49	286.10
锌金属含量	万吨	526.01	503.98
锡金属含量	万吨	13.85	8.90
锑金属含量	万吨	11.94	12.90
钨精矿折合量(折三氧化钨65%)	吨	141716.86	131141.10
钼精矿折合量(折纯钼45%)	吨	277289.64	276984.00
硫铁矿石(折含硫35%)	万吨	1703.99	1547.40
磷矿石(折含五氧化二磷30%)	万吨	11139.40	9529.60
原盐	万吨	7367.60	6911.78
大米	万吨	11798.60	10777.52
饲料	万吨	24869.55	21682.07
#配合饲料	万吨	13112.68	12108.00
混合饲料	万吨	5888.35	5849.60
精制食用植物油	万吨	5590.55	5172.97
成品糖	万吨	1592.76	1409.47
鲜、冷藏肉	万吨	3325.66	3128.20
冷冻水产品	万吨	751.51	677.40
糖果	万吨	265.58	241.90
速冻米面食品	万吨	567.87	415.82
方便面	万吨	986.31	946.70
乳制品	万吨	2636.87	2537.91
#液体乳	万吨	2353.52	2280.88
罐头	万吨	1163.62	1043.01
酱油	万吨	752.58	700.20
冷冻饮品	万吨	299.54	254.30
发酵酒精(折96度，商品量)	万千升	899.15	820.70
饮料酒	万千升	6558.26	6239.37
#白酒(折65度，商品量)	万千升	1189.01	1153.10
啤酒	万千升	4982.79	4778.58
葡萄酒	万千升	114.46	138.20
软饮料	万吨	15661.76	13024.00
#碳酸型饮料(汽水)	万吨	1760.49	1311.40
包装饮用水	万吨	6574.15	5562.80
果汁和蔬菜汁类饮料	万吨	2446.67	2228.90
精制茶	万吨	198.02	193.00
卷烟	亿支	25603.86	25160.90
纱	万吨	3200.00	2984.00
布	亿米	897.59	848.94
#色织布(含牛仔布)	亿米	24.90	23.60
#1.棉布	亿米	398.81	369.59
2.棉混纺布	亿米	123.04	112.10
3.化学纤维短纤布	亿米	176.46	166.40

1-15 续表 1

产品名称	计量单位	2013年	2012年
印染布	亿米	577.84	566.20
绒线(俗称毛线)	万吨	37.93	39.23
毛机织物(呢绒)	万米	49423.89	47872.18
无纺布(无纺织物)	万吨	301.71	216.81
帘子布	万吨	88.22	75.20
服装	万件	2765864.27	2672834.70
#1.针织服装	万件	1326548.33	1321884.10
2.梭织服装	万件	1439315.94	1350950.60
#羽绒服装	万件	30805.79	29685.40
衬衫	万件	112692.53	103424.90
轻革	万平方米	54000.52	70833.52
皮革服装	万件	6651.38	5775.40
皮革鞋靴	万双	452369.42	449662.50
人造板	万立方米	27149.33	25068.76
#胶合板	万立方米	15221.15	14106.54
纤维板	万立方米	6459.47	5554.40
刨花板	万立方米	1563.09	1289.20
人造板表面装饰板	万平方米	26549.45	28621.30
实木木地板	万平方米	8723.80	9226.60
复合木地板	万平方米	46910.56	42462.30
家具	万件	66833.02	65444.30
#木质家具	万件	22303.82	23897.00
金属家具	万件	34169.17	31353.10
软体家具	万件	4479.23	4215.90
纸浆(原生浆及废纸浆)	万吨	1610.88	1704.50
机制纸及纸板(外购原纸加工除外)	万吨	11323.06	10956.54
#未涂布印刷书写用纸	万吨	785.14	831.07
#新闻纸	万吨	364.50	389.50
箱纸板	万吨	1081.61	1236.83
纸制品	万吨	5685.97	4810.38
#瓦楞纸箱	万吨	3161.77	2811.58
硫酸(折100%)	万吨	8154.49	7876.63
盐酸(氯化氢，含量31%)	万吨	899.28	876.60
浓硝酸(折100%)	万吨	269.19	262.40
烧碱(折100%)	万吨	2927.44	2696.82
#离子膜法烧碱(折100%)	万吨	2260.74	2288.76
纯碱(碳酸钠)	万吨	2431.63	2395.93
碳化钙(电石，折300升/千克)	万吨	2287.52	1858.83
乙烯	万吨	1599.31	1486.80
纯苯	万吨	728.55	662.30
精甲醇	万吨	2988.64	2640.30
冰乙酸(冰醋酸)	万吨	454.21	430.20

1-15 续表 2

产品名称	计量单位	2013年	2012年
合成氨(无水氨)	万吨	5739.00	5528.40
农用氮、磷、钾化学肥料(折纯)	万吨	7026.18	6832.10
#1.氮肥(折含氮100%)	万吨	4832.61	4865.58
#尿素(折含氮100%)	万吨	3294.49	2885.87
2.磷肥(折五氧化二磷100%)	万吨	1673.08	1564.41
3.钾肥(折氯化钾100%)	万吨	520.48	402.11
磷酸一铵(实物量)	万吨	1774.66	1374.88
磷酸二铵(实物量)	万吨	1746.49	1545.55
化学农药原药(折有效成分100%)	万吨	303.14	290.88
初级形态塑料	万吨	6293.03	5330.92
#聚丙烯树脂	万吨	1166.85	1121.60
聚氯乙烯树脂	万吨	1410.17	1351.08
合成橡胶	万吨	480.64	397.39
合成纤维单体	万吨	2133.45	2213.64
合成纤维聚合物	万吨	1726.70	1561.40
#聚酯	万吨	1198.44	1140.30
单晶硅	万千克	3524.59	3886.34
多晶硅	万千克	12753.18	11557.75
合成洗涤剂	万吨	1094.27	933.80
#合成洗衣粉	万吨	424.62	421.10
化学药品原药	万吨	263.30	292.19
中成药	万吨	272.05	313.04
化学纤维用浆粕	万吨	188.97	189.41
化学纤维	万吨	4160.28	3837.37
#合成纤维	万吨	3735.56	3448.48
#锦纶纤维	万吨	215.12	181.52
涤纶纤维	万吨	3237.03	3038.03
腈纶纤维	万吨	69.74	69.33
维纶纤维	万吨	10.09	8.67
丙纶纤维	万吨	25.50	36.80
氨纶纤维	万吨	39.29	30.72
橡胶轮胎外胎	万条	110440.12	89370.49
#子午线轮胎外胎	万条	54960.35	46050.20
塑料制品	万吨	6938.65	5781.80
#塑料薄膜	万吨	1079.15	978.57
#农用薄膜	万吨	176.47	162.70
日用塑料制品	万吨	490.47	461.90
硅酸盐水泥熟料	万吨	137146.40	130392.11
#窑外分解窑水泥熟料	万吨	121686.40	119628.06
水泥	万吨	241923.89	220984.08
商品混凝土	万立方米	133040.47	89442.75
水泥混凝土压力管	千米	12161.53	12344.03
水泥混凝土电杆	万根	1060.35	894.70
预应力混凝土桩	万米	32038.06	26336.60

1-15 续表 3

产品名称	计量单位	2013年	2012年
瓷质砖	万平方米	701372.21	619316.14
炻瓷砖	万平方米	52513.21	44027.80
细炻砖	万平方米	24728.27	22162.50
炻质砖	万平方米	51977.28	53303.20
陶质砖	万平方米	195064.57	180934.70
天然大理石建筑板材	万平方米	21929.01	12781.20
天然花岗石建筑板材	万平方米	49486.82	41321.20
沥青和改性沥青防水卷材	万平方米	67142.80	54264.10
平板玻璃	万重量箱	79285.80	75050.50
钢化玻璃	万平方米	33620.55	29907.56
夹层玻璃	万平方米	7375.93	6132.50
中空玻璃	万平方米	6913.18	5050.40
纤维增强塑料制品	万吨	265.78	305.25
耐火材料制品	万吨	11060.85	7945.60
石墨及炭素制品	万吨	3017.84	2871.50
生铁	万吨	71149.88	66354.40
粗钢	万吨	81313.89	72388.22
铸铁件	万吨	3629.79	3196.90
铸钢件	万吨	1255.10	1106.90
钢材	万吨	108200.54	95577.83
#铁道用钢材	万吨	610.26	515.40
#轻轨	万吨	140.13	155.60
重轨	万吨	428.20	321.50
大型型钢	万吨	1282.61	1134.07
中小型型钢	万吨	5723.80	4718.32
棒材	万吨	7789.95	7451.16
钢筋	万吨	20774.38	17810.18
线材(盘条)	万吨	15001.38	13659.94
特厚板	万吨	619.24	537.08
厚钢板	万吨	2499.95	2341.56
中板	万吨	3602.39	3802.80
热轧薄板	万吨	1057.61	792.40
冷轧薄板	万吨	3231.60	2561.80
中厚宽钢带	万吨	12192.53	10870.03
热轧薄宽钢带	万吨	5444.56	5036.01
冷轧薄宽钢带	万吨	3977.09	3644.31
热轧窄钢带	万吨	5925.40	5093.20
冷轧窄钢带	万吨	1144.16	918.90
镀层板(带)	万吨	4514.46	3776.14
涂层板(带)	万吨	740.41	777.90
电工钢板(带)	万吨	826.76	658.80
无缝钢管	万吨	3192.83	2836.70
焊接钢管	万吨	5319.62	4775.40
铁合金	万吨	3709.57	3129.30
十种有色金属	万吨	4412.13	3990.33
#精炼铜(电解铜)	万吨	664.45	575.73
铅	万吨	438.64	464.70
锌	万吨	537.00	476.52
镍	万吨	28.75	18.48

1-15 续表 4

产品名称	计量单位	2013年	2012年
锡	万吨	16.40	14.81
锑品	万吨	25.67	26.66
原铝(电解铝)	万吨	2543.81	2314.14
镁	万吨	77.13	73.40
海绵钛	万吨	11.63	10.90
氧化铝	万吨	4774.96	4071.59
铝合金	万吨	488.23	480.30
铜材	万吨	1485.66	1168.00
铝材	万吨	4027.54	3073.50
金属切削工具	万件	796330.17	683413.80
金属集装箱	万立方米	10095.21	9496.50
钢绞线	万吨	521.95	369.00
锻件	万吨	968.18	781.20
粉末冶金零件	万吨	125.89	83.80
电站锅炉	蒸发量吨	471623.70	538169.50
工业锅炉	蒸发量吨	523386.97	439337.20
发动机	万千瓦	193670.93	136111.48
#汽车用发动机	万千瓦	159193.50	112900.13
电站用汽轮机	万千瓦	6922.20	7773.80
电站水轮机	万千瓦	813.85	670.60
金属切削机床	万台	87.55	88.23
#数控金属切削机床	万台	21.70	19.86
金属成形机床	万台	24.04	22.40
#数控金属成形机床(数控锻压设备)	台	30783.00	13105.00
电焊机	万台	687.11	428.20
起重机	万吨	990.30	855.60
电动车辆(电动叉车)	万台	18.72	21.10
内燃叉车	万台	22.12	24.40
泵	万台	9981.31	8502.00
#真空泵	万台	694.58	255.10
气体压缩机	万台	29339.50	25776.90
#制冷设备用压缩机	万台	28572.38	22918.90
阀门	万吨	987.11	721.40
液压元件	万件	18969.94	23954.91
气动元件	万件	37553.99	32755.15
滚动轴承	亿套	157.32	173.42
齿轮	万吨	253.07	194.80
工业电炉	台	22337.00	14633.00
风机	万台	1708.60	2162.20
#鼓风机	万台	32.53	17.50
电动手提式工具	万台	24609.89	25316.50
包装专用设备	台	90039.00	72319.00
照相机	万台	4690.89	8801.71
#数码照相机	万台	3620.14	7007.07
复印和胶版印制设备	万台	698.20	609.69
金属紧固件	万吨	706.31	547.93
弹簧	万吨	137.23	86.40
减速机	万台	596.80	540.50

1-15 续表 5

产品名称	计量单位	2013年	2012年
石油钻井设备	台套	263250.00	357959.00
挖掘、铲土运输机械	台	445363.00	410150.00
#挖掘机	台	142832.00	142162.00
压实机械	台	44291.00	40775.00
水泥专用设备	吨	907159.09	836151.90
混凝土机械	台	538151.00	517673.00
金属冶炼设备	吨	1154728.40	857884.80
金属轧制设备	吨	635859.51	646149.80
炼油、化工生产专用设备	万吨	207.17	205.46
模具	万套	1388.39	2114.30
印刷专用设备	吨	148675.07	131302.90
大中型拖拉机	台	665626.00	527287.00
小型拖拉机	万台	184.86	178.70
收获机械	台	887501.00	1071842.00
收获后处理机械	台	455279.00	429907.00
棉花加工机械	台	22630.00	32578.00
环境污染防治专用设备	台(套)	535731.00	486032.00
#大气污染防治设备	台	190847.00	107137.00
水质污染防治设备	台(套)	194245.00	86837.00
固体废弃物处理设备	台	64966.00	9593.00
噪音与振动控制设备	台	1680.00	1186.00
汽车	万辆	2212.09	1927.62
#基本型乘用车(轿车)	万辆	1210.43	1077.00
多功能乘用车(MPV)	万辆	133.79	55.26
运动型多用途乘用车(SUV)	万辆	298.73	193.23
客车	万辆	162.09	271.75
载货汽车	万辆	321.50	302.04
改装汽车	万辆	135.07	119.19
低速载货汽车	万辆	207.10	194.26
铁路机车	辆	1351.00	1622.00
动车组	辆	1605.00	1983.00
铁路客车	辆	3631.00	7562.00
铁路货车	辆	51921.00	59227.00
民用钢质船舶	万载重吨	4658.03	7967.90
摩托车整车	万辆	2527.10	2603.02
两轮脚踏自行车	万辆	7545.25	7612.85
电动自行车	万辆	2762.54	2059.03
发电机组(发电设备)	万千瓦	14197.66	13005.52
#水轮发电机组	万千瓦	2492.01	2337.95
汽轮发电机组	万千瓦	7985.00	9219.10
风力发电机组	万千瓦	2110.03	1415.66
交流电动机	万千瓦	27900.94	25691.20
变压器	万千伏安	157294.27	143132.40
高压开关板	面	2094112.00	1619805.00
低压开关板	万面	1622.10	3313.90
通信及电子网络用电缆	万对千米	4731.48	4618.50
电力电缆	万千米	4573.66	4001.90
光缆	万芯千米	24404.10	18508.70

1-15 续表 6

产品名称	计量单位	2013年	2012年
绝缘制品	吨	1747932.14	1661005.58
原电池及原电池组(非扣式)	亿只	405.42	307.30
家用电冰箱(家用冷冻冷藏箱)	万台	9255.74	8427.00
家用冷柜(家用冷冻箱)	万台	2157.06	1907.50
房间空气调节器	万台	13069.30	12398.72
家用电风扇	万台	15875.50	16593.59
家用吸排油烟机	万台	2783.55	2235.37
电饭锅	万个	21730.79	18404.80
家用电热烘烤器具	万个	18055.83	18856.10
微波炉	万台	7277.64	6999.40
家用洗衣机	万台	7300.53	6791.12
家用电热水器	万台	2789.41	2424.00
家用吸尘器	万台	8981.07	8145.09
家用燃气灶具	万台	3153.18	2857.80
家用燃气热水器	万台	1167.01	1121.30
太阳能热水器	万平方米	1767.22	1175.40
微型计算机设备	万台	35348.41	31806.71
#笔记本计算机	万台	24041.53	25289.37
显示器	万台	13631.16	12713.27
打印机	万台	7418.98	7059.20
硬盘存储器	万台	17440.96	18320.75
程控交换机	万线	2698.53	2829.08
电话单机	万部	12519.67	12773.84
传真机	万部	172.08	263.57
移动通信手持机(手机)	万台	152343.90	118154.57
彩色电视机	万台	12745.21	12823.52
#液晶(LCD)电视机	万台	12234.46	11763.92
等离子(PDP)电视机	万台	197.92	213.80
组合音响	万台	12527.94	13145.56
半导体存储器播放器(含MP3、MP4)	万个	2968.62	4674.00
数字激光音、视盘机	万台	19628.03	20493.70
电视接收机顶盒	万台	11772.08	10079.70
半导体分立器件	亿只	4905.17	4256.30
集成电路	亿块	903.46	779.61
工业自动调节仪表与控制系统	万台(套)	4707.12	2153.10
电工仪器仪表	万台	15532.24	13407.80
分析仪器及装置	万台(套)	115.59	100.10
试验机	万台	11.51	8.70
环境监测专用仪器仪表	万台	37.99	33.10
汽车仪器仪表	万台	4942.87	6661.60
表	万只	18354.82	15795.80
眼镜成镜	万副	63911.26	54620.60

1-16 全国规模以上工业主要产品生产能力(2013年、2012年)

产品名称	计量单位	2013年	2012年
天然原油	万吨	21882.88	21703.29
卷烟	亿支	37612.37	36859.53
原油加工能力	万吨	63054.74	59837.54
焦炭	万吨	65316.70	64173.70
烧碱	万吨	3524.36	3266.16
碳化钙(电石,折 300升／千克)	万吨	3103.09	2764.00
初级形态塑料	万吨	7371.44	6544.84
农用氮、磷、钾化学肥料总计(折纯)	万吨	9969.76	10139.58
化学纤维	万吨	5175.22	4596.38
水泥	万吨	337512.77	311995.57
平板玻璃	万重量箱	92786.86	85850.08
粗钢	万吨	110537.47	101378.66
钢材	万吨	145777.90	131679.23
原铝(电解铝)	万吨	3121.80	2780.81
金属切削机床	万台	117.42	108.45
汽车	万辆	2783.84	2589.60
#基本型乘用车(轿车)	万辆	1367.65	1265.99
家用电冰箱	万台	12220.09	11559.43
房间空气调节器	万台	20829.32	20766.16
移动通信手持机(手机)	万台	187987.06	154570.85
微型计算机设备	万台	46252.49	39605.93
彩色电视机	万台	19288.54	19149.53
发电设备容量总计	万千瓦	118999.44	108860.29
#火电设备容量	万千瓦	85625.09	80297.94
水电设备容量	万千瓦	24298.41	21033.86
核电设备容量	万千瓦	1485.04	1263.81
风电设备容量	万千瓦	6552.16	4808.58

二、分行业数据

2-1 规模以上工业企业

行　　业	企业单位数（个）	工业销售产值（当年价格）	出口交货值	资产总计	固定资产合　　计
总　　计	**369813**	**1019405.30**	**112824.03**	**870751.07**	**316231.10**
采矿业	**17711**	**62615.49**	**192.87**	**88145.48**	**36664.09**
煤炭开采和洗选业	7929	28886.79	112.56	49059.47	18107.70
烟煤和无烟煤开采洗选	7678	25914.11	78.43	45888.70	17161.04
褐煤开采洗选	216	2895.32	34.08	3069.87	912.24
其他煤炭采选	35	77.36	0.05	100.90	34.42
石油和天然气开采业	144	11320.41	17.35	18971.94	11702.55
石油开采	108	10350.36	0.54	17520.31	11174.83
天然气开采	36	970.05	16.82	1451.63	527.72
黑色金属矿采选业	3614	9521.46	0.09	9382.60	2834.22
铁矿采选	3359	9100.32	0.09	9092.54	2725.88
锰矿、铬矿采选	192	263.98		192.05	58.23
其他黑色金属矿采选	63	157.17		98.01	50.11
有色金属矿采选业	2108	6114.82	16.81	4727.51	1790.45
常用有色金属矿采选	1311	2979.22	12.68	2534.38	933.65
铜矿采选	322	749.30	0.76	908.27	358.22
铅锌矿采选	586	1431.84	0.49	1094.07	377.35
镍钴矿采选	27	56.03		88.51	27.07
锡矿采选	54	103.91		84.76	25.69
锑矿采选	32	47.39		26.09	11.31
铝矿采选	75	211.71		140.53	63.35
镁矿采选	100	191.40	11.42	62.12	22.25
其他常用有色金属矿采选	115	187.63	0.01	130.03	48.40
贵金属矿采选	477	2400.80	0.13	1502.37	573.53
金矿采选	443	2307.93	0.13	1446.82	550.34
银矿采选	31	87.37		49.20	18.81
其他贵金属矿采选	3	5.50		6.36	4.37
稀有稀土金属矿采选	320	734.81	4.01	690.75	283.28
钨钼矿采选	261	610.53	0.93	537.51	229.71
稀土金属矿采选	21	72.57		66.59	20.25
放射性金属矿采选	6	11.42	3.02	25.88	11.64
其他稀有金属矿采选	32	40.29	0.07	60.77	21.68
非金属矿采选业	3717	4951.26	30.04	3167.30	1164.97
土砂石开采	2679	3322.47	11.08	1420.28	627.28
石灰石、石膏开采	719	897.46		374.92	168.78
建筑装饰用石开采	612	698.88	3.32	305.56	132.86
耐火土石开采	319	354.15	2.85	181.97	85.19
粘土及其他土砂石开采	1029	1371.99	4.92	557.83	240.45

主要经济指标(大、中、小类行业)

单位：亿元

固定资产原价	累计折旧	流动资产合计	应收账款	存货	产成品	负债合计
499404.09	**208700.07**	**413490.92**	**97402.73**	**97119.22**	**34535.80**	**505694.32**
55365.40	**23809.89**	**29626.74**	**5398.95**	**3893.74**	**1610.61**	**51304.46**
23770.06	9278.74	18563.00	3239.27	2219.16	888.46	31775.22
22320.93	8605.20	16801.14	2518.93	1965.43	831.32	29451.73
1409.14	666.70	1718.90	717.01	247.81	52.19	2240.37
39.98	6.84	42.96	3.33	5.93	4.95	83.12
21938.51	10875.72	2651.99	327.57	289.46	110.79	8884.92
21237.89	10646.39	2430.60	254.13	262.76	108.74	7872.19
700.62	229.33	221.39	73.43	26.70	2.05	1012.73
3872.39	1418.91	3823.43	680.99	543.05	278.71	5220.70
3735.78	1379.85	3703.72	651.06	503.13	251.49	5072.96
79.18	28.02	83.50	22.45	23.71	16.44	91.20
57.43	11.05	36.21	7.47	16.21	10.79	56.54
2282.31	750.28	1854.53	240.85	407.49	203.02	2355.79
1165.11	371.91	1004.68	169.70	195.92	97.86	1295.52
469.26	148.45	279.56	36.17	62.53	27.61	472.83
466.93	164.15	481.36	84.92	80.13	45.58	539.90
35.07	8.70	32.88	7.66	7.66	1.68	52.78
32.65	13.15	39.33	8.98	8.01	2.31	36.31
15.41	4.87	9.23	2.75	2.12	1.70	10.05
68.03	14.41	62.67	10.14	14.58	8.55	64.82
29.76	9.04	31.93	10.26	5.13	2.57	28.11
48.01	9.13	67.73	8.82	15.77	7.86	90.73
754.17	252.42	591.70	38.72	128.23	54.01	696.76
724.90	242.98	565.91	37.64	122.39	51.37	664.91
25.38	9.00	25.13	1.04	5.61	2.63	28.18
3.89	0.44	0.66	0.04	0.22	0.01	3.68
363.03	125.94	258.15	32.43	83.34	51.15	363.51
275.39	86.43	194.63	26.15	59.38	38.71	285.48
26.58	7.02	34.74	3.79	14.68	7.33	24.14
16.16	7.81	5.82	0.60	1.68	0.26	20.84
44.91	24.69	22.97	1.89	7.60	4.84	33.05
1701.03	662.81	1309.10	242.29	212.47	120.10	1534.99
960.34	392.67	562.12	130.26	92.86	56.85	598.36
321.26	166.38	143.81	34.64	17.75	11.24	170.12
197.96	78.13	117.48	26.83	22.00	13.34	120.73
109.00	28.89	71.29	15.40	13.33	7.87	71.66
332.12	119.27	229.54	53.39	39.78	24.40	235.85

2-1 续表 1

行　　业	企业单位数（个）	工业销售产值（当年价格）	出口交货值	资产总计	固定资产合　　计
化学矿开采	346	539.89	1.86	639.27	140.79
采盐	134	345.36	1.32	761.27	265.72
石棉及其他非金属矿采选	558	743.53	15.79	346.48	131.18
石棉、云母矿采选	17	25.26	0.02	16.04	8.17
石墨、滑石采选	130	212.37	2.98	135.76	40.13
宝石、玉石采选	7	5.47		14.90	3.11
其他未列明非金属矿采选	404	500.42	12.78	179.78	79.76
开采辅助活动	180	1798.42	16.02	2821.94	1055.00
煤炭开采和洗选辅助活动	14	11.22		8.33	3.74
石油和天然气开采辅助活动	160	1783.58	16.02	2811.80	1050.70
其他开采辅助活动	6	3.62		1.81	0.56
其他采矿业	19	22.32		14.71	9.20
制造业	**343584**	**895412.20**	**112433.85**	**667608.78**	**209870.79**
农副食品加工业	23963	59643.06	3091.21	27717.15	9452.21
谷物磨制	6088	11429.92	35.67	4100.65	1654.37
饲料加工	3804	10000.28	61.40	3375.35	1123.89
植物油加工	2234	10278.67	82.30	5558.82	1248.60
食用植物油加工	2089	10039.38	77.08	5453.87	1220.42
非食用植物油加工	145	239.29	5.23	104.94	28.19
制糖业	312	1091.52	0.47	1590.49	417.31
屠宰及肉类加工	3811	12001.26	286.29	5525.95	2130.77
牲畜屠宰	1350	5031.26	60.43	2209.90	839.52
禽类屠宰	859	3234.95	115.71	1347.42	572.19
肉制品及副产品加工	1602	3735.06	110.15	1968.63	719.07
水产品加工	2139	5024.67	1638.95	2609.52	839.98
水产品冷冻加工	1457	3851.61	1484.59	2016.27	664.62
鱼糜制品及水产品干腌制加工	365	613.37	120.99	264.79	91.10
水产饲料制造	175	328.40	1.42	205.65	48.43
鱼油提取及制品制造	12	16.90	1.26	8.68	3.16
其他水产品加工	130	214.39	30.68	114.13	32.67
蔬菜、水果和坚果加工	3140	4437.35	727.51	2091.16	789.85
蔬菜加工	2125	2910.57	537.37	1276.83	532.35
水果和坚果加工	1015	1526.79	190.15	814.32	257.51
其他农副食品加工	2435	5379.38	258.61	2865.21	1247.44
淀粉及淀粉制品制造	863	3235.29	86.83	1729.56	797.36
豆制品制造	457	586.28	20.67	296.51	130.06
蛋品加工	173	224.76	4.90	85.87	37.85
其他未列明农副食品加工	942	1333.06	146.21	753.27	282.17
食品制造业	7871	18039.24	1042.66	11609.77	4039.02
焙烤食品制造	1275	2144.36	35.07	1167.75	452.54
糕点、面包制造	615	812.13	12.74	495.00	171.72
饼干及其他焙烤食品制造	660	1332.23	22.32	672.75	280.82

单位：亿元

固定资产原价	累计折旧	流动资产合计	应收账款	存货	产成品	负债合计
195.76	66.65	296.25	49.91	52.11	25.78	379.41
359.30	134.09	318.33	34.29	34.65	18.65	396.50
185.64	69.40	132.40	27.83	32.86	18.82	160.73
21.77	14.04	6.97	0.66	2.27	1.11	8.09
52.76	19.56	48.91	9.77	11.54	4.22	63.41
3.22	0.69	8.23	0.53	4.09	3.87	7.07
107.89	35.12	68.30	16.87	14.95	9.62	82.16
1789.84	821.10	1420.49	666.48	221.53	9.24	1528.19
5.52	1.78	3.09	0.94	0.76	0.39	4.26
1783.61	819.18	1416.22	665.15	220.56	8.76	1522.77
0.70	0.14	1.19	0.38	0.20	0.09	1.16
11.27	2.34	4.18	1.51	0.58	0.29	4.65
337387.34	**145123.84**	**364516.62**	**88640.66**	**91781.97**	**32787.09**	**379501.44**
17510.58	8920.10	15086.67	2142.34	4435.25	1979.45	14915.12
3555.18	2062.29	2035.66	285.32	800.15	245.69	1746.56
2177.66	1149.60	1778.55	273.83	513.23	154.67	1663.56
2618.13	1456.74	3914.44	327.75	1117.71	517.88	3813.45
2581.16	1444.33	3850.78	320.45	1096.32	504.98	3756.48
36.97	12.41	63.66	7.30	21.39	12.90	56.97
717.04	352.87	1027.94	109.36	147.17	90.84	1206.62
3411.19	1472.84	2573.53	383.98	644.89	348.98	2729.48
1257.87	496.26	1025.76	151.64	209.25	142.36	1121.22
940.54	413.07	636.21	86.50	198.44	92.68	706.32
1212.78	563.51	911.57	145.84	237.21	113.93	901.95
1638.16	871.89	1453.76	312.55	476.00	257.31	1387.50
1313.70	702.24	1110.30	248.50	381.48	213.62	1087.32
179.48	100.13	148.56	29.56	49.67	24.77	131.85
83.36	38.37	125.69	21.01	20.54	6.90	111.29
15.03	12.45	4.91	1.19	2.00	1.09	7.47
46.60	18.71	64.30	12.29	22.30	10.92	49.57
1307.41	593.50	1030.98	219.97	320.80	146.77	908.75
833.96	351.53	601.52	138.71	186.34	93.77	523.65
473.45	241.97	429.46	81.26	134.47	53.00	385.09
2085.80	960.38	1271.82	229.58	415.29	217.32	1459.19
1228.73	515.49	700.58	113.54	227.49	116.91	947.58
207.70	88.35	135.59	23.57	36.66	14.53	140.28
72.24	37.94	38.79	9.87	11.18	7.24	32.21
577.12	318.59	396.85	82.61	139.97	78.65	339.13
6157.33	2444.50	5944.04	1172.04	1268.41	553.85	5639.13
718.75	308.13	551.00	122.24	109.01	43.16	494.26
233.17	82.00	225.20	54.48	40.31	13.70	213.38
485.58	226.14	325.80	67.76	68.70	29.47	280.88

2-1 续表 2

行 业	企业单位数（个）	工业销售产值（当年价格）	出口交货值	资产总计	固定资产合 计
糖果、巧克力及蜜饯制造	763	1475.22	98.48	936.03	326.22
糖果、巧克力制造	378	1011.27	58.41	687.98	245.15
蜜饯制作	385	463.95	40.07	248.05	81.07
方便食品制造	1285	3159.51	74.38	1732.02	651.72
米、面制品制造	533	738.66	14.55	320.88	135.40
速冻食品制造	365	679.96	39.86	434.62	151.57
方便面及其他方便食品制造	387	1740.90	19.97	976.52	364.76
乳制品制造	653	2813.59	9.26	2100.58	604.04
罐头食品制造	864	1505.35	356.51	810.37	294.07
肉、禽类罐头制造	92	208.28	22.79	98.78	42.27
水产品罐头制造	44	81.19	19.12	43.51	10.99
蔬菜、水果罐头制造	673	1103.30	311.11	613.35	215.58
其他罐头食品制造	55	112.58	3.49	54.73	25.23
调味品、发酵制品制造	1105	2320.05	111.97	1910.51	772.23
味精制造	79	418.96	15.02	435.40	162.16
酱油、食醋及类似制品制造	402	804.14	14.42	547.37	213.38
其他调味品、发酵制品制造	624	1096.95	82.52	927.74	396.69
其他食品制造	1926	4621.16	356.99	2952.51	938.19
营养食品制造	225	373.91	17.96	245.19	75.91
保健食品制造	261	1243.34	22.66	692.56	152.45
冷冻饮品及食用冰制造	191	387.12	2.49	176.03	83.32
盐加工	66	115.09	0.71	114.59	52.64
食品及饲料添加剂制造	860	1859.61	237.82	1405.77	469.99
其他未列明食品制造	323	642.10	75.36	318.36	103.88
酒、饮料和精制茶制造业	5894	15149.36	246.92	13119.56	4199.19
酒的制造	2636	8313.38	60.97	8568.62	2462.13
酒精制造	150	752.23	6.18	622.14	271.40
白酒制造	1518	4973.02	34.11	4962.32	1124.75
啤酒制造	488	1811.54	14.57	2103.69	816.61
黄酒制造	91	157.58	2.29	209.90	54.45
葡萄酒制造	220	373.67	3.48	415.55	138.52
其他酒制造	169	245.34	0.35	255.02	56.39
饮料制造	1790	5321.18	109.33	3731.22	1466.11
碳酸饮料制造	175	693.94	1.47	437.90	192.58
瓶(罐)装饮用水制造	559	1041.15	0.69	634.90	290.57
果菜汁及果菜汁饮料制造	520	1190.99	90.73	1009.41	413.68
含乳饮料和植物蛋白饮料制造	230	876.00	2.66	575.40	208.97
固体饮料制造	101	489.25	10.70	291.78	64.08
茶饮料及其他饮料制造	205	1029.86	3.07	781.83	296.23

单位：亿元

固定资产原价	累计折旧	流动资产合计	应收账款	存货	产成品	负债合计
495.05	190.64	502.07	113.14	111.45	49.44	391.55
380.94	151.72	377.63	82.82	78.08	35.62	297.38
114.11	38.93	124.44	30.32	33.37	13.82	94.17
936.48	327.77	845.13	209.57	173.86	66.75	758.20
190.35	62.44	142.61	25.33	40.93	16.59	132.32
198.67	65.99	221.49	52.42	68.01	24.59	193.10
547.46	199.35	481.03	131.82	64.93	25.57	432.78
1004.78	442.04	1136.15	194.00	163.75	62.63	1143.40
476.63	201.84	429.55	88.42	156.36	98.21	457.97
56.46	15.22	43.40	8.30	14.30	6.70	39.48
17.01	7.16	28.65	5.19	10.63	6.71	25.22
340.92	141.98	336.72	70.74	124.74	81.98	362.90
62.24	37.48	20.78	4.20	6.69	2.82	30.36
1096.42	400.09	840.46	141.13	217.58	82.06	951.33
216.43	66.97	174.11	37.91	41.66	13.25	232.77
289.42	88.57	247.65	33.18	67.18	20.80	255.46
590.57	244.55	418.70	70.04	108.74	48.01	463.10
1429.22	573.99	1639.69	303.55	336.40	151.60	1442.43
111.52	40.04	129.72	25.07	36.34	14.78	97.88
225.59	89.71	465.60	71.01	58.79	30.63	344.74
134.49	53.88	72.62	13.62	17.83	8.08	95.78
92.57	44.09	48.59	12.86	9.02	5.48	71.15
727.80	299.29	738.29	139.89	163.85	75.00	684.39
137.25	46.96	184.86	41.10	50.58	17.63	148.49
6086.44	2311.67	6988.83	805.87	2098.58	717.89	6253.80
3516.58	1356.04	4860.57	387.71	1589.06	477.69	4090.02
346.62	116.88	297.81	27.29	89.33	30.03	413.72
1425.23	481.52	3258.37	239.76	1020.67	331.67	2197.79
1384.61	610.03	808.01	78.05	275.00	47.58	1061.43
82.75	35.48	113.49	8.89	75.50	33.14	97.69
203.59	85.83	214.42	25.89	104.00	26.81	189.05
73.79	26.29	168.47	7.83	24.55	8.46	130.34
2243.48	856.86	1696.34	316.75	360.14	162.31	1823.90
370.89	183.85	194.59	30.51	53.84	28.57	256.73
457.41	184.74	263.59	59.18	39.28	16.44	342.45
581.85	200.82	438.28	72.61	130.26	73.58	456.57
290.45	93.26	287.86	40.68	56.39	13.65	248.91
104.68	42.65	150.63	26.84	32.29	8.82	114.20
438.21	151.55	361.39	86.93	48.08	21.25	405.03

2-1 续表 3

行　业	企业单位数（个）	工业销售产值（当年价格）	出口交货值	资产总计	固定资产合　计
精制茶加工	1468	1514.80	76.62	819.73	270.95
烟草制品业	130	8722.41	35.98	7979.59	1236.24
烟叶复烤	43	176.53		289.56	86.62
卷烟制造	54	8431.16	30.05	7562.91	1119.23
其他烟草制品制造	33	114.72	5.93	127.12	30.39
纺织业	21166	35446.74	3922.84	22350.05	7934.12
棉纺织及印染精加工	11251	22532.98	1667.67	13664.38	5202.16
棉纺纱加工	5860	13662.99	494.41	7745.61	3182.53
棉织造加工	3654	5439.47	591.92	3501.54	1154.06
棉印染精加工	1737	3430.52	581.34	2417.23	865.57
毛纺织及染整精加工	1219	2241.62	285.07	1580.42	453.37
毛条和毛纱线加工	679	1072.98	99.91	779.23	195.23
毛织造加工	368	961.39	164.88	662.82	200.83
毛染整精加工	172	207.25	20.28	138.37	57.30
麻纺织及染整精加工	299	514.79	49.63	330.30	122.51
麻纤维纺前加工和纺纱	124	257.66	14.56	150.21	57.33
麻织造加工	166	248.35	34.60	171.97	61.15
麻染整精加工	9	8.77	0.47	8.13	4.03
丝绢纺织及印染精加工	947	1224.14	127.77	706.89	195.75
缫丝加工	472	715.61	55.51	367.42	104.92
绢纺和丝织加工	407	435.41	65.66	269.36	72.89
丝印染精加工	68	73.12	6.60	70.12	17.93
化纤织造及印染精加工	1239	1061.62	124.76	1034.47	332.72
化纤织造加工	1084	899.55	111.82	840.54	256.39
化纤织物染整精加工	155	162.07	12.94	193.93	76.33
针织或钩针编织物及其制品制造	2487	3067.07	637.28	2158.36	684.30
针织或钩针编织物织造	1848	2272.19	526.56	1601.28	489.34
针织或钩针编织物印染精加工	192	304.27	36.61	230.20	69.90
针织或钩针编织品制造	447	490.61	74.10	326.89	125.06
家用纺织制成品制造	1898	2472.31	601.27	1424.34	422.79
床上用品制造	992	1228.41	313.55	713.44	184.90
毛巾类制品制造	312	639.63	109.06	326.45	116.44
窗帘、布艺类产品制造	216	225.43	94.33	147.47	40.22
其他家用纺织制成品制造	378	378.84	84.34	236.98	81.23
非家用纺织制成品制造	1826	2332.21	429.39	1450.89	520.52
非织造布制造	852	1213.07	203.31	684.19	257.19
绳、索、缆制造	229	216.02	39.31	95.23	42.89

单位：亿元

固定资产原价	累计折旧	流动资产合计	应收账款	存货	产成品	负债合计
326.38	98.77	431.92	101.41	149.39	77.89	339.87
2296.41	1337.15	5606.47	407.55	3376.74	215.92	2025.08
153.39	81.02	176.43	17.89	50.84	47.52	45.39
2098.29	1237.61	5342.40	358.15	3298.11	156.52	1922.26
44.73	18.52	87.64	31.50	27.79	11.88	57.42
12770.92	5563.38	11815.85	2362.75	3466.14	1463.95	12406.29
8391.59	3645.70	6965.76	1200.68	2067.19	863.26	7538.26
4835.53	1969.46	3728.28	497.07	1240.07	489.38	4213.86
1972.63	903.95	1931.79	388.88	525.12	256.73	1911.87
1583.43	772.30	1305.70	314.72	301.99	117.15	1412.53
685.68	298.42	926.95	184.11	362.74	147.04	876.03
295.84	131.49	506.72	103.57	221.32	97.30	471.94
295.03	127.77	350.57	63.75	116.53	41.92	328.25
94.81	39.17	69.67	16.79	24.89	7.82	75.83
169.86	61.03	170.98	33.61	59.51	30.07	157.21
82.77	28.85	77.89	12.95	24.75	9.36	68.46
80.74	29.47	89.46	19.92	33.34	20.04	84.26
6.35	2.70	3.64	0.74	1.42	0.67	4.48
332.42	152.40	403.24	84.10	139.35	62.21	383.40
181.85	86.11	206.34	36.79	81.59	32.82	207.72
115.91	48.24	158.32	40.58	50.61	25.92	135.49
34.66	18.05	38.58	6.73	7.15	3.47	40.18
500.10	189.09	602.09	140.08	138.75	72.25	681.28
386.25	145.41	511.71	119.22	121.43	66.52	543.89
113.85	43.68	90.37	20.87	17.32	5.73	137.39
1105.91	495.49	1147.36	316.61	283.39	117.88	1220.53
839.36	401.66	878.24	247.12	225.73	93.19	944.68
98.98	40.69	99.55	18.86	18.76	7.25	102.41
167.57	53.13	169.57	50.62	38.90	17.45	173.44
721.84	340.52	839.77	187.68	227.49	92.06	819.65
298.27	126.87	436.90	117.25	112.80	48.26	371.45
256.82	148.25	177.68	21.73	50.82	19.05	178.31
59.49	21.65	94.64	19.16	26.88	10.11	89.08
107.26	43.75	130.55	29.53	36.97	14.63	180.81
863.52	380.72	759.70	215.88	187.73	79.18	729.93
466.23	224.86	352.93	110.78	84.53	34.04	329.80
60.55	20.50	46.23	14.02	12.58	5.99	41.30

2-1 续表 4

行 业	企业单位数（个）	工业销售产值（当年价格）	出口交货值	资产总计	固定资产合计
纺织带和帘子布制造	257	465.10	58.05	357.49	125.54
篷、帆布制造	183	179.18	65.79	110.05	25.06
其他非家用纺织制成品制造	305	258.84	62.93	203.93	69.84
纺织服装、服饰业	15710	19382.34	4728.30	11181.59	3105.79
机织服装制造	11356	15062.73	3241.62	8543.12	2383.45
针织或钩针编织服装制造	3310	3406.38	1215.45	2052.20	551.28
服饰制造	1044	913.23	271.23	586.28	171.06
皮革、毛皮、羽毛及其制品和制鞋业	8467	12526.52	3129.20	6852.86	1757.38
皮革鞣制加工	658	1608.74	99.04	770.73	211.60
皮革制品制造	2353	2894.36	841.84	1386.64	415.64
皮革服装制造	340	622.79	99.49	290.74	119.24
皮箱、包(袋)制造	1394	1371.34	525.96	649.54	184.99
皮手套及皮装饰制品制造	252	243.30	92.98	97.87	33.81
其他皮革制品制造	367	656.94	123.41	348.48	77.59
毛皮鞣制及制品加工	547	822.00	107.09	921.81	177.18
毛皮鞣制加工	143	274.46	11.62	99.95	37.27
毛皮服装加工	192	302.02	47.00	102.66	26.67
其他毛皮制品加工	212	245.52	48.47	719.19	113.25
羽毛(绒)加工及制品制造	487	794.48	155.51	408.67	85.01
羽毛(绒)加工	234	369.25	33.68	167.63	40.58
羽毛(绒)制品加工	253	425.23	121.84	241.04	44.43
制鞋业	4422	6406.94	1925.71	3365.01	867.96
纺织面料鞋制造	542	730.16	200.52	330.21	133.95
皮鞋制造	2636	4203.08	1289.01	2370.42	528.74
塑料鞋制造	569	601.63	177.20	210.40	65.22
橡胶鞋制造	511	642.14	149.99	348.89	110.01
其他制鞋业	164	229.93	108.98	105.09	30.04
木材加工和木、竹、藤、棕、草制品业	8879	12054.22	789.66	5246.37	2099.71
木材加工	1444	1664.22	32.75	637.62	269.04
锯材加工	647	795.15	11.57	290.06	132.06
木片加工	450	507.90	8.95	181.27	86.00
单板加工	270	293.94	7.87	132.64	36.89
其他木材加工	77	67.23	4.36	33.64	14.09
人造板制造	4777	7104.13	296.61	3074.53	1307.27
胶合板制造	3267	4374.37	246.02	1248.71	524.40
纤维板制造	554	1454.79	14.93	1143.48	465.31
刨花板制造	262	355.86	3.75	246.57	115.17
其他人造板制造	694	919.10	31.91	435.77	202.39

单位：亿元

固定资产原价	累计折旧	流动资产合计	应收账款	存货	产成品	负债合计
193.50	77.03	175.88	40.43	40.64	19.24	193.44
41.40	18.87	73.26	15.81	24.35	8.58	65.24
101.84	39.47	111.40	34.84	25.64	11.32	100.14
5065.05	2215.71	6788.75	1616.29	1874.99	919.18	5552.87
3911.09	1724.22	5134.67	1187.96	1403.92	735.83	4109.82
890.99	388.12	1303.76	334.39	375.14	145.14	1135.95
262.97	103.37	350.31	93.95	95.93	38.20	307.11
2701.53	1152.91	4392.20	1085.12	993.91	350.86	3098.76
332.91	134.43	461.52	86.82	173.30	50.94	370.79
574.10	183.09	841.84	202.90	222.61	67.38	688.50
143.32	28.58	142.37	32.82	42.45	19.18	135.21
273.35	99.58	394.94	102.45	109.37	33.10	366.96
51.52	20.39	53.89	14.83	19.71	5.44	45.01
105.91	34.54	250.64	52.80	51.09	9.66	141.31
137.87	50.02	718.14	26.82	68.92	23.58	202.68
47.77	14.34	56.39	7.70	14.78	4.14	30.99
51.31	26.50	66.20	11.92	25.63	10.17	46.18
38.79	9.17	595.55	7.20	28.50	9.28	125.51
143.62	67.71	283.13	78.69	78.88	28.84	236.47
69.33	34.43	113.00	32.22	34.55	15.70	90.51
74.29	33.28	170.13	46.46	44.33	13.14	145.95
1513.02	717.66	2087.57	689.90	450.19	180.10	1600.32
213.24	86.47	158.92	43.89	38.95	15.89	145.65
920.05	443.86	1536.95	534.96	316.23	127.82	1103.46
162.98	99.97	125.07	42.50	29.23	8.93	115.69
177.00	75.57	202.34	49.89	52.76	23.81	179.60
39.77	11.79	64.30	18.67	13.03	3.66	55.92
3512.42	1561.34	2486.56	480.99	754.09	335.35	2329.49
470.87	219.18	303.30	60.35	86.44	42.01	255.92
227.22	103.73	136.00	28.63	40.23	18.95	115.82
137.15	55.92	70.43	15.19	20.60	10.69	60.91
88.68	55.13	80.58	12.22	21.23	10.62	64.97
17.82	4.39	16.29	4.30	4.38	1.75	14.22
2160.47	945.60	1373.80	232.82	404.72	192.35	1347.44
947.76	460.49	575.36	119.09	171.21	78.09	446.54
719.45	295.58	526.59	58.66	157.40	76.20	624.12
186.69	76.30	98.90	16.14	31.18	17.74	125.03
306.58	113.23	172.95	38.92	44.93	20.31	151.75

2-1　续表 5

行　业	企业单位数（个）	工业销售产值（当年价格）	出口交货值	资产总计	固定资产合计
木制品制造	1926	2578.86	313.56	1243.13	415.53
建筑用木料及木材组件加工	456	687.11	87.53	269.92	103.54
木门窗、楼梯制造	293	317.30	17.67	188.92	70.99
地板制造	420	759.25	98.08	436.65	116.94
木制容器制造	262	262.84	13.50	129.68	37.46
软木制品及其他木制品制造	495	552.36	96.77	217.96	86.59
竹、藤、棕、草等制品制造	732	707.00	146.74	291.09	107.87
竹制品制造	584	579.35	117.46	235.04	86.10
藤制品制造	29	19.61	4.70	5.54	1.60
棕制品制造	10	4.29	0.25	3.16	0.85
草及其他制品制造	109	103.75	24.33	47.35	19.32
家具制造业	5078	6618.17	1452.47	4176.54	1271.40
木质家具制造	3242	4201.22	736.98	2534.79	799.31
竹、藤家具制造	77	112.56	27.59	75.43	16.13
金属家具制造	961	1286.11	412.50	945.00	270.51
塑料家具制造	84	93.20	41.85	57.16	17.08
其他家具制造	714	925.07	233.55	564.16	168.36
造纸和纸制品业	7063	12976.59	570.08	12847.48	5133.92
纸浆制造	50	133.54	0.18	314.02	151.54
木竹浆制造	30	90.74		227.68	121.19
非木竹浆制造	20	42.80	0.18	86.34	30.35
造纸	3056	7590.06	321.92	9255.86	3871.64
机制纸及纸板制造	2711	7202.04	310.88	8929.20	3781.33
手工纸制造	56	58.36	2.07	43.63	13.33
加工纸制造	289	329.66	8.97	283.04	76.98
纸制品制造	3957	5252.99	247.98	3277.59	1110.74
纸和纸板容器制造	2463	3229.30	118.26	1871.24	624.00
其他纸制品制造	1494	2023.68	129.73	1406.35	486.74
印刷和记录媒介复制业	5070	6063.27	394.70	4606.26	1575.13
印刷	4885	5875.57	373.04	4447.85	1515.97
书、报刊印刷	793	980.53	69.21	865.03	332.46
本册印制	219	344.97	60.91	200.30	70.67
包装装潢及其他印刷	3873	4550.08	242.92	3382.52	1112.84
装订及印刷相关服务	136	131.12	7.69	89.79	30.44
记录媒介复制	49	56.57	13.97	68.62	28.72
文教、工美、体育和娱乐用品制造业	8139	12693.76	3914.86	6410.78	1649.44
文教办公用品制造	744	804.71	192.03	469.92	133.46
文具制造	350	391.74	109.26	253.06	65.93
笔的制造	248	251.24	70.30	126.33	39.76
教学用模型及教具制造	75	105.79	4.96	55.74	15.71
墨水、墨汁制造	12	14.91	0.40	7.25	2.56
其他文教办公用品制造	59	41.03	7.10	27.54	9.49

单位：亿元

固定资产原价	累计折旧	流动资产合计	应收账款	存货	产成品	负债合计
739.27	351.02	661.09	147.75	217.61	79.25	593.90
194.94	98.21	124.74	22.89	45.33	17.92	125.45
97.67	34.03	92.97	25.23	26.96	8.18	89.97
204.25	95.10	265.19	50.53	96.08	36.35	213.75
59.27	22.94	70.80	21.91	14.97	4.84	65.03
183.14	100.74	107.41	27.18	34.27	11.97	99.70
141.82	45.55	148.36	40.06	45.32	21.74	132.24
113.81	37.79	118.37	35.58	39.54	18.96	113.17
2.45	0.88	3.45	0.77	0.92	0.37	2.56
1.20	0.37	2.14	0.46	1.02	0.48	1.17
24.37	6.51	24.40	3.26	3.84	1.93	15.33
2062.61	885.10	2378.88	526.21	658.86	247.57	2132.39
1328.84	590.13	1388.95	279.16	424.35	177.39	1252.39
20.09	6.19	49.66	6.62	10.20	2.79	51.87
400.36	144.16	575.94	151.83	126.40	35.55	495.13
27.05	10.85	32.41	9.23	8.80	3.31	30.59
286.26	133.77	331.91	79.37	89.12	28.53	302.39
7785.27	3051.91	5854.84	1409.48	1153.99	448.89	7398.12
213.56	87.94	86.59	5.73	23.56	9.31	206.58
160.61	65.25	67.23	2.69	15.60	4.71	155.32
52.95	22.69	19.36	3.04	7.95	4.60	51.27
5771.58	2189.75	3958.85	811.81	763.78	299.27	5464.54
5629.14	2132.68	3774.79	765.26	731.62	285.08	5297.41
16.17	4.75	26.66	5.41	5.23	2.41	27.67
126.27	52.31	157.39	41.14	26.94	11.77	139.47
1800.13	774.22	1809.41	591.94	366.65	140.31	1726.99
1097.27	514.38	1036.37	361.52	203.39	70.32	975.12
702.86	259.84	773.03	230.42	163.26	69.99	751.87
2723.61	1255.27	2446.18	709.04	484.45	187.13	2217.49
2610.67	1198.71	2361.13	685.60	470.69	182.17	2146.89
621.32	309.92	429.44	117.32	91.91	33.68	446.21
126.04	61.44	97.06	27.16	17.88	7.47	98.47
1863.31	827.35	1834.64	541.13	360.91	141.03	1602.21
51.48	23.99	49.70	13.14	8.08	2.98	44.44
61.46	32.57	35.35	10.30	5.68	1.98	26.16
2614.88	1082.26	4105.44	1046.63	1441.11	667.79	3411.83
219.46	101.23	281.69	69.01	76.81	34.09	239.80
102.44	46.60	156.39	39.40	41.70	19.41	140.76
68.71	31.45	73.56	15.92	25.47	10.09	69.75
30.07	15.44	32.86	9.52	5.26	2.72	16.00
6.47	3.92	4.40	0.83	1.01	0.39	1.98
11.77	3.83	14.47	3.34	3.38	1.48	11.31

2-1 续表 6

行 业	企业单位数（个）	工业销售产值（当年价格）	出口交货值	资产总计	固定资产合 计
乐器制造	227	299.20	90.84	196.79	59.74
中乐器制造	31	35.66	8.64	11.98	5.54
西乐器制造	123	161.64	51.64	140.43	41.16
电子乐器制造	28	59.95	26.08	27.07	7.71
其他乐器及零件制造	45	41.96	4.48	17.31	5.32
工艺美术品制造	4555	8349.91	2249.98	3961.68	928.31
雕塑工艺品制造	664	805.47	89.13	340.68	112.00
金属工艺品制造	413	461.55	103.93	273.28	85.71
漆器工艺品制造	130	173.89	34.86	103.46	37.81
花画工艺品制造	159	212.28	88.09	75.30	31.83
天然植物纤维编织工艺品制造	618	690.37	282.23	205.60	83.05
抽纱刺绣工艺品制造	647	861.88	253.19	399.07	138.60
地毯、挂毯制造	345	568.40	128.34	344.07	116.33
珠宝首饰及有关物品制造	431	3176.81	762.52	1595.48	121.66
其他工艺美术品制造	1148	1399.26	507.69	624.74	201.32
体育用品制造	977	1144.78	479.43	670.44	206.52
球类制造	138	151.82	38.28	83.50	24.32
体育器材及配件制造	261	326.89	146.41	199.47	64.39
训练健身器材制造	255	291.16	116.35	175.09	45.84
运动防护用具制造	117	115.59	55.69	54.27	14.75
其他体育用品制造	206	259.32	122.70	158.10	57.22
玩具制造	1422	1751.31	806.32	891.68	256.63
游艺器材及娱乐用品制造	214	343.85	96.26	220.26	64.78
露天游乐场所游乐设备制造	72	91.35	25.33	81.24	27.71
游艺用品及室内游艺器材制造	78	147.61	44.29	68.75	17.17
其他娱乐用品制造	64	104.90	26.64	70.28	19.90
石油加工、炼焦和核燃料加工业	2081	40168.42	553.42	23169.70	8927.19
精炼石油产品制造	1387	34308.69	530.09	15662.04	6250.51
原油加工及石油制品制造	1327	34218.60	530.09	15612.17	6235.30
人造原油制造	60	90.09		49.87	15.21
炼焦	689	5712.17	23.33	7276.31	2539.49
化学原料和化学制品制造业	25040	75771.09	3984.60	61317.66	24558.44
基础化学原料制造	6073	22781.73	927.08	19415.62	8563.15
无机酸制造	489	1007.52	41.65	670.25	280.73
无机碱制造	255	1665.54	58.51	2395.62	1250.13
无机盐制造	1212	2425.04	99.58	2284.52	971.01
有机化学原料制造	2830	14949.03	626.73	11482.77	4859.58
其他基础化学原料制造	1287	2734.61	100.62	2582.46	1201.70

单位：亿元

固定资产原价	累计折旧	流动资产合计	应收账款	存货	产成品	负债合计
100.09	43.57	116.85	21.05	46.56	13.09	82.68
7.57	2.77	6.34	1.11	2.99	1.08	4.81
66.81	27.27	82.07	12.81	34.26	8.48	60.33
14.90	7.79	18.16	4.65	5.98	2.33	9.87
10.81	5.73	10.27	2.48	3.32	1.20	7.67
1451.31	588.00	2638.23	671.21	989.19	504.23	2196.09
184.79	82.02	181.05	34.79	61.22	25.58	129.98
112.36	36.14	162.50	40.33	56.58	28.67	145.00
45.67	9.58	56.35	10.53	21.58	9.66	40.61
65.00	36.03	32.18	7.54	7.55	3.37	28.32
134.84	56.35	106.10	31.03	23.98	11.90	84.55
242.15	112.35	216.85	50.72	49.51	20.36	210.95
190.88	81.58	195.33	43.18	62.05	29.32	187.77
193.72	78.44	1327.57	369.36	590.43	339.06	1083.60
281.89	95.52	360.29	83.74	116.30	36.30	285.31
326.54	135.70	409.06	118.26	124.21	45.71	343.49
36.38	13.55	48.74	11.90	19.70	7.57	36.44
92.34	31.75	121.17	34.82	39.89	14.56	97.66
73.81	32.45	115.50	35.94	24.78	8.47	99.81
32.10	18.82	35.80	11.61	13.80	5.01	30.84
91.91	39.12	87.86	24.00	26.05	10.10	78.75
429.48	188.42	540.28	144.11	168.16	59.01	438.85
87.99	25.33	119.33	23.00	36.17	11.66	110.92
34.40	7.74	42.76	8.75	10.85	2.35	40.40
27.00	10.13	37.38	7.01	13.47	4.05	35.36
26.59	7.46	39.20	7.24	11.85	5.27	35.15
15122.87	6894.85	10626.29	1199.76	4073.82	1112.57	15299.92
11406.20	5503.10	6983.07	656.14	3265.08	750.45	9494.03
11389.39	5499.67	6960.32	652.56	3258.10	746.90	9473.21
16.81	3.44	22.76	3.59	6.98	3.55	20.83
3557.63	1329.72	3556.68	528.97	757.80	333.81	5621.37
38379.55	15766.29	27382.19	5568.16	5965.54	2535.52	35600.54
13153.18	5215.49	7767.85	1232.87	1619.01	626.70	11795.42
447.17	194.86	302.39	55.75	66.54	26.54	359.92
1677.41	531.84	750.90	104.15	134.35	47.71	1626.19
1296.36	471.67	996.64	154.98	221.42	106.47	1390.03
7905.52	3277.16	4745.82	713.98	1005.58	368.88	6963.29
1826.72	739.96	972.11	204.00	191.13	77.09	1455.98

2-1 续表 7

行 业	企业单位数(个)	工业销售产值(当年价格)	出口交货值	资产总计	固定资产合 计
肥料制造	2418	8326.86	121.23	9718.35	4187.60
氮肥制造	353	2606.20	47.61	4600.40	2361.99
磷肥制造	231	799.20	55.28	1047.75	444.00
钾肥制造	60	265.90		924.42	326.01
复混肥料制造	1209	3864.60	15.35	2685.74	895.17
有机肥料及微生物肥料制造	484	672.17	1.52	381.85	114.57
其他肥料制造	81	118.78	1.47	78.19	45.87
农药制造	857	2803.86	375.35	1951.40	642.70
化学农药制造	724	2524.71	365.18	1781.01	575.81
生物化学农药及微生物农药制造	133	279.15	10.17	170.39	66.89
涂料、油墨、颜料及类似产品制造	3306	5609.90	299.03	3832.75	1051.81
涂料制造	2012	3470.03	108.34	2163.36	548.90
油墨及类似产品制造	343	349.15	29.35	294.39	65.80
颜料制造	409	740.99	75.15	555.30	207.31
染料制造	340	814.34	76.63	649.99	178.25
密封用填料及类似品制造	202	235.40	9.55	169.71	51.55
合成材料制造	2800	13697.14	771.75	10578.92	4384.99
初级形态塑料及合成树脂制造	1712	8194.35	484.77	6615.17	2907.50
合成橡胶制造	360	1283.57	59.77	767.65	274.10
合成纤维单(聚合)体制造	212	3260.57	161.68	2438.04	940.91
其他合成材料制造	516	958.66	65.54	758.06	262.49
专用化学产品制造	6821	16891.83	982.93	12121.41	4622.98
化学试剂和助剂制造	2619	5471.27	246.32	3335.98	1106.52
专项化学用品制造	2088	6840.48	300.30	3798.02	1408.86
林产化学产品制造	513	703.22	39.48	299.10	101.88
信息化学品制造	504	2102.43	307.45	3338.94	1581.03
环境污染处理专用药剂材料制造	212	323.62	28.87	223.65	44.22
动物胶制造	71	111.71	2.92	60.30	27.10
其他专用化学产品制造	814	1339.10	57.58	1065.43	353.37
炸药、火工及焰火产品制造	1363	1875.66	233.41	1223.10	455.75
炸药及火工产品制造	268	597.72	13.01	871.80	281.73
焰火、鞭炮产品制造	1095	1277.94	220.40	351.30	174.01
日用化学产品制造	1402	3784.10	273.82	2476.11	649.46
肥皂及合成洗涤剂制造	374	1510.48	53.61	877.11	219.82
化妆品制造	362	1064.98	97.90	742.03	171.09
口腔清洁用品制造	48	160.69	20.25	152.96	31.77
香料、香精制造	348	547.10	80.01	445.35	129.09
其他日用化学产品制造	270	500.86	22.06	258.66	97.69

单位：亿元

固定资产原价	累计折旧	流动资产合计	应收账款	存货	产成品	负债合计
5955.99	2395.31	3802.26	418.65	947.34	413.61	6244.68
3145.26	1175.27	1480.99	116.50	281.13	106.16	3061.59
525.63	174.53	430.35	68.89	117.19	69.39	719.51
368.66	98.71	283.03	21.38	70.12	31.03	595.55
1662.11	842.20	1343.23	142.35	424.15	178.15	1668.24
199.44	93.97	239.41	64.55	44.42	25.02	155.68
54.90	10.64	25.24	4.98	10.34	3.87	44.11
1192.54	585.67	961.71	188.51	275.41	132.53	1059.58
1096.72	549.57	888.22	175.14	256.25	123.75	977.38
95.82	36.11	73.49	13.38	19.16	8.78	82.20
1803.65	844.93	2315.55	775.59	485.72	211.97	1869.92
1023.63	512.41	1351.60	487.13	251.62	103.45	1042.66
113.19	51.01	191.94	77.77	38.26	15.73	122.90
331.15	143.80	275.42	66.76	74.26	38.52	307.37
258.94	107.92	403.26	112.01	100.10	46.62	315.19
76.74	29.79	93.33	31.91	21.48	7.66	81.80
7229.10	3056.21	4694.08	1021.94	1073.82	424.38	6517.57
4495.93	1739.99	2805.54	668.17	623.21	264.03	4042.23
668.61	417.80	371.02	78.90	75.10	33.64	434.74
1679.25	768.22	1137.62	156.76	289.43	90.02	1645.83
385.31	130.20	379.90	118.11	86.07	36.69	394.76
7351.18	2957.61	5794.35	1424.96	1176.12	538.50	6451.89
1856.12	871.93	1802.83	474.06	356.14	164.29	1728.19
2127.91	831.01	1883.34	417.31	447.54	203.75	1972.65
146.39	59.05	156.07	34.30	51.59	31.47	131.92
2231.44	764.76	1328.83	313.11	202.32	84.31	1969.46
95.74	53.52	147.51	51.82	19.34	7.90	121.89
43.89	18.80	26.50	4.78	10.88	4.81	26.63
849.69	358.55	449.26	129.59	88.31	41.98	501.14
597.68	199.19	513.54	112.75	97.92	46.42	502.13
369.38	132.04	383.15	69.64	65.52	24.98	393.28
228.30	67.14	130.39	43.11	32.40	21.44	108.85
1096.22	511.88	1532.84	392.88	290.19	141.43	1159.36
430.38	235.08	550.74	111.43	92.27	42.89	429.91
265.43	113.83	486.53	152.18	86.56	43.45	360.64
58.96	27.93	94.94	19.49	17.98	10.03	61.24
183.11	66.24	264.83	73.90	61.19	28.73	188.25
158.34	68.79	135.81	35.88	32.19	16.34	119.31

2-1 续表 8

行业	企业单位数(个)	工业销售产值(当年价格)	出口交货值	资产总计	固定资产合计
医药制造业	6839	20129.16	1184.17	18450.01	5370.51
化学药品原料药制造	1250	3618.03	572.73	3629.65	1250.18
化学药品制剂制造	1116	5502.69	151.72	5517.46	1382.40
中药饮片加工	866	1299.33	25.54	811.92	262.69
中成药生产	1555	4969.50	48.22	4551.00	1169.79
兽用药品制造	492	938.60	33.27	519.49	192.54
生物药品制造	889	2414.74	194.14	2447.80	720.06
卫生材料及医药用品制造	671	1386.26	158.56	972.69	392.85
化学纤维制造业	2002	6974.78	479.24	6205.37	2122.89
纤维素纤维原料及纤维制造	362	1994.08	185.79	1869.82	710.94
化纤浆粕制造	79	202.06	7.80	198.49	68.38
人造纤维(纤维素纤维)制造	283	1792.02	178.00	1671.33	642.56
合成纤维制造	1640	4980.70	293.45	4335.55	1411.95
锦纶纤维制造	176	648.18	39.48	579.47	197.09
涤纶纤维制造	798	3541.37	209.17	2954.10	900.35
腈纶纤维制造	18	76.85	0.98	135.06	50.45
维纶纤维制造	9	31.47	5.71	79.10	43.18
丙纶纤维制造	62	60.22	3.94	43.15	10.28
氨纶纤维制造	56	212.88	24.59	302.04	139.50
其他合成纤维制造	521	409.74	9.58	242.62	71.09
橡胶和塑料制品业	17659	27639.65	3713.67	18641.13	6482.12
橡胶制品业	3199	8783.06	1537.71	6236.20	2557.72
轮胎制造	574	5207.67	1153.84	4044.23	1812.59
橡胶板、管、带制造	836	1179.46	76.15	806.67	267.26
橡胶零件制造	707	881.11	121.43	564.47	210.11
再生橡胶制造	175	235.62	1.94	103.54	43.62
日用及医用橡胶制品制造	239	432.12	88.51	194.88	67.81
其他橡胶制品制造	668	847.09	95.84	522.41	156.33
塑料制品业	14460	18856.59	2175.96	12404.93	3924.40
塑料薄膜制造	1566	2400.77	259.92	1851.44	619.92
塑料板、管、型材制造	2777	4605.00	223.47	3058.54	950.80
塑料丝、绳及编织品制造	1982	2524.88	108.65	1097.97	421.02
泡沫塑料制造	807	830.24	43.78	446.09	138.96
塑料人造革、合成革制造	528	1155.66	84.54	752.83	225.49
塑料包装箱及容器制造	1473	1584.88	125.85	1476.30	497.30
日用塑料制品制造	1533	1503.12	467.78	903.03	274.74
塑料零件制造	1330	1460.39	340.96	1047.99	280.08
其他塑料制品制造	2464	2791.64	521.01	1770.74	516.10

单位：亿元

固定资产原价	累计折旧	流动资产合计	应收账款	存货	产成品	负债合计
8218.48	3500.51	9965.17	2233.95	2240.20	971.56	8112.30
1958.93	854.44	1740.44	385.89	429.53	196.66	1824.32
2034.56	819.18	3264.42	768.53	687.70	309.80	2516.15
395.77	161.71	448.40	145.56	129.12	59.65	368.88
1844.26	815.87	2540.69	526.46	602.39	234.56	1893.69
330.02	155.38	250.04	54.96	49.13	23.96	200.37
1175.70	545.61	1255.96	221.51	242.13	89.13	908.34
479.25	148.32	465.23	131.04	100.21	57.80	400.55
3306.75	1411.71	3143.15	436.46	789.99	403.73	3942.19
1094.09	470.54	907.95	115.49	266.72	107.04	1238.38
107.24	53.94	101.39	16.36	33.07	17.73	150.23
986.85	416.60	806.56	99.12	233.65	89.31	1088.14
2212.67	941.16	2235.20	320.97	523.27	296.69	2703.81
281.92	105.67	325.39	53.25	71.41	40.03	376.04
1405.57	602.59	1512.24	194.12	361.96	210.30	1836.77
93.84	44.86	59.17	5.79	16.53	9.49	106.49
59.34	25.26	22.75	2.71	7.17	3.50	50.24
14.40	5.57	29.85	6.64	5.69	2.22	27.95
249.34	117.24	139.57	21.45	31.12	15.05	146.07
108.27	39.97	146.24	37.03	29.37	16.11	160.26
10485.57	4629.19	10069.50	2870.31	2373.21	1003.67	9490.53
4090.26	1786.59	3064.10	857.71	734.02	348.07	3250.17
2714.16	1069.27	1862.08	444.62	471.59	226.94	2248.28
408.09	162.46	448.54	154.38	85.49	41.25	366.41
391.74	219.41	310.51	114.53	70.92	28.41	237.25
63.99	25.29	47.25	12.49	12.70	6.96	48.35
262.25	199.95	104.01	23.92	34.26	16.20	99.83
250.03	110.21	291.71	107.78	59.07	28.30	250.05
6395.31	2842.60	7005.40	2012.59	1639.18	655.60	6240.36
1005.93	464.37	998.38	224.17	212.36	83.13	977.55
1484.19	641.88	1709.61	462.97	392.23	200.67	1456.95
665.91	276.11	568.98	146.69	125.55	56.30	490.46
223.57	95.05	261.34	94.84	51.37	24.71	232.96
369.73	161.05	449.65	102.74	106.18	33.01	455.42
855.02	386.92	753.96	216.66	202.75	45.15	668.67
481.01	224.10	518.86	147.70	136.72	48.39	477.27
523.54	257.65	669.96	256.27	147.15	64.92	564.46
786.40	335.47	1074.67	360.57	264.89	99.32	916.63

2-1 续表 9

行业	企业单位数(个)	工业销售产值(当年价格)	出口交货值	资产总计	固定资产合计
非金属矿物制品业	32174	52253.06	1785.89	41451.58	16778.62
水泥、石灰和石膏制造	4312	10691.38	20.23	13246.80	6589.63
水泥制造	3680	9957.55	19.59	12877.67	6431.12
石灰和石膏制造	632	733.83	0.64	369.13	158.51
石膏、水泥制品及类似制品制造	8058	9956.34	30.44	7776.66	2334.13
水泥制品制造	6340	7651.61	13.04	6207.24	1716.74
砼结构构件制造	749	963.56	4.07	688.80	229.73
石棉水泥制品制造	83	219.76	0.14	126.92	60.30
轻质建筑材料制造	587	815.21	8.12	563.67	244.11
其他水泥类似制品制造	299	306.20	5.06	190.02	83.25
砖瓦、石材等建筑材料制造	8886	12424.10	348.13	6425.99	2713.73
粘土砖瓦及建筑砌块制造	3250	3091.12	4.19	1378.61	663.31
建筑陶瓷制品制造	1463	3983.43	99.44	2078.33	937.30
建筑用石加工	2219	2825.80	185.93	1349.40	528.79
防水建筑材料制造	490	786.08	7.56	422.38	126.58
隔热和隔音材料制造	549	637.48	14.98	396.55	174.67
其他建筑材料制造	915	1100.19	36.04	800.72	283.08
玻璃制造	636	1332.74	116.01	2007.40	752.52
平板玻璃制造	229	749.45	43.13	1506.87	577.77
其他玻璃制造	407	583.30	72.88	500.54	174.75
玻璃制品制造	2080	3584.33	367.13	2898.70	1041.79
技术玻璃制品制造	476	1068.37	109.05	1133.87	398.62
光学玻璃制造	252	455.84	123.04	391.84	138.52
玻璃仪器制造	68	149.69	3.65	63.04	25.35
日用玻璃制品制造	519	651.49	73.79	429.97	158.44
玻璃包装容器制造	354	713.02	15.56	431.39	179.49
玻璃保温容器制造	46	49.66	7.40	42.10	14.87
制镜及类似品加工	71	74.71	7.50	71.31	21.15
其他玻璃制品制造	294	421.55	27.14	335.18	105.35
玻璃纤维和玻璃纤维增强塑料制品制造	1188	2059.76	133.34	1698.15	770.79
玻璃纤维及制品制造	761	1320.32	108.60	1221.30	621.07
玻璃纤维增强塑料制品制造	427	739.43	24.73	476.85	149.72
陶瓷制品制造	2062	3188.22	427.89	1685.20	673.30
卫生陶瓷制品制造	323	516.39	75.62	382.90	142.30
特种陶瓷制品制造	611	1201.34	65.32	626.06	257.27
日用陶瓷制品制造	711	931.84	169.56	444.00	172.95
园林、陈设艺术及其他陶瓷制品制造	417	538.64	117.40	232.24	100.78
耐火材料制品制造	2351	4595.95	182.99	2572.82	804.37
石棉制品制造	121	151.53	1.43	65.21	35.71
云母制品制造	50	55.94	4.79	18.79	7.72
耐火陶瓷制品及其他耐火材料制造	2180	4388.48	176.78	2488.81	760.94

单位：亿元

固定资产原价	累计折旧	流动资产合计	应收账款	存货	产成品	负债合计
24588.60	9016.54	19241.15	5253.59	3838.01	1674.95	22711.80
9026.04	2874.08	4782.84	770.80	854.43	238.30	7992.23
8754.24	2746.85	4619.14	718.04	829.60	225.69	7800.21
271.80	127.23	163.70	52.76	24.83	12.60	192.02
3650.97	1489.99	4742.23	2090.60	635.67	266.76	4722.57
2743.70	1158.73	3967.06	1850.91	495.00	199.94	3911.91
364.83	148.62	395.57	143.61	77.42	37.63	411.22
103.03	43.43	54.52	4.00	3.81	1.67	52.46
327.60	103.37	232.41	51.31	43.68	21.33	245.53
111.81	35.84	92.67	40.77	15.76	6.19	101.45
4229.57	1708.13	2888.89	687.09	746.75	417.78	2844.06
1000.53	389.38	537.77	130.42	99.49	56.32	510.86
1618.94	744.64	893.46	152.26	317.63	196.22	1056.38
738.94	241.45	608.75	131.91	179.45	92.65	522.35
199.27	85.21	237.69	80.36	41.55	20.18	201.81
242.62	79.79	179.56	52.22	37.49	18.05	153.27
429.26	167.67	431.67	139.92	71.14	34.36	399.40
1133.50	431.73	841.27	100.86	197.26	86.02	1211.77
871.95	331.78	602.45	43.66	140.87	63.40	948.40
261.54	99.95	238.82	57.20	56.38	22.63	263.37
1672.86	693.11	1425.09	373.66	351.95	148.83	1545.06
555.92	183.07	562.15	177.56	134.83	39.85	610.06
237.59	96.67	204.72	49.78	43.20	19.58	215.20
61.45	37.12	29.36	6.55	5.46	3.09	28.81
254.85	106.17	216.28	43.92	55.16	28.49	242.12
346.01	180.71	204.94	38.45	72.14	37.37	252.24
15.99	4.34	19.49	4.66	6.04	2.90	23.89
25.99	10.52	44.01	9.98	8.03	4.56	37.52
175.05	74.51	144.15	42.78	27.09	12.99	135.22
1159.21	445.62	731.16	217.06	134.10	71.08	837.80
894.44	321.53	459.04	128.20	92.99	51.64	607.94
264.76	124.09	272.12	88.86	41.11	19.45	229.85
1003.67	379.94	774.75	186.48	223.08	116.32	722.18
219.51	86.63	194.00	40.14	60.93	27.70	189.90
404.51	163.21	268.76	80.71	65.74	32.66	223.46
245.12	88.35	202.68	42.18	66.28	37.75	208.53
134.53	41.75	109.31	23.46	30.13	18.21	100.29
1177.47	432.01	1441.21	446.95	286.95	161.26	1195.87
43.95	10.43	25.61	7.80	5.64	2.56	17.75
10.04	3.06	8.13	2.46	3.18	1.51	8.35
1123.49	418.52	1407.47	436.69	278.13	157.20	1169.77

2-1 续表 10

行　业	企业单位数（个）	工业销售产值（当年价格）	出口交货值	资产总计	固定资产合　计
石墨及其他非金属矿物制品制造	2601	4420.25	159.71	3139.87	1098.36
石墨及碳素制品制造	952	1990.76	95.08	1507.44	530.47
其他非金属矿物制品制造	1649	2429.49	64.64	1632.43	567.90
黑色金属冶炼和压延加工业	11010	72197.85	2308.04	64725.45	24965.19
炼铁	413	3112.40	11.07	2648.06	943.52
炼钢	242	8469.96	265.06	9506.71	3932.87
黑色金属铸造	3972	6415.63	297.37	3207.34	1337.08
钢压延加工	4845	49770.20	1695.94	46451.59	17602.39
铁合金冶炼	1538	4429.67	38.60	2911.76	1149.33
有色金属冶炼和压延加工业	7343	42667.56	1226.85	32337.92	10906.05
常用有色金属冶炼	1602	14541.88	216.65	15655.95	5629.04
铜冶炼	278	5288.19	74.70	4066.23	1003.83
铅锌冶炼	456	2564.48	67.87	2127.85	654.40
镍钴冶炼	102	1102.35	25.14	2376.78	677.29
锡冶炼	64	359.32	9.45	549.94	156.96
锑冶炼	71	248.02	18.30	129.21	66.71
铝冶炼	301	4017.47	8.23	5375.98	2709.21
镁冶炼	125	281.41	8.31	291.49	115.16
其他常用有色金属冶炼	205	680.64	4.66	738.46	245.47
贵金属冶炼	317	2534.30	39.74	1672.88	387.67
金冶炼	190	1966.02	1.18	1412.35	317.34
银冶炼	91	463.65	38.15	218.06	54.01
其他贵金属冶炼	36	104.63	0.41	42.47	16.31
稀有稀土金属冶炼	446	1789.32	94.79	1391.61	329.32
钨钼冶炼	159	783.84	52.78	604.04	157.11
稀土金属冶炼	180	726.34	24.03	522.02	92.75
其他稀有金属冶炼	107	279.14	17.99	265.55	79.47
有色金属合金制造	897	3034.12	133.77	2051.64	605.92
有色金属铸造	162	240.58	10.90	167.14	49.91
有色金属压延加工	3919	20527.36	730.99	11398.70	3904.19
铜压延加工	1365	9509.21	296.87	3735.68	987.20
铝压延加工	1740	8669.02	300.77	6223.39	2562.91
贵金属压延加工	82	283.65	29.44	146.63	23.30
稀有稀土金属压延加工	216	642.89	33.63	578.41	153.98
其他有色金属压延加工	516	1422.58	70.28	714.60	176.81
金属制品业	20118	33207.42	3589.29	22235.49	7011.32
结构性金属制品制造	6181	10612.37	474.55	6962.59	1919.63
金属结构制造	4545	8232.70	380.02	5473.45	1481.68
金属门窗制造	1636	2379.68	94.53	1489.14	437.95

单位：亿元

固定资产原价	累计折旧	流动资产合计	应收账款	存货	产成品	负债合计
1535.32	561.94	1613.72	380.09	407.82	168.60	1640.26
787.32	320.40	788.09	170.35	227.83	92.07	794.76
747.99	241.54	825.63	209.75	179.99	76.53	845.50
41721.40	18759.59	28092.00	3009.20	8572.88	2782.87	43674.87
1428.68	540.40	1108.32	199.02	303.29	92.74	1809.87
6459.33	2663.75	3756.08	352.51	1300.48	465.48	6543.91
2235.95	980.02	1516.55	426.56	350.99	172.39	1553.46
29892.70	13900.92	20218.39	1765.38	6148.41	1831.80	31773.42
1704.74	674.51	1492.65	265.74	469.71	220.45	1994.20
15431.84	5659.05	16550.50	2387.12	5306.56	1567.95	20748.08
7942.33	2862.92	7509.89	635.52	2964.56	747.64	11267.35
1610.07	722.91	2495.72	161.94	1000.87	147.20	2664.17
867.58	341.72	1065.02	71.46	485.75	144.59	1578.85
881.32	221.22	1245.03	96.65	618.95	236.22	1662.74
205.86	50.16	288.96	23.62	115.82	44.43	412.90
76.52	17.72	52.15	10.92	16.83	8.79	49.47
3889.37	1419.38	1823.46	205.42	556.68	122.67	4178.61
139.33	33.43	145.80	23.70	34.11	17.67	203.22
272.29	56.39	393.75	41.82	135.54	26.07	517.39
516.43	186.52	872.23	57.77	272.38	66.17	981.62
432.49	163.18	708.92	47.76	195.89	43.24	810.68
65.62	19.72	142.27	5.10	68.32	19.52	147.90
18.32	3.62	21.04	4.91	8.17	3.40	23.04
475.28	163.73	776.57	145.94	307.39	154.91	635.17
225.75	76.36	271.85	51.84	75.07	36.78	292.93
140.53	54.85	353.16	72.93	173.55	96.17	197.81
109.00	32.51	151.57	21.17	58.77	21.96	144.44
839.48	269.94	1089.18	291.22	320.39	114.27	1249.52
76.45	33.56	101.14	24.10	28.33	12.95	104.30
5581.88	2142.38	6201.49	1232.57	1413.52	472.01	6510.11
1452.50	563.27	2350.36	560.86	510.20	172.41	2377.74
3562.34	1341.24	2997.62	499.25	672.89	216.05	3391.70
28.84	10.60	115.11	16.05	29.95	4.75	95.48
260.07	113.05	309.17	44.09	62.18	27.07	221.59
278.11	114.22	429.22	112.32	138.29	51.73	423.60
10682.01	4281.53	12658.41	3553.00	3197.47	1205.45	11770.21
2877.64	1114.14	4118.33	1180.60	1050.10	373.52	3841.60
2216.12	849.20	3229.21	952.72	816.82	305.79	3058.69
661.52	264.94	889.12	227.88	233.28	67.72	782.90

2-1 续表 11

行　　业	企业单位数（个）	工业销售产值（当年价格）	出口交货值	资产总计	固定资产合计
金属工具制造	1798	2090.56	508.69	1266.06	438.95
切削工具制造	526	635.31	86.13	571.95	192.15
手工具制造	426	428.35	113.37	209.28	64.59
农用及园林用金属工具制造	193	199.95	51.06	95.60	31.32
刀剪及类似日用金属工具制造	207	307.15	167.52	112.41	42.93
其他金属工具制造	446	519.80	90.61	276.81	107.95
集装箱及金属包装容器制造	1353	2770.42	574.32	2058.93	567.44
集装箱制造	86	660.71	478.14	381.94	83.74
金属压力容器制造	505	835.53	33.27	738.48	190.24
金属包装容器制造	762	1274.18	62.90	938.51	293.46
金属丝绳及其制品制造	1445	3027.28	216.26	2034.75	685.58
建筑、安全用金属制品制造	2368	3301.23	571.78	2399.02	1068.52
建筑、家具用金属配件制造	914	1144.16	234.91	578.71	166.82
建筑装饰及水暖管道零件制造	999	1592.39	283.64	1450.98	766.34
安全、消防用金属制品制造	218	295.63	25.43	182.74	67.87
其他建筑、安全用金属制品制造	237	269.06	27.79	186.59	67.49
金属表面处理及热处理加工	1398	2330.38	99.57	1473.64	418.31
搪瓷制品制造	169	233.03	34.30	129.51	44.89
生产专用搪瓷制品制造	41	54.96	1.80	34.45	12.72
建筑装饰搪瓷制品制造	8	16.28	2.63	18.99	3.87
搪瓷卫生洁具制造	46	67.84	11.75	39.56	15.69
搪瓷日用品及其他搪瓷制品制造	74	93.95	18.12	36.50	12.60
金属制日用品制造	1836	2201.44	537.38	1264.02	338.09
金属制厨房用器具制造	269	370.96	62.78	228.85	53.07
金属制餐具和器皿制造	745	907.59	309.80	547.00	150.69
金属制卫生器具制造	116	112.49	29.58	96.35	19.10
其他金属制日用品制造	706	810.40	135.23	391.82	115.24
其他金属制品制造	3570	6640.71	572.44	4646.98	1529.92
锻件及粉末冶金制品制造	1741	3502.28	197.27	1983.57	674.71
交通及公共管理用金属标牌制造	93	114.78	2.44	74.80	20.96
通用设备制造业	23992	43314.80	4969.76	36067.21	9201.48
锅炉及原动设备制造	1713	4922.99	291.09	5866.63	1286.11
锅炉及辅助设备制造	838	1848.00	91.90	1790.86	329.66
内燃机及配件制造	647	2288.62	135.39	2621.15	719.34
汽轮机及辅机制造	102	536.89	52.88	1133.00	155.41
水轮机及辅机制造	46	80.07	5.32	103.33	30.94
风能原动设备制造	56	137.93	5.60	204.47	45.88
其他原动设备制造	24	31.48		13.82	4.88

单位：亿元

固定资产原　价	累计折旧	流动资产合　计	应收账款	存货	产成品	负债合计
739.74	334.39	703.27	200.05	201.45	80.93	605.81
343.56	165.00	316.24	86.89	100.42	41.78	275.69
114.84	55.71	124.04	34.36	36.37	15.38	105.67
40.19	12.91	56.13	14.05	13.14	5.41	52.92
75.81	35.27	57.53	16.89	12.19	5.15	46.63
165.34	65.50	149.33	47.86	39.33	13.22	124.90
889.54	373.60	1250.85	365.21	325.38	97.08	1110.44
129.65	52.27	257.78	80.05	76.91	22.62	202.13
287.55	120.83	460.60	133.00	127.11	37.20	430.54
472.35	200.50	532.47	152.16	121.35	37.26	477.77
1069.33	444.95	1115.94	313.98	259.07	134.62	1109.11
1472.52	464.11	1121.62	331.37	281.20	108.70	944.14
268.79	120.79	337.25	106.33	96.52	33.43	303.26
1017.42	278.22	603.46	167.93	141.40	54.77	479.52
83.80	23.11	92.72	29.18	21.31	10.25	67.03
102.51	41.99	88.19	27.93	21.98	10.25	94.33
632.81	268.31	910.98	237.00	185.16	78.66	925.33
90.61	48.26	70.91	20.26	19.99	9.45	73.59
18.03	6.57	18.69	8.09	5.68	2.47	18.80
7.71	3.84	10.80	3.09	2.81	1.45	8.95
25.59	10.23	19.42	4.64	5.33	2.58	27.13
39.28	27.61	22.00	4.43	6.17	2.94	18.70
643.55	339.77	775.42	191.09	206.24	73.24	692.43
141.73	98.89	162.03	33.97	39.46	14.84	136.68
273.08	136.72	319.50	73.40	89.30	32.11	293.87
29.46	12.01	52.11	13.96	18.75	3.86	68.53
199.29	92.15	241.78	69.76	58.72	22.42	193.35
2266.27	893.99	2591.10	713.44	668.88	249.26	2467.76
1054.34	441.12	1104.48	310.69	276.50	124.22	1041.73
45.10	27.95	43.05	9.59	7.53	2.89	33.38
14541.42	6173.22	22292.14	6968.69	5762.92	1996.28	19670.94
1944.85	810.16	3850.55	1082.56	1091.90	265.78	3534.70
567.75	264.56	1293.08	437.90	352.62	83.26	1175.20
1018.07	385.15	1493.37	312.74	324.07	145.04	1308.79
240.33	118.40	873.29	262.30	361.67	21.57	852.35
54.44	27.05	53.78	14.18	17.54	2.92	47.52
59.01	14.17	129.57	53.49	33.78	11.91	143.97
5.24	0.83	7.45	1.95	2.22	1.07	6.86

2-1 续表 12

行　　业	企业单位数（个）	工业销售产值（当年价格）	出口交货值	资产总计	固定资产合　计
金属加工机械制造	3392	5158.03	224.31	4361.14	1274.94
金属切削机床制造	753	1600.56	65.57	1951.33	504.24
金属成形机床制造	566	780.65	43.97	625.31	178.58
铸造机械制造	633	887.91	24.30	458.40	164.32
金属切割及焊接设备制造	352	422.41	54.80	367.60	76.29
机床附件制造	407	521.41	12.17	320.72	135.63
其他金属加工机械制造	681	945.08	23.49	637.77	215.88
物料搬运设备制造	2157	6311.71	617.25	5889.44	1141.22
轻小型起重设备制造	272	456.16	102.32	407.13	110.13
起重机制造	805	2645.37	253.24	2831.33	621.78
生产专用车辆制造	133	397.85	69.09	301.29	73.56
连续搬运设备制造	278	348.66	16.36	303.90	73.53
电梯、自动扶梯及升降机制造	546	2260.55	147.33	1873.55	221.32
其他物料搬运设备制造	123	203.13	28.91	172.23	40.90
泵、阀门、压缩机及类似机械制造	4947	8136.78	867.04	6264.50	1680.95
泵及真空设备制造	1332	2006.01	227.44	1547.51	424.41
气体压缩机械制造	484	1796.29	196.49	1417.10	355.92
阀门和旋塞制造	1807	2454.25	348.88	1824.65	453.99
液压和气压动力机械及元件制造	1324	1880.22	94.23	1475.25	446.63
轴承、齿轮和传动部件制造	2905	4322.37	364.18	3409.22	1166.95
轴承制造	1747	2530.25	207.31	1920.47	651.28
齿轮及齿轮减、变速箱制造	869	1406.27	91.31	1167.45	409.22
其他传动部件制造	289	385.85	65.56	321.30	106.45
烘炉、风机、衡器、包装等设备制造	2962	5746.44	826.45	4967.80	1076.93
烘炉、熔炉及电炉制造	235	242.58	14.70	315.55	53.80
风机、风扇制造	477	870.70	53.31	862.35	172.61
气体、液体分离及纯净设备制造	478	845.77	81.01	778.24	209.35
制冷、空调设备制造	861	2281.63	194.97	1743.94	401.20
风动和电动工具制造	412	961.12	413.46	833.78	135.73
喷枪及类似器具制造	93	85.63	23.07	71.83	17.19
衡器制造	141	175.32	22.98	103.98	28.75
包装专用设备制造	265	283.69	22.94	258.13	58.29
文化、办公用机械制造	480	1959.76	1287.15	1147.78	237.20
电影机械制造	11	30.18	6.60	21.37	1.60
幻灯及投影设备制造	42	79.77	27.61	51.03	10.28
照相机及器材制造	128	600.18	458.96	345.46	88.68
复印和胶印设备制造	135	710.20	540.59	352.67	92.29
计算器及货币专用设备制造	105	472.64	222.16	312.51	33.14
其他文化、办公用机械制造	59	66.77	31.22	64.74	11.21

单位：亿元

固定资产原价	累计折旧	流动资产合计	应收账款	存货	产成品	负债合计
2043.53	915.13	2589.28	649.27	815.63	267.20	2372.29
805.81	382.59	1214.89	289.68	427.43	133.92	1197.32
292.25	129.54	384.18	93.43	125.39	39.65	344.46
263.35	113.60	245.68	67.39	65.86	31.07	246.70
113.90	45.56	244.53	64.15	60.97	21.45	160.99
245.69	121.84	144.06	40.94	39.85	15.35	129.79
322.54	121.99	355.94	93.69	96.12	25.76	293.03
1786.61	721.53	3894.14	1251.25	939.98	312.96	3516.71
136.30	44.32	258.31	81.39	64.41	22.84	234.84
1033.30	437.85	1699.48	586.58	448.84	127.55	1725.61
118.97	55.03	193.60	53.67	61.27	23.00	150.46
101.07	33.68	189.18	68.23	48.25	15.09	161.23
337.05	130.54	1445.49	427.78	285.70	112.05	1159.14
59.92	20.11	108.08	33.60	31.51	12.43	85.44
2663.16	1137.74	3747.43	1239.46	948.33	376.57	3063.93
644.12	253.16	920.01	307.38	236.35	81.27	761.18
642.09	322.97	834.96	276.77	225.59	106.43	769.75
679.94	272.57	1143.54	406.21	273.07	108.59	858.37
697.01	289.03	848.93	249.11	213.33	80.28	674.63
1792.27	719.04	1817.83	591.77	480.17	212.45	1704.02
992.70	400.48	1008.43	334.86	269.93	132.89	955.86
637.49	256.12	624.30	197.02	166.33	63.12	595.12
162.08	62.44	185.09	59.89	43.91	16.44	153.04
1646.59	669.04	3179.54	1021.60	723.07	258.56	2737.96
85.19	33.50	217.39	60.33	63.21	10.11	166.88
253.85	103.50	593.47	217.35	117.48	37.33	479.80
276.04	100.95	475.73	156.34	100.58	39.60	438.39
625.38	252.52	1119.84	358.34	266.28	117.18	923.77
213.85	81.76	498.53	155.79	93.40	26.54	506.01
30.07	14.05	45.43	14.08	11.46	3.98	44.18
42.64	16.22	63.79	20.50	16.43	5.10	41.92
119.56	66.52	165.37	38.87	54.24	18.71	137.01
481.00	251.54	822.60	300.76	213.44	75.49	564.97
2.90	1.36	18.95	5.58	5.67	3.03	12.76
22.87	13.44	37.35	12.37	9.25	3.63	25.74
188.45	102.28	221.31	69.43	55.82	15.57	146.88
186.11	98.25	242.39	105.31	58.76	22.27	171.76
58.14	24.73	254.35	89.31	70.69	26.40	169.45
22.52	11.49	48.26	18.76	13.25	4.60	38.37

2-1 续表 13

行业	企业单位数（个）	工业销售产值（当年价格）	出口交货值	资产总计	固定资产合计
通用零部件制造	4526	5542.51	435.16	3242.42	1074.40
金属密封件制造	416	808.87	81.01	368.80	132.97
紧固件制造	1126	1233.74	175.72	867.96	258.02
弹簧制造	261	275.67	30.12	169.75	48.04
机械零部件加工	1907	2311.23	62.61	1231.18	465.64
其他通用零部件制造	816	913.00	85.70	604.75	169.74
其他通用设备制造业	910	1214.22	57.13	918.28	262.79
专用设备制造业	16717	32467.75	2994.31	30704.89	7612.51
采矿、冶金、建筑专用设备制造	4885	14549.08	1070.01	15474.74	3654.77
矿山机械制造	1876	3731.10	84.65	3379.19	921.21
石油钻采专用设备制造	876	2896.33	287.55	2644.35	754.81
建筑工程用机械制造	890	4655.78	319.69	5466.27	913.52
海洋工程专用设备制造	52	782.71	304.66	1075.76	269.29
建筑材料生产专用机械制造	612	1198.73	25.09	838.71	214.80
冶金专用设备制造	579	1284.44	48.37	2070.47	581.15
化工、木材、非金属加工专用设备制造	3296	4211.81	533.52	3848.35	1017.92
炼油、化工生产专用设备制造	503	858.45	29.73	876.65	204.33
橡胶加工专用设备制造	153	313.05	19.19	282.09	67.56
塑料加工专用设备制造	408	497.97	86.37	527.59	113.45
木材加工机械制造	158	185.09	17.77	97.94	30.93
模具制造	1966	2213.39	371.97	1992.65	580.88
其他非金属加工专用设备制造	108	143.85	8.49	71.43	20.77
食品、饮料、烟草及饲料生产专用设备制造	729	977.97	56.32	658.30	186.67
食品、酒、饮料及茶生产专用设备制造	238	243.28	31.09	188.23	44.92
农副食品加工专用设备制造	369	531.11	20.49	290.26	98.63
烟草生产专用设备制造	66	117.97	2.46	151.00	31.69
饲料生产专用设备制造	56	85.62	2.28	28.81	11.42
印刷、制药、日化及日用品生产专用设备制造	932	1311.28	100.35	1151.47	298.34
制浆和造纸专用设备制造	230	363.30	13.66	258.23	89.02
印刷专用设备制造	315	388.37	46.55	323.22	79.70
日用化工专用设备制造	48	42.14	1.93	30.75	7.81
制药专用设备制造	117	141.12	10.19	160.37	32.87
照明器具生产专用设备制造	71	73.10	7.36	35.50	13.19
玻璃、陶瓷和搪瓷制品生产专用设备制造	104	227.13	15.27	293.82	64.29
其他日用品生产专用设备制造	47	76.12	5.39	49.59	11.46
纺织、服装和皮革加工专用设备制造	1093	1595.46	198.20	1341.08	317.65
纺织专用设备制造	771	1142.75	79.24	961.51	235.45
皮革、毛皮及其制品加工专用设备制造	43	53.49	5.90	40.42	9.41
缝制机械制造	266	384.69	112.26	329.09	70.97
洗涤机械制造	13	14.53	0.81	10.05	1.82

单位：亿元

固定资产原价	累计折旧	流动资产合计	应收账款	存货	产成品	负债合计
1713.07	725.62	1821.03	610.16	416.07	188.64	1669.19
199.91	82.39	196.81	73.98	43.36	18.85	141.55
429.41	197.52	514.51	185.06	140.35	70.81	463.51
81.81	36.35	103.18	38.95	23.08	12.36	89.84
722.43	287.33	648.16	205.56	135.06	52.86	640.83
279.51	122.03	358.37	106.61	74.23	33.76	333.47
470.33	223.44	569.74	221.86	134.32	38.62	507.16
11772.78	4833.43	19245.56	6432.44	4753.36	1606.48	16994.26
5592.34	2297.34	9997.55	3779.54	2381.81	820.43	9242.43
1354.01	524.07	2114.59	792.08	505.75	158.73	1928.64
1278.74	661.51	1702.80	693.19	398.16	142.07	1412.35
1415.51	557.92	3627.62	1372.11	802.19	343.94	3270.33
418.81	154.63	699.24	268.14	168.65	33.67	755.52
321.17	117.59	554.80	186.32	136.12	38.44	488.22
804.10	281.60	1298.50	467.70	370.94	103.58	1387.37
1747.58	799.74	2392.48	733.15	654.54	199.78	2058.73
309.75	120.16	561.71	180.58	147.80	44.13	510.28
160.83	97.61	182.96	51.13	62.52	18.34	175.94
183.31	82.66	350.66	92.98	99.94	33.16	252.16
77.56	50.00	55.74	7.31	22.31	7.95	57.27
982.91	435.55	1200.75	388.92	311.23	92.77	1027.31
33.22	13.76	40.67	12.23	10.75	3.43	35.77
288.69	119.27	403.97	102.09	117.84	36.32	299.64
69.74	29.55	121.48	35.91	32.72	10.14	95.39
151.95	60.32	160.80	32.52	46.57	16.55	124.56
48.40	22.00	106.40	30.07	34.61	8.34	67.03
18.59	7.41	15.30	3.60	3.94	1.30	12.66
472.03	199.75	664.92	167.01	190.20	58.39	602.40
124.79	46.44	141.79	31.90	38.07	10.82	154.20
133.73	61.02	205.65	56.23	60.55	19.91	154.33
10.83	3.40	17.86	3.65	6.41	1.68	16.40
42.78	13.84	111.31	28.30	31.93	10.90	80.72
32.59	19.92	19.61	5.60	5.24	1.88	18.57
102.35	40.73	134.46	35.27	36.49	10.31	151.12
24.94	14.41	34.25	6.06	11.50	2.90	27.06
507.87	229.17	842.56	207.10	223.46	81.54	752.13
373.35	169.53	592.13	132.78	141.07	44.97	553.71
17.65	8.84	24.16	6.48	9.55	3.51	22.00
113.57	49.27	218.87	65.30	71.33	32.33	171.79
3.30	1.53	7.40	2.54	1.51	0.74	4.63

2-1 续表 14

行业	企业单位数(个)	工业销售产值(当年价格)	出口交货值	资产总计	固定资产合计
电子和电工机械专用设备制造	849	1396.30	172.55	1272.25	363.27
电工机械专用设备制造	330	430.18	25.12	370.69	98.27
电子工业专用设备制造	519	966.12	147.43	901.57	265.00
农、林、牧、渔专用机械制造	1473	2516.59	184.90	1624.12	520.36
拖拉机制造	195	576.52	27.01	491.44	138.57
机械化农业及园艺机具制造	667	1140.45	132.84	746.06	232.91
营林及木竹采伐机械制造	7	11.75		8.18	3.88
畜牧机械制造	81	108.35	9.67	48.34	10.50
渔业机械制造	17	20.44	1.78	8.19	3.09
农林牧渔机械配件制造	348	483.45	10.38	206.55	90.57
棉花加工机械制造	16	15.55	0.88	23.71	7.29
其他农、林、牧、渔业机械制造	142	160.07	2.35	91.66	33.55
医疗仪器设备及器械制造	1084	1836.74	445.22	1575.81	364.15
医疗诊断、监护及治疗设备制造	264	594.41	167.92	596.74	107.60
口腔科用设备及器具制造	47	31.55	9.09	33.47	8.25
医疗实验室及医用消毒设备和器具制造	51	76.60	3.59	50.38	15.21
医疗、外科及兽医用器械制造	331	676.27	170.28	457.46	132.97
机械治疗及病房护理设备制造	103	121.53	21.96	117.11	26.76
假肢、人工器官及植(介)入器械制造	67	82.38	26.14	141.95	26.09
其他医疗设备及器械制造	221	254.01	46.25	178.70	47.27
环保、社会公共服务及其他专用设备制造	2376	4072.51	233.23	3758.77	889.38
环境保护专用设备制造	1238	2158.94	66.91	1921.81	379.79
地质勘查专用设备制造	24	40.53	1.26	65.95	17.31
邮政专用机械及器材制造	9	11.20	0.01	8.81	1.41
商业、饮食、服务专用设备制造	33	32.40	4.30	25.60	5.91
社会公共安全设备及器材制造	247	420.60	56.57	357.11	82.77
交通安全、管制及类似专用设备制造	58	120.43	0.68	78.37	12.07
水资源专用机械制造	126	170.66	4.64	114.48	34.07
其他专用设备制造	641	1117.76	98.85	1186.64	356.06
汽车制造业	12528	58552.74	2753.19	46873.54	11204.92
汽车整车制造	366	29536.74	799.55	24720.51	5074.76
改装汽车制造	560	2278.08	79.80	1931.96	493.64
低速载货汽车制造	27	193.80	0.77	95.91	17.54
电车制造	58	66.90	0.55	50.89	21.76
汽车车身、挂车制造	298	804.88	32.12	498.49	150.17
汽车零部件及配件制造	11219	25672.34	1840.40	19575.78	5447.05
铁路、船舶、航空航天和其他运输设备制造业	4933	16824.64	3443.22	20091.20	4978.47
铁路运输设备制造	766	3359.28	146.76	3789.12	840.28

单位：亿元

固定资产原价	累计折旧	流动资产合计	应收账款	存货	产成品	负债合计
619.23	293.94	709.55	216.02	154.05	55.21	608.27
134.78	42.33	204.39	60.75	48.76	16.84	183.06
484.45	251.60	505.16	155.27	105.28	38.37	425.21
747.04	267.62	917.43	218.92	274.73	137.52	859.99
193.59	73.55	284.60	71.57	80.79	40.69	301.92
333.16	114.25	438.57	91.30	135.06	68.64	373.67
3.70	0.83	3.78	2.43	0.91	0.29	5.30
19.52	9.92	27.55	9.31	7.89	3.04	29.11
5.40	2.38	4.25	1.36	1.35	0.80	3.69
126.94	41.26	99.86	27.61	28.90	14.64	87.54
9.06	2.01	13.93	4.54	4.85	3.67	12.84
55.68	23.42	44.90	10.79	14.99	5.75	45.92
543.54	210.02	951.16	244.05	203.68	72.76	614.64
162.77	61.96	385.32	101.01	77.81	23.76	232.47
11.80	3.80	22.72	6.29	5.01	1.24	20.59
33.24	19.31	30.08	6.81	7.54	3.92	22.58
195.69	75.26	258.18	68.73	58.78	23.75	191.40
36.14	12.20	69.40	15.62	12.68	4.82	47.09
37.39	11.99	77.93	23.56	16.02	6.25	34.60
66.50	25.50	107.52	22.02	25.84	9.03	65.92
1254.48	416.59	2365.94	764.55	553.04	144.51	1956.04
563.51	214.20	1250.12	407.11	272.26	70.98	1009.51
20.17	4.77	44.91	11.59	9.58	4.46	31.18
2.54	1.15	5.95	1.52	1.76	1.55	4.34
11.09	5.52	18.10	5.92	5.54	1.10	16.62
113.37	34.32	234.86	69.90	50.59	17.75	180.76
24.64	13.33	53.02	15.43	13.56	6.26	36.80
40.88	11.84	67.38	17.76	19.49	3.30	57.29
478.28	131.46	691.60	235.31	180.24	39.12	619.54
17858.13	7543.82	27105.67	7029.55	4763.75	2014.23	26885.89
8041.62	3350.32	14083.59	2478.04	2002.80	853.08	14429.49
844.83	427.75	1152.53	301.48	289.01	89.36	1236.08
33.38	16.43	55.30	6.40	18.92	3.20	54.07
28.30	8.21	23.26	3.54	5.65	2.30	19.04
220.96	83.77	295.56	67.65	60.20	23.14	246.59
8689.04	3657.34	11495.43	4172.44	2387.18	1043.14	10900.62
7104.81	2727.57	12269.31	2779.26	3315.24	500.98	13151.57
1267.64	595.92	2559.75	1026.75	663.81	160.30	2385.64

2-1 续表 15

行业	企业单位数（个）	工业销售产值（当年价格）	出口交货值	资产总计	固定资产合计
铁路机车车辆及动车组制造	46	1471.35	113.36	1743.02	398.73
窄轨机车车辆制造	22	29.63		19.62	4.70
铁路机车车辆配件制造	354	992.65	26.91	1072.60	231.82
铁路专用设备及器材、配件制造	299	672.98	6.07	751.72	145.22
其他铁路运输设备制造	45	192.68	0.43	202.15	59.81
城市轨道交通设备制造	36	109.57	0.60	141.79	29.90
船舶及相关装置制造	1416	6227.76	2251.39	8783.93	2373.46
金属船舶制造	671	4895.83	2104.70	7577.45	1996.55
非金属船舶制造	48	64.50	11.10	67.01	20.38
娱乐船和运动船制造	58	49.43	8.23	40.17	12.21
船用配套设备制造	548	927.66	99.19	858.06	258.73
船舶改装与拆除	87	287.54	28.17	239.17	84.97
航标器材及其他相关装置制造	4	2.79		2.07	0.62
航空、航天器及设备制造	269	2498.65	236.92	4335.39	968.36
飞机制造	126	1995.20	216.47	3620.09	734.97
航天器制造	29	172.20	0.77	355.72	116.18
航空、航天相关设备制造	88	262.78	14.37	299.90	95.07
其他航空航天器制造	26	68.46	5.31	59.68	22.14
摩托车制造	1374	2975.29	486.06	1988.25	500.08
摩托车整车制造	208	1471.23	390.32	995.76	228.54
摩托车零部件及配件制造	1166	1504.05	95.74	992.49	271.54
自行车制造	868	1304.34	259.58	865.51	207.42
脚踏自行车及残疾人座车制造	446	606.56	221.44	507.46	101.02
助动自行车制造	422	697.78	38.14	358.05	106.40
非公路休闲车及零配件制造	86	131.59	22.54	77.19	26.64
潜水救捞及其他未列明运输设备制造	118	218.17	39.37	110.02	32.33
潜水及水下救捞装备制造	11	14.43	10.75	7.95	2.81
其他未列明运输设备制造	107	203.74	28.62	102.07	29.52
电气机械和器材制造业	22585	61442.08	9376.47	47487.70	10627.10
电机制造	2739	7673.95	1213.39	6918.16	1350.34
发电机及发电机组制造	887	3782.90	407.53	4240.23	713.67
电动机制造	905	1826.96	233.18	1402.77	337.26
微电机及其他电机制造	947	2064.08	572.68	1275.15	299.41
输配电及控制设备制造	7512	17490.99	2042.87	15662.43	3678.90
变压器、整流器和电感器制造	1864	4063.99	403.04	3465.44	812.11
电容器及其配套设备制造	258	412.62	35.61	279.00	76.39
配电开关控制设备制造	2753	5571.95	261.91	4666.05	836.03
电力电子元器件制造	1235	1761.71	445.64	1391.08	378.51
光伏设备及元器件制造	622	3709.54	825.74	4271.26	1307.14
其他输配电及控制设备制造	780	1971.18	70.93	1589.59	268.73

单位：亿元

固定资产原价	累计折旧	流动资产合计	应收账款	存货	产成品	负债合计
518.87	214.32	1159.72	504.43	289.45	29.32	1169.66
9.75	5.31	12.74	3.95	5.26	1.97	10.77
435.15	238.01	741.62	266.06	180.17	59.44	610.97
242.82	116.24	525.97	195.33	162.80	58.90	441.94
61.05	22.03	119.69	56.98	26.12	10.68	152.30
39.94	10.31	101.40	45.87	18.72	3.63	81.22
3163.44	1004.61	5156.77	767.75	1288.66	102.59	6200.73
2609.89	802.64	4502.43	597.52	1090.28	59.54	5490.65
26.09	7.08	40.02	9.58	13.74	3.91	36.30
14.79	4.29	24.16	6.95	9.46	3.50	22.72
401.39	158.56	464.70	133.52	131.10	24.10	496.33
110.48	31.85	124.12	19.36	43.94	11.50	153.77
0.81	0.19	1.34	0.81	0.14	0.03	0.96
1398.25	587.47	2599.91	431.39	971.09	86.48	2777.08
1129.71	476.05	2173.53	324.21	804.60	74.24	2352.96
106.58	49.55	224.71	34.62	114.79	3.01	228.21
131.98	51.64	169.76	62.23	41.52	8.28	161.95
29.97	10.23	31.91	10.33	10.19	0.95	33.96
852.18	389.53	1243.45	342.03	221.20	92.85	1130.01
402.44	186.29	648.55	159.66	99.83	35.85	588.46
449.74	203.24	594.90	182.36	121.37	56.99	541.55
291.35	99.80	511.62	134.84	123.51	47.26	475.65
161.90	70.20	313.15	85.76	75.78	29.62	277.80
129.45	29.60	198.46	49.09	47.73	17.64	197.86
45.30	22.00	41.37	12.41	10.00	3.69	38.28
46.71	17.93	55.05	18.22	18.25	4.18	62.96
3.50	0.87	4.04	0.48	1.49	0.15	2.97
43.21	17.06	51.01	17.74	16.77	4.03	59.99
17677.46	7879.33	30729.25	10398.69	6130.90	2619.22	27371.48
2448.45	1222.74	4693.29	1708.30	1087.77	320.86	4054.46
1278.84	636.20	2960.32	1146.45	695.79	166.35	2654.30
649.66	350.36	908.08	283.61	220.87	82.14	714.97
519.95	236.18	824.90	278.24	171.11	72.37	685.19
5807.22	2415.05	9847.69	3889.08	1789.68	713.10	8921.08
1284.48	539.78	2214.19	815.00	456.17	201.43	1893.13
120.23	57.18	172.64	60.44	32.85	12.72	130.08
1432.63	668.50	3180.43	1224.27	609.45	234.69	2404.55
612.11	257.65	868.41	368.69	175.38	60.90	679.97
1920.32	708.12	2316.17	980.98	305.15	129.41	2889.09
437.45	183.82	1095.85	439.71	210.69	73.96	924.26

2-1 续表 16

行业	企业单位数（个）	工业销售产值（当年价格）	出口交货值	资产总计	固定资产合计
电线、电缆、光缆及电工器材制造	4744	14430.13	1039.19	8953.54	2007.64
电线、电缆制造	3841	12096.01	844.19	7116.07	1601.99
光纤、光缆制造	227	1366.04	79.68	1197.24	221.17
绝缘制品制造	399	564.01	69.28	417.75	106.78
其他电工器材制造	277	404.07	46.04	222.48	77.70
电池制造	1239	4020.03	847.10	3134.97	831.81
锂离子电池制造	494	1478.71	473.49	1384.43	390.42
镍氢电池制造	126	387.77	131.24	233.78	87.69
其他电池制造	619	2153.55	242.38	1516.77	353.70
家用电力器具制造	2718	12563.74	3148.59	9125.21	1714.41
家用制冷电器具制造	284	3102.19	506.49	2350.55	469.01
家用空气调节器制造	238	4334.63	1038.13	3627.28	570.73
家用通风电器具制造	230	423.48	148.54	306.59	75.63
家用厨房电器具制造	696	1739.66	642.52	1044.19	197.47
家用清洁卫生电器具制造	228	1319.75	355.52	820.63	153.62
家用美容、保健电器具制造	185	296.34	160.76	203.93	47.56
家用电力器具专用配件制造	425	765.05	66.12	419.25	108.70
其他家用电力器具制造	432	582.63	230.52	352.79	91.69
非电力家用器具制造	642	1123.03	109.19	872.38	268.35
燃气、太阳能及类似能源家用器具制造	565	1038.23	81.58	822.39	250.08
其他非电力家用器具制造	77	84.79	27.61	49.99	18.27
照明器具制造	2580	3663.97	940.87	2460.78	686.98
电光源制造	586	999.61	277.09	647.32	185.90
照明灯具制造	1710	2360.65	538.09	1627.46	450.02
灯用电器附件及其他照明器具制造	284	303.70	125.70	186.01	51.06
其他电气机械及器材制造	411	476.25	35.26	360.23	88.68
电气信号设备装置制造	124	179.96	16.31	123.06	24.99
其他未列明电气机械及器材制造	287	296.29	18.95	237.17	63.69
计算机、通信和其他电子设备制造业	13550	78318.64	44915.73	52287.18	12836.46
计算机制造	1325	21621.86	16877.96	10358.62	2403.44
计算机整机制造	167	13424.79	10524.75	5855.36	1528.16
计算机零部件制造	510	4682.63	3990.60	2340.94	466.03
计算机外围设备制造	441	2568.02	1875.41	1451.71	254.78
其他计算机制造	207	946.43	487.19	710.62	154.48
通信设备制造	1449	17065.62	8102.93	12084.27	1428.25
通信系统设备制造	756	6563.31	2547.69	6548.83	689.99
通信终端设备制造	693	10502.31	5555.24	5535.44	738.25

单位：亿元

固定资产原价	累计折旧	流动资产合计	应收账款	存货	产成品	负债合计
3381.56	1553.59	5917.72	2303.64	1083.83	513.59	4926.98
2708.65	1253.02	4772.89	1887.61	848.37	407.87	3964.49
377.86	174.22	749.54	269.16	158.65	73.30	672.83
172.18	77.80	272.48	98.72	53.03	22.68	187.94
122.86	48.56	122.81	48.14	23.78	9.74	101.73
1250.40	502.92	1895.80	485.30	403.83	166.29	1839.53
555.14	212.13	849.48	234.93	196.90	90.65	832.68
132.43	46.27	125.12	34.91	33.11	11.80	115.06
562.83	244.52	921.21	215.45	173.82	63.84	891.79
3187.37	1562.48	6182.40	1322.04	1262.93	713.21	5815.31
884.13	434.71	1585.48	300.83	312.15	200.08	1564.99
1185.69	623.57	2560.47	455.84	479.16	311.42	2365.46
121.35	53.34	197.40	40.20	59.81	29.82	191.71
315.96	144.79	688.45	202.76	162.93	67.43	639.76
304.96	159.15	542.41	138.17	99.35	48.09	485.02
68.56	24.05	129.30	35.99	30.75	9.67	105.66
162.10	62.57	262.15	85.83	56.40	25.27	256.27
144.62	60.29	216.74	62.42	62.38	21.43	206.45
377.40	123.72	495.77	143.86	95.96	39.41	412.33
351.25	115.11	469.77	137.38	87.85	36.74	388.43
26.15	8.61	26.00	6.47	8.11	2.67	23.90
1048.96	398.97	1472.67	475.41	352.61	132.07	1216.16
321.76	144.39	384.11	123.02	83.97	33.25	304.83
647.70	223.53	978.81	315.54	233.86	89.84	816.87
79.51	31.05	109.75	36.85	34.78	8.98	94.46
176.09	99.87	223.91	71.06	54.30	20.69	185.63
51.21	27.75	84.36	29.07	17.94	6.42	63.28
124.88	72.12	139.54	41.99	36.35	14.27	122.35
24678.34	12312.15	34152.85	12666.63	6909.79	2148.58	30565.84
4676.10	2335.27	7070.98	2943.18	1298.99	350.89	7005.14
2923.21	1427.18	3830.90	1584.71	669.34	177.85	4291.84
936.16	492.60	1685.64	747.20	337.16	87.45	1551.92
503.21	255.00	1064.93	425.97	192.70	57.47	784.29
313.52	160.50	489.51	185.29	99.79	28.12	377.09
2661.08	1282.83	9492.77	3304.64	1870.28	486.87	7874.76
1270.51	605.58	5133.61	1757.39	1003.09	309.64	4067.93
1390.57	677.25	4359.16	1547.25	867.19	177.23	3806.83

2-1 续表 17

行 业	企业单位数（个）	工业销售产值（当年价格）	出口交货值	资产总计	固定资产合计
广播电视设备制造	624	1559.73	574.95	1252.93	272.94
广播电视节目制作及发射设备制造	57	87.03	4.36	100.13	13.65
广播电视接收设备及器材制造	387	885.97	341.97	679.38	168.80
应用电视设备及其他广播电视设备制造	180	586.73	228.62	473.42	90.50
雷达及配套设备制造	58	417.06	91.28	523.29	104.25
视听设备制造	1039	7327.60	3295.22	4223.64	628.98
电视机制造	192	3839.10	895.40	2542.70	293.00
音响设备制造	558	1193.35	671.00	650.79	141.14
影视录放设备制造	289	2295.15	1728.82	1030.15	194.83
电子器件制造	2593	13705.58	8411.77	12228.18	4458.28
电子真空器件制造	103	201.73	52.06	407.28	86.19
半导体分立器件制造	328	781.06	407.59	839.19	294.78
集成电路制造	438	2685.77	1706.28	3168.82	1495.24
光电子器件及其他电子器件制造	1724	10037.02	6245.84	7812.89	2582.06
电子元件制造	5367	13620.56	6308.97	9642.25	3020.15
电子元件及组件制造	4476	10338.61	4446.97	6873.52	2083.51
印制电路板制造	891	3281.94	1862.01	2768.74	936.64
其他电子设备制造	1095	3000.63	1252.66	1974.00	520.18
仪器仪表制造业	4091	7521.52	1156.12	6482.51	1446.05
通用仪器仪表制造	2351	4623.28	414.34	3925.59	770.94
工业自动控制系统装置制造	1121	2905.10	205.80	2498.02	504.53
电工仪器仪表制造	361	537.46	55.97	506.81	78.70
绘图、计算及测量仪器制造	174	194.42	29.01	133.95	39.74
实验分析仪器制造	213	238.48	37.05	175.34	33.07
试验机制造	103	103.80	7.38	91.99	15.58
供应用仪表及其他通用仪器制造	379	644.02	79.15	519.48	99.31
专用仪器仪表制造	836	1655.07	227.17	1431.08	356.13
环境监测专用仪器仪表制造	91	163.75	26.88	127.78	27.50
运输设备及生产用计数仪表制造	201	568.84	72.12	413.96	118.78
导航、气象及海洋专用仪器制造	78	175.00	40.93	205.43	45.58
农林牧渔专用仪器仪表制造	13	31.03	0.48	8.73	3.91
地质勘探和地震专用仪器制造	64	158.19	7.34	156.23	35.54
教学专用仪器制造	62	50.23	0.88	39.38	7.29
核子及核辐射测量仪器制造	12	16.34	0.15	51.02	32.72
电子测量仪器制造	158	255.71	42.19	212.34	48.62
其他专用仪器制造	157	236.00	36.23	216.22	36.19
钟表与计时仪器制造	237	304.64	152.15	211.90	44.13
光学仪器及眼镜制造	527	754.65	306.18	800.71	246.47
光学仪器制造	296	515.68	208.78	571.56	173.31
眼镜制造	231	238.96	97.40	229.15	73.17

单位：亿元

固定资产原价	累计折旧	流动资产合计	应收账款	存货	产成品	负债合计
490.57	232.43	850.78	328.69	179.71	58.89	636.68
21.77	8.65	65.53	16.28	14.63	3.66	43.88
261.45	100.86	448.63	182.38	85.25	27.69	351.71
207.35	122.92	336.62	130.03	79.83	27.53	241.09
129.43	51.08	359.48	89.81	124.82	14.33	346.49
1146.38	547.54	3152.04	1017.08	748.01	303.82	2699.12
511.93	231.19	1944.86	536.57	451.37	204.17	1714.41
258.62	126.10	444.54	177.95	118.42	39.03	380.59
375.83	190.25	762.64	302.57	178.22	60.62	604.12
8295.36	3968.25	6277.55	2260.64	1217.29	408.94	6204.21
148.71	80.50	225.77	44.66	32.26	12.24	201.82
527.90	258.86	448.03	138.90	91.81	34.96	373.24
3421.86	1948.62	1312.99	420.85	255.89	71.68	1373.44
4196.89	1680.27	4290.76	1656.22	837.34	290.06	4255.71
6196.08	3311.67	5708.73	2282.64	1176.58	421.27	4837.46
4188.36	2202.97	4114.07	1573.81	886.24	325.26	3406.73
2007.72	1108.70	1594.66	708.83	290.34	96.01	1430.73
1083.34	583.08	1240.51	439.95	294.13	103.57	961.98
2321.02	977.50	4202.88	1396.91	995.24	309.34	3117.09
1209.53	492.79	2629.89	879.11	618.64	178.79	1889.11
764.52	290.93	1683.78	546.44	408.53	102.94	1253.88
134.11	60.23	347.79	132.12	68.60	26.69	254.51
62.99	25.40	80.08	22.78	25.75	10.85	61.66
52.33	20.73	122.06	36.03	28.29	8.22	64.19
22.53	8.68	64.74	23.31	18.28	4.80	49.81
173.05	86.83	331.44	118.43	69.21	25.29	205.06
574.32	242.18	889.12	312.52	188.15	66.01	676.01
48.90	23.47	87.14	30.52	15.75	4.22	51.02
207.69	97.76	249.56	96.66	50.40	22.13	208.98
68.23	27.91	126.57	42.19	38.28	11.52	116.87
6.13	2.28	4.23	1.07	1.69	0.94	3.85
58.36	23.56	98.36	48.31	19.49	4.90	63.68
9.78	2.96	25.97	8.73	4.71	1.28	17.32
37.26	4.68	14.32	3.81	3.79	1.76	38.93
87.59	42.38	141.10	39.40	25.06	7.25	83.21
50.38	17.17	141.88	41.83	28.98	12.00	92.16
76.37	35.81	145.49	36.10	61.64	22.78	105.60
403.38	179.03	472.11	149.15	112.40	37.23	389.08
286.96	130.92	338.14	103.07	72.13	18.98	273.05
116.43	48.11	133.97	46.08	40.27	18.25	116.02

2-1 续表 18

行 业	企业单位数（个）	工业销售产值（当年价格）	出口交货值	资产总计	固定资产合计
其他仪器仪表制造业	140	183.88	56.27	113.23	28.38
其他制造业	1697	2324.28	482.64	2095.31	624.62
日用杂品制造	1073	1236.84	409.17	765.72	219.47
鬃毛加工、制刷及清扫工具制造	293	401.96	106.71	176.13	65.17
其他日用杂品制造	780	834.88	302.46	589.60	154.31
煤制品制造	114	228.03	3.03	202.51	76.70
废弃资源综合利用业	1366	3384.61	5.09	1702.83	385.02
金属废料和碎屑加工处理	869	2886.76	1.97	1348.77	259.06
非金属废料和碎屑加工处理	497	497.85	3.12	354.05	125.95
金属制品、机械和设备修理业	429	936.47	193.30	1184.10	378.26
金属制品修理	48	67.78	1.50	26.49	12.82
通用设备修理	48	65.82	0.01	39.74	10.04
专用设备修理	46	72.03	8.03	80.93	17.35
铁路、船舶、航空航天等运输设备修理	217	647.21	182.72	971.10	316.36
铁路运输设备修理	15	65.30	0.08	90.89	17.91
船舶修理	147	273.21	49.51	491.57	186.88
航空航天器修理	49	276.99	133.13	339.67	99.63
其他运输设备修理	6	31.71		48.96	11.94
电气设备修理	22	25.61	0.25	19.82	5.50
仪器仪表修理	3	1.08		1.50	0.27
其他机械和设备修理业	45	56.94	0.79	44.52	15.92
电力、热力、燃气及水生产和供应业	**8518**	**61377.61**	**197.31**	**114996.81**	**69696.21**
电力、热力生产和供应业	6010	55938.99	135.32	102468.39	63792.39
电力生产	3525	18399.65	54.41	55153.96	38334.03
火力发电	1214	14463.97	12.74	28244.95	19403.21
水力发电	1366	2471.35	3.72	17487.77	12879.70
核力发电	9	382.55	37.75	2565.89	1233.97
风力发电	594	728.20	0.20	5376.67	3887.30
太阳能发电	103	85.18		574.54	414.89
其他电力生产	239	268.40		904.13	514.96
电力供应	1540	36225.99	77.22	43360.72	23503.74
热力生产和供应	945	1313.35	3.70	3953.71	1954.61
燃气生产和供应业	1132	3965.28	28.08	5008.06	2138.81
水的生产和供应业	1376	1473.34	33.91	7520.36	3765.01
自来水生产和供应	1071	1108.00	3.58	6093.53	3146.50
污水处理及其再生利用	283	304.75	0.42	1160.34	515.85
其他水的处理、利用与分配	22	60.59	29.91	266.50	102.66

单位：亿元

固定资产原价	累计折旧	流动资产合计	应收账款	存货	产成品	负债合计
57.42	27.69	66.27	20.03	14.40	4.54	57.29
911.64	369.33	1184.92	257.32	389.90	91.87	1223.38
352.14	148.40	446.55	113.47	123.58	43.06	358.85
103.84	43.48	94.10	29.08	26.07	9.72	84.29
248.30	104.91	352.45	84.39	97.50	33.34	274.56
109.63	34.36	64.94	12.33	10.99	5.28	151.54
751.77	410.99	1068.93	243.32	262.51	130.61	1104.86
557.48	331.12	901.06	201.98	224.45	114.74	907.82
194.29	79.87	167.86	41.34	38.06	15.87	197.03
545.85	195.96	642.08	192.02	134.17	23.40	685.33
20.83	8.42	12.29	3.61	2.95	1.12	13.09
26.53	18.17	24.28	7.02	4.87	1.80	16.49
23.37	7.14	55.37	23.79	10.96	2.36	38.09
438.11	145.98	511.16	146.11	107.81	15.43	584.20
21.49	10.66	59.06	41.56	8.38	0.79	71.18
230.55	58.58	216.49	27.96	24.11	5.87	302.59
167.52	70.05	201.09	73.11	67.87	8.54	184.54
18.56	6.69	34.51	3.48	7.45	0.23	25.90
10.27	5.41	12.23	4.45	1.55	0.36	15.17
0.51	0.23	1.04	0.42	0.04	0.02	0.41
26.22	10.61	25.70	6.63	5.99	2.30	17.87
106651.35	**39766.34**	**19347.56**	**3363.12**	**1443.50**	**138.10**	**74888.42**
98642.02	37044.96	15322.45	2885.20	1213.18	85.48	67772.25
55917.96	17977.39	8473.35	2220.67	953.19	68.96	38776.40
32010.69	12240.92	5647.78	1629.66	688.76	55.81	19971.50
16652.35	4085.77	1399.06	208.06	29.49	4.15	12381.08
1744.17	735.74	363.79	39.21	184.37		1909.56
4457.14	740.02	754.36	265.36	16.89	4.10	3538.09
429.81	27.26	101.91	32.21	1.15	0.35	426.00
623.80	147.69	206.45	46.17	32.53	4.55	550.18
39983.10	18090.10	5361.54	512.26	117.57	10.22	26087.02
2740.97	977.47	1487.56	152.27	142.42	6.30	2908.83
2691.58	723.96	1774.51	251.54	156.09	43.07	2883.92
5317.75	1997.42	2250.60	226.38	74.23	9.55	4232.24
4523.80	1744.79	1852.41	165.51	64.01	6.71	3496.62
684.65	213.25	320.23	54.78	8.96	2.33	569.33
109.30	39.37	77.95	6.08	1.26	0.51	166.29

2-1 续表 19

行 业	流动负债合 计	应付账款	所 有 者权益合计	实收资本	国家资本
总 计	**380845.89**	**104105.91**	**361263.38**	**173673.36**	**34694.96**
采矿业	**33197.46**	**8428.66**	**36631.06**	**17789.91**	**8257.32**
煤炭开采和洗选业	20404.70	4530.83	17275.67	6085.69	2294.95
烟煤和无烟煤开采洗选	18592.88	3758.60	16430.10	5784.56	2166.47
褐煤开采洗选	1785.60	770.90	828.09	293.30	127.67
其他煤炭采选	26.23	1.33	17.48	7.83	0.81
石油和天然气开采业	4704.46	2001.41	10014.34	7102.05	4486.94
石油开采	4017.58	1828.06	9580.21	6042.83	4378.63
天然气开采	686.89	173.36	434.12	1059.22	108.32
黑色金属矿采选业	3665.13	747.44	4104.44	1708.51	654.51
铁矿采选	3552.52	719.56	3963.63	1660.45	651.16
锰矿、铬矿采选	66.97	18.18	99.35	35.23	3.32
其他黑色金属矿采选	45.64	9.69	41.47	12.83	0.03
有色金属矿采选业	1823.61	279.62	2349.62	972.57	173.47
常用有色金属矿采选	1013.32	156.46	1226.44	543.66	95.80
铜矿采选	353.11	49.73	434.41	194.98	62.32
铅锌矿采选	425.03	70.49	548.83	226.93	21.84
镍钴矿采选	39.33	5.21	35.72	18.73	2.32
锡矿采选	32.71	3.71	48.30	28.35	3.86
锑矿采选	8.45	0.87	16.06	9.73	2.80
铝矿采选	47.30	9.17	74.38	32.48	0.88
镁矿采选	28.25	5.19	30.19	15.76	
其他常用有色金属矿采选	79.14	12.10	38.54	16.69	1.78
贵金属矿采选	544.27	76.27	803.69	258.29	49.60
金矿采选	524.98	75.15	780.09	249.64	49.11
银矿采选	15.72	1.00	20.92	8.08	0.49
其他贵金属矿采选	3.56	0.13	2.68	0.57	
稀有稀土金属矿采选	266.03	46.89	319.49	170.62	28.07
钨钼矿采选	216.07	38.36	244.86	114.10	19.52
稀土金属矿采选	22.96	4.92	42.45	31.83	6.89
放射性金属矿采选	4.57	0.61	5.04	2.37	1.08
其他稀有金属矿采选	22.44	3.00	27.15	22.32	0.59
非金属矿采选业	1134.67	178.66	1585.92	677.06	119.24
土砂石开采	448.70	95.56	787.60	363.28	13.87
石灰石、石膏开采	135.99	34.52	203.57	94.51	4.91
建筑装饰用石开采	79.85	14.82	173.54	83.01	2.52
耐火土石开采	58.60	14.04	108.12	45.56	2.60
粘土及其他土砂石开采	174.25	32.18	302.36	140.20	3.84

单位：亿元

集体资本	法人资本	个人资本	港澳台资本	外商资本	主营业务收入	主营业务成本	主营业务税金及附加
3383.92	**61044.70**	**38806.07**	**12366.09**	**22153.57**	**1038659.45**	**880679.68**	**15835.24**
388.63	**6603.98**	**1952.72**	**79.35**	**97.23**	**67563.60**	**50285.84**	**1942.99**
240.10	2322.88	942.81	43.45	48.93	32949.89	26055.30	459.23
235.34	2210.88	917.33	27.20	35.27	29798.59	23536.77	422.33
1.67	109.56	23.99	16.24	13.66	3083.11	2465.90	35.85
3.09	2.44	1.49			68.19	52.63	1.05
0.85	2389.78	11.75	1.87	12.91	11590.08	5550.03	1144.29
0.65	1447.25	11.56	0.54	6.25	10511.48	4787.24	1114.27
0.20	942.54	0.19	1.33	6.65	1078.60	762.80	30.02
23.21	593.36	427.68	5.11	4.16	9851.79	7879.43	151.63
22.95	568.19	411.68	5.11	0.91	9440.83	7538.90	147.40
0.26	15.55	12.83		3.25	259.74	210.30	3.06
0.01	9.63	3.17			151.22	130.22	1.17
87.39	406.26	278.69	10.70	12.91	6195.79	4999.28	66.22
18.88	264.19	150.71	7.59	5.21	2936.57	2304.19	43.79
9.81	77.25	37.85	4.09	3.66	736.21	557.83	17.60
8.08	132.37	61.71	1.52	1.08	1425.06	1114.46	19.40
0.02	12.18	2.64	1.58		52.72	43.02	0.47
0.02	5.63	18.85			102.13	78.63	1.09
0.14	4.58	2.09			46.88	39.12	0.43
0.73	20.62	9.75	0.39	0.10	210.04	172.03	2.17
0.06	4.04	10.79		0.36	187.41	152.38	1.29
0.02	7.53	7.04	0.01		176.12	146.71	1.35
62.18	53.95	85.10	1.10	6.35	2522.66	2087.82	13.33
59.73	49.77	83.57	1.10	6.35	2430.27	2028.40	12.32
2.45	3.63	1.51			87.06	55.09	0.95
	0.55	0.02			5.32	4.34	0.06
6.32	88.12	42.88	2.01	1.35	736.56	607.27	9.11
6.27	51.17	33.48	2.01	1.11	618.01	511.98	6.91
	15.84	8.60			74.50	59.49	1.64
	0.47				11.51	9.70	0.07
0.05	20.63	0.80		0.24	32.54	26.09	0.49
22.62	225.76	268.51	7.22	17.15	4915.45	3912.02	86.30
8.64	129.23	182.81	3.52	9.30	3307.75	2676.91	50.11
2.67	33.81	49.58	0.18	2.84	892.14	727.57	14.85
2.06	28.53	46.09	0.56	2.87	696.17	563.87	10.03
0.20	16.03	26.73	0.01		355.22	284.48	5.62
3.71	50.87	60.41	2.76	3.59	1364.22	1100.99	19.61

2-1 续表 20

行 业	流动负债合 计	应付账款	所 有 者权益合计	实收资本	国家资本
化学矿开采	288.37	34.66	257.06	111.37	41.65
采盐	277.38	28.08	363.02	117.33	57.75
石棉及其他非金属矿采选	120.22	20.37	178.24	85.08	5.98
石棉、云母矿采选	6.68	0.42	7.95	5.27	1.80
石墨、滑石采选	43.09	5.42	69.51	28.87	2.40
宝石、玉石采选	6.65	0.11	7.59	4.88	0.58
其他未列明非金属矿采选	63.81	14.41	93.20	46.06	1.20
开采辅助活动	1461.97	690.25	1291.01	1237.61	528.06
煤炭开采和洗选辅助活动	3.68	1.53	4.08	4.20	
石油和天然气开采辅助活动	1457.68	688.55	1286.31	1232.88	528.06
其他开采辅助活动	0.61	0.16	0.62	0.53	
其他采矿业	2.90	0.45	10.06	6.43	0.14
制造业	**313389.38**	**87596.65**	**285305.45**	**135069.11**	**14661.69**
农副食品加工业	12321.73	2253.26	12647.96	6700.60	181.18
谷物磨制	1401.90	191.81	2416.44	1118.36	35.51
饲料加工	1368.72	326.74	1670.37	674.11	6.91
植物油加工	3388.08	743.18	1710.45	802.44	69.06
食用植物油加工	3339.67	736.24	1664.96	778.06	66.55
非食用植物油加工	48.41	6.93	45.50	24.38	2.51
制糖业	1045.30	122.14	365.78	159.55	17.11
屠宰及肉类加工	2170.81	353.02	2734.28	1044.05	20.90
牲畜屠宰	860.58	120.60	1057.92	389.13	13.99
禽类屠宰	585.29	88.66	626.62	256.81	2.97
肉制品及副产品加工	724.95	143.77	1049.74	398.11	3.94
水产品加工	1121.72	204.40	1207.84	456.72	2.53
水产品冷冻加工	874.08	164.76	919.03	328.76	2.39
鱼糜制品及水产品干腌制加工	102.85	19.19	131.44	61.88	0.13
水产饲料制造	95.74	10.62	94.12	43.90	
鱼油提取及制品制造	6.62	0.90	1.15	2.15	
其他水产品加工	42.45	8.92	62.09	20.03	0.01
蔬菜、水果和坚果加工	718.20	129.41	1165.22	422.45	7.16
蔬菜加工	413.80	67.68	736.59	277.39	4.10
水果和坚果加工	304.39	61.73	428.63	145.06	3.06
其他农副食品加工	1106.99	182.56	1377.56	2022.91	22.01
淀粉及淀粉制品制造	702.17	100.87	767.47	1771.28	18.43
豆制品制造	109.18	20.69	151.23	66.28	1.42
蛋品加工	24.46	4.85	52.82	26.14	0.17
其他未列明农副食品加工	271.18	56.15	406.04	159.21	1.99
食品制造业	4661.46	1078.30	5897.51	2581.50	91.86
焙烤食品制造	428.33	115.08	663.86	331.76	2.67
糕点、面包制造	184.08	46.65	278.39	136.41	2.32
饼干及其他焙烤食品制造	244.24	68.42	385.47	195.35	0.35

单位：亿元

					主营业务收　　入	主营业务成　　本	主营业务税金及附加
集体资本	法人资本	个人资本	港澳台资本	外商资本			
4.10	32.47	31.64	0.24	1.20	533.19	392.08	16.96
8.14	30.85	14.05	2.11	4.44	356.10	270.98	8.03
1.74	33.21	40.01	1.36	2.22	718.41	572.05	11.20
0.65	1.63	0.97		0.22	21.00	17.88	0.20
0.61	15.59	9.18	0.93	0.10	198.77	151.33	2.57
	1.85	2.46			5.21	3.14	0.21
0.48	14.14	27.40	0.42	1.89	493.44	399.69	8.22
14.40	665.74	17.24	11.01	1.17	2038.53	1872.98	35.09
0.16	0.36	2.13	1.54		11.27	9.32	0.15
14.24	665.01	14.94	9.47	1.17	2023.63	1860.79	34.91
	0.37	0.16			3.63	2.87	0.03
0.06	0.19	6.03			22.07	16.80	0.23
2712.14	**47834.93**	**36267.90**	**11534.44**	**21371.11**	**909452.71**	**776358.80**	**13551.72**
113.14	1899.28	3564.48	236.78	576.82	60117.42	53220.82	296.01
18.36	330.86	553.79	19.95	40.63	11520.88	10197.58	69.31
11.63	305.57	262.41	25.18	59.61	10048.44	8955.16	33.29
12.83	248.15	264.53	33.87	174.00	10503.05	9641.16	42.11
12.64	239.71	256.68	33.29	169.20	10256.30	9424.41	40.91
0.20	8.44	7.86	0.58	4.80	246.75	216.75	1.20
4.41	81.94	36.29	4.70	15.10	1186.44	1011.66	8.73
30.47	419.63	396.82	79.58	92.12	12069.05	10614.62	58.82
14.37	164.07	161.37	9.96	25.44	4986.84	4378.41	25.48
4.31	95.39	112.32	17.89	23.92	3144.81	2821.05	14.05
11.79	160.17	123.13	51.73	42.76	3937.41	3415.16	19.29
18.93	166.49	187.14	27.33	54.19	4972.97	4360.13	30.16
14.45	108.82	141.96	16.08	45.01	3811.37	3360.56	21.78
1.98	22.74	25.10	4.92	7.02	611.52	521.92	3.64
2.11	24.41	13.09	3.84	0.37	318.84	279.97	1.67
	1.53	0.21		0.41	16.76	14.43	0.10
0.39	8.98	6.78	2.49	1.38	214.48	183.25	2.96
4.73	150.51	181.49	25.90	51.36	4420.47	3736.10	24.64
4.17	96.53	122.50	11.05	37.81	2920.90	2472.38	15.76
0.56	53.97	58.99	14.85	13.56	1499.57	1263.72	8.88
11.78	196.14	1682.01	20.27	89.80	5396.11	4704.40	28.96
6.47	83.35	1579.65	14.32	68.91	3268.50	2901.19	14.69
1.06	30.95	24.26	0.31	8.29	582.21	484.97	4.52
3.16	8.19	11.46	0.06	2.80	224.70	188.75	1.58
1.10	73.65	66.64	5.58	9.80	1320.71	1129.50	8.18
48.61	982.67	716.44	247.59	489.90	18546.36	14617.09	123.77
2.15	84.69	95.45	62.00	84.40	2218.25	1756.26	14.42
1.10	42.00	45.34	19.60	25.89	818.08	633.36	4.99
1.05	42.70	50.11	42.40	58.51	1400.18	1122.90	9.42

2-1 续表 21

行 业	流动负债合 计	应付账款	所 有 者权益合计	实收资本	国家资本
糖果、巧克力及蜜饯制造	348.03	68.98	540.13	236.77	0.81
糖果、巧克力制造	270.32	49.93	389.13	190.32	0.41
蜜饯制作	77.70	19.04	151.00	46.45	0.41
方便食品制造	606.32	174.76	955.29	413.88	10.31
米、面制品制造	110.41	18.89	185.64	87.45	4.92
速冻食品制造	159.16	53.54	238.95	111.29	1.12
方便面及其他方便食品制造	336.75	102.33	530.69	215.13	4.27
乳制品制造	1005.49	288.24	950.43	421.65	17.82
罐头食品制造	383.23	78.56	347.83	189.52	7.19
肉、禽类罐头制造	30.93	10.06	59.21	35.80	2.03
水产品罐头制造	21.52	3.21	18.26	9.77	
蔬菜、水果罐头制造	302.94	60.63	245.98	131.67	5.16
其他罐头食品制造	27.83	4.66	24.37	12.28	
调味品、发酵制品制造	765.21	137.16	947.23	358.58	24.58
味精制造	173.79	24.38	198.50	74.35	14.68
酱油、食醋及类似制品制造	222.79	39.99	289.84	93.54	3.85
其他调味品、发酵制品制造	368.63	72.79	458.89	190.69	6.05
其他食品制造	1124.86	215.52	1492.74	629.34	28.48
营养食品制造	69.62	15.19	142.54	70.78	1.14
保健食品制造	297.61	52.35	346.86	102.26	0.20
冷冻饮品及食用冰制造	81.13	26.03	77.84	70.61	2.00
盐加工	35.37	7.82	42.59	31.94	13.71
食品及饲料添加剂制造	506.21	81.39	714.71	290.02	10.80
其他未列明食品制造	134.91	32.74	168.20	63.74	0.62
酒、饮料和精制茶制造业	5360.10	1005.52	6799.22	3024.67	192.18
酒的制造	3541.23	557.74	4450.28	1755.58	170.45
酒精制造	364.23	60.35	202.86	73.16	17.43
白酒制造	1903.69	279.86	2765.17	555.21	88.47
啤酒制造	937.28	170.53	1036.61	1005.58	57.05
黄酒制造	72.47	14.89	111.77	24.11	3.64
葡萄酒制造	142.66	20.89	210.05	68.12	3.74
其他酒制造	120.90	11.22	123.82	29.40	0.13
饮料制造	1559.70	389.56	1878.07	1081.13	19.11
碳酸饮料制造	232.92	68.81	173.79	123.05	3.84
瓶(罐)装饮用水制造	293.55	69.60	284.98	271.07	4.16
果菜汁及果菜汁饮料制造	361.55	67.46	547.04	297.51	5.38
含乳饮料和植物蛋白饮料制造	226.55	58.71	319.57	125.94	0.81
固体饮料制造	80.33	19.04	176.45	93.57	2.93
茶饮料及其他饮料制造	364.81	105.94	376.25	170.00	1.98

单位：亿元

集体资本	法人资本	个人资本	港澳台资本	外商资本	主营业务收入	主营业务成本	主营业务税金及附加
2.74	92.01	52.96	25.71	62.49	1567.25	1170.01	11.01
2.41	72.91	29.71	24.80	60.09	1101.64	786.81	8.22
0.33	19.10	23.25	0.91	2.40	465.61	383.20	2.79
9.66	151.03	107.26	65.51	69.72	3140.87	2563.81	16.71
0.31	31.19	33.85	9.68	7.48	745.75	634.51	4.89
1.77	43.32	35.06	13.16	16.49	670.25	563.52	3.37
7.58	76.52	38.34	42.67	45.74	1724.87	1365.77	8.45
10.41	204.68	82.45	21.10	84.25	3078.89	2428.05	14.91
4.54	84.42	64.64	11.69	17.09	1528.62	1304.98	9.15
0.51	21.85	5.93	2.42	3.05	216.13	191.78	1.57
0.22	3.58	2.67	0.49	2.81	87.75	72.10	0.34
3.65	55.14	50.20	6.32	11.20	1112.91	950.52	6.57
0.17	3.84	5.84	2.45	0.03	111.84	90.57	0.68
4.59	120.96	120.15	25.10	63.07	2328.15	1870.04	15.56
0.30	21.01	22.49	2.56	13.31	426.69	356.22	2.71
3.08	32.52	29.54	6.99	17.50	799.55	614.09	5.40
1.20	67.43	68.13	15.55	32.27	1101.91	899.73	7.44
14.51	244.86	193.53	36.48	108.89	4684.33	3523.94	42.01
3.41	37.69	18.43	3.12	5.39	366.51	288.25	2.16
3.37	26.72	30.60	11.82	29.17	1244.95	731.24	20.39
1.56	24.76	17.87	4.07	20.34	417.73	324.50	2.97
	11.71	6.42			122.33	97.03	1.64
5.13	120.27	100.12	10.92	42.28	1907.58	1593.94	10.72
1.04	23.71	20.08	6.55	11.71	625.21	488.97	4.14
256.03	959.46	771.83	245.66	591.87	15327.37	11197.63	531.01
231.52	507.40	552.32	82.39	205.07	8467.63	5908.19	486.82
0.04	15.41	28.86	3.26	7.37	763.99	654.98	18.87
14.92	181.47	255.08	4.03	6.77	5109.63	3368.44	321.79
214.03	254.32	232.74	65.72	180.70	1795.90	1296.39	120.96
0.05	9.89	6.36	3.42	0.75	153.84	110.11	3.89
2.25	34.30	16.55	5.95	5.19	406.75	303.97	12.88
0.25	12.01	12.73		4.29	237.52	174.30	8.43
21.47	359.81	139.93	155.38	384.22	5350.56	4104.86	30.01
0.68	30.82	17.76	12.65	57.29	776.64	571.08	4.27
2.44	74.34	35.27	18.70	136.09	1023.76	767.90	6.47
6.59	113.38	43.11	61.43	66.87	1150.01	927.49	6.80
3.26	39.56	22.92	6.90	52.29	908.08	700.32	5.08
1.39	58.15	6.18	1.88	22.90	480.81	388.43	3.46
7.10	43.56	14.69	53.82	48.78	1011.26	749.64	3.94

2-1 续表 22

行 业	流动负债合计	应付账款	所有者权益合计	实收资本	国家资本
精制茶加工	259.17	58.22	470.87	187.96	2.62
烟草制品业	1988.58	852.41	5952.19	973.26	373.62
烟叶复烤	44.51	8.04	241.85	160.04	104.69
卷烟制造	1887.92	818.60	5640.64	793.37	263.35
其他烟草制品制造	56.14	25.77	69.70	19.86	5.58
纺织业	10295.62	1749.89	9859.74	4630.77	98.43
棉纺织及印染精加工	6114.06	1007.17	6059.39	2855.18	71.10
棉纺纱加工	3236.10	499.02	3504.83	1603.16	55.42
棉织造加工	1620.85	239.47	1561.81	693.57	12.35
棉印染精加工	1257.11	268.68	992.75	558.44	3.34
毛纺织及染整精加工	755.87	149.31	694.18	313.83	10.75
毛条和毛纱线加工	426.60	87.46	301.58	150.29	6.70
毛织造加工	262.17	48.40	330.96	127.94	3.55
毛染整精加工	67.10	13.44	61.63	35.60	0.50
麻纺织及染整精加工	129.87	23.67	170.98	63.71	5.77
麻纤维纺前加工和纺纱	55.58	12.24	81.35	23.85	0.02
麻织造加工	70.01	10.60	86.04	37.92	5.27
麻染整精加工	4.29	0.83	3.59	1.93	0.47
丝绢纺织及印染精加工	325.97	52.81	318.48	114.68	2.07
缫丝加工	174.38	22.09	157.81	52.96	1.81
绢纺和丝织加工	119.07	26.89	131.15	51.19	0.16
丝印染精加工	32.52	3.83	29.52	10.53	0.10
化纤织造及印染精加工	636.89	66.00	352.01	210.57	0.74
化纤织造加工	505.03	51.38	295.50	174.83	0.74
化纤织物染整精加工	131.86	14.62	56.50	35.74	
针织或钩针编织物及其制品制造	998.14	177.70	918.48	405.80	1.48
针织或钩针编织物织造	763.37	124.62	644.87	301.53	0.88
针织或钩针编织物印染精加工	85.03	22.74	123.37	28.26	0.20
针织或钩针编织品制造	149.74	30.34	150.23	76.01	0.41
家用纺织制成品制造	704.32	141.23	632.71	310.29	0.27
床上用品制造	344.18	76.49	340.37	155.50	0.15
毛巾类制品制造	155.49	23.63	147.06	78.40	0.01
窗帘、布艺类产品制造	81.65	14.17	56.32	28.98	
其他家用纺织制成品制造	123.00	26.94	88.96	47.41	0.11
非家用纺织制成品制造	630.50	132.00	713.52	356.73	6.25
非织造布制造	283.29	65.98	350.58	167.51	0.34
绳、索、缆制造	33.28	6.50	52.93	24.87	0.39

单位：亿元

集体资本	法人资本	个人资本	港澳台资本	外商资本	主营业务收入	主营业务成本	主营业务税金及附加
3.04	92.24	79.57	7.89	2.59	1509.18	1184.57	14.18
2.29	594.36	1.78	0.14	1.06	8308.08	2128.02	4425.20
0.11	54.75	0.08		0.42	180.04	125.37	2.72
0.34	529.40	0.28			8011.67	1926.69	4421.12
1.85	10.22	1.42	0.14	0.64	116.36	75.96	1.37
54.85	1355.82	1954.66	645.49	505.36	36076.62	31788.31	177.91
30.71	824.93	1280.36	370.39	265.83	22941.84	20374.51	109.99
20.44	453.03	857.99	122.65	86.98	13923.43	12384.48	67.69
5.22	251.46	266.35	98.48	59.53	5550.50	4922.63	26.37
5.05	120.44	156.01	149.27	119.31	3467.91	3067.40	15.93
7.77	111.31	110.63	47.64	25.61	2297.49	2024.71	9.27
4.70	49.35	61.01	20.25	8.27	1090.53	952.66	4.27
3.04	58.20	34.37	15.66	13.01	995.57	889.97	3.86
0.04	3.76	15.25	11.72	4.33	211.40	182.07	1.13
0.92	20.64	24.40	8.17	3.81	514.00	441.65	4.33
0.20	12.94	7.97	0.77	1.94	260.14	217.54	2.66
0.63	7.62	16.42	6.11	1.87	244.33	215.74	1.64
0.09	0.08	0.01	1.28		9.54	8.37	0.04
2.06	34.58	54.67	12.47	8.83	1224.63	1076.48	7.49
0.96	19.83	29.64	0.66	0.05	714.14	632.62	4.51
1.08	11.21	21.70	8.92	8.13	434.94	376.96	2.63
0.02	3.53	3.33	2.90	0.65	75.54	66.89	0.35
0.90	59.96	77.78	43.97	27.20	1068.53	947.82	4.51
0.26	53.47	63.32	36.91	20.10	905.18	807.46	3.50
0.64	6.49	14.46	7.05	7.10	163.34	140.36	1.01
4.28	104.50	174.73	73.97	42.80	3082.11	2648.37	15.48
2.61	76.77	114.85	64.30	38.12	2286.57	2001.11	10.92
0.95	8.90	15.51	0.96	1.71	304.15	229.18	1.60
0.73	18.83	44.37	8.70	2.97	491.38	418.08	2.95
4.75	97.77	127.68	35.56	44.23	2534.68	2201.53	13.81
0.50	42.12	74.69	19.86	18.17	1252.01	1076.02	6.19
0.79	36.47	28.99	5.11	6.99	668.58	587.31	4.30
0.06	7.44	8.07	5.85	7.56	230.37	204.44	1.14
3.40	11.73	15.92	4.73	11.51	383.72	333.76	2.19
3.44	102.13	104.42	53.32	87.04	2413.33	2073.25	13.04
1.33	46.98	51.16	25.37	42.32	1217.38	1036.68	6.45
0.41	7.03	9.01	1.35	6.69	217.78	181.58	1.51

2-1 续表 23

行业	流动负债合计	应付账款	所有者权益合计	实收资本	国家资本
纺织带和帘子布制造	168.01	19.36	163.47	69.64	4.94
篷、帆布制造	62.70	18.61	44.25	28.49	0.43
其他非家用纺织制成品制造	83.22	21.55	102.28	66.22	0.15
纺织服装、服饰业	4736.14	1260.54	5558.47	2370.62	22.20
机织服装制造	3421.61	918.10	4373.48	1828.08	18.97
针织或钩针编织服装制造	1046.23	279.07	908.28	406.55	2.85
服饰制造	268.30	63.37	276.71	135.99	0.38
皮革、毛皮、羽毛及其制品和制鞋业	2631.88	706.27	3690.53	1852.26	4.54
皮革鞣制加工	300.66	65.01	387.88	146.81	0.31
皮革制品制造	606.52	179.52	681.10	259.47	0.16
皮革服装制造	125.47	18.87	155.01	46.04	0.01
皮箱、包(袋)制造	314.61	111.91	274.77	133.12	0.15
皮手套及皮装饰制品制造	37.30	10.44	51.66	25.47	
其他皮革制品制造	129.14	38.30	199.66	54.84	
毛皮鞣制及制品加工	114.46	21.51	714.05	606.99	0.81
毛皮鞣制加工	26.71	5.03	68.89	22.47	0.10
毛皮服装加工	39.86	8.68	55.19	21.62	0.71
其他毛皮制品加工	47.89	7.80	589.98	562.90	
羽毛(绒)加工及制品制造	218.14	34.85	168.87	78.41	0.18
羽毛(绒)加工	83.02	12.32	74.43	33.24	0.08
羽毛(绒)制品加工	135.12	22.53	94.45	45.17	0.10
制鞋业	1392.09	405.38	1738.62	760.57	3.08
纺织面料鞋制造	119.61	37.96	182.67	99.75	0.53
皮鞋制造	980.61	287.78	1247.50	507.14	0.90
塑料鞋制造	98.50	26.20	93.03	44.50	0.14
橡胶鞋制造	152.17	40.27	167.19	70.61	1.49
其他制鞋业	41.20	13.17	48.22	38.57	0.02
木材加工和木、竹、藤、棕、草制品业	1798.85	324.86	2828.46	1268.31	17.68
木材加工	191.97	41.50	371.95	168.37	3.62
锯材加工	84.32	23.29	171.69	67.41	1.85
木片加工	44.20	8.52	114.00	51.63	1.13
单板加工	51.52	7.11	66.93	41.23	0.63
其他木材加工	11.94	2.59	19.33	8.10	0.01
人造板制造	994.05	160.65	1668.25	767.20	7.78
胶合板制造	345.35	73.20	771.30	300.27	0.75
纤维板制造	448.52	53.97	513.04	258.66	5.59
刨花板制造	87.24	11.68	117.79	59.96	0.99
其他人造板制造	112.94	21.80	266.12	148.30	0.45

单位：亿元

集体资本	法人资本	个人资本	港澳台资本	外商资本	主营业务收　入	主营业务成　本	主营业务税金及附加
1.27	18.30	19.54	13.64	11.95	536.12	479.05	2.57
	11.29	9.40	4.71	2.57	182.92	157.19	1.10
0.43	18.54	15.31	8.25	23.52	259.14	218.75	1.41
22.60	779.39	748.49	471.51	318.75	19454.61	16419.39	118.93
18.80	644.10	577.77	344.65	221.84	15126.13	12708.83	93.33
3.28	99.67	120.75	105.79	68.82	3409.81	2926.85	20.45
0.52	35.62	49.98	21.07	28.09	918.67	783.70	5.16
18.22	330.03	956.68	294.21	244.43	12643.39	10785.57	71.94
2.13	42.85	60.98	13.66	26.88	1600.99	1366.74	7.90
3.14	55.00	95.52	59.02	46.40	2982.89	2535.45	17.37
0.26	5.41	32.49	4.09	3.78	708.80	575.09	3.40
2.42	31.57	33.09	38.35	27.53	1370.83	1181.16	9.43
0.19	5.02	9.81	5.59	4.86	245.47	210.37	1.50
0.27	13.00	20.14	10.99	10.22	657.79	568.84	3.04
1.17	20.77	568.62	10.26	5.37	821.55	717.28	3.55
	8.34	10.10	0.44	3.48	271.43	236.33	1.37
0.37	5.07	11.91	2.71	0.84	306.79	267.24	1.13
0.79	7.36	546.61	7.10	1.04	243.33	213.72	1.05
0.43	24.31	34.01	8.73	10.75	795.48	702.04	3.10
0.14	9.15	20.89	1.50	1.48	374.00	328.48	1.32
0.29	15.16	13.12	7.23	9.27	421.48	373.56	1.77
11.35	187.10	197.54	202.55	155.03	6442.49	5464.05	40.03
0.14	30.32	30.65	20.63	17.46	726.64	623.93	5.03
8.96	111.86	122.37	144.76	114.15	4232.15	3523.91	26.00
1.01	18.12	12.83	8.39	3.87	601.30	538.66	3.71
1.07	15.70	26.41	16.77	9.56	654.97	575.78	3.87
0.17	11.09	5.29	12.00	9.99	227.43	201.77	1.41
14.31	470.83	633.61	68.11	59.45	12004.82	10274.05	83.07
2.16	60.49	74.08	23.27	4.53	1640.05	1390.31	13.48
1.84	30.55	29.13	2.06	1.97	777.07	651.90	5.96
0.21	19.09	25.68	4.14	1.20	506.91	432.84	4.69
	9.22	16.19	15.04	0.12	287.67	248.36	2.45
0.11	1.63	3.09	2.02	1.23	68.40	57.22	0.38
9.47	290.68	407.72	27.02	22.32	7093.32	6117.48	47.01
3.33	84.73	195.12	7.36	9.01	4372.78	3787.27	31.02
5.01	148.33	79.55	9.68	8.26	1434.69	1237.47	8.25
0.85	27.16	26.35	1.24	3.36	353.57	302.23	2.30
0.27	30.46	106.69	8.74	1.68	932.28	790.51	5.44

2-1 续表 24

行　业	流动负债合计	应付账款	所有者权益合计	实收资本	国家资本
木制品制造	509.91	102.71	633.66	270.73	5.55
建筑用木料及木材组件加工	107.06	15.75	142.65	64.59	3.60
木门窗、楼梯制造	77.83	15.94	97.30	41.65	0.30
地板制造	191.15	32.13	221.42	89.44	1.33
木制容器制造	53.50	18.97	59.12	24.49	0.02
软木制品及其他木制品制造	80.37	19.91	113.16	50.56	0.30
竹、藤、棕、草等制品制造	102.92	20.00	154.59	62.01	0.73
竹制品制造	89.14	17.69	118.00	54.08	0.55
藤制品制造	2.33	0.56	2.93	1.13	0.17
棕制品制造	0.65	0.33	1.99	0.73	
草及其他制品制造	10.79	1.43	31.67	6.07	
家具制造业	1852.87	496.36	2017.19	1096.08	8.19
木质家具制造	1069.57	237.94	1266.06	652.87	4.35
竹、藤家具制造	47.54	19.46	22.38	14.66	0.20
金属家具制造	439.54	151.94	444.32	305.69	3.27
塑料家具制造	27.62	7.47	26.25	12.94	0.02
其他家具制造	268.60	79.55	258.19	109.92	0.35
造纸和纸制品业	5555.32	1250.17	5393.84	3132.42	220.85
纸浆制造	150.07	29.99	97.02	88.92	0.92
木竹浆制造	109.31	20.77	62.37	55.93	0.92
非木竹浆制造	40.76	9.22	34.66	32.99	
造纸	3934.39	800.36	3772.76	2218.74	194.15
机制纸及纸板制造	3811.44	772.52	3614.07	2130.92	188.27
手工纸制造	22.97	3.92	15.74	10.03	0.68
加工纸制造	99.99	23.91	142.95	77.79	5.21
纸制品制造	1470.86	419.82	1524.06	824.76	25.78
纸和纸板容器制造	851.68	227.55	881.64	473.25	2.29
其他纸制品制造	619.18	192.27	642.42	351.51	23.49
印刷和记录媒介复制业	1896.53	518.33	2364.40	1139.07	106.91
印刷	1839.15	506.29	2276.74	1083.47	105.27
书、报刊印刷	370.64	100.17	412.00	228.98	43.26
本册印制	81.94	19.78	101.38	44.30	1.36
包装装潢及其他印刷	1386.57	386.34	1763.35	810.19	60.65
装订及印刷相关服务	35.22	7.12	45.21	23.70	0.89
记录媒介复制	22.16	4.93	42.46	31.90	0.75
文教、工美、体育和娱乐用品制造业	2982.13	924.57	2955.23	1348.79	44.42
文教办公用品制造	219.36	52.50	225.88	109.59	2.07
文具制造	129.07	30.82	110.87	62.22	0.02
笔的制造	65.57	13.71	55.85	27.03	1.16
教学用模型及教具制造	13.49	3.28	39.63	9.98	
墨水、墨汁制造	1.92	0.83	5.23	1.57	
其他文教办公用品制造	9.30	3.86	14.30	8.80	0.90

单位：亿元

集体资本	法人资本	个人资本	港澳台资本	外商资本	主营业务收入	主营业务成本	主营业务税金及附加
2.48	96.75	117.95	15.82	30.28	2560.55	2169.28	17.36
0.64	27.76	27.07	1.44	3.88	667.61	568.51	3.78
0.02	12.87	23.48	1.39	3.59	320.77	265.35	2.34
0.83	32.92	31.37	6.84	15.06	752.48	630.67	5.95
0.27	4.82	15.69	2.59	1.11	261.91	224.20	1.73
0.72	18.37	20.33	3.58	6.64	557.78	480.54	3.55
0.19	22.92	33.86	2.00	2.32	710.89	596.98	5.22
0.12	20.57	29.50	1.77	1.57	583.47	487.64	4.69
0.03	0.25	0.33	0.09	0.25	19.58	17.34	0.11
	0.04	0.65	0.04		4.20	3.36	0.02
0.04	2.06	3.38	0.09	0.50	103.63	88.64	0.41
9.35	318.54	439.47	157.75	158.47	6641.74	5572.08	43.75
6.40	208.33	257.52	97.09	74.96	4210.68	3533.74	29.27
1.15	6.37	3.86	1.14	1.94	111.75	92.97	0.91
1.41	71.74	138.45	32.38	58.41	1290.94	1077.31	8.15
	2.93	3.93	4.78	1.28	101.67	89.15	0.37
0.39	29.17	35.71	22.36	21.88	926.70	778.92	5.05
74.96	852.89	560.17	419.06	956.06	12891.85	11067.93	64.55
0.05	75.33	7.89	3.35	1.37	130.85	109.64	0.64
0.05	44.11	6.87	2.60	1.37	90.02	75.76	0.43
	31.22	1.02	0.75		40.82	33.88	0.21
58.95	579.55	332.95	277.46	776.77	7529.81	6530.03	32.27
50.48	551.19	314.19	270.28	758.16	7136.68	6193.60	30.39
	3.17	2.21	3.40	0.58	56.74	48.41	0.26
8.47	25.20	16.55	3.79	18.04	336.38	288.02	1.62
15.97	198.01	219.32	138.25	177.92	5231.20	4428.26	31.64
13.36	116.42	127.42	63.02	110.36	3210.87	2750.39	20.31
2.61	81.59	91.90	75.24	67.56	2020.32	1677.87	11.33
19.22	415.96	311.65	167.63	115.86	6014.77	4987.25	41.45
18.05	393.81	301.84	153.95	109.66	5827.02	4831.95	40.05
3.09	80.66	52.12	39.18	10.40	982.28	834.64	7.50
0.35	10.89	21.42	5.60	4.68	338.33	282.58	2.90
14.61	302.26	228.30	109.17	94.57	4506.41	3714.73	29.65
1.13	8.37	5.80	3.91	3.55	127.33	105.17	0.95
0.04	13.79	4.01	9.77	2.65	60.42	50.14	0.45
13.26	363.34	419.88	284.01	222.42	12935.36	11275.73	67.90
0.60	33.05	31.72	18.92	23.22	800.19	670.93	4.47
0.08	16.56	15.52	14.68	15.36	384.72	327.63	2.34
0.20	8.50	8.30	2.88	5.99	252.47	213.95	1.30
0.07	4.10	5.51	0.03	0.28	106.66	82.99	0.48
0.08	1.01	0.38	0.02	0.08	15.44	12.23	0.10
0.17	2.89	2.01	1.30	1.52	40.89	34.13	0.24

2-1 续表 25

行业	流动负债合计	应付账款	所有者权益合计	实收资本	国家资本
乐器制造	63.88	22.60	113.04	69.87	23.21
中乐器制造	4.24	1.09	7.16	2.61	
西乐器制造	43.71	14.04	79.19	53.10	23.07
电子乐器制造	9.62	5.82	17.19	8.82	0.12
其他乐器及零件制造	6.30	1.65	9.50	5.35	0.02
工艺美术品制造	1901.97	551.51	1743.61	663.59	16.34
雕塑工艺品制造	98.52	24.68	202.84	79.60	0.65
金属工艺品制造	126.72	34.26	127.44	55.58	11.76
漆器工艺品制造	37.22	4.18	62.24	19.41	
花画工艺品制造	21.28	5.88	46.91	25.23	0.10
天然植物纤维编织工艺品制造	73.90	15.47	119.36	49.96	0.61
抽纱刺绣工艺品制造	189.54	26.87	186.21	71.43	0.36
地毯、挂毯制造	162.05	38.26	153.26	72.69	0.61
珠宝首饰及有关物品制造	946.54	350.98	509.09	149.61	2.15
其他工艺美术品制造	246.21	50.94	336.27	140.07	0.09
体育用品制造	304.23	124.71	321.17	190.29	2.52
球类制造	30.47	10.46	47.27	27.98	
体育器材及配件制造	84.66	46.22	99.58	67.25	0.94
训练健身器材制造	91.34	30.20	74.67	47.64	0.35
运动防护用具制造	28.24	14.82	22.71	18.90	1.23
其他体育用品制造	69.52	23.02	76.94	28.52	
玩具制造	389.42	147.09	443.07	260.13	0.01
游艺器材及娱乐用品制造	103.27	26.15	108.46	55.32	0.27
露天游乐场所游乐设备制造	38.57	6.70	40.27	24.45	0.27
游艺用品及室内游艺器材制造	32.84	11.28	33.24	13.69	
其他娱乐用品制造	31.87	8.17	34.95	17.18	
石油加工、炼焦和核燃料加工业	12353.12	3210.40	7793.25	5347.36	2031.68
精炼石油产品制造	7700.29	2176.69	6106.82	3833.37	1895.55
原油加工及石油制品制造	7684.30	2174.54	6079.19	3817.55	1895.25
人造原油制造	16.00	2.14	27.63	15.82	0.30
炼焦	4574.32	1008.14	1639.60	1483.61	105.90
化学原料和化学制品制造业	27029.55	5793.15	25547.85	13598.64	1797.95
基础化学原料制造	8765.43	1645.66	7580.29	4386.56	527.88
无机酸制造	299.62	57.31	308.44	147.08	16.23
无机碱制造	1170.67	225.24	768.42	408.08	114.11
无机盐制造	1045.84	232.84	880.37	451.23	42.97
有机化学原料制造	5246.80	941.09	4510.35	2771.20	313.93
其他基础化学原料制造	1002.50	189.19	1112.71	608.98	40.65

单位：亿元

集体资本	法人资本	个人资本	港澳台资本	外商资本	主营业务收入	主营业务成本	主营业务税金及附加
0.41	12.35	7.76	3.89	22.24	300.02	255.14	1.80
0.08	0.68	1.14	0.01	0.70	36.15	30.92	0.27
0.20	8.95	2.11	1.78	16.97	160.20	137.27	0.76
	2.01	1.09	1.78	3.82	62.86	51.93	0.53
0.13	0.71	3.42	0.32	0.74	40.81	35.02	0.23
6.85	201.61	282.41	86.58	69.80	8579.07	7560.19	43.32
0.66	20.60	46.72	5.45	5.51	807.88	658.95	6.72
0.39	13.43	18.52	4.16	7.32	466.36	395.95	3.33
0.41	5.81	11.73	1.26	0.20	179.43	150.06	1.51
	3.71	10.53	8.39	2.51	214.13	182.97	1.75
0.50	22.15	24.15	0.40	2.15	697.34	587.96	5.42
0.69	20.90	31.12	8.86	9.49	865.02	740.40	5.27
1.25	20.62	24.79	9.05	16.38	593.36	515.09	2.19
2.03	56.45	37.85	34.81	16.32	3357.76	3137.75	7.31
0.91	37.93	77.00	14.21	9.93	1397.79	1191.06	9.82
0.77	49.29	35.27	51.90	50.54	1147.45	985.60	6.88
0.40	9.03	3.60	10.40	4.55	156.26	136.89	1.02
0.19	24.67	9.72	12.93	18.80	327.09	275.50	1.91
0.12	8.80	13.01	14.10	11.26	290.21	249.51	1.60
	1.99	2.78	7.52	5.39	113.12	96.31	0.82
0.07	4.80	6.17	6.95	10.54	260.77	227.40	1.53
3.77	49.77	45.48	116.44	43.22	1759.36	1514.08	9.72
0.86	17.27	17.23	6.29	13.41	349.27	289.78	1.71
0.84	12.47	7.73	1.44	1.70	92.18	76.98	0.42
	2.63	4.86	2.22	3.98	148.75	120.05	0.65
0.02	2.17	4.64	2.62	7.73	108.33	92.76	0.64
58.47	1964.81	936.53	79.49	162.31	40980.89	35615.47	3111.03
24.53	1300.86	311.80	52.49	134.19	35095.87	30303.97	3089.83
24.42	1290.89	306.42	52.42	134.19	35004.04	30226.32	3088.81
0.11	9.96	5.38	0.07		91.83	77.65	1.02
33.94	663.95	624.59	27.00	28.13	5782.32	5226.22	20.83
287.33	5198.91	2845.95	942.53	2463.81	76645.34	65871.88	585.75
90.09	2009.93	733.27	264.28	758.33	23196.93	20412.97	228.53
5.50	66.29	43.50	3.09	12.45	1000.73	867.75	6.84
22.89	166.03	45.31	53.23	4.73	1746.64	1548.40	7.15
8.16	238.51	140.34	4.10	17.21	2385.63	2042.41	15.23
39.51	1315.73	401.10	153.78	546.18	15203.16	13528.90	183.46
14.04	223.37	103.01	50.08	177.77	2860.76	2425.51	15.85

2-1 续表 26

行业	流动负债合计	应付账款	所有者权益合计	实收资本	国家资本
肥料制造	4329.69	801.30	3465.41	1730.90	495.36
氮肥制造	2121.04	353.76	1546.17	857.49	343.49
磷肥制造	560.85	86.60	327.69	149.16	84.08
钾肥制造	263.83	67.88	328.20	76.83	10.65
复混肥料制造	1225.03	264.58	1007.91	514.83	50.01
有机肥料及微生物肥料制造	127.59	21.16	221.36	111.84	1.47
其他肥料制造	31.35	7.31	34.08	20.74	5.66
农药制造	903.10	170.29	881.97	354.36	21.35
化学农药制造	838.81	160.59	794.60	307.36	19.60
生物化学农药及微生物农药制造	64.28	9.70	87.37	47.00	1.74
涂料、油墨、颜料及类似产品制造	1631.55	491.42	1947.95	769.75	24.44
涂料制造	920.99	296.86	1112.42	427.73	15.32
油墨及类似产品制造	111.45	40.25	170.30	76.85	2.90
颜料制造	257.28	63.04	244.98	117.11	2.17
染料制造	271.23	68.68	333.23	105.84	0.45
密封用填料及类似品制造	70.60	22.59	87.02	42.22	3.60
合成材料制造	4810.60	1159.12	4044.35	2563.82	493.00
初级形态塑料及合成树脂制造	2873.86	718.92	2566.42	1493.06	276.48
合成橡胶制造	329.87	75.66	326.94	174.15	23.08
合成纤维单(聚合)体制造	1314.66	279.99	791.39	690.43	186.71
其他合成材料制造	292.21	84.55	359.60	206.17	6.74
专用化学产品制造	5178.99	1117.59	5605.00	2903.28	170.84
化学试剂和助剂制造	1450.09	276.65	1591.59	707.82	38.98
专项化学用品制造	1502.43	350.45	1808.84	798.39	39.91
林产化学产品制造	108.47	24.41	164.40	68.93	2.21
信息化学品制造	1557.57	342.20	1349.24	938.00	82.71
环境污染处理专用药剂材料制造	99.59	19.42	101.16	39.52	1.22
动物胶制造	18.26	3.62	33.39	18.20	0.35
其他专用化学产品制造	442.58	100.84	556.38	332.42	5.47
炸药、火工及焰火产品制造	389.15	77.33	714.16	248.06	48.09
炸药及火工产品制造	324.57	57.88	475.79	140.64	46.13
焰火、鞭炮产品制造	64.58	19.45	238.37	107.41	1.96
日用化学产品制造	1021.05	330.44	1308.73	641.91	16.99
肥皂及合成洗涤剂制造	371.13	123.51	446.78	230.84	10.62
化妆品制造	315.77	98.31	376.99	213.33	0.49
口腔清洁用品制造	57.48	22.84	91.44	31.68	2.57
香料、香精制造	169.67	60.74	254.98	87.40	1.20
其他日用化学产品制造	107.01	25.05	138.53	78.66	2.11

单位：亿元

					主营业务收　　入	主营业务成　　本	主营业务税金及附加
集体资本	法人资本	个人资本	港澳台资本	外商资本			
26.23	808.73	337.71	25.94	34.77	8655.45	7516.16	49.01
10.88	387.94	98.07	2.66	14.25	2762.76	2461.76	5.61
6.94	37.33	19.66	0.06	0.87	901.72	801.40	6.64
0.56	35.07	21.13	4.58	4.35	248.41	148.85	11.94
6.22	282.05	157.33	9.04	9.44	3947.94	3451.73	19.18
1.10	63.05	30.26	9.60	5.85	673.75	547.75	4.61
0.53	3.28	11.27			120.86	104.68	1.03
6.47	141.38	157.45	7.36	20.32	2833.76	2382.00	12.58
6.31	121.10	134.88	5.99	19.45	2546.32	2143.39	9.60
0.16	20.28	22.57	1.37	0.87	287.44	238.61	2.98
14.64	250.09	209.64	85.89	184.27	5619.77	4626.57	28.79
4.97	138.33	113.61	50.05	104.78	3453.80	2815.62	18.79
0.44	17.11	20.42	11.76	24.21	350.93	282.74	1.86
4.09	41.90	32.57	7.88	28.39	743.85	633.26	3.61
4.97	47.14	29.33	9.94	14.01	828.66	692.37	3.63
0.17	5.61	13.71	6.27	12.88	242.52	202.59	0.89
64.81	956.52	357.28	137.35	542.99	13536.04	12159.19	85.57
10.36	501.63	246.94	96.28	349.68	8013.44	7144.45	28.60
9.29	75.09	27.64	8.16	30.91	1312.57	1151.76	5.16
43.15	320.53	39.70	11.99	88.34	3252.90	3046.92	46.69
2.01	59.27	42.99	20.92	74.06	957.13	816.06	5.13
75.30	828.29	813.92	323.65	647.21	17081.21	14677.30	97.33
18.45	239.66	244.18	31.80	134.27	5523.22	4700.22	29.81
19.51	210.25	219.40	110.81	201.50	6887.65	5935.76	45.07
2.11	30.82	28.97	1.09	3.72	707.82	599.21	4.37
29.72	270.54	119.05	167.67	268.41	2126.18	1882.16	7.19
0.57	12.08	10.53	1.16	13.70	325.56	262.54	1.98
	4.78	7.91		5.16	110.17	90.58	1.21
4.94	60.17	183.87	11.12	20.44	1400.61	1206.82	7.70
4.68	93.80	98.31	0.33	2.85	1846.14	1402.45	50.42
3.53	58.47	29.86	0.01	2.65	598.95	422.01	5.65
1.15	35.33	68.45	0.32	0.20	1247.19	980.44	44.78
5.10	110.17	138.38	97.73	273.06	3876.04	2695.24	33.52
3.55	38.26	32.25	59.35	86.63	1610.32	1105.76	13.49
0.01	28.02	49.04	25.22	110.54	1039.23	662.89	11.49
0.29	8.96	6.46	1.03	12.37	167.73	96.54	1.42
0.38	20.05	25.07	9.77	30.68	559.50	434.91	3.66
0.87	14.88	25.56	2.37	32.84	499.26	395.14	3.46

2-1 续表 27

行业	流动负债合计	应付账款	所有者权益合计	实收资本	国家资本
医药制造业	6529.79	1434.32	10251.13	3859.54	283.42
化学药品原料药制造	1424.44	307.34	1782.01	787.04	61.42
化学药品制剂制造	2117.98	508.53	2986.47	979.11	88.47
中药饮片加工	296.30	89.82	433.66	166.50	10.12
中成药生产	1530.80	311.61	2633.95	1044.64	34.63
兽用药品制造	154.46	27.39	315.18	128.47	5.43
生物药品制造	680.31	113.84	1532.19	560.92	80.33
卫生材料及医药用品制造	325.50	75.78	567.66	192.87	3.02
化学纤维制造业	3312.88	492.22	2256.47	1256.77	70.66
纤维素纤维原料及纤维制造	997.83	179.16	629.70	306.39	43.47
化纤浆粕制造	132.48	28.69	48.05	30.19	3.00
人造纤维(纤维素纤维)制造	865.35	150.47	581.65	276.19	40.47
合成纤维制造	2315.05	313.06	1626.77	950.38	27.19
锦纶纤维制造	287.77	34.21	202.27	149.65	3.47
涤纶纤维制造	1612.92	212.94	1113.88	609.72	4.26
腈纶纤维制造	89.93	8.63	28.58	25.58	8.09
维纶纤维制造	33.01	4.84	28.85	21.89	6.72
丙纶纤维制造	24.12	3.59	15.28	8.12	0.14
氨纶纤维制造	123.44	33.78	155.98	82.63	3.25
其他合成纤维制造	143.86	15.06	81.93	52.79	1.25
橡胶和塑料制品业	7898.65	1926.93	9041.54	4904.21	126.06
橡胶制品业	2569.52	641.20	2969.25	1803.41	71.56
轮胎制造	1727.40	402.86	1792.61	770.38	61.33
橡胶板、管、带制造	321.93	75.94	437.52	197.03	3.49
橡胶零件制造	171.16	63.65	323.09	121.43	1.21
再生橡胶制造	41.29	8.94	53.33	20.80	0.20
日用及医用橡胶制品制造	81.33	21.47	93.71	49.88	0.14
其他橡胶制品制造	226.41	68.34	269.00	643.89	5.18
塑料制品业	5329.12	1285.73	6072.30	3100.80	54.50
塑料薄膜制造	802.23	142.71	865.77	438.39	17.94
塑料板、管、型材制造	1202.31	227.00	1558.94	739.87	19.36
塑料丝、绳及编织品制造	394.23	78.71	597.51	280.31	2.59
泡沫塑料制造	201.00	64.01	211.01	92.34	0.28
塑料人造革、合成革制造	417.13	78.76	296.55	143.29	0.80
塑料包装箱及容器制造	568.56	111.78	793.82	471.39	1.91
日用塑料制品制造	413.94	117.99	419.23	220.15	3.49
塑料零件制造	518.42	194.73	480.09	289.51	2.80
其他塑料制品制造	811.29	270.04	849.38	425.55	5.33

单位：亿元

集体资本	法人资本	个人资本	港澳台资本	外商资本	主营业务收　　入	主营业务成　　本	主营业务税金及附加
108.80	1648.99	1078.21	226.16	496.46	20484.22	14461.95	152.67
36.05	231.72	292.00	75.29	89.95	3772.72	3026.79	21.97
27.02	403.19	176.79	55.56	225.04	5661.12	3477.66	43.10
3.37	74.96	64.09	6.67	4.90	1296.28	1054.47	9.64
25.43	615.54	281.90	44.42	33.84	5022.59	3322.78	40.16
1.88	52.50	58.91	0.49	9.26	940.04	744.80	7.27
13.61	212.54	128.87	31.22	91.94	2403.74	1759.32	18.41
1.43	58.53	75.65	12.52	41.53	1387.73	1076.12	12.11
8.32	416.92	328.63	283.58	142.22	7055.20	6441.77	19.45
3.42	134.70	74.35	15.19	35.26	2056.87	1851.76	7.29
2.14	14.02	8.95	1.36	0.72	203.32	182.12	0.74
1.28	120.68	65.40	13.83	34.54	1853.55	1669.64	6.56
4.90	282.22	254.28	268.39	106.96	4998.33	4590.00	12.16
0.40	31.83	31.26	74.99	7.69	634.37	554.60	1.63
3.76	209.56	174.04	153.87	57.79	3556.06	3308.24	7.83
	3.61	3.71	10.16	0.02	76.97	72.16	0.36
	1.29	12.58		1.30	45.79	39.38	0.15
	2.39	2.84	1.89	0.86	61.49	54.18	0.30
0.47	14.28	12.35	19.78	32.49	214.25	177.93	0.78
0.27	19.26	17.49	7.69	6.82	409.42	383.52	1.12
65.02	1905.63	1268.28	571.58	956.87	27848.79	23847.35	156.14
29.22	825.00	329.00	102.28	446.31	8670.81	7362.92	50.77
14.45	180.29	103.14	73.99	337.17	5116.13	4372.28	28.56
2.80	50.75	100.65	5.06	34.27	1171.39	976.41	7.41
8.28	27.68	43.02	6.71	34.52	866.47	721.43	5.14
0.15	6.19	13.25	0.39	0.62	233.59	197.58	1.66
1.03	20.71	10.52	8.93	8.55	434.36	374.55	2.35
2.51	539.38	58.43	7.21	31.18	848.87	720.68	5.65
35.80	1080.63	939.28	469.30	510.56	19177.98	16484.43	105.37
4.02	139.81	111.24	78.76	86.27	2410.69	2115.61	10.82
15.80	280.17	310.08	47.77	63.45	4578.27	3879.70	27.95
4.06	124.48	128.73	8.75	10.84	2541.31	2195.94	17.27
0.71	22.14	35.13	13.30	20.72	823.28	712.74	4.22
1.00	29.63	66.26	37.22	8.23	1159.49	1017.95	4.10
2.58	267.90	72.80	52.70	71.92	1883.80	1612.07	9.48
2.06	43.22	65.31	56.19	49.79	1509.14	1281.46	8.90
2.60	64.86	58.27	62.05	94.92	1470.96	1268.50	7.84
2.97	108.43	91.47	112.57	104.42	2801.04	2400.46	14.79

2-1 续表 28

行业	流动负债合计	应付账款	所有者权益合计	实收资本	国家资本
非金属矿物制品业	17924.21	4324.30	18424.87	9082.82	773.99
水泥、石灰和石膏制造	5811.83	1137.62	5191.79	2705.59	506.12
水泥制造	5651.12	1093.33	5017.01	2606.52	497.99
石灰和石膏制造	160.71	44.29	174.78	99.07	8.13
石膏、水泥制品及类似制品制造	4209.57	1309.54	2992.11	1640.28	85.00
水泥制品制造	3509.38	1136.52	2245.58	1288.69	65.52
砼结构构件制造	359.13	103.54	273.22	148.15	12.33
石棉水泥制品制造	45.86	3.08	68.73	11.88	0.02
轻质建筑材料制造	205.90	39.37	316.99	138.64	5.77
其他水泥类似制品制造	89.31	27.03	87.59	52.92	1.37
砖瓦、石材等建筑材料制造	2213.29	544.12	3498.05	1526.45	21.24
粘土砖瓦及建筑砌块制造	373.92	84.80	839.20	376.02	5.86
建筑陶瓷制品制造	823.33	211.29	1005.34	396.02	0.15
建筑用石加工	397.27	104.10	807.95	349.49	2.10
防水建筑材料制造	173.59	42.72	211.09	91.86	1.36
隔热和隔音材料制造	124.99	32.96	240.68	139.89	7.06
其他建筑材料制造	320.20	68.25	393.79	173.17	4.72
玻璃制造	883.17	156.76	772.43	525.63	29.58
平板玻璃制造	674.00	115.17	535.94	394.81	18.83
其他玻璃制造	209.17	41.60	236.49	130.83	10.76
玻璃制品制造	1271.87	312.89	1341.37	635.73	34.14
技术玻璃制品制造	486.88	133.66	518.64	236.49	29.24
光学玻璃制造	183.46	56.66	175.34	102.14	0.19
玻璃仪器制造	23.86	4.06	34.06	12.28	0.80
日用玻璃制品制造	195.42	29.27	185.90	100.68	0.01
玻璃包装容器制造	210.71	49.43	177.42	81.32	2.23
玻璃保温容器制造	16.39	3.85	18.15	7.47	
制镜及类似品加工	34.67	8.67	33.64	16.11	0.05
其他玻璃制品制造	120.48	27.28	198.23	79.24	1.62
玻璃纤维和玻璃纤维增强塑料制品制造	627.18	133.58	851.49	411.83	20.40
玻璃纤维及制品制造	424.55	86.70	609.11	313.92	18.42
玻璃纤维增强塑料制品制造	202.63	46.88	242.38	97.91	1.98
陶瓷制品制造	555.14	124.42	953.04	510.46	18.57
卫生陶瓷制品制造	168.80	34.30	194.47	100.71	4.63
特种陶瓷制品制造	162.70	49.05	397.57	232.67	10.38
日用陶瓷制品制造	146.81	25.97	232.44	120.99	3.37
园林、陈设艺术及其他陶瓷制品制造	76.83	15.11	128.57	56.09	0.20
耐火材料制品制造	1011.20	286.34	1357.82	460.38	20.53
石棉制品制造	14.37	3.60	46.95	17.47	0.01
云母制品制造	6.48	2.08	10.32	4.02	
耐火陶瓷制品及其他耐火材料制造	990.34	280.66	1300.55	438.89	20.52

单位：亿元

集体资本	法人资本	个人资本	港澳台资本	外商资本	主营业务收入	主营业务成本	主营业务税金及附加
219.05	3580.66	3041.76	567.74	761.03	51967.15	43570.12	391.21
104.43	1097.74	564.29	201.41	227.93	10484.03	8689.08	73.82
99.42	1064.37	519.84	200.85	220.51	9759.67	8070.72	67.03
5.01	33.37	44.45	0.56	7.42	724.35	618.36	6.79
32.34	550.16	713.83	60.40	74.82	9910.88	8406.65	77.62
23.31	433.38	570.47	43.25	31.44	7566.20	6450.50	58.31
6.49	54.01	60.17	11.37	2.51	983.21	839.25	7.88
0.24	3.00	8.50	0.12		233.95	188.60	1.60
1.95	39.02	53.27	5.17	33.20	815.67	670.53	6.76
0.36	20.74	21.41	0.48	7.67	311.86	257.78	3.08
31.02	628.19	698.50	78.78	64.47	12333.95	10351.12	110.36
7.68	136.88	216.68	1.94	5.08	3062.24	2547.47	32.76
8.60	174.83	164.17	32.53	14.42	3959.19	3393.50	25.71
9.95	143.45	157.42	16.52	19.64	2817.21	2337.78	26.52
2.05	40.35	41.13	4.31	2.66	791.49	665.79	6.43
0.32	63.29	48.94	6.33	13.59	628.71	517.71	4.42
2.42	69.38	70.16	17.16	9.07	1075.11	888.88	14.53
4.24	231.29	106.82	68.24	85.46	1327.83	1117.94	7.11
3.74	185.74	61.49	50.27	74.72	742.50	637.79	3.87
0.49	45.54	45.33	17.97	10.74	585.33	480.14	3.24
8.11	212.53	186.25	84.81	104.63	3588.36	3020.14	23.30
4.30	65.96	56.10	49.98	30.65	1077.62	897.69	7.16
1.25	29.91	18.24	15.65	36.90	458.28	393.55	2.87
0.03	4.09	5.85		1.51	149.38	128.30	1.05
0.73	42.03	34.54	6.64	16.40	646.65	544.47	4.46
1.19	32.36	29.92	4.08	8.54	707.28	597.74	4.06
0.07	3.25	3.56	0.20	0.39	45.15	38.07	0.24
	5.79	5.61	1.47	3.23	74.70	63.72	0.45
0.53	29.13	32.44	6.79	7.00	429.30	356.62	3.02
4.78	193.70	117.07	25.02	50.86	2093.10	1775.70	14.08
3.81	160.10	69.66	19.15	42.78	1341.30	1137.62	9.72
0.97	33.60	47.40	5.86	8.08	751.80	638.08	4.35
6.76	220.25	170.41	26.16	67.94	3160.04	2599.45	25.11
0.20	32.62	27.00	9.93	26.09	506.09	418.10	3.39
1.68	110.63	72.47	6.30	31.21	1200.00	958.23	8.81
4.18	56.05	45.65	7.74	3.90	919.91	775.76	7.62
0.70	20.96	25.30	2.19	6.74	534.03	447.37	5.30
9.47	144.61	239.29	10.26	35.43	4584.51	3787.52	31.19
0.14	4.23	12.91	0.18		142.10	121.91	0.98
	1.19	1.89	0.62	0.32	55.23	46.02	0.49
9.33	139.19	224.49	9.46	35.12	4387.18	3619.60	29.73

2-1 续表 29

行业	流动负债合计	应付账款	所有者权益合计	实收资本	国家资本
石墨及其他非金属矿物制品制造	1340.96	319.02	1466.77	666.45	38.40
石墨及碳素制品制造	650.76	127.04	703.77	307.61	15.43
其他非金属矿物制品制造	690.20	191.98	763.00	358.84	22.98
黑色金属冶炼和压延加工业	35768.71	7990.98	20889.99	9605.75	1759.43
炼铁	1485.64	446.13	827.41	457.86	22.85
炼钢	5638.11	1247.59	2959.69	728.21	240.09
黑色金属铸造	1292.33	295.59	1625.57	729.01	16.45
钢压延加工	25710.74	5548.31	14587.81	7086.21	1446.25
铁合金冶炼	1641.88	453.37	889.50	604.46	33.80
有色金属冶炼和压延加工业	15944.85	3134.81	11487.99	5298.62	1248.72
常用有色金属冶炼	8147.17	1815.01	4365.44	2157.44	790.66
铜冶炼	2111.61	435.68	1393.52	441.62	252.38
铅锌冶炼	1237.81	283.44	553.00	346.12	57.20
镍钴冶炼	1169.99	301.74	710.62	328.53	143.70
锡冶炼	351.10	36.02	136.85	42.08	13.21
锑冶炼	42.11	6.48	79.16	24.43	9.22
铝冶炼	2747.99	640.16	1187.16	836.66	307.05
镁冶炼	162.80	32.54	85.71	53.59	1.37
其他常用有色金属冶炼	323.77	78.95	219.42	84.40	6.54
贵金属冶炼	799.23	94.89	689.95	181.34	41.14
金冶炼	664.94	82.68	601.47	146.22	33.28
银冶炼	117.36	8.32	69.22	20.95	3.50
其他贵金属冶炼	16.93	3.90	19.26	14.17	4.35
稀有稀土金属冶炼	481.95	101.01	750.03	242.71	49.68
钨钼冶炼	180.37	30.89	306.49	81.42	22.81
稀土金属冶炼	175.95	46.23	322.43	94.60	13.29
其他稀有金属冶炼	125.63	23.90	121.11	66.68	13.58
有色金属合金制造	980.29	209.01	792.88	446.19	145.03
有色金属铸造	93.26	32.32	61.96	37.73	4.56
有色金属压延加工	5442.95	882.56	4827.73	2233.22	217.66
铜压延加工	2136.19	381.65	1336.64	793.98	61.49
铝压延加工	2688.03	365.51	2800.69	1147.68	100.44
贵金属压延加工	85.33	33.73	49.34	22.61	2.27
稀有稀土金属压延加工	174.14	32.36	357.81	103.50	46.32
其他有色金属压延加工	359.26	69.31	283.26	165.44	7.15
金属制品业	10065.41	2337.12	10303.23	4663.15	363.40
结构性金属制品制造	3221.58	765.38	3059.08	1452.06	67.92
金属结构制造	2570.99	590.84	2380.56	1134.31	63.02
金属门窗制造	650.59	174.55	678.52	317.76	4.90

单位：亿元

集体资本	法人资本	个人资本	港澳台资本	外商资本	主营业务收　入	主营业务成　本	主营业务税金及附加
17.89	302.20	245.29	12.66	49.50	4484.46	3822.51	28.61
12.03	155.13	92.72	3.45	28.46	2029.18	1734.61	11.47
5.87	147.06	152.57	9.21	21.04	2455.28	2087.90	17.14
447.59	4327.57	2227.99	290.91	551.75	76096.64	69987.96	228.37
20.80	263.42	118.63	2.67	28.19	3042.97	2840.86	10.58
3.69	237.82	168.14	46.70	31.69	9227.84	8601.37	14.41
10.34	312.10	285.48	21.32	84.79	6378.28	5521.55	42.96
396.35	3220.61	1476.37	210.23	336.50	53018.03	49005.99	140.52
16.42	293.63	179.37	9.99	70.57	4429.52	4018.19	19.90
67.37	2156.40	1169.69	355.80	297.72	47192.14	43481.25	152.89
24.99	962.80	278.04	62.88	36.80	18802.11	17653.38	56.71
4.13	123.83	49.35	10.64	1.30	7807.13	7455.67	16.50
6.88	185.94	91.39	1.07	2.40	2742.12	2481.65	11.68
0.40	158.91	17.18	5.15	3.17	2469.58	2339.68	4.70
1.32	20.02	6.72	0.14	0.67	403.68	375.16	1.32
0.22	4.98	9.76	0.25		246.93	207.28	4.66
9.72	394.20	56.35	44.71	24.64	4161.35	3942.51	11.31
2.25	27.39	21.27	0.76	0.55	284.63	253.43	2.06
0.08	47.52	26.02	0.16	4.08	686.69	598.01	4.48
7.07	71.09	43.37	10.45	7.42	2640.96	2384.33	9.99
6.91	60.89	27.47	9.50	7.38	2062.85	1887.00	6.76
	3.15	13.98	0.32		474.31	396.95	2.79
0.16	7.05	1.93	0.64	0.04	103.80	100.38	0.44
1.83	99.38	70.38	3.37	18.07	1828.79	1570.42	14.91
0.10	34.12	17.56	2.46	4.36	788.61	695.74	5.66
0.36	27.66	41.06	0.60	11.63	738.42	608.63	7.64
1.37	37.60	11.76	0.31	2.07	301.75	266.05	1.61
5.21	124.44	106.11	18.67	46.48	3094.02	2818.61	10.56
1.05	12.85	7.53	5.76	5.98	239.87	213.26	0.91
27.23	885.85	664.26	254.66	182.96	20586.39	18841.25	59.80
6.68	296.77	339.01	41.05	48.87	9692.75	9047.82	21.70
17.53	503.79	234.67	201.14	89.74	8581.32	7697.86	25.30
0.03	8.61	7.47	0.01	4.23	297.28	280.51	0.73
1.74	22.79	22.00	2.12	8.53	637.17	567.78	3.79
1.24	53.88	61.11	10.34	31.59	1377.87	1247.28	8.28
80.02	1480.31	1620.97	473.31	634.06	33228.95	28674.16	195.89
28.76	528.86	627.24	84.91	109.39	10630.57	9116.99	75.42
24.47	423.02	477.97	52.61	88.71	8270.90	7113.29	55.26
4.29	105.84	149.26	32.30	20.68	2359.67	2003.70	20.17

2-1 续表 30

行业	流动负债合计	应付账款	所有者权益合计	实收资本	国家资本
金属工具制造	522.75	135.13	656.29	284.60	17.06
切削工具制造	233.74	46.14	295.20	124.22	13.61
手工具制造	92.73	24.04	101.86	47.14	0.83
农用及园林用金属工具制造	49.34	13.34	42.63	23.75	0.05
刀剪及类似日用金属工具制造	41.30	16.36	64.08	19.07	1.42
其他金属工具制造	105.65	35.26	152.52	70.42	1.15
集装箱及金属包装容器制造	974.30	235.49	917.55	469.33	27.30
集装箱制造	186.41	62.96	175.34	94.18	4.95
金属压力容器制造	385.91	72.94	300.80	146.26	10.34
金属包装容器制造	401.98	99.59	441.41	228.89	12.00
金属丝绳及其制品制造	921.26	171.25	917.08	411.96	20.81
建筑、安全用金属制品制造	854.70	197.78	1440.31	487.76	18.09
建筑、家具用金属配件制造	266.21	73.97	267.87	128.60	0.46
建筑装饰及水暖管道零件制造	450.07	87.66	966.62	264.88	17.14
安全、消防用金属制品制造	58.80	16.52	114.24	55.03	0.27
其他建筑、安全用金属制品制造	79.62	19.63	91.58	39.25	0.22
金属表面处理及热处理加工	843.90	155.15	540.13	274.50	9.05
搪瓷制品制造	64.80	17.64	55.50	31.52	0.60
生产专用搪瓷制品制造	18.06	6.31	15.57	12.65	
建筑装饰搪瓷制品制造	8.29	1.08	10.04	4.27	0.60
搪瓷卫生洁具制造	22.81	6.71	12.43	6.78	
搪瓷日用品及其他搪瓷制品制造	15.65	3.54	17.46	7.81	
金属制日用品制造	615.11	125.23	560.51	288.63	0.46
金属制厨房用器具制造	127.72	23.00	89.34	45.88	0.01
金属制餐具和器皿制造	253.29	48.40	249.00	128.65	0.04
金属制卫生器具制造	65.02	7.41	27.86	16.64	0.15
其他金属制日用品制造	169.08	46.41	194.31	97.46	0.27
其他金属制品制造	2047.01	534.06	2156.77	962.78	202.11
锻件及粉末冶金制品制造	849.94	194.22	929.75	402.89	35.58
交通及公共管理用金属标牌制造	30.50	6.15	40.34	13.55	0.15
通用设备制造业	16989.25	5089.06	16256.13	6967.16	523.31
锅炉及原动设备制造	3139.40	929.01	2323.02	871.91	155.86
锅炉及辅助设备制造	1073.26	303.36	610.93	258.70	28.40
内燃机及配件制造	1079.96	364.08	1308.53	439.79	102.49
汽轮机及辅机制造	810.42	192.80	280.64	110.09	19.00
水轮机及辅机制造	37.30	15.21	55.61	27.75	0.75
风能原动设备制造	132.48	52.11	60.38	31.35	5.22
其他原动设备制造	5.97	1.46	6.93	4.22	

单位：亿元

集体资本	法人资本	个人资本	港澳台资本	外商资本	主营业务收入	主营业务成本	主营业务税金及附加
6.85	72.99	82.69	32.88	72.12	2103.02	1737.26	14.83
3.56	30.07	31.63	13.68	31.67	622.97	505.91	4.33
0.23	14.23	16.15	6.26	9.43	433.46	359.47	3.74
0.35	6.29	9.77	5.94	1.35	201.99	169.53	1.61
	3.73	5.16	2.82	5.94	322.76	259.03	1.66
2.71	18.67	19.97	4.18	23.74	521.85	443.33	3.50
7.02	158.14	99.37	84.54	89.96	2776.97	2406.84	12.33
0.80	42.73	5.14	15.91	24.65	659.06	587.43	1.86
3.21	55.46	54.90	5.50	16.28	822.60	695.08	4.09
3.01	59.95	39.33	63.13	49.03	1295.32	1124.33	6.38
7.94	114.12	160.08	49.29	59.71	3057.83	2699.05	14.44
5.40	177.35	167.60	41.34	77.95	3292.23	2830.37	17.91
2.38	32.26	41.74	20.23	31.51	1156.61	1002.85	6.39
1.22	117.61	78.97	14.26	35.68	1579.71	1357.36	7.06
0.11	19.26	29.59	2.20	3.60	293.92	243.95	2.67
1.70	8.23	17.30	4.64	7.16	262.00	226.21	1.79
6.60	70.38	105.53	36.94	45.76	2343.20	2074.05	10.59
0.33	14.13	10.26	1.35	4.85	234.83	199.59	1.46
0.14	9.43	3.06		0.01	55.25	47.84	0.32
	0.58	2.84	0.26		15.66	13.14	0.11
0.03	0.83	1.84	0.90	3.18	68.17	58.04	0.35
0.15	3.29	2.52	0.19	1.66	95.74	80.56	0.68
1.19	87.26	79.58	55.73	61.93	2175.11	1876.37	11.17
0.55	11.11	16.08	6.81	11.17	359.63	310.05	1.38
0.52	52.28	35.44	20.76	19.56	899.49	770.57	4.45
0.01	4.00	4.13	3.49	4.56	112.79	100.13	0.50
0.11	19.87	23.93	24.68	26.63	803.21	695.62	4.84
15.94	257.07	288.63	86.33	112.39	6615.19	5733.63	37.74
6.51	108.73	191.03	13.84	47.22	3479.80	3033.91	22.99
0.31	3.37	8.76	0.73	0.23	111.34	95.35	0.80
131.04	2270.75	2253.43	404.68	1378.60	43575.01	36389.03	271.58
30.46	350.81	187.09	19.55	127.89	5005.41	4091.44	32.12
7.74	91.18	99.67	5.84	25.89	1818.10	1508.70	10.52
19.40	164.84	60.64	9.98	82.45	2340.23	1887.67	16.44
2.24	62.93	9.39	2.62	13.93	606.09	493.25	3.72
0.15	12.26	11.10		3.24	79.46	64.21	0.41
0.87	17.39	4.76	1.12	1.95	132.00	111.43	0.54
0.06	2.21	1.52		0.43	29.53	26.19	0.49

2-1 续表 31

行业	流动负债合计	应付账款	所有者权益合计	实收资本	国家资本
金属加工机械制造	1992.52	487.78	1967.24	822.90	90.54
金属切削机床制造	994.21	231.66	750.05	324.83	64.87
金属成形机床制造	304.13	71.51	279.36	120.90	5.43
铸造机械制造	217.27	51.60	204.33	98.02	2.68
金属切割及焊接设备制造	141.58	38.84	206.24	74.06	0.67
机床附件制造	102.57	25.08	186.45	75.47	2.08
其他金属加工机械制造	232.76	69.08	340.81	129.62	14.81
物料搬运设备制造	2987.81	875.48	2357.34	987.56	75.03
轻小型起重设备制造	208.90	50.45	170.77	65.18	9.64
起重机制造	1315.82	388.34	1098.11	429.44	56.28
生产专用车辆制造	135.83	57.96	150.14	63.97	4.51
连续搬运设备制造	141.12	39.85	141.65	72.38	2.67
电梯、自动扶梯及升降机制造	1109.10	315.54	710.82	314.27	1.56
其他物料搬运设备制造	77.04	23.33	85.84	42.32	0.36
泵、阀门、压缩机及类似机械制造	2682.71	857.15	3173.14	1425.51	71.75
泵及真空设备制造	677.73	219.85	781.72	321.55	18.20
气体压缩机械制造	692.82	271.50	640.93	297.18	29.08
阀门和旋塞制造	741.13	212.42	957.88	457.39	3.18
液压和气压动力机械及元件制造	571.03	153.39	792.61	349.39	21.29
轴承、齿轮和传动部件制造	1428.24	378.48	1694.10	825.79	34.03
轴承制造	800.53	211.35	956.87	494.39	28.31
齿轮及齿轮减、变速箱制造	501.28	130.16	569.29	251.12	5.12
其他传动部件制造	126.43	36.97	167.94	80.28	0.59
烘炉、风机、衡器、包装等设备制造	2419.89	746.22	2214.50	901.42	41.31
烘炉、熔炉及电炉制造	149.76	41.55	146.75	52.06	1.49
风机、风扇制造	431.55	170.59	381.59	134.66	22.16
气体、液体分离及纯净设备制造	391.71	100.99	337.58	139.99	2.97
制冷、空调设备制造	804.52	297.38	812.16	381.14	9.75
风动和电动工具制造	442.32	80.98	326.85	101.17	0.99
喷枪及类似器具制造	41.72	11.65	27.79	13.99	0.07
衡器制造	36.95	12.33	61.91	26.98	0.85
包装专用设备制造	121.37	30.74	119.87	51.42	3.02
文化、办公用机械制造	520.05	301.15	567.83	267.85	4.66
电影机械制造	12.73	4.37	8.62	3.36	0.03
幻灯及投影设备制造	22.04	13.49	25.25	15.75	0.32
照相机及器材制造	137.63	65.62	198.24	101.29	1.93
复印和胶印设备制造	152.44	97.35	167.56	73.36	0.04
计算器及货币专用设备制造	160.22	103.38	142.66	57.93	0.78
其他文化、办公用机械制造	35.00	16.93	25.50	16.16	1.56

单位：亿元

集体资本	法人资本	个人资本	港澳台资本	外商资本	主营业务收入	主营业务成本	主营业务税金及附加
18.14	301.31	266.57	49.71	96.37	5154.91	4311.59	33.50
8.69	125.10	72.66	20.81	32.74	1565.54	1323.67	7.43
2.51	34.76	47.77	9.13	21.20	769.78	642.38	4.59
1.88	39.72	40.05	5.41	8.27	866.81	727.20	7.17
1.56	26.11	28.62	3.74	13.19	434.76	341.73	2.33
0.73	23.06	29.98	6.03	13.60	528.19	439.72	4.04
2.77	52.57	47.49	4.59	7.38	989.83	836.89	7.94
13.05	303.38	384.54	47.24	164.68	6393.64	5285.81	33.43
0.35	15.12	28.10	2.40	9.55	470.37	395.26	2.50
7.44	126.89	188.05	8.58	42.45	2694.91	2293.26	13.51
0.07	19.41	18.80	1.26	20.05	416.81	350.26	1.67
1.02	20.70	36.46	4.83	6.68	345.19	284.08	1.77
3.52	108.98	97.54	22.57	80.10	2263.30	1797.59	12.31
0.65	12.27	15.59	7.61	5.84	203.07	165.36	1.66
22.26	445.95	500.31	62.74	322.16	8187.03	6773.38	49.59
4.73	101.51	138.29	7.86	50.78	2013.59	1619.67	14.15
10.11	111.77	35.99	14.01	96.21	1853.83	1578.44	8.38
4.13	151.66	217.04	25.96	55.37	2468.29	2039.19	14.69
3.28	81.02	108.98	14.91	119.80	1851.31	1536.07	12.38
16.08	240.19	280.53	41.69	213.31	4333.79	3641.87	38.53
9.62	125.36	187.40	19.81	123.92	2554.88	2160.71	28.79
4.33	92.87	70.87	16.69	61.23	1399.36	1159.83	7.74
2.13	21.96	22.25	5.19	28.16	379.56	321.33	2.01
15.52	336.56	271.76	55.40	176.45	5744.30	4704.48	35.07
0.65	20.75	17.65	4.02	5.44	242.50	195.54	2.26
0.67	48.06	46.06	2.71	13.82	826.58	658.31	5.88
0.69	55.05	51.00	5.70	24.58	862.96	703.29	6.25
11.76	166.08	84.06	25.11	83.20	2309.18	1896.56	12.66
0.41	19.17	33.59	13.83	33.18	948.94	803.90	4.60
0.66	4.88	4.09	0.24	4.05	87.42	68.25	0.71
0.20	4.62	15.57	0.38	5.36	178.92	144.65	0.99
0.49	17.95	19.73	3.41	6.80	287.80	233.97	1.72
0.86	41.36	31.09	53.03	136.84	2015.41	1802.72	6.22
	0.82	0.03	1.87	0.61	30.78	24.51	0.08
	3.87	2.89	2.56	6.11	79.24	69.69	0.37
0.85	6.31	3.24	24.04	64.91	646.29	603.57	1.87
0.01	12.27	6.71	10.99	43.33	710.17	633.52	2.08
	15.53	13.58	10.38	17.67	482.35	415.81	1.48
	2.56	4.64	3.18	4.22	66.57	55.62	0.34

2-1 续表 32

行业	流动负债合计	应付账款	所有者权益合计	实收资本	国家资本
通用零部件制造	1397.89	390.03	1552.88	681.47	39.42
金属密封件制造	108.70	32.08	223.08	83.37	0.12
紧固件制造	422.58	109.97	399.25	198.54	6.82
弹簧制造	79.40	23.78	78.74	38.83	4.29
机械零部件加工	507.03	146.94	583.68	254.13	26.35
其他通用零部件制造	280.18	77.26	268.13	106.59	1.83
其他通用设备制造业	420.75	123.76	406.08	182.76	10.71
专用设备制造业	13958.46	4385.91	13595.68	6016.23	724.52
采矿、冶金、建筑专用设备制造	7268.96	2449.85	6188.41	2630.68	578.79
矿山机械制造	1624.41	551.58	1441.19	656.52	167.36
石油钻采专用设备制造	1156.25	488.22	1218.94	625.37	112.45
建筑工程用机械制造	2358.27	655.89	2181.92	682.70	77.42
海洋工程专用设备制造	578.85	222.46	320.23	198.15	82.23
建筑材料生产专用机械制造	430.16	128.54	345.15	145.04	12.47
冶金专用设备制造	1121.03	403.17	680.98	322.90	126.86
化工、木材、非金属加工专用设备制造	1834.04	509.85	1771.24	863.02	32.64
炼油、化工生产专用设备制造	459.48	90.04	362.57	176.41	22.03
橡胶加工专用设备制造	148.97	50.58	105.77	38.89	1.58
塑料加工专用设备制造	240.46	84.52	274.84	101.98	0.40
木材加工机械制造	48.57	10.30	39.40	22.47	1.78
模具制造	907.11	264.32	953.24	508.22	6.85
其他非金属加工专用设备制造	29.46	10.08	35.42	15.06	
食品、饮料、烟草及饲料生产专用设备制造	254.91	73.60	352.43	150.61	7.26
食品、酒、饮料及茶生产专用设备制造	87.12	23.66	92.54	43.20	2.94
农副食品加工专用设备制造	96.57	21.74	160.10	65.35	1.26
烟草生产专用设备制造	59.45	24.59	83.65	35.62	2.94
饲料生产专用设备制造	11.77	3.61	16.14	6.44	0.12
印刷、制药、日化及日用品生产专用设备制造	499.78	141.48	543.81	229.40	12.26
制浆和造纸专用设备制造	126.59	33.19	103.32	45.45	1.33
印刷专用设备制造	136.78	44.01	166.90	73.09	2.92
日用化工专用设备制造	13.20	2.32	14.31	7.22	0.15
制药专用设备制造	75.70	15.30	79.28	24.34	1.44
照明器具生产专用设备制造	15.23	4.17	15.27	14.81	0.50
玻璃、陶瓷和搪瓷制品生产专用设备制造	106.89	36.65	142.55	54.74	5.42
其他日用品生产专用设备制造	25.38	5.84	22.16	9.73	0.50
纺织、服装和皮革加工专用设备制造	663.29	201.68	581.41	268.34	14.89
纺织专用设备制造	491.15	144.70	402.75	180.39	11.10
皮革、毛皮及其制品加工专用设备制造	15.20	3.07	18.46	5.73	0.12
缝制机械制造	152.82	52.81	154.77	78.53	3.66
洗涤机械制造	4.11	1.09	5.43	3.69	

单位：亿元

集体资本	法人资本	个人资本	港澳台资本	外商资本	主营业务收入	主营业务成本	主营业务税金及附加
12.37	195.88	260.78	65.13	107.42	5552.06	4770.93	36.32
1.81	29.46	31.01	10.62	10.35	807.66	678.43	7.63
3.34	42.74	63.24	29.91	52.12	1235.04	1063.40	6.08
0.27	5.95	11.54	6.84	9.94	279.51	233.62	1.20
6.01	91.52	104.44	10.83	14.87	2317.49	2018.64	16.03
0.95	26.21	50.55	6.92	20.13	912.36	776.84	5.39
2.31	55.31	70.77	10.17	33.49	1188.47	1006.81	6.81
84.03	2169.44	1668.15	407.54	957.39	32714.72	27225.69	195.15
28.07	995.71	618.73	86.02	321.58	14699.02	12464.76	79.97
7.49	227.07	180.86	4.06	68.79	3858.46	3267.37	21.06
7.18	255.40	153.91	28.73	67.55	2872.22	2432.27	16.45
9.84	269.54	156.09	36.21	132.97	4719.94	3987.73	25.26
	65.15	10.72	10.54	29.52	762.65	649.21	2.76
0.80	61.29	58.55	3.59	8.24	1209.21	1019.85	6.71
2.75	117.26	58.62	2.89	14.51	1276.54	1108.33	7.73
17.15	239.92	207.99	152.42	211.72	4201.90	3474.55	25.30
5.76	72.13	54.16	4.16	18.15	860.94	702.88	6.76
0.02	16.07	12.86	1.75	6.49	307.86	261.21	2.02
1.43	17.32	21.75	44.23	16.83	515.43	405.84	2.79
0.12	5.77	8.00	1.35	4.68	181.44	150.68	1.30
9.45	123.47	104.80	100.50	162.91	2202.80	1840.35	11.66
0.36	5.16	6.41	0.42	2.65	133.43	113.60	0.78
1.58	67.62	57.47	2.56	13.89	973.28	796.24	7.71
0.45	17.84	13.66	0.88	7.43	247.01	199.90	1.59
0.37	19.00	37.55	0.90	6.18	527.06	436.22	4.87
0.76	28.08	3.01	0.78	0.05	113.82	87.36	0.78
	2.70	3.25		0.23	85.40	72.76	0.48
7.56	67.31	85.73	18.30	38.22	1311.71	1058.95	8.07
3.84	10.72	13.24	0.86	15.45	367.71	305.94	1.98
1.21	24.67	19.74	8.86	15.68	392.57	313.18	2.82
0.48	2.45	3.76	0.22	0.16	41.12	34.79	0.31
	8.66	11.89	0.06	2.29	144.12	106.31	0.89
0.54	2.48	3.51	7.60	0.18	74.41	64.00	0.47
0.31	15.47	31.04	0.19	2.30	219.14	176.04	1.16
1.18	2.84	2.54	0.50	2.16	72.65	58.68	0.44
3.63	80.72	92.06	23.46	53.59	1630.18	1367.46	11.64
2.11	53.35	73.32	19.69	20.82	1173.44	978.77	9.08
0.37	1.34	2.64	0.30	0.95	50.91	42.69	0.54
1.15	25.95	15.39	3.32	29.06	390.52	333.44	2.00
	0.07	0.70	0.16	2.76	15.31	12.56	0.02

2-1 续表 33

行业	流动负债合计	应付账款	所有者权益合计	实收资本	国家资本
电子和电工机械专用设备制造	451.80	146.64	658.85	337.46	31.21
电工机械专用设备制造	148.83	46.71	186.18	82.95	17.16
电子工业专用设备制造	302.97	99.93	472.68	254.52	14.06
农、林、牧、渔专用机械制造	712.61	227.32	750.47	415.21	16.24
拖拉机制造	251.93	87.50	182.50	118.27	7.08
机械化农业及园艺机具制造	312.28	93.26	368.75	216.27	7.99
营林及木竹采伐机械制造	5.11	2.36	2.88	1.02	
畜牧机械制造	20.08	7.03	18.90	10.00	
渔业机械制造	3.14	0.90	4.39	2.43	
农林牧渔机械配件制造	74.45	23.02	117.68	39.21	0.08
棉花加工机械制造	10.33	4.31	10.87	3.63	
其他农、林、牧、渔业机械制造	35.29	8.95	44.50	24.39	1.08
医疗仪器设备及器械制造	537.69	172.19	956.68	375.55	5.33
医疗诊断、监护及治疗设备制造	211.51	81.05	363.32	126.00	3.36
口腔科用设备及器具制造	15.14	5.41	12.87	7.04	0.01
医疗实验室及医用消毒设备和器具制造	18.19	3.73	27.34	10.23	0.68
医疗、外科及兽医用器械制造	165.87	42.82	264.45	108.53	0.55
机械治疗及病房护理设备制造	38.43	10.82	69.88	34.87	0.28
假肢、人工器官及植(介)入器械制造	29.11	8.40	106.81	40.83	0.23
其他医疗设备及器械制造	59.43	19.95	112.00	48.04	0.22
环保、社会公共服务及其他专用设备制造	1735.37	463.30	1792.38	745.95	25.91
环境保护专用设备制造	894.25	222.38	907.17	403.28	10.07
地质勘查专用设备制造	20.15	6.65	34.77	9.55	1.38
邮政专用机械及器材制造	3.53	1.13	3.28	2.54	1.91
商业、饮食、服务专用设备制造	14.86	5.11	8.87	5.36	
社会公共安全设备及器材制造	161.12	47.27	174.16	50.54	1.49
交通安全、管制及类似专用设备制造	35.18	10.97	40.99	13.52	0.71
水资源专用机械制造	50.92	9.22	56.18	33.20	1.92
其他专用设备制造	555.36	160.57	566.96	227.97	8.43
汽车制造业	22938.59	9336.78	19871.89	7620.44	1063.19
汽车整车制造	12237.88	5259.96	10262.48	3391.56	808.35
改装汽车制造	1023.09	278.92	690.62	340.82	49.24
低速载货汽车制造	47.69	5.82	40.71	21.47	1.66
电车制造	16.14	4.30	31.83	15.37	0.30
汽车车身、挂车制造	215.96	59.03	246.62	89.75	6.19
汽车零部件及配件制造	9397.83	3728.75	8599.62	3761.47	197.45
铁路、船舶、航空航天和其他运输设备制造业	10856.31	3118.53	6895.63	3408.99	1071.35
铁路运输设备制造	2125.27	951.96	1400.17	695.98	283.79

单位：亿元

集体资本	法人资本	个人资本	港澳台资本	外商资本	主营业务收入	主营业务成本	主营业务税金及附加
3.50	122.67	63.06	19.74	97.19	1376.86	1142.76	10.38
1.21	29.45	24.41	2.27	8.35	431.77	351.02	2.91
2.29	93.22	38.64	17.47	88.84	945.09	791.74	7.46
5.66	187.66	145.52	14.29	45.32	2585.46	2182.18	13.04
2.08	64.31	24.92	0.04	19.58	640.77	552.40	2.07
2.39	91.24	80.95	12.10	21.50	1146.50	952.91	5.59
	0.13	0.89			6.13	5.20	0.04
0.09	2.47	4.01	1.87	1.56	101.56	83.47	0.62
	0.38	1.90	0.15		22.23	19.05	0.05
0.08	13.09	23.18	0.04	2.62	486.81	420.11	2.99
0.37	1.82	1.35	0.09		15.68	11.76	0.07
0.65	14.22	8.32		0.06	165.78	137.29	1.62
7.20	107.23	99.11	54.31	101.47	1853.60	1408.59	11.58
0.28	47.83	23.01	21.09	29.53	618.49	445.96	4.20
	1.58	2.06	0.49	2.90	35.70	29.25	0.21
0.29	4.91	2.61	0.64	1.10	77.10	64.53	0.34
6.00	22.79	35.93	17.36	25.91	665.34	533.91	3.87
0.33	7.70	13.23	5.11	8.23	120.11	95.34	0.79
	9.74	6.12	4.36	20.38	84.86	43.92	0.69
0.30	12.68	16.15	5.26	13.43	251.98	195.69	1.47
9.68	300.60	298.48	36.44	74.41	4082.71	3330.20	27.46
5.30	169.40	179.25	14.90	24.24	2169.23	1789.54	14.29
0.30	5.43	2.42	0.02		36.52	26.35	0.53
		0.43		0.20	11.15	10.03	0.11
	1.66	1.53	1.73	0.45	32.52	26.48	0.26
0.35	15.84	17.76	5.85	9.25	419.28	333.19	2.61
0.31	2.22	9.94	0.13	0.21	120.89	101.86	1.41
0.76	7.68	18.51	0.54	3.79	163.17	134.40	1.24
2.66	98.38	68.65	13.26	36.28	1129.95	908.34	7.00
157.04	2955.95	998.06	354.62	2076.88	59692.60	49312.52	1359.42
21.48	1490.18	130.89	138.52	798.84	30345.62	24329.71	1227.27
8.99	195.87	74.66	2.82	9.24	2273.21	1999.95	11.95
	10.05	2.25		7.50	193.93	174.12	0.37
	6.66	8.11	0.09	0.22	67.96	58.00	0.29
1.64	25.76	41.82	7.53	6.81	795.29	696.58	3.69
124.94	1227.42	740.31	205.67	1254.28	26016.60	22054.16	115.85
46.96	1348.41	481.81	157.32	308.56	16362.54	14110.52	87.27
8.80	305.74	70.36	3.57	23.63	3336.57	2733.44	19.37

2-1 续表 34

行业	流动负债合计	应付账款	所有者权益合计	实收资本	国家资本
铁路机车车辆及动车组制造	1041.39	497.84	571.90	335.29	173.42
窄轨机车车辆制造	9.99	3.04	8.65	4.84	0.50
铁路机车车辆配件制造	548.29	231.36	460.88	164.12	56.05
铁路专用设备及器材、配件制造	405.09	165.12	309.02	153.27	30.39
其他铁路运输设备制造	120.51	54.60	49.71	38.47	23.43
城市轨道交通设备制造	78.36	33.86	59.72	41.11	11.35
船舶及相关装置制造	4805.65	1060.17	2552.48	1313.06	276.85
金属船舶制造	4249.00	932.72	2062.59	1028.24	217.26
非金属船舶制造	31.11	7.55	30.53	10.84	0.35
娱乐船和运动船制造	20.13	4.68	16.86	13.18	0.14
船用配套设备制造	374.19	96.20	356.09	209.40	44.61
船舶改装与拆除	130.26	18.93	85.30	50.94	14.49
航标器材及其他相关装置制造	0.96	0.09	1.11	0.46	
航空、航天器及设备制造	2325.30	620.60	1555.38	738.47	474.52
飞机制造	1992.28	554.63	1266.61	620.19	419.12
航天器制造	178.70	26.09	125.24	34.87	21.49
航空、航天相关设备制造	127.81	35.38	137.81	70.98	28.40
其他航空航天器制造	26.51	4.51	25.72	12.44	5.51
摩托车制造	1000.06	285.26	855.16	321.91	17.26
摩托车整车制造	521.24	156.22	405.25	144.28	11.99
摩托车零部件及配件制造	478.81	129.04	449.91	177.63	5.27
自行车制造	432.29	133.33	387.15	250.72	2.73
脚踏自行车及残疾人座车制造	254.01	78.96	229.32	121.50	2.19
助动自行车制造	178.28	54.38	157.84	129.21	0.54
非公路休闲车及零配件制造	36.33	14.50	38.88	21.11	0.08
潜水救捞及其他未列明运输设备制造	53.04	18.85	46.67	26.62	4.77
潜水及水下救捞装备制造	2.72	0.67	4.96	2.93	0.54
其他未列明运输设备制造	50.32	18.18	41.71	23.69	4.23
电气机械和器材制造业	23951.83	7714.86	19928.34	9701.79	509.53
电机制造	3547.21	1284.85	2857.88	1223.74	132.37
发电机及发电机组制造	2281.30	862.92	1581.84	717.55	110.26
电动机制造	646.45	204.40	683.80	246.66	20.41
微电机及其他电机制造	619.46	217.52	592.24	259.54	1.71
输配电及控制设备制造	7590.81	2537.65	6671.68	3611.20	249.49
变压器、整流器和电感器制造	1587.62	507.87	1560.05	735.62	26.06
电容器及其配套设备制造	110.91	38.86	147.33	64.84	3.96
配电开关控制设备制造	2151.09	725.54	2225.06	1208.64	64.48
电力电子元器件制造	576.23	238.57	708.30	319.94	12.57
光伏设备及元器件制造	2343.59	706.10	1370.07	979.11	73.82
其他输配电及控制设备制造	821.37	320.71	660.88	303.05	68.61

单位：亿元

					主营业务收　入	主营业务成　本	主营业务税金及附加
集体资本	法人资本	个人资本	港澳台资本	外商资本			
1.57	148.71	6.24	0.33	5.03	1438.02	1201.29	8.01
0.13	1.92	2.24		0.06	26.91	22.09	0.19
2.87	59.05	31.34	1.94	12.81	1010.76	813.42	6.33
3.52	84.56	28.94	0.15	5.67	672.09	530.47	4.06
0.71	11.50	1.61	1.15	0.06	188.79	166.18	0.77
	23.31	2.69		3.76	114.80	97.60	0.60
10.98	648.38	172.23	84.06	120.50	5678.89	5051.20	25.69
6.49	531.71	119.97	58.43	94.33	4396.23	3938.33	17.54
0.31	4.10	3.40	0.19	2.48	63.01	52.57	0.59
0.05	4.67	2.38	3.34	2.60	48.96	41.35	0.51
4.01	93.45	34.26	13.61	19.46	900.53	782.10	5.81
0.12	14.26	11.94	8.50	1.63	267.71	234.93	1.23
	0.18	0.28			2.44	1.92	0.02
15.28	185.05	16.58	14.83	38.11	2575.00	2203.84	7.03
7.94	150.27	6.12	11.56	31.08	2071.67	1789.00	3.74
	11.94	1.43			183.51	151.40	0.31
7.34	21.76	6.89	2.60	4.00	246.61	207.25	2.45
0.01	1.08	2.13	0.67	3.03	73.21	56.19	0.54
7.59	125.11	102.41	16.42	52.80	2973.15	2551.02	26.94
0.77	64.94	36.50	8.89	21.18	1479.18	1273.26	18.15
6.82	60.17	65.91	7.53	31.62	1493.97	1277.76	8.79
3.94	45.87	108.63	32.55	56.98	1329.54	1160.74	5.42
0.17	22.11	17.43	27.98	51.61	619.14	541.85	2.44
3.77	23.76	91.20	4.58	5.37	710.39	618.88	2.97
0.13	4.29	2.82	4.97	8.82	132.57	114.15	0.58
0.23	10.66	6.09	0.91	3.96	222.02	198.53	1.63
	0.70	0.13	0.57	0.99	14.22	11.60	0.07
0.23	9.96	5.96	0.34	2.98	207.80	186.93	1.55
202.73	3278.90	3467.25	764.07	1473.18	61553.59	52253.90	281.57
14.37	476.14	330.96	79.58	189.26	7494.64	6372.30	39.11
7.09	353.78	148.99	22.92	74.35	3639.69	3088.14	19.83
3.87	71.17	97.05	10.76	43.40	1818.49	1550.66	8.38
3.41	51.19	84.92	45.90	71.51	2036.47	1733.50	10.89
69.61	1280.08	1285.66	209.49	512.46	17573.79	14832.99	86.28
15.23	315.02	235.20	41.97	100.22	4102.51	3436.48	20.79
1.17	17.69	22.10	6.85	12.91	411.77	342.30	2.08
25.20	368.39	654.36	28.36	67.42	5557.62	4562.18	32.29
3.61	78.46	94.92	43.43	85.48	1769.86	1502.87	8.34
14.88	403.90	171.14	81.14	234.11	3713.20	3287.60	9.17
9.51	96.62	107.95	7.75	12.32	2018.83	1701.57	13.60

2-1 续表 35

行　业	流动负债合计	应付账款	所有者权益合计	实收资本	国家资本
电线、电缆、光缆及电工器材制造	4353.95	926.10	3968.96	2060.21	56.35
电线、电缆制造	3532.18	723.61	3112.92	1683.05	45.74
光纤、光缆制造	573.57	123.90	523.03	230.93	7.72
绝缘制品制造	166.39	48.98	216.93	92.66	2.73
其他电工器材制造	81.82	29.61	116.08	53.58	0.17
电池制造	1490.00	438.04	1287.27	693.73	18.27
锂离子电池制造	718.95	220.59	547.13	327.20	4.87
镍氢电池制造	105.51	28.36	118.62	72.13	1.24
其他电池制造	665.55	189.08	621.52	294.40	12.16
家用电力器具制造	5389.66	1968.64	3283.78	1066.15	34.15
家用制冷电器具制造	1354.71	416.06	778.53	254.94	12.61
家用空气调节器制造	2304.88	863.19	1260.16	246.00	16.25
家用通风电器具制造	179.49	55.41	113.83	46.34	0.17
家用厨房电器具制造	582.83	262.58	402.73	195.09	0.08
家用清洁卫生电器具制造	449.57	185.49	324.81	131.47	4.36
家用美容、保健电器具制造	95.50	46.61	96.80	36.97	0.08
家用电力器具专用配件制造	234.31	73.68	161.68	69.50	0.28
其他家用电力器具制造	188.37	65.62	145.24	85.84	0.31
非电力家用器具制造	342.80	100.26	456.40	212.14	4.95
燃气、太阳能及类似能源家用器具制造	322.15	94.50	431.11	203.47	4.95
其他非电力家用器具制造	20.65	5.76	25.30	8.67	
照明器具制造	1083.81	400.12	1230.50	642.25	11.55
电光源制造	270.14	115.99	337.85	186.15	3.11
照明灯具制造	731.06	249.72	802.78	410.66	3.97
灯用电器附件及其他照明器具制造	82.62	34.40	89.87	45.44	4.48
其他电气机械及器材制造	153.58	59.22	171.86	192.35	2.39
电气信号设备装置制造	57.88	23.95	59.45	24.26	1.18
其他未列明电气机械及器材制造	95.70	35.27	112.41	168.09	1.22
计算机、通信和其他电子设备制造业	26538.52	13245.78	21507.70	11321.78	677.73
计算机制造	6431.49	4181.75	3249.32	1197.74	26.84
计算机整机制造	3825.78	2631.37	1462.65	366.53	16.36
计算机零部件制造	1508.74	963.63	786.53	361.38	1.08
计算机外围设备制造	745.54	423.41	666.51	325.29	6.72
其他计算机制造	351.43	163.34	333.63	144.53	2.67
通信设备制造	7055.34	3232.99	4184.43	1754.73	150.96
通信系统设备制造	3414.16	1241.18	2471.07	1042.03	129.22
通信终端设备制造	3641.17	1991.81	1713.36	712.70	21.74

单位：亿元

集体资本	法人资本	个人资本	港澳台资本	外商资本	主营业务收入	主营业务成本	主营业务税金及附加
62.60	646.13	950.97	135.79	215.07	14326.63	12510.35	50.00
51.01	521.85	811.03	97.26	163.18	11975.80	10488.02	41.15
9.25	75.91	91.12	16.90	29.94	1383.64	1198.99	3.80
0.99	33.01	31.88	10.90	13.15	560.07	476.42	2.70
1.35	15.36	16.94	10.74	8.79	407.13	346.92	2.34
10.33	218.14	197.03	116.75	129.72	4014.05	3536.06	16.08
3.47	121.44	73.39	53.92	68.18	1508.99	1319.34	5.72
0.15	22.58	28.88	10.04	9.22	376.07	331.86	1.63
6.71	74.12	94.76	52.78	52.32	2128.99	1884.86	8.72
36.56	364.03	221.29	134.84	273.28	12890.72	10653.17	61.07
10.46	90.96	54.25	2.35	84.31	3248.97	2692.87	18.57
18.31	95.62	37.04	11.75	66.93	4594.04	3678.17	21.41
0.20	15.17	7.65	18.06	4.94	416.48	345.29	2.15
4.67	65.48	52.76	40.21	31.85	1710.16	1464.87	6.37
0.49	52.22	14.97	16.42	43.01	1277.64	1037.11	5.56
0.02	8.92	11.05	6.65	10.26	298.05	256.62	0.95
1.52	25.17	19.34	9.64	13.54	768.35	687.09	3.62
0.89	10.48	24.24	29.77	18.44	577.01	491.16	2.44
3.16	104.26	73.19	13.03	12.31	1112.15	913.28	6.84
3.10	101.55	69.70	11.89	11.06	1029.09	845.23	6.40
0.06	2.71	3.49	1.14	1.25	83.06	68.05	0.43
5.19	160.49	282.08	71.74	110.58	3664.71	3055.08	19.21
0.93	40.19	93.36	19.75	28.81	1006.47	839.59	4.69
3.95	107.02	180.90	47.41	66.81	2354.64	1957.69	12.88
0.30	13.27	7.82	4.58	14.96	303.60	257.81	1.63
0.92	29.62	126.08	2.85	30.50	476.91	380.66	2.99
0.59	6.29	8.60	0.83	6.78	184.17	146.26	1.35
0.33	23.33	117.47	2.02	23.72	292.73	234.40	1.64
67.08	3071.38	1167.36	2182.11	4091.20	78817.80	69792.49	233.98
7.24	295.17	131.26	286.83	449.32	22021.64	20554.67	25.51
1.53	104.55	29.24	61.10	152.80	13893.48	13083.14	8.51
0.70	67.20	28.95	121.89	141.43	4661.72	4349.37	7.69
3.51	77.79	32.94	92.24	112.09	2505.58	2313.03	5.71
1.49	45.64	40.13	11.60	43.00	960.86	809.13	3.61
11.89	729.80	233.28	224.76	402.43	17018.94	14145.34	65.56
6.63	608.89	126.54	62.77	107.36	6504.46	4668.26	44.54
5.26	120.91	106.74	161.99	295.07	10514.48	9477.07	21.01

2-1 续表 36

行 业	流动负债合 计	应付账款	所有者权益合计	实收资本	国家资本
广播电视设备制造	551.19	219.15	617.58	282.81	6.19
广播电视节目制作及发射设备制造	42.39	17.21	56.64	23.33	1.23
广播电视接收设备及器材制造	292.62	118.79	327.41	145.44	0.70
应用电视设备及其他广播电视设备制造	216.17	83.15	233.54	114.04	4.25
雷达及配套设备制造	285.67	82.38	174.05	45.63	14.13
视听设备制造	2448.98	1095.75	1520.77	601.35	32.54
电视机制造	1550.65	645.94	826.60	256.55	22.23
音响设备制造	331.32	163.82	269.55	152.96	0.46
影视录放设备制造	567.02	285.99	424.61	191.83	9.85
电子器件制造	4605.55	2084.20	5997.93	4180.72	391.19
电子真空器件制造	128.66	34.00	205.02	142.10	6.98
半导体分立器件制造	304.63	109.60	464.44	281.47	6.77
集成电路制造	922.46	360.54	1796.10	1372.58	54.70
光电子器件及其他电子器件制造	3249.80	1580.06	3532.36	2384.56	322.74
电子元件制造	4311.70	1951.27	4758.03	2734.29	48.78
电子元件及组件制造	3014.97	1360.76	3432.36	1885.14	38.76
印制电路板制造	1296.73	590.51	1325.67	849.16	10.02
其他电子设备制造	848.59	398.29	1005.59	524.53	7.12
仪器仪表制造业	2774.88	949.82	3344.64	1293.24	92.82
通用仪器仪表制造	1692.55	580.09	2021.81	714.76	55.76
工业自动控制系统装置制造	1118.34	374.56	1240.94	418.62	45.23
电工仪器仪表制造	233.31	91.37	251.20	117.39	5.14
绘图、计算及测量仪器制造	54.05	14.39	71.53	26.72	0.01
实验分析仪器制造	57.96	22.31	110.53	43.07	1.42
试验机制造	45.23	12.58	42.12	16.73	1.44
供应用仪表及其他通用仪器制造	183.66	64.88	305.49	92.23	2.53
专用仪器仪表制造	597.83	198.23	752.83	293.31	28.63
环境监测专用仪器仪表制造	45.72	13.06	76.57	27.48	0.33
运输设备及生产用计数仪表制造	185.73	72.44	204.55	72.01	3.75
导航、气象及海洋专用仪器制造	102.20	25.61	88.36	50.72	8.20
农林牧渔专用仪器仪表制造	3.12	1.63	4.88	1.77	
地质勘探和地震专用仪器制造	58.94	28.47	91.87	45.13	4.26
教学专用仪器制造	16.03	3.99	21.90	12.40	0.11
核子及核辐射测量仪器制造	35.62	2.59	12.09	3.18	1.13
电子测量仪器制造	70.29	25.60	128.79	39.80	7.70
其他专用仪器制造	80.18	24.83	123.82	40.81	3.17
钟表与计时仪器制造	92.52	32.74	105.42	63.09	0.61
光学仪器及眼镜制造	340.92	119.33	408.85	197.02	7.61
光学仪器制造	237.21	86.95	297.46	127.55	6.90
眼镜制造	103.71	32.38	111.39	69.46	0.71

单位：亿元

集体资本	法人资本	个人资本	港澳台资本	外商资本	主营业务收入	主营业务成本	主营业务税金及附加
1.41	110.55	64.29	61.86	38.43	1554.00	1300.64	7.27
0.37	12.21	3.35	1.76	4.40	90.33	73.43	0.97
0.72	60.29	44.50	18.03	21.10	884.49	742.26	4.50
0.32	38.04	16.44	42.07	12.93	579.18	484.95	1.79
0.50	25.66	4.12	0.19	1.01	444.16	374.11	1.62
3.07	178.87	70.93	147.78	167.44	7560.71	6701.90	21.47
1.97	98.28	38.59	48.01	47.47	4070.17	3549.60	11.89
0.14	38.28	15.58	35.06	63.31	1175.67	1046.27	4.23
0.97	42.30	16.76	64.70	56.66	2314.87	2106.03	5.36
12.93	1136.23	277.23	643.67	1707.36	13560.64	12086.79	45.42
0.11	82.61	25.46	10.84	12.85	205.05	173.72	1.30
4.69	55.96	24.77	43.09	146.05	793.91	694.43	2.95
1.28	212.54	46.72	227.92	828.19	2683.76	2337.89	5.63
6.86	785.12	180.28	361.81	720.27	9877.92	8880.76	35.54
24.81	479.81	305.25	734.31	1137.54	13613.89	11986.06	56.12
23.39	364.30	250.08	435.59	769.70	10304.39	8999.17	46.33
1.42	115.51	55.16	298.72	367.84	3309.49	2986.89	9.79
5.23	115.29	81.01	82.71	187.66	3043.83	2643.00	11.02
11.30	407.40	410.79	120.40	248.88	7567.75	6099.27	45.02
7.35	220.01	269.83	43.67	117.99	4639.49	3718.83	28.21
2.52	121.11	148.80	25.60	75.20	2955.78	2391.20	17.08
3.14	46.94	49.66	5.27	7.25	526.50	410.36	3.36
0.55	8.43	8.68	3.94	5.11	197.78	159.94	1.31
0.39	11.66	15.75	4.26	9.59	239.77	182.38	1.54
0.12	4.83	5.49	0.61	4.25	104.91	79.41	0.74
0.63	27.04	41.45	3.98	16.59	614.74	495.54	4.19
1.45	103.46	98.33	9.01	51.07	1668.41	1339.07	10.50
0.32	9.73	12.93	1.24	2.48	163.25	130.61	1.04
0.17	15.87	17.12	3.10	32.00	579.46	468.23	3.39
0.37	22.94	14.69	0.14	3.48	168.70	146.24	0.63
0.06	0.40	1.31			30.25	25.22	0.09
0.04	25.68	12.31		2.84	153.23	121.82	1.22
0.23	2.97	9.10			50.19	39.59	0.31
	1.78	0.27		0.01	18.64	16.04	0.05
0.26	10.83	9.85	3.69	7.47	261.15	202.28	1.70
	13.26	20.76	0.84	2.79	243.53	189.04	2.06
1.15	13.63	6.37	29.80	11.52	305.75	247.80	1.74
0.81	63.05	26.49	34.54	64.37	769.99	635.01	3.76
0.81	51.60	16.09	19.16	32.84	517.88	432.39	2.36
	11.45	10.41	15.38	31.53	252.12	202.62	1.40

2-1 续表 37

行业	流动负债合计	应付账款	所有者权益合计	实收资本	国家资本
其他仪器仪表制造业	51.06	19.43	55.73	25.06	0.21
其他制造业	957.77	284.83	858.97	413.76	42.23
日用杂品制造	331.82	69.18	401.96	191.31	0.41
鬃毛加工、制刷及清扫工具制造	76.89	14.35	91.07	35.97	0.02
其他日用杂品制造	254.93	54.83	310.90	155.34	0.39
煤制品制造	89.20	18.70	50.05	40.14	2.39
废弃资源综合利用业	953.40	252.81	587.37	310.45	20.69
金属废料和碎屑加工处理	809.42	219.38	432.09	225.99	16.73
非金属废料和碎屑加工处理	143.99	33.43	155.28	84.46	3.95
金属制品、机械和设备修理业	562.01	153.57	498.04	280.05	118.94
金属制品修理	9.53	2.93	13.35	6.79	0.29
通用设备修理	13.51	5.81	23.05	8.35	1.09
专用设备修理	34.47	10.96	42.84	15.97	3.24
铁路、船舶、航空航天等运输设备修理	475.04	121.86	385.79	231.03	113.33
铁路运输设备修理	56.76	31.42	19.68	15.42	10.80
船舶修理	243.24	25.77	187.93	131.59	79.85
航空航天器修理	151.71	53.97	155.13	78.57	17.57
其他运输设备修理	23.34	10.71	23.05	5.45	5.11
电气设备修理	15.03	5.64	4.66	6.63	0.36
仪器仪表修理	0.35	0.14	1.08	0.51	
其他机械和设备修理业	14.09	6.21	27.26	10.78	0.62
电力、热力、燃气及水生产和供应业	**34259.04**	**8080.60**	**39326.88**	**20814.34**	**11775.96**
电力、热力生产和供应业	30035.06	7454.27	33948.31	17756.63	10302.61
电力生产	15347.02	2935.69	16318.77	11918.83	5968.42
火力发电	9776.84	2176.25	8244.64	6812.51	3558.06
水力发电	3379.30	271.65	5081.69	2929.24	1511.86
核力发电	540.92	63.72	656.34	471.23	262.26
风力发电	1169.98	309.22	1827.11	1345.15	572.21
太阳能发电	198.05	62.48	147.39	120.99	30.14
其他电力生产	281.94	52.37	361.61	239.71	33.89
电力供应	12777.75	4155.36	16591.42	5183.33	4121.23
热力生产和供应	1910.29	363.22	1038.11	654.47	212.96
燃气生产和供应业	2102.46	398.53	2115.71	1180.09	357.34
水的生产和供应业	2121.52	227.80	3262.85	1877.61	1116.01
自来水生产和供应	1835.18	184.66	2575.17	1420.75	895.94
污水处理及其再生利用	260.56	38.28	587.57	389.16	219.16
其他水的处理、利用与分配	25.79	4.85	100.12	67.70	0.90

单位：亿元

集体资本	法人资本	个人资本	港澳台资本	外商资本	主营业务收入	主营业务成本	主营业务税金及附加
0.54	7.25	9.77	3.38	3.93	184.11	158.57	0.80
3.85	147.07	90.75	69.55	60.26	2345.15	1983.53	14.84
0.23	40.20	46.31	60.38	43.79	1250.95	1065.46	8.32
0.06	10.13	11.36	3.11	11.30	403.82	348.72	2.52
0.17	30.07	34.96	57.27	32.49	847.12	716.75	5.80
2.54	27.47	7.74			235.08	195.66	2.71
9.55	119.52	103.00	32.12	25.10	3443.83	3139.41	18.06
7.73	79.94	76.54	23.29	21.73	2942.79	2709.32	13.83
1.83	39.58	26.46	8.83	3.37	501.04	430.09	4.23
9.74	63.36	30.15	13.00	44.37	918.01	766.67	5.95
0.03	2.96	3.02	0.08	0.40	68.45	56.60	0.82
0.50	2.96	2.69	0.20	0.91	62.84	56.95	0.23
0.17	6.82	3.00	1.30	1.42	69.76	52.86	0.49
5.47	40.40	19.21	10.73	41.39	632.91	530.17	3.41
0.01	3.75	0.33		0.52	70.60	61.89	0.19
0.09	21.96	14.85	5.42	9.40	258.19	216.14	2.41
5.25	14.48	4.00	5.31	31.46	278.15	232.34	0.72
0.11	0.22	0.02			25.96	19.80	0.09
2.08	3.69	0.48		0.02	25.26	22.22	0.40
	0.43			0.08	1.07	0.64	0.01
1.49	6.09	1.74	0.68	0.15	57.73	47.23	0.59
283.15	**6605.80**	**585.45**	**752.30**	**685.23**	**61643.15**	**54035.04**	**340.53**
219.92	5677.99	488.30	541.26	409.67	56080.66	49428.85	302.75
193.78	4331.14	389.75	528.74	393.82	18264.12	13823.18	139.11
75.62	2402.63	126.11	397.59	227.89	14425.09	11600.65	92.49
52.34	1031.69	159.19	53.56	42.81	2395.78	1322.12	30.92
	200.65		8.32		382.24	228.19	5.20
59.51	484.51	73.96	45.55	105.43	705.29	403.47	2.81
2.53	69.20	9.80	1.09	1.00	84.04	52.27	0.17
3.78	142.45	20.69	22.63	16.70	271.67	216.48	7.53
8.18	1032.63	17.64	0.07	3.30	36451.57	34336.09	156.52
17.96	314.22	80.91	12.46	12.55	1364.97	1269.58	7.11
26.77	468.24	46.83	127.73	144.44	4059.32	3455.14	21.60
36.46	459.57	50.32	83.31	131.13	1503.17	1151.06	16.19
28.73	341.51	32.68	59.82	61.84	1121.94	871.92	13.57
7.73	115.11	16.17	18.08	12.31	319.82	245.38	1.91
	2.94	1.47	5.41	56.98	61.41	33.76	0.71

2-1 续表 38

行业	销售费用	管理费用	税金	财务费用	利息收入	利息支出
总计	**25945.22**	**39431.90**	**2116.41**	**12008.26**	**1668.02**	**12346.02**
采矿业	**1323.94**	**4066.94**	**267.00**	**1188.15**	**151.34**	**1225.06**
煤炭开采和洗选业	856.52	2245.17	135.27	776.01	65.35	787.61
烟煤和无烟煤开采洗选	808.03	2131.47	125.13	732.26	61.97	744.83
褐煤开采洗选	46.46	109.76	9.75	41.27	3.19	40.21
其他煤炭采选	2.03	3.94	0.39	2.48	0.19	2.57
石油和天然气开采业	48.52	826.25	61.86	140.75	62.01	188.27
石油开采	43.47	791.50	60.92	119.13	56.98	167.18
天然气开采	5.05	34.75	0.94	21.62	5.03	21.09
黑色金属矿采选业	149.22	378.69	29.47	141.07	6.40	127.30
铁矿采选	140.76	361.76	28.41	136.05	6.02	122.78
锰矿、铬矿采选	7.50	13.62	0.95	2.67	0.36	2.57
其他黑色金属矿采选	0.96	3.31	0.11	2.35	0.02	1.95
有色金属矿采选业	82.25	300.33	17.73	58.80	6.91	59.28
常用有色金属矿采选	49.76	161.47	9.27	31.61	1.93	29.69
铜矿采选	11.50	48.92	2.08	12.03	0.89	11.97
铅锌矿采选	21.06	84.12	5.96	12.59	0.88	12.26
镍钴矿采选	0.86	3.24	0.04	1.23	0.01	0.81
锡矿采选	1.48	5.34	0.09	1.21	0.03	1.14
锑矿采选	0.46	3.86	0.10	0.33		0.29
铝矿采选	3.19	4.25	0.25	1.14	0.05	0.84
镁矿采选	7.13	5.56	0.54	1.24		0.88
其他常用有色金属矿采选	4.09	6.18	0.21	1.84	0.07	1.49
贵金属矿采选	25.68	103.70	6.89	17.54	4.20	20.46
金矿采选	24.69	98.80	6.69	17.01	4.17	19.96
银矿采选	0.97	4.55	0.20	0.41	0.03	0.36
其他贵金属矿采选	0.03	0.34		0.12	0.01	0.15
稀有稀土金属矿采选	6.81	35.17	1.56	9.64	0.78	9.13
钨钼矿采选	4.81	28.63	1.24	8.14	0.67	7.71
稀土金属矿采选	0.79	2.65	0.17	0.36	0.01	0.36
放射性金属矿采选	0.11	1.24	0.02	0.22	0.01	0.15
其他稀有金属矿采选	1.10	2.65	0.14	0.93	0.09	0.91
非金属矿采选业	180.16	215.57	15.23	53.77	2.29	42.08
土砂石开采	108.83	119.24	9.46	25.86	0.73	18.25
石灰石、石膏开采	29.85	31.41	3.03	6.90	0.36	4.70
建筑装饰用石开采	20.53	26.88	1.76	6.47	0.13	4.38
耐火土石开采	11.32	11.93	0.56	2.27	0.03	1.63
粘土及其他土砂石开采	47.12	49.01	4.11	10.22	0.22	7.54

单位：亿元

投资收益（损失以"-"号记）	营业利润	利润总额	亏损企业亏损额	应交增值税	应交所得税	从业人员平均人数（万人）
776.22	**68355.21**	**68378.91**	**5571.32**	**33460.27**	**9476.42**	**9791.46**
108.78	**8666.53**	**8554.52**	**659.55**	**4218.79**	**1078.62**	**820.22**
120.80	2748.63	2680.19	430.44	2143.47	511.65	529.68
116.46	2360.81	2317.30	413.12	1884.91	475.49	511.42
4.34	373.86	357.10	17.10	252.67	34.98	17.13
	13.97	5.79	0.22	5.89	1.17	1.14
-10.98	3671.20	3644.28	81.96	1048.67	268.51	77.52
-12.19	3448.78	3416.64	78.95	958.96	242.86	75.89
1.21	222.42	227.65	3.00	89.71	25.65	1.63
1.00	1172.31	1136.64	34.81	519.44	165.39	71.04
6.47	1131.75	1097.17	30.68	499.01	163.75	65.85
-3.57	25.03	23.93	3.74	13.62	1.35	3.26
-1.90	15.53	15.54	0.38	6.81	0.29	1.92
-0.95	670.69	666.30	30.76	206.78	73.91	55.36
-5.46	335.83	332.45	19.83	148.12	40.98	31.20
-1.77	91.72	90.51	5.77	42.28	14.88	9.64
-0.22	161.78	160.21	10.97	68.49	18.78	14.92
-0.49	3.42	2.65	0.54	2.53	0.11	0.50
-1.89	10.20	10.06	1.24	6.08	1.03	1.51
-0.57	3.23	3.32	0.03	2.75	0.62	0.72
0.04	25.60	25.54	0.08	9.39	1.46	1.33
0.01	22.39	22.42	0.35	9.94	3.15	1.08
-0.56	17.49	17.75	0.86	6.65	0.96	1.50
3.47	267.16	263.95	3.62	18.33	22.21	15.44
3.47	257.08	254.24	3.29	15.12	20.04	14.72
	9.71	9.42	0.33	2.75	2.10	0.66
	0.37	0.29		0.46	0.07	0.06
1.05	67.71	69.90	7.31	40.32	10.71	8.72
0.54	57.57	59.06	6.27	33.55	8.91	7.44
0.46	7.25	7.59	0.02	4.40	1.35	0.40
	0.94	1.18		0.12	0.07	0.19
0.04	1.95	2.08	1.02	2.26	0.38	0.69
-5.78	438.54	425.78	12.78	209.10	42.81	54.00
-5.55	298.04	285.79	5.19	133.15	27.31	32.88
0.16	72.39	69.51	1.50	37.24	5.76	10.46
-1.18	64.39	63.06	0.80	24.77	5.21	6.65
-0.73	30.32	29.04	1.25	15.84	3.18	3.37
-3.80	130.94	124.17	1.64	55.30	13.16	12.40

2-1 续表 39

行　业	销售费用	管理费用	税金	财务费用	利息收入	利息支出
化学矿开采	18.79	37.92	1.70	11.25	0.27	10.00
采盐	22.78	30.11	1.26	9.78	1.00	9.25
石棉及其他非金属矿采选	29.75	28.30	2.81	6.87	0.30	4.59
石棉、云母矿采选	0.97	1.13	0.02	0.16	0.06	0.15
石墨、滑石采选	9.03	8.14	0.91	1.16	0.03	0.78
宝石、玉石采选	0.34	0.74	0.03	0.29	-0.01	0.29
其他未列明非金属矿采选	19.42	18.28	1.84	5.27	0.23	3.36
开采辅助活动	6.04	99.03	7.26	17.55	8.37	20.33
煤炭开采和洗选辅助活动	0.31	0.50	0.01	0.14		0.04
石油和天然气开采辅助活动	5.61	98.37	7.24	17.39	8.37	20.27
其他开采辅助活动	0.12	0.16	0.01	0.01		0.01
其他采矿业	1.23	1.90	0.18	0.20	0.02	0.19
制造业	**24248.99**	**33940.59**	**1754.23**	**8576.83**	**1415.72**	**8833.00**
农副食品加工业	1281.20	1430.27	102.74	493.05	51.97	473.12
谷物磨制	219.15	247.64	21.41	96.74	1.78	81.21
饲料加工	227.75	240.09	13.15	50.69	7.05	48.00
植物油加工	159.62	168.21	14.55	48.77	24.34	83.60
食用植物油加工	155.01	160.86	14.12	46.85	24.19	81.76
非食用植物油加工	4.61	7.35	0.43	1.92	0.16	1.84
制糖业	24.02	58.88	3.18	35.14	2.47	34.70
屠宰及肉类加工	257.33	296.31	19.65	98.95	11.97	95.10
牲畜屠宰	97.74	126.02	7.26	44.78	5.55	45.19
禽类屠宰	51.91	64.93	5.46	27.83	0.73	24.49
肉制品及副产品加工	107.67	105.36	6.93	26.34	5.69	25.42
水产品加工	87.38	144.89	9.82	62.26	1.54	47.79
水产品冷冻加工	59.28	113.24	8.30	50.83	1.17	38.61
鱼糜制品及水产品干腌制加工	16.78	15.51	0.71	5.93	0.19	4.53
水产饲料制造	6.28	9.78	0.56	3.35	0.13	2.91
鱼油提取及制品制造	0.44	0.73	0.03	0.24		0.24
其他水产品加工	4.61	5.62	0.23	1.91	0.05	1.50
蔬菜、水果和坚果加工	127.84	127.83	9.31	41.47	1.13	30.74
蔬菜加工	82.41	83.65	6.78	27.62	0.58	19.21
水果和坚果加工	45.43	44.18	2.53	13.84	0.55	11.53
其他农副食品加工	178.12	146.42	11.67	59.03	1.70	51.98
淀粉及淀粉制品制造	111.97	75.19	6.79	38.26	1.14	35.28
豆制品制造	22.78	20.69	1.17	4.89	0.16	4.07
蛋品加工	7.26	6.76	0.50	1.89	0.01	1.46
其他未列明农副食品加工	36.11	43.78	3.21	13.98	0.40	11.17
食品制造业	1375.51	701.50	40.48	122.20	30.94	133.41
焙烤食品制造	147.54	84.92	5.16	13.41	3.01	12.72
糕点、面包制造	61.60	36.08	2.17	5.85	0.52	4.88
饼干及其他焙烤食品制造	85.95	48.84	2.99	7.56	2.49	7.84

单位：亿元

投资收益（损失以“-”号记）	营业利润	利润总额	亏损企业亏损额	应交增值税	应交所得税	从业人员平均人数（万人）
0.26	56.30	56.27	4.31	30.08	8.10	6.44
1.21	17.93	23.34	1.40	15.31	3.29	7.62
-1.69	66.27	60.37	1.89	30.56	4.11	7.06
0.06	1.20	1.55	0.11	1.30	0.05	0.52
-0.06	23.01	19.43	0.61	10.87	1.64	2.08
	0.93	0.92		0.23	0.06	0.08
-1.69	41.14	38.47	1.17	18.16	2.36	4.38
4.63	-36.61	-0.11	68.79	90.48	16.10	32.35
	0.80	0.80		0.42	0.19	0.15
4.63	-37.89	-1.40	68.78	90.00	15.90	32.15
	0.48	0.49	0.01	0.06	0.01	0.04
0.06	1.77	1.44	0.01	0.86	0.25	0.27
164.78	**55551.10**	**55400.63**	**4453.78**	**26681.50**	**7665.43**	**8613.56**
-161.91	3593.71	3473.53	122.23	1269.61	319.18	418.15
-25.51	709.98	681.81	13.46	217.00	44.61	62.99
-8.66	564.87	555.85	11.14	172.75	50.04	55.65
-49.88	494.86	486.28	22.29	224.90	48.36	33.69
-50.25	479.63	471.93	22.00	219.62	46.78	32.49
0.37	15.23	14.34	0.29	5.28	1.58	1.21
-28.19	60.75	64.78	26.75	41.74	5.90	14.63
-20.96	775.90	720.74	23.61	223.55	67.73	105.56
-12.39	347.17	300.78	7.62	77.88	22.58	32.65
-9.57	156.33	155.06	9.73	55.17	12.29	34.77
1.00	272.39	264.90	6.26	90.51	32.86	38.15
-0.36	314.98	313.34	8.27	157.85	38.48	55.36
-1.88	236.85	237.42	5.19	128.90	31.43	43.58
-0.89	41.48	40.15	1.17	15.12	3.46	7.27
3.57	20.40	20.37	1.27	7.26	2.10	1.87
	0.65	0.67	0.06	0.45	0.07	0.15
-1.15	15.60	14.73	0.57	6.12	1.43	2.50
-11.34	361.07	353.47	3.62	111.44	36.69	47.69
-10.74	243.25	236.07	2.84	74.17	22.99	32.75
-0.61	117.82	117.40	0.78	37.28	13.70	14.94
-17.00	311.30	297.26	13.10	120.36	27.37	42.56
-10.60	167.49	156.06	9.97	71.02	14.70	19.60
-0.43	37.78	37.39	0.54	16.23	4.24	8.70
-0.20	17.31	16.36	0.10	5.16	1.29	2.07
-5.77	88.72	87.45	2.49	27.95	7.15	12.21
-8.13	1635.64	1646.98	57.10	649.27	218.38	200.94
0.69	191.80	192.67	5.89	74.76	25.06	34.55
1.86	76.57	77.35	4.47	26.72	7.11	16.14
-1.17	115.23	115.31	1.43	48.04	17.95	18.41

2-1 续表 40

行　业	销售费用	管理费用	税金	财务费用	利息收入	利息支出
糖果、巧克力及蜜饯制造	139.61	67.96	2.98	7.17	2.85	8.70
糖果、巧克力制造	123.30	53.13	2.26	3.10	2.69	5.38
蜜饯制作	16.31	14.83	0.72	4.07	0.17	3.32
方便食品制造	210.75	90.88	6.97	12.88	4.50	17.62
米、面制品制造	26.01	27.20	1.67	5.65	0.28	4.94
速冻食品制造	23.73	18.55	0.89	4.67	0.26	4.61
方便面及其他方便食品制造	161.02	45.13	4.41	2.56	3.96	8.07
乳制品制造	342.43	101.59	5.41	7.14	9.41	15.94
罐头食品制造	51.06	55.19	3.38	18.38	1.86	16.35
肉、禽类罐头制造	5.19	4.58	0.28	1.73	0.02	1.37
水产品罐头制造	4.10	4.31	0.14	1.55	0.04	1.37
蔬菜、水果罐头制造	38.58	42.45	2.42	13.87	1.82	12.68
其他罐头食品制造	3.19	3.85	0.53	1.22	-0.02	0.92
调味品、发酵制品制造	112.75	106.80	8.33	28.29	2.04	26.72
味精制造	19.36	15.32	1.39	7.94	0.53	7.56
酱油、食醋及类似制品制造	46.68	41.41	3.21	6.36	0.61	6.15
其他调味品、发酵制品制造	46.70	50.07	3.72	13.98	0.90	13.00
其他食品制造	371.36	194.18	8.26	34.95	7.27	35.37
营养食品制造	24.90	15.09	0.64	2.58	0.14	2.10
保健食品制造	190.91	56.27	1.03	1.12	4.13	3.64
冷冻饮品及食用冰制造	39.81	17.48	0.93	2.09	0.28	2.05
盐加工	6.90	6.34	0.24	1.78	0.04	1.57
食品及饲料添加剂制造	60.61	71.80	3.87	23.80	1.79	22.43
其他未列明食品制造	48.23	27.19	1.53	3.58	0.89	3.57
酒、饮料和精制茶制造业	1230.06	683.02	51.85	102.86	41.82	129.22
酒的制造	603.38	433.76	34.65	55.23	32.23	80.91
酒精制造	12.55	21.46	2.55	12.71	0.22	12.06
白酒制造	383.49	264.73	22.24	24.03	22.58	41.85
啤酒制造	152.12	112.03	7.27	11.44	6.73	18.76
黄酒制造	9.77	8.93	0.53	2.74	0.05	2.43
葡萄酒制造	27.18	13.83	1.10	3.97	0.16	3.46
其他酒制造	18.27	12.78	0.96	0.33	2.50	2.36
饮料制造	564.68	177.75	12.93	31.40	8.32	33.53
碳酸饮料制造	130.78	31.33	2.35	2.90	0.59	3.03
瓶(罐)装饮用水制造	108.71	37.93	2.21	5.67	1.35	5.44
果菜汁及果菜汁饮料制造	63.33	40.33	3.79	13.90	1.48	11.69
含乳饮料和植物蛋白饮料制造	57.44	23.09	1.28	1.13	2.07	2.95
固体饮料制造	36.54	15.69	0.71	5.18	0.25	5.36
茶饮料及其他饮料制造	167.90	29.38	2.58	2.61	2.57	5.06

单位：亿元

投资收益（损失以“-”号记）	营业利润	利润总额	亏损企业亏损额	应交增值税	应交所得税	从业人员平均人数（万人）
1.24	159.83	159.75	1.29	65.61	27.74	19.92
1.17	118.30	120.16	0.81	51.71	22.39	12.96
0.07	41.53	39.59	0.48	13.90	5.34	6.96
-0.98	242.61	248.43	4.74	101.79	29.17	37.77
0.04	49.42	48.49	0.69	19.68	4.29	8.61
-0.67	53.55	54.41	1.00	17.95	5.33	10.12
-0.35	139.63	145.52	3.05	64.15	19.56	19.04
2.12	202.76	205.07	12.85	98.94	24.04	25.48
-4.87	99.29	97.73	9.30	54.09	10.22	21.14
-1.70	11.16	11.07	1.67	10.13	1.13	1.90
0.03	7.73	5.13	0.37	3.77	0.74	1.08
-2.42	67.67	68.57	6.97	36.22	6.84	17.18
-0.79	12.73	12.96	0.30	3.98	1.51	0.98
-9.62	202.06	205.47	12.40	82.43	29.83	24.53
-7.00	29.27	30.05	0.19	13.59	5.61	4.62
0.18	91.81	92.07	0.88	31.13	13.37	8.54
-2.79	80.98	83.36	11.33	37.72	10.85	11.38
3.30	537.30	537.87	10.62	171.63	72.33	37.54
1.31	34.52	34.35	0.35	13.35	3.29	3.71
4.45	258.62	259.17	1.57	64.41	40.43	5.95
-2.87	30.28	29.42	0.96	15.69	3.11	4.38
0.04	8.49	9.11	0.48	3.80	1.72	2.06
2.33	155.63	153.61	6.56	50.74	18.83	14.26
-1.97	49.77	52.21	0.69	23.64	4.95	7.18
-2.78	1714.19	1716.90	69.92	656.07	308.62	157.81
1.41	1087.57	1087.63	42.82	422.72	219.19	88.35
-10.85	46.34	43.90	2.57	19.60	4.58	4.57
9.66	823.33	821.06	8.67	279.30	171.85	51.90
2.10	124.14	127.78	28.89	90.35	25.24	24.27
0.34	18.32	19.05	0.02	6.82	3.31	2.16
-0.16	44.05	44.59	2.38	14.83	8.21	2.83
0.33	31.40	31.25	0.29	11.82	5.99	2.62
-4.24	466.00	470.99	26.60	185.90	75.01	48.86
-0.97	37.98	38.11	3.81	30.71	7.34	8.96
-1.22	95.69	94.55	4.88	33.93	13.74	9.52
-0.33	96.36	99.48	5.77	33.76	9.55	9.53
-0.16	120.92	124.07	1.15	35.11	20.59	7.75
3.93	37.02	35.49	0.54	13.33	5.36	4.59
-5.49	78.03	79.29	10.45	39.07	18.45	8.50

2-1 续表 41

行　业	销售费用	管理费用	税金	财务费用	利息收入	利息支出
精制茶加工	62.00	71.51	4.27	16.23	1.27	14.78
烟草制品业	154.20	445.15	17.45	-11.40	23.74	12.42
烟叶复烤	7.62	15.74	1.19	-2.83	2.81	-0.02
卷烟制造	143.40	418.79	16.06	-9.29	20.76	11.37
其他烟草制品制造	3.19	10.61	0.20	0.72	0.17	1.06
纺织业	506.27	946.58	63.45	494.15	40.79	464.18
棉纺织及印染精加工	269.40	544.30	37.78	322.30	25.21	307.31
棉纺纱加工	161.14	291.95	21.76	206.63	13.44	196.17
棉织造加工	68.43	138.07	8.66	70.27	5.54	65.90
棉印染精加工	39.84	114.27	7.36	45.40	6.23	45.24
毛纺织及染整精加工	26.71	56.90	3.36	30.17	2.38	28.73
毛条和毛纱线加工	11.92	25.10	1.42	15.93	1.38	15.52
毛织造加工	10.56	24.42	1.29	12.18	0.83	11.39
毛染整精加工	4.23	7.37	0.66	2.06	0.16	1.81
麻纺织及染整精加工	10.53	16.21	1.11	7.12	0.42	6.29
麻纤维纺前加工和纺纱	5.78	8.93	0.68	4.06	0.23	3.46
麻织造加工	4.69	6.92	0.39	2.74	0.18	2.50
麻染整精加工	0.06	0.36	0.04	0.32	0.02	0.33
丝绢纺织及印染精加工	14.65	34.51	2.64	14.77	1.30	13.99
缫丝加工	8.34	19.03	1.64	8.25	0.84	7.97
绢纺和丝织加工	5.50	12.49	0.85	5.39	0.43	4.99
丝印染精加工	0.80	2.99	0.16	1.13	0.03	1.03
化纤织造及印染精加工	12.55	31.08	1.98	22.17	1.90	18.86
化纤织造加工	9.91	23.46	1.56	17.88	1.57	15.17
化纤织物染整精加工	2.64	7.62	0.43	4.29	0.33	3.69
针织或钩针编织物及其制品制造	55.93	99.70	6.23	46.74	3.95	43.78
针织或钩针编织物织造	37.00	70.04	4.41	37.08	3.37	35.07
针织或钩针编织物印染精加工	10.59	13.82	0.37	2.48	0.25	2.42
针织或钩针编织品制造	8.34	15.84	1.45	7.18	0.33	6.29
家用纺织制成品制造	62.79	76.71	5.14	25.83	2.44	22.10
床上用品制造	38.30	40.89	2.61	12.58	1.22	10.79
毛巾类制品制造	10.74	14.33	1.48	5.61	0.34	4.81
窗帘、布艺类产品制造	4.04	7.73	0.43	3.19	0.41	2.70
其他家用纺织制成品制造	9.71	13.77	0.63	4.44	0.46	3.80
非家用纺织制成品制造	53.70	87.17	5.21	25.05	3.19	23.12
非织造布制造	30.09	46.03	3.14	12.70	0.96	11.23
绳、索、缆制造	4.77	6.40	0.24	1.90	0.05	1.61

单位：亿元

投资收益（损失以"-"号记）	营业利润	利润总额	亏损企业亏损额	应交增值税	应交所得税	从业人员平均人数（万人）
0.05	160.62	158.28	0.50	47.45	14.42	20.60
55.29	1230.09	1222.61	0.33	1031.00	298.47	19.86
0.07	32.99	34.01	0.15	16.20	7.49	3.16
55.73	1172.84	1162.28	0.08	1008.07	288.02	15.50
-0.51	24.26	26.32	0.09	6.73	2.96	1.21
-12.62	2150.21	2155.63	92.82	947.13	288.54	486.34
8.25	1321.80	1344.09	59.81	606.63	183.77	294.32
6.52	810.70	832.52	38.44	361.42	111.23	174.26
-0.91	317.86	317.03	12.98	142.88	46.60	68.19
2.65	193.24	194.55	8.39	102.33	25.95	51.87
-20.09	150.61	145.20	6.80	51.43	18.88	28.79
-1.39	75.39	70.78	3.33	22.48	6.63	11.72
-18.69	61.62	61.02	2.77	23.71	10.21	13.69
-0.01	13.60	13.39	0.70	5.25	2.04	3.37
-0.20	33.42	32.20	1.06	15.47	3.05	10.39
-0.48	21.68	19.99	0.14	8.26	1.88	4.00
0.28	11.44	11.88	0.90	7.06	1.13	6.18
	0.31	0.32	0.02	0.15	0.04	0.21
-0.22	79.75	77.61	1.80	36.24	7.63	19.03
-0.48	43.12	41.81	0.74	23.87	4.48	11.98
0.13	32.88	31.40	0.71	10.84	2.77	5.79
0.13	3.75	4.41	0.35	1.53	0.38	1.27
1.14	51.55	50.73	2.70	24.82	7.82	17.71
0.75	42.89	42.74	2.34	18.84	6.71	13.27
0.39	8.65	8.00	0.37	5.98	1.10	4.44
5.98	210.60	205.71	3.59	73.87	26.95	46.69
5.69	127.82	122.84	2.19	50.80	14.93	35.20
0.13	44.81	44.94	0.83	12.05	7.90	4.39
0.15	37.98	37.93	0.56	11.02	4.11	7.10
-0.02	157.04	154.31	6.27	72.43	21.80	37.80
-0.19	78.25	77.20	3.22	36.24	11.44	19.08
0.07	46.44	45.32	0.46	18.45	5.95	9.38
-0.10	11.66	11.42	0.51	6.68	1.54	3.10
0.19	20.69	20.37	2.09	11.05	2.86	6.23
-7.45	145.43	145.78	10.78	66.25	18.63	31.61
0.43	83.14	82.52	1.37	34.46	9.03	14.51
-0.01	14.60	14.31	0.29	7.32	1.83	3.13

2-1　续表 42

行　业	销售费用	管理费用	税金	财务费用	利息收入	利息支出
纺织带和帘子布制造	6.77	13.61	0.77	5.58	1.46	5.90
篷、帆布制造	5.09	8.37	0.33	2.40	0.24	1.90
其他非家用纺织制成品制造	6.98	12.77	0.72	2.47	0.48	2.49
纺织服装、服饰业	661.80	833.61	39.54	161.74	21.09	138.82
机织服装制造	554.53	635.14	31.09	121.02	17.29	106.93
针织或钩针编织服装制造	79.08	161.65	6.96	30.85	2.70	23.87
服饰制造	28.19	36.82	1.49	9.87	1.10	8.02
皮革、毛皮、羽毛及其制品和制鞋业	312.07	475.00	24.40	106.90	11.58	95.84
皮革鞣制加工	24.94	47.74	2.15	16.53	1.42	16.92
皮革制品制造	67.95	113.18	4.51	31.06	3.01	27.20
皮革服装制造	18.08	23.60	0.66	12.77	0.20	12.38
皮箱、包(袋)制造	31.66	60.38	2.57	12.52	0.57	8.51
皮手套及皮装饰制品制造	5.06	9.58	0.46	2.39	0.08	1.92
其他皮革制品制造	13.16	19.62	0.82	3.38	2.15	4.40
毛皮鞣制及制品加工	9.09	15.20	0.92	4.39	0.16	3.20
毛皮鞣制加工	3.37	3.58	0.23	1.42	0.03	1.12
毛皮服装加工	2.95	4.40	0.28	1.43	0.10	1.14
其他毛皮制品加工	2.77	7.22	0.41	1.54	0.04	0.93
羽毛(绒)加工及制品制造	14.01	19.95	0.97	9.39	0.73	8.65
羽毛(绒)加工	5.55	8.95	0.51	4.35	0.14	3.95
羽毛(绒)制品加工	8.45	11.00	0.46	5.04	0.59	4.70
制鞋业	196.07	278.93	15.85	45.53	6.26	39.86
纺织面料鞋制造	14.69	30.71	2.28	4.89	0.29	4.12
皮鞋制造	151.57	193.89	10.11	28.29	5.12	26.63
塑料鞋制造	12.13	18.21	1.19	4.84	0.32	2.94
橡胶鞋制造	13.29	24.21	1.25	6.14	0.43	5.19
其他制鞋业	4.39	11.92	1.02	1.37	0.09	0.97
木材加工和木、竹、藤、棕、草制品业	279.14	375.51	20.51	108.62	2.93	87.73
木材加工	36.33	48.62	2.16	9.59	0.27	8.03
锯材加工	17.76	20.90	0.95	4.23	0.10	3.18
木片加工	9.96	14.27	0.77	4.33	0.06	2.70
单板加工	7.08	11.31	0.33	0.50	0.08	1.69
其他木材加工	1.52	2.15	0.10	0.52	0.03	0.46
人造板制造	152.54	201.23	10.90	69.61	1.73	55.88
胶合板制造	77.82	104.43	6.29	29.50	0.43	21.00
纤维板制造	39.24	50.55	2.57	26.65	1.03	23.71
刨花板制造	10.99	14.02	0.78	4.52	0.10	3.70
其他人造板制造	24.48	32.22	1.26	8.93	0.17	7.47

单位：亿元

投资收益(损失以"-"号记)	营业利润	利润总额	亏损企业亏损额	应交增值税	应交所得税	从业人员平均人数(万人)
-7.68	21.35	21.64	7.46	12.56	3.72	5.39
-0.18	9.33	9.50	0.64	5.04	1.31	3.86
	17.00	17.80	1.02	6.87	2.74	4.72
38.90	1272.20	1272.73	49.00	581.02	185.53	455.14
38.83	1033.33	1035.62	34.71	463.06	148.59	342.14
0.28	183.88	182.82	11.04	90.95	27.71	91.42
-0.20	54.99	54.29	3.24	27.02	9.23	21.58
-14.71	912.16	890.04	21.82	361.72	86.83	296.90
-2.05	149.35	127.05	2.64	45.00	7.39	15.11
-1.16	213.05	212.89	5.07	71.16	17.24	62.29
-0.44	73.83	73.96	0.67	9.87	2.05	6.64
-0.65	75.39	75.15	2.70	34.39	9.21	40.83
	16.28	16.45	0.19	7.87	1.46	6.33
-0.08	47.55	47.33	1.50	19.04	4.52	8.48
-0.09	72.55	72.62	0.29	18.08	5.72	8.07
	25.76	25.87	0.14	9.01	2.78	2.30
0.01	30.17	30.10	0.06	3.93	1.28	2.49
-0.10	16.62	16.65	0.09	5.14	1.65	3.28
-0.81	44.48	43.17	1.20	22.70	5.23	8.33
-0.73	21.48	20.73	0.47	10.53	2.26	2.59
-0.09	23.00	22.44	0.73	12.18	2.97	5.74
-10.60	432.73	434.32	12.63	204.77	51.25	203.11
-4.25	46.09	45.68	2.53	21.17	4.74	22.53
0.87	317.10	320.27	7.23	137.99	40.11	137.10
-2.68	26.96	24.93	0.24	18.39	2.11	14.01
-2.81	34.14	32.48	2.06	19.96	3.32	17.96
-1.73	8.44	10.97	0.57	7.26	0.97	11.51
-20.34	876.39	868.48	18.32	350.29	91.40	138.06
-8.22	133.79	126.87	1.73	44.75	10.39	18.98
-2.51	71.86	69.35	1.15	18.61	4.28	9.11
-2.35	39.30	37.40	0.30	16.47	3.89	5.55
-3.17	16.52	14.32	0.25	8.02	1.54	3.45
-0.19	6.11	5.80	0.02	1.66	0.68	0.87
-8.43	511.91	513.90	12.81	218.78	59.00	77.86
-3.98	337.07	332.03	2.03	137.47	42.57	49.62
-0.43	79.79	89.11	7.96	46.24	6.88	13.76
-2.46	20.66	20.90	2.44	10.62	2.44	4.60
-1.55	74.40	71.86	0.37	24.46	7.11	9.89

2-1 续表 43

行业	销售费用	管理费用	税金	财务费用	利息收入	利息支出
木制品制造	72.47	100.60	5.73	22.04	0.73	17.68
建筑用木料及木材组件加工	16.96	24.86	1.72	4.10	0.07	3.30
木门窗、楼梯制造	9.59	13.89	0.86	3.64	0.08	2.88
地板制造	24.62	32.34	1.86	8.36	0.45	7.33
木制容器制造	7.74	9.53	0.30	1.49	0.09	1.04
软木制品及其他木制品制造	13.55	19.97	0.99	4.45	0.04	3.13
竹、藤、棕、草等制品制造	17.79	25.05	1.73	7.38	0.19	6.14
竹制品制造	15.40	21.67	1.31	6.50	0.18	5.59
藤制品制造	0.25	0.38	0.04	0.14	0.01	0.04
棕制品制造	0.13	0.19		0.03		0.03
草及其他制品制造	2.01	2.81	0.38	0.72		0.49
家具制造业	231.61	301.37	13.93	68.67	5.44	56.94
木质家具制造	142.83	190.41	9.10	42.03	2.55	35.50
竹、藤家具制造	3.21	4.75	0.31	2.67	0.27	1.67
金属家具制造	44.87	59.77	2.69	14.49	1.86	13.00
塑料家具制造	2.49	3.65	0.21	0.89	0.08	0.60
其他家具制造	38.21	42.77	1.62	8.59	0.69	6.18
造纸和纸制品业	354.14	456.83	31.77	211.21	27.76	227.08
纸浆制造	3.47	13.36	0.58	6.34	0.23	6.30
木竹浆制造	2.81	10.54	0.43	5.35	0.23	5.36
非木竹浆制造	0.67	2.83	0.15	0.99	0.01	0.94
造纸	179.10	249.56	19.71	160.88	23.58	179.30
机制纸及纸板制造	168.61	233.83	17.54	157.17	23.27	176.05
手工纸制造	1.51	2.33	0.58	0.86	0.10	0.84
加工纸制造	8.98	13.40	1.60	2.84	0.21	2.41
纸制品制造	171.57	193.90	11.48	44.00	3.95	41.48
纸和纸板容器制造	80.34	114.66	7.17	30.04	2.06	26.20
其他纸制品制造	91.23	79.24	4.31	13.96	1.89	15.28
印刷和记录媒介复制业	151.62	315.21	14.50	58.65	6.99	51.98
印刷	145.41	304.78	14.08	56.10	6.74	49.64
书、报刊印刷	20.13	58.23	3.04	9.51	1.10	8.50
本册印制	8.20	14.67	0.69	4.12	0.22	3.25
包装装潢及其他印刷	117.08	231.87	10.34	42.48	5.42	37.89
装订及印刷相关服务	3.88	6.46	0.27	1.16	0.18	1.14
记录媒介复制	2.32	3.97	0.15	1.39	0.06	1.20
文教、工美、体育和娱乐用品制造业	278.19	442.52	22.20	108.49	12.87	90.83
文教办公用品制造	28.24	41.72	2.04	8.35	1.76	8.26
文具制造	13.46	19.37	1.03	4.30	1.54	4.82
笔的制造	7.93	12.08	0.65	2.54	0.19	2.13
教学用模型及教具制造	5.22	6.34	0.13	1.11	0.01	1.03
墨水、墨汁制造	0.29	1.34		0.04	0.02	0.02
其他文教办公用品制造	1.34	2.60	0.22	0.35	0.01	0.27

单位：亿元

投资收益（损失以"-"号记）	营业利润	利润总额	亏损企业亏损额	应交增值税	应交所得税	从业人员平均人数（万人）
-3.46	174.70	173.51	3.36	64.62	18.39	29.34
-0.47	49.36	47.87	0.59	13.63	4.88	6.19
-0.98	25.51	25.63	0.58	8.73	2.79	4.50
-0.12	46.96	48.01	1.41	18.39	6.05	6.97
0.01	19.00	18.24	0.12	7.80	1.63	2.91
-1.91	33.87	33.76	0.66	16.07	3.05	8.78
-0.23	55.99	54.20	0.42	22.15	3.61	11.89
-0.23	45.64	43.98	0.38	19.25	3.21	9.57
	1.52	1.49	0.02	0.41	0.09	0.48
	0.40	0.37	0.01	0.11	0.01	0.10
	8.43	8.36	0.02	2.39	0.30	1.74
3.97	433.86	431.97	17.60	193.51	54.37	115.83
-2.95	271.28	269.08	11.74	129.31	33.42	73.51
	7.54	7.84	0.16	4.39	0.59	1.77
6.69	98.26	98.31	2.82	35.27	13.53	22.82
0.01	4.87	5.08	0.16	1.88	0.57	1.61
0.23	51.91	51.67	2.72	22.66	6.26	16.12
-9.25	777.29	775.94	59.76	374.20	107.80	140.35
-0.14	0.43	1.64	7.76	6.72	0.66	1.66
-0.15	2.43	3.71	4.59	5.11	0.64	1.16
	-2.00	-2.07	3.17	1.61	0.01	0.50
3.72	408.14	410.42	37.40	218.78	58.87	74.43
2.81	382.54	384.26	36.28	206.69	55.47	69.91
-0.57	3.36	3.48	0.11	1.46	0.40	0.76
1.48	22.24	22.68	1.01	10.63	3.00	3.76
-12.83	368.72	363.88	14.60	148.70	48.27	64.26
-6.78	214.36	213.32	7.62	93.21	27.57	40.18
-6.05	154.36	150.56	6.98	55.49	20.71	24.08
6.19	483.55	487.14	17.59	196.61	69.03	92.26
7.11	471.68	474.99	15.99	190.87	67.75	89.04
0.97	57.12	59.74	4.34	27.63	7.16	18.29
0.68	26.45	26.70	1.23	8.43	2.48	4.62
5.46	388.12	388.56	10.42	154.81	58.11	66.13
-0.95	8.86	8.81	0.23	4.21	0.92	2.44
0.03	3.01	3.33	1.37	1.53	0.36	0.77
-4.85	760.98	744.12	21.46	321.70	92.21	222.86
-0.29	48.63	49.74	2.37	20.83	5.51	15.44
-1.39	19.39	19.78	1.51	9.39	1.93	8.29
1.09	15.29	15.92	0.46	5.80	1.94	5.10
0.01	10.15	10.15	0.01	3.94	0.93	1.11
	1.45	1.45		0.76	0.37	0.11
	2.34	2.43	0.40	0.95	0.34	0.83

2-1 续表 44

行　业	销售费用	管理费用	税金	财务费用	利息收入	利息支出
乐器制造	6.52	15.07	0.75	2.38	0.21	1.98
中乐器制造	0.90	1.26	0.07	0.16	0.01	0.11
西乐器制造	3.87	8.40	0.49	1.15	0.18	1.03
电子乐器制造	1.22	3.86	0.10	0.83	0.02	0.63
其他乐器及零件制造	0.53	1.55	0.09	0.24		0.21
工艺美术品制造	168.93	225.23	12.91	72.37	8.37	62.27
雕塑工艺品制造	21.89	24.97	1.86	7.04	0.22	5.13
金属工艺品制造	11.38	18.13	1.02	5.15	0.39	4.31
漆器工艺品制造	5.27	6.21	0.31	2.02	0.10	1.66
花画工艺品制造	3.95	6.43	0.34	1.78	0.06	1.35
天然植物纤维编织工艺品制造	23.61	21.85	2.37	6.94	0.25	3.66
抽纱刺绣工艺品制造	11.56	26.36	2.05	7.77	0.71	6.93
地毯、挂毯制造	17.47	22.00	0.98	5.91	0.50	5.19
珠宝首饰及有关物品制造	39.78	54.12	1.42	20.83	5.47	22.79
其他工艺美术品制造	34.01	45.14	2.55	14.92	0.70	11.24
体育用品制造	25.83	52.84	2.32	10.48	0.91	7.43
球类制造	3.05	5.40	0.28	0.99	0.07	0.81
体育器材及配件制造	7.95	14.42	0.61	2.68	0.17	1.83
训练健身器材制造	7.29	12.92	0.62	2.43	0.50	2.08
运动防护用具制造	2.54	6.08	0.24	0.98	0.03	0.59
其他体育用品制造	5.01	14.01	0.57	3.39	0.14	2.12
玩具制造	38.19	92.47	3.61	11.55	1.28	8.18
游艺器材及娱乐用品制造	10.48	15.19	0.57	3.37	0.33	2.70
露天游乐场所游乐设备制造	2.06	4.23	0.21	1.25	0.14	1.11
游艺用品及室内游艺器材制造	3.82	6.60	0.21	1.39	0.14	1.17
其他娱乐用品制造	4.60	4.36	0.16	0.73	0.05	0.42
石油加工、炼焦和核燃料加工业	333.43	911.80	41.91	375.24	28.56	376.46
精炼石油产品制造	184.22	774.34	29.29	220.71	19.05	239.87
原油加工及石油制品制造	182.81	772.19	29.18	220.12	19.04	239.42
人造原油制造	1.41	2.14	0.10	0.59	0.01	0.44
炼焦	149.12	131.91	12.48	150.81	9.32	132.90
化学原料和化学制品制造业	2081.34	2751.11	153.36	987.12	100.68	988.70
基础化学原料制造	408.43	724.78	47.67	327.75	30.17	317.86
无机酸制造	21.66	36.01	2.76	9.98	0.44	8.49
无机碱制造	35.75	78.28	4.71	48.71	2.76	41.14
无机盐制造	68.77	88.06	8.77	41.48	3.06	31.87
有机化学原料制造	216.40	410.96	25.89	184.21	20.69	196.12
其他基础化学原料制造	65.85	111.47	5.54	43.38	3.22	40.23

单位：亿元

投资收益（损失以"–"号记）	营业利润	利润总额	亏损企业亏损额	应交增值税	应交所得税	从业人员平均人数（万人）
0.15	18.12	18.34	1.64	8.59	2.17	6.46
0.03	2.77	2.80		1.19	0.44	0.63
0.15	8.38	8.50	1.59	4.98	1.04	4.13
-0.04	3.82	3.90	0.04	1.33	0.42	1.05
	3.15	3.13		1.09	0.26	0.65
9.44	509.60	491.72	8.06	207.40	60.85	104.30
-2.15	83.54	82.38	0.60	25.46	6.87	11.95
-0.14	31.25	31.53	1.42	14.39	2.96	8.66
-1.05	15.62	13.67	0.02	4.83	1.88	2.71
-0.60	13.85	13.44	0.38	6.31	1.49	3.97
0.05	48.93	48.40	0.08	22.61	5.47	11.95
-0.07	69.55	69.00	0.95	28.27	11.33	12.82
-2.06	35.16	35.58	0.85	16.05	3.22	8.23
-1.04	112.40	97.76	2.36	44.25	15.75	17.39
-2.38	99.29	99.96	1.41	45.24	11.87	26.63
2.82	58.50	61.45	3.94	33.30	9.11	27.02
0.36	8.70	8.67	0.76	3.97	0.90	3.52
0.07	17.83	17.61	0.60	10.84	3.37	8.13
-0.20	15.67	16.23	1.05	8.46	2.86	4.72
0.02	5.31	5.13	0.78	2.91	0.90	4.23
2.57	10.99	13.82	0.75	7.13	1.07	6.41
0.15	95.04	93.48	5.02	41.78	11.68	64.71
1.74	31.09	29.40	0.44	9.79	2.89	4.92
-0.30	7.52	7.78	0.01	3.29	0.89	1.40
0.05	16.40	14.37	0.18	3.55	1.24	1.89
2.00	7.16	7.25	0.25	2.95	0.76	1.64
-24.73	677.59	636.16	504.93	1551.45	149.94	94.51
-26.99	520.77	495.31	399.33	1417.45	123.85	53.53
-26.99	515.60	489.45	398.99	1414.36	123.37	53.09
	5.17	5.86	0.34	3.10	0.48	0.44
1.90	148.87	132.87	105.60	131.75	25.00	40.26
46.69	4502.22	4522.41	714.13	2123.19	671.86	494.91
25.25	1099.16	1114.27	269.95	633.65	166.87	129.55
1.51	63.17	62.64	5.45	28.64	6.72	7.82
1.75	28.40	39.91	46.52	43.70	7.66	16.14
6.31	132.20	138.55	25.23	69.33	16.82	23.69
18.70	696.81	698.13	165.98	403.68	111.25	62.57
-3.02	178.59	175.05	26.78	88.30	24.42	19.33

2-1 续表 45

行 业	销售费用	管理费用	税金	财务费用	利息收入	利息支出
肥料制造	244.06	329.70	19.17	182.22	13.75	189.07
氮肥制造	55.06	142.43	7.53	94.63	8.17	98.55
磷肥制造	23.03	33.49	1.62	21.70	0.05	22.69
钾肥制造	25.92	12.11	0.40	13.32	0.17	12.61
复混肥料制造	108.53	113.99	7.99	43.90	4.87	48.02
有机肥料及微生物肥料制造	29.25	24.39	1.21	7.59	0.48	6.32
其他肥料制造	2.27	3.29	0.43	1.08	0.02	0.89
农药制造	71.03	112.89	6.54	30.95	3.62	28.39
化学农药制造	62.48	102.25	6.09	27.13	3.44	25.30
生物化学农药及微生物农药制造	8.54	10.63	0.44	3.82	0.17	3.09
涂料、油墨、颜料及类似产品制造	221.80	279.90	12.90	46.95	6.56	47.28
涂料制造	161.91	177.83	8.21	23.61	4.00	25.51
油墨及类似产品制造	14.02	22.53	0.74	2.40	0.46	2.51
颜料制造	18.23	32.78	2.15	9.26	0.74	7.93
染料制造	18.95	35.69	1.57	9.40	1.28	9.15
密封用填料及类似品制造	8.69	11.07	0.23	2.28	0.09	2.18
合成材料制造	209.96	410.04	23.59	180.27	19.10	197.87
初级形态塑料及合成树脂制造	142.88	253.25	15.99	113.15	11.85	124.42
合成橡胶制造	19.24	38.16	2.32	17.25	1.14	11.89
合成纤维单(聚合)体制造	25.85	78.73	3.58	40.85	5.28	52.58
其他合成材料制造	21.99	39.89	1.70	9.02	0.84	8.99
专用化学产品制造	347.28	548.15	29.71	182.25	19.48	171.11
化学试剂和助剂制造	127.14	188.35	10.05	54.35	3.90	46.15
专项化学用品制造	126.35	169.87	10.22	66.13	7.33	64.23
林产化学产品制造	14.39	21.32	0.85	5.84	0.17	4.52
信息化学品制造	29.81	98.83	5.38	43.27	6.23	44.12
环境污染处理专用药剂材料制造	10.62	16.02	0.56	1.54	0.51	1.65
动物胶制造	2.53	3.91	0.21	1.02	0.12	1.00
其他专用化学产品制造	36.45	49.85	2.43	10.10	1.21	9.42
炸药、火工及焰火产品制造	74.27	118.78	4.97	18.49	1.80	16.33
炸药及火工产品制造	33.11	69.54	2.17	7.80	1.64	8.87
焰火、鞭炮产品制造	41.16	49.24	2.81	10.69	0.16	7.46
日用化学产品制造	504.51	226.86	8.81	18.25	6.20	20.78
肥皂及合成洗涤剂制造	247.79	76.28	2.43	6.09	2.43	7.78
化妆品制造	168.48	87.79	3.66	4.45	1.99	5.40
口腔清洁用品制造	36.42	10.49	0.42	0.47	0.52	0.71
香料、香精制造	20.15	31.20	1.02	3.96	1.03	3.97
其他日用化学产品制造	31.67	21.11	1.29	3.28	0.23	2.92

单位：亿元

投资收益（损失以“-”号记）	营业利润	利润总额	亏损企业亏损额	应交增值税	应交所得税	从业人员平均人数（万人）
6.56	422.19	436.84	98.22	162.09	58.85	72.43
14.84	62.09	73.27	64.71	55.15	17.90	29.90
-0.99	30.38	25.66	5.37	14.40	4.12	7.28
0.78	29.24	44.52	3.84	14.78	8.55	3.17
-7.68	232.56	225.51	23.16	62.56	21.01	26.11
-0.01	59.97	60.18	0.13	12.32	6.35	5.12
-0.38	7.95	7.70	1.00	2.88	0.92	0.85
4.01	248.36	248.61	4.61	69.39	30.74	19.88
3.01	224.31	224.52	4.35	57.51	28.27	17.74
1.00	24.05	24.09	0.26	11.88	2.48	2.14
2.22	414.61	413.83	10.78	183.91	60.62	44.37
2.42	253.33	256.02	4.48	119.14	38.86	25.15
0.03	28.61	29.33	0.47	11.60	4.61	3.82
-1.78	47.43	48.19	3.66	23.47	5.11	7.02
1.71	69.81	64.79	0.69	23.81	10.46	6.25
-0.18	15.43	15.50	1.48	5.89	1.58	2.13
4.93	530.31	524.21	202.48	300.65	81.97	57.77
6.10	349.50	349.09	84.83	193.16	52.67	34.75
-1.46	74.88	72.94	18.75	36.54	9.21	6.99
0.81	38.39	34.24	92.79	49.72	10.64	9.05
-0.52	67.55	67.94	6.11	21.22	9.46	6.97
-17.69	1193.34	1194.45	103.65	479.83	171.79	97.72
-4.77	417.40	417.50	15.69	152.29	57.78	32.07
-11.19	506.22	504.01	21.39	212.45	75.99	30.16
-3.39	57.87	57.69	1.62	19.57	3.86	5.36
1.49	71.94	84.64	57.01	49.06	16.28	17.56
1.57	33.57	32.55	2.81	10.51	5.69	2.32
	10.24	10.28	0.98	2.90	0.73	0.89
-1.40	96.09	87.77	4.15	33.05	11.47	9.35
10.29	189.14	191.44	6.29	92.71	22.02	39.92
10.58	74.08	78.92	3.58	34.57	12.57	13.11
-0.29	115.06	112.52	2.70	58.14	9.45	26.81
11.11	405.11	398.76	18.14	200.95	79.00	33.27
6.08	170.39	168.83	6.66	93.27	38.80	11.29
3.77	107.22	101.95	9.04	62.00	20.30	10.15
1.76	25.50	26.18	0.40	10.38	4.42	2.11
0.32	64.45	65.20	1.29	18.31	10.14	4.28
-0.81	37.55	36.61	0.75	16.99	5.34	5.44

2-1 续表 46

行 业	销售费用	管理费用	税金	财务费用	利息收入	利息支出
医药制造业	2357.13	1278.19	47.71	194.93	38.93	193.23
化学药品原料药制造	185.70	218.86	8.84	50.57	8.34	46.46
化学药品制剂制造	1076.62	426.61	12.61	43.29	13.57	48.42
中药饮片加工	54.58	49.53	2.42	10.80	0.74	9.27
中成药生产	749.75	330.98	13.38	48.11	7.19	47.53
兽用药品制造	40.07	45.41	2.67	7.67	0.86	7.18
生物药品制造	164.76	141.96	4.44	19.88	7.27	23.11
卫生材料及医药用品制造	85.66	64.83	3.36	14.61	0.95	11.26
化学纤维制造业	68.35	187.96	9.96	113.84	19.09	125.70
纤维素纤维原料及纤维制造	28.91	54.89	2.98	37.33	6.05	40.50
化纤浆粕制造	2.86	7.11	0.46	4.86	0.20	4.53
人造纤维(纤维素纤维)制造	26.06	47.78	2.52	32.47	5.84	35.97
合成纤维制造	39.44	133.07	6.99	76.51	13.04	85.20
锦纶纤维制造	5.64	21.40	0.85	11.22	1.27	11.61
涤纶纤维制造	22.62	84.97	4.78	48.84	10.57	57.20
腈纶纤维制造	1.73	3.56	0.30	4.72	0.35	4.67
维纶纤维制造	1.19	3.78	0.13	2.08	0.02	1.95
丙纶纤维制造	1.24	1.72	0.10	0.84	-0.01	0.69
氨纶纤维制造	4.41	9.85	0.43	3.61	0.51	4.32
其他合成纤维制造	2.60	7.80	0.41	5.20	0.34	4.75
橡胶和塑料制品业	657.32	1069.63	60.99	277.88	24.75	252.83
橡胶制品业	227.85	320.56	18.44	103.97	5.15	100.15
轮胎制造	144.79	163.95	9.12	71.35	3.26	72.53
橡胶板、管、带制造	28.19	48.16	3.33	10.79	0.59	8.75
橡胶零件制造	20.82	44.93	2.93	6.35	0.52	5.48
再生橡胶制造	5.53	9.06	0.57	2.75	0.09	2.36
日用及医用橡胶制品制造	9.50	16.67	0.80	4.63	0.14	3.99
其他橡胶制品制造	19.02	37.79	1.69	8.10	0.56	7.05
塑料制品业	429.46	749.08	42.55	173.91	19.60	152.68
塑料薄膜制造	46.16	81.16	4.21	28.06	5.32	29.26
塑料板、管、型材制造	117.48	170.42	12.02	43.52	4.39	37.50
塑料丝、绳及编织品制造	46.31	72.15	4.22	19.87	0.87	15.37
泡沫塑料制造	18.48	28.35	1.28	5.82	0.55	5.19
塑料人造革、合成革制造	15.64	40.08	4.11	11.02	1.90	11.30
塑料包装箱及容器制造	37.38	76.01	6.37	17.71	1.31	14.55
日用塑料制品制造	45.87	69.26	2.69	14.70	1.64	12.31
塑料零件制造	33.94	82.39	3.30	10.26	2.03	9.22
其他塑料制品制造	68.21	129.26	4.35	22.95	1.58	17.98

单位：亿元

投资收益（损失以“-”号记）	营业利润	利润总额	亏损企业亏损额	应交增值税	应交所得税	从业人员平均人数（万人）
50.72	2091.58	2132.71	60.50	990.29	297.60	208.55
11.35	274.68	286.93	19.83	126.50	40.91	39.27
10.81	630.83	649.09	18.72	358.38	107.30	52.93
-4.52	110.45	110.38	1.02	41.49	10.98	10.90
28.86	559.40	562.62	10.42	277.55	71.15	59.20
-2.02	92.62	93.23	1.15	31.18	11.76	8.99
5.50	290.48	296.14	7.01	108.06	41.63	19.54
0.74	133.12	134.33	2.36	47.12	13.87	17.72
4.60	261.74	274.24	42.80	153.33	35.45	48.51
2.06	94.09	96.33	11.70	64.23	15.17	17.10
0.21	7.58	8.03	3.07	6.45	1.34	2.11
1.85	86.51	88.30	8.63	57.78	13.84	14.98
2.54	167.65	177.92	31.10	89.11	20.27	31.42
-0.50	40.29	41.34	2.37	8.88	4.74	3.45
1.77	99.94	106.90	20.34	67.22	11.55	21.29
0.06	-4.45	-3.12	3.86	1.30	0.18	1.05
0.11	-0.95	-0.15	0.88	0.65	0.03	0.76
	2.78	2.82	0.27	1.09	0.49	0.58
1.26	19.67	19.90	1.15	5.18	2.05	1.49
-0.17	10.38	10.23	2.24	4.79	1.24	2.80
-2.87	1913.37	1900.58	94.36	724.38	254.09	334.90
2.58	633.03	628.61	31.49	230.12	97.58	84.90
3.18	365.07	364.16	19.20	119.88	64.21	37.39
-1.90	97.18	95.03	3.47	33.78	12.38	13.79
0.36	66.52	67.95	2.11	32.66	8.77	13.58
-1.04	17.57	16.62	0.19	7.33	2.12	2.35
	26.71	27.07	2.27	13.48	2.72	5.71
1.98	59.98	57.79	4.25	22.99	7.37	12.08
-5.45	1280.34	1271.97	62.87	494.26	156.51	250.00
-0.36	136.07	141.11	14.72	55.07	19.97	21.09
-3.93	346.27	337.40	12.64	121.05	36.28	42.11
-13.66	182.67	177.57	2.27	78.38	17.55	34.13
0.02	56.11	55.30	1.74	19.95	6.90	9.98
0.55	86.63	86.10	1.99	33.63	10.32	12.52
12.78	144.29	145.19	5.42	44.30	18.85	20.92
-0.25	89.01	88.75	4.91	37.06	12.57	28.96
-1.46	70.38	71.08	10.69	37.90	11.96	32.30
0.86	168.92	169.46	8.49	66.93	22.13	47.98

2-1 续表 47

行业	销售费用	管理费用	税金	财务费用	利息收入	利息支出
非金属矿物制品业	1412.88	1895.95	119.29	677.20	44.80	616.70
水泥、石灰和石膏制造	276.53	440.97	32.12	253.59	16.51	246.22
水泥制造	256.80	422.38	30.38	246.98	15.93	240.93
石灰和石膏制造	19.73	18.58	1.74	6.61	0.57	5.29
石膏、水泥制品及类似制品制造	297.61	360.77	19.32	109.35	6.85	95.07
水泥制品制造	230.61	277.97	14.18	86.80	4.56	75.48
砼结构构件制造	23.88	33.16	1.91	10.01	0.81	8.49
石棉水泥制品制造	7.26	8.03	0.43	0.82	0.01	0.74
轻质建筑材料制造	26.34	30.02	2.38	8.45	1.42	7.86
其他水泥类似制品制造	9.51	11.59	0.42	3.28	0.05	2.49
砖瓦、石材等建筑材料制造	305.11	408.48	26.74	100.32	5.92	81.55
粘土砖瓦及建筑砌块制造	82.36	105.24	7.44	27.42	0.51	19.64
建筑陶瓷制品制造	90.42	105.75	6.96	29.14	2.29	26.30
建筑用石加工	60.23	93.83	6.26	19.98	1.13	15.81
防水建筑材料制造	22.49	24.38	1.34	7.99	0.20	5.60
隔热和隔音材料制造	17.58	24.46	1.12	5.13	0.20	4.45
其他建筑材料制造	32.03	54.82	3.61	10.66	1.60	9.74
玻璃制造	33.78	69.73	4.90	31.26	2.40	29.32
平板玻璃制造	15.11	40.16	3.57	24.36	1.78	23.27
其他玻璃制造	18.67	29.57	1.33	6.90	0.62	6.05
玻璃制品制造	99.65	153.00	7.20	40.67	3.47	40.41
技术玻璃制品制造	30.50	51.35	2.93	16.44	1.61	18.48
光学玻璃制造	9.07	22.53	1.04	4.95	0.59	4.79
玻璃仪器制造	3.88	4.87	0.18	0.64	0.04	0.53
日用玻璃制品制造	20.09	23.27	1.21	6.95	0.35	5.99
玻璃包装容器制造	23.27	25.47	0.99	6.33	0.41	5.81
玻璃保温容器制造	1.39	2.25	0.07	0.70	0.01	0.54
制镜及类似品加工	1.46	3.63	0.16	0.77	0.20	0.87
其他玻璃制品制造	10.00	19.63	0.61	3.87	0.25	3.38
玻璃纤维和玻璃纤维增强塑料制品制造	47.84	72.37	4.18	30.70	2.25	29.27
玻璃纤维及制品制造	31.81	47.30	2.85	24.64	1.93	23.86
玻璃纤维增强塑料制品制造	16.03	25.07	1.33	6.06	0.32	5.41
陶瓷制品制造	90.72	118.15	6.82	24.26	1.19	20.92
卫生陶瓷制品制造	17.72	20.75	1.20	4.46	0.56	3.60
特种陶瓷制品制造	28.79	37.23	2.38	7.40	0.31	7.46
日用陶瓷制品制造	28.87	31.74	1.87	7.47	0.19	6.08
园林、陈设艺术及其他陶瓷制品制造	15.35	28.43	1.38	4.94	0.14	3.78
耐火材料制品制造	150.85	130.42	8.90	35.83	2.59	29.57
石棉制品制造	4.14	4.47	0.22	1.10	0.01	0.95
云母制品制造	1.29	1.61	0.10	0.35	0.01	0.29
耐火陶瓷制品及其他耐火材料制造	145.41	124.34	8.57	34.38	2.57	28.33

单位：亿元

投资收益（损失以“-”号记）	营业利润	利润总额	亏损企业亏损额	应交增值税	应交所得税	从业人员平均人数（万人）
-0.81	3972.50	4040.14	222.75	1911.68	515.73	568.55
0.40	772.59	855.50	80.46	461.69	142.76	93.98
3.01	726.17	810.72	78.47	438.33	138.96	87.16
-2.61	46.42	44.77	1.99	23.36	3.80	6.82
3.83	657.46	657.49	34.32	367.40	85.64	94.07
0.17	466.64	468.80	26.45	290.90	63.98	71.07
-0.63	64.43	64.45	3.94	29.96	7.84	9.30
0.06	28.16	28.11	0.03	10.86	4.93	2.02
4.46	74.18	73.36	3.18	23.39	6.53	8.84
-0.23	24.05	22.78	0.73	12.29	2.36	2.84
-8.90	1025.46	1017.63	16.62	393.09	81.81	142.01
-4.94	243.40	242.19	3.18	91.93	23.07	38.30
0.95	319.64	315.74	4.74	122.07	17.71	52.43
-0.76	265.26	264.42	1.70	101.88	20.95	29.12
-0.36	62.78	62.54	0.49	26.76	5.86	5.04
-0.77	48.62	48.29	2.77	15.91	4.70	6.95
-3.02	85.75	84.45	3.74	34.55	9.52	10.17
0.80	95.57	92.53	16.83	43.14	11.47	17.78
-0.91	46.61	44.68	14.42	25.92	6.81	10.34
1.71	48.96	47.86	2.41	17.21	4.66	7.44
3.64	244.95	248.89	24.26	110.37	33.50	57.25
-0.06	70.63	74.47	9.70	29.02	10.20	11.63
0.70	23.37	24.02	5.93	16.22	5.31	10.49
0.12	10.13	10.15	0.48	4.26	1.15	1.33
-0.83	46.06	45.20	2.95	20.28	5.27	13.00
2.56	50.51	50.84	3.93	24.07	6.57	11.71
	2.76	2.79	0.02	1.66	0.29	1.66
0.02	5.12	5.32	0.09	2.22	0.81	1.05
1.12	36.37	36.11	1.17	12.63	3.91	6.38
-1.20	148.94	151.21	10.00	83.07	17.51	21.49
-1.21	86.84	88.23	8.19	50.23	11.88	14.84
0.01	62.10	62.98	1.81	32.83	5.63	6.65
0.37	269.46	268.16	10.22	120.02	30.74	65.62
-0.07	39.43	39.19	2.53	17.06	5.61	12.18
0.85	131.55	129.46	3.73	45.19	15.87	14.96
-0.43	60.63	61.14	2.19	37.56	5.37	25.95
0.02	37.85	38.38	1.78	20.21	3.89	12.54
-6.21	429.55	426.75	7.75	182.42	65.61	38.12
0.06	11.80	11.71	0.15	4.14	1.42	1.39
	5.72	5.81	0.12	1.50	0.37	0.53
-6.27	412.03	409.23	7.48	176.78	63.83	36.21

2-1 续表 48

行 业	销售费用	管理费用	税金	财务费用	利息收入	利息支出
石墨及其他非金属矿物制品制造	110.78	142.07	9.11	51.24	3.62	44.39
石墨及碳素制品制造	48.78	70.08	4.70	27.53	2.23	25.56
其他非金属矿物制品制造	62.01	72.00	4.41	23.71	1.39	18.83
黑色金属冶炼和压延加工业	749.14	1836.27	143.08	1002.82	152.41	1120.46
炼铁	27.87	53.65	4.30	47.12	3.21	45.28
炼钢	69.64	273.51	16.85	134.35	25.22	174.07
黑色金属铸造	117.11	196.99	12.56	58.03	2.07	48.95
钢压延加工	456.92	1194.16	100.47	709.23	110.98	793.21
铁合金冶炼	77.61	117.96	8.90	54.08	10.92	58.95
有色金属冶炼和压延加工业	386.26	899.88	66.34	576.72	84.66	598.03
常用有色金属冶炼	157.74	346.47	28.12	300.83	44.20	327.26
铜冶炼	29.75	84.42	5.52	60.15	12.47	73.29
铅锌冶炼	24.84	67.28	6.37	49.80	1.11	48.62
镍钴冶炼	10.52	47.00	3.06	27.33	17.83	47.25
锡冶炼	4.02	22.30	0.94	14.31	0.39	13.92
锑冶炼	2.45	8.24	0.75	5.16	0.03	4.81
铝冶炼	67.91	86.33	9.23	123.18	11.45	122.99
镁冶炼	6.23	7.56	0.60	5.81	0.11	5.29
其他常用有色金属冶炼	12.03	23.33	1.65	15.08	0.81	11.08
贵金属冶炼	11.84	67.31	4.25	21.61	8.55	26.90
金冶炼	8.62	57.95	3.43	16.13	8.11	22.32
银冶炼	1.61	6.53	0.74	4.24	0.41	3.44
其他贵金属冶炼	1.60	2.82	0.07	1.24	0.03	1.14
稀有稀土金属冶炼	15.67	52.75	5.25	19.48	1.98	18.31
钨钼冶炼	4.77	20.37	3.41	8.98	0.87	8.66
稀土金属冶炼	6.63	21.36	1.17	5.37	0.75	5.01
其他稀有金属冶炼	4.27	11.02	0.68	5.13	0.35	4.65
有色金属合金制造	36.55	87.15	3.55	30.40	2.36	28.75
有色金属铸造	3.57	10.38	0.42	2.50	0.15	2.26
有色金属压延加工	160.89	335.82	24.76	201.91	27.43	194.55
铜压延加工	44.58	97.42	7.98	67.54	13.57	70.05
铝压延加工	91.73	175.55	12.41	115.14	9.26	102.59
贵金属压延加工	2.32	5.89	0.48	1.93	0.51	2.46
稀有稀土金属压延加工	6.42	23.61	1.67	3.13	3.11	5.96
其他有色金属压延加工	15.84	33.35	2.21	14.17	0.98	13.48
金属制品业	669.35	1256.38	71.80	329.67	30.74	292.93
结构性金属制品制造	216.38	371.83	20.71	111.48	9.48	97.57
金属结构制造	160.12	279.86	15.05	85.25	8.24	75.59
金属门窗制造	56.26	91.97	5.66	26.23	1.24	21.99

单位：亿元

投资收益（损失以"-"号记）	营业利润	利润总额	亏损企业亏损额	应交增值税	应交所得税	从业人员平均人数（万人）
6.46	328.53	321.98	22.28	150.50	46.68	38.22
7.45	144.65	142.57	12.41	65.64	18.86	16.35
-0.98	183.87	179.40	9.88	84.85	27.82	21.87
-274.91	2184.06	2060.63	416.25	1622.80	252.53	415.99
1.24	75.78	82.62	27.12	69.29	12.15	20.32
-21.33	117.46	111.83	21.73	187.63	17.39	47.36
-14.20	437.75	424.92	14.79	181.62	45.29	61.16
-224.33	1402.93	1280.90	306.32	1064.17	159.80	253.38
-16.29	150.13	160.36	46.29	120.08	17.89	33.77
-88.85	1974.04	1789.98	323.63	1013.08	193.01	204.91
-38.10	469.32	422.48	206.15	421.76	49.61	85.21
-6.79	270.95	174.63	29.72	179.11	18.37	17.01
-1.55	74.45	170.56	31.25	71.37	6.50	18.17
2.17	43.40	34.73	3.44	22.37	7.30	7.12
-1.94	-16.14	-12.91	22.79	10.62	0.18	6.05
-7.69	14.63	13.95	0.24	12.96	1.98	1.80
-21.09	35.08	-6.11	107.55	93.80	9.62	26.07
-1.43	9.47	9.15	3.26	9.28	1.36	4.06
0.22	37.49	38.47	7.92	22.26	4.30	4.94
12.48	132.76	128.94	25.07	48.57	19.28	10.13
12.52	110.03	112.20	16.03	23.29	17.90	8.24
-0.04	22.23	16.26	3.61	20.50	0.95	1.42
	0.51	0.48	5.42	4.78	0.43	0.47
10.20	170.31	161.23	5.92	70.30	15.94	10.57
8.57	66.41	59.39	0.90	23.03	5.87	4.23
1.08	88.57	84.23	2.35	36.31	7.58	4.06
0.54	15.32	17.61	2.67	10.95	2.48	2.28
-9.60	132.40	135.39	21.20	71.99	16.38	17.32
-0.99	11.37	11.39	1.66	6.92	1.50	2.60
-62.84	1057.88	930.55	63.63	393.54	90.29	79.08
-23.25	473.94	352.24	22.73	191.38	28.97	20.21
-38.25	489.03	483.39	31.25	152.22	48.84	46.93
-1.88	3.78	3.73	4.21	3.03	-0.61	0.98
0.35	30.44	30.20	2.20	15.91	4.59	3.84
0.19	60.69	60.99	3.23	31.01	8.50	7.11
-104.48	2194.07	2096.40	87.78	886.27	265.72	371.97
-68.86	704.00	687.40	25.09	278.28	73.15	104.19
-66.62	536.78	525.24	19.69	220.62	57.34	75.97
-2.23	167.22	162.16	5.40	57.66	15.81	28.23

2-1 续表 49

行业	销售费用	管理费用		财务费用		
			税金		利息收入	利息支出
金属工具制造	54.80	103.64	4.31	21.53	1.20	16.48
切削工具制造	19.69	40.40	1.63	9.83	0.49	7.65
手工具制造	10.14	20.88	0.88	4.09	0.30	2.97
农用及园林用金属工具制造	5.65	7.45	0.25	2.08	0.14	1.44
刀剪及类似日用金属工具制造	8.03	13.29	0.30	1.29	0.02	1.20
其他金属工具制造	11.28	21.62	1.24	4.26	0.25	3.23
集装箱及金属包装容器制造	66.31	111.62	6.90	26.17	3.67	23.17
集装箱制造	15.42	19.45	1.44	5.17	1.29	3.52
金属压力容器制造	22.66	44.25	2.62	9.44	0.47	8.10
金属包装容器制造	28.23	47.92	2.84	11.57	1.91	11.54
金属丝绳及其制品制造	53.70	88.45	7.09	36.47	3.26	35.26
建筑、安全用金属制品制造	74.49	120.20	6.26	30.21	1.99	25.22
建筑、家具用金属配件制造	21.71	40.87	1.96	9.42	0.37	7.38
建筑装饰及水暖管道零件制造	36.85	57.17	3.48	15.18	1.38	13.16
安全、消防用金属制品制造	9.73	12.94	0.44	2.97	0.10	2.47
其他建筑、安全用金属制品制造	6.20	9.22	0.37	2.64	0.13	2.20
金属表面处理及热处理加工	31.17	73.63	3.83	21.22	2.64	20.29
搪瓷制品制造	6.39	9.79	0.59	2.16	0.11	1.72
生产专用搪瓷制品制造	1.47	2.91	0.15	0.24	0.02	0.21
建筑装饰搪瓷制品制造	0.39	0.96	0.03	0.29	0.04	0.24
搪瓷卫生洁具制造	1.88	2.24	0.11	0.51	0.04	0.40
搪瓷日用品及其他搪瓷制品制造	2.66	3.69	0.30	1.12	0.02	0.87
金属制日用品制造	59.31	82.01	3.28	19.70	1.36	15.75
金属制厨房用器具制造	14.18	12.18	0.43	3.85	0.37	3.26
金属制餐具和器皿制造	23.95	35.11	1.50	9.48	0.71	7.62
金属制卫生器具制造	2.58	4.80	0.18	1.42	0.07	1.09
其他金属制日用品制造	18.59	29.92	1.17	4.94	0.20	3.79
其他金属制品制造	106.80	295.20	18.85	60.73	7.03	57.47
锻件及粉末冶金制品制造	51.67	125.30	12.64	34.73	2.98	31.40
交通及公共管理用金属标牌制造	2.12	3.70	0.15	0.72	0.10	0.65
通用设备制造业	1245.28	2221.25	101.38	386.45	62.09	384.84
锅炉及原动设备制造	144.91	305.57	11.10	37.42	13.81	47.09
锅炉及辅助设备制造	46.57	101.94	3.83	15.74	3.31	16.85
内燃机及配件制造	78.08	135.07	4.89	17.15	8.00	22.07
汽轮机及辅机制造	13.79	54.05	1.68	2.02	2.18	5.28
水轮机及辅机制造	2.17	5.22	0.12	0.84	0.22	0.92
风能原动设备制造	3.89	8.41	0.56	1.57	0.09	1.90
其他原动设备制造	0.41	0.87	0.02	0.10	0.01	0.07

单位：亿元

投资收益（损失以“-”号记）	营业利润	利润总额	亏损企业亏损额	应交增值税	应交所得税	从业人员平均人数（万人）
-2.20	169.47	169.86	4.18	73.21	22.66	32.40
-1.66	45.23	47.20	1.33	21.68	7.61	10.52
0.46	31.08	31.43	0.98	13.72	2.90	6.75
-0.08	17.20	15.62	0.46	7.12	1.57	2.76
0.15	39.32	39.78	0.02	14.55	5.51	5.30
-1.07	36.63	35.82	1.39	16.14	5.07	7.07
-8.84	175.65	175.92	8.37	79.84	27.49	28.90
0.16	39.99	40.32	1.19	18.77	6.73	5.89
0.20	50.19	49.63	3.51	25.05	7.77	9.98
-9.20	85.48	85.97	3.68	36.01	13.00	13.03
-1.58	170.97	170.10	10.19	82.94	25.63	24.38
-1.28	214.14	212.85	6.72	81.40	29.22	41.20
-0.47	68.91	68.63	3.04	30.86	9.21	17.44
0.16	106.30	105.80	2.32	36.55	15.74	17.15
-0.35	22.49	21.88	0.34	8.00	2.25	3.60
-0.62	16.45	16.55	1.02	6.00	2.02	3.01
-14.55	120.23	121.06	6.90	49.60	15.63	24.96
-0.02	15.11	14.82	1.02	7.29	2.09	3.81
	2.52	2.37	0.84	2.66	0.48	1.14
	0.81	0.83		0.37	0.09	0.16
-0.03	5.24	5.09	0.09	1.63	0.69	0.86
	6.54	6.53	0.08	2.63	0.83	1.65
-0.39	136.70	134.54	5.70	59.20	14.89	38.95
-0.01	17.38	16.78	0.91	9.99	1.67	5.51
-0.57	67.46	66.34	2.10	23.15	6.54	18.48
0.09	3.99	4.02	1.00	3.00	0.86	2.04
0.10	47.87	47.40	1.68	23.05	5.83	12.93
-6.75	487.79	409.84	19.60	174.51	54.95	73.17
-8.27	231.89	219.89	9.57	96.86	28.77	27.79
-0.41	8.10	8.00	0.28	2.76	1.20	1.02
6.35	3077.23	3071.03	173.16	1295.75	432.79	476.14
17.67	368.42	365.86	34.89	164.06	52.14	49.34
-0.56	131.59	120.74	5.62	50.80	17.25	16.82
6.12	184.74	191.18	20.39	79.74	27.57	25.34
13.07	37.04	39.12	7.18	27.14	5.50	4.98
0.02	5.06	5.44	0.19	2.49	0.67	0.91
-0.98	8.83	8.18	1.26	3.24	1.03	1.03
	1.15	1.20	0.26	0.64	0.13	0.26

2-1 续表 50

行 业	销售费用	管理费用	税金	财务费用	利息收入	利息支出
金属加工机械制造	152.87	268.89	14.90	61.04	5.22	57.68
金属切削机床制造	51.98	99.98	5.82	30.12	1.42	30.27
金属成形机床制造	22.84	41.42	1.95	6.35	1.48	7.26
铸造机械制造	23.02	36.89	2.71	8.07	0.42	6.36
金属切割及焊接设备制造	15.90	27.62	0.66	2.83	1.16	3.21
机床附件制造	12.13	22.35	1.48	4.29	0.18	3.54
其他金属加工机械制造	27.00	40.63	2.28	9.40	0.56	7.04
物料搬运设备制造	209.94	338.08	14.31	52.53	16.45	63.48
轻小型起重设备制造	14.79	24.66	1.88	5.32	0.26	4.56
起重机制造	67.08	117.13	6.31	42.06	3.10	43.42
生产专用车辆制造	14.04	21.40	1.52	2.39	0.52	2.35
连续搬运设备制造	14.39	20.98	0.96	3.84	0.26	3.69
电梯、自动扶梯及升降机制造	91.67	141.49	3.05	-3.37	11.99	7.32
其他物料搬运设备制造	7.95	12.41	0.58	2.28	0.33	2.14
泵、阀门、压缩机及类似机械制造	272.15	442.93	20.57	68.35	8.11	65.01
泵及真空设备制造	78.47	121.49	5.74	18.92	2.22	17.89
气体压缩机械制造	56.76	105.28	3.25	11.71	2.16	11.16
阀门和旋塞制造	84.52	120.51	5.58	25.62	1.71	22.24
液压和气压动力机械及元件制造	52.40	95.66	6.00	12.10	2.02	13.72
轴承、齿轮和传动部件制造	91.19	192.23	9.64	48.81	3.92	44.80
轴承制造	48.36	102.43	5.19	26.74	2.45	24.19
齿轮及齿轮减、变速箱制造	32.62	69.87	3.54	17.13	1.05	16.13
其他传动部件制造	10.21	19.93	0.92	4.94	0.43	4.48
烘炉、风机、衡器、包装等设备制造	189.89	310.92	12.59	49.04	8.87	47.24
烘炉、熔炉及电炉制造	8.05	19.52	0.55	2.17	0.95	2.97
风机、风扇制造	29.23	57.50	2.28	5.31	2.40	5.92
气体、液体分离及纯净设备制造	30.14	45.96	2.00	9.14	0.90	8.66
制冷、空调设备制造	77.70	116.48	5.04	19.04	2.44	16.80
风动和电动工具制造	19.86	35.01	1.21	8.95	1.59	9.02
喷枪及类似器具制造	5.00	6.60	0.27	0.88	0.07	0.77
衡器制造	6.00	9.22	0.28	1.16	0.23	1.01
包装专用设备制造	13.90	20.64	0.94	2.38	0.30	2.10
文化、办公用机械制造	43.94	78.16	2.89	5.17	1.94	5.31
电影机械制造	0.96	1.44	0.03	0.08	0.05	0.10
幻灯及投影设备制造	1.70	4.33	0.08	0.08	0.09	0.19
照相机及器材制造	5.36	25.14	0.90	1.80	0.72	1.34
复印和胶印设备制造	14.69	21.72	1.13	2.37	0.57	1.96
计算器及货币专用设备制造	18.61	20.73	0.61	0.02	0.42	1.19
其他文化、办公用机械制造	2.61	4.79	0.14	0.83	0.10	0.54

单位：亿元

投资收益（损失以"−"号记）	营业利润	利润总额	亏损企业亏损额	应交增值税	应交所得税	从业人员平均人数（万人）
-1.31	312.42	324.15	30.24	158.33	42.96	61.72
0.67	56.30	65.94	20.01	49.90	9.75	21.80
-0.64	54.29	54.50	2.19	24.10	7.85	9.02
-1.27	60.42	60.57	2.08	28.29	6.79	9.02
0.44	39.98	39.69	1.05	11.71	4.69	5.15
-0.32	38.21	38.96	1.19	15.85	4.82	6.15
-0.20	63.22	64.49	3.73	28.47	9.06	10.59
7.65	479.55	491.44	15.11	183.50	75.73	52.85
0.35	29.32	30.18	1.10	16.60	3.20	5.83
6.08	167.34	168.15	8.93	69.88	20.91	21.77
0.88	23.80	25.64	0.82	8.46	3.57	2.97
-0.18	21.72	22.16	1.10	11.13	2.92	4.07
0.57	224.84	232.04	2.83	71.37	43.03	15.84
-0.05	12.53	13.27	0.33	6.06	2.11	2.37
-3.15	615.64	613.37	25.46	253.81	82.14	92.66
-0.67	159.69	159.66	4.14	64.03	20.62	24.38
0.93	118.80	119.11	4.98	49.10	15.55	15.98
-2.62	197.74	196.31	3.33	78.15	25.27	30.31
-0.79	139.41	138.28	13.02	62.52	20.70	21.99
-1.09	325.73	310.35	22.72	122.01	34.09	55.03
-0.64	192.96	181.32	14.68	68.99	14.60	33.63
-1.26	108.61	104.87	6.64	42.02	15.78	16.12
0.80	24.16	24.17	1.39	11.00	3.71	5.28
-0.96	438.52	445.56	16.92	178.43	69.55	60.47
-0.82	15.87	17.05	1.50	7.13	2.59	2.99
1.69	61.48	63.70	2.45	30.68	9.43	9.56
2.45	67.66	67.87	1.93	29.68	10.01	8.35
0.28	175.07	176.37	8.58	70.46	27.33	21.86
-5.65	78.57	78.13	0.93	24.84	13.75	9.97
-0.07	6.12	6.25	0.50	3.14	1.18	1.40
0.45	16.69	17.12	0.27	4.48	2.63	2.30
0.70	17.05	19.07	0.74	8.02	2.63	4.04
-6.11	81.04	84.20	7.59	35.40	17.63	26.78
0.04	3.92	3.74	0.09	1.11	0.87	0.17
-0.01	3.16	3.12	0.67	1.27	0.63	0.90
0.33	10.60	11.40	4.77	9.26	2.90	10.85
0.39	34.17	34.27	0.98	8.93	7.58	8.19
-6.70	27.32	29.91	0.57	13.45	5.26	5.15
-0.17	1.87	1.76	0.50	1.39	0.38	1.52

2-1 续表 51

行　　业	销售费用	管理费用		财务费用		
			税金		利息收入	利息支出
通用零部件制造	110.21	230.35	13.31	52.27	3.21	43.56
金属密封件制造	17.67	31.81	2.87	7.31	0.37	5.69
紧固件制造	27.39	54.73	2.56	14.99	1.53	13.18
弹簧制造	6.98	13.44	0.56	2.65	0.15	2.20
机械零部件加工	39.37	88.20	5.55	16.82	0.73	13.56
其他通用零部件制造	18.80	42.16	1.77	10.50	0.43	8.93
其他通用设备制造业	30.18	54.13	2.08	11.80	0.55	10.66
专用设备制造业	980.60	1733.64	78.68	324.65	58.85	331.55
采矿、冶金、建筑专用设备制造	423.29	690.49	35.52	159.89	36.82	179.62
矿山机械制造	104.65	187.77	10.13	42.17	4.66	39.55
石油钻采专用设备制造	57.65	124.79	5.24	25.37	4.54	25.17
建筑工程用机械制造	192.38	202.83	9.68	43.54	20.61	66.69
海洋工程专用设备制造	13.93	37.33	1.64	11.67	3.54	12.28
建筑材料生产专用机械制造	27.24	44.14	2.48	8.34	0.74	7.87
冶金专用设备制造	27.44	93.63	6.35	28.78	2.73	28.07
化工、木材、非金属加工专用设备制造	104.85	252.10	10.46	45.92	5.31	39.80
炼油、化工生产专用设备制造	20.31	50.28	3.23	12.47	0.79	10.35
橡胶加工专用设备制造	6.89	17.63	0.67	3.70	0.31	3.20
塑料加工专用设备制造	23.58	35.46	1.22	3.89	1.62	4.24
木材加工机械制造	4.17	7.44	0.35	1.70	0.11	1.21
模具制造	46.80	135.82	4.82	23.41	2.44	20.30
其他非金属加工专用设备制造	3.10	5.48	0.18	0.75	0.04	0.51
食品、饮料、烟草及饲料生产专用设备制造	31.18	51.16	1.78	7.64	0.73	6.59
食品、酒、饮料及茶生产专用设备制造	9.93	15.45	0.36	1.81	0.29	1.53
农副食品加工专用设备制造	14.92	19.89	0.80	4.11	0.26	3.32
烟草生产专用设备制造	4.52	13.06	0.42	1.08	0.17	1.19
饲料生产专用设备制造	1.81	2.76	0.20	0.64	0.01	0.55
印刷、制药、日化及日用品生产专用设备制造	48.16	80.39	4.28	9.65	1.85	9.64
制浆和造纸专用设备制造	10.63	17.57	1.46	3.34	0.15	2.95
印刷专用设备制造	17.42	23.36	0.96	2.50	0.57	2.34
日用化工专用设备制造	0.85	1.78	0.10	0.25	0.01	0.24
制药专用设备制造	7.81	13.57	0.62	0.63	0.74	1.14
照明器具生产专用设备制造	1.50	3.71	0.08	0.48	0.01	0.45
玻璃、陶瓷和搪瓷制品生产专用设备制造	6.94	16.82	0.95	2.13	0.29	2.17
其他日用品生产专用设备制造	3.00	3.58	0.11	0.32	0.08	0.36
纺织、服装和皮革加工专用设备制造	43.37	89.68	4.13	17.13	2.59	16.09
纺织专用设备制造	32.20	65.07	3.26	12.15	2.05	11.11
皮革、毛皮及其制品加工专用设备制造	1.32	2.25	0.07	0.58	0.02	0.60
缝制机械制造	9.33	21.63	0.78	4.27	0.52	4.25
洗涤机械制造	0.51	0.73	0.02	0.13	0.01	0.14

单位：亿元

投资收益（损失以“-”号记）	营业利润	利润总额	亏损企业亏损额	应交增值税	应交所得税	从业人员平均人数（万人）
-3.58	376.37	358.37	15.31	168.54	48.45	64.85
-0.72	66.32	64.41	0.57	30.60	8.62	7.14
-1.73	73.61	73.82	3.23	36.16	11.41	15.06
0.03	19.68	19.40	0.56	8.45	2.39	3.91
-0.72	158.90	142.52	8.41	66.91	17.48	26.71
-0.45	57.87	58.21	2.55	26.42	8.55	12.02
-2.77	79.53	77.73	4.92	31.67	10.11	12.42
26.42	2301.51	2333.98	219.92	987.74	317.12	352.10
11.24	897.42	906.11	144.82	452.95	120.01	126.77
-0.24	242.54	230.33	32.52	118.00	32.62	41.15
4.53	227.66	224.72	12.60	83.71	26.96	21.92
9.68	282.46	296.75	41.05	143.89	34.46	30.64
0.26	32.47	30.62	1.56	30.65	5.53	5.30
-1.10	100.43	101.01	4.25	39.81	10.11	10.52
-1.88	11.86	22.68	52.85	36.89	10.33	17.24
-1.37	306.29	306.68	21.47	125.00	46.12	64.07
-2.04	66.36	66.73	4.86	27.63	9.99	9.09
-0.34	16.62	15.75	0.89	7.97	2.44	2.94
0.98	46.52	48.60	1.55	15.51	6.63	6.39
-1.04	13.30	13.55	0.43	4.72	1.19	2.24
1.06	153.31	151.64	13.11	65.33	25.27	42.08
	10.17	10.42	0.63	3.83	0.60	1.33
1.65	79.87	79.30	1.15	30.72	10.45	11.68
1.62	21.48	21.14	0.48	7.42	3.09	3.23
-0.41	44.39	43.69	0.30	15.51	5.93	6.01
0.44	7.55	8.03	0.36	5.41	0.95	1.68
	6.45	6.44		2.39	0.49	0.76
0.19	107.33	110.47	6.68	40.91	12.99	15.95
0.14	26.90	27.00	0.67	12.38	2.83	3.68
-0.25	32.59	33.88	4.03	11.58	4.59	5.27
0.04	2.61	2.33	0.17	1.05	0.24	0.45
0.44	17.16	17.82	0.13	5.44	2.32	1.97
	3.37	3.64	1.44	1.92	0.26	1.02
-0.21	18.65	19.56	0.03	6.38	1.98	2.71
0.03	6.05	6.24	0.22	2.16	0.77	0.84
2.86	108.27	115.49	5.30	50.48	19.28	20.54
2.23	82.80	86.79	4.55	37.37	15.53	13.75
0.04	3.48	3.51	0.05	1.65	0.26	0.69
0.80	20.75	23.97	0.70	10.78	3.21	5.92
-0.21	1.24	1.22		0.68	0.28	0.18

2-1 续表 52

行业	销售费用	管理费用		财务费用		
			税金		利息收入	利息支出
电子和电工机械专用设备制造	35.49	79.05	3.57	13.06	1.62	12.81
电工机械专用设备制造	15.92	26.06	1.15	4.36	0.93	4.49
电子工业专用设备制造	19.57	52.99	2.42	8.70	0.69	8.32
农、林、牧、渔专用机械制造	75.94	117.97	7.01	20.45	1.87	19.06
拖拉机制造	15.33	38.38	3.19	6.22	0.66	6.21
机械化农业及园艺机具制造	40.50	51.41	2.04	8.34	0.86	8.01
营林及木竹采伐机械制造	0.12	0.36	0.04	0.09		0.07
畜牧机械制造	3.72	4.02	0.31	0.49	0.06	0.38
渔业机械制造	0.29	0.55	0.04	0.12	0.02	0.08
农林牧渔机械配件制造	10.47	13.33	0.79	3.49	0.06	2.87
棉花加工机械制造	1.03	1.87	0.08	0.25	0.01	0.30
其他农、林、牧、渔业机械制造	4.48	8.05	0.53	1.45	0.20	1.14
医疗仪器设备及器械制造	94.07	146.11	3.75	10.80	4.11	11.76
医疗诊断、监护及治疗设备制造	41.98	61.63	1.06	2.79	1.84	3.59
口腔科用设备及器具制造	2.06	2.97	0.06	0.37	0.04	0.30
医疗实验室及医用消毒设备和器具制造	2.90	3.83	0.10	0.35	0.06	0.32
医疗、外科及兽医用器械制造	21.26	38.30	1.35	4.92	0.84	4.79
机械治疗及病房护理设备制造	5.65	7.87	0.28	0.81	0.49	1.09
假肢、人工器官及植(介)入器械制造	8.78	12.54	0.18	0.21	0.37	0.35
其他医疗设备及器械制造	11.44	18.96	0.72	1.36	0.49	1.30
环保、社会公共服务及其他专用设备制造	124.27	226.68	8.17	40.11	3.95	36.18
环境保护专用设备制造	53.98	109.49	4.39	25.57	2.06	22.49
地质勘查专用设备制造	1.38	4.57	0.19	-0.03	0.16	0.11
邮政专用机械及器材制造	0.38	0.85	0.01	0.14		0.09
商业、饮食、服务专用设备制造	1.31	2.39	0.05	0.20	0.04	0.16
社会公共安全设备及器材制造	17.40	26.21	0.78	2.93	0.37	2.75
交通安全、管制及类似专用设备制造	3.23	4.35	0.12	0.64	0.06	0.47
水资源专用机械制造	5.84	7.93	0.26	1.38	0.16	1.25
其他专用设备制造	40.75	70.90	2.37	9.26	1.10	8.86
汽车制造业	1942.59	2780.80	115.29	227.14	144.75	354.92
汽车整车制造	1291.04	1324.71	56.73	11.36	99.95	117.20
改装汽车制造	54.00	92.59	4.52	21.16	3.29	21.44
低速载货汽车制造	3.31	7.94	0.36	0.60	0.40	1.39
电车制造	1.68	2.10	0.07	0.52		0.42
汽车车身、挂车制造	14.90	23.86	1.63	6.45	0.33	5.94
汽车零部件及配件制造	577.66	1329.60	51.99	187.05	40.77	208.53
铁路、船舶、航空航天和其他运输设备制造业	273.33	934.41	36.31	130.61	74.76	193.68
铁路运输设备制造	80.99	274.65	8.66	23.78	5.96	27.51

单位：亿元

投资收益（损失以“-”号记）	营业利润	利润总额	亏损企业亏损额	应交增值税	应交所得税	从业人员平均人数（万人）
3.68	96.61	99.72	12.66	40.07	12.53	16.78
1.65	32.54	32.56	4.26	11.68	3.69	4.92
2.03	64.07	67.16	8.40	28.39	8.85	11.87
1.70	170.19	168.94	8.07	53.16	17.80	27.71
2.50	26.96	30.21	4.81	9.44	3.88	6.84
-0.59	83.56	80.19	2.16	21.93	8.15	12.53
	0.42	0.44		0.22	0.02	0.10
0.11	8.01	8.04	0.41	2.78	0.77	0.97
	2.26	2.18	0.01	0.27	0.42	0.20
-0.54	34.64	34.12	0.24	13.23	3.31	4.81
0.02	0.90	1.07	0.05	0.39	0.15	0.31
0.20	13.44	12.69	0.38	4.90	1.12	1.94
2.46	196.37	201.11	6.42	62.49	31.12	28.38
3.80	68.66	73.26	1.80	20.46	14.21	7.20
0.06	1.17	1.32	0.53	0.72	0.23	0.76
-0.14	8.78	8.82	0.28	2.46	0.35	1.00
-2.73	65.37	64.16	1.45	22.52	9.06	11.28
-0.51	9.84	10.22	0.89	4.13	1.05	1.95
0.33	19.00	19.77	0.75	5.14	2.98	2.16
1.67	23.56	23.56	0.73	7.05	3.25	4.04
4.01	339.16	346.16	13.34	131.98	46.82	40.21
3.48	171.97	172.14	4.59	68.53	23.70	20.55
0.30	4.03	4.59	0.69	1.33	0.81	0.71
0.03	-0.36	-0.33	0.72	0.43	0.06	0.11
0.02	1.78	1.94	0.12	1.25	0.25	0.46
-0.38	39.46	41.01	1.11	13.63	5.34	4.64
0.17	8.14	8.76	0.04	2.98	1.01	0.84
-0.01	12.75	12.48	0.50	5.14	1.38	1.97
0.41	101.40	105.58	5.57	38.68	14.26	10.92
587.85	5144.13	5230.37	234.56	1994.95	832.90	426.03
531.11	3039.17	3087.06	110.68	1136.25	501.81	114.00
-4.17	107.34	126.94	18.70	56.11	13.31	19.08
-2.43	5.94	6.15	3.27	1.16	1.65	1.60
-0.10	5.29	5.31	0.33	1.86	0.66	0.91
0.37	53.22	52.43	2.48	24.43	7.29	7.72
63.08	1933.16	1952.48	99.11	775.13	308.19	282.72
8.65	888.10	928.23	115.07	462.16	140.83	187.53
5.83	245.40	251.54	9.72	143.03	34.99	33.75

2-1 续表 53

行 业	销售费用	管理费用	税金	财务费用	利息收入	利息支出
铁路机车车辆及动车组制造	30.10	135.41	3.39	9.01	4.15	11.51
窄轨机车车辆制造	0.68	1.11	0.16	0.22		0.19
铁路机车车辆配件制造	27.05	75.29	2.72	8.58	1.03	9.03
铁路专用设备及器材、配件制造	19.82	48.77	1.71	4.42	0.67	5.19
其他铁路运输设备制造	3.34	14.08	0.67	1.54	0.11	1.60
城市轨道交通设备制造	2.69	6.05	0.24	0.49	0.35	0.72
船舶及相关装置制造	50.63	254.76	12.50	34.24	52.17	90.54
金属船舶制造	30.90	198.61	9.78	22.23	50.92	76.69
非金属船舶制造	1.72	3.28	0.14	0.47	0.04	0.40
娱乐船和运动船制造	1.35	2.39	0.10	0.62	0.03	0.55
船用配套设备制造	14.61	42.77	2.00	5.60	0.74	7.84
船舶改装与拆除	1.93	7.63	0.49	5.32	0.44	5.06
航标器材及其他相关装置制造	0.12	0.08		0.01		
航空、航天器及设备制造	30.42	199.55	2.72	33.41	7.89	38.50
飞机制造	23.00	156.91	1.91	29.09	6.30	32.98
航天器制造	1.31	17.62	0.18	1.11	0.81	1.84
航空、航天相关设备制造	4.20	19.75	0.55	1.69	0.70	2.14
其他航空航天器制造	1.91	5.28	0.07	1.53	0.08	1.53
摩托车制造	65.21	143.03	9.92	26.43	6.27	25.49
摩托车整车制造	32.05	76.74	6.31	11.89	3.99	11.04
摩托车零部件及配件制造	33.16	66.30	3.61	14.53	2.28	14.45
自行车制造	36.67	45.35	1.81	10.03	1.99	9.12
脚踏自行车及残疾人座车制造	15.75	24.32	0.90	5.97	1.30	5.34
助动自行车制造	20.92	21.03	0.91	4.06	0.68	3.77
非公路休闲车及零配件制造	2.79	4.74	0.17	0.56	0.08	0.37
潜水救捞及其他未列明运输设备制造	3.94	6.28	0.29	1.67	0.05	1.43
潜水及水下救捞装备制造	0.21	0.74	0.03	0.06		0.05
其他未列明运输设备制造	3.74	5.54	0.27	1.61	0.05	1.38
电气机械和器材制造业	2133.19	2665.96	120.80	597.61	103.52	583.66
电机制造	181.08	358.00	13.30	82.73	15.07	81.13
发电机及发电机组制造	97.87	165.55	7.17	43.63	10.98	46.64
电动机制造	45.67	85.42	3.40	21.70	1.44	19.63
微电机及其他电机制造	37.54	107.02	2.73	17.40	2.65	14.86
输配电及控制设备制造	515.74	872.53	31.12	219.81	30.99	218.67
变压器、整流器和电感器制造	148.04	236.12	7.83	53.91	11.28	57.10
电容器及其配套设备制造	9.27	16.07	0.79	4.96	0.22	3.62
配电开关控制设备制造	206.26	296.41	10.53	52.04	6.82	50.48
电力电子元器件制造	42.59	102.12	3.26	14.61	1.48	12.94
光伏设备及元器件制造	53.90	136.57	6.25	77.08	8.06	76.71
其他输配电及控制设备制造	55.69	85.23	2.45	17.21	3.12	17.83

单位：亿元

投资收益(损失以“-”号记)	营业利润	利润总额	亏损企业亏损额	应交增值税	应交所得税	从业人员平均人数(万人)
2.58	87.19	90.31	2.59	69.76	12.98	12.02
0.04	1.93	1.99	0.08	0.69	0.18	0.34
4.15	91.22	91.38	2.97	39.60	13.03	11.40
-1.26	61.03	62.84	2.35	27.69	8.12	6.92
0.34	4.03	5.03	1.72	5.29	0.68	3.07
0.01	7.89	8.10	0.44	3.65	1.38	0.85
13.21	261.50	268.96	79.91	150.84	55.76	60.32
12.75	187.72	194.70	68.62	107.28	42.38	45.91
0.01	4.71	4.57	0.08	2.46	0.69	0.87
0.03	2.30	2.29	0.65	1.11	0.30	0.77
0.24	49.05	50.09	8.36	30.27	9.77	10.03
0.19	17.44	17.03	2.20	9.56	2.58	2.68
	0.28	0.29		0.16	0.04	0.05
-1.97	99.40	122.44	10.89	30.83	15.86	30.47
-2.60	66.26	86.50	9.01	22.27	11.45	23.74
0.47	12.88	13.96		0.65	1.35	2.77
0.14	12.82	14.94	1.87	5.04	2.04	3.22
0.02	7.44	7.04		2.87	1.02	0.75
-6.12	178.81	180.49	7.75	88.33	19.68	38.17
1.98	79.01	80.26	5.34	39.24	8.36	11.84
-8.11	99.80	100.23	2.41	49.09	11.32	26.33
-2.33	76.21	76.89	4.85	34.27	10.27	20.06
-1.13	29.01	29.51	2.36	15.88	4.63	12.20
-1.20	47.20	47.37	2.49	18.39	5.64	7.86
0.01	9.50	9.97	0.44	4.80	1.87	1.95
0.02	9.40	9.84	1.07	6.42	1.03	1.97
0.01	1.03	1.05	0.04	0.59	0.09	0.36
0.01	8.37	8.78	1.03	5.83	0.93	1.61
42.77	3869.06	3822.89	316.51	1717.68	523.43	623.21
10.30	494.77	496.22	49.69	211.52	68.61	78.43
6.84	231.67	232.37	37.09	105.76	31.75	24.62
2.68	118.08	118.96	5.04	46.04	17.23	21.94
0.78	145.02	144.89	7.57	59.73	19.64	31.87
30.68	1083.89	1072.30	170.51	534.84	168.16	173.51
18.10	193.27	186.65	78.90	119.62	34.38	43.86
0.22	36.42	37.31	0.43	11.83	4.06	4.50
14.95	432.28	439.11	12.02	183.43	68.15	54.16
2.22	112.16	109.61	9.62	41.62	17.26	30.37
-7.48	157.11	151.54	63.55	106.50	19.44	25.72
2.66	152.65	148.09	5.97	71.84	24.88	14.90

2-1 续表 54

行　　业	销售费用	管理费用		财务费用		
			税金		利息收入	利息支出
电线、电缆、光缆及电工器材制造	297.99	436.86	22.12	154.29	12.31	142.76
电线、电缆制造	250.68	345.68	18.08	130.89	9.91	119.13
光纤、光缆制造	24.94	44.83	2.08	14.73	1.75	16.22
绝缘制品制造	13.38	28.97	1.44	4.95	0.62	4.13
其他电工器材制造	8.99	17.38	0.52	3.72	0.04	3.28
电池制造	77.04	157.68	7.19	37.64	7.25	39.82
锂离子电池制造	23.84	72.12	2.82	13.58	3.89	14.68
镍氢电池制造	6.08	13.16	0.48	3.20	0.25	2.78
其他电池制造	47.13	72.40	3.89	20.87	3.11	22.36
家用电力器具制造	883.72	562.05	36.89	57.28	31.58	62.80
家用制冷电器具制造	218.16	140.20	14.30	13.56	5.68	15.32
家用空气调节器制造	457.47	174.88	12.20	7.31	19.81	17.80
家用通风电器具制造	23.75	23.72	0.88	2.73	0.66	2.83
家用厨房电器具制造	67.32	77.07	2.47	11.31	2.09	8.36
家用清洁卫生电器具制造	83.30	58.01	4.38	6.55	1.18	5.06
家用美容、保健电器具制造	7.21	18.97	0.59	1.89	0.52	1.36
家用电力器具专用配件制造	11.03	38.87	1.30	8.18	1.14	7.29
其他家用电力器具制造	15.49	30.34	0.77	5.75	0.49	4.78
非电力家用器具制造	48.76	51.53	2.06	10.84	2.08	9.78
燃气、太阳能及类似能源家用器具制造	46.48	47.88	1.92	10.08	2.02	9.12
其他非电力家用器具制造	2.28	3.65	0.15	0.76	0.06	0.66
照明器具制造	112.95	194.28	6.77	31.17	4.22	25.95
电光源制造	28.09	49.27	1.65	8.04	1.08	5.60
照明灯具制造	77.21	128.32	4.43	20.83	2.87	18.44
灯用电器附件及其他照明器具制造	7.64	16.69	0.69	2.30	0.27	1.91
其他电气机械及器材制造	15.90	33.05	1.34	3.86	0.04	2.76
电气信号设备装置制造	7.25	13.17	0.72	1.71	0.07	1.22
其他未列明电气机械及器材制造	8.65	19.88	0.62	2.15	-0.03	1.54
计算机、通信和其他电子设备制造业	1761.03	3334.62	118.20	243.81	147.22	349.53
计算机制造	248.34	457.45	17.15	-10.73	39.20	47.59
计算机整机制造	152.05	221.88	7.62	-15.29	25.24	29.45
计算机零部件制造	27.42	114.51	5.02	-1.80	6.85	6.59
计算机外围设备制造	37.30	74.91	3.04	3.83	5.44	7.89
其他计算机制造	31.56	46.16	1.48	2.53	1.68	3.66
通信设备制造	754.97	985.47	21.25	86.66	39.25	74.70
通信系统设备制造	490.62	666.52	7.32	91.82	20.37	52.49
通信终端设备制造	264.36	318.95	13.92	-5.16	18.87	22.21

单位：亿元

投资收益（损失以"-"号记）	营业利润	利润总额	亏损企业亏损额	应交增值税	应交所得税	从业人员平均人数（万人）
-45.13	892.81	834.25	28.14	338.89	98.23	96.80
-45.91	731.10	671.96	21.93	267.14	78.19	76.46
1.39	99.96	100.77	3.09	47.75	11.77	8.16
-0.77	31.80	32.51	2.51	14.54	4.69	7.68
0.15	29.95	29.01	0.62	9.46	3.59	4.49
4.87	203.99	205.65	24.49	98.31	24.91	52.29
0.64	74.88	78.76	11.73	32.74	9.27	24.96
0.28	23.11	21.11	1.57	11.46	2.20	5.68
3.94	106.01	105.78	11.18	54.11	13.44	21.65
37.67	819.64	836.71	23.04	390.11	117.20	137.95
-3.12	178.34	192.40	4.27	86.19	30.25	23.94
39.18	364.25	369.57	7.09	159.48	51.42	32.37
0.64	24.19	22.86	1.23	16.72	2.98	9.28
1.56	89.68	88.77	3.40	47.34	11.96	30.48
-2.06	89.99	88.93	2.64	42.28	11.45	11.39
0.02	13.53	13.72	1.52	5.10	1.61	7.64
1.09	33.86	34.27	1.32	19.38	3.46	9.81
0.36	25.81	26.20	1.56	13.64	4.05	13.05
1.21	77.28	79.23	4.86	30.21	9.12	13.06
1.21	70.18	72.24	4.78	27.01	7.93	11.66
	7.10	6.99	0.08	3.19	1.20	1.40
3.96	264.43	265.86	11.77	100.83	32.95	64.94
-0.14	79.20	79.49	2.37	29.47	8.45	18.36
3.54	169.22	169.97	8.45	65.50	22.23	39.91
0.57	16.01	16.40	0.95	5.86	2.27	6.67
-0.78	32.25	32.67	4.00	12.97	4.24	6.23
-0.94	12.81	12.57	0.25	5.80	1.44	2.50
0.16	19.44	20.10	3.75	7.17	2.80	3.73
15.54	3650.13	3826.33	315.80	1835.13	522.24	880.50
-14.73	761.79	746.24	31.06	274.53	64.66	177.22
-10.13	421.20	412.38	7.21	163.91	20.69	71.70
-9.34	179.74	165.26	7.70	56.98	19.44	62.22
3.87	95.04	100.18	13.48	35.81	14.98	30.73
0.87	65.80	68.42	2.67	17.84	9.55	12.58
2.45	805.81	897.16	65.97	743.24	152.61	138.73
42.22	473.69	535.49	22.46	371.81	71.68	44.13
-39.76	332.12	361.67	43.51	371.43	80.92	94.61

2-1 续表 55

行业	销售费用	管理费用	税金	财务费用	利息收入	利息支出
广播电视设备制造	45.62	93.95	2.53	14.90	2.27	13.03
广播电视节目制作及发射设备制造	4.63	7.61	0.30	1.22	0.13	1.30
广播电视接收设备及器材制造	23.35	49.40	1.43	8.89	1.08	7.47
应用电视设备及其他广播电视设备制造	17.64	36.94	0.79	4.79	1.06	4.26
雷达及配套设备制造	11.21	29.46	0.65	2.89	1.47	4.50
视听设备制造	241.85	269.60	21.87	18.67	12.28	34.85
电视机制造	182.97	129.37	16.73	6.97	10.63	23.78
音响设备制造	20.36	63.56	1.76	6.04	0.59	4.08
影视录放设备制造	38.52	76.67	3.38	5.66	1.06	7.00
电子器件制造	172.40	654.11	21.09	50.54	25.97	87.97
电子真空器件制造	6.41	15.16	0.96	2.35	0.59	2.88
半导体分立器件制造	11.88	47.22	1.61	5.72	2.59	7.19
集成电路制造	26.33	163.56	4.09	7.78	5.58	16.81
光电子器件及其他电子器件制造	127.77	428.17	14.44	34.69	17.21	61.08
电子元件制造	215.89	641.66	22.56	68.88	24.07	75.06
电子元件及组件制造	173.21	503.79	16.57	51.08	17.00	55.54
印制电路板制造	42.68	137.87	5.99	17.80	7.08	19.53
其他电子设备制造	70.74	202.93	11.10	11.98	2.71	11.82
仪器仪表制造业	267.43	501.95	14.20	55.27	12.96	54.85
通用仪器仪表制造	174.23	291.82	8.70	33.26	7.93	33.83
工业自动控制系统装置制造	98.86	170.44	5.48	19.49	5.10	21.59
电工仪器仪表制造	25.98	39.03	0.96	5.37	1.09	4.84
绘图、计算及测量仪器制造	8.10	11.55	0.40	1.71	0.17	1.40
实验分析仪器制造	12.81	22.07	0.54	1.03	0.33	0.94
试验机制造	5.34	9.61	0.23	0.66	0.05	0.70
供应用仪表及其他通用仪器制造	23.15	39.12	1.09	4.99	1.19	4.37
专用仪器仪表制造	57.87	120.35	3.28	12.61	2.62	12.80
环境监测专用仪器仪表制造	6.75	8.98	0.40	1.65	0.28	1.56
运输设备及生产用计数仪表制造	15.27	40.85	1.30	3.95	0.72	4.01
导航、气象及海洋专用仪器制造	3.90	15.04	0.30	1.68	0.24	1.54
农林牧渔专用仪器仪表制造	0.43	1.70	0.01	0.17		0.17
地质勘探和地震专用仪器制造	3.94	9.96	0.25	0.96	0.23	1.10
教学专用仪器制造	2.47	3.09	0.13	0.54	0.01	0.44
核子及核辐射测量仪器制造	0.64	1.72	0.03	0.18	0.04	0.18
电子测量仪器制造	12.71	22.17	0.53	1.30	0.55	1.54
其他专用仪器制造	11.77	16.84	0.33	2.19	0.55	2.28
钟表与计时仪器制造	11.90	20.77	0.37	2.39	0.53	2.01
光学仪器及眼镜制造	18.65	59.54	1.52	6.08	1.76	5.46
光学仪器制造	9.13	42.26	0.94	3.46	1.48	3.28
眼镜制造	9.51	17.28	0.58	2.62	0.28	2.19

单位：亿元

投资收益（损失以“-”号记）	营业利润	利润总额	亏损企业亏损额	应交增值税	应交所得税	从业人员平均人数（万人）
-4.05	100.43	106.69	5.33	37.81	14.36	21.89
-4.73	4.72	5.31	0.51	2.65	0.56	1.11
1.22	62.24	63.68	2.45	22.70	9.17	15.06
-0.54	33.47	37.70	2.37	12.45	4.63	5.72
0.45	25.67	28.32	0.52	8.25	4.06	5.06
2.40	362.58	379.53	21.38	169.75	42.51	71.08
-1.01	227.94	248.13	7.74	106.79	19.15	22.88
2.13	41.31	41.60	6.73	22.63	5.62	26.22
1.28	93.33	89.80	6.91	40.33	17.73	21.98
26.56	737.25	797.43	100.62	228.73	103.69	162.46
1.62	9.22	15.55	3.67	6.60	4.06	3.40
2.02	34.77	33.68	13.11	13.36	7.83	12.79
6.23	155.81	164.66	30.66	63.35	17.58	29.45
16.69	537.45	583.53	53.17	145.42	74.22	116.82
1.09	699.60	704.07	77.31	297.73	112.55	260.42
1.39	564.39	568.05	53.15	242.04	89.59	199.97
-0.29	135.22	136.02	24.16	55.70	22.95	60.45
1.37	157.00	166.89	13.61	75.09	27.79	43.65
11.23	634.93	663.37	21.50	263.04	100.49	104.56
9.27	410.25	430.53	11.03	172.06	64.13	50.29
5.73	265.96	276.92	5.80	110.27	41.69	27.02
1.51	41.81	45.58	2.13	18.26	7.04	7.22
0.05	15.67	16.26	0.93	5.62	2.63	3.30
0.38	21.26	23.00	1.04	9.47	3.59	3.42
-0.09	9.05	9.45	0.17	4.13	1.22	1.47
1.69	56.50	59.33	0.95	24.31	7.95	7.86
2.33	142.37	147.25	3.73	59.43	22.83	19.73
0.50	15.29	15.94	0.11	6.82	1.57	1.77
0.79	49.32	48.25	1.01	18.92	9.30	6.07
0.28	7.40	8.75	2.02	4.49	1.46	2.65
-0.31	2.25	2.32		0.93	0.26	0.25
-0.23	15.75	16.79	0.08	7.57	2.50	1.75
	4.25	4.28	0.06	1.98	0.69	0.72
0.56	0.51	0.93		0.17	0.08	0.27
0.18	24.66	25.41	0.38	9.51	4.55	3.30
0.55	22.93	24.58	0.06	9.05	2.42	2.94
-2.06	20.96	21.79	1.79	7.46	2.38	11.15
2.06	51.15	52.74	4.24	15.71	9.12	21.00
2.01	31.76	34.61	3.03	9.88	6.15	11.55
0.05	19.39	18.13	1.21	5.84	2.96	9.45

2-1 续表 56

行业	销售费用	管理费用		财务费用		
			税金		利息收入	利息支出
其他仪器仪表制造业	4.78	9.47	0.32	0.93	0.11	0.75
其他制造业	59.68	121.90	4.84	21.18	3.19	20.23
日用杂品制造	33.58	52.63	2.89	11.13	1.22	9.56
鬃毛加工、制刷及清扫工具制造	9.90	12.26	0.62	3.02	0.10	2.55
其他日用杂品制造	23.69	40.36	2.27	8.11	1.12	7.01
煤制品制造	6.69	6.70	0.55	3.26	0.07	3.02
废弃资源综合利用业	35.52	76.06	4.20	19.60	3.61	21.84
金属废料和碎屑加工处理	23.60	55.36	3.20	15.05	3.13	18.15
非金属废料和碎屑加工处理	11.92	20.70	1.00	4.55	0.48	3.69
金属制品、机械和设备修理业	19.31	76.27	3.05	9.93	2.24	11.28
金属制品修理	1.75	2.76	0.09	0.65		0.50
通用设备修理	0.54	2.63	0.08	0.19	0.01	0.16
专用设备修理	2.68	5.90	0.13	0.51	0.13	0.52
铁路、船舶、航空航天等运输设备修理	12.49	58.03	2.48	7.99	1.94	9.53
铁路运输设备修理	1.26	5.71	0.31	0.65	0.04	0.69
船舶修理	8.59	19.14	1.00	5.27	1.07	5.53
航空航天器修理	2.34	29.64	1.07	2.13	0.51	3.04
其他运输设备修理	0.30	3.53	0.10	-0.06	0.33	0.27
电气设备修理	0.45	2.37	0.05	0.10	0.01	0.10
仪器仪表修理	0.11	0.19		0.01		0.01
其他机械和设备修理业	1.28	4.40	0.22	0.48	0.14	0.47
电力、热力、燃气及水生产和供应业	**372.29**	**1424.37**	**95.17**	**2243.28**	**100.96**	**2287.96**
电力、热力生产和供应业	166.08	1076.61	78.12	2127.83	81.69	2149.48
电力生产	49.90	510.01	57.80	1548.04	54.33	1567.39
火力发电	30.82	355.55	49.32	850.01	36.99	875.20
水力发电	10.30	101.20	5.31	465.75	8.24	463.90
核力发电	0.80	16.44	1.08	46.37	1.04	50.16
风力发电	4.60	19.84	1.01	147.75	6.64	146.33
太阳能发电	0.34	2.99	0.17	15.49	0.25	14.40
其他电力生产	3.04	13.98	0.92	22.68	1.18	17.40
电力供应	100.74	470.37	15.90	527.01	22.41	530.13
热力生产和供应	15.44	96.23	4.42	52.78	4.95	51.96
燃气生产和供应业	115.52	163.03	6.96	39.66	10.48	47.90
水的生产和供应业	90.69	184.73	10.09	75.79	8.78	90.59
自来水生产和供应	86.03	154.49	8.93	55.62	9.04	67.01
污水处理及其再生利用	3.71	20.54	1.03	12.10	0.43	12.71
其他水的处理、利用与分配	0.94	9.71	0.13	8.07	-0.69	10.87

单位：亿元

投资收益（损失以“–”号记）	营业利润	利润总额	亏损企业亏损额	应交增值税	应交所得税	从业人员平均人数（万人）
-0.37	10.20	11.06	0.71	8.37	2.02	2.40
3.27	149.52	154.95	10.72	66.42	19.94	41.56
-0.91	83.28	82.79	2.46	40.90	11.63	26.54
-1.34	25.25	24.41	0.53	14.78	4.56	6.16
0.43	58.03	58.38	1.92	26.11	7.07	20.37
0.02	14.13	13.33	1.87	6.76	1.25	1.53
-14.40	178.73	180.77	22.03	127.05	11.86	17.72
-12.47	148.80	147.54	20.90	111.08	8.26	12.83
-1.94	29.93	33.24	1.13	15.98	3.60	4.88
1.98	46.31	49.37	9.44	22.97	7.55	16.90
-0.04	5.49	4.58	0.13	2.22	0.83	0.72
0.05	3.91	3.38	0.17	1.84	0.26	1.37
0.03	7.33	8.57	0.17	3.62	1.11	1.35
1.94	24.70	28.18	8.26	11.75	4.77	11.64
-0.03	0.74	0.91	0.32	1.35	0.17	1.43
0.26	6.86	7.82	6.02	6.48	1.76	6.42
1.54	14.31	16.83	1.92	3.61	2.78	3.49
0.17	2.79	2.62		0.31	0.07	0.30
	0.13	0.39	0.40	1.28	0.13	0.76
	0.11	0.13		0.08	0.01	0.02
	4.65	4.13	0.31	2.18	0.44	1.05
502.66	**4137.58**	**4423.76**	**457.99**	**2559.98**	**732.37**	**357.68**
428.03	3701.74	3943.88	381.44	2397.34	635.96	294.09
133.48	2469.68	2603.36	252.19	1216.97	452.30	98.68
88.41	1755.14	1782.52	174.70	860.79	357.27	68.87
27.17	459.10	498.71	60.12	268.88	71.08	23.55
3.31	89.28	129.32		46.81	12.00	0.68
13.00	135.38	149.83	9.24	29.20	8.53	2.38
	11.70	13.44	1.05	1.18	0.12	0.32
1.59	19.10	29.53	7.08	10.12	3.30	2.89
285.07	1272.71	1303.34	82.80	1156.16	172.15	173.34
9.48	-40.66	37.18	46.46	24.21	11.50	22.07
38.29	362.49	375.75	22.88	99.03	70.19	23.92
36.34	73.35	104.13	53.67	63.61	26.22	39.67
32.47	19.45	47.14	48.98	56.65	17.76	35.90
3.68	38.57	41.60	4.17	6.06	4.72	3.32
0.18	15.33	15.38	0.52	0.90	3.74	0.45

2-2 国有控股工业企业主要

行业	企业单位数（个）	工业销售产值（当年价格）	出口交货值	资产总计	固定资产合计
总计	**18574**	**240315.31**	**8791.96**	**343985.88**	**146122.27**
采矿业	**1795**	**30217.78**	**82.57**	**62230.72**	**28094.40**
煤炭开采和洗选业	1032	15223.07	59.97	34424.86	13777.25
烟煤和无烟煤开采洗选	980	14515.46	59.92	33141.22	13157.93
石油和天然气开采业	76	9927.48	0.54	17891.42	11214.03
石油开采	56	9772.65	0.54	16875.83	10736.44
天然气开采	20	154.83		1015.59	477.60
黑色金属矿采选业	164	1334.77		4418.44	1140.41
铁矿采选	147	1306.16		4349.58	1122.26
锰矿、铬矿采选	13	16.53		54.69	12.72
其他黑色金属矿采选	4	12.07		14.16	5.43
有色金属矿采选业	274	1737.91	3.24	2043.45	770.17
常用有色金属矿采选	128	694.63	0.15	944.70	378.60
贵金属矿采选	82	845.78		796.02	267.79
稀有稀土金属矿采选	64	197.50	3.08	302.73	123.78
非金属矿采选业	198	512.36	3.12	984.74	306.61
土砂石开采	96	198.39	0.33	138.55	49.27
化学矿开采	31	93.78		227.21	47.72
采盐	49	176.16	1.29	564.51	193.91
石棉及其他非金属矿采选	22	44.03	1.51	54.47	15.71
开采辅助活动	50	1481.11	15.70	2465.86	885.14
石油和天然气开采辅助活动	50	1481.11	15.70	2465.86	885.14
制造业	**11713**	**155186.68**	**8563.82**	**180765.23**	**55987.47**
农副食品加工业	638	3276.67	58.29	2266.75	573.72
谷物磨制	227	548.20	6.43	359.01	127.73
饲料加工	64	165.65	1.53	80.62	25.93
植物油加工	75	1538.08	2.04	1020.24	153.13
制糖业	46	212.44		247.93	86.71
屠宰及肉类加工	143	563.97	7.41	320.75	77.54
水产品加工	23	84.86	36.60	56.68	15.68
蔬菜、水果和坚果加工	25	64.62	1.71	57.15	25.21
其他农副食品加工	35	98.85	2.57	124.36	61.78
食品制造业	289	937.86	40.82	1123.67	293.86
方便食品制造	33	58.93	1.08	36.78	13.59
乳制品制造	73	503.47		631.75	133.21
罐头食品制造	29	51.26	17.52	81.70	30.17
调味品、发酵制品制造	37	99.88	8.70	181.01	49.37
其他食品制造	87	192.19	13.20	162.88	61.06

经济指标(大、中类行业)

单位：亿元

固定资产原价	累计折旧	流动资产合计	应收账款	存货	产成品	负债合计
226435.38	**91660.49**	**124529.35**	**22513.92**	**31551.63**	**8458.42**	**214230.57**
43164.65	**19165.04**	**17477.93**	**2938.01**	**2295.44**	**822.26**	**36067.00**
17930.14	7226.82	11243.43	1668.14	1430.71	533.47	22436.52
17194.03	6949.27	10893.16	1579.56	1387.67	520.48	21651.77
20941.68	10313.16	2492.80	254.47	253.21	104.07	8054.71
20299.90	10141.15	2308.80	190.22	237.70	103.46	7414.64
641.78	172.01	184.00	64.25	15.52	0.61	640.07
1449.24	472.30	1421.93	266.66	158.45	61.82	2558.63
1425.77	463.99	1402.15	263.98	152.13	57.60	2524.48
20.09	7.77	15.66	1.77	3.65	2.17	21.74
3.38	0.53	4.13	0.91	2.66	2.04	12.41
936.95	316.03	650.85	84.13	184.99	88.43	1119.68
455.58	142.76	274.32	55.24	65.40	29.74	503.35
337.38	119.08	274.52	16.92	78.81	36.22	455.14
144.00	54.20	102.01	11.97	40.79	22.47	161.18
395.75	128.76	403.68	54.53	61.27	28.51	523.15
67.97	21.66	53.28	11.73	8.15	6.09	66.73
74.87	26.67	94.55	19.15	21.52	7.00	141.61
231.02	72.36	234.72	22.25	24.27	12.44	284.51
21.88	8.08	21.14	1.39	7.33	2.97	30.30
1509.96	707.83	1264.84	610.08	206.61	5.93	1373.15
1509.96	707.83	1264.84	610.08	206.61	5.93	1373.15
87103.31	**36055.98**	**91773.77**	**16888.96**	**28073.81**	**7537.86**	**112200.78**
919.85	391.10	1527.89	136.26	481.13	237.83	1599.16
202.95	91.80	206.72	25.91	109.01	50.13	237.87
32.82	9.99	43.18	6.26	12.66	4.42	40.06
282.93	137.58	811.58	44.29	227.87	100.61	844.41
144.52	60.32	141.14	21.96	33.73	22.76	172.96
104.52	33.00	198.77	14.01	43.03	26.15	190.76
30.86	15.80	36.91	5.58	18.98	10.62	35.46
31.21	11.56	28.90	7.46	8.04	3.05	27.80
90.04	31.05	60.69	10.78	27.81	20.08	49.84
492.73	217.45	583.49	106.27	91.42	42.09	626.30
20.28	7.08	19.42	4.04	5.47	2.58	27.30
226.68	101.30	352.62	52.88	29.29	10.80	318.97
54.98	23.91	44.77	14.82	19.30	12.76	70.31
62.85	21.62	71.79	9.55	17.95	7.38	96.10
117.87	59.87	80.03	19.72	17.49	7.89	101.71

2-2 续表 1

行业	企业单位数(个)	工业销售产值(当年价格)	出口交货值	资产总计	固定资产合计
酒、饮料和精制茶制造业	279	2337.60	53.25	3367.76	755.28
酒的制造	199	2162.25	43.95	3225.25	729.30
饮料制造	47	140.12	8.90	124.84	19.36
精制茶加工	33	35.23	0.41	17.68	6.62
烟草制品业	105	8663.72	35.96	7903.40	1219.11
烟叶复烤	40	173.46		286.12	85.13
卷烟制造	50	8421.74	30.05	7554.46	1117.89
其他烟草制品制造	15	68.53	5.91	62.82	16.09
纺织业	239	696.15	115.32	1055.15	380.97
棉纺织及印染精加工	138	452.47	74.16	796.51	309.51
毛纺织及染整精加工	25	85.58	8.02	50.27	11.34
麻纺织及染整精加工	11	17.91	7.31	12.50	3.25
丝绢纺织及印染精加工	10	29.49	1.54	39.65	6.42
针织或钩针编织物及其制品制造	22	52.01	16.18	46.07	17.22
非家用纺织制成品制造	23	51.28	4.77	102.13	30.57
纺织服装、服饰业	167	181.33	20.68	252.41	59.18
机织服装制造	145	161.16	19.26	219.74	53.58
针织或钩针编织服装制造	16	16.89	0.89	28.93	4.35
服饰制造	6	3.27	0.52	3.73	1.25
皮革、毛皮、羽毛及其制品和制鞋业	33	85.92	2.67	54.26	10.91
毛皮鞣制及制品加工	4	5.15	0.52	6.44	0.54
制鞋业	25	79.21	2.09	47.35	10.19
木材加工和木、竹、藤、棕、草制品业	112	208.53	13.83	216.01	81.92
木材加工	29	41.12	1.33	34.89	13.35
人造板制造	56	128.34	0.09	142.80	59.00
木制品制造	23	35.31	10.80	35.76	8.17
竹、藤、棕、草等制品制造	4	3.76	1.62	2.56	1.40
家具制造业	20	87.56	16.42	85.92	10.32
木质家具制造	12	9.59	3.76	8.98	1.59
金属家具制造	4	71.63	12.66	69.90	7.51
造纸和纸制品业	118	698.82	40.71	1640.82	663.60
纸浆制造	9	42.99		160.44	89.77
造纸	70	604.50	34.97	1440.04	559.03
纸制品制造	39	51.33	5.74	40.34	14.80

单位：亿元

固定资产原　价	累计折旧	流动资产合　计	应收账款	存货	产成品	负债合计
1093.02	433.81	2130.47	101.07	619.79	169.00	1299.39
1048.41	413.68	2038.59	91.35	591.21	150.03	1208.06
33.80	15.28	82.66	8.34	24.07	16.90	82.21
10.81	4.84	9.22	1.38	4.51	2.07	9.13
2271.16	1327.07	5554.79	385.81	3362.58	211.88	1988.99
150.75	79.87	174.53	17.33	50.75	47.50	45.03
2095.39	1236.04	5335.50	356.65	3295.31	155.12	1918.56
25.02	11.16	44.77	11.83	16.52	9.25	25.40
610.49	253.18	524.47	62.41	164.57	86.17	663.28
483.66	193.03	387.53	35.23	128.16	67.28	512.07
22.98	12.76	30.12	6.68	13.85	7.29	31.28
5.76	2.99	7.50	0.64	3.32	1.74	6.07
9.55	3.30	23.38	2.08	3.41	1.61	23.43
25.94	9.98	23.42	5.38	5.85	3.03	26.24
58.86	29.98	48.15	10.99	8.42	4.33	59.64
89.06	37.63	175.30	15.11	40.38	18.90	139.95
79.60	32.48	149.84	12.72	35.03	15.84	121.73
7.46	4.39	23.06	2.27	5.23	3.06	16.67
2.01	0.76	2.39	0.13	0.12	0.01	1.56
17.47	9.97	36.93	2.76	14.14	8.54	25.87
1.12	0.58	4.74	0.55	1.71	0.36	3.49
16.07	9.25	31.91	2.17	12.29	8.17	22.19
162.15	89.54	99.77	17.30	32.22	15.84	151.89
20.26	10.10	17.86	4.37	3.82	3.19	22.89
96.86	43.07	59.91	8.46	20.72	10.35	102.79
43.76	35.75	21.02	4.01	7.56	2.24	25.28
1.26	0.62	0.97	0.46	0.13	0.07	0.93
17.87	7.68	52.72	25.45	7.53	3.57	50.21
2.83	1.38	6.59	1.66	3.19	1.26	5.39
12.85	5.33	41.30	23.00	2.79	1.15	41.97
1006.20	413.54	684.76	127.05	166.68	53.32	1097.79
115.15	50.22	36.33	3.98	10.08	2.79	118.38
866.92	353.65	626.28	118.64	149.44	46.86	958.04
24.12	9.67	22.15	4.43	7.16	3.66	21.37

2-2 续表 2

行 业	企业单位数(个)	工业销售产值(当年价格)	出口交货值	资产总计	固定资产合计
印刷和记录媒介复制业	312	509.73	12.59	687.47	252.32
印刷	294	497.13	9.94	667.25	245.82
装订及印刷相关服务	6	3.03		4.99	1.06
记录媒介复制	12	9.56	2.65	15.24	5.44
文教、工美、体育和娱乐用品制造业	80	425.58	17.58	225.66	33.44
文教办公用品制造	11	8.80	1.86	12.08	1.69
乐器制造	9	22.10	2.73	39.29	9.10
工艺美术品制造	47	381.89	11.24	165.65	21.18
体育用品制造	6	6.67	0.45	3.81	0.86
玩具制造	4	3.44	1.31	1.88	0.37
游艺器材及娱乐用品制造	3	2.68		2.95	0.24
石油加工、炼焦和核燃料加工业	224	27227.21	405.88	12769.56	5677.66
精炼石油产品制造	153	26035.33	386.42	11055.47	4911.73
炼焦	67	1048.67	19.46	1482.96	628.84
化学原料和化学制品制造业	1185	12297.40	550.96	17493.45	8595.61
基础化学原料制造	355	5231.29	214.60	6452.71	3332.01
肥料制造	204	2644.42	75.61	5149.32	2505.59
农药制造	46	372.96	104.54	430.72	128.15
涂料、油墨、颜料及类似产品制造	75	144.29	12.69	187.67	56.25
合成材料制造	142	2227.39	64.91	3080.68	1804.79
专用化学产品制造	216	1237.44	57.79	1525.11	539.08
炸药、火工及焰火产品制造	111	325.20	9.34	516.76	199.16
日用化学产品制造	36	114.42	11.48	150.48	30.57
医药制造业	416	1950.74	177.67	3210.84	847.13
化学药品原料药制造	73	437.44	111.12	823.89	286.26
化学药品制剂制造	112	596.33	44.45	940.36	249.49
中药饮片加工	31	76.37	0.23	83.81	15.53
中成药生产	134	550.56	6.86	898.94	179.28
兽用药品制造	14	18.44	0.03	29.72	10.73
生物药品制造	42	198.06	6.76	385.87	88.66
卫生材料及医药用品制造	10	73.54	8.22	48.25	17.18
化学纤维制造业	49	451.74	44.05	669.46	277.50
纤维素纤维原料及纤维制造	24	320.08	34.84	412.96	160.76
合成纤维制造	25	131.67	9.20	256.50	116.74
橡胶和塑料制品业	283	1282.95	221.79	1469.88	472.45
橡胶制品业	83	835.49	199.97	963.97	335.14
塑料制品业	200	447.45	21.82	505.91	137.31

单位：亿元

固定资产原价	累计折旧	流动资产合计	应收账款	存货	产成品	负债合计
533.08	291.50	349.46	75.15	76.44	27.92	249.91
516.59	281.31	337.20	71.22	74.64	27.54	244.26
2.89	2.48	3.83	0.71	0.27	0.12	1.57
13.59	7.71	8.43	3.22	1.53	0.27	4.09
50.94	20.95	168.16	22.68	87.58	41.24	133.23
2.60	0.91	8.74	1.43	2.17	0.81	6.55
14.73	6.26	20.99	4.13	9.73	3.12	12.66
30.26	11.90	132.43	15.33	73.43	36.73	109.68
1.76	0.90	2.50	0.66	0.83	0.35	1.58
0.64	0.27	1.16	0.20	0.40	0.02	0.98
0.95	0.70	2.33	0.92	1.02	0.21	1.78
10006.79	4597.10	4890.99	451.44	2714.54	549.18	7849.77
9055.30	4306.22	4223.89	326.91	2500.31	454.97	6476.76
792.59	228.90	580.65	109.89	163.30	65.91	1188.51
12546.62	4563.50	5525.52	716.04	1422.34	567.96	11414.96
5213.56	2056.08	1933.78	226.61	475.36	153.40	3979.76
3296.92	1212.80	1604.58	159.60	398.63	171.46	3582.21
210.33	88.68	218.49	34.59	63.73	24.05	281.58
84.32	38.92	90.60	23.60	23.50	10.93	95.74
2571.54	857.88	812.74	97.31	220.26	89.15	2094.66
854.30	189.75	569.26	120.82	180.59	91.39	1056.09
251.46	87.20	208.30	38.43	42.18	18.37	237.97
64.18	32.20	87.78	15.09	18.10	9.21	86.95
1179.33	462.28	1696.39	310.20	405.45	153.56	1494.87
349.10	137.46	356.59	62.58	85.87	37.97	431.32
386.02	160.52	517.01	100.82	104.84	39.60	468.99
16.58	4.33	59.89	28.26	18.66	7.04	41.90
272.26	108.85	556.55	69.51	142.88	49.53	357.69
14.13	4.13	13.78	3.82	3.93	1.61	11.24
113.87	37.01	164.20	35.85	42.95	12.99	169.85
27.36	9.97	28.37	9.36	6.31	4.82	13.88
488.60	255.48	277.22	21.21	100.58	41.21	402.93
293.06	142.65	191.90	13.15	76.60	27.82	243.62
195.53	112.84	85.33	8.06	23.97	13.38	159.31
695.22	305.95	790.30	156.54	219.86	111.07	897.73
451.27	189.51	498.20	94.26	125.84	69.87	638.96
243.95	116.44	292.10	62.29	94.02	41.20	258.77

2-2 续表 3

行 业	企业单位数（个）	工业销售产值（当年价格）	出口交货值	资产总计	固定资产合计
非金属矿物制品业	1471	4841.86	93.72	7839.65	3474.84
水泥、石灰和石膏制造	656	3071.21	8.67	5085.42	2650.49
石膏、水泥制品及类似制品制造	436	844.29	0.16	1091.49	226.05
砖瓦、石材等建筑材料制造	112	156.36	4.30	191.56	53.84
玻璃制造	26	76.21	2.57	179.76	53.63
玻璃制品制造	43	109.96	8.82	208.82	85.88
玻璃纤维和玻璃纤维增强塑料制品制造	31	186.71	42.87	487.71	227.64
陶瓷制品制造	40	54.28	8.66	118.98	33.11
耐火材料制品制造	48	132.28	4.66	150.54	32.45
石墨及其他非金属矿物制品制造	79	210.55	13.02	325.37	111.75
黑色金属冶炼和压延加工业	395	21692.89	1122.00	32508.59	12691.09
炼铁	17	847.57		1208.85	406.72
炼钢	15	3762.44	197.91	5837.14	1963.57
黑色金属铸造	68	218.21	5.33	254.01	84.73
钢压延加工	243	16519.11	914.84	24876.03	10123.65
铁合金冶炼	52	345.56	3.92	332.56	112.41
有色金属冶炼和压延加工业	508	11180.32	296.18	13292.14	4552.87
常用有色金属冶炼	163	6437.26	104.85	9145.67	3402.93
贵金属冶炼	83	1297.65	0.07	968.77	183.79
稀有稀土金属冶炼	59	579.18	46.12	731.59	158.72
有色金属合金制造	56	515.63	22.45	710.09	248.00
有色金属铸造	7	42.46	2.56	43.10	14.99
有色金属压延加工	140	2308.14	120.13	1692.91	544.43
金属制品业	466	2144.88	159.90	2925.78	800.26
结构性金属制品制造	177	507.48	33.36	719.62	138.72
金属工具制造	25	71.72	10.53	100.03	31.83
集装箱及金属包装容器制造	62	290.87	53.02	285.44	70.15
金属丝绳及其制品制造	23	116.59	4.99	235.33	63.99
建筑、安全用金属制品制造	14	79.30	2.38	73.37	16.45
金属表面处理及热处理加工	21	63.77	0.74	71.30	15.12
其他金属制品制造	137	981.81	50.71	1434.69	462.38
通用设备制造业	758	4767.73	351.85	8220.74	1531.75
锅炉及原动设备制造	133	1541.50	114.53	2945.53	501.88
金属加工机械制造	135	585.81	31.30	1087.46	285.03
物料搬运设备制造	83	1004.12	68.60	1579.70	196.72
泵、阀门、压缩机及类似机械制造	126	527.89	64.77	759.23	179.90

单位：亿元

固定资产原价	累计折旧	流动资产合计	应收账款	存货	产成品	负债合计
4780.45	1499.28	3102.74	831.66	588.41	208.35	4935.42
3590.46	1050.38	1638.75	268.88	319.26	74.66	3149.43
333.05	121.40	730.35	376.00	81.95	38.94	757.06
88.61	37.47	108.47	29.52	18.02	8.01	105.68
82.93	38.31	68.63	7.66	16.27	8.71	118.68
126.45	35.34	76.21	17.73	21.40	11.52	127.52
315.66	123.41	180.50	52.36	33.02	20.70	303.00
46.87	16.41	53.19	10.77	17.06	9.72	76.67
48.95	18.44	92.44	29.47	21.66	12.17	98.52
147.47	58.11	154.21	39.26	59.77	23.92	198.85
20918.90	9192.50	11891.13	1009.44	4408.43	1188.15	22681.75
563.38	171.30	388.44	54.31	125.51	14.48	829.41
3361.10	1419.70	2295.57	174.98	880.62	314.13	4070.72
127.16	50.71	139.95	37.44	46.93	20.31	185.91
16707.80	7493.78	8914.02	720.62	3289.88	808.27	17351.05
159.47	57.02	153.15	22.08	65.48	30.97	244.65
6583.53	2422.10	6111.01	576.93	2589.61	694.89	8982.86
5006.64	1926.35	4147.84	273.17	1956.04	482.02	6592.09
236.64	85.47	465.28	39.46	100.80	16.12	538.31
227.45	73.01	389.92	75.13	153.86	80.07	315.46
340.91	98.89	287.17	65.79	115.55	33.66	440.29
23.26	9.67	23.71	6.60	9.96	4.83	29.76
748.61	228.72	797.09	116.78	253.39	78.19	1066.95
1079.82	389.69	1684.87	426.68	515.70	186.49	1779.70
199.17	62.93	434.28	156.98	141.34	51.59	468.04
62.27	30.88	56.07	14.81	22.80	11.49	49.80
103.00	35.41	185.43	51.23	49.92	10.88	176.09
50.19	14.23	145.97	21.64	53.81	41.93	173.81
27.66	11.62	52.41	15.15	12.09	3.76	41.93
20.88	6.83	34.51	6.29	8.83	3.11	42.55
613.97	226.35	772.09	159.97	225.55	63.41	823.95
2187.22	886.83	5561.86	1749.49	1524.31	490.52	5232.64
701.56	278.62	2089.71	595.88	603.47	100.43	1845.87
378.28	155.11	695.69	181.99	246.45	75.07	723.55
304.65	116.21	1066.08	398.53	242.05	133.64	1085.95
256.21	109.77	499.75	166.95	130.31	59.61	438.48

2-2 续表 4

行　业	企业单位数（个）	工业销售产值（当年价格）	出口交货值	资产总计	固定资产合　计
轴承、齿轮和传动部件制造	71	253.71	16.87	395.42	107.90
烘炉、风机、衡器、包装等设备制造	86	566.34	39.51	896.08	132.60
文化、办公用机械制造	13	40.50	9.34	83.57	9.70
通用零部件制造	79	163.97	5.64	284.17	80.54
其他通用设备制造业	32	83.88	1.30	189.58	37.49
专用设备制造业	728	5341.24	548.72	8946.49	1803.39
采矿、冶金、建筑专用设备制造	344	4147.89	489.47	6960.30	1412.10
化工、木材、非金属加工专用设备制造	70	222.03	11.27	449.49	99.72
食品、饮料、烟草及饲料生产专用设备制造	26	95.91	2.51	133.47	24.76
印刷、制药、日化及日用品生产专用设备制造	31	71.56	4.09	170.90	46.64
纺织、服装和皮革加工专用设备制造	34	95.64	15.63	177.75	33.46
电子和电工机械专用设备制造	34	131.69	2.67	193.00	33.82
农、林、牧、渔专用机械制造	54	201.56	11.14	298.71	64.85
医疗仪器设备及器械制造	28	54.84	3.47	139.59	22.83
环保、社会公共服务及其他专用设备制造	107	320.12	8.47	423.28	65.20
汽车制造业	688	24144.21	623.74	22430.30	4528.67
汽车整车制造	138	20635.33	489.79	18605.05	3629.11
改装汽车制造	110	533.67	35.27	711.06	166.60
低速载货汽车制造	5	17.00		27.09	6.28
电车制造	3	1.02	0.01	5.07	1.26
汽车车身、挂车制造	14	108.55	3.01	65.35	22.75
汽车零部件及配件制造	418	2848.64	95.66	3016.68	702.68
铁路、船舶、航空航天和其他运输设备制造业	507	6557.23	1321.16	11385.57	2556.44
铁路运输设备制造	153	2147.35	122.17	2662.21	628.71
城市轨道交通设备制造	9	55.32		88.71	20.77
船舶及相关装置制造	147	2098.72	1002.18	4348.66	1052.15
航空、航天器及设备制造	144	1938.16	144.49	3986.18	793.20
摩托车制造	36	278.88	49.20	239.50	55.04
自行车制造	9	23.58	2.98	35.55	4.10
电气机械和器材制造业	595	4933.51	443.54	7040.87	1079.91
电机制造	117	1183.06	52.77	2093.47	287.73
输配电及控制设备制造	250	1406.23	71.85	2265.35	437.28
电线、电缆、光缆及电工器材制造	92	660.07	22.28	498.30	103.66
电池制造	45	218.36	55.33	287.44	88.65
家用电力器具制造	31	1281.40	220.22	1668.49	110.16
非电力家用器具制造	15	74.04	13.69	130.88	33.38
照明器具制造	31	94.03	7.28	78.39	17.79
其他电气机械及器材制造	14	16.32	0.13	18.55	1.26

单位：亿元

固定资产原价	累计折旧	流动资产合计	应收账款	存货	产成品	负债合计
162.90	70.31	214.72	68.67	74.15	36.60	222.45
189.93	83.66	640.62	212.75	133.54	51.16	564.56
17.09	8.09	62.47	16.09	14.81	10.40	37.63
124.11	49.74	170.33	48.76	48.80	19.05	171.70
52.48	15.32	122.49	59.88	30.74	4.56	142.45
2477.75	936.20	6110.66	2296.07	1564.50	480.62	5678.62
1890.28	701.15	4867.81	1921.87	1210.37	371.49	4527.37
146.04	50.15	273.64	98.75	85.41	20.04	281.70
39.61	18.60	94.19	25.26	33.12	6.85	59.17
70.43	26.06	85.40	21.81	22.11	6.05	103.82
50.71	25.63	120.34	19.35	36.76	11.77	116.89
57.72	24.98	97.26	28.70	24.64	11.09	106.97
94.86	40.48	182.47	43.39	51.91	24.04	184.25
32.30	11.76	79.12	17.41	19.88	7.58	46.98
95.81	37.39	310.43	119.52	80.31	21.71	251.47
7375.88	3228.95	12828.47	2130.95	1965.48	849.22	13038.90
5971.49	2654.61	10524.26	1420.15	1459.61	619.49	10590.55
233.02	86.30	432.11	105.95	106.22	31.98	513.27
9.79	3.87	16.08	4.80	3.63	1.81	23.33
1.54	0.29	1.33	0.37	0.62	0.11	2.72
32.32	11.58	36.17	11.45	9.66	3.09	37.38
1127.72	472.31	1818.53	588.23	385.74	192.74	1871.66
3544.54	1367.85	7210.12	1628.16	2062.57	200.18	7856.31
851.41	371.04	1743.77	744.36	457.76	102.16	1717.10
27.25	6.53	62.00	27.67	12.30	0.59	53.53
1389.59	431.81	2771.12	408.71	628.07	11.28	3288.37
1155.51	496.59	2464.66	392.66	929.66	73.48	2622.47
111.39	59.01	133.43	40.60	28.98	10.71	140.58
6.49	2.42	21.68	7.31	3.72	1.24	17.79
1841.09	882.35	5109.21	1659.37	1096.89	410.26	4852.15
526.99	283.07	1558.69	621.56	439.90	83.15	1479.26
633.88	219.44	1565.66	679.25	320.72	113.83	1494.78
288.69	206.72	328.63	143.26	81.10	38.91	314.11
102.86	34.29	171.55	54.07	45.46	30.08	174.38
211.60	110.35	1330.19	112.56	174.82	125.82	1251.27
43.38	13.13	91.00	24.59	16.85	9.12	82.86
31.59	14.48	47.02	16.76	13.70	8.83	42.53
2.10	0.86	16.47	7.33	4.35	0.52	12.96

2-2 续表 5

行业	企业单位数(个)	工业销售产值(当年价格)	出口交货值	资产总计	固定资产合计
计算机、通信和其他电子设备制造业	600	6509.52	1684.49	8766.02	2007.41
计算机制造	49	745.53	230.62	768.71	101.94
通信设备制造	134	1986.90	597.45	2495.68	332.76
广播电视设备制造	21	41.41	2.83	79.23	14.37
雷达及配套设备制造	26	349.15	85.98	457.79	96.33
视听设备制造	31	1466.18	251.89	1464.57	181.29
电子器件制造	186	1530.93	404.37	2953.63	1157.27
电子元件制造	130	343.74	107.23	435.03	108.55
其他电子设备制造	23	45.69	4.13	111.38	14.89
仪器仪表制造业	246	801.65	23.36	1162.56	223.00
通用仪器仪表制造	136	505.34	12.32	606.68	60.69
专用仪器仪表制造	68	159.98	1.34	280.74	77.05
钟表与计时仪器制造	5	10.51	0.39	11.22	0.83
光学仪器及眼镜制造	33	121.72	9.26	252.99	83.53
其他仪器仪表制造业	4	4.11	0.05	10.93	0.89
其他制造业	70	431.77	12.58	917.36	283.97
日用杂品制造	4	1.38		2.12	0.44
煤制品制造	5	34.80		118.99	47.43
废弃资源综合利用业	49	208.76	0.47	134.01	40.70
金属废料和碎屑加工处理	30	189.52		103.82	29.40
非金属废料和碎屑加工处理	19	19.24	0.47	30.19	11.30
金属制品、机械和设备修理业	83	311.60	53.63	702.67	208.19
通用设备修理	11	7.50		7.60	1.61
专用设备修理	10	13.07		18.24	5.25
铁路、船舶、航空航天等运输设备修理	50	275.44	53.63	655.18	194.82
电气设备修理	6	7.59		8.43	3.11
电力、热力、燃气及水生产和供应业	**5066**	**54910.85**	**145.57**	**100989.93**	**62040.41**
电力、热力生产和供应业	3908	52038.25	134.84	92228.48	57700.88
电力生产	2062	15222.37	54.27	46420.47	32958.13
电力供应	1468	36106.53	77.22	43241.02	23443.75
热力生产和供应	378	709.34	3.35	2566.99	1299.00
燃气生产和供应业	323	1867.27	8.56	2632.67	1183.63
水的生产和供应业	835	1005.33	2.18	6128.78	3155.90
自来水生产和供应	741	880.61	1.76	5370.07	2772.38

单位：亿元

固定资产原价	累计折旧	流动资产合计	应收账款	存货	产成品	负债合计
3085.23	1173.78	5312.20	1375.08	1239.79	397.73	5243.87
155.33	59.50	463.44	99.06	83.89	33.35	416.15
547.93	226.94	1810.12	559.11	428.81	101.25	1584.38
18.97	5.62	52.69	18.99	19.81	3.85	43.26
119.27	47.00	311.58	80.37	117.35	12.13	306.81
303.43	130.94	1086.80	198.37	288.21	124.52	940.31
1732.67	604.16	1249.75	318.15	222.43	90.33	1620.85
184.88	91.63	265.62	76.39	59.08	25.66	274.68
22.76	7.99	72.19	24.63	20.22	6.63	57.42
339.74	136.54	792.07	268.75	189.09	47.01	643.25
101.35	46.52	467.56	174.13	112.84	27.01	341.92
118.85	44.09	164.30	53.82	42.05	12.20	145.53
1.96	1.29	10.20	1.80	5.17	2.23	4.44
115.74	43.70	145.43	37.87	28.21	5.56	144.60
1.84	0.95	4.57	1.13	0.82	0.01	6.75
381.07	154.45	507.79	74.98	214.61	27.52	647.17
0.71	0.27	1.63	0.22	0.11	0.03	0.70
63.48	16.43	24.46	4.10	3.68	1.52	93.06
41.66	10.83	73.32	25.94	10.90	3.26	93.20
26.21	6.77	65.00	24.09	9.80	2.89	75.86
15.45	4.05	8.32	1.84	1.10	0.37	17.33
285.86	96.90	409.68	102.72	96.30	14.37	448.69
2.64	1.31	5.20	1.84	1.02	0.33	4.68
8.62	3.49	11.23	3.08	2.39	0.31	10.24
263.47	87.47	379.41	94.99	88.40	12.79	420.24
5.93	2.82	4.21	1.82	0.88	0.13	7.51
96167.42	**36439.48**	**15277.66**	**2686.95**	**1182.38**	**98.31**	**65962.79**
90169.75	34316.52	12556.17	2418.50	1031.45	72.15	60975.91
48479.31	15631.72	6299.87	1823.84	818.15	58.07	33088.19
39888.21	18052.27	5315.94	506.70	116.21	9.55	26018.95
1802.23	632.54	940.36	87.96	97.10	4.54	1868.78
1523.78	430.86	897.69	105.36	93.71	20.47	1541.42
4473.89	1692.09	1823.80	163.09	57.21	5.68	3445.47
3976.16	1543.67	1623.77	133.67	54.84	4.99	3076.33

2-2 续表 6

行业	流动负债合计	应付账款	所有者权益合计	实收资本	国家资本
总计	**140376.51**	**38826.69**	**128655.24**	**63390.89**	**33129.26**
采矿业	**21768.88**	**5958.04**	**26089.44**	**13561.14**	**8177.36**
煤炭开采和洗选业	13652.79	2950.52	11984.47	3967.38	2241.24
烟煤和无烟煤开采洗选	13151.91	2856.75	11485.89	3760.22	2112.78
石油和天然气开采业	4104.32	1897.33	9769.90	7047.50	4482.51
石油开采	3689.81	1765.15	9394.39	6013.75	4374.20
天然气开采	414.51	132.18	375.52	1033.75	108.32
黑色金属矿采选业	1462.22	303.35	1857.63	843.92	651.73
铁矿采选	1436.95	301.23	1822.93	828.65	648.44
锰矿、铬矿采选	17.92	1.62	32.96	14.56	3.29
其他黑色金属矿采选	7.35	0.49	1.75	0.72	
有色金属矿采选业	852.64	132.66	923.50	361.86	162.21
常用有色金属矿采选	378.54	56.32	441.26	211.47	90.60
贵金属矿采选	373.59	60.40	340.88	74.12	47.22
稀有稀土金属矿采选	100.51	15.95	141.36	76.27	24.39
非金属矿采选业	375.09	41.58	461.90	167.42	111.71
土砂石开采	53.64	9.09	72.14	27.32	10.71
化学矿开采	89.24	9.93	85.60	49.03	41.35
采盐	211.03	21.19	280.00	85.05	55.84
石棉及其他非金属矿采选	21.19	1.37	24.17	6.02	3.81
开采辅助活动	1320.65	632.48	1091.23	1172.96	527.86
石油和天然气开采辅助活动	1320.65	632.48	1091.23	1172.96	527.86
制造业	**89177.66**	**25725.35**	**68302.89**	**32136.64**	**13591.24**
农副食品加工业	1453.51	345.50	642.17	307.55	130.20
谷物磨制	209.34	23.65	111.56	66.94	22.15
饲料加工	32.65	5.89	39.87	20.91	3.80
植物油加工	797.72	262.20	165.67	91.30	59.40
制糖业	145.75	25.80	72.01	31.32	13.81
屠宰及肉类加工	166.35	12.58	127.98	48.90	12.78
水产品加工	31.64	4.24	21.21	8.50	1.87
蔬菜、水果和坚果加工	23.33	4.24	29.35	11.99	3.86
其他农副食品加工	46.73	6.89	74.51	27.70	12.52
食品制造业	553.71	117.96	497.32	208.33	68.28
方便食品制造	25.17	4.13	9.41	13.83	9.41
乳制品制造	300.53	77.55	312.93	101.26	16.01
罐头食品制造	65.76	4.59	11.39	14.57	5.97
调味品、发酵制品制造	80.88	12.28	84.83	22.95	13.33
其他食品制造	70.39	16.04	61.16	42.68	21.26

单位：亿元

集体资本	法人资本	个人资本	港澳台资本	外商资本	主营业务收　入	主营业务成　本	主营业务税金及附加
940.65	**24617.45**	**1790.25**	**578.62**	**1827.18**	**257816.87**	**213204.73**	**10732.38**
98.13	**4863.60**	**174.20**	**6.24**	**27.13**	**35125.77**	**24652.31**	**1431.88**
75.97	1475.74	140.68	3.00	15.88	19193.05	15231.44	265.28
75.80	1402.18	136.19	3.00	15.39	18496.01	14715.90	250.02
0.36	2358.44	2.90		5.35	10157.34	4545.22	1081.53
0.36	1433.01	2.89		5.35	9880.57	4394.78	1073.51
	925.43	0.01			276.77	150.45	8.03
4.42	174.56	13.18	0.01	0.01	1693.38	1367.71	23.09
4.42	166.36	9.41	0.01	0.01	1664.51	1345.31	22.30
	7.49	3.77			16.79	13.36	0.24
	0.72				12.07	9.04	0.55
9.20	170.69	10.65	3.18	4.35	1843.77	1492.13	18.81
3.80	107.06	6.01	3.18	0.54	674.14	501.36	11.23
2.12	19.18	2.04		3.56	963.69	829.70	3.65
3.27	44.45	2.60		0.24	205.94	161.06	3.92
7.62	41.02	5.62	0.05	1.34	519.95	380.69	14.56
1.04	15.12	0.43			197.08	151.56	5.49
0.16	6.47	0.47	0.05	0.50	102.93	68.27	3.71
6.23	18.14	4.07		0.77	175.90	131.56	4.69
0.19	1.29	0.65		0.07	44.04	29.29	0.67
0.57	643.16	1.17		0.20	1717.26	1634.54	28.61
0.57	643.16	1.17		0.20	1717.26	1634.54	28.61
681.59	**14479.69**	**1405.01**	**319.56**	**1479.11**	**167561.89**	**139716.77**	**9002.75**
5.01	140.20	24.70	0.42	7.05	3427.07	3175.68	25.61
3.92	28.97	10.74	0.21	0.97	615.82	562.64	2.18
0.11	14.14	2.69	0.16		168.24	151.11	0.35
0.13	26.48	2.54		2.73	1600.48	1548.82	12.00
	13.13	4.37			229.27	204.70	1.12
0.46	34.76	0.61		0.29	559.37	488.85	9.02
0.02	4.39	1.39		0.83	85.40	75.11	0.42
0.30	6.55	1.28			65.24	52.68	0.26
0.07	11.77	1.06	0.05	2.23	103.26	91.76	0.25
4.75	88.34	36.32	2.85	7.70	1069.44	845.54	7.16
	2.43	0.18	0.73	1.08	58.21	46.29	0.26
2.24	47.48	30.22		5.30	596.91	462.04	3.23
0.21	7.94	0.29	0.09	0.08	59.23	51.59	0.27
0.32	6.06	2.89		0.34	115.38	94.73	1.30
1.83	14.63	2.34	2.00	0.52	208.00	167.86	1.85

2-2 续表 7

行业	流动负债合计	应付账款	所有者权益合计	实收资本	国家资本
酒、饮料和精制茶制造业	1143.77	194.85	2058.63	654.51	158.71
酒的制造	1061.45	182.43	2007.60	623.46	149.94
饮料制造	75.09	10.59	42.51	27.85	6.86
精制茶加工	7.23	1.83	8.52	3.21	1.92
烟草制品业	1953.16	833.73	5912.09	965.05	373.61
烟叶复烤	44.19	8.01	238.77	158.36	104.69
卷烟制造	1884.24	816.96	5635.91	792.95	263.35
其他烟草制品制造	24.74	8.76	37.42	13.74	5.57
纺织业	523.88	77.03	391.63	193.36	82.08
棉纺织及印染精加工	397.90	59.75	284.31	143.37	60.09
毛纺织及染整精加工	28.06	8.79	18.87	14.94	8.94
麻纺织及染整精加工	5.11	1.16	6.43	5.79	5.22
丝绢纺织及印染精加工	18.44	1.34	16.22	1.66	0.64
针织或钩针编织物及其制品制造	17.75	2.68	19.83	5.99	1.02
非家用纺织制成品制造	52.38	2.65	42.49	20.56	6.08
纺织服装、服饰业	119.93	22.73	111.24	43.55	14.78
机织服装制造	102.98	19.92	96.89	36.96	13.77
针织或钩针编织服装制造	15.68	2.72	12.20	5.96	0.87
服饰制造	1.28	0.09	2.15	0.63	0.15
皮革、毛皮、羽毛及其制品和制鞋业	18.64	5.65	28.38	9.16	2.99
毛皮鞣制及制品加工	2.35	0.98	2.95	0.95	0.81
制鞋业	16.11	4.62	25.16	7.92	2.11
木材加工和木、竹、藤、棕、草制品业	103.82	15.79	63.05	42.83	12.23
木材加工	14.04	2.19	11.99	5.44	3.00
人造板制造	68.37	8.51	38.95	26.00	4.06
木制品制造	20.79	4.86	10.48	10.26	4.50
竹、藤、棕、草等制品制造	0.61	0.22	1.62	1.13	0.67
家具制造业	48.09	24.56	35.71	13.24	3.95
木质家具制造	5.53	1.42	3.59	2.69	1.01
金属家具制造	39.71	22.44	27.93	7.41	2.62
造纸和纸制品业	753.85	126.62	531.63	353.37	188.01
纸浆制造	76.21	12.68	32.06	44.76	0.19
造纸	658.42	108.76	480.67	299.74	184.84
纸制品制造	19.22	5.18	18.90	8.87	2.98

单位：亿元

集体资本	法人资本	个人资本	港澳台资本	外商资本	主营业务收入	主营业务成本	主营业务税金及附加
209.46	146.22	128.11	4.73	7.00	2629.70	1604.52	163.24
209.02	125.96	126.94	4.52	6.79	2423.40	1447.63	161.25
0.38	19.41	0.85	0.21	0.15	170.53	127.75	1.75
0.06	0.85	0.32		0.05	35.77	29.14	0.25
0.46	590.53	0.03		0.42	8245.01	2088.38	4424.69
0.10	53.15			0.42	175.90	122.20	2.70
0.30	529.30				8001.29	1919.48	4421.06
0.05	8.09	0.03			67.82	46.70	0.92
1.78	83.44	19.53	3.88	2.54	894.98	827.39	2.51
1.24	60.52	15.46	3.76	2.17	562.57	526.13	1.75
0.10	5.05	0.70	0.07	0.09	90.88	79.69	0.21
0.13	0.01	0.44			17.03	15.69	0.08
0.16	0.74	0.12			31.79	29.10	0.10
0.14	4.25	0.48	0.05	0.04	58.22	50.39	0.12
	11.95	2.30		0.23	126.15	119.12	0.19
0.47	26.29	0.51	0.73	0.47	207.42	162.95	1.31
0.28	21.24	0.50	0.73	0.45	186.22	146.19	1.17
0.17	4.89	0.01		0.02	18.05	14.86	0.10
0.02	0.16				3.14	1.90	0.04
0.19	4.80	0.19	0.03	0.96	105.95	92.82	0.50
	0.03	0.11			7.93	6.81	0.01
0.18	4.56	0.09	0.03	0.96	96.46	84.89	0.47
1.81	22.68	4.11	0.91		190.85	169.39	1.42
0.08	1.71	0.65			42.70	37.88	0.32
1.73	16.08	2.53	0.50		118.93	105.56	0.87
	4.43	0.92	0.41		25.49	22.86	0.18
	0.46				3.73	3.10	0.04
0.12	5.82	0.24	2.76	0.34	88.49	66.65	0.14
	1.19		0.15	0.34	9.65	7.78	0.06
	2.13	0.04	2.62		72.35	54.14	0.05
15.06	112.06	12.22	1.49	24.52	724.53	634.54	2.96
	43.82		0.75		39.77	35.31	0.13
14.26	63.54	12.04	0.60	24.47	632.09	554.23	2.42
0.81	4.70	0.19	0.14	0.05	52.67	44.99	0.41

2-2 续表 8

行业	流动负债合计	应付账款	所有者权益合计	实收资本	国家资本
印刷和记录媒介复制业	220.84	58.62	436.94	247.74	100.86
印刷	215.83	57.04	422.39	239.99	99.42
装订及印刷相关服务	1.54	0.42	3.42	0.80	0.74
记录媒介复制	3.48	1.17	11.14	6.95	0.71
文教、工美、体育和娱乐用品制造业	118.96	44.10	92.12	53.01	33.12
文教办公用品制造	6.50	0.63	5.53	3.48	1.79
乐器制造	8.55	4.46	26.63	18.88	14.03
工艺美术品制造	99.70	37.58	55.66	27.43	16.16
体育用品制造	1.55	0.42	2.23	1.92	0.86
玩具制造	0.91	0.30	0.90	0.41	0.01
游艺器材及娱乐用品制造	1.75	0.72	1.16	0.89	0.27
石油加工、炼焦和核燃料加工业	6328.88	1990.44	4883.96	3551.52	1980.16
精炼石油产品制造	5315.23	1760.10	4547.37	3222.19	1861.46
炼焦	935.14	204.78	289.96	299.10	88.47
化学原料和化学制品制造业	7811.88	1537.66	6070.02	3961.06	1682.09
基础化学原料制造	2804.66	565.98	2472.58	1584.30	479.69
肥料制造	2353.89	389.41	1572.29	921.50	485.20
农药制造	235.49	37.09	148.86	58.95	19.48
涂料、油墨、颜料及类似产品制造	82.36	18.89	91.81	44.47	20.56
合成材料制造	1261.94	282.48	985.78	856.71	470.60
专用化学产品制造	812.07	178.48	456.65	363.13	145.02
炸药、火工及焰火产品制造	183.58	43.70	278.51	89.15	47.47
日用化学产品制造	77.89	21.64	63.53	42.85	14.06
医药制造业	1167.09	272.65	1712.41	806.56	242.97
化学药品原料药制造	288.34	51.02	392.49	120.32	49.01
化学药品制剂制造	394.29	104.86	470.38	200.64	75.94
中药饮片加工	38.72	16.29	40.27	13.45	7.80
中成药生产	295.87	70.45	541.21	347.83	30.49
兽用药品制造	9.32	1.13	18.49	8.37	3.63
生物药品制造	127.38	18.60	215.88	109.20	74.06
卫生材料及医药用品制造	13.16	10.30	33.69	6.74	2.04
化学纤维制造业	324.12	51.59	266.53	147.95	68.72
纤维素纤维原料及纤维制造	208.17	32.43	169.34	80.95	43.47
合成纤维制造	115.94	19.17	97.19	66.99	25.25
橡胶和塑料制品业	680.49	157.19	569.46	307.85	104.38
橡胶制品业	474.88	115.45	324.35	172.15	62.45
塑料制品业	205.62	41.73	245.11	135.70	41.93

单位：亿元

集体资本	法人资本	个人资本	港澳台资本	外商资本	主营业务收入	主营业务成本	主营业务税金及附加
0.36	131.40	7.41	3.42	4.07	515.98	390.55	3.64
0.36	125.52	7.39	3.36	3.71	503.20	380.88	3.49
	0.01		0.05		3.12	2.32	0.11
	5.87	0.02		0.35	9.66	7.35	0.04
1.48	16.85	0.88	0.23	0.45	517.72	472.42	1.54
	1.49		0.10	0.10	9.88	7.92	0.02
	4.82			0.03	21.60	17.07	0.15
0.92	9.27	0.75	0.05	0.29	470.19	434.19	1.30
0.51	0.42	0.12		0.01	10.44	8.80	0.03
	0.28	0.01	0.09	0.03	3.01	2.32	0.01
0.04	0.58				2.60	2.12	0.03
11.75	1238.66	83.90	38.34	85.04	27868.47	23831.49	2909.81
3.78	1051.07	72.05	38.34	81.82	26652.95	22719.28	2906.75
7.97	187.59	11.86		3.21	1117.18	1031.05	2.72
57.28	1789.41	127.90	21.32	236.16	13097.02	11615.84	190.63
25.75	858.21	26.58	11.25	182.82	5495.12	4997.30	112.61
11.54	372.71	37.64	7.59	6.64	2873.84	2499.10	18.32
0.15	24.01	11.54	1.17	2.61	397.73	326.85	0.70
0.03	20.62	2.54	0.12	0.59	145.48	121.57	0.77
8.71	316.30	21.56	0.21	39.14	2396.63	2156.93	46.70
7.08	145.23	16.24	0.99	2.34	1365.49	1207.17	8.77
0.69	35.33	4.23		1.43	308.23	227.12	2.09
3.32	17.00	7.57		0.60	114.51	79.80	0.68
10.83	437.01	75.12	10.26	28.94	2295.57	1593.93	15.59
3.92	46.12	17.70	0.03	3.55	496.05	387.45	2.31
3.25	83.17	15.89	1.92	20.46	778.35	558.84	4.82
0.04	2.00	1.15	2.41	0.05	77.00	57.07	0.59
2.44	274.60	29.56	5.90	3.41	660.85	420.17	5.59
	2.36	1.27		1.11	16.04	7.68	0.15
1.19	26.83	6.78		0.35	195.49	111.90	1.25
	1.92	2.77			71.79	50.81	0.87
0.68	28.85	30.18	6.68	6.39	482.26	409.33	3.43
0.21	15.21	10.85	6.43	4.78	345.61	286.17	2.99
0.47	13.64	19.33	0.25	1.61	136.65	123.16	0.44
14.29	145.72	23.81	6.25	13.39	1272.23	1092.48	6.78
11.53	76.89	10.57	1.11	9.61	822.79	704.79	4.61
2.76	68.84	13.25	5.14	3.79	449.44	387.69	2.17

2-2 续表 9

行 业	流动负债合 计	应付账款	所 有 者权益合计	实收资本	国家资本
非金属矿物制品业	3572.14	818.46	2880.85	1678.45	660.24
水泥、石灰和石膏制造	2119.85	382.44	1918.61	1059.10	437.36
石膏、水泥制品及类似制品制造	693.93	251.05	332.29	170.90	70.40
砖瓦、石材等建筑材料制造	89.67	23.65	85.61	49.60	14.72
玻璃制造	91.45	21.30	61.08	58.65	24.05
玻璃制品制造	81.25	19.03	81.34	57.80	32.51
玻璃纤维和玻璃纤维增强塑料制品制造	198.61	44.05	184.71	128.68	14.37
陶瓷制品制造	54.25	11.26	41.79	34.42	15.70
耐火材料制品制造	93.52	24.46	51.87	35.25	17.78
石墨及其他非金属矿物制品制造	149.62	41.22	123.54	84.07	33.35
黑色金属冶炼和压延加工业	18403.39	4069.82	9818.92	4813.04	1726.34
炼铁	700.99	191.21	379.07	244.98	18.52
炼钢	3528.91	616.34	1765.42	352.53	237.98
黑色金属铸造	154.72	46.32	68.10	52.20	12.80
钢压延加工	13802.34	3186.02	7518.40	4091.12	1424.18
铁合金冶炼	216.44	29.91	87.93	72.21	32.86
有色金属冶炼和压延加工业	6426.08	1258.94	4293.13	2101.53	1183.44
常用有色金属冶炼	4646.87	957.58	2550.23	1277.34	751.48
贵金属冶炼	429.34	45.88	430.30	99.77	38.52
稀有稀土金属冶炼	203.74	39.33	411.14	105.94	40.40
有色金属合金制造	296.66	83.02	268.47	184.77	143.41
有色金属铸造	28.55	11.36	13.34	7.88	4.56
有色金属压延加工	820.91	121.76	619.66	425.82	205.08
金属制品业	1500.94	450.09	1143.03	611.68	331.95
结构性金属制品制造	377.65	127.75	249.54	145.33	56.95
金属工具制造	43.08	9.85	49.95	26.73	15.00
集装箱及金属包装容器制造	161.16	39.14	109.35	57.70	24.25
金属丝绳及其制品制造	161.90	49.55	61.68	46.75	18.76
建筑、安全用金属制品制造	40.47	12.60	31.44	25.74	16.93
金属表面处理及热处理加工	38.25	8.31	28.67	18.72	7.47
其他金属制品制造	674.94	202.13	609.94	288.71	192.24
通用设备制造业	4424.60	1462.22	2977.51	1044.98	456.45
锅炉及原动设备制造	1673.80	506.29	1098.74	321.70	134.31
金属加工机械制造	585.15	160.67	361.13	158.76	84.59
物料搬运设备制造	813.91	299.04	492.49	118.45	60.29
泵、阀门、压缩机及类似机械制造	376.69	145.81	316.80	152.95	66.08

单位：亿元

集体资本	法人资本	个人资本	港澳台资本	外商资本	主营业务收入	主营业务成本	主营业务税金及附加
31.83	859.50	89.24	9.03	28.21	4829.75	3942.85	31.63
17.94	517.87	62.64	5.65	18.33	3049.27	2428.04	20.19
2.45	85.90	9.65	0.72	0.99	845.52	721.20	6.07
0.42	30.71	1.64	0.28	1.51	155.04	127.52	1.26
0.16	32.43	0.34	1.66	0.01	67.17	57.15	0.34
0.53	20.42	2.72	0.42	1.20	108.18	93.84	0.47
2.42	108.14	0.23		3.52	197.06	164.01	1.21
	12.91	4.46	0.29	1.06	52.85	42.82	0.32
1.85	12.11	2.56		0.94	140.88	123.53	0.50
6.06	39.00	5.00		0.65	213.77	184.74	1.26
208.59	2585.54	210.08	29.60	52.90	24782.53	23227.24	56.61
0.70	212.13	13.63			784.17	756.58	1.45
0.12	109.92	4.51			4482.03	4226.71	2.40
0.05	35.17	3.20	0.05	0.93	222.46	199.78	0.68
207.52	2195.74	183.94	29.54	50.21	18953.98	17731.05	50.85
0.20	32.57	4.81	0.01	1.76	339.88	313.13	1.24
18.88	773.30	88.22	12.63	23.04	15618.30	14964.90	35.58
14.15	454.12	41.50	2.14	12.74	10671.64	10331.95	20.94
1.19	38.91	13.86	6.49		1392.03	1305.65	3.70
0.12	39.99	19.27	2.22	3.94	597.07	511.20	5.82
0.09	39.22	1.12		0.93	568.45	520.33	1.68
	2.52			0.80	42.54	36.99	0.10
3.32	198.54	12.48	1.78	4.63	2346.57	2258.78	3.34
10.25	226.43	20.78	6.68	12.50	2262.37	1977.85	9.77
0.79	72.94	7.90	0.59	3.36	542.89	476.04	3.53
2.57	8.48	0.38		0.30	68.52	54.14	0.49
0.24	27.36	0.79	0.50	4.48	291.59	250.93	1.30
0.40	27.08	0.31	0.01		169.29	157.47	0.35
	4.65	1.04	1.85	1.27	81.18	70.30	0.32
0.04	9.30		1.65	0.26	73.01	67.41	0.15
6.18	75.28	10.23	2.08	2.69	1002.30	870.99	3.55
7.97	447.65	63.60	3.20	65.77	5056.24	4143.22	29.69
1.31	137.81	17.49		30.75	1606.64	1249.11	13.40
1.97	61.38	9.68	0.05	1.08	589.15	505.26	3.05
0.85	42.35	7.88	0.95	6.12	1095.34	911.83	4.98
0.53	67.73	8.09		10.52	586.31	492.70	1.79

2-2 续表 10

行 业	流动负债合计	应付账款	所有者权益合计	实收资本	国家资本
轴承、齿轮和传动部件制造	179.30	59.90	173.02	80.50	27.48
烘炉、风机、衡器、包装等设备制造	498.80	196.05	330.27	106.79	33.87
文化、办公用机械制造	34.43	10.87	45.94	12.88	3.89
通用零部件制造	144.46	49.22	112.47	68.30	37.75
其他通用设备制造业	118.06	34.37	46.65	24.64	8.19
专用设备制造业	4582.53	1712.21	3252.16	1595.50	688.38
采矿、冶金、建筑专用设备制造	3610.18	1385.25	2421.64	1187.86	562.49
化工、木材、非金属加工专用设备制造	245.96	62.51	166.66	89.66	28.35
食品、饮料、烟草及饲料生产专用设备制造	53.51	24.49	74.27	34.11	6.25
印刷、制药、日化及日用品生产专用设备制造	73.09	18.93	66.79	29.53	11.23
纺织、服装和皮革加工专用设备制造	100.95	38.58	60.86	37.16	14.40
电子和电工机械专用设备制造	71.21	16.04	85.91	49.55	29.53
农、林、牧、渔专用机械制造	152.15	51.38	114.43	61.95	11.55
医疗仪器设备及器械制造	44.16	15.70	92.04	32.62	3.55
环保、社会公共服务及其他专用设备制造	231.31	99.33	169.54	73.06	21.03
汽车制造业	10946.42	4644.95	9354.98	3163.94	975.70
汽车整车制造	8920.03	3824.27	7988.56	2492.15	757.73
改装汽车制造	412.67	125.00	197.11	118.05	47.52
低速载货汽车制造	19.57	3.69	3.76	16.78	1.66
电车制造	2.06	0.51	2.35	2.31	0.30
汽车车身、挂车制造	33.59	13.82	27.98	11.52	5.79
汽车零部件及配件制造	1558.50	677.66	1135.22	523.13	162.69
铁路、船舶、航空航天和其他运输设备制造业	6450.35	2028.90	3510.08	1962.97	1039.32
铁路运输设备制造	1532.57	738.85	943.32	536.70	272.06
城市轨道交通设备制造	52.40	26.07	35.18	32.74	11.35
船舶及相关装置制造	2517.61	608.16	1045.78	680.48	261.25
航空、航天器及设备制造	2193.68	594.50	1360.92	655.95	473.64
摩托车制造	126.95	50.26	98.87	43.68	14.76
自行车制造	11.52	4.34	17.77	5.85	1.48
电气机械和器材制造业	4190.44	1581.19	2185.61	997.20	433.05
电机制造	1244.75	495.81	613.44	324.20	127.39
输配电及控制设备制造	1203.79	460.66	771.30	367.87	201.72
电线、电缆、光缆及电工器材制造	256.19	59.21	182.34	90.06	49.39
电池制造	149.89	42.90	113.06	71.75	14.24
家用电力器具制造	1225.57	467.32	416.22	88.32	26.27
非电力家用器具制造	56.78	24.57	48.03	29.48	4.54
照明器具制造	40.70	24.48	35.66	20.45	7.38
其他电气机械及器材制造	12.77	6.24	5.58	5.05	2.12

单位：亿元

集体资本	法人资本	个人资本	港澳台资本	外商资本	主营业务收入	主营业务成本	主营业务税金及附加
1.19	45.01	6.08	0.18	0.57	275.64	243.26	1.10
1.62	46.46	7.57	1.57	15.69	563.03	447.30	3.75
	4.74	4.25			63.63	47.89	0.37
0.29	27.23	1.64	0.45	0.65	197.25	180.51	0.85
0.21	14.93	0.91		0.40	79.26	65.35	0.40
12.64	761.78	57.39	18.92	55.65	5574.54	4745.36	28.47
5.80	517.11	42.39	15.40	43.92	4299.44	3706.95	21.55
4.50	46.89	4.25	1.03	4.64	231.97	188.34	1.15
0.62	27.11	0.13			92.65	72.30	0.70
	16.61	1.27	0.27	0.16	71.54	58.28	0.44
0.09	17.67	0.54	1.56	2.89	94.24	79.13	0.48
	18.97	0.92	0.13		120.15	98.84	0.91
0.72	48.35	1.27		0.06	259.84	226.53	0.72
0.02	21.49	4.60		2.97	78.91	55.61	0.44
0.89	47.59	2.02	0.53	1.01	325.80	259.39	2.09
12.33	1353.94	97.34	92.79	631.84	25789.52	20942.18	957.28
3.52	990.27	77.55	90.28	572.80	21950.72	17609.75	944.29
3.11	60.10	5.79	0.01	1.51	568.23	509.76	1.69
	7.60	0.02		7.50	17.49	16.60	0.02
	2.00	0.01			1.15	0.92	
0.07	3.75	0.92	0.24	0.75	114.65	104.09	0.18
5.63	290.22	13.05	2.25	49.28	3137.30	2701.05	11.09
17.79	826.47	22.85	10.75	51.70	6467.38	5568.48	27.26
2.45	245.19	7.18	0.48	9.34	2158.51	1779.83	12.33
	18.66			2.74	58.80	53.16	0.24
3.38	375.70	3.65	7.89	28.61	1924.69	1726.75	4.18
11.75	165.78	5.84	2.28	2.55	2012.08	1739.14	5.67
0.21	16.40	5.45	0.10	6.75	271.84	233.52	4.76
	1.96	0.70		1.72	26.28	22.31	0.03
13.25	452.10	66.97	11.43	20.05	5212.85	4288.67	23.46
0.82	170.28	17.02	6.35	2.34	1071.51	922.87	4.60
6.34	132.56	17.57	3.89	5.79	1366.23	1123.54	6.87
2.94	28.70	2.52	0.91	5.61	636.79	544.87	1.97
2.06	53.29	1.32	0.08	0.50	218.54	194.85	0.69
0.98	31.80	26.38		2.79	1726.60	1339.79	8.62
0.01	23.30	1.53		0.10	80.62	67.97	0.37
0.09	9.62	0.40	0.14	2.82	95.94	80.13	0.28
0.01	2.54	0.23	0.07	0.08	16.61	14.65	0.06

2-2 续表 11

行业	流动负债合计	应付账款	所有者权益合计	实收资本	国家资本
计算机、通信和其他电子设备制造业	3904.29	1298.90	3508.34	1758.09	588.10
计算机制造	356.92	93.35	352.54	111.87	25.26
通信设备制造	1345.86	426.60	907.22	253.77	94.30
广播电视设备制造	39.85	11.35	35.97	19.66	5.79
雷达及配套设备制造	251.62	75.40	148.23	31.55	14.07
视听设备制造	796.33	272.67	524.26	115.20	25.06
电子器件制造	836.06	302.99	1326.20	1106.98	381.17
电子元件制造	234.68	100.86	159.97	106.64	39.89
其他电子设备制造	42.97	15.68	53.96	12.40	2.57
仪器仪表制造业	563.51	218.93	517.77	220.91	84.50
通用仪器仪表制造	305.14	141.09	263.31	110.78	52.16
专用仪器仪表制造	127.91	43.29	135.11	72.56	26.39
钟表与计时仪器制造	4.43	0.98	6.79	1.63	0.13
光学仪器及眼镜制造	121.54	32.23	108.38	34.74	5.71
其他仪器仪表制造业	4.49	1.34	4.17	1.20	0.10
其他制造业	438.60	172.56	263.26	129.39	41.37
日用杂品制造	0.66	0.19	1.41	0.46	0.28
煤制品制造	40.47	10.69	25.93	22.88	2.39
废弃资源综合利用业	72.59	27.78	40.65	33.59	17.60
金属废料和碎屑加工处理	63.78	26.15	27.95	25.90	15.02
非金属废料和碎屑加工处理	8.82	1.63	12.71	7.69	2.58
金属制品、机械和设备修理业	377.15	103.72	253.32	158.73	117.67
通用设备修理	3.42	2.10	2.92	1.75	1.09
专用设备修理	8.48	2.65	8.00	3.70	3.17
铁路、船舶、航空航天等运输设备修理	352.18	94.77	234.29	148.93	112.30
电气设备修理	7.46	2.08	0.93	3.21	0.30
电力、热力、燃气及水生产和供应业	**29429.97**	**7143.30**	**34262.91**	**17693.11**	**11360.66**
电力、热力生产和供应业	26635.91	6771.57	30515.89	15452.23	9974.40
电力生产	12698.17	2401.40	13282.86	9852.31	5654.27
电力供应	12735.92	4146.39	16540.12	5163.12	4116.43
热力生产和供应	1201.82	223.78	692.92	436.80	203.69
燃气生产和供应业	1058.34	194.51	1085.03	711.43	306.72
水的生产和供应业	1735.72	177.22	2661.98	1529.45	1079.54
自来水生产和供应	1589.37	151.90	2272.71	1235.05	863.27

单位：亿元

					主营业务收　入	主营业务成　本	主营业务税金及附加
集体资本	法人资本	个人资本	港澳台资本	外商资本			
10.67	951.02	91.39	15.26	94.17	6581.62	5354.54	34.92
2.38	60.31	18.08		5.00	737.09	616.06	2.82
1.97	135.16	16.73	1.29	3.53	1863.83	1406.42	15.59
0.19	12.45	0.96	0.15	0.12	45.89	34.20	0.15
	16.54	0.86		0.07	376.26	319.78	1.33
0.45	63.66	17.51	4.29	4.22	1672.63	1416.27	8.68
3.55	603.76	33.89	7.69	73.05	1490.15	1234.48	4.57
0.84	51.47	2.65	1.75	8.07	336.98	283.36	1.40
1.28	7.67	0.69	0.09	0.10	58.78	43.96	0.38
1.50	117.71	10.36	1.35	4.14	780.07	636.38	4.32
1.17	43.11	9.30	1.14	3.89	493.16	404.16	2.91
0.30	43.71	0.65		0.16	149.33	122.42	0.97
	1.44	0.05		0.01	9.69	6.19	0.13
0.03	28.35	0.35	0.21	0.08	123.78	100.07	0.29
	1.10				4.10	3.53	0.02
0.10	76.87	10.39	0.01	0.64	427.23	367.56	1.19
	0.18				1.31	0.93	0.02
	20.49				43.69	40.84	0.49
0.02	14.32	1.11		0.53	236.55	221.44	0.64
0.02	9.62	1.01		0.22	217.01	206.91	0.41
	4.70	0.10		0.31	19.53	14.53	0.23
	24.79	0.14	3.59	12.54	310.25	262.20	1.00
	0.59	0.02		0.05	7.20	6.13	0.07
	0.53				12.35	10.42	0.04
	20.43	0.12	3.59	12.49	275.18	232.53	0.73
	2.91				7.42	6.46	0.09
160.93	**5274.15**	**211.04**	**252.83**	**320.95**	**55129.21**	**48835.65**	**297.75**
141.82	4635.70	194.47	164.16	235.02	52169.63	46346.92	277.56
131.99	3399.31	168.48	162.45	231.75	15092.99	11392.78	118.43
4.42	1024.86	14.11	0.03	2.99	36333.31	34231.39	155.89
5.41	211.54	11.88	1.69	0.28	743.33	722.74	3.24
2.44	281.55	2.93	59.58	53.09	1926.88	1673.67	8.65
16.67	356.91	13.65	29.09	32.84	1032.70	815.06	11.55
15.94	285.31	12.02	27.95	30.41	895.01	705.67	10.98

2-2 续表 12

行 业	销售费用	管理费用	税金	财务费用	利息收入	利息支出
总 计	**5201.24**	**11567.94**	**597.95**	**4513.20**	**727.22**	**5197.98**
采矿业	**606.81**	**2771.28**	**159.49**	**745.29**	**131.52**	**845.89**
煤炭开采和洗选业	484.53	1617.78	82.45	520.13	52.61	558.81
烟煤和无烟煤开采洗选	456.17	1558.25	76.30	503.63	51.09	541.83
石油和天然气开采业	42.28	801.23	58.33	127.53	61.93	183.84
石油开采	39.28	774.43	57.47	113.50	56.92	165.14
天然气开采	3.01	26.79	0.86	14.03	5.00	18.70
黑色金属矿采选业	34.31	116.44	5.72	50.00	3.00	49.11
铁矿采选	33.86	113.27	5.57	49.13	2.69	48.19
锰矿、铬矿采选	0.43	2.73	0.15	0.53	0.31	0.79
其他黑色金属矿采选	0.01	0.44		0.34		0.12
有色金属矿采选业	13.23	119.67	5.18	21.74	5.07	25.66
常用有色金属矿采选	8.02	53.71	2.25	10.92	0.86	11.28
贵金属矿采选	4.09	50.62	2.20	7.52	3.67	10.97
稀有稀土金属矿采选	1.12	15.34	0.73	3.29	0.53	3.41
非金属矿采选业	30.74	44.04	1.77	11.82	0.66	11.42
土砂石开采	9.39	12.23	0.51	1.30	0.04	1.27
化学矿开采	3.72	8.17	0.27	4.37	0.17	4.17
采盐	13.57	20.70	0.90	5.76	0.36	5.54
石棉及其他非金属矿采选	4.06	2.94	0.10	0.39	0.08	0.44
开采辅助活动	1.69	72.04	6.04	14.03	8.25	17.00
石油和天然气开采辅助活动	1.69	72.04	6.04	14.03	8.25	17.00
制造业	**4329.74**	**7661.50**	**358.36**	**1809.16**	**516.52**	**2345.35**
农副食品加工业	75.07	76.43	4.95	28.97	9.36	37.49
谷物磨制	16.40	16.30	0.84	10.04	0.43	8.78
饲料加工	5.79	6.50	0.34	0.89	0.15	0.77
植物油加工	13.82	13.60	2.12	4.85	3.94	10.53
制糖业	7.23	13.26	0.42	6.73	0.25	6.86
屠宰及肉类加工	21.71	16.73	0.77	3.35	4.11	7.24
水产品加工	1.68	3.47	0.25	1.14	0.13	1.17
蔬菜、水果和坚果加工	4.09	3.20	0.06	0.47	0.16	0.57
其他农副食品加工	4.36	3.37	0.14	1.51	0.19	1.57
食品制造业	113.33	51.55	2.44	7.77	3.27	10.02
方便食品制造	4.80	6.24	0.20	0.36	0.12	0.47
乳制品制造	80.75	22.94	1.24	0.52	2.62	3.03
罐头食品制造	4.14	2.81	0.19	1.75	0.05	1.50
调味品、发酵制品制造	8.47	6.17	0.34	2.66	0.30	2.59
其他食品制造	12.53	11.21	0.42	2.39	0.14	2.35

单位：亿元

投资收益（损失以"-"号记）	营业利润	利润总额	亏损企业亏损额	应交增值税	应交所得税	从业人员平均人数（万人）
1561.14	**15152.88**	**15917.68**	**2792.46**	**10835.46**	**2736.80**	**1889.49**
149.10	**4915.72**	**4956.79**	**461.83**	**2484.72**	**622.67**	**517.66**
134.13	1283.77	1307.19	292.42	1282.33	334.17	369.01
131.01	1216.60	1252.22	279.04	1227.66	324.77	356.90
-11.02	3351.47	3322.59	79.82	933.36	210.43	75.71
-12.19	3277.66	3244.35	77.15	926.36	201.95	74.48
1.17	73.81	78.24	2.67	7.00	8.48	1.23
16.78	126.66	121.75	8.50	92.84	25.99	17.14
18.35	125.56	121.20	6.26	90.15	25.88	16.61
-1.57	-0.66	-1.21	2.24	1.19	0.11	0.42
	1.77	1.77		1.50		0.11
6.71	185.08	193.05	8.62	60.65	33.17	18.07
1.67	94.69	100.18	4.43	42.29	14.88	7.92
4.66	69.06	69.15	2.21	5.28	13.62	6.82
0.38	21.33	23.71	1.98	13.08	4.67	3.34
-1.44	42.11	48.19	3.96	33.78	7.12	8.76
-2.72	16.20	15.60	1.53	13.75	1.46	1.86
0.04	14.81	15.29	1.09	7.25	2.83	1.32
1.18	4.46	9.93	1.09	9.10	2.02	4.76
0.06	6.64	7.37	0.24	3.68	0.82	0.82
3.95	-73.62	-36.23	68.51	81.64	11.73	28.96
3.95	-73.62	-36.23	68.51	81.64	11.73	28.96
950.77	**6802.91**	**7289.63**	**1938.29**	**6040.22**	**1504.35**	**1062.81**
-23.47	108.04	106.23	16.64	49.10	11.83	19.51
1.49	18.02	18.42	5.97	9.25	1.07	3.29
0.24	4.81	5.12	0.14	2.52	0.62	1.14
-24.53	52.08	45.91	2.41	10.83	5.12	2.46
-1.27	-1.23	3.30	4.96	9.53	1.12	3.39
1.22	22.97	23.01	0.83	11.29	2.57	5.60
-0.59	3.47	4.20	0.18	0.84	0.71	1.79
-0.07	5.47	4.13	0.39	2.75	0.31	0.97
0.05	2.47	2.14	1.76	2.10	0.31	0.88
10.00	58.31	64.36	11.25	40.93	8.38	13.34
0.05	2.13	2.30	1.25	1.76	0.72	1.13
9.30	39.50	43.14	1.84	23.13	4.12	5.88
	-2.25	-1.79	3.89	2.52	0.33	1.07
0.41	3.63	4.22	2.81	5.61	0.79	1.69
0.23	12.01	13.18	1.43	6.17	2.08	2.68

2-2 续表 13

行　业	销售费用	管理费用	税金	财务费用	利息收入	利息支出
酒、饮料和精制茶制造业	254.52	159.44	9.24	2.37	20.53	21.17
酒的制造	205.92	150.74	8.89	0.29	19.93	19.29
饮料制造	47.09	6.89	0.30	1.65	0.59	1.52
精制茶加工	1.50	1.81	0.05	0.42	0.02	0.36
烟草制品业	152.61	438.99	17.27	-12.02	23.61	11.61
烟叶复烤	7.53	15.41	1.17	-2.82	2.80	-0.03
卷烟制造	142.96	417.52	15.99	-9.37	20.76	11.30
其他烟草制品制造	2.13	6.05	0.11	0.17	0.06	0.34
纺织业	11.40	40.07	2.28	14.83	1.76	15.60
棉纺织及印染精加工	7.15	26.78	1.58	11.46	0.57	11.53
毛纺织及染整精加工	1.09	3.18	0.10	0.34	0.04	0.44
麻纺织及染整精加工	0.30	0.96	0.03	0.18		0.17
丝绢纺织及印染精加工	0.25	1.29	0.09	0.47	0.06	0.48
针织或钩针编织物及其制品制造	0.88	3.57	0.24	0.99	0.24	1.06
非家用纺织制成品制造	1.57	3.73	0.23	1.36	0.85	1.89
纺织服装、服饰业	8.02	25.74	0.41	0.18	1.26	1.21
机织服装制造	7.62	23.36	0.38	0.29	1.25	1.13
针织或钩针编织服装制造	0.34	1.46	0.03	-0.09	0.01	0.07
服饰制造	0.06	0.92		-0.03		
皮革、毛皮、羽毛及其制品和制鞋业	2.35	4.61	0.21	0.63	0.06	0.52
毛皮鞣制及制品加工	0.19	0.39	0.01	0.09		0.09
制鞋业	2.13	4.08	0.20	0.51	0.07	0.39
木材加工和木、竹、藤、棕、草制品业	6.29	13.57	0.55	4.79	0.12	4.26
木材加工	0.66	1.78	0.05	0.53		0.48
人造板制造	4.77	9.99	0.34	3.85	0.05	3.55
木制品制造	0.75	1.66	0.15	0.31	0.05	0.17
竹、藤、棕、草等制品制造	0.12	0.14		0.09	0.02	0.07
家具制造业	2.67	9.27	0.18	0.51	0.08	0.23
木质家具制造	0.37	0.72	0.03	0.13		0.07
金属家具制造	1.85	8.05	0.13	0.38	0.09	0.14
造纸和纸制品业	25.32	50.43	2.60	32.21	6.91	39.53
纸浆制造	1.56	8.11	0.23	4.17	0.13	4.12
造纸	22.39	38.72	2.23	27.41	6.69	34.85
纸制品制造	1.37	3.60	0.13	0.63	0.09	0.57

单位：亿元

投资收益（损失以"-"号记）	营业利润	利润总额	亏损企业亏损额	应交增值税	应交所得税	从业人员平均人数（万人）
5.32	520.06	525.43	13.58	178.18	123.24	26.67
6.25	514.20	518.52	10.20	169.66	121.62	24.48
-0.93	3.04	4.07	3.32	7.10	1.25	1.57
	2.82	2.84	0.06	1.42	0.37	0.62
55.14	1215.20	1206.68	0.32	1026.84	297.53	19.01
0.07	32.43	33.52	0.15	15.89	7.39	3.03
55.71	1171.54	1160.99	0.08	1007.33	287.70	15.38
-0.64	11.24	12.17	0.08	3.62	2.45	0.60
-3.07	-2.18	12.28	17.39	17.97	3.91	18.90
4.00	-5.92	7.58	8.33	13.27	2.51	14.00
0.08	6.72	7.29	1.41	1.26	0.07	1.29
0.01	-0.67	-0.51	0.59	0.45	0.22	0.52
0.26	1.80	1.79		0.70	0.18	0.50
-0.52	1.99	1.98	0.09	1.55	0.31	1.31
-6.90	-6.26	-6.03	6.94	0.52	0.62	1.04
-0.22	8.98	12.30	1.86	8.95	1.26	8.37
-0.22	7.98	11.51	1.18	7.76	1.13	7.63
	0.76	0.54	0.67	0.88	0.12	0.63
	0.24	0.25		0.32	0.01	0.10
-0.79	5.25	5.37	0.26	2.65	1.09	2.55
	0.47	0.51	0.01	0.02	0.09	0.15
-0.79	4.61	4.69	0.25	2.55	1.00	2.37
0.13	2.17	5.60	2.44	5.53	0.57	4.92
-0.67	1.80	1.74	0.07	1.38	0.05	1.42
0.79	0.20	2.44	1.81	3.72	0.46	2.68
0.01	-0.12	1.20	0.52	0.25	0.03	0.73
	0.30	0.22	0.04	0.18	0.03	0.08
5.76	18.20	18.64	0.01	3.32	1.93	1.19
	0.63	0.91	0.01	0.20	0.20	0.36
5.76	16.79	16.89		2.74	1.63	0.72
7.19	1.84	13.87	16.48	23.88	4.94	9.48
-0.20	-2.19	-1.27	4.99	2.52	0.54	0.46
7.23	2.54	13.42	9.83	19.72	3.79	7.63
0.17	1.50	1.72	1.66	1.65	0.62	1.38

2-2 续表 14

行 业	销售费用	管理费用	税金	财务费用	利息收入	利息支出
印刷和记录媒介复制业	11.24	60.50	1.77	1.28	1.32	2.40
印刷	10.29	58.73	1.73	1.20	1.23	2.26
装订及印刷相关服务	0.09	0.48		-0.05	0.05	0.01
记录媒介复制	0.86	1.29	0.04	0.13	0.03	0.13
文教、工美、体育和娱乐用品制造业	7.14	9.87	0.36	2.77	0.24	2.66
文教办公用品制造	0.27	1.49	0.01	0.04	0.03	0.02
乐器制造	1.13	1.96	0.11	0.17	0.05	0.17
工艺美术品制造	5.30	5.28	0.21	2.51	0.16	2.43
体育用品制造	0.24	0.37	0.01	0.04		0.03
玩具制造	0.14	0.45	0.01	0.02		0.01
游艺器材及娱乐用品制造	0.07	0.31	0.01			
石油加工、炼焦和核燃料加工业	123.36	672.75	23.50	174.79	14.09	197.70
精炼石油产品制造	96.14	635.16	19.46	141.00	11.28	164.96
炼焦	27.15	32.07	3.89	30.09	2.62	29.05
化学原料和化学制品制造业	277.70	652.14	32.34	318.59	23.25	333.82
基础化学原料制造	84.15	237.39	13.18	107.53	8.88	108.64
肥料制造	88.00	152.52	7.92	99.79	6.01	111.14
农药制造	9.85	16.82	1.19	7.39	0.93	7.30
涂料、油墨、颜料及类似产品制造	5.45	12.68	0.37	2.21	0.16	2.09
合成材料制造	40.14	127.94	5.74	70.89	3.48	73.23
专用化学产品制造	19.85	53.33	2.34	24.38	2.61	24.24
炸药、火工及焰火产品制造	14.86	42.74	0.99	4.06	0.97	4.65
日用化学产品制造	15.39	8.73	0.61	2.33	0.19	2.53
医药制造业	282.08	188.34	7.46	22.45	7.43	26.86
化学药品原料药制造	39.77	42.94	1.92	9.12	1.12	8.86
化学药品制剂制造	96.19	63.24	2.33	4.47	3.73	7.69
中药饮片加工	5.00	5.01	0.10	0.79	0.08	0.85
中成药生产	108.40	49.42	1.73	4.42	1.34	6.02
兽用药品制造	3.04	3.86	0.14	0.33	0.03	0.35
生物药品制造	24.40	20.71	1.11	1.87	0.85	2.58
卫生材料及医药用品制造	5.26	3.16	0.14	1.45	0.27	0.51
化学纤维制造业	7.99	27.04	1.62	13.79	1.32	14.04
纤维素纤维原料及纤维制造	4.75	16.60	1.09	7.24	1.06	7.79
合成纤维制造	3.24	10.44	0.53	6.55	0.26	6.26
橡胶和塑料制品业	52.24	60.78	3.22	20.49	1.60	20.17
橡胶制品业	37.27	35.44	1.97	15.65	0.54	14.68
塑料制品业	14.97	25.34	1.25	4.84	1.06	5.49

单位：亿元

投资收益（损失以“-”号记）	营业利润	利润总额	亏损企业亏损额	应交增值税	应交所得税	从业人员平均人数（万人）
1.76	57.26	61.72	2.82	24.85	11.79	10.19
1.74	56.74	60.90	2.72	24.28	11.66	9.92
	0.22	0.23		0.27	0.04	0.07
0.02	0.30	0.59	0.10	0.30	0.09	0.20
3.20	23.12	24.19	1.94	8.99	3.71	2.15
1.05	1.28	1.79	0.33	0.31	0.26	0.24
0.05	1.47	1.65	0.59	0.83	0.33	0.63
2.09	19.78	20.14	1.00	7.49	3.01	0.96
0.01	0.42	0.41		0.18	0.04	0.08
	0.13	0.12	0.02	0.06	0.05	0.17
	0.04	0.07		0.12	0.02	0.07
-9.61	117.10	97.88	399.35	1265.01	73.91	44.59
-10.89	112.43	91.77	375.56	1239.42	70.81	35.66
0.93	-3.13	-1.73	23.79	23.37	2.04	8.24
49.72	132.36	181.48	413.16	297.26	79.86	96.57
11.15	-6.53	2.56	172.40	123.45	28.29	33.20
13.55	70.02	87.41	70.19	59.62	21.17	25.60
0.50	34.11	35.82	1.77	7.49	4.23	3.30
2.41	5.77	6.67	1.93	4.43	0.93	1.96
8.57	-41.87	-35.30	131.87	46.13	10.05	14.12
3.00	31.68	38.95	27.91	32.00	7.57	8.11
9.04	30.06	35.10	3.27	18.18	5.10	8.43
1.48	9.13	10.26	3.82	5.96	2.51	1.86
29.98	220.72	232.06	8.63	121.04	33.90	31.11
4.71	19.91	23.82	2.48	19.45	3.38	7.71
6.49	56.96	61.70	1.51	37.12	10.85	10.18
-0.02	8.67	8.44	0.50	3.82	1.33	0.62
15.23	88.22	89.45	2.83	47.04	12.63	9.24
0.08	1.03	1.29	0.39	1.01	0.24	0.38
3.49	35.76	37.16	0.91	9.14	5.38	2.26
	10.17	10.22		3.46	0.10	0.72
3.33	30.41	34.18	8.76	12.65	7.16	7.12
1.46	35.10	36.33	2.94	10.07	6.62	5.09
1.88	-4.69	-2.15	5.82	2.57	0.54	2.03
3.37	50.19	53.71	8.99	30.90	10.00	16.05
1.84	29.57	31.35	4.61	16.54	5.93	9.94
1.53	20.62	22.36	4.38	14.36	4.08	6.11

2-2 续表 15

行 业	销售费用	管理费用		财务费用		
			税金		利息收入	利息支出
非金属矿物制品业	172.43	275.24	16.63	149.76	11.25	151.14
水泥、石灰和石膏制造	109.02	171.44	11.54	105.80	6.56	106.86
石膏、水泥制品及类似制品制造	30.18	39.12	1.42	13.88	1.95	14.41
砖瓦、石材等建筑材料制造	6.16	9.25	0.32	1.92	0.36	2.00
玻璃制造	2.25	6.81	0.47	2.36	0.33	1.91
玻璃制品制造	4.48	8.29	0.42	4.33	0.25	4.31
玻璃纤维和玻璃纤维增强塑料制品制造	6.74	14.49	0.91	12.38	0.98	12.29
陶瓷制品制造	3.06	5.80	0.34	1.38	0.12	1.40
耐火材料制品制造	4.40	6.78	0.52	1.86	0.23	1.98
石墨及其他非金属矿物制品制造	6.12	13.26	0.69	5.84	0.47	5.98
黑色金属冶炼和压延加工业	266.90	880.68	66.99	469.58	83.44	594.41
炼铁	6.94	16.00	1.80	16.47	2.39	17.68
炼钢	32.67	175.92	10.39	76.98	17.72	116.86
黑色金属铸造	3.65	12.06	0.60	3.27	0.38	3.38
钢压延加工	217.20	662.50	53.38	365.12	62.72	448.98
铁合金冶炼	6.44	14.19	0.82	7.74	0.24	7.51
有色金属冶炼和压延加工业	90.26	308.64	24.37	216.65	46.06	260.14
常用有色金属冶炼	58.91	182.99	14.79	158.41	31.69	193.37
贵金属冶炼	2.33	33.58	1.55	7.84	7.21	13.91
稀有稀土金属冶炼	3.09	25.04	3.67	8.90	1.24	9.21
有色金属合金制造	10.58	18.30	0.80	9.41	0.42	8.65
有色金属铸造	0.91	3.97	0.07	0.66	0.02	0.63
有色金属压延加工	14.45	44.77	3.50	31.42	5.47	34.36
金属制品业	41.04	151.58	6.01	25.41	5.80	28.60
结构性金属制品制造	10.27	33.37	1.75	6.35	1.01	6.82
金属工具制造	2.55	8.69	0.40	1.15	0.05	1.14
集装箱及金属包装容器制造	6.98	13.08	1.07	2.95	0.57	2.68
金属丝绳及其制品制造	4.12	5.89	0.32	1.84	1.22	2.94
建筑、安全用金属制品制造	2.38	4.67	0.18	0.75	0.15	0.86
金属表面处理及热处理加工	0.77	2.83	0.10	1.00	0.11	0.81
其他金属制品制造	13.71	82.49	2.12	11.35	2.66	13.30
通用设备制造业	168.89	399.42	14.51	47.07	21.31	65.26
锅炉及原动设备制造	45.37	127.82	4.19	2.46	9.50	11.74
金属加工机械制造	23.35	59.02	3.29	13.23	1.83	14.97
物料搬运设备制造	37.14	64.31	2.07	15.38	4.26	19.42
泵、阀门、压缩机及类似机械制造	17.80	45.42	1.37	4.26	1.49	5.19

单位：亿元

投资收益（损失以“-”号记）	营业利润	利润总额	亏损企业亏损额	应交增值税	应交所得税	从业人员平均人数（万人）
18.91	296.19	368.00	59.01	224.52	74.34	50.82
10.42	235.44	288.72	29.68	161.26	59.67	24.42
6.43	42.80	46.95	4.20	31.40	7.07	8.85
-0.97	10.61	11.93	1.25	5.24	1.83	2.51
1.01	0.78	3.68	1.78	3.83	0.51	1.55
0.19	-3.09	-0.09	5.24	3.02	0.58	2.37
0.19	-0.41	3.25	5.61	8.22	0.84	3.52
0.92	0.57	1.00	1.80	2.03	0.43	2.29
0.33	3.93	5.50	2.59	3.67	0.92	1.94
0.40	5.55	7.07	6.86	5.84	2.48	3.37
52.86	-31.66	34.23	244.38	505.93	40.00	140.48
3.27	-6.66	1.68	8.73	8.27	2.37	3.98
7.72	-11.70	9.53	3.39	83.57	2.51	21.10
-5.22	3.86	4.45	2.33	4.97	0.50	3.18
47.12	-20.79	13.48	217.79	397.72	31.81	108.91
-0.02	3.63	5.10	12.15	11.41	2.81	3.31
-10.93	174.62	204.66	203.12	239.93	43.18	67.14
-4.87	39.00	56.57	147.64	156.60	20.89	45.22
14.27	59.47	60.95	15.34	7.18	8.22	4.79
10.11	57.24	61.28	2.27	25.37	7.06	3.80
-0.24	7.67	7.34	13.26	9.97	0.03	3.75
	0.20	1.68	0.46	0.92	0.27	0.50
-30.21	11.05	16.84	24.15	39.89	6.71	9.09
-3.71	144.99	86.65	15.40	58.28	14.86	30.60
-0.86	17.97	20.71	5.48	13.78	2.49	6.82
	2.86	4.18	0.10	3.19	0.77	1.85
0.12	16.78	17.60	0.95	9.00	3.14	2.71
-0.03	-0.29	1.15	0.42	3.99	0.35	1.63
0.02	2.90	2.83	0.43	2.64	0.40	0.50
-0.95	1.04	1.17	0.67	1.63	0.32	0.48
-2.05	101.97	37.20	7.21	22.05	7.11	16.43
27.98	277.22	315.79	42.84	160.64	46.78	61.69
17.32	141.97	147.99	11.44	62.72	18.42	14.89
-0.18	-4.86	4.63	12.73	17.02	2.25	12.52
0.74	63.99	71.90	3.65	28.77	10.24	8.10
2.16	26.94	32.29	2.19	12.96	4.27	7.77

2-2 续表 16

行业	销售费用	管理费用	税金	财务费用	利息收入	利息支出
轴承、齿轮和传动部件制造	8.56	21.35	0.97	3.06	0.42	3.60
烘炉、风机、衡器、包装等设备制造	23.18	53.28	1.66	2.54	2.95	3.99
文化、办公用机械制造	4.95	5.44	0.09	0.13	0.21	0.47
通用零部件制造	4.67	15.24	0.58	2.19	0.47	1.97
其他通用设备制造业	3.88	7.53	0.30	3.82	0.20	3.90
专用设备制造业	183.70	377.78	17.20	74.70	31.44	94.62
采矿、冶金、建筑专用设备制造	138.01	258.73	11.75	58.40	27.46	76.48
化工、木材、非金属加工专用设备制造	5.51	21.82	0.92	4.93	0.57	5.18
食品、饮料、烟草及饲料生产专用设备制造	3.61	11.48	0.22	0.54	0.17	0.73
印刷、制药、日化及日用品生产专用设备制造	3.72	7.67	0.33	2.02	0.42	1.93
纺织、服装和皮革加工专用设备制造	3.88	11.42	0.46	0.67	0.62	1.09
电子和电工机械专用设备制造	2.56	11.79	0.50	2.33	0.52	2.67
农、林、牧、渔专用机械制造	8.69	20.06	2.03	3.25	0.54	3.28
医疗仪器设备及器械制造	8.15	7.52	0.17	0.28	0.50	0.68
环保、社会公共服务及其他专用设备制造	9.57	27.29	0.82	2.29	0.62	2.58
汽车制造业	1077.47	1269.59	48.70	7.06	96.33	118.85
汽车整车制造	978.50	1022.41	40.01	-16.88	88.56	89.88
改装汽车制造	17.95	35.81	1.78	5.56	1.49	6.47
低速载货汽车制造	0.56	1.14	0.08	-0.12	0.09	0.45
电车制造	0.06	0.37	0.04	0.02		0.02
汽车车身、挂车制造	1.53	2.75	0.12	0.30	0.26	0.55
汽车零部件及配件制造	78.88	207.11	6.68	18.18	5.93	21.48
铁路、船舶、航空航天和其他运输设备制造业	98.52	533.89	13.92	42.88	48.92	98.68
铁路运输设备制造	49.84	203.40	5.49	15.51	4.02	18.69
城市轨道交通设备制造	1.43	3.07	0.18	0.10	0.27	0.29
船舶及相关装置制造	13.30	123.59	5.25	-3.42	36.09	42.87
航空、航天器及设备制造	24.39	179.64	2.31	28.72	7.51	34.24
摩托车制造	8.63	20.63	0.61	1.52	0.98	2.10
自行车制造	0.68	2.43	0.05	0.30	0.05	0.34
电气机械和器材制造业	390.52	290.84	12.49	60.46	24.34	76.28
电机制造	38.11	80.69	2.81	19.53	4.21	22.04
输配电及控制设备制造	66.16	104.95	4.46	36.87	3.75	38.98
电线、电缆、光缆及电工器材制造	15.53	23.18	0.96	7.48	0.47	7.61
电池制造	6.40	13.00	0.53	3.14	0.36	3.06
家用电力器具制造	257.24	55.26	3.45	-8.45	14.99	2.49
非电力家用器具制造	2.65	5.43	0.16	1.44	0.44	1.72
照明器具制造	3.90	7.19	0.10	0.34	0.12	0.28
其他电气机械及器材制造	0.53	1.13	0.02	0.10		0.10

单位：亿元

投资收益（损失以“-”号记）	营业利润	利润总额	亏损企业亏损额	应交增值税	应交所得税	从业人员平均人数（万人）
0.25	2.63	5.46	3.79	5.86	1.27	5.82
6.77	39.89	43.85	2.26	22.63	8.28	6.17
0.15	5.09	7.30	0.67	2.52	0.92	1.03
0.67	2.67	1.96	4.23	5.39	0.79	4.10
0.10	-1.10	0.41	1.88	2.78	0.33	1.29
7.56	163.46	195.39	108.71	171.70	37.36	61.80
-3.81	105.32	124.20	91.24	137.58	24.73	42.13
0.04	11.12	12.55	4.07	8.12	2.61	4.01
2.03	6.58	7.06	0.24	4.16	0.88	1.24
0.14	-0.50	1.14	3.38	1.48	0.32	1.66
0.80	0.10	2.80	1.68	2.96	0.64	2.23
2.53	3.68	4.18	3.71	2.35	0.77	1.68
2.68	3.41	6.68	1.72	3.15	1.37	4.06
1.50	8.36	9.61	0.25	3.02	2.34	1.36
1.66	25.40	27.18	2.42	8.88	3.71	3.44
548.59	2427.78	2464.28	102.22	899.47	425.83	117.06
520.85	2226.84	2248.09	76.47	800.46	392.83	77.92
-2.87	0.38	8.85	11.64	12.54	1.38	6.21
-2.53	-3.19	-3.07	3.18	0.07	0.57	0.26
-0.10	-0.20	-0.18	0.19	0.02		0.03
0.10	6.61	7.18	0.35	4.55	1.32	0.79
33.15	197.34	203.42	10.40	81.83	29.73	31.84
20.12	222.71	264.62	61.80	148.13	48.06	70.11
5.28	134.73	141.62	7.68	100.29	19.40	20.50
	1.28	1.21	0.19	2.12	0.16	0.41
3.44	33.80	41.02	40.04	21.65	15.44	17.55
9.82	44.66	71.15	9.72	14.23	11.43	27.30
1.43	7.07	8.10	3.65	9.21	1.42	3.80
0.14	1.07	1.51	0.03	0.30	0.14	0.43
83.75	224.24	224.95	119.62	167.42	37.08	40.65
9.76	10.36	14.47	28.46	29.82	2.36	10.11
18.71	-1.63	6.53	83.33	52.71	12.71	13.37
-0.77	45.29	25.56	1.40	14.28	3.48	4.15
0.29	1.57	3.28	3.85	6.47	1.01	3.42
54.40	159.75	164.51	0.13	59.52	16.31	7.89
0.68	3.08	4.43	1.16	2.11	0.34	0.75
0.68	5.72	5.93	0.62	1.99	0.71	0.76
	0.09	0.23	0.67	0.52	0.16	0.22

2-2 续表 17

行　业	销售费用	管理费用		财务费用		
			税金		利息收入	利息支出
计算机、通信和其他电子设备制造业	389.12	472.79	23.28	65.25	25.90	98.72
计算机制造	47.03	55.82	0.94	4.28	3.24	9.75
通信设备制造	150.74	141.32	1.65	36.55	3.70	30.99
广播电视设备制造	1.79	7.17	0.09	0.98	0.12	1.08
雷达及配套设备制造	8.89	24.97	0.57	2.50	1.20	3.86
视听设备制造	128.33	81.27	15.14	4.52	7.03	16.98
电子器件制造	40.06	121.43	3.18	13.37	8.85	31.41
电子元件制造	8.02	30.74	1.52	2.53	1.65	4.00
其他电子设备制造	4.26	10.06	0.20	0.51	0.10	0.65
仪器仪表制造业	27.56	74.75	1.43	4.85	1.97	6.06
通用仪器仪表制造	20.39	36.17	0.74	3.26	0.81	3.72
专用仪器仪表制造	4.42	20.31	0.33	0.74	0.49	0.87
钟表与计时仪器制造	0.66	0.85		0.10	0.03	0.12
光学仪器及眼镜制造	1.95	16.85	0.33	0.69	0.61	1.26
其他仪器仪表制造业	0.14	0.57	0.03	0.07	0.02	0.08
其他制造业	5.29	42.55	0.94	3.75	1.83	5.46
日用杂品制造	0.06	0.50	0.01	-0.02	0.03	
煤制品制造	0.58	1.55	0.20	1.20	0.01	1.21
废弃资源综合利用业	1.52	4.35	0.51	2.72	0.16	1.66
金属废料和碎屑加工处理	0.80	2.51	0.45	2.45	0.14	1.38
非金属废料和碎屑加工处理	0.72	1.84	0.05	0.27	0.02	0.28
金属制品、机械和设备修理业	3.17	37.88	1.00	4.62	1.56	6.19
通用设备修理	0.02	0.85	0.01	0.01		0.01
专用设备修理	0.09	1.12		-0.02	0.03	0.01
铁路、船舶、航空航天等运输设备修理	2.79	33.77	0.95	4.72	1.38	6.11
电气设备修理	0.23	1.12	0.02	0.06		0.06
电力、热力、燃气及水生产和供应业	**264.69**	**1135.16**	**80.10**	**1958.74**	**79.18**	**2006.75**
电力、热力生产和供应业	129.18	918.22	68.63	1890.78	63.76	1917.49
电力生产	27.08	392.44	50.54	1331.51	38.86	1354.17
电力供应	95.54	465.14	15.58	525.42	22.31	528.55
热力生产和供应	6.55	60.64	2.50	33.84	2.60	34.77
燃气生产和供应业	57.40	76.95	3.01	16.49	6.57	24.08
水的生产和供应业	78.11	140.00	8.46	51.48	8.85	65.18
自来水生产和供应	77.20	131.05	7.92	45.71	8.60	58.01

单位：亿元

投资收益（损失以“–”号记）	营业利润	利润总额	亏损企业亏损额	应交增值税	应交所得税	从业人员平均人数（万人）
56.64	266.63	381.84	43.09	289.36	47.08	63.93
13.76	37.86	40.97	0.23	10.71	3.59	5.83
25.99	60.53	99.05	6.61	152.13	12.74	18.68
0.93	2.58	3.14	0.91	1.03	0.53	0.69
0.42	19.43	21.92	0.46	6.34	3.17	4.22
-1.98	45.26	60.63	2.45	72.38	10.47	10.74
14.99	86.75	135.15	26.30	35.46	12.68	15.44
1.22	13.29	16.45	5.79	9.20	3.30	7.36
1.31	0.94	4.53	0.34	2.11	0.60	0.97
6.24	49.64	60.54	3.82	30.26	8.39	11.54
4.35	35.18	41.70	2.95	22.26	5.84	5.25
0.84	7.71	10.04	0.16	6.25	1.26	3.04
	1.69	1.82		0.28	0.12	0.16
1.05	5.30	7.18	0.36	1.39	1.16	3.02
	-0.24	-0.19	0.35	0.08	0.02	0.07
4.32	11.47	18.97	3.97	6.13	3.52	7.54
	-0.12	-0.01	0.03	0.15		0.05
0.02	-0.13	-0.09	0.65	0.55	0.09	0.38
0.18	5.31	7.18	0.34	14.94	0.92	0.96
0.02	3.34	4.72	0.33	13.83	0.53	0.66
0.16	1.97	2.46	0.01	1.11	0.39	0.30
0.50	3.24	6.52	6.10	5.45	1.93	6.76
0.05	0.38	0.41	0.10	0.37	0.08	0.43
	0.78	0.82		0.29	0.10	0.52
0.45	1.78	4.93	5.70	3.80	1.65	5.25
	-0.13	-0.12	0.23	0.56	0.03	0.32
461.26	**3434.25**	**3671.26**	**392.35**	**2310.52**	**609.78**	**309.02**
415.09	3279.51	3479.71	324.60	2219.29	560.98	264.47
120.76	2063.99	2173.27	211.59	1055.38	384.97	78.59
284.77	1267.46	1298.11	81.50	1151.46	171.38	172.16
9.56	-51.94	8.33	31.51	12.45	4.63	13.72
14.16	147.01	156.80	18.55	42.18	33.78	11.74
32.02	7.73	34.75	49.20	49.05	15.02	32.81
30.27	-3.89	20.65	45.52	47.19	13.52	31.09

2-3 私营工业企业

行　业	企业单位数(个)	工业销售产值(当年价格)	出口交货值	资产总计	固定资产合　计
总　计	**208409**	**341836.32**	**17084.72**	**187704.40**	**65738.61**
采矿业	**10556**	**17694.88**	**41.66**	**11155.44**	**3766.69**
煤炭开采和洗选业	4484	6730.20	17.40	5550.71	1650.62
烟煤和无烟煤开采洗选	4401	6489.44	17.40	5423.71	1614.55
褐煤开采洗选	64	217.80		121.09	33.74
其他煤炭采选	19	22.96		5.91	2.33
石油和天然气开采业	11	38.57		28.82	17.10
黑色金属矿采选业	2571	5761.77		3134.64	1124.74
铁矿采选	2416	5583.28		3053.53	1101.73
锰矿、铬矿采选	123	136.40		60.87	15.22
其他黑色金属矿采选	32	42.09		20.23	7.80
有色金属矿采选业	1061	2218.77	11.66	1191.07	449.67
常用有色金属矿采选	740	1439.42	11.53	802.72	271.55
贵金属矿采选	153	406.65	0.13	181.40	92.60
稀有稀土金属矿采选	168	372.70		206.95	85.52
非金属矿采选业	2373	2876.09	12.60	1193.54	502.49
土砂石开采	1798	2126.08	7.78	829.46	372.81
化学矿开采	165	194.21	0.08	134.90	31.88
采盐	31	61.02		65.14	19.99
石棉及其他非金属矿采选	379	494.78	4.75	164.04	77.81
开采辅助活动	44	52.61		48.71	16.74
煤炭开采和洗选辅助活动	4	1.15		0.85	0.05
石油和天然气开采辅助活动	35	48.04		46.26	16.14
其他开采辅助活动	5	3.42		1.61	0.55
其他采矿业	12	16.88		7.97	5.34
制造业	**196806**	**323049.75**	**17043.03**	**174332.47**	**60788.48**
农副食品加工业	14996	29292.57	1178.44	11022.66	4343.75
谷物磨制	4383	7760.38	13.35	2332.76	978.00
饲料加工	2168	4847.29	25.16	1458.72	574.25
植物油加工	1357	3319.85	24.97	1315.28	445.21
制糖业	108	220.87	0.09	355.83	84.60
屠宰及肉类加工	2363	5837.83	97.80	2400.93	1016.64
水产品加工	1206	2399.07	630.28	1094.52	372.72
蔬菜、水果和坚果加工	1932	2531.30	304.35	1034.17	420.25
其他农副食品加工	1479	2375.98	82.44	1030.46	452.09
食品制造业	4210	6409.05	366.60	3176.34	1265.02
焙烤食品制造	709	948.79	14.22	402.15	172.58
糖果、巧克力及蜜饯制造	454	574.06	21.55	268.83	90.83
方便食品制造	701	1048.90	10.70	452.30	186.74
乳制品制造	229	461.32	2.79	281.65	116.70

主要经济指标(大、中类行业)

单位：亿元

固定资产原价	累计折旧	流动资产合计	应收账款	存货	产成品	负债合计
103175.81	**43358.32**	**99272.00**	**24676.23**	**23118.89**	**10101.74**	**101333.98**
5217.53	**1852.72**	**5444.60**	**975.86**	**760.12**	**414.45**	**6209.84**
2209.98	728.47	2836.95	519.54	314.10	157.92	3428.50
2157.51	707.58	2775.10	511.55	308.06	153.63	3365.90
49.19	19.84	58.73	7.49	5.17	3.65	59.66
3.28	1.05	3.11	0.50	0.87	0.63	2.94
29.26	13.22	7.98	1.58	1.67	0.43	16.66
1572.35	579.82	1493.52	242.13	240.35	138.03	1666.50
1541.15	569.73	1449.22	228.09	227.69	129.26	1623.36
21.88	8.34	35.78	11.79	10.25	7.46	33.26
9.31	1.75	8.53	2.25	2.41	1.31	9.88
602.97	209.96	580.78	90.34	115.42	63.71	583.50
353.52	121.89	427.67	74.04	72.30	37.09	405.75
126.85	43.79	67.53	5.24	13.65	4.16	56.55
122.59	44.28	85.59	11.07	29.47	22.47	121.20
773.30	313.27	494.87	104.92	85.86	53.73	487.30
593.31	250.37	331.27	73.97	54.34	32.20	324.34
44.86	15.70	74.36	12.20	12.08	7.48	74.73
26.15	7.51	26.48	2.87	4.77	3.40	26.35
108.98	39.70	62.75	15.88	14.68	10.65	61.88
23.52	6.94	28.21	16.84	2.42	0.40	25.09
0.10	0.05	0.71	0.10	0.12	0.07	0.23
22.72	6.74	26.52	16.38	2.15	0.27	23.91
0.70	0.14	0.99	0.36	0.16	0.06	0.96
6.15	1.05	2.29	0.51	0.30	0.22	2.29
96424.85	**41051.04**	**93169.08**	**23598.04**	**22312.19**	**9680.50**	**93672.74**
8133.04	4209.85	5486.28	909.42	1722.48	772.13	4957.82
2466.22	1583.40	1116.38	168.70	403.69	114.92	862.08
1011.80	476.62	711.37	124.16	213.07	64.46	655.06
817.14	413.40	735.46	81.98	288.32	133.36	634.94
136.59	62.20	242.33	27.53	32.45	21.08	287.49
1621.27	705.81	1106.07	170.91	271.11	149.64	1090.49
640.51	303.72	617.37	133.51	196.07	118.19	554.45
666.79	285.85	485.15	111.40	160.77	81.42	428.04
772.73	378.86	472.16	91.23	156.99	89.06	445.26
1924.30	774.33	1481.46	276.03	415.52	191.10	1408.13
256.74	100.64	170.38	32.48	42.76	16.49	166.26
123.98	39.52	133.76	36.23	42.80	20.41	120.55
250.25	77.59	195.35	38.71	54.60	23.52	179.22
249.65	144.36	123.42	26.78	28.32	10.42	146.11

2-3 续表 1

行业	企业单位数(个)	工业销售产值(当年价格)	出口交货值	资产总计	固定资产合计
罐头食品制造	477	782.10	175.05	339.94	136.23
调味品、发酵制品制造	615	887.50	28.20	538.20	226.16
其他食品制造	1025	1706.36	114.09	893.28	335.78
酒、饮料和精制茶制造业	3055	4666.61	73.96	2570.70	969.85
酒的制造	1362	2470.85	4.05	1472.01	539.77
饮料制造	769	1269.28	15.79	644.12	275.54
精制茶加工	924	926.48	54.12	454.57	154.54
烟草制品业	3	11.75		20.87	7.58
其他烟草制品制造	3	11.75		20.87	7.58
纺织业	14269	19103.34	1407.23	10374.52	3711.54
棉纺织及印染精加工	7824	12185.10	541.69	6366.50	2430.01
毛纺织及染整精加工	791	992.32	31.27	613.41	173.86
麻纺织及染整精加工	181	304.06	19.73	145.68	56.93
丝绢纺织及印染精加工	648	796.22	79.53	401.65	113.83
化纤织造及印染精加工	908	656.07	70.04	556.12	168.28
针织或钩针编织物及其制品制造	1673	1741.29	235.42	1130.60	381.82
家用纺织制成品制造	1139	1201.54	247.66	569.53	169.17
非家用纺织制成品制造	1105	1226.74	181.88	591.02	217.64
纺织服装、服饰业	8650	9264.32	1460.21	4495.66	1385.99
机织服装制造	6123	7133.15	964.95	3377.40	1046.08
针织或钩针编织服装制造	1933	1680.59	399.55	861.66	256.93
服饰制造	594	450.57	95.71	256.59	82.98
皮革、毛皮、羽毛及其制品和制鞋业	4752	5629.49	877.57	2300.59	743.02
皮革鞣制加工	355	706.16	22.55	292.05	98.49
皮革制品制造	1268	1509.74	266.44	577.28	229.61
毛皮鞣制及制品加工	392	560.78	59.04	184.00	58.27
羽毛(绒)加工及制品制造	335	453.89	43.09	212.80	44.46
制鞋业	2402	2398.92	486.44	1034.46	312.19
木材加工和木、竹、藤、棕、草制品业	6527	8297.08	396.06	2986.03	1262.14
木材加工	1051	1158.33	16.83	359.91	163.81
人造板制造	3624	4972.82	176.80	1728.29	770.10
木制品制造	1337	1700.06	120.85	719.91	260.99
竹、藤、棕、草等制品制造	515	465.87	81.58	177.92	67.22
家具制造业	3019	3426.21	469.38	1908.92	685.66
木质家具制造	1936	2293.11	203.48	1188.99	421.59
竹、藤家具制造	47	50.43	6.60	18.43	4.70
金属家具制造	578	610.07	172.53	417.80	153.28
塑料家具制造	42	33.46	8.91	22.37	6.91
其他家具制造	416	439.14	77.87	261.33	99.18

单位：亿元

固定资产原价	累计折旧	流动资产合计	应收账款	存货	产成品	负债合计
203.61	78.00	168.92	31.41	63.02	39.45	161.25
374.90	168.81	234.11	34.66	65.64	27.82	218.30
465.17	165.41	455.52	75.76	118.38	52.97	416.43
1349.49	479.87	1275.91	206.13	387.53	186.90	1249.44
754.03	276.05	778.28	94.78	237.66	108.79	777.23
404.32	148.41	263.39	54.37	70.11	33.53	286.31
191.14	55.41	234.24	56.98	79.76	44.58	185.91
8.27	1.40	10.54	2.55	6.62	0.88	17.87
8.27	1.40	10.54	2.55	6.62	0.88	17.87
5963.61	2534.08	5579.63	1240.62	1522.87	703.21	5848.32
3929.97	1676.82	3279.64	630.43	875.10	404.07	3494.34
285.83	122.10	389.23	92.06	155.08	67.37	363.89
72.30	23.65	74.15	17.24	25.55	13.59	70.70
196.80	92.69	224.00	48.09	80.07	35.99	218.67
258.51	99.49	337.87	90.01	74.37	38.80	389.94
552.96	212.68	628.91	178.51	149.77	73.02	661.19
307.55	146.88	335.15	89.61	89.19	40.04	338.43
359.69	159.77	310.68	94.67	73.73	30.33	311.16
2195.47	908.42	2593.26	614.05	720.46	353.18	2283.21
1674.71	697.89	1930.64	441.12	527.34	272.34	1645.66
398.16	167.10	520.79	136.73	155.99	65.65	491.58
122.60	43.43	141.83	36.20	37.13	15.20	145.98
1187.01	498.13	1310.58	374.09	330.74	131.65	1176.13
131.19	41.24	151.01	29.88	46.31	16.33	135.21
287.80	68.35	298.11	69.18	80.22	32.64	295.04
87.69	36.44	113.61	22.09	32.31	12.02	77.61
82.16	41.93	146.32	44.88	41.95	18.05	126.84
598.16	310.18	601.53	208.07	129.94	52.61	541.43
2053.44	868.39	1363.94	280.18	415.71	184.12	1242.93
264.73	111.79	163.68	34.47	45.61	21.62	127.75
1257.84	531.29	744.77	141.50	214.97	101.00	692.83
442.77	197.42	366.67	77.12	125.83	46.43	337.98
88.11	27.90	88.83	27.09	29.30	15.07	84.37
1033.46	395.68	986.29	203.72	262.48	112.68	920.32
671.19	279.71	595.68	113.54	180.16	84.42	566.24
5.26	1.21	10.34	2.31	2.91	1.01	8.29
202.55	56.50	233.20	53.93	44.11	14.69	201.05
10.94	4.41	11.11	2.89	2.97	1.48	12.27
143.52	53.85	135.96	31.04	32.33	11.09	132.46

2-3 续表 2

行业	企业单位数(个)	工业销售产值(当年价格)	出口交货值	资产总计	固定资产合计
造纸和纸制品业	4190	5262.75	94.97	2939.48	1125.26
纸浆制造	21	28.90	0.04	37.07	16.62
造纸	1843	2530.15	45.65	1637.56	632.44
纸制品制造	2326	2703.69	49.28	1264.85	476.20
印刷和记录媒介复制业	2869	2912.91	73.13	1695.96	641.22
印刷	2784	2825.67	68.05	1644.73	621.71
装订及印刷相关服务	76	72.73	4.39	40.72	14.72
记录媒介复制	9	14.52	0.69	10.51	4.79
文教、工美、体育和娱乐用品制造业	4397	5961.33	1394.05	2691.19	752.12
文教办公用品制造	414	454.02	57.28	243.29	72.52
乐器制造	107	123.97	20.42	49.22	20.96
工艺美术品制造	2641	4176.18	1052.29	1864.19	478.93
体育用品制造	455	433.08	68.99	210.42	76.70
玩具制造	653	614.54	166.53	218.63	73.91
游艺器材及娱乐用品制造	127	159.54	28.53	105.43	29.10
石油加工、炼焦和核燃料加工业	1100	5788.31	36.49	5105.85	1505.57
精炼石油产品制造	763	3620.05	36.48	2163.91	566.49
炼焦	337	2168.26	0.01	2941.95	939.09
化学原料和化学制品制造业	13626	27605.27	910.88	14734.81	5541.48
基础化学原料制造	3297	7729.19	167.23	4159.89	1670.90
肥料制造	1278	2752.83	11.48	1840.29	712.62
农药制造	473	1092.37	48.06	509.71	185.25
涂料、油墨、颜料及类似产品制造	1702	2429.04	65.20	1331.95	422.26
合成材料制造	1416	3974.23	155.71	2264.83	768.14
专用化学产品制造	3896	7498.74	221.44	3670.65	1433.25
炸药、火工及焰火产品制造	856	1035.54	176.92	327.37	155.85
日用化学产品制造	708	1093.34	64.84	630.12	193.21
医药制造业	2929	5939.03	186.49	3694.15	1295.66
化学药品原料药制造	564	1205.85	73.44	678.80	285.75
化学药品制剂制造	340	977.30	8.65	833.66	235.10
中药饮片加工	457	693.03	14.61	332.15	132.37
中成药生产	552	1242.29	4.19	747.22	242.22
兽用药品制造	288	536.23	6.17	192.71	88.52
生物药品制造	402	816.45	56.73	647.04	207.33
卫生材料及医药用品制造	326	467.88	22.70	262.58	104.37
化学纤维制造业	1408	2968.29	154.48	2145.88	733.99
纤维素纤维原料及纤维制造	211	1037.60	102.26	770.28	320.04
合成纤维制造	1197	1930.68	52.22	1375.60	413.95
橡胶和塑料制品业	10029	13521.02	945.24	6966.84	2555.00
橡胶制品业	1874	4085.40	447.71	2098.99	838.38
塑料制品业	8155	9435.63	497.53	4867.85	1716.62

单位：亿元

固定资产原价	累计折旧	流动资产合计	应收账款	存货	产成品	负债合计
1738.95	715.21	1495.24	427.70	302.86	135.76	1618.94
27.22	11.23	15.60	-3.90	5.01	2.26	23.67
957.98	390.69	826.07	220.30	162.78	77.43	917.75
753.75	313.29	653.57	211.30	135.07	56.07	677.52
987.12	399.19	861.03	268.06	172.67	67.11	922.42
958.19	388.44	836.68	262.38	168.48	65.52	890.82
21.07	7.65	19.40	4.51	3.32	1.15	25.00
7.86	3.10	4.95	1.17	0.87	0.44	6.60
1135.75	441.46	1648.49	466.95	496.97	236.38	1555.22
100.64	39.48	141.17	31.49	34.73	18.14	134.82
33.21	13.63	24.58	4.91	7.55	2.88	25.08
735.71	290.54	1193.96	361.54	381.10	183.22	1107.81
105.93	35.16	117.82	29.34	31.89	14.89	117.51
119.35	49.40	115.20	30.58	31.34	13.39	115.38
40.91	13.25	55.75	9.10	10.35	3.86	54.62
2218.66	923.60	2849.21	339.84	588.94	269.84	3782.56
897.28	406.31	1298.33	140.45	324.86	145.64	1444.24
1321.38	517.28	1550.88	199.39	264.09	124.20	2338.32
8759.83	3790.43	7419.48	1678.78	1604.27	749.63	7939.13
2535.26	1061.04	1981.20	368.66	394.21	181.23	2486.75
1136.11	516.08	930.31	142.27	229.98	110.20	1046.98
326.17	157.52	258.03	51.43	72.94	39.44	251.98
805.15	404.67	739.84	244.99	162.66	70.24	688.29
1142.76	455.07	1192.13	308.94	261.29	112.91	1342.55
2289.80	991.99	1823.97	456.25	384.59	181.99	1761.03
209.64	63.88	121.33	35.67	26.81	17.93	103.53
314.94	140.20	372.68	70.57	71.78	35.70	258.02
2094.10	905.78	1877.69	422.47	385.36	177.01	1641.38
407.52	146.13	316.39	85.21	76.04	36.44	310.71
388.10	172.17	461.97	89.37	65.96	31.90	429.11
197.46	77.79	166.50	54.49	46.70	23.47	145.65
415.08	194.02	380.99	90.03	100.59	40.41	331.97
160.92	77.54	79.34	18.27	19.22	9.09	69.16
374.63	186.17	351.35	49.73	51.35	22.02	245.94
150.38	51.96	121.16	35.38	25.50	13.67	108.84
1042.30	403.43	1167.77	193.80	266.98	137.49	1457.42
438.46	177.23	364.58	52.44	98.57	40.49	524.25
603.84	226.20	803.19	141.36	168.41	97.00	933.18
4144.67	1871.29	3718.07	1071.98	780.64	371.03	3516.57
1476.85	717.93	1099.42	280.88	219.66	114.94	1015.43
2667.81	1153.36	2618.65	791.10	560.98	256.09	2501.14

2-3 续表 3

行　　业	企业单位数（个）	工业销售产值（当年价格）	出口交货值	资产总计	固定资产合　　计
非金属矿物制品业	19186	26824.33	530.46	15320.03	6237.97
水泥、石灰和石膏制造	2097	3543.90	4.81	2856.86	1350.11
石膏、水泥制品及类似制品制造	4776	5514.11	7.52	3602.20	1172.39
砖瓦、石材等建筑材料制造	5806	7675.11	133.93	3427.50	1570.53
玻璃制造	363	560.17	9.27	598.13	211.86
玻璃制品制造	1222	1833.41	78.85	1046.26	412.64
玻璃纤维和玻璃纤维增强塑料制品制造	810	1277.34	26.35	655.42	321.18
陶瓷制品制造	1212	1733.74	177.16	686.67	308.99
耐火材料制品制造	1427	2419.21	40.23	1210.44	428.46
石墨及其他非金属矿物制品制造	1473	2267.34	52.34	1236.56	461.81
黑色金属冶炼和压延加工业	7304	24944.43	285.50	13487.17	5547.70
炼铁	265	1043.76	2.93	560.41	207.11
炼钢	140	2163.33	4.72	1757.34	1044.35
黑色金属铸造	2935	4532.86	123.92	1848.69	832.69
钢压延加工	3031	15065.85	138.39	8198.32	3051.09
铁合金冶炼	933	2138.63	15.54	1122.41	412.47
有色金属冶炼和压延加工业	4275	15372.19	243.51	7792.09	2577.95
常用有色金属冶炼	942	3664.40	51.59	2456.58	799.37
贵金属冶炼	143	630.48	26.60	263.15	65.13
稀有稀土金属冶炼	235	697.57	16.21	328.25	89.11
有色金属合金制造	514	1192.28	34.30	589.44	174.63
有色金属铸造	88	96.30	2.61	49.09	13.22
有色金属压延加工	2353	9091.16	112.19	4105.59	1436.50
金属制品业	12297	17770.23	1115.87	9807.06	3327.95
结构性金属制品制造	3947	6284.73	158.55	3438.30	1019.66
金属工具制造	1088	1162.22	219.40	523.09	199.51
集装箱及金属包装容器制造	687	945.36	87.41	589.76	177.37
金属丝绳及其制品制造	953	1729.89	81.20	801.30	230.89
建筑、安全用金属制品制造	1480	1950.12	195.23	1426.42	771.48
金属表面处理及热处理加工	845	1292.14	16.16	749.79	209.81
搪瓷制品制造	105	136.46	14.33	61.75	26.39
金属制日用品制造	1071	1136.75	226.34	636.69	174.01
其他金属制品制造	2121	3132.55	117.25	1579.96	518.84
通用设备制造业	14316	19012.80	828.62	10498.06	3472.15
锅炉及原动设备制造	968	1628.40	39.61	974.68	329.83
金属加工机械制造	2053	2770.05	76.47	1428.95	553.34
物料搬运设备制造	1226	1868.21	66.21	1199.25	317.37
泵、阀门、压缩机及类似机械制造	2905	3805.19	193.51	2121.47	672.28

单位：亿元

固定资产原价	累计折旧	流动资产合计	应收账款	存货	产成品	负债合计
9369.26	3630.97	7336.39	2207.56	1464.67	678.37	7854.42
1885.65	668.60	1149.04	239.36	219.03	70.63	1770.40
1898.50	811.83	2137.79	954.75	308.08	125.17	2112.58
2397.79	949.63	1447.78	365.51	376.51	213.27	1378.37
305.71	104.74	289.28	39.18	62.22	19.48	367.50
689.93	311.63	505.66	124.69	113.41	54.78	570.83
485.08	177.17	275.77	80.27	46.72	24.34	253.62
466.02	175.09	290.46	71.65	82.12	44.59	266.56
596.10	196.55	614.49	186.42	113.10	66.24	483.60
644.48	235.73	626.12	145.73	143.48	59.86	650.96
9333.58	4217.94	6481.19	895.52	1706.38	729.08	8292.32
387.19	192.17	287.88	50.00	86.73	42.10	381.31
1508.43	537.57	589.51	36.06	177.37	70.86	1159.31
1419.82	629.19	844.08	243.32	183.27	92.22	843.87
5257.79	2480.64	4160.65	458.18	1071.85	440.98	5141.68
760.35	378.37	599.07	107.97	187.15	82.93	766.15
3641.94	1392.77	4329.85	800.24	1177.47	429.28	4603.29
1021.44	316.77	1322.97	152.10	411.34	136.88	1724.40
80.13	23.14	160.41	7.55	62.46	24.55	176.48
120.20	38.95	192.65	35.20	73.59	34.83	174.10
251.40	93.12	342.17	108.73	85.60	37.89	333.38
23.40	11.24	31.47	10.09	8.46	4.01	32.08
2145.38	909.55	2280.18	486.57	536.01	191.11	2162.84
5094.34	2025.25	5379.30	1457.29	1251.90	507.21	5162.34
1548.88	616.30	2010.23	526.92	473.86	184.27	1893.10
344.05	159.92	268.11	70.87	72.70	30.39	260.78
279.14	117.59	339.11	97.14	90.94	30.29	324.37
395.56	173.40	446.29	131.47	102.74	46.78	413.72
1046.82	316.11	537.58	157.42	127.57	55.23	493.52
296.12	115.95	473.92	110.18	98.69	43.23	498.14
61.67	36.12	30.15	8.08	8.46	3.24	36.30
289.10	137.92	382.61	88.31	85.18	33.89	387.69
833.00	351.95	891.29	266.90	191.75	79.89	854.73
5530.93	2355.70	5757.83	1851.27	1363.80	557.39	5272.47
506.79	205.07	527.78	157.13	138.27	52.22	493.48
945.33	433.03	704.79	207.66	197.34	72.46	661.79
540.80	254.91	726.05	229.75	163.10	53.55	603.06
1058.22	451.55	1197.75	405.91	278.20	116.48	1038.01

2-3 续表 4

行　业	企业单位数（个）	工业销售产值（当年价格）	出口交货值	资产总计	固定资产合　计
轴承、齿轮和传动部件制造	1867	2468.51	95.93	1367.38	492.01
烘炉、风机、衡器、包装等设备制造	1607	2178.06	156.94	1235.20	379.87
文化、办公用机械制造	153	186.59	34.46	140.74	30.10
通用零部件制造	2956	3353.17	150.94	1621.32	562.47
其他通用设备制造业	581	754.61	14.55	409.08	134.89
专用设备制造业	9382	13131.37	491.68	7847.17	2637.80
采矿、冶金、建筑专用设备制造	2848	4864.01	116.28	2896.18	1040.64
化工、木材、非金属加工专用设备制造	1709	1990.41	94.16	1254.04	383.36
食品、饮料、烟草及饲料生产专用设备制造	439	544.85	24.10	287.84	94.44
印刷、制药、日化及日用品生产专用设备制造	522	624.95	32.23	337.86	102.66
纺织、服装和皮革加工专用设备制造	674	760.57	34.57	446.13	144.86
电子和电工机械专用设备制造	457	572.94	20.63	348.08	109.53
农、林、牧、渔专用机械制造	926	1164.63	38.45	521.79	221.49
医疗仪器设备及器械制造	508	663.02	71.30	423.72	119.42
环保、社会公共服务及其他专用设备制造	1299	1945.99	59.96	1331.51	421.39
汽车制造业	6224	9423.16	366.18	5798.23	1880.37
汽车整车制造	80	622.17	32.90	648.68	172.86
改装汽车制造	220	763.94	12.86	460.77	138.92
低速载货汽车制造	11	27.24	0.09	7.24	2.53
电车制造	39	44.67	0.51	29.70	15.31
汽车车身、挂车制造	188	309.03	3.44	157.80	51.42
汽车零部件及配件制造	5686	7656.10	316.39	4494.03	1499.33
铁路、船舶、航空航天和其他运输设备制造业	2642	4952.43	435.54	3128.77	959.70
铁路运输设备制造	326	546.75	2.77	414.57	105.63
城市轨道交通设备制造	14	28.04		17.54	3.53
船舶及相关装置制造	783	1768.09	126.82	1215.06	417.11
航空、航天器及设备制造	53	234.62	41.92	137.64	51.49
摩托车制造	872	1621.03	201.00	968.30	277.51
自行车制造	490	646.33	57.30	321.22	82.17
非公路休闲车及零配件制造	35	31.04	2.37	20.86	5.16
潜水救捞及其他未列明运输设备制造	69	76.52	3.36	33.58	17.12
电气机械和器材制造业	12283	22005.27	1428.62	13136.21	3379.00
电机制造	1548	2640.18	304.19	1695.09	364.34
输配电及控制设备制造	3996	6471.41	232.83	4317.91	1126.15
电线、电缆、光缆及电工器材制造	2719	7019.41	142.69	3751.85	932.65
电池制造	634	1329.95	67.53	762.34	225.11
家用电力器具制造	1413	2290.66	417.11	1270.81	308.67
非电力家用器具制造	371	483.14	35.61	263.30	95.66
照明器具制造	1401	1570.37	221.40	938.53	290.52
其他电气机械及器材制造	201	200.15	7.25	136.38	35.90

单位：亿元

固定资产原价	累计折旧	流动资产合计	应收账款	存货	产成品	负债合计
731.85	283.90	687.64	224.62	162.91	82.57	665.58
557.33	211.26	695.34	199.66	171.37	65.79	643.58
49.52	22.50	91.79	25.74	26.72	9.54	82.57
884.30	360.91	881.95	297.75	185.50	87.87	861.03
256.77	132.56	244.74	103.05	40.39	16.90	223.38
4207.14	1761.22	4360.15	1324.29	1042.72	391.05	3912.21
1717.40	749.04	1585.72	542.27	372.97	140.14	1452.39
650.06	300.59	714.35	211.83	174.94	64.64	698.23
133.48	48.55	158.78	36.86	46.20	15.09	133.13
182.01	88.41	197.62	48.30	52.23	17.99	171.66
217.69	92.24	254.00	73.19	64.00	24.85	244.10
200.52	96.71	199.38	64.26	39.55	15.67	148.80
330.48	120.79	252.07	60.02	69.15	30.03	225.62
179.61	68.44	244.81	64.70	58.48	23.46	197.30
595.89	196.46	753.40	222.85	165.21	59.18	640.97
2930.14	1234.37	3205.99	964.08	727.38	328.48	3357.83
249.83	94.55	359.14	68.26	62.78	31.35	510.65
172.63	65.11	251.86	54.07	73.00	26.01	238.94
3.46	0.97	3.25	0.46	0.68	0.37	2.29
21.02	7.33	12.75	2.41	3.96	1.63	11.40
69.07	21.79	84.12	17.26	16.20	6.15	74.20
2414.12	1044.62	2494.87	821.63	570.75	262.98	2520.35
1463.09	582.78	1778.02	489.87	398.10	126.32	1884.53
204.37	109.79	261.39	93.30	56.97	23.91	236.28
5.65	2.13	11.69	5.83	1.98	0.48	10.14
566.70	181.62	622.62	132.69	172.55	33.74	782.85
95.55	45.52	58.97	18.34	18.63	9.03	67.47
457.31	202.33	599.75	177.18	98.60	39.95	550.60
103.61	30.51	198.17	55.30	42.28	16.67	203.57
7.29	3.14	11.93	2.76	3.54	1.47	13.44
22.61	7.73	13.51	4.47	3.57	1.07	20.18
5419.63	2314.52	8075.36	2868.61	1603.40	696.29	7054.67
644.02	304.29	1095.78	364.53	236.76	86.08	978.27
1841.25	821.43	2612.52	984.32	450.64	195.29	2261.49
1496.34	635.92	2390.59	956.57	421.78	205.94	1878.06
329.07	121.82	457.19	130.04	121.36	49.51	432.91
472.42	191.82	782.05	206.51	208.57	93.57	838.20
133.72	43.40	139.55	36.47	29.46	13.39	130.06
408.86	132.79	522.12	164.55	119.42	48.40	466.03
93.94	63.07	75.56	25.62	15.41	4.11	69.66

2-3 续表 5

行　业	企业单位数（个）	工业销售产值（当年价格）	出口交货值	资产总计	固定资产合　计
计算机、通信和其他电子设备制造业	5107	7793.74	966.34	5565.74	1349.66
计算机制造	416	703.80	106.85	431.53	89.29
通信设备制造	552	1271.56	157.63	903.33	140.50
广播电视设备制造	302	483.13	56.83	330.39	62.18
雷达及配套设备制造	19	30.47	0.52	18.50	4.99
视听设备制造	404	553.05	145.77	341.88	63.00
电子器件制造	919	1549.52	219.03	1494.14	422.93
电子元件制造	2059	2643.82	231.44	1647.55	457.88
其他电子设备制造	436	558.39	48.28	398.42	108.89
仪器仪表制造业	1925	2933.15	147.15	1833.66	514.21
通用仪器仪表制造	1184	2057.56	76.99	1253.83	333.94
专用仪器仪表制造	412	610.39	16.39	378.97	115.86
钟表与计时仪器制造	62	48.87	17.31	37.91	7.89
光学仪器及眼镜制造	199	143.64	34.84	123.31	44.30
其他仪器仪表制造业	68	72.68	1.61	39.65	12.22
其他制造业	924	996.26	168.76	438.18	144.55
日用杂品制造	595	636.05	157.82	275.17	86.27
煤制品制造	75	125.28	1.46	41.89	18.92
废弃资源综合利用业	760	1578.18	1.86	718.57	178.10
金属废料和碎屑加工处理	463	1292.73	0.26	559.63	115.48
非金属废料和碎屑加工处理	297	285.45	1.61	158.95	62.62
金属制品、机械和设备修理业	152	252.88	7.75	131.07	56.51
金属制品修理	24	35.04	0.15	12.20	6.83
通用设备修理	18	37.70		15.08	5.06
专用设备修理	13	24.93	0.42	18.78	4.32
铁路、船舶、航空航天等运输设备修理	80	130.60	6.73	71.91	35.38
电气设备修理	4	7.84	0.25	1.17	0.30
其他机械和设备修理业	13	16.75	0.21	11.92	4.62
电力、热力、燃气及水生产和供应业	**1047**	**1091.69**	**0.03**	**2216.48**	**1183.44**
电力、热力生产和供应业	678	645.89	0.02	1775.46	1004.24
电力生产	402	376.94		1282.82	768.38
电力供应	17	22.86		20.45	3.68
热力生产和供应	259	246.09	0.02	472.19	232.18
燃气生产和供应业	240	335.09	0.01	283.04	112.08
水的生产和供应业	129	110.71		157.98	67.11
自来水生产和供应	53	35.65		75.84	27.52
污水处理及其再生利用	68	68.92		75.35	36.47
其他水的处理、利用与分配	8	6.14		6.80	3.13

单位：亿元

固定资产原价	累计折旧	流动资产合计	应收账款	存货	产成品	负债合计
2078.59	840.74	3535.07	1227.78	766.64	281.68	3140.49
113.64	44.13	303.37	111.55	70.89	25.52	236.94
215.20	90.94	669.80	232.42	149.94	51.83	597.51
147.69	88.77	218.53	86.61	44.27	17.98	179.59
5.15	1.75	11.93	3.92	3.69	1.41	11.59
98.61	38.53	233.46	92.07	50.96	20.14	218.02
591.28	202.63	866.90	253.00	201.78	64.85	796.54
750.78	319.06	994.65	366.38	192.90	79.41	908.27
156.26	54.93	236.41	81.84	52.20	20.53	192.04
783.52	314.52	1090.21	352.55	246.56	94.15	911.78
523.08	220.56	757.99	246.32	173.84	63.06	614.84
173.10	64.07	217.43	74.73	42.91	16.53	184.34
10.38	3.73	26.04	5.76	8.23	4.57	24.03
60.30	21.56	65.50	19.53	16.83	8.28	71.25
16.65	4.60	23.25	6.20	4.75	1.71	17.31
223.42	91.62	243.40	75.51	61.00	25.03	217.98
142.27	62.47	158.17	48.04	41.55	16.71	139.26
31.10	13.01	19.69	6.24	4.47	2.11	22.81
291.19	130.90	410.51	88.17	108.04	52.55	412.68
176.01	75.38	340.65	68.63	90.30	44.44	331.48
115.18	55.52	69.86	19.54	17.74	8.11	81.20
88.63	37.19	60.95	18.94	11.04	3.54	57.90
10.89	4.19	5.11	1.64	1.23	0.56	4.79
19.11	14.34	8.77	2.18	1.18	0.80	4.34
4.13	0.78	12.27	5.41	2.37	0.18	7.06
45.32	13.53	27.27	7.50	4.54	0.59	37.47
0.46	0.16	0.85	0.14	0.14	0.09	0.69
8.72	4.19	6.70	2.06	1.58	1.31	3.55
1533.44	**454.57**	**658.32**	**102.32**	**46.58**	**6.80**	**1451.39**
1307.63	386.82	494.44	77.54	32.47	2.15	1180.37
965.53	258.10	295.07	47.84	13.96	1.41	820.12
5.53	2.29	13.42	1.63	0.03		13.65
336.58	126.44	185.95	28.06	18.48	0.74	346.60
136.86	39.07	106.95	14.38	7.79	2.61	180.35
88.95	28.67	56.93	10.40	6.31	2.04	90.68
39.35	13.72	28.63	3.31	1.55	0.73	52.48
46.04	14.49	25.72	6.08	4.45	1.13	35.72
3.55	0.46	2.58	1.01	0.32	0.18	2.48

2-3 续表 6

行业	流动负债合计	应付账款	所有者权益合计	实收资本	国家资本
总计	**84505.99**	**18168.08**	**84938.19**	**36729.07**	**150.78**
采矿业	**4854.00**	**897.23**	**4879.80**	**2145.86**	**8.89**
煤炭开采和洗选业	2614.58	459.24	2141.65	1021.99	6.95
烟煤和无烟煤开采洗选	2576.79	453.46	2078.08	1002.67	6.95
褐煤开采洗选	35.80	5.04	60.64	17.61	
其他煤炭采选	1.99	0.73	2.93	1.71	
石油和天然气开采业	11.90	4.85	11.06	6.66	
黑色金属矿采选业	1371.78	262.67	1430.87	559.64	0.10
铁矿采选	1339.63	254.77	1393.84	546.87	0.10
锰矿、铬矿采选	23.86	6.57	26.68	9.59	
其他黑色金属矿采选	8.29	1.33	10.35	3.18	
有色金属矿采选业	470.92	82.81	595.88	253.56	1.13
常用有色金属矿采选	331.27	57.44	387.86	165.00	0.29
贵金属矿采选	33.59	2.90	123.71	46.33	0.18
稀有稀土金属矿采选	106.06	22.47	84.31	42.23	0.66
非金属矿采选业	360.58	75.51	671.17	291.34	0.72
土砂石开采	244.15	49.25	476.46	217.87	0.65
化学矿开采	62.79	14.39	59.41	23.78	
采盐	7.55	0.87	38.15	8.30	
石棉及其他非金属矿采选	46.09	10.99	97.15	41.39	0.06
开采辅助活动	23.08	11.96	23.48	9.30	
煤炭开采和洗选辅助活动	0.15	0.07	0.62	0.46	
石油和天然气开采辅助活动	22.52	11.73	22.24	8.31	
其他开采辅助活动	0.40	0.16	0.63	0.53	
其他采矿业	1.16	0.19	5.68	3.38	
制造业	**78837.30**	**17092.37**	**79299.49**	**34154.44**	**133.48**
农副食品加工业	3963.01	655.72	5899.16	2218.92	9.05
谷物磨制	679.30	97.08	1431.50	593.78	1.86
饲料加工	522.48	125.01	778.69	312.25	0.55
植物油加工	521.06	63.76	666.05	246.53	2.32
制糖业	251.31	23.51	66.62	34.60	
屠宰及肉类加工	850.65	138.48	1270.48	440.84	0.95
水产品加工	462.60	83.12	532.16	189.69	0.23
蔬菜、水果和坚果加工	332.64	65.13	588.90	198.42	1.08
其他农副食品加工	342.95	59.63	564.77	202.81	2.06
食品制造业	1092.89	213.87	1729.06	708.10	4.19
焙烤食品制造	131.53	28.35	228.60	96.09	0.08
糖果、巧克力及蜜饯制造	99.90	20.76	145.40	53.31	0.13
方便食品制造	143.41	30.55	267.81	115.13	0.21
乳制品制造	123.19	24.91	132.79	67.96	0.21

单位：亿元

集体资本	法人资本	个人资本	港澳台资本	外商资本	主营业务收入	主营业务成本	主营业务税金及附加
413.74	**14208.00**	**21366.54**	**125.20**	**138.53**	**342002.60**	**293764.75**	**2323.30**
29.75	**800.30**	**1178.74**	**3.91**	**1.23**	**17522.64**	**14098.41**	**254.57**
15.77	369.55	504.92	2.68	0.53	6613.18	5282.43	92.28
15.73	355.99	499.19	2.68	0.53	6370.86	5135.38	89.38
0.04	12.92	4.65			219.58	129.05	2.60
	0.63	1.07			22.73	18.00	0.30
	0.60	6.06			28.67	24.37	0.29
5.91	224.00	329.51	0.03	0.03	5756.63	4595.68	92.84
5.83	216.95	323.88	0.03	0.03	5580.98	4451.27	91.06
0.09	4.50	5.00			134.93	108.04	1.53
	2.56	0.62			40.72	36.37	0.25
3.25	100.70	146.77	0.64	0.22	2199.68	1828.46	26.33
1.91	68.99	92.74	0.03	0.22	1424.99	1171.22	20.73
1.28	12.93	31.34	0.60		407.83	339.48	2.35
0.07	18.78	22.68			366.86	317.75	3.24
4.76	102.21	182.11	0.56	0.46	2854.59	2313.00	41.84
3.01	78.62	134.23	0.56	0.32	2119.43	1725.89	28.91
1.40	7.68	14.66			186.46	145.29	4.48
0.10	3.79	4.41			67.53	52.62	1.01
0.25	12.12	28.82		0.14	481.16	389.20	7.45
0.06	3.05	6.18			53.01	41.87	0.83
	0.34	0.12			1.19	0.99	0.01
0.06	2.35	5.91			48.38	38.21	0.79
	0.37	0.16			3.43	2.67	0.03
	0.19	3.19			16.89	12.60	0.16
361.97	**13161.71**	**20036.76**	**120.70**	**137.10**	**323380.27**	**278772.03**	**2060.69**
35.27	819.55	1338.62	8.93	6.17	29220.14	25553.37	169.59
3.97	192.55	395.75	0.33	0.06	7770.41	6843.89	50.94
5.28	139.57	165.24	0.06		4879.24	4327.06	20.67
4.22	83.61	156.14	0.01	0.23	3316.27	2929.56	16.34
1.35	20.30	12.47	0.48		235.27	205.73	1.42
10.49	156.50	269.01	2.18	1.82	5740.73	5026.96	30.94
3.17	72.20	108.38	4.51	1.20	2386.35	2088.09	18.01
1.49	74.67	117.33	1.07	2.58	2512.52	2118.28	15.69
5.30	80.14	114.31	0.29	0.28	2379.33	2013.81	15.57
9.82	336.03	348.08	4.81	3.76	6407.47	5351.38	44.31
0.36	46.60	48.43	0.60	0.04	955.64	785.25	7.04
0.38	16.48	36.27		0.05	594.82	478.71	4.73
0.49	55.25	56.78	2.52	0.01	1051.78	899.31	6.82
0.22	45.07	22.33		0.08	454.35	378.49	2.72

2-3 续表 7

行业	流动负债合计	应付账款	所有者权益合计	实收资本	国家资本
罐头食品制造	125.56	23.75	175.05	87.01	0.68
调味品、发酵制品制造	162.29	27.97	313.57	94.36	0.43
其他食品制造	307.01	57.59	465.84	194.24	2.45
酒、饮料和精制茶制造业	1001.36	158.48	1308.36	503.43	2.11
酒的制造	638.93	85.78	693.17	255.47	1.52
饮料制造	224.09	42.73	350.97	148.26	0.26
精制茶加工	138.34	29.98	264.22	99.70	0.33
烟草制品业	17.87	10.31	2.99	1.40	
其他烟草制品制造	17.87	10.31	2.99	1.40	
纺织业	4999.76	743.42	4472.65	2028.13	3.64
棉纺织及印染精加工	2925.64	410.43	2812.51	1311.85	1.77
毛纺织及染整精加工	334.57	55.95	243.85	111.66	0.05
麻纺织及染整精加工	56.08	8.32	73.96	26.73	0.07
丝绢纺织及印染精加工	189.40	33.72	180.02	55.36	0.91
化纤织造及印染精加工	370.58	36.47	165.58	88.29	0.26
针织或钩针编织物及其制品制造	574.31	83.36	459.78	200.31	0.45
家用纺织制成品制造	274.98	60.72	262.90	123.93	0.12
非家用纺织制成品制造	274.20	54.45	274.05	110.01	0.01
纺织服装、服饰业	1952.16	481.60	2179.16	840.02	2.36
机织服装制造	1372.44	341.71	1703.76	656.08	1.72
针织或钩针编织服装制造	449.71	109.33	365.88	136.12	0.63
服饰制造	130.01	30.56	109.52	47.81	0.01
皮革、毛皮、羽毛及其制品和制鞋业	1023.30	238.75	1092.28	401.25	0.65
皮革鞣制加工	111.82	21.53	153.62	49.76	
皮革制品制造	258.00	58.48	271.72	88.90	0.13
毛皮鞣制及制品加工	68.74	12.19	102.78	36.00	
羽毛(绒)加工及制品制造	116.85	20.98	84.62	33.46	0.18
制鞋业	467.89	125.56	479.55	193.14	0.34
木材加工和木、竹、藤、棕、草制品业	945.33	166.12	1690.52	672.60	1.32
木材加工	91.83	17.03	224.76	93.93	0.51
人造板制造	501.69	87.24	999.18	401.75	0.25
木制品制造	290.36	52.05	376.74	138.31	0.52
竹、藤、棕、草等制品制造	61.46	9.80	89.85	38.60	0.04
家具制造业	774.46	174.80	971.38	488.19	3.73
木质家具制造	472.57	96.70	612.69	264.17	3.26
竹、藤家具制造	7.31	1.34	8.97	4.55	0.20
金属家具制造	167.92	44.74	213.15	175.72	0.22
塑料家具制造	10.75	2.60	9.92	3.87	0.02
其他家具制造	115.90	29.42	126.65	39.89	0.03

单位：亿元

集体资本	法人资本	个人资本	港澳台资本	外商资本	主营业务收入	主营业务成本	主营业务税金及附加
1.18	45.24	39.91			787.43	682.11	4.65
2.81	45.33	45.02	0.65	0.01	884.63	719.87	6.69
4.38	82.08	99.33	1.04	3.56	1678.82	1407.64	11.65
8.05	204.97	279.00	0.68	4.72	4637.48	3718.61	127.10
1.94	93.65	153.55	0.02	0.93	2475.45	1990.08	109.39
4.03	66.91	72.68	0.55	3.80	1243.49	1003.93	8.15
2.09	44.41	52.77	0.11		918.54	724.59	9.56
0.40		1.00			13.54	10.93	0.08
0.40		1.00			13.54	10.93	0.08
13.19	612.65	1379.80	9.08	4.21	19237.35	16880.26	108.31
7.71	392.99	896.12	5.58	2.27	12302.92	10850.29	68.30
2.96	38.77	67.53	0.73	1.51	1004.84	877.79	4.89
0.18	7.99	18.38	0.10		303.21	263.00	3.02
0.60	15.31	38.43	0.05	0.05	793.36	694.50	4.73
0.02	26.89	60.52	0.60		657.20	586.69	2.92
0.79	53.83	144.16	0.77	0.28	1750.34	1527.58	10.24
0.13	38.36	84.83	0.39	0.10	1201.59	1035.61	6.96
0.80	38.51	69.81	0.85		1223.87	1044.80	7.25
5.83	322.53	495.21	5.08	3.31	9296.35	7932.66	59.50
4.06	265.10	377.83	4.04	2.48	7173.99	6119.20	46.14
1.39	40.55	87.43	1.02	0.26	1672.29	1424.24	10.69
0.37	16.88	29.94	0.02	0.57	450.07	389.23	2.66
5.75	141.80	248.68	1.34	2.82	5622.13	4797.39	34.04
0.55	13.61	35.56		0.04	701.98	591.17	4.44
0.32	26.06	61.41	0.15	0.81	1512.01	1271.57	7.65
0.25	13.98	21.69		0.08	561.31	488.33	2.47
0.06	11.78	21.39	0.05		452.71	401.77	2.06
4.57	76.37	108.62	1.13	1.89	2394.12	2044.54	17.43
3.00	238.00	427.57	0.38	0.51	8298.88	7116.37	58.97
0.36	38.16	54.65		0.08	1141.64	966.46	9.81
2.06	131.51	266.64	0.03	0.37	4989.41	4316.55	33.93
0.54	53.00	83.18	0.32	0.03	1698.10	1437.96	11.58
0.04	15.34	23.10	0.04	0.04	469.73	395.40	3.65
2.96	169.18	309.86	1.21	1.17	3442.47	2881.25	23.89
2.36	104.23	153.16	0.44	0.72	2304.85	1932.35	17.34
	1.21	3.14			49.48	40.30	0.43
0.52	48.22	126.24	0.15	0.33	611.31	507.40	4.00
	1.43	2.42			33.86	28.37	0.18
0.08	14.10	24.89	0.62	0.12	442.96	372.83	1.94

2-3 续表 8

行 业	流动负债合计	应付账款	所有者权益合计	实收资本	国家资本
造纸和纸制品业	1356.94	272.61	1293.75	587.18	0.19
纸浆制造	19.75	3.86	13.40	8.35	
造纸	758.72	131.56	710.89	317.11	0.13
纸制品制造	578.47	137.19	569.46	261.72	0.07
印刷和记录媒介复制业	770.08	174.94	761.95	314.95	0.60
印刷	744.41	171.11	742.63	305.46	0.45
装订及印刷相关服务	19.69	3.41	15.59	6.90	0.15
记录媒介复制	5.99	0.42	3.73	2.59	
文教、工美、体育和娱乐用品制造业	1382.74	402.65	1117.03	446.83	0.43
文教办公用品制造	123.97	27.28	104.59	42.99	0.02
乐器制造	15.07	3.30	23.68	7.89	0.02
工艺美术品制造	992.79	300.52	746.29	281.50	0.05
体育用品制造	101.30	35.87	91.49	51.48	0.35
玩具制造	99.64	25.12	100.99	44.82	
游艺器材及娱乐用品制造	49.96	10.56	49.99	18.15	
石油加工、炼焦和核燃料加工业	3064.37	526.19	1291.62	988.69	1.12
精炼石油产品制造	1198.27	155.49	693.21	265.20	
炼焦	1866.10	370.70	598.41	723.49	1.12
化学原料和化学制品制造业	6436.01	1248.27	6709.56	2807.40	14.60
基础化学原料制造	1965.37	316.88	1658.36	792.27	1.36
肥料制造	780.84	157.10	776.73	309.43	3.86
农药制造	216.50	44.53	252.07	109.13	0.03
涂料、油墨、颜料及类似产品制造	590.20	147.34	637.31	243.22	0.26
合成材料制造	1144.00	239.29	913.78	364.66	3.52
专用化学产品制造	1454.97	283.16	1882.87	770.61	4.90
炸药、火工及焰火产品制造	67.68	14.62	218.85	99.24	0.07
日用化学产品制造	216.46	45.35	369.59	118.83	0.61
医药制造业	1264.03	260.34	2011.99	823.29	3.75
化学药品原料药制造	263.98	61.82	350.64	215.03	0.42
化学药品制剂制造	311.51	49.06	401.57	142.99	0.53
中药饮片加工	111.58	31.57	180.84	68.35	0.15
中成药生产	265.98	58.53	408.25	183.16	1.25
兽用药品制造	52.99	9.16	122.16	53.12	0.94
生物药品制造	174.75	31.50	396.98	103.87	0.15
卫生材料及医药用品制造	83.25	18.68	151.54	56.76	0.31
化学纤维制造业	1203.56	134.05	686.75	341.65	1.13
纤维素纤维原料及纤维制造	382.33	61.63	245.90	112.19	
合成纤维制造	821.23	72.42	440.85	229.46	1.13
橡胶和塑料制品业	2994.02	616.47	3387.09	1785.44	2.40
橡胶制品业	875.87	181.19	1073.95	803.73	0.36
塑料制品业	2118.15	435.28	2313.14	981.71	2.03

单位：亿元

集体资本	法人资本	个人资本	港澳台资本	外商资本	主营业务收入	主营业务成本	主营业务税金及附加
14.38	207.19	321.63	3.37	2.48	5258.37	4538.74	33.98
	1.00	7.35			27.33	24.47	0.15
11.10	126.05	177.82	2.75	1.46	2546.46	2214.09	15.00
3.27	80.14	136.46	0.62	1.03	2684.58	2300.18	18.83
1.97	111.16	199.08	1.23	0.40	2896.83	2439.76	21.24
1.97	108.57	192.38	1.23	0.40	2811.50	2369.80	20.47
	1.80	4.91			70.30	57.68	0.53
	0.80	1.79			15.04	12.28	0.24
3.23	166.78	272.39	1.44	2.31	6009.36	5223.42	35.15
0.10	18.13	24.36	0.06	0.32	449.47	378.86	2.76
	2.94	4.87		0.04	122.49	106.41	0.81
2.60	97.00	179.73	1.17	0.94	4219.82	3704.51	23.96
0.10	27.81	22.75	0.02	0.44	434.62	362.51	2.93
0.43	16.26	27.23	0.13	0.57	622.43	537.66	3.78
	4.63	13.45	0.07		160.52	133.48	0.91
10.60	318.42	658.21	0.13		5874.39	5297.73	37.64
6.92	88.28	169.75	0.13		3687.11	3325.95	27.68
3.67	230.14	488.45			2187.28	1971.78	9.96
34.58	1176.93	1562.19	6.51	11.90	27657.03	23783.01	186.15
12.92	371.09	402.69	3.64	0.92	7678.78	6699.65	44.23
2.85	154.11	146.91	0.22	0.94	2790.77	2395.86	19.56
1.55	47.27	59.05	0.22	0.99	1096.57	936.98	6.68
5.08	113.20	122.72	0.60	1.29	2421.36	2053.34	13.77
3.80	146.87	209.10	0.12	1.25	3999.63	3531.96	17.04
6.89	265.34	485.11	1.60	6.34	7481.00	6408.68	46.31
0.42	37.13	61.58	0.02	0.02	1014.08	785.12	30.27
1.05	41.92	75.04	0.11	0.14	1174.85	971.41	8.30
11.75	357.95	444.23	0.86	3.12	5894.47	4711.71	45.47
2.95	50.04	159.80	0.04	1.35	1211.64	999.17	8.42
1.34	87.94	52.28	0.47		969.11	736.65	6.55
0.80	30.69	36.71			690.73	582.01	5.80
3.93	84.89	91.73		0.60	1224.09	914.27	9.78
0.38	20.50	31.29	0.01		539.60	448.34	4.10
1.50	56.27	45.23	0.34	0.39	812.55	662.24	7.06
0.86	27.62	27.20		0.77	446.75	369.03	3.76
1.07	162.13	172.25	2.67	2.41	2991.54	2753.96	7.93
0.67	67.80	41.92	0.18	1.61	1059.07	976.71	2.60
0.40	94.32	130.33	2.48	0.81	1932.47	1777.25	5.33
11.53	957.17	809.53	1.00	1.08	13478.80	11595.74	79.82
2.11	590.81	209.75	0.53	0.15	4034.03	3476.62	24.55
9.42	366.37	599.78	0.47	0.93	9444.77	8119.12	55.27

2-3 续表 9

行 业	流动负债合计	应付账款	所有者权益合计	实收资本	国家资本
非金属矿物制品业	6432.23	1588.86	7315.67	3408.54	18.66
水泥、石灰和石膏制造	1400.77	298.58	1072.93	550.01	9.58
石膏、水泥制品及类似制品制造	1857.36	569.96	1442.81	855.61	2.95
砖瓦、石材等建筑材料制造	1046.91	252.82	2001.13	868.04	2.61
玻璃制造	265.16	44.73	228.48	115.36	0.46
玻璃制品制造	482.63	78.72	471.66	202.28	0.07
玻璃纤维和玻璃纤维增强塑料制品制造	209.40	42.94	398.12	135.65	0.11
陶瓷制品制造	202.28	37.66	412.49	197.61	0.01
耐火材料制品制造	414.52	135.74	717.30	232.28	0.89
石墨及其他非金属矿物制品制造	553.18	127.71	570.76	251.70	1.99
黑色金属冶炼和压延加工业	7352.27	1689.91	5079.89	2243.69	4.16
炼铁	332.88	134.43	174.32	105.65	0.04
炼钢	1015.21	341.45	596.76	191.42	
黑色金属铸造	712.22	151.81	980.85	411.83	0.77
钢压延加工	4629.99	857.65	2993.55	1308.41	3.15
铁合金冶炼	661.97	204.57	334.41	226.38	0.20
有色金属冶炼和压延加工业	3699.05	636.39	3139.95	1122.93	14.05
常用有色金属冶炼	1261.18	267.63	726.48	321.00	10.98
贵金属冶炼	141.56	17.93	86.32	25.53	0.38
稀有稀土金属冶炼	152.68	37.75	153.30	57.88	1.79
有色金属合金制造	269.96	44.30	251.22	111.21	0.17
有色金属铸造	25.68	7.64	16.68	7.79	
有色金属压延加工	1847.99	261.13	1905.95	599.52	0.73
金属制品业	4433.38	798.37	4580.89	1770.90	7.75
结构性金属制品制造	1568.75	290.98	1525.06	680.14	5.68
金属工具制造	228.17	45.76	260.83	93.78	0.07
集装箱及金属包装容器制造	288.54	54.20	259.49	109.41	0.95
金属丝绳及其制品制造	355.24	48.92	380.84	146.43	0.01
建筑、安全用金属制品制造	440.36	75.82	923.80	230.65	0.20
金属表面处理及热处理加工	456.86	64.11	247.07	117.15	0.72
搪瓷制品制造	31.62	7.92	25.15	9.59	
金属制日用品制造	341.17	49.98	242.60	109.51	0.04
其他金属制品制造	722.67	160.68	716.05	274.25	0.09
通用设备制造业	4542.09	1114.39	5160.31	2165.91	10.87
锅炉及原动设备制造	428.05	110.16	475.46	181.70	3.22
金属加工机械制造	541.74	134.54	755.34	286.40	0.67
物料搬运设备制造	533.35	142.91	592.26	313.06	0.25
泵、阀门、压缩机及类似机械制造	909.00	232.00	1071.59	469.67	2.44

单位：亿元

集体资本	法人资本	个人资本	港澳台资本	外商资本	主营业务收入	主营业务成本	主营业务税金及附加
34.39	1352.20	1863.50	6.05	7.04	26727.34	22591.35	213.28
7.26	231.72	297.15	0.65	0.26	3506.36	3006.93	25.13
10.65	256.13	463.72	0.61	1.11	5494.04	4652.83	45.76
9.42	359.83	489.86	1.02	3.28	7599.98	6375.27	70.78
0.08	76.77	38.06			557.45	472.27	3.52
0.37	89.48	110.51	0.76	1.14	1828.20	1554.22	12.84
0.34	45.77	89.33		0.10	1294.86	1107.28	8.86
0.77	86.51	106.43	2.92	0.71	1713.14	1428.78	15.43
1.90	79.32	149.58	0.03	0.01	2417.48	2000.80	17.37
3.62	126.67	118.87	0.06	0.42	2315.82	1992.98	13.59
15.33	878.29	1336.67	3.40	7.92	25303.50	22880.85	97.51
2.16	31.42	70.80			1039.06	955.91	4.29
0.74	90.76	99.67	0.17		2204.02	2041.20	6.36
3.40	188.12	219.31	1.10	0.73	4492.65	3881.83	32.45
7.51	461.76	828.09	2.09	7.09	15426.98	14073.22	44.00
1.52	106.23	118.80	0.04	0.10	2140.80	1928.69	10.41
18.84	510.08	557.49	20.08	2.43	15483.61	13887.20	66.36
3.93	141.92	145.83	18.79		3718.41	3295.63	18.79
1.85	7.93	15.37			630.46	538.12	3.09
0.40	25.66	29.94	0.08		718.47	617.22	4.53
1.50	43.95	64.65		0.94	1179.75	1056.70	5.63
0.36	3.17	4.26			98.52	88.74	0.43
10.80	287.44	297.45	1.21	1.49	9138.00	8290.78	33.88
24.93	610.90	1106.53	7.11	11.96	17750.50	15289.80	110.07
12.52	228.66	426.33	2.23	4.40	6288.20	5363.79	43.90
2.72	32.69	56.97	0.07	1.24	1163.16	967.46	9.14
1.47	37.48	66.25	0.01	2.66	948.43	819.05	5.29
1.49	34.60	104.57	2.50	3.26	1724.97	1521.79	8.33
2.31	96.73	130.89	0.45	0.06	1920.78	1659.07	10.89
0.25	35.44	80.44	0.24	0.06	1313.85	1157.81	6.19
	2.88	6.71			137.50	117.79	0.82
0.57	52.70	54.19	1.38	0.10	1126.46	973.59	5.92
3.60	89.73	180.18	0.21	0.18	3127.14	2709.46	19.58
28.39	752.27	1366.27	4.25	2.33	18814.46	15842.32	138.45
11.54	64.07	101.41	0.36	0.87	1645.27	1393.61	9.88
2.32	113.85	168.72	0.57	0.30	2727.94	2282.92	19.65
3.02	113.20	194.93	1.43	0.23	1809.14	1515.15	10.27
3.37	169.80	293.08	0.48	0.45	3755.74	3144.24	27.43

2-3 续表 10

行业	流动负债合计	应付账款	所有者权益合计	实收资本	国家资本
轴承、齿轮和传动部件制造	572.92	130.18	694.48	286.69	0.21
烘炉、风机、衡器、包装等设备制造	573.50	128.69	583.78	253.11	1.35
文化、办公用机械制造	74.15	24.82	57.76	27.53	0.03
通用零部件制造	725.69	164.48	745.67	266.28	0.60
其他通用设备制造业	183.68	46.61	183.97	81.46	2.09
专用设备制造业	3345.22	821.39	3873.34	1564.36	11.46
采矿、冶金、建筑专用设备制造	1207.37	341.56	1426.95	520.84	4.94
化工、木材、非金属加工专用设备制造	616.32	137.97	544.87	234.02	0.29
食品、饮料、烟草及饲料生产专用设备制造	107.36	23.12	149.48	59.87	
印刷、制药、日化及日用品生产专用设备制造	150.11	36.21	163.79	70.01	0.51
纺织、服装和皮革加工专用设备制造	223.75	53.08	198.32	69.05	0.33
电子和电工机械专用设备制造	130.67	40.34	195.52	92.92	1.58
农、林、牧、渔专用机械制造	181.45	44.68	285.06	129.57	2.94
医疗仪器设备及器械制造	167.39	39.46	224.69	76.62	0.47
环保、社会公共服务及其他专用设备制造	560.80	104.97	684.66	311.46	0.40
汽车制造业	2911.46	726.33	2405.22	908.07	2.91
汽车整车制造	442.54	97.33	137.68	68.28	1.78
改装汽车制造	195.23	38.62	220.66	67.56	0.05
低速载货汽车制造	1.56	0.41	3.82	1.44	
电车制造	9.42	2.84	18.28	7.04	
汽车车身、挂车制造	59.92	10.61	79.29	34.10	0.01
汽车零部件及配件制造	2202.79	576.52	1945.49	729.64	1.06
铁路、船舶、航空航天和其他运输设备制造业	1564.45	363.12	1228.34	525.17	0.79
铁路运输设备制造	197.08	62.50	177.16	64.14	0.36
城市轨道交通设备制造	9.27	3.31	7.40	1.41	
船舶及相关装置制造	613.80	121.59	426.34	195.85	0.30
航空、航天器及设备制造	53.65	9.14	70.15	31.83	
摩托车制造	472.76	111.59	411.11	113.42	0.03
自行车制造	190.60	48.08	115.62	104.54	0.10
非公路休闲车及零配件制造	13.20	3.80	7.42	4.61	
潜水救捞及其他未列明运输设备制造	14.10	3.12	13.14	9.37	
电气机械和器材制造业	6174.44	1589.98	6007.79	2906.85	5.10
电机制造	866.06	219.97	711.38	265.38	0.16
输配电及控制设备制造	1976.38	556.79	2040.77	988.88	2.80
电线、电缆、光缆及电工器材制造	1660.27	311.65	1843.26	922.60	0.21
电池制造	349.15	105.26	325.45	158.69	1.47
家用电力器具制造	765.08	233.32	427.56	167.34	0.05
非电力家用器具制造	103.28	28.62	131.53	64.82	0.20
照明器具制造	404.78	117.72	462.98	210.44	
其他电气机械及器材制造	49.44	16.63	64.86	128.70	0.20

单位：亿元

集体资本	法人资本	个人资本	港澳台资本	外商资本	主营业务收入	主营业务成本	主营业务税金及附加
4.67	71.43	210.13	0.14	0.16	2440.79	2059.94	27.74
1.14	86.88	161.51	1.02	0.01	2177.36	1805.98	15.73
0.60	12.26	14.63			187.88	148.14	1.09
0.87	96.66	167.48	0.25	0.30	3337.24	2861.41	22.31
0.85	24.12	54.38		0.01	733.09	630.93	4.36
12.81	634.49	894.72	4.26	5.31	13133.33	11002.43	87.53
3.68	195.03	312.16	2.65	1.54	4886.73	4133.84	29.20
2.18	100.61	128.66	0.53	1.65	1965.40	1654.97	13.66
0.06	22.84	36.47	0.29	0.13	545.40	456.41	5.06
2.54	27.33	39.04	0.58	0.02	626.27	517.97	3.64
1.09	20.31	47.08		0.24	761.48	639.89	7.32
0.87	55.05	34.79		0.63	575.26	483.00	4.07
0.57	57.44	68.25	0.04	0.16	1165.90	979.65	7.36
0.53	28.66	46.79	0.17		667.67	519.64	4.42
1.28	127.22	181.48		0.95	1939.21	1617.08	12.80
10.26	365.08	519.55	1.79	3.08	9348.95	8025.22	54.88
0.18	42.60	21.04		0.18	619.20	544.69	7.52
0.63	37.53	29.24		0.10	742.14	654.04	5.05
	0.59	0.86			27.03	22.68	0.28
	2.16	4.88			45.78	38.65	0.23
0.18	5.83	28.04	0.04		307.84	266.08	1.98
9.27	276.36	435.50	1.75	2.80	7606.97	6499.07	39.82
6.06	180.71	316.07	6.15	15.06	4910.87	4232.97	29.36
0.89	25.53	37.35		0.01	554.65	455.36	3.24
	0.51	0.90			28.33	24.30	0.18
2.08	74.91	117.49	0.13	0.94	1716.13	1509.34	11.45
1.93	3.96	7.10	4.96	13.87	235.68	190.84	0.64
0.78	53.49	57.56	1.03	0.20	1608.86	1387.65	10.00
0.37	15.47	88.54	0.02	0.04	658.71	574.90	2.64
	2.07	2.53			32.19	26.34	0.18
	4.76	4.60			76.31	64.23	1.03
25.38	924.36	1911.81	11.89	26.06	22011.42	18867.86	109.69
4.48	88.64	170.51	0.68	0.91	2599.07	2211.33	13.55
8.77	342.06	608.91	10.34	14.71	6520.16	5558.58	35.81
9.26	270.91	638.78	0.18	2.72	7030.81	6108.54	27.56
0.41	50.57	98.63	0.20	7.39	1347.39	1172.24	6.90
0.46	60.32	106.33	0.11	0.07	2273.18	1955.08	11.20
0.13	36.40	27.94	0.05	0.08	479.52	400.74	3.59
1.73	61.51	146.49	0.16	0.17	1567.47	1302.04	9.70
0.14	13.96	114.22	0.17	0.02	193.83	159.32	1.37

2-3 续表 11

行业	流动负债合计	应付账款	所有者权益合计	实收资本	国家资本
计算机、通信和其他电子设备制造业	2746.05	945.52	2400.41	1005.38	3.98
计算机制造	219.10	107.42	193.38	77.54	0.08
通信设备制造	540.52	157.51	302.26	146.66	0.74
广播电视设备制造	160.86	57.69	152.61	57.16	
雷达及配套设备制造	8.35	2.61	6.91	3.44	
视听设备制造	194.72	62.32	122.96	51.45	1.00
电子器件制造	629.60	224.68	693.01	300.41	0.06
电子元件制造	824.58	272.68	724.11	279.88	0.38
其他电子设备制造	168.31	60.63	205.17	88.83	1.72
仪器仪表制造业	807.34	200.64	913.72	342.27	2.21
通用仪器仪表制造	547.37	137.16	633.37	225.81	1.10
专用仪器仪表制造	160.53	40.79	193.64	74.29	0.75
钟表与计时仪器制造	21.22	4.92	13.77	6.27	
光学仪器及眼镜制造	62.95	14.16	50.66	25.80	0.35
其他仪器仪表制造业	15.27	3.61	22.28	10.09	
其他制造业	195.69	41.81	218.79	86.01	0.19
日用杂品制造	127.34	24.46	134.58	51.11	0.04
煤制品制造	20.12	4.93	18.57	10.68	
废弃资源综合利用业	348.48	88.17	297.13	122.94	0.09
金属废料和碎屑加工处理	286.18	75.56	220.08	82.32	0.03
非金属废料和碎屑加工处理	62.31	12.61	77.05	40.62	0.06
金属制品、机械和设备修理业	43.26	8.89	72.72	23.98	
金属制品修理	3.43	0.61	7.41	2.60	
通用设备修理	3.05	1.18	10.70	2.23	
专用设备修理	6.43	2.18	11.73	3.01	
铁路、船舶、航空航天等运输设备修理	26.40	3.47	34.02	13.89	
电气设备修理	0.69	0.13	0.48	0.30	
其他机械和设备修理业	3.26	1.34	8.37	1.95	
电力、热力、燃气及水生产和供应业	**814.70**	**178.49**	**758.91**	**428.76**	**8.40**
电力、热力生产和供应业	665.00	152.84	592.94	334.69	7.08
电力生产	404.50	92.40	460.78	263.81	6.72
电力供应	9.99	0.59	6.78	3.37	
热力生产和供应	250.51	59.86	125.38	67.51	0.37
燃气生产和供应业	104.72	16.47	101.78	54.81	0.42
水的生产和供应业	44.98	9.18	64.19	39.27	0.90
自来水生产和供应	22.38	5.51	23.34	15.89	0.17
污水处理及其再生利用	20.27	3.31	36.62	21.41	0.73
其他水的处理、利用与分配	2.32	0.37	4.23	1.97	

单位：亿元

集体资本	法人资本	个人资本	港澳台资本	外商资本	主营业务收入	主营业务成本	主营业务税金及附加
9.01	445.10	537.57	5.63	2.43	7894.00	6666.28	40.81
1.96	28.56	44.96	0.67	1.17	764.48	653.95	3.00
0.13	58.34	86.93	0.11	0.16	1297.16	1121.07	4.51
0.11	22.00	34.90	0.07		489.79	403.94	3.14
0.50	1.41	1.53			30.22	25.76	0.21
0.49	21.17	28.31	0.11	0.23	557.42	486.55	2.21
2.38	161.13	134.52	2.12	0.20	1555.68	1297.30	8.36
2.47	106.19	167.86	1.35	0.63	2636.28	2213.01	16.17
0.99	46.29	38.57	1.20	0.05	562.98	464.70	3.20
1.31	114.62	222.95	0.54	0.65	2925.32	2417.54	19.36
0.25	71.55	152.02	0.49	0.40	2052.86	1703.80	13.19
0.36	29.42	43.54	0.05	0.18	610.91	496.67	4.41
0.49	1.50	4.29			48.54	40.17	0.35
0.12	9.56	15.71		0.07	141.08	117.97	0.99
0.10	2.59	7.39		0.01	71.93	58.93	0.41
0.69	33.94	49.80	0.06	1.32	1003.97	847.12	8.57
0.09	18.89	30.76		1.32	640.52	546.92	5.30
0.60	5.66	4.43			127.11	102.15	1.66
1.18	49.77	69.94	0.79	1.13	1593.33	1428.26	9.71
1.03	27.44	52.06	0.59	1.13	1306.17	1182.44	6.96
0.15	22.33	17.88	0.20		287.16	245.82	2.75
	7.44	16.53			243.07	206.53	1.95
	1.10	1.50			35.30	29.50	0.27
	0.46	1.77			34.77	33.03	0.04
	0.82	2.19			23.50	19.28	0.18
	3.69	10.20			125.71	105.40	1.11
	0.08	0.22			7.81	6.92	0.18
	1.29	0.65			15.98	12.40	0.16
22.01	**246.00**	**151.05**	**0.59**	**0.20**	**1099.69**	**894.31**	**8.03**
13.28	196.06	117.25	0.29	0.20	647.61	517.75	4.55
11.24	165.32	79.77	0.29		372.27	273.58	3.00
	2.68	0.69			22.11	19.76	0.10
2.04	28.05	36.80		0.20	253.23	224.41	1.45
1.87	34.74	17.79			341.23	289.01	2.35
6.86	15.20	16.00	0.30		110.85	87.55	1.13
2.88	5.61	7.24			33.76	25.33	0.33
3.98	8.85	7.55	0.30		70.66	57.10	0.71
	0.74	1.22			6.42	5.12	0.09

2-3 续表 12

行业	销售费用	管理费用	税金	财务费用	利息收入	利息支出
总计	**7161.74**	**10719.69**	**671.17**	**3471.55**	**204.37**	**2965.57**
采矿业	**379.39**	**653.55**	**62.76**	**203.53**	**7.05**	**166.15**
煤炭开采和洗选业	179.67	297.65	28.93	98.44	3.43	80.20
烟煤和无烟煤开采洗选	173.99	282.90	28.20	96.99	3.47	78.89
褐煤开采洗选	4.46	13.28	0.70	1.30	-0.03	1.18
其他煤炭采选	1.22	1.47	0.02	0.15		0.13
石油和天然气开采业	0.82	1.46	0.09	0.53		0.22
黑色金属矿采选业	76.54	168.69	18.96	61.22	2.10	52.38
铁矿采选	70.56	161.76	18.32	59.37	2.05	50.77
锰矿、铬矿采选	5.56	6.27	0.56	1.46	0.04	1.25
其他黑色金属矿采选	0.43	0.66	0.08	0.39	0.01	0.36
有色金属矿采选业	32.12	82.22	5.97	17.27	0.63	14.92
常用有色金属矿采选	23.50	57.73	4.92	11.73	0.48	10.03
贵金属矿采选	5.00	13.59	0.64	1.95	0.03	1.79
稀有稀土金属矿采选	3.63	10.90	0.41	3.59	0.12	3.10
非金属矿采选业	88.58	99.65	8.48	25.31	0.85	17.70
土砂石开采	64.10	70.15	5.83	17.31	0.32	11.67
化学矿开采	6.55	11.28	0.79	2.26	0.04	1.95
采盐	2.70	2.96	0.08	1.13	0.33	1.19
石棉及其他非金属矿采选	15.23	15.25	1.78	4.61	0.15	2.90
开采辅助活动	0.53	2.27	0.16	0.61	0.02	0.58
煤炭开采和洗选辅助活动	0.01	0.05				
石油和天然气开采辅助活动	0.41	2.07	0.15	0.60	0.02	0.58
其他开采辅助活动	0.12	0.15	0.01	0.01		0.01
其他采矿业	1.12	1.62	0.18	0.15	0.01	0.14
制造业	**6763.59**	**10011.97**	**605.20**	**3221.10**	**196.69**	**2760.86**
农副食品加工业	599.10	713.12	53.50	248.51	8.04	203.20
谷物磨制	143.11	169.00	14.31	58.42	0.90	47.99
饲料加工	103.63	109.89	6.49	27.26	1.50	22.69
植物油加工	60.07	80.10	5.24	28.60	1.68	25.41
制糖业	4.65	10.17	0.59	8.12	0.57	7.88
屠宰及肉类加工	113.63	135.75	10.63	47.66	1.39	38.55
水产品加工	39.33	62.03	4.86	28.92	0.76	22.22
蔬菜、水果和坚果加工	70.59	74.40	5.32	24.78	0.44	17.82
其他农副食品加工	64.10	71.78	6.06	24.76	0.78	20.65
食品制造业	223.25	231.53	15.39	58.85	2.51	49.21
焙烤食品制造	37.69	34.97	2.52	8.54	1.23	6.80
糖果、巧克力及蜜饯制造	24.53	26.35	1.69	5.85	0.11	4.52
方便食品制造	31.66	30.41	1.67	7.52	0.25	7.02
乳制品制造	24.00	14.87	0.84	3.99	0.09	3.56

单位：亿元

投资收益（损失以“-”号记）	营业利润	利润总额	亏损企业亏损额	应交增值税	应交所得税	从业人员平均人数（万人）
-579.79	**24038.21**	**23327.08**	**744.33**	**9961.18**	**2584.46**	**3359.39**
-30.96	**1841.07**	**1737.13**	**89.10**	**839.28**	**207.50**	**167.44**
-9.77	628.23	566.56	58.31	341.66	72.80	85.31
-10.49	574.23	515.46	56.49	333.19	64.13	83.87
0.72	52.21	49.34	1.66	7.02	8.44	1.28
	1.79	1.75	0.16	1.46	0.23	0.16
	1.60	0.98	0.13	1.10	0.14	0.32
-13.01	741.65	721.31	18.60	308.01	95.45	35.03
-12.66	725.14	705.22	17.98	297.51	94.59	33.08
-0.35	13.68	13.18	0.49	9.27	0.65	1.55
	2.84	2.91	0.14	1.24	0.22	0.40
-4.21	204.20	198.09	8.81	76.95	17.81	19.32
-3.84	133.84	129.10	5.65	54.87	12.27	13.82
-1.11	44.73	43.29	0.48	5.56	2.62	2.75
0.74	25.62	25.70	2.68	16.51	2.92	2.76
-4.04	256.38	242.46	3.18	109.75	20.05	26.59
-3.28	191.11	181.69	2.02	79.38	15.63	19.59
0.02	15.78	15.13	0.74	10.77	1.65	2.26
-0.09	5.64	5.56	0.02	2.14	0.23	0.78
-0.68	43.86	40.07	0.39	17.46	2.55	3.96
0.01	7.72	6.75	0.06	1.09	1.07	0.67
	0.14	0.14		0.06		0.03
0.01	7.09	6.11	0.06	0.99	1.06	0.59
	0.49	0.49		0.05	0.01	0.04
0.06	1.30	0.97	0.01	0.71	0.19	0.20
-550.11	**22115.79**	**21500.07**	**643.56**	**9088.10**	**2367.10**	**3180.91**
-68.03	1942.42	1871.39	26.41	658.90	153.67	211.63
-23.25	511.12	489.38	1.23	155.49	32.86	41.72
-7.99	285.90	280.14	3.02	92.62	22.87	27.67
-2.02	219.50	213.52	2.80	80.22	15.35	16.41
-2.84	8.32	8.98	6.41	9.21	0.76	3.44
-14.24	383.41	362.74	7.41	119.28	30.32	48.36
0.28	157.28	156.44	2.64	82.03	19.09	25.51
-5.81	205.41	198.85	0.94	64.42	19.65	26.49
-12.16	171.49	161.34	1.94	55.62	12.77	22.02
-7.03	486.83	479.05	7.98	184.37	45.53	76.84
-0.70	76.86	76.99	0.63	28.10	9.20	14.48
0.30	48.84	46.51	0.55	16.27	5.11	8.58
-0.34	73.64	73.48	0.56	26.98	6.09	12.97
-1.69	32.48	32.25	1.62	9.66	2.17	5.04

2-3 续表 13

行　业	销售费用	管理费用	税金	财务费用	利息收入	利息支出
罐头食品制造	16.18	28.57	1.21	8.32	0.16	6.57
调味品、发酵制品制造	36.28	38.77	4.19	8.71	0.44	7.67
其他食品制造	52.90	57.59	3.27	15.91	0.24	13.07
酒、饮料和精制茶制造业	169.83	164.67	11.90	43.85	2.69	38.08
酒的制造	71.52	75.09	5.34	24.41	1.14	21.69
饮料制造	62.11	46.65	3.47	9.07	0.46	6.93
精制茶加工	36.20	42.94	3.10	10.37	1.10	9.46
烟草制品业	0.48	0.99	0.04	0.44	0.07	0.51
其他烟草制品制造	0.48	0.99	0.04	0.44	0.07	0.51
纺织业	270.71	469.56	31.09	244.78	13.62	213.16
棉纺织及印染精加工	149.89	269.50	17.25	153.10	7.68	133.42
毛纺织及染整精加工	12.00	24.68	1.70	13.74	0.82	12.42
麻纺织及染整精加工	5.42	8.11	0.65	3.93	0.19	3.38
丝绢纺织及印染精加工	9.68	20.88	1.32	8.92	0.85	8.25
化纤织造及印染精加工	6.62	16.32	1.01	12.61	0.91	10.22
针织或钩针编织物及其制品制造	29.07	48.62	3.37	27.35	1.67	24.86
家用纺织制成品制造	30.34	37.98	3.03	11.52	0.74	8.98
非家用纺织制成品制造	27.70	43.48	2.76	13.62	0.77	11.63
纺织服装、服饰业	249.55	348.06	18.90	79.20	5.30	64.72
机织服装制造	199.03	263.04	15.48	58.00	4.20	48.32
针织或钩针编织服装制造	38.16	69.10	2.78	16.14	0.81	12.43
服饰制造	12.36	15.92	0.65	5.06	0.29	3.98
皮革、毛皮、羽毛及其制品和制鞋业	122.39	180.03	8.62	56.75	2.26	49.24
皮革鞣制加工	17.13	28.19	1.01	9.38	0.24	8.99
皮革制品制造	33.50	46.05	1.50	18.63	0.28	16.46
毛皮鞣制及制品加工	5.79	7.57	0.60	3.14	0.10	2.37
羽毛(绒)加工及制品制造	7.30	10.60	0.59	5.25	0.11	4.63
制鞋业	58.67	87.62	4.91	20.35	1.54	16.79
木材加工和木、竹、藤、棕、草制品业	175.12	240.41	12.92	62.88	1.31	48.25
木材加工	25.57	31.80	1.51	5.83	0.17	5.05
人造板制造	93.25	128.24	7.18	38.30	0.64	28.25
木制品制造	44.48	63.70	3.14	13.63	0.42	10.60
竹、藤、棕、草等制品制造	11.83	16.67	1.09	5.12	0.08	4.36
家具制造业	117.12	137.66	6.44	36.78	2.07	29.84
木质家具制造	74.01	93.95	4.54	23.06	1.16	18.36
竹、藤家具制造	1.51	2.23	0.18	0.68		0.61
金属家具制造	26.46	20.53	0.95	8.23	0.69	7.38
塑料家具制造	1.06	1.47	0.11	0.32	0.05	0.26
其他家具制造	14.09	19.48	0.66	4.49	0.16	3.21

单位：亿元

投资收益（损失以"-"号记）	营业利润	利润总额	亏损企业亏损额	应交增值税	应交所得税	从业人员平均人数（万人）
-2.62	50.17	49.40	1.48	26.47	3.93	10.32
0.20	75.81	75.91	1.40	30.19	8.94	9.66
-2.19	129.03	124.50	1.74	46.70	10.09	15.79
-10.77	407.12	396.14	5.59	142.74	46.25	47.02
-8.19	203.61	195.32	4.14	78.81	24.72	21.78
-2.61	110.98	109.89	1.26	36.11	13.20	12.45
0.04	92.52	90.93	0.19	27.82	8.33	12.78
	0.62	0.63		0.30	0.13	0.13
	0.62	0.63		0.30	0.13	0.13
-7.55	1221.16	1195.91	28.37	521.15	141.34	247.53
-6.14	778.91	768.99	20.62	337.67	93.87	151.77
-3.12	66.67	60.29	1.93	23.98	6.35	13.26
0.05	20.83	19.33	0.06	9.83	1.18	5.90
-0.27	57.64	55.50	0.75	24.49	5.42	11.63
0.59	31.62	30.94	1.04	13.92	5.39	10.04
1.77	104.32	101.37	1.84	40.41	10.74	21.05
0.27	79.37	77.73	1.41	35.00	10.48	18.06
-0.71	81.80	81.76	0.72	35.84	7.92	15.82
1.84	613.55	606.58	9.12	267.28	80.46	193.00
2.72	488.62	482.48	5.51	209.39	65.04	146.27
-0.95	98.99	98.16	2.77	44.01	12.87	37.02
0.07	25.94	25.94	0.84	13.88	2.55	9.71
-1.18	420.54	417.47	4.61	159.89	37.94	101.30
-0.67	56.75	56.55	1.09	24.90	3.97	7.64
-0.17	130.17	130.04	1.26	29.71	7.92	23.67
-0.22	50.87	50.81	0.02	13.27	3.64	4.26
-0.40	23.72	23.51	0.68	12.77	2.87	4.66
0.28	159.03	156.56	1.56	79.24	19.55	61.07
-13.87	634.78	624.33	6.42	246.08	67.18	90.98
-1.99	97.61	93.25	0.65	30.83	7.92	12.21
-8.87	377.28	374.43	4.94	156.35	44.53	53.48
-2.90	124.18	122.21	0.69	43.48	12.44	17.48
-0.11	35.72	34.45	0.14	15.42	2.29	7.82
1.82	238.08	237.20	5.07	102.31	27.76	54.09
1.89	159.45	158.39	2.99	72.91	17.42	35.81
	4.43	4.42	0.03	1.50	0.34	0.87
0.14	44.88	45.14	0.80	15.73	6.99	10.28
	2.63	2.54	0.07	0.92	0.15	0.52
-0.20	26.69	26.71	1.18	11.25	2.87	6.61

2-3 续表 14

行业	销售费用	管理费用	税金	财务费用	利息收入	利息支出
造纸和纸制品业	117.44	165.83	11.70	57.20	3.98	52.11
纸浆制造	0.58	1.11	0.10	0.59	-0.01	0.58
造纸	49.67	78.27	6.05	31.62	3.01	30.98
纸制品制造	67.18	86.45	5.55	24.99	0.98	20.55
印刷和记录媒介复制业	70.49	115.74	6.42	33.25	2.10	27.93
印刷	67.92	111.53	6.27	31.68	2.02	26.58
装订及印刷相关服务	2.27	3.28	0.14	0.83	0.07	0.77
记录媒介复制	0.31	0.93	0.02	0.74	0.01	0.58
文教、工美、体育和娱乐用品制造业	129.48	173.52	10.56	55.29	5.75	45.69
文教办公用品制造	15.19	21.67	1.08	4.43	1.50	5.14
乐器制造	2.30	3.90	0.23	0.90	0.04	0.78
工艺美术品制造	81.55	101.95	6.79	38.89	3.64	31.44
体育用品制造	11.00	16.55	0.73	4.68	0.21	3.49
玩具制造	14.16	22.68	1.46	5.00	0.21	3.77
游艺器材及娱乐用品制造	5.28	6.77	0.27	1.40	0.15	1.07
石油加工、炼焦和核燃料加工业	88.45	116.40	7.88	99.09	5.28	86.48
精炼石油产品制造	37.81	69.68	4.43	35.89	2.55	30.59
炼焦	50.63	46.72	3.46	63.21	2.73	55.89
化学原料和化学制品制造业	588.68	811.86	55.45	286.93	14.26	253.07
基础化学原料制造	132.34	197.87	17.86	81.15	2.62	69.41
肥料制造	70.62	81.79	4.72	37.95	1.20	34.33
农药制造	22.45	40.51	1.77	9.29	0.51	8.16
涂料、油墨、颜料及类似产品制造	61.34	93.04	5.83	24.86	1.02	22.24
合成材料制造	62.25	104.74	6.39	43.85	4.15	42.89
专用化学产品制造	145.64	206.32	13.68	72.65	3.93	62.48
炸药、火工及焰火产品制造	38.59	45.23	2.84	9.24	0.39	6.61
日用化学产品制造	55.44	42.36	2.37	7.94	0.43	6.95
医药制造业	271.02	263.12	12.67	58.49	7.45	50.55
化学药品原料药制造	30.43	47.44	1.88	13.29	0.64	9.53
化学药品制剂制造	63.66	49.36	1.59	10.94	2.02	11.55
中药饮片加工	18.10	22.00	1.04	4.97	0.10	3.83
中成药生产	102.48	72.46	4.69	14.45	1.00	11.21
兽用药品制造	16.77	21.53	1.65	3.99	0.23	3.47
生物药品制造	25.53	33.43	1.03	6.24	3.32	7.76
卫生材料及医药用品制造	14.05	16.90	0.80	4.61	0.14	3.21
化学纤维制造业	24.97	53.11	3.31	44.90	5.97	47.53
纤维素纤维原料及纤维制造	11.20	14.27	0.93	15.91	2.86	18.22
合成纤维制造	13.77	38.84	2.38	28.99	3.11	29.30
橡胶和塑料制品业	270.85	416.94	26.24	135.59	7.39	114.31
橡胶制品业	76.16	106.68	8.04	45.57	1.72	40.70
塑料制品业	194.69	310.26	18.20	90.02	5.67	73.61

单位：亿元

投资收益（损失以“-”号记）	营业利润	利润总额	亏损企业亏损额	应交增值税	应交所得税	从业人员平均人数（万人）
-8.99	344.53	338.23	8.53	148.99	36.20	61.13
	0.23	0.52	0.60	1.08	0.08	0.41
-1.55	160.98	158.40	5.73	75.47	17.01	29.41
-7.43	183.33	179.31	2.20	72.45	19.11	31.31
-3.51	210.74	208.01	4.30	80.08	23.05	38.06
-3.08	204.60	201.94	4.19	77.93	22.67	36.60
-0.43	4.42	4.34	0.02	1.78	0.38	1.30
	1.73	1.73	0.09	0.37		0.17
-3.34	380.85	360.72	3.51	166.23	43.73	78.57
1.10	27.25	27.88	0.25	12.92	3.02	7.56
0.07	7.81	7.80	0.06	4.11	0.65	1.94
-6.45	261.72	241.03	2.01	111.68	28.89	46.72
-0.28	29.30	29.37	0.70	14.90	4.24	6.42
0.07	39.54	39.31	0.40	17.27	4.88	13.70
2.15	15.22	15.33	0.10	5.34	2.04	2.23
-8.72	281.02	260.34	60.61	115.48	30.37	24.76
-11.32	223.87	203.52	9.65	58.76	21.65	8.29
2.60	57.15	56.82	50.96	56.72	8.72	16.47
-13.01	1997.99	1960.46	70.63	796.06	227.73	187.53
3.80	523.17	522.01	31.31	224.91	55.60	44.66
-6.07	194.38	191.98	9.83	47.88	17.45	20.68
-1.78	87.00	85.51	0.53	29.62	11.88	7.52
-2.55	164.01	166.35	2.29	75.62	21.19	19.35
-2.69	257.49	245.31	6.99	109.88	29.65	19.01
-8.71	581.83	561.93	17.48	223.12	71.33	43.61
-0.15	100.69	98.88	1.01	50.99	9.06	21.74
5.15	89.42	88.48	1.19	34.04	11.57	10.97
-9.94	525.87	527.52	9.78	235.44	59.33	53.77
-3.01	106.94	106.26	3.79	40.01	12.82	9.35
-6.34	96.00	99.13	1.72	53.96	11.55	9.72
-0.76	55.01	54.83	0.20	20.29	4.91	5.27
-0.56	110.97	109.44	2.40	56.65	13.17	13.13
0.34	44.34	44.30	0.23	17.28	4.52	4.64
0.29	74.92	74.94	1.32	31.92	8.93	5.78
0.09	37.69	38.63	0.11	15.33	3.44	5.87
-0.63	112.90	114.01	11.49	73.31	13.89	19.34
-1.01	39.36	38.96	3.88	40.44	5.30	6.25
0.38	73.55	75.05	7.61	32.87	8.59	13.09
-19.60	978.34	964.68	13.35	369.09	109.68	138.77
-1.25	315.44	309.73	2.83	113.77	40.51	31.58
-18.35	662.90	654.95	10.53	255.32	69.17	107.19

2-3 续表 15

行业	销售费用	管理费用	税金	财务费用	利息收入	利息支出
非金属矿物制品业	651.07	835.28	56.38	267.18	11.45	217.67
水泥、石灰和石膏制造	72.00	109.32	8.65	59.79	3.29	49.28
石膏、水泥制品及类似制品制造	158.27	183.89	10.65	56.44	2.06	46.97
砖瓦、石材等建筑材料制造	173.92	241.94	17.06	59.98	1.95	46.75
玻璃制造	12.27	21.66	1.60	12.96	0.65	11.41
玻璃制品制造	42.68	62.72	3.41	17.78	0.88	15.81
玻璃纤维和玻璃纤维增强塑料制品制造	25.23	33.04	1.66	8.80	0.18	7.25
陶瓷制品制造	44.32	56.46	3.43	12.22	0.29	9.10
耐火材料制品制造	69.26	62.80	5.04	16.55	0.65	12.87
石墨及其他非金属矿物制品制造	53.12	63.47	4.87	22.66	1.51	18.22
黑色金属冶炼和压延加工业	267.44	474.52	38.64	227.91	17.74	210.53
炼铁	9.00	16.92	0.98	8.86	0.09	7.91
炼钢	24.12	42.18	2.57	20.66	2.10	21.48
黑色金属铸造	84.13	124.46	7.95	39.14	0.73	31.22
钢压延加工	112.79	229.84	23.30	135.83	14.36	130.90
铁合金冶炼	37.39	61.12	3.84	23.43	0.46	19.02
有色金属冶炼和压延加工业	144.07	278.60	17.45	152.25	13.69	130.53
常用有色金属冶炼	40.69	75.52	4.77	55.28	2.30	44.02
贵金属冶炼	6.47	9.96	1.31	5.13	0.46	4.90
稀有稀土金属冶炼	7.60	12.46	0.69	6.39	0.28	5.63
有色金属合金制造	11.29	34.58	1.52	10.52	0.51	9.47
有色金属铸造	0.93	2.65	0.12	1.07	0.05	0.93
有色金属压延加工	77.09	143.43	9.04	73.86	10.09	65.58
金属制品业	343.34	554.84	34.16	181.09	10.52	151.74
结构性金属制品制造	129.39	198.20	11.07	67.13	4.87	56.37
金属工具制造	25.35	47.56	2.10	12.30	0.53	8.88
集装箱及金属包装容器制造	21.22	35.85	2.60	12.05	0.55	9.62
金属丝绳及其制品制造	26.91	40.90	4.08	18.26	0.82	16.26
建筑、安全用金属制品制造	40.97	58.31	3.65	17.18	0.58	14.75
金属表面处理及热处理加工	16.59	35.62	2.19	14.05	0.96	12.32
搪瓷制品制造	3.28	4.17	0.21	1.40	0.03	1.08
金属制日用品制造	29.21	36.71	1.70	12.47	0.58	10.18
其他金属制品制造	50.42	97.52	6.56	26.26	1.60	22.29
通用设备制造业	447.26	748.63	41.79	183.13	9.16	154.07
锅炉及原动设备制造	34.52	62.18	2.71	16.55	0.67	14.22
金属加工机械制造	66.32	108.44	6.79	24.51	0.95	19.26
物料搬运设备制造	52.81	79.53	4.97	18.11	1.03	15.72
泵、阀门、压缩机及类似机械制造	105.13	161.75	8.78	35.47	1.93	30.15

单位：亿元

投资收益（损失以“-”号记）	营业利润	利润总额	亏损企业亏损额	应交增值税	应交所得税	从业人员平均人数（万人）
-9.00	2084.68	2057.71	54.12	929.82	222.44	281.90
-2.57	225.51	229.71	19.88	123.50	30.04	33.28
-0.80	380.39	373.80	13.09	203.35	44.57	50.72
-8.13	650.40	646.58	5.35	243.92	50.36	83.82
-0.98	39.76	32.38	1.36	16.36	3.48	6.36
0.14	133.02	131.80	4.08	57.58	15.09	25.83
-0.25	105.98	104.34	0.96	55.97	11.96	10.82
-0.14	149.32	148.65	1.78	66.76	15.49	34.52
-3.52	231.14	228.31	1.08	89.51	32.96	19.12
7.24	169.17	162.12	6.53	72.87	18.49	17.43
-145.01	1312.99	1179.71	78.31	588.42	121.51	145.54
-1.44	45.44	43.73	8.96	26.61	6.19	7.97
-13.20	67.50	42.66	16.59	50.92	6.20	14.15
-6.50	330.25	318.99	5.39	133.09	33.60	39.71
-112.31	782.50	685.29	28.57	319.01	67.21	66.40
-11.56	87.30	89.04	18.80	58.79	8.32	17.31
-33.97	917.56	837.79	47.82	398.57	64.56	69.52
-14.62	185.03	181.50	26.50	115.55	12.92	20.11
-0.49	31.16	26.42	3.14	32.01	1.23	2.10
0.29	70.86	63.28	1.17	27.03	3.73	3.34
-7.88	73.45	74.39	1.49	31.05	7.79	6.64
-1.00	4.53	4.97	0.44	2.83	0.62	0.94
-10.27	552.53	487.23	15.08	190.11	38.27	36.39
-77.32	1202.09	1175.58	26.46	481.19	133.97	176.27
-55.15	434.06	426.26	10.05	162.96	44.50	57.39
-2.35	95.10	93.29	0.93	39.99	10.84	15.65
-0.25	60.62	58.12	1.86	29.81	6.63	10.81
-2.18	111.86	107.72	3.32	50.38	13.95	11.86
-1.32	128.69	128.14	1.69	46.55	15.50	20.50
-12.93	67.44	67.33	2.69	25.62	7.72	12.69
0.05	9.71	9.40	0.09	4.56	1.16	1.69
0.21	70.22	69.63	1.68	31.39	7.34	18.11
-3.40	224.39	215.71	4.15	89.94	26.34	27.56
-16.92	1415.80	1361.36	26.29	578.18	153.67	196.92
-2.80	122.93	114.84	1.76	47.57	14.96	16.42
-1.30	202.53	199.12	5.11	87.85	22.86	27.29
-3.04	130.22	127.14	3.97	53.29	16.88	17.71
-2.05	288.92	282.18	4.41	119.90	29.20	41.09

2-3 续表 16

行　业	销售费用	管理费用	税金	财务费用	利息收入	利息支出
轴承、齿轮和传动部件制造	40.76	78.11	4.77	24.13	1.57	20.55
烘炉、风机、衡器、包装等设备制造	59.62	93.76	4.04	24.69	1.49	21.30
文化、办公用机械制造	8.71	12.17	0.33	2.53	0.12	2.19
通用零部件制造	65.57	125.74	8.44	31.56	1.31	26.16
其他通用设备制造业	13.81	26.94	0.96	5.57	0.10	4.51
专用设备制造业	320.58	542.98	30.01	122.63	6.27	100.43
采矿、冶金、建筑专用设备制造	111.47	173.96	11.75	41.93	2.33	35.72
化工、木材、非金属加工专用设备制造	41.38	91.92	4.57	22.82	1.16	17.85
食品、饮料、烟草及饲料生产专用设备制造	14.15	21.23	0.94	4.59	0.26	3.67
印刷、制药、日化及日用品生产专用设备制造	16.87	32.95	2.28	4.34	0.09	3.66
纺织、服装和皮革加工专用设备制造	16.48	34.35	1.58	8.79	0.65	7.14
电子和电工机械专用设备制造	13.07	27.51	1.52	4.47	-0.02	3.13
农、林、牧、渔专用机械制造	29.06	38.03	2.25	10.12	0.38	7.90
医疗仪器设备及器械制造	31.37	42.62	1.50	6.42	0.55	5.61
环保、社会公共服务及其他专用设备制造	46.73	80.42	3.61	19.16	0.88	15.75
汽车制造业	189.94	357.55	21.72	101.56	5.54	86.72
汽车整车制造	11.95	24.74	4.26	6.19	0.91	6.19
改装汽车制造	15.94	23.59	1.17	6.24	0.72	5.86
低速载货汽车制造	0.62	1.15	0.08	0.11		0.11
电车制造	1.14	1.22	0.02	0.38		0.29
汽车车身、挂车制造	5.93	8.36	0.69	3.47	0.05	2.91
汽车零部件及配件制造	154.36	298.49	15.49	85.17	3.86	71.36
铁路、船舶、航空航天和其他运输设备制造业	91.01	188.02	13.12	45.09	4.70	41.79
铁路运输设备制造	12.57	27.53	1.76	5.06	0.30	4.23
城市轨道交通设备制造	0.34	0.89	0.02	0.10	0.01	0.11
船舶及相关装置制造	22.47	57.81	3.22	14.28	1.41	15.05
航空、航天器及设备制造	2.18	8.48	0.19	2.60	0.23	2.36
摩托车制造	31.07	68.94	6.92	17.29	2.17	14.95
自行车制造	19.64	20.18	0.88	5.01	0.52	4.49
非公路休闲车及零配件制造	0.92	1.85	0.06	0.30	0.04	0.26
潜水救捞及其他未列明运输设备制造	1.82	2.34	0.08	0.44	0.02	0.35
电气机械和器材制造业	504.15	779.63	36.28	225.61	17.97	197.57
电机制造	54.31	97.56	4.21	32.25	2.58	27.96
输配电及控制设备制造	153.21	266.03	11.01	65.24	5.77	59.30
电线、电缆、光缆及电工器材制造	139.47	171.19	10.04	71.23	4.58	61.67
电池制造	23.56	43.47	1.89	12.42	0.71	10.35
家用电力器具制造	62.93	99.89	4.50	21.79	2.86	19.51
非电力家用器具制造	14.75	20.12	1.05	5.19	0.21	4.38
照明器具制造	48.22	70.67	2.76	15.51	1.43	13.04
其他电气机械及器材制造	7.70	10.70	0.82	1.97	-0.16	1.35

单位：亿元

投资收益（损失以“−”号记）	营业利润	利润总额	亏损企业亏损额	应交增值税	应交所得税	从业人员平均人数（万人）
-1.44	209.61	191.33	2.77	66.97	14.96	26.56
-0.46	162.98	158.70	3.31	70.38	21.02	23.61
-1.07	13.51	14.08	0.51	7.18	1.97	2.59
-2.24	233.12	224.80	3.65	105.96	27.10	34.74
-2.53	51.98	49.18	0.80	19.08	4.72	6.91
-8.44	1034.82	1012.68	19.74	400.92	113.94	133.31
-2.31	394.43	382.21	10.51	147.15	42.52	40.59
-0.35	137.23	135.32	2.83	58.12	15.23	24.49
-0.47	43.18	42.20	0.20	16.30	4.89	5.74
-0.24	48.02	48.25	0.33	20.19	4.43	6.67
0.07	56.28	56.19	1.30	26.02	8.42	8.63
-0.49	41.42	42.16	0.77	16.39	4.43	6.32
-1.98	96.01	88.39	0.70	30.51	7.01	12.11
0.74	64.53	65.89	1.01	25.07	8.21	9.83
-3.41	153.72	152.08	2.08	61.16	18.79	18.93
-8.83	633.45	627.94	18.44	268.55	79.84	108.28
-0.23	25.14	24.45	8.18	17.59	5.20	5.67
-0.92	48.73	50.46	1.15	21.64	6.96	5.30
	2.16	2.15	0.02	0.88	0.09	0.22
	4.25	4.25		1.27	0.51	0.61
0.04	21.49	21.39	0.46	8.32	2.63	2.98
-7.72	531.68	525.24	8.63	218.85	64.44	93.51
-21.08	331.84	321.30	14.00	149.10	36.99	55.98
-0.76	50.05	46.94	1.29	17.27	4.87	5.53
	2.56	2.52	0.01	0.96	0.56	0.21
0.14	111.14	103.98	8.77	60.69	14.67	19.67
-11.69	19.16	16.74	0.19	4.61	2.81	1.44
-8.86	100.13	101.70	1.34	45.62	9.51	19.55
0.02	41.25	41.39	2.09	15.21	4.03	8.24
	2.19	2.60	0.11	1.00	0.26	0.59
0.07	5.36	5.44	0.20	3.74	0.27	0.74
-49.80	1467.42	1427.07	41.76	616.80	178.71	209.58
-2.08	185.50	181.43	4.26	76.91	23.75	26.74
-4.44	437.34	415.93	21.30	190.05	59.19	60.33
-38.82	471.92	456.68	4.85	185.09	48.94	39.43
-1.96	84.29	85.19	3.07	36.01	7.62	16.66
-2.35	121.86	121.28	4.08	62.41	17.11	31.71
0.03	32.12	32.38	1.57	13.89	4.03	5.48
-0.23	120.75	120.94	2.35	46.20	16.97	26.70
0.04	13.63	13.26	0.28	6.24	1.11	2.51

2-3 续表 17

行业	销售费用	管理费用		财务费用		
			税金		利息收入	利息支出
计算机、通信和其他电子设备制造业	186.17	420.98	12.94	69.21	5.58	58.36
计算机制造	21.32	41.45	0.86	4.02	0.31	3.17
通信设备制造	31.99	69.87	1.58	7.99	0.66	6.53
广播电视设备制造	15.58	26.58	0.95	5.50	0.28	4.48
雷达及配套设备制造	0.91	1.69	0.02	0.11	0.01	0.11
视听设备制造	9.71	29.83	0.72	5.80	0.40	4.67
电子器件制造	33.32	90.95	3.32	15.64	1.60	14.46
电子元件制造	56.28	124.74	4.12	25.37	1.94	21.33
其他电子设备制造	17.06	35.88	1.38	4.78	0.37	3.62
仪器仪表制造业	80.50	146.92	5.15	24.80	2.92	21.96
通用仪器仪表制造	54.01	96.61	3.32	15.11	2.23	13.30
专用仪器仪表制造	19.07	34.26	1.31	6.77	0.21	5.94
钟表与计时仪器制造	1.95	2.92	0.08	0.70	0.29	0.87
光学仪器及眼镜制造	3.44	8.96	0.39	1.81	0.14	1.56
其他仪器仪表制造业	2.03	4.16	0.05	0.41	0.04	0.29
其他制造业	26.61	34.43	2.17	8.84	0.31	7.20
日用杂品制造	16.82	22.19	1.62	5.69	0.17	4.64
煤制品制造	5.09	3.59	0.26	1.29	0.01	1.08
废弃资源综合利用业	17.14	38.01	1.95	7.57	0.66	7.28
金属废料和碎屑加工处理	9.86	27.01	1.31	5.37	0.42	5.59
非金属废料和碎屑加工处理	7.28	11.00	0.64	2.20	0.24	1.69
金属制品、机械和设备修理业	5.37	9.01	0.39	1.44	0.14	1.12
金属制品修理	0.66	1.46	0.04	0.28		0.24
通用设备修理	0.16	0.39	0.03	0.07		0.04
专用设备修理	0.58	0.76	0.04	0.06	0.03	0.08
铁路、船舶、航空航天等运输设备修理	3.35	5.39	0.18	0.94	0.11	0.68
电气设备修理	0.20	0.25		0.03		0.03
其他机械和设备修理业	0.42	0.76	0.11	0.06		0.06
电力、热力、燃气及水生产和供应业	**18.76**	**54.17**	**3.20**	**46.93**	**0.63**	**38.57**
电力、热力生产和供应业	6.62	33.17	1.78	38.91	0.44	32.71
电力生产	3.65	19.85	1.03	31.05	0.34	26.27
电力供应	0.13	0.57	0.02	0.23		0.17
热力生产和供应	2.84	12.75	0.73	7.63	0.11	6.27
燃气生产和供应业	8.88	13.71	1.16	4.07	0.14	3.10
水的生产和供应业	3.26	7.30	0.26	3.94	0.05	2.75
自来水生产和供应	1.05	2.99	0.07	1.85	0.02	1.05
污水处理及其再生利用	1.99	3.94	0.17	1.86	0.03	1.46
其他水的处理、利用与分配	0.22	0.37	0.01	0.23		0.24

单位：亿元

投资收益（损失以“–”号记）	营业利润	利润总额	亏损企业亏损额	应交增值税	应交所得税	从业人员平均人数（万人）
-2.68	482.11	498.04	30.31	208.01	64.70	119.65
-0.79	40.73	44.05	3.32	17.02	6.07	12.09
-1.74	45.56	48.31	16.72	25.37	7.54	13.16
-4.90	35.49	36.85	0.46	11.73	3.99	5.98
-0.01	1.55	1.61	0.06	1.04	0.19	0.47
0.73	23.10	23.45	1.58	12.79	2.82	9.10
2.84	112.44	119.52	3.13	42.00	15.47	25.53
1.20	189.24	189.83	3.69	82.43	23.74	44.72
-0.02	34.00	34.42	1.37	15.64	4.88	8.61
-3.78	234.07	237.03	4.68	105.05	36.93	32.56
-3.16	169.82	171.96	2.00	75.41	26.69	19.64
-0.53	48.22	48.01	1.85	21.77	7.57	6.66
0.04	2.52	2.58	0.06	1.01	0.39	1.24
0.05	7.92	8.23	0.61	4.17	1.08	3.96
-0.17	5.60	6.25	0.16	2.69	1.19	1.07
-0.55	82.27	81.05	0.90	32.44	7.27	14.63
-0.77	46.16	45.63	0.49	21.65	5.15	10.85
	11.73	11.53	0.09	4.67	0.82	0.74
-0.15	101.70	103.08	4.70	55.18	6.30	8.15
-0.09	85.17	86.43	4.08	45.04	4.51	5.33
-0.06	16.53	16.66	0.62	10.14	1.78	2.83
-0.04	17.62	17.05	0.22	8.17	2.04	4.16
-0.04	2.74	2.30	0.03	1.16	0.48	0.31
	1.18	1.21		0.64	0.08	0.22
	2.38	2.67		1.39	0.37	0.16
	8.91	8.45	0.19	3.97	0.81	3.21
	0.23	0.23		0.36		0.05
	2.19	2.19		0.65	0.30	0.20
1.28	**81.36**	**89.89**	**11.67**	**33.80**	**9.87**	**11.04**
0.96	47.58	56.79	9.11	22.69	6.69	7.30
0.81	40.56	42.62	3.76	17.63	4.23	4.15
0.15	1.46	1.69	0.13	0.77	0.05	0.10
	5.56	12.48	5.22	4.29	2.41	3.05
0.22	24.60	23.79	1.46	7.62	2.63	2.23
0.10	9.18	9.30	1.10	3.49	0.55	1.50
	2.40	2.55	0.88	1.38	0.14	0.69
-0.08	6.24	6.16	0.21	1.84	0.40	0.54
0.18	0.54	0.59	0.01	0.26	0.02	0.28

2-4 外商投资和港澳台商投资

行　业	企业单位数(个)	工业销售产值(当年价格)	出口交货值	资产总计	固定资产合　计
总　计	**57368**	**241273.17**	**75935.04**	**188661.42**	**58757.77**
采矿业	**239**	**2934.07**	**40.05**	**3535.59**	**1307.56**
煤炭开采和洗选业	43	1572.18	17.75	2066.87	673.58
烟煤和无烟煤开采洗选	35	388.50		1068.77	538.58
石油和天然气开采业	12	665.73	16.82	783.48	342.84
石油开采	5	392.12		410.87	304.81
天然气开采	7	273.61	16.82	372.60	38.03
黑色金属矿采选业	38	286.10		228.51	85.85
铁矿采选	31	190.59		171.18	51.84
有色金属矿采选业	58	157.25	0.70	214.72	75.67
常用有色金属矿采选	42	119.92	0.63	137.24	52.71
贵金属矿采选	9	26.96		57.31	15.68
稀有稀土金属矿采选	7	10.37	0.07	20.17	7.28
非金属矿采选业	79	125.83	4.78	108.54	42.92
土砂石开采	48	43.17	1.41	37.74	13.29
化学矿开采	3	3.64	0.82	3.41	1.69
采盐	3	31.24	0.03	43.60	19.33
石棉及其他非金属矿采选	25	47.78	2.52	23.79	8.61
开采辅助活动	9	126.98		133.48	86.70
制造业	**56162**	**233251.36**	**75799.26**	**175033.71**	**51483.20**
农副食品加工业	1953	10273.32	1224.18	5878.67	1506.27
谷物磨制	101	405.82	14.34	284.50	102.01
饲料加工	354	1647.15	26.40	665.92	172.88
植物油加工	131	3309.54	49.88	2175.96	314.95
制糖业	29	191.27		261.62	84.71
屠宰及肉类加工	215	1415.13	82.95	867.30	272.87
水产品加工	448	1237.60	600.23	686.84	190.89
蔬菜、水果和坚果加工	472	854.53	332.41	437.82	132.65
其他农副食品加工	203	1212.29	117.97	498.70	235.31
食品制造业	1220	5320.12	402.64	4087.12	1228.32
焙烤食品制造	253	692.44	19.08	510.81	183.46
糖果、巧克力及蜜饯制造	111	534.64	59.58	409.55	142.62
方便食品制造	188	1146.35	59.33	806.68	275.79
乳制品制造	95	1085.43	5.03	791.57	202.69
罐头食品制造	145	274.99	79.91	163.12	50.56
调味品、发酵制品制造	138	471.80	52.29	431.88	159.89
其他食品制造	290	1114.47	127.42	973.51	213.32

工业企业主要经济指标(大、中类行业)

单位：亿元

固定资产原价	累计折旧	流动资产合计	应收账款	存货	产成品	负债合计
102638.41	**47021.73**	**108770.23**	**32460.71**	**24399.05**	**8389.88**	**106197.33**
2080.76	**973.05**	**1490.14**	**621.77**	**225.53**	**78.45**	**2527.27**
968.28	437.98	1147.28	526.79	149.63	55.62	1487.18
535.84	137.44	309.75	57.75	31.67	21.24	544.89
677.19	382.99	84.04	36.60	31.95	5.67	758.97
638.87	336.07	60.01	31.05	21.34	4.30	399.31
38.32	46.92	24.04	5.55	10.61	1.36	359.66
112.65	27.11	105.79	32.35	10.60	4.72	80.59
68.59	16.79	90.12	27.91	6.36	1.99	65.30
96.85	26.83	70.91	5.95	18.11	6.57	101.10
66.13	17.05	44.25	5.45	11.06	2.32	68.37
21.68	6.81	16.06	0.31	5.92	3.78	29.91
9.04	2.97	10.60	0.19	1.13	0.46	2.82
68.83	27.34	46.62	9.96	9.12	4.25	62.54
22.47	10.03	16.46	4.12	4.40	1.93	16.98
2.48	0.79	1.56	0.66	0.42	0.15	2.03
32.79	13.45	15.83	2.08	1.48	0.33	29.53
11.09	3.06	12.77	3.09	2.81	1.85	14.00
156.97	70.81	35.48	10.12	6.14	1.62	36.89
90685.17	**41882.42**	**104627.52**	**31272.43**	**23960.47**	**8292.87**	**98091.33**
3340.14	1934.45	3805.33	482.87	1008.01	423.29	3743.11
145.96	47.97	161.70	21.22	72.72	18.04	166.98
393.98	241.18	402.29	54.62	109.21	30.31	371.99
1023.64	718.66	1786.18	139.09	405.56	174.58	1692.12
121.08	46.43	173.13	13.70	31.03	23.52	200.39
547.52	284.04	390.34	58.19	99.52	47.63	439.25
382.20	210.82	420.67	89.42	133.68	65.41	359.66
258.94	139.73	241.48	53.74	77.96	29.07	189.53
466.81	245.61	229.54	52.90	78.33	34.72	323.18
1992.80	847.74	2359.52	552.06	432.53	184.11	2056.80
327.68	158.02	274.31	68.25	43.71	19.32	232.45
244.48	112.15	237.52	54.76	45.91	20.67	179.63
438.32	180.87	424.63	138.98	75.79	23.19	375.69
312.14	122.78	462.67	76.21	71.01	30.36	461.37
83.57	35.92	92.99	23.46	34.04	20.35	101.66
238.85	89.22	203.89	54.18	54.49	20.23	226.78
347.77	148.77	663.50	136.22	107.59	49.99	479.23

2-4 续表 1

行 业	企业单位数(个)	工业销售产值(当年价格)	出口交货值	资产总计	固定资产合 计
酒、饮料和精制茶制造业	790	3896.88	99.68	3385.02	1359.61
酒的制造	253	1089.39	15.11	1212.23	463.20
饮料制造	489	2734.11	76.39	2126.50	886.22
精制茶加工	48	73.39	8.18	46.29	10.19
纺织业	3064	5888.46	1678.74	4794.07	1503.26
棉纺织及印染精加工	1261	3036.97	707.27	2554.74	846.62
毛纺织及染整精加工	186	529.36	160.78	423.78	110.00
麻纺织及染整精加工	43	72.79	11.60	62.85	19.19
丝绢纺织及印染精加工	70	85.14	23.31	87.64	24.37
化纤织造及印染精加工	214	234.10	44.97	320.23	94.79
针织或钩针编织物及其制品制造	474	724.19	285.02	459.09	124.64
家用纺织制成品制造	429	652.94	252.74	416.89	122.55
非家用纺织制成品制造	387	552.96	193.05	468.84	161.09
纺织服装、服饰业	4439	6114.31	2625.54	3965.81	1000.03
机织服装制造	3248	4683.51	1861.57	2980.06	766.08
针织或钩针编织服装制造	921	1095.03	610.17	747.55	177.47
服饰制造	270	335.78	153.80	238.20	56.49
皮革、毛皮、羽毛及其制品和制鞋业	2258	4546.02	1885.07	2663.12	607.46
皮革鞣制加工	136	395.99	64.72	259.01	53.85
皮革制品制造	779	1014.35	518.23	506.93	128.23
毛皮鞣制及制品加工	62	151.89	42.38	69.59	20.15
羽毛(绒)加工及制品制造	72	177.89	71.00	115.32	19.74
制鞋业	1209	2805.91	1188.74	1712.27	385.50
木材加工和木、竹、藤、棕、草制品业	533	1019.99	273.88	667.91	199.13
木材加工	47	83.70	11.48	81.19	21.82
人造板制造	183	404.08	81.00	271.91	94.96
木制品制造	212	441.31	139.30	277.02	72.25
竹、藤、棕、草等制品制造	91	90.90	42.11	37.80	10.11
家具制造业	998	1733.01	781.63	1327.27	306.94
木质家具制造	537	849.61	383.72	661.39	173.48
竹、藤家具制造	13	41.81	20.99	50.90	9.37
金属家具制造	246	475.87	215.53	393.10	74.54
塑料家具制造	20	39.08	25.77	23.23	6.68
其他家具制造	182	326.65	135.62	198.64	42.88
造纸和纸制品业	1023	3422.14	369.90	5290.87	2067.82
纸浆制造	8	19.03	0.14	48.81	15.06
造纸	342	2008.66	208.95	3939.29	1660.59
纸制品制造	673	1394.45	160.82	1302.77	392.18

单位：亿元

固定资产原价	累计折旧	流动资产合计	应收账款	存货	产成品	负债合计
2287.11	977.11	1528.82	262.67	402.45	116.80	1725.52
839.59	397.47	535.81	59.86	203.74	29.82	644.98
1432.59	574.24	964.09	195.55	190.25	84.64	1066.34
14.93	5.40	28.93	7.27	8.47	2.35	14.19
2638.91	1246.28	2732.55	610.18	809.86	316.11	2437.93
1534.67	729.01	1408.45	303.87	424.51	174.47	1276.93
152.21	66.69	244.47	38.24	81.26	27.58	197.14
34.30	15.79	33.84	8.20	13.16	6.89	32.56
48.96	27.08	53.65	16.90	17.01	6.01	41.68
152.02	62.86	196.48	38.42	47.29	23.86	195.18
227.30	111.72	286.54	71.97	80.90	24.07	248.86
199.98	97.14	257.59	57.68	75.52	26.64	223.01
289.47	135.99	251.54	74.92	70.22	26.59	222.57
1794.54	848.53	2611.46	634.11	730.97	354.25	1869.04
1384.31	658.66	1942.24	451.14	536.71	283.38	1364.02
308.86	141.53	512.15	141.94	144.75	51.91	387.86
101.37	48.33	157.07	41.04	49.50	18.96	117.16
1057.27	489.77	1748.40	538.73	460.47	141.57	1268.25
106.26	53.54	176.12	33.96	76.43	20.80	135.71
211.63	91.81	329.08	103.99	100.57	24.89	271.81
26.88	9.30	44.44	0.93	26.16	8.78	37.25
30.70	12.38	85.79	16.56	22.11	4.63	74.97
681.80	322.73	1112.97	383.29	235.20	82.47	748.51
395.20	215.49	399.94	80.99	130.45	53.73	332.27
32.84	11.61	51.15	6.22	11.93	4.72	40.97
196.53	114.32	158.07	26.98	55.03	27.85	133.11
152.55	84.85	169.96	42.06	57.43	18.37	137.10
13.29	4.71	20.76	5.73	6.06	2.79	21.09
544.12	261.17	875.31	218.22	252.58	80.71	756.93
291.19	130.38	424.10	90.93	135.41	50.44	373.79
12.18	4.04	35.55	3.99	5.02	0.88	38.99
131.41	61.58	266.25	81.52	66.19	16.50	223.76
9.76	3.21	14.56	3.93	4.32	1.48	12.87
99.59	61.96	134.85	37.84	41.64	11.41	107.52
3189.00	1206.14	2370.29	561.97	405.62	143.11	2957.80
23.52	8.48	14.54	3.94	2.49	1.58	25.87
2524.49	924.47	1576.09	294.73	255.70	91.58	2250.60
640.99	273.19	779.67	263.30	147.43	49.95	681.33

2-4 续表 2

行　业	企业单位数（个）	工业销售产值（当年价格）	出口交货值	资产总计	固定资产合计
印刷和记录媒介复制业	690	1238.66	274.94	1184.93	345.21
印刷	645	1190.47	266.12	1126.32	323.25
装订及印刷相关服务	27	24.10	2.97	24.91	7.66
记录媒介复制	18	24.09	5.86	33.70	14.29
文教、工美、体育和娱乐用品制造业	2345	4310.34	2108.94	2293.21	550.17
文教办公用品制造	210	208.04	123.44	146.05	38.11
乐器制造	79	128.46	65.52	94.94	25.67
工艺美术品制造	1008	2361.20	907.60	1107.46	222.54
体育用品制造	405	568.97	366.66	336.60	95.72
玩具制造	596	903.02	582.01	534.06	148.86
游艺器材及娱乐用品制造	47	140.65	63.72	74.10	19.26
石油加工、炼焦和核燃料加工业	176	4800.64	257.36	2650.55	991.48
精炼石油产品制造	134	3997.26	253.17	1845.17	712.57
炼焦	42	803.38	4.19	805.38	278.92
化学原料和化学制品制造业	3589	17427.64	1770.01	15149.80	5624.52
基础化学原料制造	691	5154.50	307.06	4656.06	2132.85
肥料制造	126	597.08	19.73	602.79	193.99
农药制造	67	312.84	73.81	200.83	49.98
涂料、油墨、颜料及类似产品制造	725	1628.47	162.71	1323.15	288.97
合成材料制造	642	4229.12	491.49	3010.55	1112.68
专用化学产品制造	966	3632.75	548.87	4149.12	1551.63
炸药、火工及焰火产品制造	25	30.20	4.11	9.35	4.02
日用化学产品制造	347	1842.68	162.23	1197.95	290.40
医药制造业	953	4362.10	501.57	4501.61	1278.80
化学药品原料药制造	167	758.47	208.85	1010.44	389.02
化学药品制剂制造	221	1981.17	69.58	1875.42	407.81
中药饮片加工	46	98.91	2.96	90.00	22.23
中成药生产	163	629.95	22.33	607.02	184.70
兽用药品制造	33	66.58	9.37	61.93	18.78
生物药品制造	168	526.23	90.10	614.43	170.80
卫生材料及医药用品制造	155	300.79	98.39	242.37	85.47
化学纤维制造业	300	2131.28	185.39	2023.86	752.54
纤维素纤维原料及纤维制造	59	333.84	25.83	368.60	140.02
合成纤维制造	241	1797.44	159.56	1655.25	612.52
橡胶和塑料制品业	3472	7052.58	2126.83	6158.23	2080.53
橡胶制品业	569	2284.86	673.25	2165.83	971.45
塑料制品业	2903	4767.72	1453.57	3992.41	1109.08
非金属矿物制品业	2328	5407.26	796.15	6309.53	2554.82
水泥、石灰和石膏制造	202	1104.35	5.16	1978.26	1036.47

单位：亿元

固定资产原价	累计折旧	流动资产合计	应收账款	存货	产成品	负债合计
665.74	338.64	727.55	232.73	134.58	52.43	531.96
617.06	311.05	692.83	222.33	129.62	50.46	511.26
15.68	8.84	16.19	5.31	2.34	0.84	10.20
33.01	18.75	18.53	5.09	2.62	1.13	10.51
1001.34	485.79	1552.64	422.28	595.99	263.51	1122.28
81.23	45.21	92.33	25.25	31.34	10.99	72.30
46.21	21.66	63.34	10.83	25.87	5.65	38.54
405.05	197.57	788.84	209.58	324.06	176.43	552.23
175.69	85.58	217.03	70.14	76.01	22.36	154.41
265.30	126.77	348.45	96.65	120.45	41.13	268.04
27.86	8.99	42.66	9.84	18.28	6.96	36.77
1780.29	837.42	1287.74	185.37	560.15	117.55	1903.18
1330.23	646.00	902.41	133.62	480.36	92.90	1316.22
450.06	191.42	385.34	51.74	79.78	24.64	586.96
9628.17	4151.74	7495.55	1945.93	1560.24	630.59	8271.01
3567.14	1500.92	1831.64	343.00	389.81	142.21	2565.75
309.42	139.40	294.48	34.09	73.49	33.85	338.18
104.86	58.32	127.83	41.78	41.00	18.43	111.60
517.79	251.84	918.88	345.67	181.36	76.37	629.71
1998.80	924.96	1542.63	416.30	384.35	155.14	1705.25
2603.12	1008.41	1989.27	522.54	353.34	143.62	2346.72
5.93	1.98	4.44	1.65	1.04	0.55	3.18
521.11	265.92	786.38	240.91	135.85	60.42	570.64
1980.86	834.02	2640.20	630.63	677.39	278.57	2067.78
583.47	225.45	476.89	114.26	127.59	60.76	560.85
625.20	267.13	1253.82	333.62	353.62	152.48	890.60
33.28	11.70	56.42	21.37	17.91	4.06	37.40
256.48	97.40	346.02	54.12	76.74	25.88	271.67
38.62	20.35	35.70	9.80	8.07	3.27	23.08
319.52	170.51	343.16	63.86	66.73	22.46	180.71
124.30	41.48	128.19	33.60	26.73	9.67	103.47
1227.50	528.91	1006.73	143.26	257.36	120.00	1199.88
233.90	103.62	178.53	22.09	49.75	15.72	216.85
993.60	425.29	828.20	121.17	207.61	104.27	983.02
3568.61	1644.87	3463.21	1053.43	876.05	340.45	3140.97
1526.95	639.82	988.99	341.45	286.52	120.07	1107.47
2041.66	1005.05	2474.22	711.98	589.54	220.38	2033.50
3963.87	1530.82	3001.27	767.28	628.37	272.75	3348.20
1425.13	443.89	712.30	74.44	90.81	22.27	1029.50

2-4 续表 3

行业	企业单位数(个)	工业销售产值(当年价格)	出口交货值	资产总计	固定资产合计
石膏、水泥制品及类似制品制造	436	786.16	16.10	746.78	212.25
砖瓦、石材等建筑材料制造	472	1086.89	147.41	887.99	288.77
玻璃制造	101	436.27	94.10	708.38	308.90
玻璃制品制造	304	671.67	214.15	738.74	262.59
玻璃纤维和玻璃纤维增强塑料制品制造	111	205.63	56.29	326.16	145.89
陶瓷制品制造	333	495.56	157.14	378.96	142.40
耐火材料制品制造	155	317.99	54.77	261.68	65.24
石墨及其他非金属矿物制品制造	214	302.75	51.02	282.60	92.32
黑色金属冶炼和压延加工业	792	8541.47	657.13	6607.48	2722.00
炼铁	14	320.80	5.51	214.01	63.48
炼钢	13	765.75	53.43	530.06	257.84
黑色金属铸造	234	470.69	128.38	463.55	182.53
钢压延加工	478	6507.17	449.25	4803.31	1896.57
铁合金冶炼	53	477.05	20.57	596.55	321.57
有色金属冶炼和压延加工业	741	5216.45	470.30	4655.55	1528.69
常用有色金属冶炼	92	1223.22	15.01	1771.79	658.37
贵金属冶炼	20	82.86		106.78	35.68
稀有稀土金属冶炼	28	111.88	21.89	91.95	26.25
有色金属合金制造	116	501.30	63.68	301.03	87.12
有色金属铸造	30	69.30	6.00	66.51	17.75
有色金属压延加工	455	3227.90	363.72	2317.49	703.52
金属制品业	3054	6278.21	1992.57	4841.57	1401.67
结构性金属制品制造	563	1167.31	251.28	963.51	226.88
金属工具制造	344	436.10	196.48	381.33	121.38
集装箱及金属包装容器制造	284	1268.51	471.07	975.54	257.56
金属丝绳及其制品制造	174	433.16	92.71	430.24	174.48
建筑、安全用金属制品制造	438	670.93	289.50	477.54	115.89
金属表面处理及热处理加工	220	469.42	69.67	370.69	123.41
搪瓷制品制造	23	36.95	14.34	33.09	9.86
金属制日用品制造	444	675.43	266.63	440.41	109.52
其他金属制品制造	564	1120.40	340.88	769.23	262.70
通用设备制造业	3779	10760.45	3316.50	10003.25	2327.64
锅炉及原动设备制造	171	1052.62	122.00	1281.57	311.11
金属加工机械制造	454	644.25	81.74	673.96	164.01
物料搬运设备制造	325	2180.23	380.80	2176.78	352.55
泵、阀门、压缩机及类似机械制造	826	1979.84	483.05	1922.44	490.60
轴承、齿轮和传动部件制造	417	680.82	193.23	834.04	313.80

单位：亿元

固定资产原　价	累计折旧	流动资产合　计	应收账款	存货	产成品	负债合计
353.06	151.19	480.17	223.89	56.93	26.08	447.29
545.23	263.13	479.62	105.52	148.17	82.36	485.06
470.10	181.30	257.70	39.58	68.25	33.42	374.73
411.27	155.83	395.38	109.13	94.77	37.52	378.07
260.42	118.43	151.43	53.16	28.58	16.22	177.79
228.41	95.83	196.45	52.46	63.24	27.74	169.34
106.10	43.65	165.94	67.97	37.29	14.54	151.21
164.15	77.58	162.29	41.14	40.34	12.60	135.19
4307.04	1778.09	3159.96	434.53	1025.96	288.61	4298.44
99.73	38.04	78.85	19.05	38.85	6.00	179.07
393.35	137.61	230.76	23.47	71.35	19.99	348.56
281.43	108.95	244.39	64.97	59.31	23.84	238.42
3141.33	1368.87	2353.88	291.52	782.74	209.20	3178.45
391.20	124.63	252.08	35.52	73.71	29.58	353.94
2313.98	866.94	2665.12	553.27	584.24	165.10	3025.38
863.98	254.74	907.83	141.51	189.13	29.24	1298.39
42.80	12.49	53.02	0.98	15.47	5.38	51.80
42.27	16.20	59.70	14.45	26.51	14.30	41.50
130.59	47.85	184.98	56.99	56.39	18.01	166.25
29.34	13.61	41.85	8.64	11.59	5.81	39.97
1205.00	522.05	1417.73	330.70	285.15	92.35	1427.48
2426.65	1127.75	2976.88	927.13	789.87	250.45	2389.26
397.70	181.77	607.34	179.86	151.95	42.33	496.48
211.04	99.78	231.23	67.01	71.63	23.22	171.39
397.67	160.48	599.58	179.37	156.31	43.79	495.07
317.23	151.76	230.11	82.44	50.55	21.50	219.13
199.22	94.62	325.39	108.97	97.29	30.80	230.50
204.93	99.76	227.58	67.50	45.24	18.01	202.98
16.43	6.73	17.95	6.39	5.11	2.64	19.96
278.23	175.37	284.73	74.13	90.98	25.73	213.27
404.20	157.48	452.97	161.46	120.84	42.43	340.49
3900.65	1701.62	6761.24	2093.77	1787.45	541.07	5218.78
473.82	194.58	848.66	219.29	225.64	50.42	764.96
253.91	103.20	463.50	126.03	149.16	41.00	306.23
544.76	200.08	1601.14	441.09	419.70	106.30	1403.15
850.83	388.95	1216.52	376.84	337.91	117.84	846.00
486.68	190.86	446.90	143.88	126.31	40.43	396.01

2-4 续表 4

行 业	企业单位数（个）	工业销售产值（当年价格）	出口交货值	资产总计	固定资产合 计
烘炉、风机、衡器、包装等设备制造	662	1728.25	552.02	1469.14	280.48
文化、办公用机械制造	234	1623.98	1228.26	800.10	160.88
通用零部件制造	573	698.61	238.65	658.39	201.48
其他通用设备制造业	117	171.85	36.73	186.81	52.74
专用设备制造业	2724	6247.64	1785.54	7060.59	1549.97
采矿、冶金、建筑专用设备制造	412	2356.84	573.29	2952.00	599.17
化工、木材、非金属加工专用设备制造	938	1215.36	384.48	1438.95	345.82
食品、饮料、烟草及饲料生产专用设备制造	76	95.85	24.41	99.79	19.85
印刷、制药、日化及日用品生产专用设备制造	173	269.18	49.58	287.48	76.67
纺织、服装和皮革加工专用设备制造	205	412.02	112.90	444.34	79.98
电子和电工机械专用设备制造	166	323.25	127.66	326.26	134.48
农、林、牧、渔专用机械制造	118	295.18	101.50	250.86	58.89
医疗仪器设备及器械制造	282	588.68	289.08	550.63	134.37
环保、社会公共服务及其他专用设备制造	354	691.28	122.65	710.29	100.74
汽车制造业	2721	27883.92	1493.48	19394.46	4826.20
汽车整车制造	93	16621.81	202.20	10487.70	2388.98
改装汽车制造	32	160.71	15.99	113.93	26.69
汽车车身、挂车制造	25	205.58	25.55	147.28	38.07
汽车零部件及配件制造	2568	10880.23	1249.72	8625.13	2367.06
铁路、船舶、航空航天和其他运输设备制造业	730	3321.36	1402.85	3804.04	990.50
铁路运输设备制造	69	330.15	20.18	421.11	43.74
城市轨道交通设备制造	7	36.43	0.60	50.24	9.25
船舶及相关装置制造	200	1596.85	948.90	2327.38	668.05
航空、航天器及设备制造	46	294.45	56.30	202.36	107.83
摩托车制造	125	542.43	138.25	373.97	71.61
自行车制造	221	382.12	185.82	354.94	62.41
非公路休闲车及零配件制造	39	91.12	19.94	50.17	20.40
潜水救捞及其他未列明运输设备制造	23	47.82	32.87	23.88	7.21
电气机械和器材制造业	4270	16447.24	5842.25	12435.31	2882.64
电机制造	518	2143.50	695.31	1880.18	390.95
输配电及控制设备制造	1238	4607.28	1440.45	3992.65	996.19
电线、电缆、光缆及电工器材制造	811	2760.35	798.37	1943.88	415.57
电池制造	273	1623.20	673.58	1421.76	332.93
家用电力器具制造	679	3882.86	1647.19	2121.14	483.64
非电力家用器具制造	63	157.40	27.61	160.41	26.08
照明器具制造	607	1160.92	534.41	810.39	211.93
其他电气机械及器材制造	81	111.72	25.33	104.91	25.34

单位：亿元

固定资产原　价	累计折旧	流动资产合　计	应收账款	存货	产成品	负债合计
487.52	221.98	1073.81	371.52	227.46	79.50	782.23
370.14	208.39	595.65	240.43	152.34	47.74	376.24
346.77	159.39	392.19	139.81	107.85	49.14	265.98
86.22	34.19	122.86	34.89	41.08	8.70	77.97
2688.69	1202.97	4802.22	1624.61	1251.67	396.08	3916.09
1060.73	477.28	2077.76	783.41	507.44	174.94	1824.80
621.84	290.70	977.52	311.80	268.52	72.94	685.12
32.47	14.68	69.23	22.18	18.71	6.06	46.80
121.04	51.44	191.29	57.05	52.82	13.65	159.95
147.47	71.91	299.34	71.67	88.13	29.92	248.05
227.13	93.10	166.10	55.70	43.04	12.23	179.62
86.62	32.15	161.27	43.05	67.34	35.48	157.31
211.74	88.25	329.37	86.81	80.26	22.88	213.72
179.66	83.47	530.35	192.93	125.39	27.98	400.72
7961.25	3479.72	11887.16	3830.52	1873.19	755.80	11283.00
3957.83	1759.07	6313.30	1530.12	783.03	334.93	6575.54
38.63	13.87	74.19	22.43	19.93	6.26	72.50
53.48	21.04	99.20	23.71	21.62	6.00	71.56
3903.37	1683.21	5388.72	2249.84	1046.14	407.20	4546.03
1512.26	585.55	2267.16	397.98	593.26	105.21	2224.38
71.63	29.71	354.44	111.84	102.80	14.53	272.43
11.86	2.82	38.85	14.17	8.67	1.02	32.60
955.74	331.71	1265.01	117.65	335.92	32.96	1443.01
151.60	51.15	80.30	28.39	23.83	3.44	73.40
163.39	95.13	264.75	56.21	49.11	26.38	187.23
110.15	52.24	223.10	55.86	62.17	24.19	179.97
36.30	18.11	25.97	8.75	5.58	1.77	21.01
11.59	4.68	14.75	5.10	5.20	0.91	14.73
5147.08	2440.26	8307.48	3083.65	1641.83	599.94	7184.80
789.43	424.82	1300.13	497.48	291.68	88.15	970.13
1645.86	718.96	2557.95	1050.92	434.54	158.61	2358.84
772.13	376.07	1371.96	601.48	262.12	98.64	1199.22
543.54	233.49	891.85	208.05	146.03	51.95	886.54
950.12	486.36	1474.43	476.68	326.72	145.69	1223.06
39.52	16.63	112.44	45.01	21.14	6.17	82.41
370.44	168.26	527.08	185.33	139.94	41.62	417.97
36.04	15.66	71.63	18.70	19.67	9.12	46.64

2-4 续表 5

行 业	企业单位数（个）	工业销售产值（当年价格）	出口交货值	资产总计	固定资产合 计
计算机、通信和其他电子设备制造业	5603	56036.77	40210.67	30896.36	8557.96
计算机制造	662	19655.37	16443.04	8636.85	2150.64
通信设备制造	446	10077.78	5972.31	5243.38	680.11
广播电视设备制造	171	650.29	383.55	440.55	93.02
雷达及配套设备制造	5	18.05	4.20	29.26	0.67
视听设备制造	458	4687.32	2680.06	1974.71	326.22
电子器件制造	1072	9650.20	7696.60	7010.33	2837.78
电子元件制造	2400	9253.56	5848.87	6433.66	2124.70
其他电子设备制造	389	2044.20	1182.05	1127.62	344.83
仪器仪表制造业	967	2253.90	849.15	1874.22	395.34
通用仪器仪表制造	437	1006.08	257.99	972.38	173.23
专用仪器仪表制造	161	554.86	169.00	397.58	88.84
钟表与计时仪器制造	136	222.68	129.91	141.66	30.85
光学仪器及眼镜制造	207	393.37	239.20	337.50	94.86
其他仪器仪表制造业	26	76.92	53.05	25.09	7.56
其他制造业	409	523.11	239.89	419.58	119.75
日用杂品制造	322	419.76	197.05	328.21	92.59
煤制品制造	3	9.59		8.28	3.42
废弃资源综合利用业	169	528.57	2.35	351.99	55.47
金属废料和碎屑加工处理	131	477.62	1.36	304.14	37.30
非金属废料和碎屑加工处理	38	50.95	0.99	47.85	18.17
金属制品、机械和设备修理业	71	265.26	174.11	355.82	167.54
金属制品修理	6	5.65	0.75	3.53	0.74
通用设备修理	4	1.99	0.01	2.62	0.50
专用设备修理	9	11.99	6.47	12.56	2.43
铁路、船舶、航空航天等运输设备修理	42	240.30	166.29	332.23	162.32
其他机械和设备修理业	7	4.67	0.59	4.06	1.35
电力、热力、燃气及水生产和供应业	**967**	**5087.74**	**95.73**	**10092.12**	**5967.01**
电力、热力生产和供应业	506	3197.34	37.75	6753.56	4366.22
电力生产	459	3079.79	37.75	6520.15	4242.15
电力供应	5	23.88		26.90	9.92
热力生产和供应	42	93.67		206.50	114.15
燃气生产和供应业	312	1644.15	28.07	2205.09	1008.44
水的生产和供应业	149	246.25	29.91	1133.48	592.36
自来水生产和供应	93	143.96		666.46	430.36
污水处理及其再生利用	50	50.91		224.48	73.23
其他水的处理、利用与分配	6	51.38	29.91	242.53	88.76

单位：亿元

固定资产原价	累计折旧	流动资产合计	应收账款	存货	产成品	负债合计
18105.16	9761.25	20229.68	8373.64	3973.23	1132.28	18311.79
4326.02	2205.78	5948.96	2616.35	1069.78	265.34	6088.20
1399.31	732.65	4253.25	1585.85	841.02	185.40	3516.59
193.56	102.46	321.81	119.00	69.74	17.06	215.81
1.37	0.80	23.02	1.63	2.00	0.53	21.39
664.67	351.88	1514.03	624.69	343.06	130.27	1274.80
5941.09	3174.49	3627.45	1522.06	672.50	207.24	3443.68
4753.24	2702.52	3844.64	1637.83	800.20	263.30	3181.23
825.91	490.67	696.52	266.22	174.94	63.14	570.10
746.55	362.90	1297.98	434.45	336.03	92.50	833.80
297.79	129.79	700.03	219.66	168.63	37.92	440.37
171.66	87.56	278.19	108.53	62.25	19.28	176.13
54.07	25.34	95.44	26.01	43.09	13.94	65.72
197.00	103.91	212.56	77.25	57.40	20.01	137.49
26.03	16.29	11.77	3.00	4.66	1.35	14.08
201.59	88.95	247.07	67.00	73.82	23.23	192.98
152.61	66.68	193.73	48.26	61.07	18.77	149.69
3.47	0.04	2.61	0.23	0.10	0.01	5.52
91.44	37.75	273.35	63.49	75.49	46.32	259.08
60.15	24.36	248.24	59.64	69.12	43.98	236.19
31.29	13.39	25.11	3.85	6.37	2.34	22.89
226.06	69.31	144.83	65.29	31.23	6.77	219.94
1.52	0.78	2.52	1.09	0.31	0.07	2.87
1.01	0.51	1.98	0.37	0.16	0.01	0.50
4.02	1.61	8.38	3.62	2.84	1.02	6.19
216.78	65.21	129.08	59.22	27.33	5.61	208.12
2.43	1.09	2.26	0.90	0.52	0.05	1.93
9872.47	**4166.27**	**2652.57**	**566.51**	**213.05**	**18.55**	**5578.73**
7878.04	3593.78	1625.53	382.36	152.49	4.82	3792.40
7692.85	3522.73	1539.60	371.11	145.63	4.23	3639.63
15.64	6.74	15.42	2.01	0.65	0.58	16.48
169.55	64.31	70.51	9.24	6.21	0.01	136.28
1193.75	274.00	746.50	133.75	51.79	13.48	1172.27
800.68	298.48	280.54	50.40	8.77	0.26	614.07
626.07	233.91	147.00	32.33	6.53	0.18	334.18
81.83	28.08	61.99	13.65	1.66	0.06	128.07
92.78	36.49	71.56	4.42	0.59	0.02	151.82

2-4 续表 6

行业	流动负债合计	应付账款	所有者权益合计	实收资本	国家资本
总计	**89640.47**	**33181.59**	**81845.13**	**48563.06**	**2507.52**
采矿业	**1938.29**	**646.95**	**1004.42**	**345.25**	**42.16**
煤炭开采和洗选业	1142.37	514.23	579.68	177.88	20.77
烟煤和无烟煤开采洗选	284.27	58.10	523.87	142.18	20.77
石油和天然气开采业	559.03	86.13	24.51	23.30	5.59
石油开采	291.42	47.82	11.56	12.39	5.59
天然气开采	267.61	38.30	12.94	10.91	
黑色金属矿采选业	71.58	19.02	144.47	54.32	3.03
铁矿采选	57.92	15.04	102.44	49.57	3.00
有色金属矿采选业	83.65	8.75	113.50	43.57	9.05
常用有色金属矿采选	55.18	5.61	68.80	29.43	9.05
贵金属矿采选	26.61	2.97	27.40	8.38	0.01
稀有稀土金属矿采选	1.86	0.17	17.31	5.75	
非金属矿采选业	51.83	5.79	45.66	32.43	3.52
土砂石开采	14.38	2.17	20.58	15.72	
化学矿开采	2.03	0.04	1.37	0.38	
采盐	24.02	2.15	14.06	7.57	1.79
石棉及其他非金属矿采选	11.40	1.43	9.64	8.76	1.73
开采辅助活动	29.82	13.03	96.59	13.75	0.19
制造业	**84482.55**	**31983.26**	**76341.43**	**45043.34**	**1551.43**
农副食品加工业	3247.96	781.89	2106.91	2583.59	40.06
谷物磨制	133.51	23.56	117.33	90.86	10.39
饲料加工	314.73	76.31	291.18	131.75	2.69
植物油加工	1554.04	437.60	471.98	254.78	16.21
制糖业	173.67	17.42	59.33	33.41	2.60
屠宰及肉类加工	383.40	88.06	425.59	219.50	0.80
水产品加工	295.07	60.87	324.35	150.06	0.25
蔬菜、水果和坚果加工	161.43	30.76	244.21	109.90	1.04
其他农副食品加工	232.12	47.31	172.94	1593.33	6.08
食品制造业	1805.21	520.60	2012.90	977.10	8.04
焙烤食品制造	214.82	68.52	277.97	171.33	0.76
糖果、巧克力及蜜饯制造	172.49	32.83	229.31	90.72	0.21
方便食品制造	292.69	113.66	420.15	181.24	1.23
乳制品制造	404.06	128.04	330.41	170.41	0.56
罐头食品制造	90.80	27.65	60.99	48.38	0.28
调味品、发酵制品制造	182.01	48.60	200.86	108.01	0.53
其他食品制造	448.34	101.30	493.21	207.02	4.46

单位：亿元

集体资本	法人资本	个人资本	港澳台资本	外商资本	主营业务收入	主营业务成本	主营业务税金及附加
368.86	**9164.60**	**3100.04**	**11822.30**	**21432.92**	**242964.16**	**207255.74**	**2207.91**
6.70	**105.60**	**30.35**	**72.77**	**87.26**	**3233.16**	**2438.46**	**75.65**
5.18	51.12	19.10	39.97	41.73	1841.10	1499.48	16.18
2.18	49.28	17.65	23.73	28.56	521.74	312.89	12.71
	2.93		1.87	12.91	712.93	415.03	51.30
			0.54	6.25	453.56	252.17	29.93
	2.93		1.33	6.65	259.37	162.86	21.37
	36.74	5.36	5.07	4.12	268.94	226.43	2.41
	35.58	5.06	5.07	0.86	176.36	146.98	2.11
1.30	8.51	3.46	8.49	12.69	157.36	111.32	2.14
0.02	6.13	3.19	5.99	4.99	120.28	86.85	1.74
	1.34	0.19	0.50	6.35	26.66	15.78	0.27
1.29	1.04	0.08	2.00	1.35	10.43	8.70	0.12
0.02	5.08	2.43	6.36	14.67	121.20	89.96	1.74
	3.30	0.31	2.79	8.96	42.16	33.61	0.55
	0.19	0.05	0.11	0.03	3.65	2.15	0.05
			2.11	3.67	33.33	23.11	0.34
0.02	1.59	2.07	1.35	2.00	42.06	31.09	0.80
0.19	1.21		11.01	1.15	131.63	96.24	1.89
331.34	**8181.41**	**3041.59**	**11086.40**	**20712.12**	**234663.60**	**200826.16**	**2097.60**
18.81	255.07	1524.78	220.15	523.08	10662.44	9643.52	30.28
0.19	17.54	3.07	19.42	40.26	422.76	389.34	1.32
0.84	34.78	10.25	24.79	58.40	1672.49	1489.78	3.09
2.16	33.00	6.06	28.47	168.87	3404.95	3213.72	5.30
	11.43	0.06	4.22	15.10	222.41	169.65	1.30
7.90	56.51	6.27	76.28	71.11	1663.49	1482.52	5.34
6.29	43.51	27.87	22.47	49.63	1210.83	1067.37	5.43
0.87	28.07	9.34	24.54	45.09	851.53	715.08	3.73
0.57	30.24	1461.85	19.97	74.63	1213.98	1116.03	4.77
17.64	185.26	44.73	239.12	480.92	5738.69	4119.99	33.82
0.70	18.07	6.92	61.40	83.37	769.16	568.03	4.58
0.74	5.30	1.33	23.39	59.75	591.69	377.35	3.96
7.01	32.18	8.65	62.44	69.71	1116.08	867.18	3.62
3.38	54.33	7.59	21.10	82.72	1295.39	981.35	6.31
1.63	12.54	5.17	11.67	17.09	280.41	242.43	1.75
0.62	16.10	4.09	23.68	62.99	490.60	378.56	2.37
3.57	46.73	10.97	35.44	105.29	1195.36	705.09	11.23

2-4 续表 7

行业	流动负债合计	应付账款	所有者权益合计	实收资本	国家资本
酒、饮料和精制茶制造业	1569.09	416.05	1642.98	1118.13	21.50
酒的制造	589.98	128.12	566.68	401.62	15.49
饮料制造	966.60	283.34	1045.28	704.35	5.94
精制茶加工	12.50	4.59	31.02	12.15	0.06
纺织业	2147.91	493.46	2339.70	1504.06	7.37
棉纺织及印染精加工	1130.23	271.39	1267.31	834.31	5.58
毛纺织及染整精加工	161.51	43.86	225.93	109.69	1.04
麻纺织及染整精加工	26.95	5.31	29.91	16.34	0.47
丝绢纺织及印染精加工	35.19	8.00	45.38	27.00	
化纤织造及印染精加工	184.66	17.36	124.73	103.35	
针织或钩针编织物及其制品制造	226.10	48.63	208.52	141.60	0.07
家用纺织制成品制造	196.00	48.92	192.65	98.06	0.07
非家用纺织制成品制造	187.27	49.97	245.26	173.71	0.13
纺织服装、服饰业	1627.98	490.39	2076.70	1035.70	3.62
机织服装制造	1162.73	347.60	1597.84	764.97	3.21
针织或钩针编织服装制造	360.07	116.72	358.57	207.70	0.38
服饰制造	105.18	26.07	120.28	63.03	0.03
皮革、毛皮、羽毛及其制品和制鞋业	1134.25	374.41	1378.38	686.88	0.54
皮革鞣制加工	122.88	31.32	121.63	63.96	0.12
皮革制品制造	243.94	103.68	232.07	131.66	0.02
毛皮鞣制及制品加工	33.45	6.46	31.65	19.59	
羽毛(绒)加工及制品制造	72.18	9.40	40.04	27.55	
制鞋业	661.80	223.56	952.98	444.11	0.40
木材加工和木、竹、藤、棕、草制品业	290.70	65.53	328.34	197.11	3.74
木材加工	36.46	8.73	39.82	32.20	
人造板制造	113.84	22.16	137.25	81.57	1.01
木制品制造	121.02	30.53	134.68	73.18	2.72
竹、藤、棕、草等制品制造	19.38	4.12	16.58	10.15	0.01
家具制造业	697.54	236.06	567.12	396.32	3.63
木质家具制造	334.22	84.91	286.52	221.08	0.62
竹、藤家具制造	36.20	17.05	11.91	9.29	
金属家具制造	213.96	91.18	168.73	107.11	3.02
塑料家具制造	11.72	3.88	10.24	6.32	
其他家具制造	101.45	39.03	89.73	52.53	
造纸和纸制品业	2170.45	581.94	2326.77	1731.52	70.22
纸浆制造	21.93	2.73	22.94	17.76	0.74
造纸	1572.68	384.78	1685.49	1304.48	47.10
纸制品制造	575.84	194.43	618.34	409.29	22.39

单位：亿元

集体资本	法人资本	个人资本	港澳台资本	外商资本	主营业务收入	主营业务成本	主营业务税金及附加
12.53	237.86	29.95	243.19	573.11	3949.84	2856.28	97.20
4.24	93.63	12.51	80.62	195.13	1083.30	743.36	85.13
8.26	143.45	16.53	154.79	375.39	2793.73	2057.32	11.75
0.03	0.78	0.91	7.78	2.59	72.81	55.60	0.33
13.17	282.51	80.25	628.32	488.38	5953.59	5205.96	24.24
9.54	159.48	41.43	358.88	259.39	3042.44	2667.96	13.12
0.35	31.56	8.88	46.70	21.17	565.72	502.64	1.92
0.09	2.97	0.93	8.06	3.81	72.19	61.39	0.38
0.10	3.88	1.83	12.42	8.77	87.54	76.52	0.41
0.64	22.14	9.99	43.35	27.20	238.65	212.62	0.56
0.68	20.93	6.81	71.65	37.46	724.89	628.83	2.59
0.56	13.18	5.81	34.91	43.53	665.86	581.08	2.75
1.22	28.38	4.58	52.34	87.04	556.29	474.91	2.51
5.27	185.25	77.07	454.05	309.56	6096.39	5102.79	33.19
4.73	148.36	62.62	328.96	216.57	4665.07	3867.23	25.25
0.50	27.64	9.06	104.08	65.70	1090.92	951.37	6.10
0.05	9.26	5.38	21.01	27.30	340.39	284.19	1.84
6.15	111.55	40.66	287.95	236.65	4578.91	3901.44	24.73
1.23	17.93	4.38	13.51	26.79	399.62	351.95	1.47
1.02	17.98	9.54	58.20	44.90	1014.79	870.71	6.79
	3.13	0.91	10.26	5.29	152.25	134.69	0.36
0.12	7.23	0.87	8.58	10.75	180.82	159.70	0.57
3.79	65.28	24.95	197.40	148.92	2831.43	2384.38	15.54
1.54	54.42	15.34	63.43	58.56	1012.01	862.84	6.09
0.08	6.07	1.48	20.13	4.44	82.63	68.98	0.48
0.92	27.78	4.33	25.94	21.59	399.52	347.39	2.09
0.54	16.59	7.60	15.40	30.25	439.55	369.51	3.07
	3.97	1.92	1.96	2.28	90.32	76.96	0.45
3.12	62.36	13.30	155.35	154.85	1725.48	1463.71	8.45
1.22	35.76	10.81	95.69	73.28	834.78	713.91	3.96
1.12	4.77	0.32	1.14	1.94	42.51	35.82	0.22
0.67	13.26	0.86	32.23	57.07	482.90	404.03	2.04
	0.23	0.03	4.78	1.28	39.68	35.87	0.10
0.12	8.34	1.29	21.51	21.28	325.61	274.09	2.13
15.30	246.94	37.99	410.18	941.72	3391.60	2842.51	12.08
	12.55		3.35	1.12	21.26	17.06	0.11
13.48	185.43	24.38	270.12	763.98	1985.16	1696.16	5.71
1.82	48.97	13.62	136.71	176.62	1385.18	1129.29	6.25

2-4 续表 8

行业	流动负债合计	应付账款	所有者权益合计	实收资本	国家资本
印刷和记录媒介复制业	483.93	187.10	648.51	385.43	9.35
印刷	466.40	183.36	611.20	353.78	9.17
装订及印刷相关服务	9.04	2.34	14.71	11.54	0.15
记录媒介复制	8.49	1.40	22.59	20.11	0.03
文教、工美、体育和娱乐用品制造业	979.13	360.39	1159.86	630.51	10.90
文教办公用品制造	66.69	21.01	73.57	52.21	0.10
乐器制造	34.65	13.84	55.96	39.70	9.09
工艺美术品制造	455.61	133.68	552.08	211.41	0.40
体育用品制造	141.57	72.00	180.94	119.36	1.31
玩具制造	246.13	109.17	260.05	184.19	
游艺器材及娱乐用品制造	34.48	10.68	37.26	23.64	
石油加工、炼焦和核燃料加工业	1490.59	485.66	745.57	558.60	39.10
精炼石油产品制造	1007.72	370.29	527.27	416.80	36.55
炼焦	482.87	115.38	218.30	141.79	2.55
化学原料和化学制品制造业	6623.61	1779.69	6848.04	4553.90	169.35
基础化学原料制造	1873.92	397.22	2084.76	1505.15	125.65
肥料制造	245.97	46.05	264.17	108.46	14.93
农药制造	101.41	24.39	88.79	37.27	0.81
涂料、油墨、颜料及类似产品制造	572.61	219.51	688.42	324.56	2.94
合成材料制造	1331.39	420.23	1302.04	941.86	7.90
专用化学产品制造	1981.06	455.98	1790.34	1232.18	13.55
炸药、火工及焰火产品制造	2.46	1.08	6.06	3.08	
日用化学产品制造	514.80	215.24	623.45	401.32	3.57
医药制造业	1737.93	448.77	2411.78	990.14	46.19
化学药品原料药制造	421.92	97.54	447.12	219.76	12.25
化学药品制剂制造	816.39	240.68	977.59	370.15	24.80
中药饮片加工	34.40	10.91	52.06	22.22	2.89
中成药生产	213.74	45.03	325.97	115.21	1.08
兽用药品制造	20.78	3.94	38.53	17.41	1.46
生物药品制造	145.91	28.30	432.65	177.53	3.07
卫生材料及医药用品制造	84.79	22.37	137.86	67.87	0.63
化学纤维制造业	1012.00	175.53	821.94	585.75	31.33
纤维素纤维原料及纤维制造	182.71	34.30	151.71	90.50	27.33
合成纤维制造	829.29	141.23	670.23	495.24	4.00
橡胶和塑料制品业	2648.31	833.02	2999.73	1902.92	16.44
橡胶制品业	828.41	254.60	1055.53	674.56	5.66
塑料制品业	1819.90	578.42	1944.20	1228.36	10.79
非金属矿物制品业	2580.96	653.81	2927.56	1840.36	74.57
水泥、石灰和石膏制造	695.03	131.45	951.72	532.41	49.60

单位：亿元

集体资本	法人资本	个人资本	港澳台资本	外商资本	主营业务收入	主营业务成本	主营业务税金及附加
5.48	79.33	15.01	163.07	113.00	1218.36	990.18	6.61
5.09	69.26	13.79	149.42	106.85	1170.29	949.62	6.31
0.38	3.63		3.88	3.50	23.09	18.77	0.18
	6.44	1.22	9.77	2.65	24.98	21.80	0.11
4.53	85.49	31.10	280.79	217.67	4370.54	3826.23	20.06
0.19	8.71	1.55	18.79	22.87	206.20	175.17	0.94
0.01	3.44	1.08	3.89	22.20	130.84	111.31	0.64
1.10	40.87	16.95	85.20	66.88	2422.43	2145.48	10.35
0.01	12.98	4.25	50.80	50.02	564.72	498.13	2.77
2.47	17.69	5.82	115.90	42.29	901.47	775.60	4.88
0.75	1.81	1.45	6.22	13.41	144.89	120.54	0.49
11.74	234.61	32.95	79.25	160.96	4583.28	3956.92	354.46
1.06	172.82	21.19	52.25	132.93	3829.39	3279.31	352.44
10.68	61.78	11.76	27.00	28.03	753.89	677.61	2.01
14.37	874.11	127.76	928.00	2393.30	17677.23	14954.52	68.80
6.46	331.81	34.27	259.00	747.97	5263.44	4680.79	13.68
1.58	24.79	12.29	25.19	29.69	611.04	527.81	1.55
	8.11	4.90	6.42	17.03	313.14	267.12	0.54
2.11	45.69	6.60	85.06	181.84	1638.37	1278.45	7.11
2.90	268.93	14.21	133.49	514.31	4279.95	3923.31	10.42
1.00	175.81	45.90	321.01	628.56	3711.63	3197.20	13.60
	0.48	1.13	0.20	1.27	28.35	22.08	1.48
0.33	18.49	8.47	97.62	272.63	1831.32	1057.76	20.43
6.30	192.69	47.84	215.18	481.10	4538.87	2875.47	32.67
0.62	31.98	11.63	74.74	88.54	824.57	639.97	4.44
3.44	61.46	8.17	49.14	223.11	2095.70	1121.92	17.32
	6.64	1.26	6.53	4.90	101.80	74.07	0.90
1.04	33.65	7.78	41.05	29.80	626.34	393.43	4.39
0.13	3.71	2.39	0.46	9.25	64.77	46.27	0.32
1.02	45.52	12.32	30.85	84.74	525.11	353.57	3.49
0.05	9.72	4.29	12.41	40.76	300.58	246.24	1.81
4.96	127.08	17.48	270.83	134.07	2144.38	1918.36	4.90
2.23	14.78	3.24	15.01	27.92	351.87	289.02	1.39
2.72	112.30	14.25	255.82	106.15	1792.51	1629.33	3.51
11.39	305.31	61.81	551.52	950.96	7002.66	5952.97	34.47
5.01	97.31	18.96	101.55	446.07	2246.08	1851.38	13.94
6.38	208.00	42.85	449.97	504.88	4756.58	4101.59	20.54
21.30	370.77	98.23	556.27	721.28	5394.01	4456.01	31.39
8.40	51.09	13.64	199.88	214.69	1043.87	816.43	8.00

2-4 续表 9

行业	流动负债合计	应付账款	所有者权益合计	实收资本	国家资本
石膏、水泥制品及类似制品制造	408.61	129.34	297.09	177.03	2.70
砖瓦、石材等建筑材料制造	421.28	109.95	395.15	220.43	3.29
玻璃制造	260.41	51.66	316.63	267.19	10.95
玻璃制品制造	317.29	104.51	359.01	240.98	1.36
玻璃纤维和玻璃纤维增强塑料制品制造	127.15	27.22	148.33	116.37	0.68
陶瓷制品制造	135.51	36.16	210.90	135.06	3.13
耐火材料制品制造	97.90	30.34	110.27	65.23	1.31
石墨及其他非金属矿物制品制造	117.78	33.18	138.45	85.66	1.55
黑色金属冶炼和压延加工业	3555.75	851.46	2301.18	1305.05	80.63
炼铁	173.20	32.75	34.56	45.37	
炼钢	286.80	57.25	181.50	87.66	
黑色金属铸造	193.76	46.42	223.89	137.95	0.72
钢压延加工	2649.34	655.39	1619.25	853.22	76.43
铁合金冶炼	252.66	59.65	241.99	180.85	3.49
有色金属冶炼和压延加工业	2349.09	501.89	1629.65	875.87	58.23
常用有色金属冶炼	892.50	187.93	476.01	160.88	28.21
贵金属冶炼	36.56	4.68	54.47	15.17	0.15
稀有稀土金属冶炼	38.05	9.32	50.40	24.81	6.16
有色金属合金制造	154.08	39.98	134.11	84.50	3.19
有色金属铸造	38.23	17.96	26.54	15.72	
有色金属压延加工	1189.68	242.02	888.11	574.78	20.53
金属制品业	2116.55	618.99	2411.69	1468.21	34.16
结构性金属制品制造	449.71	107.38	457.71	278.10	5.81
金属工具制造	149.46	53.33	209.81	122.49	1.93
集装箱及金属包装容器制造	431.37	130.67	459.74	263.74	8.45
金属丝绳及其制品制造	181.31	39.89	210.47	128.22	1.32
建筑、安全用金属制品制造	210.18	79.44	245.00	158.41	7.38
金属表面处理及热处理加工	181.92	48.46	166.18	98.33	2.15
搪瓷制品制造	18.45	5.41	13.08	13.22	
金属制日用品制造	198.54	53.44	225.68	147.70	0.03
其他金属制品制造	295.60	100.96	424.02	257.99	7.09
通用设备制造业	4740.56	1712.29	4747.96	2385.32	73.67
锅炉及原动设备制造	704.63	210.71	515.47	216.11	21.08
金属加工机械制造	280.27	98.14	366.97	191.57	3.27
物料搬运设备制造	1297.70	331.58	769.35	341.49	13.96
泵、阀门、压缩机及类似机械制造	763.00	310.30	1070.52	537.44	21.41
轴承、齿轮和传动部件制造	324.47	108.40	436.63	303.56	3.79

单位：亿元

集体资本	法人资本	个人资本	港澳台资本	外商资本	主营业务收　　入	主营业务成　　本	主营业务税金及附加
1.11	37.20	7.89	58.50	68.35	788.70	678.94	4.44
2.23	58.64	19.14	76.45	59.45	1094.38	915.77	5.76
2.62	85.53	19.26	68.24	80.60	450.64	372.37	1.82
5.29	35.00	13.36	82.96	102.69	680.06	566.04	3.61
0.06	39.10	1.42	24.56	50.55	209.47	177.52	1.02
0.89	35.48	9.33	23.02	63.21	490.96	404.91	3.38
0.71	10.60	7.70	10.24	34.68	320.24	262.98	1.94
	18.12	6.50	12.43	47.07	315.69	261.05	1.42
13.63	369.16	45.40	264.50	531.71	8240.68	7703.46	18.30
	13.80	1.73	2.67	27.18	200.37	188.89	0.32
0.74	4.83	4.63	46.53	30.93	674.28	625.30	1.28
0.51	26.41	6.65	20.18	83.46	478.88	405.81	1.51
12.37	231.10	28.43	185.16	319.72	6415.99	6052.95	11.69
	93.03	3.97	9.96	70.41	471.16	430.51	3.49
7.90	150.71	48.33	320.38	290.06	5260.68	4785.03	14.48
4.54	41.61	7.71	42.00	36.80	1259.97	1163.38	4.90
1.20	2.42	0.02	3.96	7.42	80.72	58.02	0.30
0.02	2.42	0.38	1.07	14.76	110.27	95.01	1.39
0.40	9.97	7.20	18.67	44.83	506.65	466.92	0.87
0.07	3.57	0.34	5.76	5.98	67.13	56.75	0.22
1.68	90.72	32.69	248.92	180.26	3235.94	2944.96	6.81
8.71	286.26	75.79	440.96	617.31	6290.57	5443.31	30.12
2.31	70.29	33.85	60.23	104.86	1166.02	996.87	7.46
0.26	12.65	5.29	32.77	69.60	452.12	371.81	1.96
1.40	75.85	3.90	84.53	87.30	1290.42	1134.80	3.91
0.54	22.83	2.30	44.79	56.45	429.79	371.72	1.80
0.53	27.00	5.42	40.89	77.20	667.97	576.69	2.87
1.14	10.96	1.91	36.70	45.46	472.32	422.06	1.94
	6.67	0.35	1.35	4.85	36.67	31.84	0.20
0.05	20.07	9.67	54.34	61.63	661.29	573.16	3.02
2.48	39.95	13.10	85.36	109.98	1113.97	964.37	6.96
36.08	425.82	113.03	385.46	1350.91	10946.34	9036.11	54.99
4.34	55.39	4.19	16.31	114.80	1044.84	815.22	10.40
1.30	35.91	7.26	48.48	95.35	660.50	536.70	3.68
2.64	75.31	41.80	45.38	163.16	2235.16	1797.81	12.07
11.96	107.59	16.88	60.27	319.33	2032.50	1646.25	9.12
1.58	39.06	8.57	40.10	210.47	687.18	571.20	3.40

2-4 续表 10

行业	流动负债合计	应付账款	所有者权益合计	实收资本	国家资本
烘炉、风机、衡器、包装等设备制造	703.68	291.64	680.90	324.30	5.75
文化、办公用机械制造	360.25	244.66	410.58	203.65	0.74
通用零部件制造	240.76	89.28	389.68	217.27	2.95
其他通用设备制造业	65.79	27.58	107.86	49.93	0.73
专用设备制造业	3404.38	1191.05	3119.00	1673.16	34.55
采矿、冶金、建筑专用设备制造	1544.48	522.45	1113.42	513.86	27.18
化工、木材、非金属加工专用设备制造	640.15	229.94	751.61	436.92	2.77
食品、饮料、烟草及饲料生产专用设备制造	45.49	13.07	53.19	22.17	0.84
印刷、制药、日化及日用品生产专用设备制造	136.10	43.53	125.31	69.43	0.44
纺织、服装和皮革加工专用设备制造	209.55	74.86	193.88	100.56	
电子和电工机械专用设备制造	123.42	52.80	145.81	128.46	0.38
农、林、牧、渔专用机械制造	136.90	54.13	93.35	70.28	0.40
医疗仪器设备及器械制造	197.01	79.86	335.79	182.85	0.64
环保、社会公共服务及其他专用设备制造	371.28	120.40	306.64	148.62	1.91
汽车制造业	10035.87	4929.58	8090.70	3754.11	380.96
汽车整车制造	5886.56	2838.55	3910.12	1755.05	337.02
改装汽车制造	56.79	15.90	40.69	24.24	0.39
汽车车身、挂车制造	67.10	24.15	75.73	18.38	0.24
汽车零部件及配件制造	4010.63	2047.87	4061.10	1940.42	43.31
铁路、船舶、航空航天和其他运输设备制造业	1770.46	468.94	1574.28	703.90	45.54
铁路运输设备制造	244.07	80.70	148.66	49.96	4.25
城市轨道交通设备制造	32.10	11.49	17.64	13.20	4.17
船舶及相关装置制造	1064.02	200.72	877.59	348.75	28.83
航空、航天器及设备制造	63.36	17.04	128.96	54.40	3.52
摩托车制造	165.66	77.56	188.10	107.05	4.05
自行车制造	167.76	66.19	175.04	108.24	0.72
非公路休闲车及零配件制造	19.43	9.61	29.13	15.58	
潜水救捞及其他未列明运输设备制造	14.07	5.62	9.15	6.72	
电气机械和器材制造业	6404.62	2471.58	5204.17	3045.58	61.13
电机制造	867.89	411.82	908.35	390.83	2.87
输配电及控制设备制造	2056.68	767.47	1607.39	1008.56	35.97
电线、电缆、光缆及电工器材制造	1088.22	329.26	742.78	476.28	5.56
电池制造	714.29	213.09	531.40	324.79	2.56
家用电力器具制造	1159.59	524.09	887.48	525.46	10.15
非电力家用器具制造	78.37	17.05	77.98	34.93	0.18
照明器具制造	395.54	186.71	390.92	244.97	3.63
其他电气机械及器材制造	44.04	22.09	57.87	39.77	0.20

单位：亿元

					主营业务收　　入	主营业务成　　本	主营业务税金及附加
集体资本	法人资本	个人资本	港澳台资本	外商资本			
10.05	64.81	18.09	53.60	170.90	1753.93	1435.27	7.47
0.25	11.52	1.26	53.03	136.84	1654.76	1517.99	4.04
3.85	31.48	14.25	58.12	106.63	700.58	574.17	3.96
0.12	4.75	0.72	10.17	33.44	176.89	141.50	0.86
11.56	243.18	65.95	385.10	932.80	6368.23	5178.47	29.49
5.75	89.60	15.41	68.66	307.25	2402.39	2003.45	10.51
2.46	49.72	20.16	151.77	210.05	1229.26	989.85	5.67
0.02	5.04	0.26	2.26	13.74	94.77	71.79	0.49
1.80	8.83	2.58	17.65	38.13	274.17	211.50	1.40
0.60	19.19	7.89	22.04	50.84	442.64	366.46	1.97
0.10	9.47	2.33	19.69	96.50	321.67	275.15	2.60
0.03	12.45	1.48	13.32	42.58	297.86	248.60	0.68
0.05	21.75	5.89	54.07	100.45	594.82	454.25	2.65
0.75	27.12	9.95	35.64	73.26	710.63	557.40	3.53
10.98	1091.58	52.26	273.85	1940.48	28307.08	22539.47	922.32
0.54	680.00	0.88	61.51	675.10	16823.57	12962.30	877.43
2.03	8.70	2.30	2.73	8.10	154.95	128.37	0.38
0.09	4.49	0.01	7.49	6.06	192.27	167.80	0.50
8.33	390.74	48.52	202.04	1243.51	11120.38	9266.06	44.00
2.97	204.86	17.12	148.85	284.52	3105.72	2682.58	20.65
0.05	22.17	2.24	3.49	17.77	291.17	221.10	1.75
	5.28			3.76	37.55	32.53	0.16
0.85	108.08	8.26	83.93	118.74	1400.98	1249.41	7.24
1.50	15.30		9.87	24.21	297.55	251.85	0.52
0.33	34.66	2.50	13.27	52.23	554.36	466.85	8.87
0.24	15.71	4.02	32.52	55.03	384.62	337.70	1.42
	1.88	0.04	4.85	8.82	91.46	80.71	0.35
	1.79	0.06	0.91	3.96	48.04	42.43	0.35
45.90	606.11	187.35	736.11	1405.27	16321.97	14025.99	56.34
4.13	91.91	31.33	75.68	184.91	2126.44	1797.08	11.99
17.59	214.95	58.55	195.87	484.43	4651.36	3966.66	16.35
18.89	90.71	19.32	133.52	207.50	2696.56	2390.74	6.65
1.33	42.31	40.63	116.39	121.58	1631.17	1467.56	4.41
1.53	119.33	7.80	127.47	257.47	3787.47	3211.13	11.34
1.92	5.79	1.83	12.98	12.23	143.21	114.55	0.68
0.48	34.84	27.70	71.53	106.75	1172.80	992.07	4.37
0.03	6.26	0.18	2.68	30.41	112.96	86.21	0.55

2-4 续表 11

行业	流动负债合计	应付账款	所有者权益合计	实收资本	国家资本
计算机、通信和其他电子设备制造业	16511.33	9865.53	12428.72	7357.97	201.29
计算机制造	5628.01	3890.84	2445.59	895.48	5.80
通信设备制造	3364.27	2025.55	1712.71	748.50	58.98
广播电视设备制造	198.75	92.93	223.99	121.98	0.69
雷达及配套设备制造	21.09	1.34	7.86	6.33	
视听设备制造	1211.44	647.38	697.25	361.61	1.69
电子器件制造	2729.96	1440.00	3559.15	2743.39	119.64
电子元件制造	2844.60	1488.35	3227.64	2122.59	12.97
其他电子设备制造	513.21	279.15	554.54	358.08	1.50
仪器仪表制造业	766.17	339.96	1038.25	460.26	9.45
通用仪器仪表制造	407.65	167.69	531.68	206.65	7.16
专用仪器仪表制造	160.45	77.12	221.19	79.64	1.34
钟表与计时仪器制造	58.40	26.59	75.21	51.63	0.13
光学仪器及眼镜制造	125.97	60.99	199.16	114.69	0.82
其他仪器仪表制造业	13.71	7.57	11.01	7.66	0.01
其他制造业	175.64	44.18	223.05	146.15	0.21
日用杂品制造	140.33	32.85	175.40	115.97	0.08
煤制品制造	1.62		2.75	1.64	
废弃资源综合利用业	246.72	66.12	93.04	81.30	1.47
金属废料和碎屑加工处理	227.69	58.60	68.08	63.86	0.32
非金属废料和碎屑加工处理	19.03	7.52	24.96	17.43	1.16
金属制品、机械和设备修理业	157.15	37.26	135.76	107.86	14.17
金属制品修理	1.74	0.63	0.65	0.96	
通用设备修理	0.50	0.32	2.00	1.26	
专用设备修理	5.40	1.59	6.36	3.75	
铁路、船舶、航空航天等运输设备修理	147.34	33.89	124.11	99.87	14.12
其他机械和设备修理业	1.85	0.75	2.13	1.64	0.05
电力、热力、燃气及水生产和供应业	**3219.63**	**551.38**	**4499.28**	**3174.47**	**913.93**
电力、热力生产和供应业	1983.31	336.35	2952.06	2288.34	761.50
电力生产	1889.63	323.93	2871.51	2236.06	752.89
电力供应	14.49	3.16	10.42	5.18	0.48
热力生产和供应	79.19	9.27	70.13	47.10	8.13
燃气生产和供应业	938.03	185.75	1028.72	534.43	79.53
水的生产和供应业	298.29	29.27	518.50	351.69	72.90
自来水生产和供应	216.41	19.17	331.44	235.80	72.14
污水处理及其再生利用	67.32	5.97	96.35	51.85	0.47
其他水的处理、利用与分配	14.56	4.13	90.72	64.05	0.29

单位：亿元

集体资本	法人资本	个人资本	港澳台资本	外商资本	主营业务收入	主营业务成本	主营业务税金及附加
10.45	782.44	112.03	2152.75	4049.16	56131.57	51450.17	112.52
2.10	140.54	15.77	286.09	445.10	19911.83	18762.93	16.46
0.01	46.08	23.37	219.11	400.95	9977.53	8937.63	21.76
0.02	20.25	1.31	61.77	37.95	647.21	569.06	1.83
	5.12		0.19	1.01	18.41	16.21	0.03
1.80	52.39	7.84	136.01	161.66	4719.31	4253.58	8.95
0.98	275.40	17.72	638.45	1687.65	9544.20	8720.77	28.03
4.32	207.05	39.97	729.64	1127.83	9259.84	8355.78	29.86
1.22	35.60	6.05	81.51	187.01	2053.24	1834.21	5.60
2.24	64.33	19.61	119.05	245.58	2331.88	1876.52	10.97
0.62	32.47	8.28	43.09	115.02	1050.19	820.65	4.76
0.60	11.45	6.43	8.97	50.86	570.94	460.95	2.90
0.33	8.52	1.51	29.64	11.51	224.85	183.15	1.13
0.69	11.55	3.38	33.98	64.26	408.36	339.03	2.09
	0.35	0.01	3.38	3.92	77.53	72.72	0.08
1.39	13.64	3.12	69.48	58.31	527.50	441.12	2.37
0.03	10.41	2.62	60.37	42.46	423.66	361.00	1.82
1.36		0.28			9.58	3.48	
0.56	22.86	3.81	30.12	22.46	529.79	505.81	0.97
0.39	18.77	3.79	21.50	19.10	477.23	461.59	0.74
0.17	4.10	0.02	8.63	3.37	52.55	44.22	0.22
5.33	29.80	1.18	13.00	44.37	261.06	227.33	0.60
	0.48		0.08	0.40	5.79	5.21	0.04
	0.15		0.20	0.91	2.35	1.67	0.01
	0.92	0.10	1.30	1.42	11.38	8.23	0.07
5.33	27.22	1.08	10.73	41.39	235.99	207.43	0.45
	0.76		0.68	0.15	4.88	4.36	0.03
30.81	**877.59**	**28.09**	**663.13**	**633.54**	**5067.40**	**3991.12**	**34.66**
18.19	636.56	19.41	467.77	359.63	3162.46	2435.37	21.28
17.94	621.39	18.45	456.09	344.01	3044.88	2334.70	20.74
	1.39		0.04	3.27	23.75	22.79	0.05
0.25	13.78	0.96	11.64	12.34	93.83	77.87	0.48
12.02	170.28	6.59	120.59	143.35	1659.40	1393.59	9.09
0.61	70.75	2.09	74.78	130.56	245.54	162.16	4.29
0.61	44.67	1.94	55.17	61.27	144.63	104.91	3.44
	24.72	0.15	14.20	12.31	49.83	31.14	0.27
	1.37		5.41	56.98	51.07	26.11	0.58

2-4 续表 12

行　业	销售费用	管理费用	税金	财务费用	利息收入	利息支出
总　计	**7832.22**	**9878.32**	**443.57**	**1443.03**	**488.57**	**1853.27**
采矿业	**45.20**	**104.24**	**8.66**	**48.48**	**3.73**	**39.52**
煤炭开采和洗选业	28.25	44.64	3.58	36.41	2.44	33.72
烟煤和无烟煤开采洗选	26.40	40.72	2.94	18.84	1.22	17.28
石油和天然气开采业	1.45	15.07	3.32	6.83	0.07	0.54
石油开采	0.71	8.93	3.28	3.16	0.05	0.09
天然气开采	0.74	6.14	0.04	3.67	0.02	0.45
黑色金属矿采选业	2.74	8.44	0.32	0.88	0.53	1.19
铁矿采选	2.40	7.25	0.27	0.65	0.52	1.00
有色金属矿采选业	1.80	11.75	0.72	1.60	0.35	1.63
常用有色金属矿采选	1.72	6.44	0.29	1.46	0.22	1.43
贵金属矿采选	0.05	4.91	0.39	0.12	0.12	0.18
稀有稀土金属矿采选	0.03	0.40	0.04	0.02		0.01
非金属矿采选业	9.78	8.00	0.67	2.08	0.32	1.77
土砂石开采	1.69	2.14	0.12	0.26	0.03	0.24
化学矿开采	0.67	0.09		0.08		0.07
采盐	3.89	2.48	0.11	1.42	0.26	1.22
石棉及其他非金属矿采选	3.53	3.29	0.44	0.33	0.02	0.24
开采辅助活动	1.18	16.34	0.04	0.68	0.03	0.67
制造业	**7721.98**	**9591.79**	**423.76**	**1221.65**	**463.46**	**1630.13**
农副食品加工业	276.42	217.58	15.93	47.84	26.45	77.41
谷物磨制	13.56	7.91	0.86	4.21	0.13	4.45
饲料加工	47.97	47.69	2.19	5.13	3.93	9.20
植物油加工	50.69	33.04	3.21	-7.34	17.08	22.61
制糖业	5.49	13.79	0.49	6.23	-0.13	5.78
屠宰及肉类加工	43.55	37.58	2.21	7.88	4.56	11.26
水产品加工	20.37	31.86	3.11	15.45	0.48	11.34
蔬菜、水果和坚果加工	26.90	25.37	2.15	6.67	0.11	4.58
其他农副食品加工	67.89	20.34	1.70	9.62	0.28	8.22
食品制造业	803.47	253.66	12.63	7.33	21.08	29.98
焙烤食品制造	86.87	34.62	1.87	2.10	1.62	3.60
糖果、巧克力及蜜饯制造	102.86	30.34	0.67	-1.45	2.61	1.84
方便食品制造	142.75	30.80	4.07	-2.54	4.00	3.69
乳制品制造	193.77	42.44	1.78	-1.10	6.28	5.94
罐头食品制造	8.92	9.44	0.85	3.34	0.12	2.52
调味品、发酵制品制造	31.33	28.31	1.14	5.11	0.82	5.90
其他食品制造	236.97	77.72	2.26	1.88	5.65	6.49

单位：亿元

投资收益（损失以“-”号记）	营业利润	利润总额	亏损企业亏损额	应交增值税	应交所得税	从业人员平均人数（万人）
137.24	**15732.07**	**15802.58**	**1445.18**	**7093.30**	**2645.70**	**2536.07**
4.22	**549.56**	**540.28**	**4.56**	**240.91**	**91.63**	**12.69**
5.37	240.43	231.55	1.99	174.24	25.00	6.06
5.37	118.90	116.94	1.98	48.73	24.06	4.47
0.04	222.43	224.98	0.78	36.46	55.41	0.56
	158.65	159.81	0.56	23.81	38.62	0.28
0.04	63.78	65.17	0.22	12.65	16.79	0.29
-0.22	31.29	28.57	0.29	11.40	3.45	2.47
-0.22	20.45	17.40	0.28	8.01	3.36	1.04
-1.35	29.95	31.06	0.56	10.24	4.80	1.55
-1.35	22.50	22.69	0.49	9.57	2.70	1.06
	6.86	7.78		0.37	2.05	0.3
	0.60	0.59	0.07	0.30	0.05	0.19
	9.92	8.63	0.94	6.05	1.47	1.76
	3.41	3.38	0.41	2.38	0.61	0.51
	0.62	0.62		0.25	0.16	0.03
	2.40	2.69		1.05	0.60	0.69
	3.49	1.93	0.53	2.37	0.10	0.53
0.38	15.54	15.49		2.52	1.51	0.29
77.51	**14430.98**	**14471.59**	**1406.18**	**6604.14**	**2405.73**	**2498.92**
-23.50	546.92	544.03	38.42	247.64	63.41	61.07
0.18	8.15	9.14	3.72	3.28	0.82	1.79
-4.31	80.53	81.06	4.36	29.27	10.86	7.85
-12.83	132.56	130.08	10.91	83.71	14.57	4.82
-9.26	26.52	27.10	4.72	7.64	1.04	2.07
4.75	96.11	98.69	8.20	32.26	14.91	15.86
-0.30	78.40	77.65	2.10	42.95	8.06	14.85
-1.11	76.48	76.30	0.92	21.45	8.32	8.79
-0.63	48.16	44.02	3.48	27.08	4.84	5.04
5.33	540.97	548.46	30.84	265.01	96.01	54.88
1.14	67.71	68.00	4.48	33.71	11.15	12
0.61	73.80	75.73	0.55	35.08	17.79	6.42
-2.10	78.53	83.49	2.27	49.10	16.79	13.07
1.33	79.37	77.14	8.22	46.70	12.95	7.07
-1.96	18.42	18.75	3.25	8.77	2.53	4.29
-2.08	48.59	48.47	7.43	16.38	7.82	4.03
8.38	174.55	176.87	4.63	75.27	26.98	7.99

2-4 续表 13

行　业	销售费用	管理费用	税金	财务费用	利息收入	利息支出
酒、饮料和精制茶制造业	501.49	164.44	11.69	11.18	10.10	22.26
酒的制造	113.60	76.04	4.51	2.81	3.74	7.88
饮料制造	384.98	84.98	7.08	8.11	6.33	14.12
精制茶加工	2.91	3.42	0.10	0.27	0.03	0.27
纺织业	96.54	209.01	13.48	70.75	10.72	69.57
棉纺织及印染精加工	40.88	105.82	7.78	35.31	5.48	35.18
毛纺织及染整精加工	6.52	14.19	0.80	7.07	1.28	8.11
麻纺织及染整精加工	1.47	3.12	0.21	0.89	0.13	0.87
丝绢纺织及印染精加工	1.76	3.33	0.23	1.20	0.28	1.30
化纤织造及印染精加工	2.97	8.45	0.61	6.02	0.85	5.34
针织或钩针编织物及其制品制造	11.92	26.32	1.50	9.06	0.59	8.13
家用纺织制成品制造	15.93	22.13	1.08	6.11	1.26	5.86
非家用纺织制成品制造	15.09	25.64	1.26	5.08	0.86	4.79
纺织服装、服饰业	260.13	302.40	13.93	48.23	9.33	41.13
机织服装制造	224.37	225.22	10.35	34.34	7.37	30.31
针织或钩针编织服装制造	22.82	62.34	2.99	10.06	1.19	7.47
服饰制造	12.94	14.85	0.59	3.84	0.77	3.35
皮革、毛皮、羽毛及其制品和制鞋业	134.59	212.18	10.92	32.32	6.28	29.29
皮革鞣制加工	4.88	14.18	0.61	3.73	1.09	5.05
皮革制品制造	22.24	51.02	2.51	10.57	0.67	7.23
毛皮鞣制及制品加工	1.75	3.16	0.25	0.82	0.01	0.55
羽毛(绒)加工及制品制造	3.05	6.18	0.29	2.65	0.56	2.69
制鞋业	102.67	137.64	7.25	14.55	3.96	13.76
木材加工和木、竹、藤、棕、草制品业	32.76	39.33	2.57	10.71	0.43	9.80
木材加工	1.11	2.27	0.11	0.42	0.07	0.56
人造板制造	12.52	12.22	0.81	4.76	0.11	4.30
木制品制造	16.66	21.84	1.40	4.39	0.18	4.09
竹、藤、棕、草等制品制造	2.47	3.00	0.25	1.15	0.07	0.86
家具制造业	58.77	95.32	4.50	16.34	2.65	12.93
木质家具制造	27.41	45.06	2.37	7.91	1.22	7.18
竹、藤家具制造	1.09	1.49	0.12	1.72	0.26	0.85
金属家具制造	13.19	31.57	1.33	3.58	0.85	3.01
塑料家具制造	0.91	1.26	0.08	0.31	0.02	0.18
其他家具制造	16.17	15.95	0.60	2.82	0.29	1.70
造纸和纸制品业	138.89	137.94	9.58	61.14	11.58	78.36
纸浆制造	0.47	1.25	0.10	0.30	0.05	0.36
造纸	61.82	69.40	6.27	53.91	9.36	67.28
纸制品制造	76.60	67.29	3.21	6.93	2.18	10.72

单位：亿元

投资收益（损失以"–"号记）	营业利润	利润总额	亏损企业亏损额	应交增值税	应交所得税	从业人员平均人数（万人）
3.34	343.72	354.26	40.53	166.08	65.53	37.65
3.82	78.98	83.52	20.31	57.10	18.92	13.28
-0.49	251.94	257.74	20.14	106.81	45.93	23.24
	12.80	13.00	0.09	2.17	0.67	1.13
-10.95	357.26	356.18	26.19	156.39	53.21	96.03
5.11	186.49	189.76	14.63	82.69	26.19	48.08
-16.41	37.69	36.27	2.27	13.71	5.99	6.57
0.08	4.07	3.95	0.31	1.25	0.47	1.4
0.06	3.82	3.90	0.29	1.61	0.50	1.31
0.32	9.65	9.16	1.46	4.49	1.31	4.04
-0.10	42.88	41.12	1.35	18.64	6.91	14.72
-0.02	40.96	39.66	3.11	20.52	5.97	10.61
0.01	31.71	32.35	2.77	13.48	5.87	9.31
30.64	368.04	373.11	33.45	189.19	61.20	178.52
31.37	299.75	305.64	24.36	151.72	46.46	130.53
-0.42	46.22	46.08	6.76	27.34	8.72	39.28
-0.30	22.07	21.38	2.33	10.13	6.01	8.72
-6.31	296.67	299.46	15.12	138.38	36.35	148.35
-0.35	23.84	23.63	1.37	11.05	1.65	4.33
-0.38	54.83	54.29	3.45	27.96	7.08	32
0.16	12.23	12.18	0.21	2.51	1.37	2.68
-0.49	8.56	8.09	0.47	6.42	1.89	2.23
-5.25	197.21	201.27	9.62	90.44	24.36	107.11
-6.43	57.41	62.13	5.05	26.75	8.73	12.98
-4.54	8.40	8.55	0.08	1.52	0.42	1.05
-2.21	20.52	24.47	3.05	11.62	4.44	4.51
0.43	22.61	23.27	1.69	11.22	3.55	5.56
-0.12	5.87	5.84	0.24	2.39	0.33	1.86
4.56	99.21	97.51	9.91	44.64	13.57	36.66
-2.40	39.99	38.76	6.76	20.97	6.20	19.05
	2.24	2.51	0.03	2.28	0.18	0.64
6.52	39.40	39.00	1.72	13.91	5.07	9.46
	1.32	1.23	0.07	0.44	0.19	0.8
0.43	16.26	16.00	1.33	7.04	1.93	6.71
1.25	222.89	221.85	22.97	103.95	39.28	32.25
	2.03	2.09	0.90	1.75	0.02	0.39
0.36	106.55	105.37	13.57	58.53	18.03	14.26
0.88	114.31	114.39	8.50	43.67	21.22	17.6

2-4 续表 14

行　　业	销售费用	管理费用	税金	财务费用	利息收入	利息支出
印刷和记录媒介复制业	36.74	77.18	3.08	8.96	2.15	8.11
印刷	35.26	73.98	2.92	8.36	2.10	7.53
装订及印刷相关服务	0.68	1.74	0.07	0.20	0.04	0.18
记录媒介复制	0.80	1.46	0.09	0.40	0.01	0.40
文教、工美、体育和娱乐用品制造业	90.35	193.84	8.08	30.77	3.36	23.70
文教办公用品制造	7.16	12.47	0.48	2.66	0.12	1.93
乐器制造	2.58	7.90	0.38	0.99	0.12	0.72
工艺美术品制造	47.21	80.24	3.96	16.24	1.65	13.93
体育用品制造	10.64	27.54	1.27	3.84	0.62	2.35
玩具制造	18.98	59.23	1.74	5.30	0.68	3.30
游艺器材及娱乐用品制造	3.77	6.46	0.25	1.74	0.17	1.47
石油加工、炼焦和核燃料加工业	56.18	83.91	4.03	32.91	3.88	47.06
精炼石油产品制造	36.76	69.99	2.84	12.70	2.80	29.78
炼焦	19.43	13.92	1.19	20.21	1.08	17.29
化学原料和化学制品制造业	787.14	655.75	28.82	127.88	34.62	184.18
基础化学原料制造	99.78	122.57	6.59	49.43	9.07	69.22
肥料制造	19.57	17.63	1.30	6.24	1.61	10.06
农药制造	9.66	10.59	0.56	2.24	0.43	1.89
涂料、油墨、颜料及类似产品制造	110.02	109.87	3.36	5.66	3.47	9.49
合成材料制造	75.26	100.01	5.47	20.64	6.79	41.11
专用化学产品制造	95.00	156.68	6.79	42.57	8.56	47.67
炸药、火工及焰火产品制造	0.75	0.87	0.09	0.14		0.13
日用化学产品制造	377.10	137.52	4.66	0.95	4.69	4.62
医药制造业	785.55	338.10	11.33	36.94	11.44	38.96
化学药品原料药制造	60.16	56.59	2.42	11.13	3.89	13.15
化学药品制剂制造	554.07	163.93	4.18	11.77	4.44	11.01
中药饮片加工	6.09	6.23	0.14	1.38	0.05	1.41
中成药生产	97.19	47.23	2.91	7.11	1.04	7.35
兽用药品制造	4.69	4.41	0.25	0.66	0.09	0.54
生物药品制造	50.34	43.00	0.89	2.23	1.50	3.41
卫生材料及医药用品制造	13.00	16.72	0.52	2.65	0.42	2.09
化学纤维制造业	21.71	76.01	2.82	30.17	8.77	38.88
纤维素纤维原料及纤维制造	5.87	16.71	0.71	5.95	1.91	7.92
合成纤维制造	15.84	59.31	2.11	24.21	6.86	30.96
橡胶和塑料制品业	209.99	371.40	16.79	57.33	11.64	64.23
橡胶制品业	86.89	117.91	5.86	20.93	2.02	25.65
塑料制品业	123.10	253.49	10.92	36.41	9.62	38.59
非金属矿物制品业	183.09	270.03	16.42	65.79	11.98	76.84
水泥、石灰和石膏制造	30.96	54.18	4.66	22.96	3.27	28.03

单位：亿元

投资收益（损失以“–”号记）	营业利润	利润总额	亏损企业亏损额	应交增值税	应交所得税	从业人员平均人数（万人）
2.53	112.18	113.52	9.12	46.08	22.50	24.11
3.04	109.47	110.81	7.96	44.28	22.07	23.17
-0.52	2.07	2.05	0.20	1.28	0.27	0.63
0.01	0.64	0.66	0.96	0.52	0.17	0.31
-3.65	212.67	210.47	14.07	98.34	31.36	107.59
-2.48	7.98	7.87	1.69	3.86	1.44	5.69
-0.01	6.47	6.48	0.99	2.81	0.92	3.26
-0.61	128.35	129.35	3.95	57.53	19.72	34.79
0.12	21.27	21.29	2.94	13.56	3.74	17.79
-0.29	36.85	35.63	4.21	17.91	5.11	44.02
-0.38	11.76	9.86	0.29	2.67	0.43	2.03
-2.17	96.85	109.09	45.20	207.68	26.22	7.96
0.81	74.22	82.60	36.02	193.24	21.60	3.95
-2.98	22.63	26.49	9.18	14.44	4.62	4.02
-1.80	1091.02	1089.23	156.09	547.21	207.04	74.25
0.75	271.57	267.53	31.41	156.29	49.07	13.18
0.07	38.91	41.95	1.74	7.40	6.03	3.73
2.80	35.45	35.36	0.29	4.68	3.60	1.78
0.83	130.98	132.09	5.45	62.06	23.46	11
-2.44	151.58	149.41	58.65	83.79	25.28	11.48
-5.46	218.34	226.64	46.64	97.45	44.37	19.35
0.09	2.99	2.15	0.01	1.63	0.41	0.6
1.54	241.20	234.09	11.89	133.92	54.82	13.13
5.87	501.08	504.32	26.12	271.43	91.93	42.46
3.04	58.03	60.70	6.98	25.82	8.30	8.89
1.90	246.58	247.89	13.01	168.27	52.88	15.8
-0.14	13.18	13.22	0.08	5.48	1.78	0.88
-0.23	77.35	75.14	1.73	35.90	11.71	6.41
0.19	8.43	7.88	0.03	1.97	1.10	0.67
0.95	74.68	76.38	2.50	24.14	12.98	4.71
0.16	22.85	23.11	1.79	9.84	3.20	5.1
0.47	106.19	108.11	13.45	40.41	13.93	11.86
0.85	39.07	39.61	2.67	12.68	6.76	2.28
-0.39	67.12	68.50	10.78	27.73	7.17	9.58
20.89	427.68	433.27	60.06	170.48	74.70	114.03
5.86	169.75	169.50	21.03	58.83	33.23	26.96
15.03	257.93	263.76	39.03	111.64	41.46	87.07
2.65	412.09	426.42	63.93	210.51	63.97	70.61
0.02	115.46	124.04	10.10	52.77	21.52	8.3

2-4 续表 15

行　业	销售费用	管理费用	税金	财务费用	利息收入	利息支出
石膏、水泥制品及类似制品制造	25.56	33.71	1.56	8.03	1.37	8.52
砖瓦、石材等建筑材料制造	40.63	42.52	2.47	10.25	2.77	11.38
玻璃制造	14.93	29.41	1.96	6.35	0.78	6.53
玻璃制品制造	20.68	40.52	1.51	3.51	1.14	7.26
玻璃纤维和玻璃纤维增强塑料制品制造	7.78	13.71	0.76	5.38	1.13	6.06
陶瓷制品制造	19.14	24.43	1.46	3.00	0.59	3.64
耐火材料制品制造	12.23	15.73	1.25	2.53	0.61	2.23
石墨及其他非金属矿物制品制造	11.18	15.82	0.78	3.79	0.31	3.19
黑色金属冶炼和压延加工业	73.18	170.59	13.32	104.53	21.24	111.33
炼铁	2.52	3.92	0.32	1.35	0.03	1.06
炼钢	4.46	23.48	1.20	9.45	0.82	9.00
黑色金属铸造	10.29	25.63	1.70	6.68	0.67	6.64
钢压延加工	46.14	104.47	8.33	82.23	10.61	78.39
铁合金冶炼	9.77	13.08	1.77	4.82	9.11	16.23
有色金属冶炼和压延加工业	49.33	130.49	10.85	83.17	12.23	86.83
常用有色金属冶炼	11.58	29.24	2.21	38.80	6.36	42.01
贵金属冶炼	0.48	8.64	0.76	1.21	0.38	1.50
稀有稀土金属冶炼	1.72	5.12	0.36	1.01	0.08	0.92
有色金属合金制造	4.86	13.00	0.55	2.72	0.47	3.47
有色金属铸造	1.22	4.64	0.15	0.60	0.05	0.53
有色金属压延加工	29.47	69.85	6.82	38.84	4.88	38.40
金属制品业	150.60	306.82	16.71	49.08	8.25	45.25
结构性金属制品制造	26.82	50.72	1.78	10.16	1.32	8.86
金属工具制造	16.54	26.63	1.02	4.12	0.44	3.22
集装箱及金属包装容器制造	31.33	46.70	2.48	8.56	2.67	8.57
金属丝绳及其制品制造	12.18	24.08	1.34	6.35	0.53	6.15
建筑、安全用金属制品制造	17.49	33.92	1.18	5.86	0.96	4.54
金属表面处理及热处理加工	7.49	19.09	0.81	2.07	0.91	3.38
搪瓷制品制造	1.22	2.66	0.16	0.20	0.02	0.14
金属制日用品制造	16.86	31.25	1.11	4.70	0.55	3.70
其他金属制品制造	20.67	71.77	6.83	7.06	0.85	6.68
通用设备制造业	371.03	664.49	22.98	41.02	25.48	64.56
锅炉及原动设备制造	31.87	74.63	2.02	5.31	2.91	9.64
金属加工机械制造	29.36	45.18	1.89	1.23	0.82	4.05
物料搬运设备制造	86.69	145.65	4.12	1.97	12.80	15.71
泵、阀门、压缩机及类似机械制造	79.09	136.13	4.71	7.55	3.10	10.71
轴承、齿轮和传动部件制造	18.29	47.64	1.71	7.51	0.86	7.89

单位：亿元

投资收益（损失以“–”号记）	营业利润	利润总额	亏损企业亏损额	应交增值税	应交所得税	从业人员平均人数（万人）
0.19	40.65	44.34	7.30	35.79	7.83	7.28
1.52	84.07	83.55	5.91	35.13	5.67	13.9
1.35	44.76	44.62	10.44	13.92	5.25	5.49
0.72	42.98	44.38	11.70	21.19	8.56	14.08
-0.18	4.69	5.73	6.57	7.40	1.44	2.78
-0.76	32.69	32.63	4.86	18.03	5.13	13.3
-0.40	27.07	27.02	2.64	15.87	4.81	2.56
0.18	19.71	20.11	4.40	10.42	3.76	2.91
-4.52	219.18	203.75	67.21	148.21	31.27	37.62
0.03	5.08	5.12	2.62	2.02	0.50	1.38
0.59	17.33	20.43	0.60	15.05	2.65	2.71
-0.14	29.41	28.30	5.07	9.95	4.51	6.55
-4.92	156.09	133.87	56.42	108.00	20.58	24.4
-0.07	11.28	16.03	2.49	13.19	3.04	2.58
3.88	256.01	188.41	34.85	124.85	28.42	22.11
1.93	32.27	35.08	10.94	51.79	2.67	4.37
0.45	12.40	12.40	0.08	2.12	2.90	0.49
0.12	6.02	5.75	1.03	3.44	1.07	0.75
-0.02	20.10	19.95	5.42	12.67	4.53	2.95
0.01	4.14	4.35	0.17	2.86	0.64	0.93
1.39	181.08	110.86	17.22	51.97	16.60	12.62
-8.05	371.09	372.41	33.50	169.69	59.13	87.66
2.00	81.70	81.61	4.72	38.40	9.95	13.27
-0.19	34.89	35.30	2.75	14.23	6.20	8.99
-9.17	81.53	83.00	4.33	33.89	14.91	10.78
0.49	17.35	17.54	5.25	10.79	2.99	4.15
0.05	30.39	30.64	3.33	17.14	5.49	12.56
-0.40	20.33	20.95	2.94	11.11	4.46	6.03
-0.08	0.68	0.67	0.78	1.01	0.32	1.04
-0.74	41.15	40.24	3.60	14.77	4.79	14.36
-0.02	63.07	62.45	5.81	28.33	10.02	16.48
8.24	793.16	809.28	78.87	301.17	161.04	112.54
1.20	79.08	80.92	18.70	42.82	14.55	7.28
-0.52	48.62	51.38	3.91	21.30	9.71	7.72
10.26	195.36	203.45	6.43	62.34	39.62	13.13
-0.05	166.09	166.69	15.48	62.00	30.90	21.67
0.78	42.42	43.54	12.87	19.20	10.96	10.16

2-4 续表 16

行 业	销售费用	管理费用	税金	财务费用	利息收入	利息支出
烘炉、风机、衡器、包装等设备制造	72.11	106.31	4.52	8.81	2.47	8.92
文化、办公用机械制造	26.06	53.38	2.16	1.15	1.51	1.44
通用零部件制造	19.79	44.89	1.52	6.78	0.85	5.40
其他通用设备制造业	7.76	10.67	0.34	0.70	0.17	0.79
专用设备制造业	230.28	447.46	15.45	53.67	14.94	64.42
采矿、冶金、建筑专用设备制造	77.12	135.96	6.39	31.16	7.47	37.52
化工、木材、非金属加工专用设备制造	39.26	96.84	2.84	8.64	2.57	8.46
食品、饮料、烟草及饲料生产专用设备制造	6.68	9.08	0.17	0.51	0.20	0.55
印刷、制药、日化及日用品生产专用设备制造	15.37	21.45	0.88	1.64	0.32	1.72
纺织、服装和皮革加工专用设备制造	14.80	28.30	1.05	2.79	0.95	3.42
电子和电工机械专用设备制造	9.41	21.46	0.90	2.21	0.46	3.06
农、林、牧、渔专用机械制造	9.88	23.26	0.69	1.17	0.20	2.40
医疗仪器设备及器械制造	25.47	58.29	1.25	1.24	1.64	2.30
环保、社会公共服务及其他专用设备制造	32.29	52.83	1.28	4.31	1.12	4.99
汽车制造业	947.22	1319.22	48.06	12.01	44.94	82.71
汽车整车制造	672.48	660.64	26.44	-18.43	30.78	24.62
改装汽车制造	4.53	5.14	0.26	0.76	0.35	1.02
汽车车身、挂车制造	3.77	6.22	0.48	0.86	-0.12	0.72
汽车零部件及配件制造	265.89	646.22	20.81	28.92	13.90	55.92
铁路、船舶、航空航天和其他运输设备制造业	51.54	137.66	6.22	12.43	17.72	28.08
铁路运输设备制造	10.87	16.82	0.77	-0.78	1.38	1.83
城市轨道交通设备制造	1.34	2.24	0.06	0.05	0.20	0.19
船舶及相关装置制造	9.03	50.42	3.00	8.43	12.84	20.29
航空、航天器及设备制造	2.10	11.46	0.30	0.89	0.13	0.95
摩托车制造	13.94	35.69	1.25	0.09	1.91	1.48
自行车制造	11.52	16.94	0.65	3.16	1.20	3.01
非公路休闲车及零配件制造	1.67	2.30	0.11	0.21	0.03	0.06
潜水救捞及其他未列明运输设备制造	1.08	1.80	0.09	0.37	0.03	0.26
电气机械和器材制造业	487.00	769.32	28.46	131.39	28.52	129.56
电机制造	52.74	112.67	2.60	15.56	6.72	17.23
输配电及控制设备制造	109.12	211.29	6.43	49.74	7.12	47.67
电线、电缆、光缆及电工器材制造	46.66	110.08	4.43	24.64	2.87	24.71
电池制造	25.26	67.24	2.77	14.58	5.61	19.01
家用电力器具制造	209.06	170.52	9.41	18.54	4.32	14.26
非电力家用器具制造	10.74	8.67	0.26	0.77	0.24	0.76
照明器具制造	30.42	76.70	2.32	6.91	1.54	5.59
其他电气机械及器材制造	2.99	12.15	0.24	0.64	0.09	0.34

单位：亿元

投资收益（损失以"–"号记）	营业利润	利润总额	亏损企业亏损额	应交增值税	应交所得税	从业人员平均人数（万人）
1.22	137.03	138.64	8.40	45.80	27.07	18.29
-5.23	55.46	55.43	5.95	22.41	13.77	20.88
0.60	53.70	53.44	5.34	20.22	10.78	11.42
-0.02	15.39	15.80	1.80	5.08	3.67	2
8.30	471.48	480.46	83.55	175.70	89.47	74.53
2.22	154.32	154.09	45.47	69.08	26.20	15.75
1.21	100.30	102.63	11.91	35.49	20.71	25.17
1.51	10.18	10.31	0.60	2.33	1.81	1.16
0.79	25.18	26.16	2.81	7.37	4.83	3.45
1.62	32.34	34.10	1.37	11.21	6.41	5.66
0.65	13.07	13.31	7.53	6.81	2.92	4.57
0.02	10.96	11.67	4.50	5.19	3.49	2.84
-1.40	58.09	58.93	4.44	13.89	10.66	9.43
1.68	67.03	69.27	4.93	24.33	12.42	6.51
99.47	2841.89	2859.26	92.91	1098.10	512.24	145.96
73.27	1858.89	1854.62	23.80	730.06	328.10	41.17
	14.91	18.77	0.45	3.11	1.09	1.07
	13.47	13.60	0.35	6.81	1.82	2.04
28.73	957.61	975.18	65.13	357.89	180.59	101.52
15.70	228.05	229.17	31.91	108.44	39.67	35.87
0.50	44.86	45.39	0.13	14.88	7.68	2.25
	1.21	1.22	0.43	1.26	0.37	0.22
14.13	95.60	96.78	25.52	50.83	20.07	14.87
0.08	30.61	31.34	0.93	11.55	1.16	1.74
0.53	32.39	30.83	1.75	14.91	5.27	6.38
0.45	15.23	15.39	2.50	10.60	3.33	8.47
0.01	6.49	6.47	0.29	3.33	1.54	1.2
0.01	1.68	1.75	0.35	1.09	0.25	0.72
12.07	944.61	935.24	126.89	409.75	147.94	205.34
3.05	169.04	165.41	26.82	46.31	24.26	24.91
5.30	319.34	319.36	48.39	138.62	51.07	53.83
-1.58	128.98	123.30	13.97	51.60	21.16	31.24
5.46	60.25	61.84	10.54	29.57	10.13	19.77
-1.17	186.08	185.07	16.99	112.99	30.47	49.52
0.34	8.06	8.89	1.63	3.91	1.22	1.97
0.37	68.21	66.83	6.10	24.91	8.54	22.48
0.31	4.63	4.53	2.45	1.84	1.10	1.62

2-4 续表 17

行 业	销售费用	管理费用	税金	财务费用	利息收入	利息支出
计算机、通信和其他电子设备制造业	776.04	1716.67	68.21	14.60	96.29	137.69
计算机制造	174.06	329.19	14.26	-23.31	34.11	30.10
通信设备制造	262.21	303.29	13.28	-10.46	21.28	17.70
广播电视设备制造	13.87	29.88	0.80	3.48	1.27	2.59
雷达及配套设备制造	0.09	0.87	0.01	0.07	0.30	0.39
视听设备制造	87.80	127.34	5.37	6.64	3.43	10.25
电子器件制造	79.68	388.30	12.48	10.55	15.19	36.86
电子元件制造	122.91	406.93	13.04	22.59	19.48	34.10
其他电子设备制造	35.42	130.87	8.97	5.04	1.24	5.71
仪器仪表制造业	88.08	163.87	3.99	10.30	4.54	10.70
通用仪器仪表制造	49.68	79.18	2.14	4.01	2.54	5.37
专用仪器仪表制造	18.37	40.89	0.80	2.07	0.94	2.50
钟表与计时仪器制造	8.60	14.28	0.24	1.25	0.20	0.82
光学仪器及眼镜制造	10.30	27.68	0.63	2.82	0.83	1.88
其他仪器仪表制造业	1.14	1.84	0.18	0.15	0.03	0.12
其他制造业	15.46	28.42	1.00	5.77	0.33	4.24
日用杂品制造	10.88	21.98	0.82	4.58	0.39	3.31
煤制品制造	0.06	0.14		0.17		0.17
废弃资源综合利用业	5.93	13.27	0.65	2.54	2.25	6.94
金属废料和碎屑加工处理	4.59	10.69	0.56	2.11	2.07	6.26
非金属废料和碎屑加工处理	1.34	2.59	0.09	0.43	0.18	0.69
金属制品、机械和设备修理业	2.40	25.22	1.26	4.52	0.23	5.09
金属制品修理	0.03	0.47	0.01	0.02		0.04
通用设备修理	0.13	0.27		-0.03	-0.01	
专用设备修理	0.47	1.69	0.04	0.14	0.01	0.08
铁路、船舶、航空航天等运输设备修理	1.65	22.45	1.19	4.35	0.23	4.94
其他机械和设备修理业	0.07	0.21	0.02	0.03		0.03
电力、热力、燃气及水生产和供应业	**65.04**	**182.29**	**11.16**	**172.89**	**21.38**	**183.61**
电力、热力生产和供应业	7.95	81.98	7.29	144.78	15.33	144.58
电力生产	6.09	75.86	6.96	142.22	13.57	141.53
电力供应	0.17	0.88	0.06	0.15	0.10	0.24
热力生产和供应	1.69	5.25	0.26	2.41	1.66	2.81
燃气生产和供应业	46.54	69.25	2.47	12.28	6.01	19.15
水的生产和供应业	10.56	31.06	1.40	15.84	0.04	19.88
自来水生产和供应	9.75	17.95	1.10	6.18	0.82	6.33
污水处理及其再生利用	0.28	4.17	0.21	2.17	-0.07	3.26
其他水的处理、利用与分配	0.52	8.95	0.08	7.49	-0.71	10.30

单位：亿元

投资收益（损失以“-”号记）	营业利润	利润总额	亏损企业亏损额	应交增值税	应交所得税	从业人员平均人数（万人）
-69.60	2268.71	2294.83	216.67	1038.30	322.63	608.74
-26.22	651.95	626.81	25.97	231.92	51.53	152.08
-43.85	364.72	397.87	34.02	376.63	80.35	89.91
-0.16	29.21	31.03	3.11	13.64	4.61	9.36
	1.12	1.13		0.23	0.19	0.12
1.29	272.16	272.24	13.46	73.25	25.74	43.55
6.82	480.27	495.00	66.00	130.41	68.62	103.64
-7.19	373.19	372.17	63.67	167.04	73.24	181.93
-0.29	96.09	98.58	10.44	45.20	18.35	28.15
1.53	197.21	200.60	8.95	66.24	35.57	38.42
2.78	96.40	100.52	3.95	32.45	17.85	11.65
0.71	53.70	53.53	0.60	16.70	9.68	5.78
-2.07	15.53	16.04	1.32	5.46	1.72	8.51
0.10	28.99	27.93	2.98	7.30	5.90	11.92
0.01	2.58	2.57	0.10	4.33	0.41	0.57
-0.49	28.30	27.90	3.42	15.95	5.46	13.73
-0.50	23.17	23.22	1.76	12.44	4.33	11.78
	0.22	0.22		0.13	0.04	0.04
-12.12	12.96	10.68	11.39	13.79	1.30	2.1
-12.20	8.86	6.45	11.28	12.85	0.72	1.72
0.08	4.10	4.23	0.11	0.93	0.58	0.38
0.39	4.61	7.33	5.54	3.59	2.46	3
	0.06	0.07	0.03	0.04		0.08
0.03	0.33	0.34	0.03	0.07	0.09	0.05
0.01	0.93	0.97	0.08	0.35	0.21	0.16
0.35	3.05	5.74	5.35	2.81	2.12	2.58
	0.19	0.16	0.02	0.28	0.03	0.11
55.50	**751.53**	**790.71**	**34.43**	**248.25**	**148.34**	**24.46**
25.18	518.54	546.96	26.92	192.80	101.58	11.6
24.94	512.69	537.70	25.76	189.14	99.11	10.64
0.04	-0.10	0.08	0.49	0.55	0.16	0.14
0.20	5.94	9.18	0.67	3.11	2.30	0.82
28.00	191.47	198.03	4.10	46.01	36.54	9.15
2.32	41.52	45.72	3.42	9.44	10.22	3.71
2.28	16.15	19.97	2.65	7.57	4.60	3.12
0.04	10.94	11.47	0.34	1.36	1.97	0.48
	14.43	14.28	0.43	0.51	3.65	0.11

2-5 大中型工业企业

行　　业	企业单位数（个）	工业销售产值（当年价格）	出口交货值	资产总计	固定资产合　计
总　　计	**65514**	**645924.03**	**90703.12**	**626731.52**	**229566.82**
采矿业	**3513**	**41381.01**	**148.68**	**74840.96**	**32071.15**
煤炭开采和洗选业	2182	20377.77	105.37	42707.72	16136.67
烟煤和无烟煤开采洗选	2100	18022.67	71.24	39878.95	15316.01
褐煤开采洗选	75	2306.39	34.08	2735.51	789.58
其他煤炭采选	7	48.71	0.05	93.26	31.07
石油和天然气开采业	52	11065.54	17.35	18527.34	11518.61
石油开采	39	10151.47	0.54	17250.64	11050.38
天然气开采	13	914.07	16.82	1276.70	468.23
黑色金属矿采选业	462	4044.49	0.08	6775.66	1884.59
铁矿采选	431	3870.99	0.08	6607.49	1815.84
锰矿、铬矿采选	23	75.21		113.47	33.50
其他黑色金属矿采选	8	98.29		54.70	35.25
有色金属矿采选业	438	2969.95	0.75	2870.40	1079.76
常用有色金属矿采选	254	1362.85	0.68	1478.23	550.12
贵金属矿采选	102	1231.64		980.17	360.97
稀有稀土金属矿采选	82	375.46	0.07	412.00	168.67
非金属矿采选业	318	1271.23	9.11	1285.09	455.02
土砂石开采	192	700.93	0.68	287.91	141.97
化学矿开采	41	210.41	0.04	306.10	73.22
采盐	49	224.13	1.32	576.21	210.73
石棉及其他非金属矿采选	36	135.76	7.08	114.88	29.10
开采辅助活动	59	1645.88	16.02	2672.26	995.08
石油和天然气开采辅助活动	59	1645.88	16.02	2672.26	995.08
制造业	**59500**	**555237.83**	**90381.08**	**469077.57**	**147835.89**
农副食品加工业	3046	26744.52	1867.00	15219.27	4809.68
谷物磨制	363	2814.85	4.97	1249.93	496.97
饲料加工	362	3208.86	29.05	1325.49	413.21
植物油加工	245	5628.21	61.07	3586.08	668.20
制糖业	200	948.19	0.22	1424.75	369.31
屠宰及肉类加工	785	7343.03	213.25	3715.10	1384.38
水产品加工	478	2659.56	1180.72	1616.05	507.76
蔬菜、水果和坚果加工	321	1310.11	253.71	782.52	251.06
其他农副食品加工	292	2831.71	124.01	1519.36	718.78
食品制造业	1569	10956.83	590.28	7571.81	2503.23
焙烤食品制造	306	1254.72	19.91	735.80	279.03
糖果、巧克力及蜜饯制造	152	868.56	67.68	644.46	212.52
方便食品制造	267	2103.04	26.19	1205.64	432.11
乳制品制造	207	2134.50	2.28	1660.02	444.33
罐头食品制造	195	787.01	226.02	411.70	148.76
调味品、发酵制品制造	182	1360.99	68.22	1284.76	519.20
其他食品制造	260	2448.02	179.97	1629.43	467.28

主要经济指标(大、中类行业)

单位：亿元

固定资产原价	累计折旧	流动资产合计	应收账款	存货	产成品	负债合计
369003.48	**157906.29**	**288989.10**	**63297.60**	**68989.02**	**22891.58**	**370709.27**
48903.06	**21379.54**	**23477.20**	**4141.35**	**2939.82**	**1082.27**	**43809.15**
21091.70	8294.37	15484.06	2576.17	1839.03	696.63	27749.84
19796.99	7654.84	13887.46	1880.54	1596.03	645.66	25596.79
1259.38	634.18	1557.42	693.09	238.05	46.69	2073.78
35.33	5.35	39.18	2.54	4.95	4.28	79.28
21635.50	10747.08	2502.56	270.21	282.87	109.09	8697.57
21006.60	10531.61	2338.89	206.11	258.48	107.90	7775.04
628.90	215.46	163.67	64.10	24.40	1.19	922.53
2440.49	816.93	2607.52	467.87	289.02	127.13	3748.12
2349.34	790.70	2548.61	453.61	268.94	111.88	3670.34
49.28	18.12	41.57	10.53	11.73	8.88	47.20
41.86	8.11	17.34	3.73	8.35	6.36	30.59
1352.74	450.85	1006.62	121.94	232.26	106.93	1482.81
694.36	230.21	512.16	83.14	96.03	41.35	771.28
464.38	158.76	349.11	20.40	88.12	38.23	511.12
194.00	61.88	145.35	18.40	48.11	27.36	200.41
671.93	271.89	526.43	74.96	79.68	34.65	666.20
224.44	94.45	107.05	23.78	13.84	7.71	104.84
109.44	41.01	113.55	20.87	27.32	8.71	180.00
290.36	115.53	265.24	25.02	28.96	15.03	322.35
47.68	20.89	40.59	5.30	9.56	3.19	59.02
1708.95	798.10	1348.94	630.09	216.88	7.78	1464.19
1708.95	798.10	1348.94	630.09	216.88	7.78	1464.19
239664.11	**103972.12**	**252351.57**	**56940.55**	**65015.84**	**21711.63**	**274069.15**
9282.55	4904.26	8681.88	1020.89	2322.80	1042.24	8995.26
1359.34	925.32	621.42	68.18	247.32	71.50	570.87
816.62	436.14	709.08	82.73	191.74	61.81	687.97
1532.74	897.68	2738.49	189.05	719.34	313.61	2667.47
635.84	315.16	932.92	95.30	129.05	82.27	1081.25
2346.76	1086.00	1759.78	243.46	445.85	226.48	1948.35
1012.41	540.36	888.30	175.97	280.69	148.18	854.64
393.20	169.37	408.21	75.62	110.76	45.32	329.03
1185.64	534.23	623.68	90.58	198.04	93.08	855.69
3839.25	1528.73	3945.26	753.33	731.23	310.32	3747.04
469.47	216.35	347.39	72.17	64.86	27.43	303.58
329.06	128.62	360.67	77.71	70.31	35.23	275.26
629.55	219.63	596.55	157.90	106.97	37.10	543.58
759.55	343.40	928.48	151.12	116.94	44.35	885.83
235.71	96.40	217.18	44.57	76.06	47.89	226.40
706.46	246.31	552.55	84.71	136.85	49.57	686.39
709.46	278.03	942.44	165.16	159.23	68.75	826.02

2-5 续表 1

行　　业	企业单位数（个）	工业销售产值（当年价格）	出口交货值	资产总计	固定资产合　计
酒、饮料和精制茶制造业	1103	9474.05	137.04	9256.04	2729.75
酒的制造	619	5628.26	49.12	6690.20	1780.57
饮料制造	348	3356.62	68.48	2307.64	866.21
精制茶加工	136	489.17	19.44	258.20	82.97
烟草制品业	86	8161.22	35.63	7568.31	1155.61
烟叶复烤	28	114.03		203.99	61.00
卷烟制造	44	7984.18	29.70	7306.42	1081.93
其他烟草制品制造	14	63.02	5.93	57.90	12.67
纺织业	3774	19538.06	2529.23	13564.38	4935.74
棉纺织及印染精加工	2358	13646.08	1278.22	9144.97	3530.44
毛纺织及染整精加工	217	1298.31	240.10	1042.83	298.31
麻纺织及染整精加工	102	290.65	30.44	227.50	82.51
丝绢纺织及印染精加工	152	541.01	65.90	333.22	91.46
化纤织造及印染精加工	114	357.01	52.84	373.83	142.99
针织或钩针编织物及其制品制造	330	1269.32	342.21	1038.60	322.88
家用纺织制成品制造	258	1158.82	281.61	801.15	230.25
非家用纺织制成品制造	243	976.86	237.91	602.29	236.91
纺织服装、服饰业	3943	10972.84	2972.27	7161.09	1879.90
机织服装制造	3046	8796.82	2099.26	5733.85	1498.97
针织或钩针编织服装制造	737	1825.55	746.61	1179.40	313.89
服饰制造	160	350.47	126.40	247.84	67.04
皮革、毛皮、羽毛及其制品和制鞋业	2364	7633.13	2302.71	4124.20	1049.13
皮革鞣制加工	132	908.21	65.82	434.13	112.64
皮革制品制造	551	1502.67	562.17	816.51	228.66
毛皮鞣制及制品加工	49	302.01	47.15	122.84	41.32
羽毛(绒)加工及制品制造	75	289.03	95.22	190.01	31.64
制鞋业	1557	4631.22	1532.35	2560.70	634.87
木材加工和木、竹、藤、棕、草制品业	914	3412.97	400.13	1857.77	718.17
木材加工	96	258.13	10.82	175.48	65.52
人造板制造	523	2176.29	164.85	1142.88	471.98
木制品制造	207	769.68	155.55	437.21	143.48
竹、藤、棕、草等制品制造	88	208.87	68.90	102.20	37.18
家具制造业	968	3264.30	918.69	2376.85	669.49
木质家具制造	610	1953.88	469.28	1409.09	400.85
竹、藤家具制造	12	58.96	19.02	51.02	10.20
金属家具制造	207	693.76	265.33	569.70	147.66
塑料家具制造	10	33.81	19.11	18.06	4.53
其他家具制造	129	523.91	145.95	328.97	106.26

单位：亿元

固定资产原价	累计折旧	流动资产合计	应收账款	存货	产成品	负债合计
3985.15	1555.25	5156.57	488.42	1521.67	453.26	4357.70
2531.10	991.51	3952.56	276.87	1265.82	336.79	3090.41
1361.89	535.43	1071.01	188.69	209.06	94.80	1159.84
92.16	28.31	133.00	22.86	46.80	21.67	107.45
2158.00	1273.63	5341.46	371.43	3229.53	184.94	1934.04
112.37	61.62	128.57	15.02	26.37	24.06	30.61
2025.88	1202.48	5172.44	346.67	3185.38	151.70	1871.31
19.75	9.53	40.45	9.74	17.78	9.18	32.12
7972.79	3551.62	6966.96	1143.71	2134.05	849.93	7410.68
5686.42	2496.54	4615.15	661.57	1411.50	559.68	5044.53
435.69	197.69	582.20	94.29	237.45	91.65	554.27
114.79	42.00	117.49	20.68	41.30	21.06	107.82
157.79	71.22	185.27	36.69	62.40	26.15	176.41
209.65	76.89	192.39	29.96	45.79	23.68	232.94
567.90	287.90	504.39	131.79	124.05	43.09	567.44
412.27	210.84	471.75	92.74	131.83	51.52	436.77
388.28	168.54	298.32	75.99	79.74	33.10	290.51
3048.86	1329.53	4421.13	992.45	1247.24	650.22	3454.20
2415.16	1051.08	3516.30	770.68	975.47	540.21	2713.40
526.11	233.24	753.50	182.63	222.78	90.94	619.24
107.59	45.20	151.34	39.15	48.99	19.07	121.57
1722.38	745.02	2618.02	748.24	649.28	223.83	1924.07
184.84	76.98	269.14	45.80	102.73	26.94	203.11
313.89	97.00	525.90	123.61	128.48	34.78	388.97
56.57	17.43	71.65	1.19	34.21	9.48	46.17
63.62	35.09	134.50	37.44	35.14	10.98	120.94
1103.46	518.52	1616.82	540.21	348.72	141.66	1164.88
1236.04	577.12	902.85	155.08	275.89	119.87	908.07
101.40	40.02	91.66	14.02	25.54	12.10	85.37
842.18	412.37	529.69	87.32	158.24	73.74	567.62
247.96	114.27	227.31	40.56	76.42	25.65	208.64
44.50	10.46	54.19	13.18	15.69	8.38	46.44
1091.71	468.97	1377.62	298.32	378.31	140.28	1261.56
662.38	291.95	790.00	152.45	239.61	103.08	731.26
11.25	2.50	35.15	3.97	7.04	1.54	38.47
227.99	86.19	356.85	100.14	79.05	18.96	317.07
6.83	2.44	11.77	4.02	3.65	1.21	9.59
183.28	85.89	183.84	37.74	48.96	15.49	165.18

2-5 续表 2

行　业	企业单位数(个)	工业销售产值(当年价格)	出口交货值	资产总计	固定资产合　计
造纸和纸制品业	1013	6832.47	410.46	9036.08	3777.71
纸浆制造	23	98.09	0.14	266.18	137.23
造纸	537	4862.88	277.26	7394.41	3192.75
纸制品制造	453	1871.50	133.06	1375.49	447.73
印刷和记录媒介复制业	662	2238.16	281.45	2079.67	682.80
印刷	640	2185.02	274.97	2035.03	668.15
装订及印刷相关服务	18	37.33	4.83	30.65	8.47
记录媒介复制	4	15.80	1.65	13.98	6.18
文教、工美、体育和娱乐用品制造业	1765	6621.11	2298.25	3471.27	842.14
文教办公用品制造	115	336.18	102.17	236.44	59.09
乐器制造	49	151.91	63.34	121.95	32.61
工艺美术品制造	847	4279.88	1138.42	1999.75	440.72
体育用品制造	217	559.22	324.36	381.41	113.54
玩具制造	502	1095.82	602.10	614.24	164.02
游艺器材及娱乐用品制造	35	198.11	67.86	117.48	32.16
石油加工、炼焦和核燃料加工业	596	35314.35	516.44	20665.48	8145.02
精炼石油产品制造	210	30077.94	494.74	13717.03	5669.70
炼焦	383	5113.20	21.70	6745.72	2344.95
化学原料和化学制品制造业	3417	41828.59	2522.02	41500.79	17729.44
基础化学原料制造	823	13183.52	597.54	13449.74	6172.92
肥料制造	488	5570.69	112.53	8163.55	3690.30
农药制造	165	1710.50	326.43	1350.77	454.26
涂料、油墨、颜料及类似产品制造	305	2216.18	157.70	1810.91	481.28
合成材料制造	383	8511.72	494.83	7584.22	3402.19
专用化学产品制造	615	7257.65	558.96	6743.46	2843.45
炸药、火工及焰火产品制造	411	930.27	133.23	859.93	309.38
日用化学产品制造	227	2448.05	140.81	1538.22	375.66
医药制造业	1539	12590.46	903.28	13075.91	3627.27
化学药品原料药制造	295	2244.63	467.91	2742.52	912.36
化学药品制剂制造	395	4300.39	136.01	4417.67	1080.19
中药饮片加工	64	301.23	6.10	266.18	84.91
中成药生产	411	3222.39	31.70	3164.63	742.74
兽用药品制造	79	375.56	27.98	236.33	83.05
生物药品制造	170	1400.86	117.27	1647.60	471.13
卫生材料及医药用品制造	125	745.40	116.32	600.99	252.90
化学纤维制造业	301	5014.86	408.23	4690.15	1694.85
纤维素纤维原料及纤维制造	93	1631.04	171.68	1636.42	632.71
合成纤维制造	208	3383.83	236.55	3053.73	1062.14
橡胶和塑料制品业	2316	12957.99	2648.60	9616.91	3549.11
橡胶制品业	551	5982.57	1379.85	4691.20	1998.20
塑料制品业	1765	6975.42	1268.76	4925.72	1550.91

单位：亿元

固定资产原价	累计折旧	流动资产合计	应收账款	存货	产成品	负债合计
5678.49	2195.01	3820.39	767.78	741.69	274.91	5277.01
185.81	73.83	71.66	3.78	19.34	7.42	181.91
4731.54	1773.07	2993.72	533.39	572.39	207.64	4386.12
761.14	348.11	755.01	230.61	149.96	59.85	708.98
1253.71	612.75	1079.42	304.45	226.76	89.31	914.76
1224.62	597.16	1054.76	298.11	222.16	87.78	889.39
14.33	6.98	17.84	4.25	3.14	1.16	19.95
14.76	8.61	6.82	2.09	1.46	0.36	5.41
1354.53	562.44	2295.56	485.00	895.18	411.29	1783.62
90.45	39.71	147.55	32.81	41.08	20.11	119.48
60.40	28.15	74.85	13.01	29.72	8.66	48.48
692.56	274.58	1378.78	252.14	604.78	303.54	1062.38
175.73	70.90	239.70	73.68	72.93	26.57	197.34
291.92	136.82	391.12	103.48	126.88	45.56	293.62
43.47	12.27	63.55	9.88	19.79	6.86	62.33
14034.57	6470.08	9195.23	899.87	3698.09	944.16	13840.06
10579.58	5166.52	5817.38	422.84	2961.70	623.96	8403.44
3305.34	1244.11	3312.33	475.37	692.09	295.40	5270.09
27312.02	10901.70	17087.19	2823.16	3687.52	1494.65	25382.67
9294.71	3534.49	5070.94	674.27	1063.86	371.87	8491.05
5087.29	1970.28	2999.99	278.37	712.26	308.61	5458.53
915.40	475.19	628.25	118.34	177.34	86.06	745.43
830.28	397.36	1085.93	314.00	219.05	95.14	896.80
5647.32	2385.72	3035.40	532.77	695.01	257.78	4865.28
4443.48	1667.42	2932.54	614.42	586.66	260.24	3836.77
410.92	144.59	355.11	66.09	69.46	28.86	381.06
682.63	326.65	979.02	224.89	163.88	86.08	707.75
5477.43	2327.30	7138.98	1572.30	1542.43	650.07	5665.24
1427.18	629.73	1303.16	287.73	310.82	140.56	1387.27
1575.54	633.73	2628.96	622.46	556.83	242.46	1958.47
116.29	39.13	144.76	50.74	42.27	15.97	105.83
1154.52	503.68	1820.76	359.42	404.41	154.33	1251.11
121.14	43.61	116.99	26.45	18.92	9.63	92.25
805.45	398.58	842.09	142.75	146.44	46.62	609.70
277.31	78.84	282.25	82.75	62.74	40.49	260.62
2656.56	1123.14	2229.36	253.02	596.49	297.09	2976.27
963.77	414.40	777.72	86.48	235.97	91.36	1114.14
1692.79	708.74	1451.65	166.54	360.52	205.73	1862.13
5762.72	2585.42	5042.82	1327.50	1212.69	517.59	4909.38
3225.19	1423.07	2247.33	595.08	559.86	263.24	2508.80
2537.53	1162.35	2795.49	732.42	652.83	254.35	2400.58

2-5 续表 3

行 业	企业单位数（个）	工业销售产值（当年价格）	出口交货值	资产总计	固定资产合计
非金属矿物制品业	4322	20494.80	1128.08	21328.30	9075.23
水泥、石灰和石膏制造	901	5668.04	10.15	8800.02	4479.08
石膏、水泥制品及类似制品制造	409	2035.44	9.49	1719.67	550.65
砖瓦、石材等建筑材料制造	998	4221.41	145.36	2537.66	1095.36
玻璃制造	163	871.26	104.32	1559.49	624.95
玻璃制品制造	487	1885.15	268.93	1944.43	671.16
玻璃纤维和玻璃纤维增强塑料制品制造	150	812.23	87.30	996.53	463.24
陶瓷制品制造	723	1773.70	309.82	1049.44	412.40
耐火材料制品制造	230	1678.97	107.17	1197.28	294.92
石墨及其他非金属矿物制品制造	261	1548.59	85.55	1523.79	483.47
黑色金属冶炼和压延加工业	1769	56464.49	1958.92	55916.26	22452.24
炼铁	141	2678.56	9.48	2338.92	835.21
炼钢	111	8128.57	264.92	9283.64	3839.43
黑色金属铸造	392	1983.59	155.19	1343.49	561.49
钢压延加工	862	41149.40	1509.99	40956.60	16351.23
铁合金冶炼	263	2524.36	19.35	1993.61	864.89
有色金属冶炼和压延加工业	1262	27362.36	814.21	25725.74	9167.88
常用有色金属冶炼	413	12042.50	200.09	14409.46	5283.48
贵金属冶炼	89	1559.78	12.68	1286.96	281.17
稀有稀土金属冶炼	70	859.58	53.82	960.09	213.23
有色金属合金制造	114	1623.84	75.01	1231.80	381.53
有色金属铸造	21	80.46	5.88	84.24	24.40
有色金属压延加工	555	11196.21	466.73	7753.21	2984.06
金属制品业	2601	14441.25	2262.15	11557.26	3644.47
结构性金属制品制造	711	4547.88	260.89	3477.94	904.30
金属工具制造	243	722.18	248.67	573.67	193.52
集装箱及金属包装容器制造	214	1459.89	530.98	1134.13	286.70
金属丝绳及其制品制造	147	1432.10	114.11	1243.41	456.50
建筑、安全用金属制品制造	314	1268.51	321.31	1059.93	497.47
金属表面处理及热处理加工	166	922.44	66.28	575.53	186.03
搪瓷制品制造	30	100.21	18.20	63.53	22.45
金属制日用品制造	320	928.98	310.86	598.31	164.56
其他金属制品制造	456	3059.05	390.85	2830.82	932.94
通用设备制造业	3266	22328.51	3647.47	22859.41	5205.67
锅炉及原动设备制造	333	3253.54	233.86	4675.83	917.24
金属加工机械制造	397	2022.17	126.04	2461.12	650.52
物料搬运设备制造	372	4391.54	514.80	4427.73	771.81
泵、阀门、压缩机及类似机械制造	682	4055.20	516.97	3612.70	937.18

单位：亿元

固定资产原价	累计折旧	流动资产合计	应收账款	存货	产成品	负债合计
13224.62	4755.73	9151.76	1914.57	1925.25	827.83	11906.24
6098.27	1898.44	3006.81	426.29	474.05	118.92	5153.36
865.73	354.19	996.73	350.52	131.47	63.04	971.79
1774.62	742.69	1174.31	236.40	336.17	196.21	1238.54
942.53	358.51	624.77	61.92	148.02	65.01	948.49
1074.31	436.40	959.29	250.37	240.42	93.46	1042.16
657.70	237.82	410.10	113.84	73.86	41.66	554.80
639.10	248.28	485.75	115.16	150.08	77.35	472.12
461.22	195.26	700.51	204.59	157.46	93.19	625.45
711.14	284.15	793.48	155.48	213.71	78.99	899.52
37679.49	17028.78	22921.13	2062.31	7394.46	2241.91	38046.67
1248.85	461.27	957.54	163.78	256.45	72.70	1607.77
6334.64	2616.71	3659.08	332.04	1271.79	449.80	6385.62
908.68	383.57	616.24	151.53	149.53	64.86	695.18
27932.42	13087.16	16747.63	1271.54	5423.30	1527.73	28023.66
1254.89	480.08	940.64	143.42	293.39	126.83	1334.43
12952.56	4730.16	12468.93	1420.45	4286.78	1144.57	16620.13
7451.42	2688.62	6784.73	508.57	2752.38	659.85	10424.31
361.10	116.90	666.24	41.89	206.47	37.69	722.97
315.87	109.80	501.42	101.77	190.85	100.22	409.20
521.24	156.76	597.13	138.57	193.70	64.37	764.32
39.98	17.92	50.90	11.43	15.38	6.69	55.86
4262.96	1640.15	3868.52	618.22	928.02	275.75	4243.48
5324.55	2024.78	6545.78	1713.84	1739.09	632.24	6186.85
1297.26	450.68	2073.22	567.27	576.44	190.34	1970.59
329.97	153.29	319.63	81.83	99.42	37.99	273.33
458.29	196.44	712.18	204.95	194.28	50.47	611.46
679.63	273.96	662.30	167.47	150.44	86.24	682.28
643.38	169.26	476.31	133.97	118.76	41.00	372.71
246.54	95.67	333.87	81.44	67.04	31.22	381.52
36.47	14.68	37.35	11.02	11.09	5.40	40.01
278.84	133.78	357.66	84.13	100.67	36.03	313.61
1354.16	537.03	1573.26	381.76	420.96	153.54	1541.34
8257.45	3533.92	14588.29	4437.60	3847.19	1293.42	12994.22
1393.42	590.63	3193.81	875.52	920.36	206.35	2873.85
937.34	381.12	1531.00	339.59	513.84	162.52	1459.58
1244.75	508.66	2987.25	959.09	714.43	242.08	2762.05
1487.00	635.91	2125.66	672.66	568.16	237.57	1775.98

2-5 续表 4

行业	企业单位数（个）	工业销售产值（当年价格）	出口交货值	资产总计	固定资产合计
轴承、齿轮和传动部件制造	433	1757.44	249.54	1868.55	616.07
烘炉、风机、衡器、包装等设备制造	407	3077.19	598.72	3157.62	578.75
文化、办公用机械制造	177	1627.46	1167.36	926.59	194.68
通用零部件制造	395	1719.14	217.21	1289.24	426.58
其他通用设备制造业	70	424.83	22.97	440.03	112.85
专用设备制造业	2425	17372.88	2198.56	20358.35	4693.42
采矿、冶金、建筑专用设备制造	774	9449.41	912.96	12101.20	2595.60
化工、木材、非金属加工专用设备制造	493	1641.20	341.53	2046.51	501.31
食品、饮料、烟草及饲料生产专用设备制造	69	360.93	16.34	303.00	75.54
印刷、制药、日化及日用品生产专用设备制造	110	541.69	52.99	663.02	152.88
纺织、服装和皮革加工专用设备制造	141	708.43	141.40	749.81	155.76
电子和电工机械专用设备制造	119	701.72	124.15	738.24	247.14
农、林、牧、渔专用机械制造	182	1083.69	113.84	899.58	272.47
医疗仪器设备及器械制造	248	1064.21	346.53	981.87	214.79
环保、社会公共服务及其他专用设备制造	289	1821.60	148.82	1875.11	477.93
汽车制造业	2759	46779.91	2277.25	39217.84	8959.55
汽车整车制造	250	28436.45	789.84	24304.34	4966.28
改装汽车制造	186	1610.88	68.08	1427.53	367.41
低速载货汽车制造	7	163.18	0.68	77.10	12.38
电车制造	5	10.51		9.81	4.59
汽车车身、挂车制造	51	490.83	25.83	290.58	83.87
汽车零部件及配件制造	2260	16068.05	1392.82	13108.48	3525.03
铁路、船舶、航空航天和其他运输设备制造业	1113	12387.40	3133.63	15914.44	3951.12
铁路运输设备制造	171	2658.80	135.62	3183.66	712.30
城市轨道交通设备制造	8	55.97		87.92	13.82
船舶及相关装置制造	339	4831.99	2155.97	7426.47	1946.43
航空、航天器及设备制造	113	1891.57	213.33	3157.49	782.64
摩托车制造	300	2027.41	397.22	1453.55	355.92
自行车制造	154	742.53	183.28	524.86	112.60
非公路休闲车及零配件制造	19	88.84	17.58	44.79	16.81
潜水救捞及其他未列明运输设备制造	9	90.28	30.63	35.71	10.60
电气机械和器材制造业	4410	39625.72	7737.69	33012.33	7196.22
电机制造	585	4920.77	904.56	5044.08	939.71
输配电及控制设备制造	1258	10508.57	1717.17	10525.34	2541.95
电线、电缆、光缆及电工器材制造	719	7543.51	721.98	4875.03	1039.14
电池制造	428	3091.11	781.62	2432.66	627.40
家用电力器具制造	752	10711.33	2852.66	8131.35	1473.97
非电力家用器具制造	91	531.47	82.53	498.86	154.70
照明器具制造	529	2138.67	659.08	1393.29	391.38
其他电气机械及器材制造	48	180.29	18.09	111.72	27.97

单位：亿元

固定资产原价	累计折旧	流动资产合计	应收账款	存货	产成品	负债合计
995.26	424.74	1000.89	321.85	282.99	126.42	917.77
896.67	378.28	2067.43	667.00	447.65	167.82	1801.84
394.95	205.05	671.55	257.82	175.19	61.60	449.48
677.03	288.68	723.62	211.86	160.16	75.70	667.97
231.04	120.87	287.10	132.20	64.42	13.36	285.70
7231.53	2972.52	13091.76	4495.48	3197.33	1053.51	11669.62
3973.73	1656.06	8077.80	3125.01	1905.03	639.02	7495.47
862.21	388.02	1316.01	406.29	367.45	112.09	1109.53
112.77	44.89	204.59	49.72	61.30	16.00	139.39
218.59	80.13	375.27	91.97	105.89	29.04	350.87
249.95	110.91	473.33	105.28	121.96	44.97	424.44
416.74	197.25	391.23	107.24	81.12	28.69	323.07
371.73	121.45	527.09	118.54	154.68	79.98	506.15
320.88	128.42	594.57	146.00	117.65	40.45	354.52
704.94	245.39	1131.86	345.42	282.26	63.28	966.19
14496.15	6217.22	22834.11	5528.71	3805.44	1606.74	22657.03
7886.88	3296.21	13835.15	2366.32	1970.24	840.63	14195.81
702.81	388.38	865.68	220.00	211.03	64.86	953.18
25.40	13.08	45.34	5.03	16.04	1.77	43.33
6.14	1.55	5.15	0.57	0.79	0.23	2.74
123.63	47.49	178.39	47.29	36.06	15.24	151.83
5751.29	2470.50	7904.39	2889.51	1571.27	684.00	7310.14
5683.57	2205.22	9696.23	2153.37	2570.11	335.17	10485.81
1047.82	493.71	2146.30	844.55	568.78	125.33	2053.30
20.75	6.93	70.86	32.98	13.46	1.01	53.16
2654.23	839.80	4419.14	611.55	1052.10	44.72	5303.95
1123.60	491.79	1796.01	338.99	702.43	69.29	1937.59
626.62	292.61	914.56	235.23	147.54	62.15	813.48
164.49	58.45	306.15	78.22	71.57	29.79	281.04
27.76	13.87	22.42	6.84	5.45	1.98	19.78
18.28	8.07	20.81	5.00	8.77	0.90	23.51
12196.71	5499.27	21439.76	7038.36	4296.17	1869.88	19517.67
1635.63	778.99	3453.32	1257.02	814.87	235.33	2969.60
4032.08	1677.15	6515.71	2630.65	1160.30	456.66	6183.71
1851.28	893.45	3235.39	1265.07	612.91	288.32	2788.80
977.46	407.68	1494.42	377.15	310.91	125.13	1423.42
2788.47	1380.51	5538.02	1138.53	1113.42	656.09	5206.31
215.97	67.08	282.97	65.44	53.97	22.39	220.72
635.99	261.07	847.69	280.07	211.80	79.06	665.88
59.83	33.35	72.24	24.43	17.99	6.90	59.22

2-5 续表 5

行　业	企业单位数（个）	工业销售产值（当年价格）	出口交货值	资产总计	固定资产合计
计算机、通信和其他电子设备制造业	4806	67259.21	42134.62	43516.69	11229.16
计算机制造	557	20840.02	16580.89	9696.92	2303.30
通信设备制造	538	13584.81	6825.85	8963.56	1168.21
广播电视设备制造	170	1106.55	510.23	914.20	202.74
雷达及配套设备制造	25	358.61	86.19	451.20	95.09
视听设备制造	418	6689.19	3104.91	3785.40	547.30
电子器件制造	966	12128.27	8122.81	10756.56	4048.84
电子元件制造	1853	10398.66	5750.25	7549.86	2485.91
其他电子设备制造	279	2153.09	1153.49	1399.00	377.78
仪器仪表制造业	843	4292.02	853.54	4078.24	917.84
通用仪器仪表制造	387	2490.33	277.87	2366.59	444.12
专用仪器仪表制造	171	983.80	181.39	927.14	240.90
钟表与计时仪器制造	100	201.20	109.94	159.13	33.77
光学仪器及眼镜制造	163	511.73	233.85	587.30	186.38
其他仪器仪表制造业	22	104.97	50.49	38.09	12.67
其他制造业	322	1255.44	350.89	1392.63	419.69
日用杂品制造	236	730.54	301.12	488.79	139.27
煤制品制造	7	22.02		36.28	25.32
废弃资源综合利用业	96	1000.10		444.09	119.75
金属废料和碎屑加工处理	79	932.00		378.30	95.15
非金属废料和碎屑加工处理	17	68.09		65.79	24.60
金属制品、机械和设备修理业	130	617.83	142.35	919.99	304.61
金属制品修理	6	24.41	0.15	7.85	4.88
通用设备修理	8	27.92		16.32	3.82
专用设备修理	13	35.45	1.67	57.01	11.05
铁路、船舶、航空航天等运输设备修理	80	496.46	140.53	802.91	272.51
电气设备修理	11	11.90		11.20	2.26
其他机械和设备修理业	12	21.68		24.69	10.09
电力、热力、燃气及水生产和供应业	**2501**	**49305.19**	**173.36**	**82812.99**	**49659.78**
电力、热力生产和供应业	1975	46728.74	131.06	74921.11	45816.07
电力生产	792	12633.70	50.50	32171.33	21898.17
电力供应	1000	33487.62	77.21	40605.22	22803.46
热力生产和供应	183	607.42	3.35	2144.56	1114.44
燃气生产和供应业	188	1778.76	10.64	2923.67	1310.38
水的生产和供应业	338	797.70	31.67	4968.21	2533.33
自来水生产和供应	316	672.46	1.76	4210.75	2220.00
污水处理及其再生利用	19	81.42		544.62	246.17
其他水的处理、利用与分配	3	43.82	29.91	212.84	67.16

单位：亿元

固定资产原价	累计折旧	流动资产合计	应收账款	存货	产成品	负债合计
21922.32	11066.62	28115.68	10605.04	5747.13	1745.64	25658.04
4503.63	2255.37	6606.03	2785.27	1201.60	320.97	6673.91
2183.46	1049.48	7022.82	2489.76	1477.88	359.24	5895.32
364.38	173.10	625.80	254.11	135.32	43.45	464.91
118.60	47.87	309.22	79.17	115.76	13.15	303.04
1020.86	499.06	2874.62	916.24	678.38	283.35	2438.13
7679.21	3737.87	5420.68	1987.47	1034.75	334.69	5451.19
5204.03	2821.44	4393.76	1773.39	901.13	319.88	3764.43
848.16	482.44	862.75	319.64	202.31	70.90	667.10
1455.82	590.85	2620.57	829.26	632.37	195.58	1943.66
678.42	261.54	1588.07	495.87	383.87	110.99	1116.45
383.48	152.17	561.11	193.38	117.86	42.19	441.69
57.34	25.21	108.82	25.75	47.97	18.12	79.51
303.30	133.35	349.95	110.80	78.79	23.32	285.47
33.27	18.58	12.62	3.47	3.87	0.96	20.54
605.28	251.91	804.02	151.55	300.25	57.84	827.59
223.25	93.29	276.02	67.11	74.27	26.01	211.25
37.98	12.88	8.65	2.71	2.43	1.62	31.02
339.52	237.42	271.98	46.61	77.74	36.70	273.93
301.19	216.82	239.25	38.42	71.61	35.99	230.17
38.34	20.60	32.73	8.19	6.13	0.71	43.77
427.76	145.76	500.85	138.45	105.71	16.66	540.05
7.04	2.16	2.72	0.70	0.93	0.22	3.32
8.40	4.86	11.44	2.19	2.33	0.80	6.62
15.64	5.57	40.18	16.72	7.19	1.16	26.99
376.11	125.01	425.95	113.53	91.15	13.83	486.00
5.13	2.74	7.74	3.01	0.95	0.05	6.98
15.44	5.42	12.82	2.30	3.15	0.59	10.14
80436.31	**32554.63**	**13160.32**	**2215.70**	**1033.36**	**97.68**	**52830.96**
75102.60	30682.88	10802.74	1949.73	892.88	67.47	48406.76
34615.55	12437.09	5076.99	1393.37	706.73	53.99	22638.99
38898.97	17666.09	4938.05	482.98	108.32	9.36	24173.54
1588.08	579.70	787.70	73.38	77.84	4.12	1594.23
1650.58	436.26	966.01	126.33	97.30	25.21	1722.41
3683.14	1435.49	1391.57	139.64	43.18	5.00	2701.80
3274.54	1304.34	1182.04	108.61	40.66	3.88	2355.83
341.03	98.26	143.62	29.87	2.22	1.11	216.22
67.57	32.89	65.91	1.16	0.30	0.02	129.75

2-5 续表 6

行业	流动负债合计	应付账款	所有者权益合计	实收资本	国家资本
总计	**278252.37**	**79511.17**	**254573.24**	**110438.29**	**29752.76**
采矿业	**27507.94**	**7193.54**	**30903.79**	**14013.15**	**7999.85**
煤炭开采和洗选业	17409.71	3850.40	14935.03	4724.22	2191.35
烟煤和无烟煤开采洗选	15692.12	3106.23	14259.84	4471.42	2077.16
褐煤开采洗选	1694.23	743.63	661.49	247.06	113.39
其他煤炭采选	23.36	0.54	13.71	5.75	0.80
石油和天然气开采业	4597.96	1947.86	9766.85	6145.90	4407.74
石油开采	3967.72	1807.24	9417.46	5954.98	4314.89
天然气开采	630.24	140.62	349.39	190.92	92.85
黑色金属矿采选业	2484.35	511.47	2999.91	1208.92	642.96
铁矿采选	2419.90	495.26	2909.52	1181.98	639.94
锰矿、铬矿采选	37.74	10.92	66.27	22.70	3.02
其他黑色金属矿采选	26.71	5.29	24.11	4.23	
有色金属矿采选业	1132.40	168.33	1382.11	520.27	145.29
常用有色金属矿采选	575.76	86.35	705.40	302.32	82.96
贵金属矿采选	414.55	62.06	469.00	110.69	41.91
稀有稀土金属矿采选	142.10	19.93	207.71	107.26	20.42
非金属矿采选业	478.23	49.82	611.29	210.53	87.74
土砂石开采	71.68	15.52	177.19	51.49	2.33
化学矿开采	135.28	9.39	125.53	47.90	25.01
采盐	228.51	22.30	253.86	89.21	55.91
石棉及其他非金属矿采选	42.76	2.61	54.71	21.94	4.49
开采辅助活动	1404.87	665.55	1206.52	1202.45	524.78
石油和天然气开采辅助活动	1404.87	665.55	1206.52	1202.45	524.78
制造业	**225254.36**	**65850.67**	**194001.27**	**82371.23**	**12921.27**
农副食品加工业	7517.37	1320.29	6125.35	2272.55	107.87
谷物磨制	446.15	62.07	659.54	273.45	10.46
饲料加工	563.95	123.72	626.96	239.05	1.18
植物油加工	2425.17	556.29	902.51	351.27	40.96
制糖业	941.43	108.47	327.68	124.98	16.47
屠宰及肉类加工	1553.67	218.24	1749.61	650.89	15.93
水产品加工	671.60	112.99	752.97	241.79	2.07
蔬菜、水果和坚果加工	278.04	45.57	448.79	132.40	4.02
其他农副食品加工	637.37	92.95	657.29	258.72	16.77
食品制造业	3117.25	745.22	3806.81	1496.78	68.57
焙烤食品制造	271.08	79.97	429.21	198.42	1.22
糖果、巧克力及蜜饯制造	256.03	47.35	368.48	160.32	0.17
方便食品制造	440.24	142.12	660.07	256.18	8.50
乳制品制造	787.08	230.27	770.77	306.89	14.22
罐头食品制造	183.83	29.91	182.56	81.31	2.72
调味品、发酵制品制造	553.09	96.28	593.21	210.80	23.72
其他食品制造	625.90	119.31	802.52	282.86	18.01

单位：亿元

					主营业务收　　入	主营业务成　　本	主营业务税金及附加
集体资本	法人资本	个人资本	港澳台资本	外商资本			
1924.60	**39347.30**	**15070.46**	**8559.71**	**15318.76**	**665283.32**	**561075.77**	**13039.10**
264.81	**4672.71**	**727.03**	**62.54**	**63.00**	**46555.29**	**33051.48**	**1639.98**
197.10	1770.92	452.54	40.63	46.98	24576.82	19169.63	350.22
192.74	1682.98	436.13	24.39	33.32	22057.43	17040.37	324.23
1.36	86.18	16.22	16.24	13.66	2479.68	2099.28	25.32
3.00	1.75	0.20			39.72	29.98	0.67
0.29	1532.51	7.41			11348.68	5381.80	1126.49
0.29	1434.44	7.41			10318.92	4650.71	1097.90
	98.07				1029.76	731.09	28.59
14.14	400.12	144.01	3.80	3.58	4402.70	3312.83	74.63
14.14	385.31	138.17	3.80	0.33	4237.89	3172.96	73.29
	10.98	5.44		3.25	70.80	60.43	0.85
	3.83	0.40			94.01	79.44	0.49
32.65	254.10	72.60	8.62	6.74	3072.22	2445.51	33.87
13.36	155.77	42.66	6.62	0.67	1332.00	1011.25	23.58
13.83	28.01	21.13		5.82	1353.88	1125.91	5.65
5.46	70.33	8.81	2.00	0.24	386.34	308.35	4.64
6.81	67.61	42.68	0.02	5.68	1266.55	975.42	25.56
3.78	22.38	22.98	0.02		701.30	561.58	11.13
1.21	10.53	9.98		1.17	206.71	149.51	7.45
1.40	22.09	5.38		4.44	226.57	166.01	4.91
0.42	12.60	4.35		0.07	131.98	98.33	2.08
13.82	647.43	6.93	9.47	0.02	1882.34	1761.69	29.16
13.82	647.43	6.93	9.47	0.02	1882.34	1761.69	29.16
1593.62	**30445.28**	**14142.32**	**8083.23**	**14921.22**	**569179.45**	**483806.50**	**11135.13**
67.80	849.63	696.58	156.34	390.04	27159.47	24143.62	121.48
7.63	94.74	128.47	8.30	23.83	2889.30	2557.34	15.00
5.37	118.74	73.90	12.69	27.04	3228.22	2856.79	9.04
5.48	101.78	68.11	24.16	110.79	5784.06	5367.95	22.40
3.07	62.19	25.37	2.84	15.05	1018.71	861.92	7.87
24.34	260.83	188.03	75.37	82.42	7426.65	6556.43	34.34
12.95	82.35	98.32	6.32	39.78	2630.52	2315.20	15.13
1.46	49.87	37.92	12.04	26.90	1317.58	1083.05	6.26
7.51	79.13	76.46	14.62	64.23	2864.43	2544.95	11.46
30.12	568.39	326.85	179.00	322.86	11446.59	8682.46	73.56
0.20	39.97	46.84	44.33	65.84	1334.08	1021.72	7.42
1.47	72.15	21.31	20.41	44.80	941.78	664.24	6.29
8.62	89.30	43.07	52.26	54.43	2065.38	1647.12	9.64
7.38	145.08	48.38	19.86	71.24	2422.18	1859.84	11.69
1.18	49.27	19.59	1.35	7.27	801.89	692.54	4.13
2.73	63.56	69.66	19.69	31.43	1360.41	1071.88	8.07
8.53	109.06	78.00	21.10	47.85	2520.88	1725.13	26.31

2-5 续表 7

行业	流动负债合计	应付账款	所有者权益合计	实收资本	国家资本
酒、饮料和精制茶制造业	3787.73	710.57	4876.91	1482.57	164.82
酒的制造	2701.12	424.56	3592.79	924.84	153.12
饮料制造	1012.21	271.64	1136.80	515.75	10.49
精制茶加工	74.41	14.38	147.32	41.98	1.21
烟草制品业	1899.13	812.09	5631.95	899.95	325.50
烟叶复烤	29.78	7.13	171.06	116.46	70.35
卷烟制造	1837.85	792.58	5435.11	774.05	250.51
其他烟草制品制造	31.50	12.38	25.78	9.45	4.64
纺织业	5971.25	1018.68	6150.12	2441.76	87.01
棉纺织及印染精加工	3998.13	659.97	4100.94	1650.52	65.89
毛纺织及染整精加工	464.72	87.28	487.31	195.53	8.20
麻纺织及染整精加工	91.10	14.11	119.32	37.39	4.68
丝绢纺织及印染精加工	146.50	18.00	156.60	45.21	1.38
化纤织造及印染精加工	209.86	23.93	140.62	71.04	0.48
针织或钩针编织物及其制品制造	416.32	88.36	469.57	152.21	0.54
家用纺织制成品制造	396.88	73.81	364.43	160.42	0.08
非家用纺织制成品制造	247.74	53.22	311.33	129.43	5.75
纺织服装、服饰业	2968.86	815.59	3694.41	1413.72	13.42
机织服装制造	2278.91	621.58	3008.85	1128.83	11.97
针织或钩针编织服装制造	584.07	167.07	559.55	227.65	1.19
服饰制造	105.89	26.95	126.01	57.23	0.27
皮革、毛皮、羽毛及其制品和制鞋业	1701.62	478.24	2179.93	830.69	3.16
皮革鞣制加工	164.74	30.84	224.89	70.53	
皮革制品制造	359.77	115.40	423.71	132.18	
毛皮鞣制及制品加工	41.35	7.35	76.58	27.02	0.71
羽毛(绒)加工及制品制造	111.40	16.20	68.48	20.39	0.08
制鞋业	1024.36	308.45	1386.27	580.58	2.38
木材加工和木、竹、藤、棕、草制品业	704.08	113.41	942.44	361.23	10.36
木材加工	60.62	12.99	89.99	49.11	2.05
人造板制造	422.48	61.04	569.73	217.52	4.72
木制品制造	182.12	33.78	227.86	80.74	3.43
竹、藤、棕、草等制品制造	38.87	5.60	54.85	13.87	0.17
家具制造业	1126.56	315.14	1111.46	509.31	6.27
木质家具制造	637.37	139.02	674.78	301.51	3.42
竹、藤家具制造	35.49	17.66	12.55	9.44	
金属家具制造	291.93	108.07	252.62	139.11	2.60
塑料家具制造	9.25	3.45	8.46	6.02	
其他家具制造	152.52	46.94	163.04	53.23	0.26

单位：亿元

集体资本	法人资本	个人资本	港澳台资本	外商资本	主营业务收入	主营业务成本	主营业务税金及附加
24.94	544.71	270.88	152.85	321.53	9679.02	6638.88	386.77
20.58	328.17	207.82	55.70	156.75	5796.89	3769.43	364.50
3.81	193.79	50.56	92.18	164.78	3390.18	2504.15	17.34
0.55	22.75	12.50	4.97		491.96	365.29	4.93
2.10	571.72	0.21		0.42	7942.07	2007.03	4269.06
0.10	45.58			0.42	112.31	80.74	1.01
0.30	523.05	0.18			7764.96	1879.01	4267.19
1.70	3.08	0.03			64.80	47.29	0.86
38.69	786.02	842.96	384.85	292.05	20062.96	17689.71	87.53
21.42	517.40	598.64	254.42	186.66	13963.58	12428.45	58.37
7.06	75.80	65.38	26.61	12.49	1352.91	1192.79	4.97
0.86	11.98	13.82	4.94	1.11	289.88	246.46	2.04
0.75	15.55	17.57	7.26	2.70	544.59	476.36	3.21
0.65	22.58	17.19	17.96	12.18	362.53	318.72	1.50
2.83	44.85	42.91	33.34	23.74	1282.36	1072.22	5.82
4.08	54.90	63.99	17.43	19.93	1215.94	1046.15	6.02
1.03	42.94	23.47	22.89	33.25	1051.17	908.56	5.61
11.52	506.73	363.67	313.27	199.56	11056.97	9145.95	64.53
9.94	438.25	306.54	228.20	133.04	8867.07	7299.54	51.79
1.58	52.51	44.51	73.44	49.77	1836.61	1556.77	10.68
	15.97	12.63	11.62	16.75	353.29	289.64	2.07
13.98	191.92	193.33	234.97	189.97	7750.82	6540.06	42.72
1.95	19.43	27.09	6.85	15.20	900.90	751.08	3.38
2.20	25.29	37.38	38.20	29.11	1594.37	1357.06	8.64
0.12	7.81	8.05	8.02	2.31	306.65	269.87	1.15
0.04	9.14	5.13	1.84	4.16	285.04	242.05	1.12
9.66	130.25	115.68	180.07	139.19	4663.86	3920.01	28.44
4.10	134.98	143.28	40.93	26.39	3418.06	2900.15	22.21
0.12	15.03	10.65	20.49	0.77	257.69	215.37	2.29
3.65	88.26	99.02	15.13	6.64	2183.48	1872.31	13.39
0.34	25.67	26.29	5.02	18.92	764.31	635.80	5.12
	6.03	7.32	0.29	0.06	212.58	176.68	1.42
4.97	125.10	192.42	85.51	92.61	3266.49	2716.79	17.79
3.11	83.29	119.29	50.13	39.83	1951.27	1617.59	11.59
1.04	5.60	0.90	0.03	1.87	59.19	49.17	0.32
0.66	21.90	56.48	20.27	37.19	699.07	580.61	3.15
	1.16	0.19	4.18	0.50	33.41	30.55	0.08
0.16	13.14	15.56	10.89	13.22	523.55	438.87	2.66

2-5 续表 8

行　业	流动负债合　计	应付账款	所有者权益合计	实收资本	国家资本
造纸和纸制品业	3746.61	834.92	3737.03	2183.93	190.22
纸浆制造	127.82	27.05	74.28	81.76	0.92
造纸	3041.00	625.11	3002.67	1791.12	167.44
纸制品制造	577.80	182.75	660.09	311.04	21.86
印刷和记录媒介复制业	793.28	240.91	1160.56	531.85	77.23
印刷	772.51	237.94	1141.47	516.31	77.23
装订及印刷相关服务	15.74	2.23	10.70	8.18	
记录媒介复制	5.04	0.74	8.39	7.36	
文教、工美、体育和娱乐用品制造业	1537.61	478.69	1672.01	699.98	18.34
文教办公用品制造	111.41	25.89	114.83	48.75	0.10
乐器制造	38.94	15.95	73.10	42.49	12.11
工艺美术品制造	888.53	220.31	932.21	289.45	4.71
体育用品制造	176.05	86.89	183.41	108.84	1.43
玩具制造	263.90	113.84	313.89	188.98	
游艺器材及娱乐用品制造	58.78	15.81	54.56	21.46	
石油加工、炼焦和核燃料加工业	11109.15	2941.37	6777.39	4526.20	2003.10
精炼石油产品制造	6746.41	1979.32	5273.69	3455.46	1869.74
炼焦	4294.65	940.61	1467.50	1041.51	104.12
化学原料和化学制品制造业	18781.47	3821.25	16082.20	8319.55	1528.88
基础化学原料制造	6207.95	1144.26	4950.95	2787.72	415.87
肥料制造	3716.73	673.23	2706.35	1307.51	433.49
农药制造	632.58	121.07	600.24	207.98	18.65
涂料、油墨、颜料及类似产品制造	785.43	224.81	913.34	304.25	17.90
合成材料制造	3436.89	803.73	2712.69	1714.75	468.82
专用化学产品制造	3052.89	593.75	2893.06	1490.16	129.13
炸药、火工及焰火产品制造	302.53	55.72	476.61	144.56	36.62
日用化学产品制造	646.46	204.68	828.98	362.62	8.40
医药制造业	4534.86	1002.87	7389.11	2197.05	243.26
化学药品原料药制造	1055.77	234.34	1352.75	494.08	53.85
化学药品制剂制造	1650.59	415.39	2456.07	681.88	79.04
中药饮片加工	81.29	24.00	159.02	45.67	6.38
中成药生产	1017.74	203.35	1903.67	493.33	26.36
兽用药品制造	73.28	11.05	143.56	49.16	2.55
生物药品制造	446.39	70.79	1034.40	346.56	73.36
卫生材料及医药用品制造	209.79	43.95	339.64	86.37	1.73
化学纤维制造业	2441.66	394.84	1711.19	875.88	59.24
纤维素纤维原料及纤维制造	887.19	159.61	520.88	239.78	38.55
合成纤维制造	1554.48	235.23	1190.32	636.10	20.69
橡胶和塑料制品业	4016.89	1032.38	4697.20	2464.28	88.89
橡胶制品业	1934.18	473.31	2180.03	1417.34	64.08
塑料制品业	2082.71	559.07	2517.16	1046.94	24.81

单位：亿元

集体资本	法人资本	个人资本	港澳台资本	外商资本	主营业务收入	主营业务成本	主营业务税金及附加
56.68	577.99	235.21	300.26	813.50	6763.45	5768.56	25.88
	70.00	6.40	3.33	1.12	97.04	83.07	0.39
49.76	447.73	168.94	230.42	725.84	4795.63	4152.88	15.05
6.92	60.26	59.87	66.51	86.54	1870.78	1532.62	10.44
9.15	198.09	94.29	103.87	48.98	2219.06	1797.55	13.53
9.06	189.54	91.52	102.02	46.70	2166.77	1753.77	12.98
0.08	3.75	1.83	0.24	2.28	36.36	30.30	0.33
	4.81	0.95	1.61		15.93	13.49	0.22
7.80	173.58	154.46	202.84	142.91	6752.06	5899.16	28.30
0.05	14.44	10.63	11.58	11.96	333.55	276.07	1.50
0.25	8.23	2.41	2.00	17.49	156.10	129.22	0.79
3.72	84.25	107.83	52.03	36.92	4398.43	3902.02	16.61
0.02	31.37	9.16	30.37	36.49	560.39	483.28	3.10
3.04	31.33	19.53	102.78	32.24	1101.16	940.99	5.49
0.73	3.96	4.89	4.07	7.82	202.43	167.57	0.83
45.36	1752.29	425.20	66.24	120.36	36059.45	31219.32	3042.55
16.82	1154.81	167.38	40.34	92.71	30784.36	26452.34	3025.22
28.54	597.48	257.82	25.90	27.65	5196.74	4698.25	17.21
191.46	3397.80	1283.56	568.90	1290.90	42471.22	36520.21	371.73
46.73	1397.66	322.48	175.47	429.42	13532.14	11957.75	179.26
18.90	634.06	186.37	18.61	15.91	5890.73	5142.17	30.33
4.25	79.97	91.97	1.49	11.64	1749.87	1459.34	5.74
4.56	124.05	65.77	21.59	70.39	2220.28	1799.76	9.43
58.73	697.20	171.93	54.12	252.57	8324.34	7514.53	64.81
55.21	351.47	331.42	222.31	354.26	7294.63	6333.29	37.45
2.67	58.99	44.73	0.03	1.53	919.94	689.54	20.79
0.42	54.41	68.89	75.28	155.19	2539.30	1623.84	23.90
71.84	865.54	529.13	168.99	312.04	13039.01	8645.70	96.38
29.42	154.82	130.41	63.98	61.58	2371.59	1853.19	13.41
20.18	289.38	104.31	39.00	147.96	4480.21	2620.90	34.43
0.07	22.81	10.57	5.11	0.73	297.59	212.99	2.38
12.34	233.48	164.51	31.84	22.99	3346.60	2090.76	26.55
0.72	19.44	24.46	0.34	1.66	376.29	288.56	2.99
9.09	120.75	59.52	22.48	58.96	1397.91	1003.30	10.15
0.03	24.85	35.35	6.24	18.17	768.84	576.01	6.47
4.89	305.14	181.23	215.97	109.41	5119.27	4683.31	12.72
1.06	115.04	46.92	9.35	28.85	1692.93	1533.72	5.46
3.84	190.09	134.31	206.62	80.56	3426.34	3149.59	7.26
32.21	997.49	385.51	333.88	622.27	12894.21	10935.32	68.32
21.85	708.53	145.32	85.44	392.12	5888.34	4986.07	31.57
10.36	288.96	240.19	248.45	230.15	7005.88	5949.25	36.75

2-5 续表 9

行业	流动负债合计	应付账款	所有者权益合计	实收资本	国家资本
非金属矿物制品业	9235.99	1964.28	9344.65	4245.53	551.87
水泥、石灰和石膏制造	3730.68	667.56	3622.64	1767.54	381.25
石膏、水泥制品及类似制品制造	873.76	255.13	732.39	237.53	27.63
砖瓦、石材等建筑材料制造	1012.09	238.85	1280.23	454.04	5.33
玻璃制造	733.96	128.72	608.44	395.12	28.31
玻璃制品制造	862.67	223.74	895.85	391.32	32.96
玻璃纤维和玻璃纤维增强塑料制品制造	398.76	77.94	440.55	230.88	16.19
陶瓷制品制造	360.42	79.90	577.41	308.36	17.44
耐火材料制品制造	529.50	137.43	571.00	174.93	13.82
石墨及其他非金属矿物制品制造	734.16	155.02	616.14	285.82	28.94
黑色金属冶炼和压延加工业	31463.15	7220.57	17786.39	7767.48	1685.06
炼铁	1318.91	399.50	725.63	396.40	18.57
炼钢	5516.52	1215.91	2895.02	684.60	237.48
黑色金属铸造	573.86	141.33	646.81	284.27	12.13
钢压延加工	22963.75	5175.46	12878.19	5965.96	1385.45
铁合金冶炼	1090.10	288.37	640.74	436.25	31.44
有色金属冶炼和压延加工业	12450.41	2471.61	9068.51	3769.01	1183.04
常用有色金属冶炼	7477.80	1684.10	3972.33	1910.03	775.79
贵金属冶炼	592.50	58.83	563.44	124.36	33.01
稀有稀土金属冶炼	289.81	51.65	550.69	149.98	45.53
有色金属合金制造	585.72	135.54	466.66	243.27	134.05
有色金属铸造	54.17	21.99	28.15	17.79	4.05
有色金属压延加工	3450.41	519.50	3487.24	1323.59	190.61
金属制品业	5229.48	1309.32	5311.03	2109.61	302.12
结构性金属制品制造	1626.18	429.82	1476.06	574.23	40.54
金属工具制造	237.38	60.76	301.41	113.77	14.98
集装箱及金属包装容器制造	553.33	145.02	511.25	224.40	11.29
金属丝绳及其制品制造	546.32	97.25	557.14	211.42	20.30
建筑、安全用金属制品制造	341.94	90.52	683.74	195.78	16.51
金属表面处理及热处理加工	348.99	65.00	192.95	94.89	4.17
搪瓷制品制造	35.41	11.72	23.51	17.41	0.60
金属制日用品制造	282.00	61.07	282.85	125.73	0.01
其他金属制品制造	1257.94	348.18	1282.10	551.98	193.72
通用设备制造业	11249.18	3477.11	9816.04	3568.69	447.26
锅炉及原动设备制造	2584.65	767.43	1799.16	591.34	142.98
金属加工机械制造	1225.25	283.86	994.92	340.94	81.36
物料搬运设备制造	2335.07	681.51	1658.10	534.02	66.92
泵、阀门、压缩机及类似机械制造	1548.60	529.03	1823.82	720.62	60.51

单位：亿元

集体资本	法人资本	个人资本	港澳台资本	外商资本	主营业务收入	主营业务成本	主营业务税金及附加
108.78	1762.01	973.42	411.51	435.53	20458.22	16910.51	141.37
71.35	693.66	263.10	179.74	180.85	5555.52	4424.82	39.67
3.73	107.23	71.83	20.77	6.22	2048.80	1732.27	15.69
7.29	217.24	158.65	41.81	23.71	4212.65	3520.13	32.42
1.30	173.55	72.50	63.28	56.17	868.56	723.76	4.00
5.73	118.77	92.64	67.44	69.08	1892.18	1576.97	12.01
3.95	137.33	29.24	18.35	25.83	832.48	699.93	5.12
3.30	123.74	93.38	18.09	52.40	1752.19	1430.26	13.29
4.20	47.53	97.25	0.57	11.57	1696.17	1420.44	10.89
7.94	142.96	94.82	1.46	9.70	1599.65	1381.95	8.27
417.42	3692.10	1346.53	205.99	421.15	60080.79	55591.29	154.95
17.90	241.44	90.85	2.63	25.02	2614.72	2457.10	7.72
2.79	214.62	152.94	45.08	31.69	8661.77	8072.34	12.62
1.93	125.01	70.97	11.68	62.55	1981.13	1720.13	8.85
382.96	2880.34	939.18	139.79	238.23	44281.54	41050.97	114.11
11.85	230.69	92.59	6.82	63.66	2541.62	2290.75	11.65
38.74	1584.03	529.26	268.21	163.94	31805.79	29406.02	87.68
19.95	857.07	175.20	51.57	28.75	16258.07	15400.29	40.48
5.04	47.46	25.46	8.67	4.70	1664.64	1513.88	5.91
0.68	50.98	38.16	0.04	14.59	883.95	735.57	8.36
1.19	52.42	33.38	9.90	12.33	1696.40	1559.64	5.11
0.39	4.90	0.61	4.74	3.11	76.86	66.54	0.23
11.49	571.20	256.45	193.30	100.46	11225.88	10130.09	27.58
39.79	653.58	514.82	272.54	322.04	14513.53	12405.98	77.86
13.74	240.07	183.06	46.16	48.16	4595.97	3901.27	33.21
4.19	28.01	19.18	16.20	31.21	732.22	591.93	4.19
1.74	89.17	23.51	47.59	50.63	1456.58	1256.04	5.27
6.01	48.68	66.30	34.59	35.54	1463.06	1277.56	6.42
2.75	70.50	45.65	17.77	42.60	1281.06	1086.09	6.96
3.42	22.88	24.68	21.88	17.85	935.86	822.68	3.58
0.04	9.62	3.12	0.10	3.92	100.37	84.54	0.60
0.46	23.07	27.02	30.91	42.50	911.34	769.61	4.86
7.45	121.57	122.29	57.33	49.62	3037.07	2616.25	12.77
73.67	1198.98	794.39	196.07	855.34	22705.06	18803.83	119.10
23.80	251.31	86.43	10.35	76.47	3338.42	2674.40	21.62
9.14	114.87	80.56	16.95	38.06	2040.41	1708.34	10.61
3.76	150.80	159.10	29.79	123.79	4506.89	3697.82	22.50
13.82	218.60	188.07	31.46	208.17	4121.99	3395.66	19.80

2-5 续表 10

行业	流动负债合计	应付账款	所有者权益合计	实收资本	国家资本
轴承、齿轮和传动部件制造	763.73	211.43	949.94	424.89	24.82
烘炉、风机、衡器、包装等设备制造	1598.47	508.97	1353.86	461.11	33.57
文化、办公用机械制造	417.60	261.69	463.55	201.16	3.31
通用零部件制造	547.34	166.21	618.70	234.68	29.02
其他通用设备制造业	228.47	66.98	153.98	59.93	4.78
专用设备制造业	9351.66	3089.29	8646.37	3493.45	648.10
采矿、冶金、建筑专用设备制造	5770.61	2016.98	4578.03	1820.49	541.68
化工、木材、非金属加工专用设备制造	991.71	280.29	933.25	394.23	28.18
食品、饮料、烟草及饲料生产专用设备制造	115.75	38.90	160.14	68.61	6.73
印刷、制药、日化及日用品生产专用设备制造	283.47	81.16	310.79	115.34	9.01
纺织、服装和皮革加工专用设备制造	371.48	124.06	324.74	147.51	13.55
电子和电工机械专用设备制造	222.85	68.87	414.81	198.62	21.04
农、林、牧、渔专用机械制造	410.90	139.05	392.80	235.68	10.81
医疗仪器设备及器械制造	315.30	110.87	625.06	209.77	3.25
环保、社会公共服务及其他专用设备制造	869.58	229.11	906.74	303.22	13.85
汽车制造业	19379.62	8156.73	16503.07	5809.77	978.39
汽车整车制造	12053.04	5197.85	10080.30	3273.39	786.20
改装汽车制造	791.99	218.47	471.58	216.28	36.47
低速载货汽车制造	39.59	4.13	33.77	17.46	0.62
电车制造	2.66	0.57	7.07	1.89	
汽车车身、挂车制造	137.26	41.85	137.86	38.34	5.15
汽车零部件及配件制造	6355.08	2693.86	5772.48	2262.42	149.94
铁路、船舶、航空航天和其他运输设备制造业	8611.89	2532.73	5408.77	2512.20	895.92
铁路运输设备制造	1825.99	823.54	1129.01	560.78	262.73
城市轨道交通设备制造	53.01	25.56	34.75	24.19	3.67
船舶及相关装置制造	4133.61	939.46	2107.70	1022.12	255.55
航空、航天器及设备制造	1586.94	427.43	1219.40	552.13	357.54
摩托车制造	718.20	216.26	636.92	224.52	15.22
自行车制造	255.15	85.03	243.78	109.81	1.21
非公路休闲车及零配件制造	18.39	8.93	25.00	11.99	
潜水救捞及其他未列明运输设备制造	20.61	6.53	12.21	6.65	
电气机械和器材制造业	17056.89	5761.15	13424.09	5481.90	407.52
电机制造	2560.87	940.90	2072.44	809.02	115.57
输配电及控制设备制造	5187.85	1774.55	4307.18	1941.42	203.04
电线、电缆、光缆及电工器材制造	2478.11	530.63	2080.26	882.38	35.71
电池制造	1144.73	340.59	1004.95	493.17	8.59
家用电力器具制造	4847.30	1819.62	2906.10	869.31	33.41
非电力家用器具制造	180.92	66.48	277.01	121.53	2.89
照明器具制造	603.36	262.74	723.66	343.91	7.00
其他电气机械及器材制造	53.76	25.65	52.50	21.15	1.30

单位：亿元

集体资本	法人资本	个人资本	港澳台资本	外商资本	主营业务收入	主营业务成本	主营业务税金及附加
5.32	153.83	97.03	7.48	136.42	1784.21	1479.07	9.05
10.54	191.89	92.37	27.97	101.66	3071.10	2488.77	17.87
0.26	24.25	13.29	36.33	123.73	1682.76	1516.81	4.68
6.81	75.33	60.96	32.01	30.57	1732.84	1476.85	11.33
0.24	18.10	16.59	3.74	16.48	426.44	366.11	1.65
44.74	1280.71	689.46	256.85	572.68	17655.03	14628.91	94.52
14.71	684.85	301.17	65.69	212.39	9630.36	8159.20	49.85
12.14	102.27	66.36	81.89	103.39	1650.89	1334.55	8.13
0.99	33.76	23.40	0.01	3.72	361.43	292.79	3.30
4.43	24.52	42.34	12.23	22.80	543.12	421.30	2.76
1.95	48.15	39.53	12.83	31.49	734.95	613.07	3.48
1.81	70.78	12.81	16.72	75.46	678.83	560.23	4.41
0.92	131.01	56.47	8.40	28.06	1151.04	965.26	3.81
5.78	57.74	35.09	41.22	65.79	1072.82	800.21	6.57
2.00	127.64	112.30	17.85	29.58	1831.60	1482.31	12.21
49.36	2362.56	491.67	252.06	1667.32	48262.30	39562.56	1270.91
21.13	1440.56	114.39	138.07	769.74	29550.17	23740.29	1193.71
5.17	129.94	36.06	1.72	6.91	1620.54	1419.97	8.62
	8.30	1.03		7.50	163.63	147.20	0.19
	1.77	0.12			11.15	10.31	0.03
0.29	10.13	11.13	6.70	4.94	486.57	432.61	1.68
22.77	771.84	328.94	105.58	878.23	16430.23	13812.18	66.68
18.45	1066.55	179.66	109.29	242.03	11992.86	10321.65	61.27
6.87	249.63	22.33	1.51	17.70	2620.91	2144.04	14.94
	17.16	0.63		2.74	59.88	51.30	0.32
1.38	533.44	68.57	65.91	97.27	4349.62	3874.74	17.53
3.50	145.23	4.29	10.82	30.75	1985.45	1686.47	5.91
5.35	91.88	58.74	9.80	43.23	2034.83	1737.46	19.80
1.18	22.30	23.54	19.09	42.50	759.65	661.70	2.39
	2.52	1.31	1.60	6.56	89.12	77.91	0.31
0.18	4.39	0.24	0.56	1.28	93.40	88.04	0.08
117.75	1918.96	1399.49	533.43	1099.30	39854.05	33515.09	171.55
8.18	302.26	181.66	58.61	142.74	4871.00	4102.32	27.28
28.81	766.71	396.10	143.70	401.65	10565.75	8854.30	46.56
36.62	250.04	361.24	74.65	123.50	7435.15	6413.03	21.24
7.75	149.59	130.26	89.78	106.69	3091.86	2736.78	11.44
34.55	301.61	148.76	115.52	233.65	11048.32	9076.43	51.30
0.02	67.60	38.71	6.39	4.93	512.47	412.48	2.80
1.82	73.05	138.08	43.82	80.04	2140.04	1773.90	9.77
	8.11	4.67	0.95	6.11	189.47	145.83	1.17

2-5 续表 11

行业	流动负债合计	应付账款	所有者权益合计	实收资本	国家资本
计算机、通信和其他电子设备制造业	22408.85	11807.60	17711.96	8887.18	608.89
计算机制造	6133.68	4025.18	2918.95	1000.31	20.19
通信设备制造	5446.19	2747.35	3059.57	1073.20	134.99
广播电视设备制造	391.90	164.43	448.79	181.69	1.80
雷达及配套设备制造	250.65	76.57	145.41	29.31	11.92
视听设备制造	2227.51	1026.00	1347.21	490.19	30.71
电子器件制造	4007.37	1871.63	5297.82	3642.42	367.27
电子元件制造	3354.57	1582.45	3764.75	2142.65	37.05
其他电子设备制造	596.98	313.97	729.45	327.41	4.95
仪器仪表制造业	1724.66	598.30	2129.90	720.11	68.29
通用仪器仪表制造	994.63	344.03	1247.65	358.07	42.75
专用仪器仪表制造	389.74	130.83	484.47	169.46	18.92
钟表与计时仪器制造	70.94	24.98	79.10	47.26	0.26
光学仪器及眼镜制造	251.60	91.26	301.20	137.64	6.36
其他仪器仪表制造业	17.76	7.21	17.49	7.68	
其他制造业	649.83	211.59	556.75	243.55	35.74
日用杂品制造	202.73	42.31	275.87	120.69	
煤制品制造	18.96	4.09	5.25	2.62	1.88
废弃资源综合利用业	237.52	54.42	168.09	50.40	1.01
金属废料和碎屑加工处理	206.59	46.86	146.18	45.53	1.01
非金属废料和碎屑加工处理	30.93	7.57	21.91	4.87	
金属制品、机械和设备修理业	449.83	119.47	379.59	205.06	111.94
金属制品修理	2.47	1.12	4.53	0.92	
通用设备修理	5.32	2.46	9.70	2.50	0.79
专用设备修理	24.58	7.06	30.02	9.00	1.52
铁路、船舶、航空航天等运输设备修理	403.52	102.25	315.95	183.28	108.69
电气设备修理	6.91	3.57	4.22	3.09	0.36
其他机械和设备修理业	7.03	3.03	15.16	6.28	0.57
电力、热力、燃气及水生产和供应业	**25490.08**	**6466.95**	**29668.18**	**14053.90**	**8831.64**
电力、热力生产和供应业	22934.51	6136.94	26204.66	12046.57	7697.49
电力生产	9543.13	1880.07	9497.49	6738.30	3614.54
电力供应	12337.30	4069.69	16161.18	4970.25	3950.14
热力生产和供应	1054.08	187.18	545.98	338.02	132.81
燃气生产和供应业	1216.16	207.09	1198.48	655.11	241.05
水的生产和供应业	1339.41	122.91	2265.04	1352.23	893.10
自来水生产和供应	1249.18	113.54	1853.65	1053.21	708.60
污水处理及其再生利用	81.75	8.39	328.30	244.88	184.50
其他水的处理、利用与分配	8.47	0.98	83.09	54.14	

单位：亿元

					主营业务收　入	主营业务成　本	主营业务税金及附加
集体资本	法人资本	个人资本	港澳台资本	外商资本			
50.17	2022.37	660.85	1919.51	3611.27	67581.33	60811.27	170.18
6.44	239.26	74.74	251.12	407.73	21199.40	19845.69	22.22
10.89	225.17	143.88	199.76	357.71	13412.26	11691.74	41.99
	63.92	36.89	52.11	26.96	1096.64	914.36	4.24
0.50	14.38	1.63		0.88	385.65	328.43	1.37
2.01	131.29	47.77	128.89	148.84	6920.79	6127.56	19.22
7.77	940.04	168.35	570.60	1577.00	11980.19	10744.98	36.95
19.29	341.49	150.83	650.96	942.63	10401.62	9239.79	37.61
3.28	66.83	36.75	66.07	149.54	2184.78	1918.73	6.58
3.63	221.23	177.95	86.33	161.83	4286.87	3429.26	24.52
2.26	107.16	117.97	24.24	63.70	2471.61	1952.17	14.95
0.22	61.08	44.26	4.71	39.56	991.48	796.44	5.59
0.52	9.11	2.05	26.36	8.96	204.94	163.32	1.17
0.58	42.42	11.63	29.22	47.28	514.60	422.61	2.50
0.05	1.46	2.04	1.79	2.33	104.23	94.72	0.31
0.79	78.20	35.55	50.06	43.21	1258.74	1066.14	6.91
0.05	19.64	19.63	46.60	34.77	739.64	624.02	4.94
0.49	0.11	0.14			28.90	26.71	0.55
5.10	18.66	18.15	5.98	1.50	1022.43	918.09	6.09
4.24	16.82	16.18	5.78	1.50	951.53	856.08	5.18
0.86	1.84	1.97	0.20		70.89	62.01	0.91
7.58	38.24	12.33	6.70	28.28	602.26	502.09	3.17
	0.37	0.55			24.46	20.56	0.16
0.44	1.13	0.14			24.58	23.86	0.11
0.16	5.23	2.04	0.04		35.09	24.20	0.25
5.26	25.69	9.38	5.98	28.28	484.92	405.61	2.31
0.60	1.99	0.14			11.79	10.77	0.14
1.13	3.83	0.07	0.68		21.42	17.09	0.20
66.17	**4229.31**	**201.12**	**413.94**	**334.54**	**49548.59**	**44217.79**	**263.99**
41.36	3701.30	175.87	302.97	151.58	46874.60	42037.76	242.83
32.78	2527.57	147.74	300.18	140.83	12734.87	9879.21	91.34
5.80	998.16	12.85		3.27	33505.23	31542.46	148.94
2.78	175.57	15.29	2.79	7.48	634.50	616.08	2.55
9.86	241.61	7.32	63.58	90.49	1853.59	1547.35	11.02
14.95	286.40	17.93	47.39	92.46	820.40	632.68	10.14
12.90	234.63	14.97	43.16	38.95	687.67	546.24	8.95
2.05	51.15	2.96	4.23		88.90	66.11	0.62
	0.62			53.51	43.83	20.33	0.57

2-5 续表 12

行 业	销售费用	管理费用	税金	财务费用	利息收入	利息支出
总 计	**17589.41**	**26147.91**	**1403.01**	**7998.09**	**1406.29**	**8876.83**
采矿业	**846.48**	**3329.89**	**207.10**	**993.15**	**143.32**	**1067.45**
煤炭开采和洗选业	646.40	1941.78	113.98	691.50	61.77	719.01
烟煤和无烟煤开采洗选	611.15	1867.45	106.10	650.60	58.44	678.31
褐煤开采洗选	34.67	72.03	7.52	38.58	3.14	38.26
其他煤炭采选	0.58	2.29	0.37	2.32	0.19	2.43
石油和天然气开采业	44.73	812.59	61.38	137.73	61.11	184.96
石油开采	40.61	781.21	60.57	116.93	56.85	165.21
天然气开采	4.12	31.39	0.81	20.80	4.26	19.76
黑色金属矿采选业	71.02	223.34	11.08	95.33	4.69	89.63
铁矿采选	68.49	217.12	10.87	92.63	4.37	87.00
锰矿、铬矿采选	2.36	5.22	0.19	1.11	0.31	1.34
其他黑色金属矿采选	0.17	1.01	0.02	1.59		1.30
有色金属矿采选业	31.14	187.68	9.35	33.98	6.12	38.11
常用有色金属矿采选	18.20	91.65	5.32	17.15	1.40	17.54
贵金属矿采选	10.30	72.17	3.04	11.39	4.06	15.14
稀有稀土金属矿采选	2.64	23.87	0.99	5.44	0.65	5.43
非金属矿采选业	49.55	72.80	4.86	18.89	1.31	17.07
土砂石开采	20.16	26.45	2.65	4.42	0.27	3.38
化学矿开采	5.04	16.14	0.67	5.36	0.09	5.04
采盐	17.72	24.50	1.07	8.20	0.84	7.85
石棉及其他非金属矿采选	6.62	5.71	0.47	0.91	0.10	0.80
开采辅助活动	3.44	91.08	6.42	15.71	8.31	18.67
石油和天然气开采辅助活动	3.44	91.08	6.42	15.71	8.31	18.67
制造业	**16471.28**	**21789.78**	**1125.58**	**5507.91**	**1192.96**	**6251.99**
农副食品加工业	633.10	659.12	50.61	248.79	41.50	272.22
谷物磨制	57.95	59.48	6.46	30.38	0.55	27.65
饲料加工	78.10	84.88	5.15	17.59	4.47	20.64
植物油加工	91.87	79.13	7.70	17.78	20.49	51.38
制糖业	20.16	52.47	2.55	31.96	2.48	32.12
屠宰及肉类加工	171.98	183.30	12.84	66.30	11.04	68.35
水产品加工	47.48	88.08	5.86	36.08	0.68	28.27
蔬菜、水果和坚果加工	50.71	43.57	4.31	14.06	0.77	10.83
其他农副食品加工	114.85	68.21	5.75	34.64	1.01	32.97
食品制造业	1139.84	430.07	24.32	56.95	27.63	78.78
焙烤食品制造	117.78	51.95	2.71	6.46	2.62	7.47
糖果、巧克力及蜜饯制造	119.01	39.94	1.61	2.60	2.54	4.55
方便食品制造	182.31	54.17	4.99	4.20	4.30	10.76
乳制品制造	320.99	80.06	4.31	1.27	8.84	10.47
罐头食品制造	28.51	29.33	1.48	8.40	1.69	8.40
调味品、发酵制品制造	78.89	68.56	5.56	19.14	1.58	19.00
其他食品制造	292.34	106.06	3.67	14.88	6.06	18.14

单位：亿元

投资收益（损失以"–"号记）	营业利润	利润总额	亏损企业亏损额	应交增值税	应交所得税	从业人员平均人数（万人）
1276.52	**43636.37**	**44007.22**	**3869.96**	**22832.21**	**6534.50**	**6457.24**
155.63	**6724.60**	**6720.45**	**513.93**	**3354.62**	**863.91**	**662.58**
142.23	2034.03	2022.35	341.65	1775.75	420.57	458.53
137.92	1789.29	1797.68	326.39	1544.79	408.37	442.33
4.31	233.10	221.16	15.22	226.75	11.39	15.32
	11.65	3.50	0.05	4.21	0.81	0.89
-10.97	3639.36	3611.87	77.74	1036.68	263.51	76.44
-12.14	3426.59	3394.41	75.48	949.56	239.81	75.07
1.17	212.76	217.46	2.26	87.12	23.70	1.36
14.15	649.49	635.97	9.86	280.98	105.04	40.15
15.76	634.84	621.32	7.33	272.90	104.46	37.4
0.09	2.69	2.69	2.43	3.24	0.56	1.53
-1.70	11.96	11.96	0.10	4.84	0.02	1.23
7.34	344.87	351.26	12.17	108.64	48.26	33.33
1.49	178.51	183.62	7.38	78.40	24.38	18.2
4.72	122.60	122.31	1.24	10.00	16.53	9.39
1.14	43.76	45.33	3.55	20.25	7.34	5.75
-1.73	119.35	124.17	4.01	65.59	14.79	23.08
-2.99	65.64	64.54	1.07	33.78	6.70	11.14
0.24	25.22	25.53	2.07	12.69	4.31	3.1
0.96	10.58	16.17	0.38	10.74	2.63	6.47
0.06	17.91	17.93	0.49	8.38	1.15	2.37
4.55	-63.04	-25.72	68.51	86.70	11.60	30.96
4.55	-63.04	-25.72	68.51	86.70	11.60	30.96
663.11	**33860.51**	**34060.07**	**3067.90**	**17437.32**	**5123.30**	**5507.39**
-67.82	1589.87	1534.05	63.76	616.88	148.57	218.29
-4.37	180.91	180.80	6.52	62.51	13.01	20.05
0.77	204.03	203.34	3.29	63.53	18.65	22.34
-22.35	250.92	246.54	7.82	126.44	25.17	15.61
-27.27	57.45	60.98	21.58	38.10	4.97	12.87
1.10	466.51	427.42	13.65	128.54	42.67	72.5
0.77	166.76	166.21	2.68	97.86	17.94	35.59
-5.61	127.73	123.86	0.54	35.66	14.37	18.44
-10.87	135.55	124.90	7.70	64.25	11.80	20.89
4.81	1106.83	1123.01	30.07	451.44	161.39	127.79
2.34	124.11	126.41	3.24	49.74	17.12	22.68
1.46	106.16	106.74	0.22	48.94	21.80	12.35
1.10	169.63	176.29	2.65	74.33	21.86	25.94
9.60	155.27	157.48	9.06	83.11	20.08	19.78
-4.08	50.19	50.82	3.68	32.27	5.15	12.71
-8.57	124.56	127.94	9.13	51.14	22.07	14.77
2.95	376.92	377.34	2.09	111.91	53.30	19.57

2-5 续表 13

行　业	销售费用	管理费用	税金	财务费用	利息收入	利息支出
酒、饮料和精制茶制造业	1003.26	470.84	36.99	52.00	38.10	85.25
酒的制造	511.47	335.63	27.84	30.52	31.10	59.93
饮料制造	466.86	108.33	8.25	16.44	6.92	20.84
精制茶加工	24.94	26.88	0.90	5.04	0.08	4.49
烟草制品业	140.83	422.50	16.57	-10.43	22.35	11.83
烟叶复烤	2.56	9.83	0.90	-1.95	1.94	-0.01
卷烟制造	135.73	406.79	15.55	-8.98	20.29	11.25
其他烟草制品制造	2.55	5.89	0.12	0.49	0.12	0.59
纺织业	275.64	525.14	37.39	315.19	31.33	311.75
棉纺织及印染精加工	152.19	334.03	23.61	230.05	21.61	228.57
毛纺织及染整精加工	16.36	33.67	2.15	20.96	1.58	19.96
麻纺织及染整精加工	6.75	9.85	0.53	5.16	0.36	4.76
丝绢纺织及印染精加工	6.81	16.69	1.68	6.60	0.74	6.77
化纤织造及印染精加工	4.69	11.26	0.85	7.78	1.07	7.48
针织或钩针编织物及其制品制造	27.61	46.22	2.67	22.08	2.27	22.21
家用纺织制成品制造	37.74	38.15	3.16	12.49	1.64	11.72
非家用纺织制成品制造	23.48	35.27	2.74	10.08	2.07	10.28
纺织服装、服饰业	474.93	503.23	24.85	89.63	17.63	86.34
机织服装制造	410.70	393.33	20.23	71.81	15.00	71.23
针织或钩针编织服装制造	48.32	94.68	3.93	14.41	1.98	12.08
服饰制造	15.92	15.21	0.69	3.42	0.65	3.03
皮革、毛皮、羽毛及其制品和制鞋业	222.42	316.90	16.89	62.88	9.31	59.74
皮革鞣制加工	15.23	28.38	1.15	9.51	1.16	10.38
皮革制品制造	39.55	63.64	2.73	16.12	2.54	14.82
毛皮鞣制及制品加工	3.23	4.34	0.31	1.24	0.08	0.78
羽毛(绒)加工及制品制造	7.96	9.64	0.33	5.02	0.32	4.70
制鞋业	156.46	210.90	12.37	30.99	5.21	29.07
木材加工和木、竹、藤、棕、草制品业	97.01	130.13	7.01	40.49	1.58	37.09
木材加工	6.73	7.81	0.44	0.53	0.10	1.95
人造板制造	56.60	74.36	3.63	30.11	1.04	26.59
木制品制造	27.78	39.68	2.21	7.35	0.36	6.33
竹、藤、棕、草等制品制造	5.91	8.28	0.73	2.50	0.08	2.23
家具制造业	131.41	171.51	7.19	34.17	4.02	31.01
木质家具制造	82.11	106.03	4.56	20.44	1.68	19.50
竹、藤家具制造	1.33	1.75	0.10	1.86	0.24	1.00
金属家具制造	24.63	38.27	1.63	7.41	1.53	7.17
塑料家具制造	0.75	1.05	0.06	0.28	0.01	0.11
其他家具制造	22.59	24.41	0.83	4.18	0.56	3.24

单位：亿元

投资收益（损失以“-”号记）	营业利润	利润总额	亏损企业亏损额	应交增值税	应交所得税	从业人员平均人数（万人）
11.10	1257.90	1260.43	40.61	488.67	253.20	106.77
10.60	892.30	890.59	24.87	338.02	195.77	65.29
0.59	301.90	306.67	15.74	133.40	52.26	32.7
-0.10	63.71	63.17		17.26	5.16	8.78
52.58	1173.08	1165.19	0.10	989.43	287.97	18.57
0.04	21.71	21.70		9.89	4.70	2.77
53.07	1144.07	1135.25	0.08	976.52	281.84	14.93
-0.52	7.30	8.25	0.02	3.02	1.43	0.87
-9.86	1211.02	1233.94	54.20	532.61	174.70	294.52
9.39	791.53	817.57	37.38	366.45	116.13	189.59
-18.89	93.43	92.70	3.25	28.80	13.53	18.21
-0.32	20.61	19.86	0.77	9.04	2.09	7.81
0.39	38.64	37.34	0.43	18.41	4.05	9.9
0.41	19.02	19.14	0.92	10.36	2.57	8.03
6.70	108.44	107.83	0.92	34.16	15.87	25.27
-0.23	77.38	77.02	2.97	35.84	11.45	20.8
-7.31	61.99	62.48	7.58	29.57	9.01	14.9
40.53	810.77	819.17	24.83	346.16	130.27	289.65
39.69	674.77	683.79	18.36	284.36	106.59	223.52
0.80	110.15	109.80	5.48	50.64	17.70	55.8
0.04	25.84	25.58	0.99	11.16	5.98	10.33
-10.67	599.09	581.03	11.88	237.03	59.30	218.34
-1.21	101.22	79.13	0.96	26.30	4.37	9.24
0.79	110.62	111.45	2.23	40.39	9.08	38.44
0.01	29.42	29.60	0.05	6.91	2.67	3.83
-0.38	18.20	18.45	0.21	9.18	2.31	4.59
-9.89	339.63	342.41	8.44	154.25	40.87	162.24
-3.18	244.01	249.27	4.24	113.69	28.55	50.06
-1.50	22.93	22.80	0.05	9.78	1.83	5.75
-1.84	152.51	158.92	2.78	73.57	19.62	28.05
0.33	49.99	49.51	1.18	23.52	6.16	11.53
-0.17	18.58	18.05	0.23	6.82	0.94	4.74
6.50	216.70	216.53	8.31	96.43	28.70	66.6
-0.46	122.90	122.19	6.19	60.56	16.91	41.6
	4.54	4.81	0.08	2.91	0.25	0.95
6.44	56.87	56.99	1.10	20.74	7.35	13.87
	0.87	1.18	0.03	0.37	0.19	0.74
0.51	31.52	31.36	0.91	11.84	4.00	9.43

2-5 续表 14

行 业	销售费用	管理费用	税金	财务费用	利息收入	利息支出
造纸和纸制品业	216.29	243.93	17.85	147.14	22.30	168.41
纸浆制造	2.75	12.42	0.51	6.06	0.23	6.06
造纸	122.65	157.08	13.40	126.52	20.25	146.32
纸制品制造	90.89	74.44	3.94	14.55	1.81	16.02
印刷和记录媒介复制业	61.90	139.91	6.22	18.69	3.89	19.08
印刷	59.97	136.27	6.13	17.48	3.78	18.00
装订及印刷相关服务	1.42	2.46	0.06	0.45	0.09	0.49
记录媒介复制	0.50	1.18	0.03	0.76	0.01	0.59
文教、工美、体育和娱乐用品制造业	150.40	247.47	11.20	52.01	8.82	49.12
文教办公用品制造	13.95	17.88	0.85	3.57	1.55	4.44
乐器制造	4.28	9.77	0.46	1.45	0.18	1.30
工艺美术品制造	89.04	113.89	6.01	34.27	5.28	34.04
体育用品制造	12.28	28.52	1.12	4.27	0.62	3.11
玩具制造	24.32	68.49	2.41	6.56	0.94	4.66
游艺器材及娱乐用品制造	6.53	8.92	0.34	1.89	0.26	1.57
石油加工、炼焦和核燃料加工业	252.69	820.03	35.44	341.72	25.81	346.50
精炼石油产品制造	118.48	697.15	23.88	194.61	16.34	216.45
炼焦	134.17	119.18	11.46	144.08	9.32	127.06
化学原料和化学制品制造业	1278.52	1616.03	91.79	701.13	76.28	730.95
基础化学原料制造	222.91	448.45	32.24	237.78	22.31	238.85
肥料制造	164.46	249.64	14.23	155.75	12.50	167.30
农药制造	45.13	71.74	3.93	20.75	3.01	19.54
涂料、油墨、颜料及类似产品制造	111.39	120.60	5.87	20.82	4.17	23.62
合成材料制造	117.09	265.82	14.78	142.29	14.88	155.41
专用化学产品制造	127.92	225.70	12.54	102.56	12.96	102.12
炸药、火工及焰火产品制造	46.07	76.40	2.45	11.86	1.61	11.49
日用化学产品制造	443.54	157.67	5.76	9.32	4.85	12.60
医药制造业	1915.28	875.73	29.39	126.02	33.39	135.89
化学药品原料药制造	153.78	156.40	6.51	36.31	7.12	35.83
化学药品制剂制造	954.42	340.71	9.30	32.35	12.58	37.08
中药饮片加工	22.28	14.66	0.47	2.90	0.56	3.13
中成药生产	598.99	224.66	7.53	30.56	5.82	32.69
兽用药品制造	17.84	20.52	0.69	3.49	0.65	3.55
生物药品制造	106.61	81.17	2.95	11.26	6.11	16.11
卫生材料及医药用品制造	61.35	37.62	1.94	9.15	0.55	7.50
化学纤维制造业	47.36	143.11	7.43	84.37	15.18	96.51
纤维素纤维原料及纤维制造	22.65	44.38	2.47	33.21	5.84	37.17
合成纤维制造	24.72	98.73	4.96	51.15	9.34	59.33
橡胶和塑料制品业	339.74	528.02	27.98	138.68	16.01	140.15
橡胶制品业	166.62	215.57	11.86	78.76	4.08	80.19
塑料制品业	173.12	312.45	16.12	59.92	11.93	59.96

单位：亿元

投资收益（损失以“-”号记）	营业利润	利润总额	亏损企业亏损额	应交增值税	应交所得税	从业人员平均人数（万人）
0.30	409.16	414.89	37.10	201.90	62.86	71.11
-0.20	-0.12	1.07	6.96	5.68	0.57	1.31
6.01	249.28	255.29	24.46	138.69	40.49	44.13
-5.51	160.00	158.53	5.68	57.54	21.80	25.66
8.30	211.18	214.63	5.20	82.69	33.37	43.38
8.83	208.25	211.45	4.50	81.31	33.26	42.09
-0.53	1.85	1.94	0.02	0.97	0.07	1.12
	1.09	1.23	0.67	0.41	0.04	0.18
-0.12	384.20	367.73	9.35	152.41	45.46	143.21
-0.14	22.81	23.27	0.73	7.58	2.48	7.85
0.19	10.52	10.75	1.04	3.88	1.40	3.89
-5.79	249.15	232.36	2.40	95.94	28.88	60.16
3.01	25.49	28.23	1.53	15.51	4.29	17.63
0.31	57.34	56.04	3.60	23.96	7.04	50.91
2.30	18.89	17.09	0.05	5.54	1.37	2.77
4.52	403.74	367.07	481.95	1431.64	112.48	81.54
2.28	272.73	251.94	385.81	1313.61	89.45	44.42
1.89	128.06	112.27	96.14	117.63	22.64	36.42
75.16	2229.19	2269.03	515.10	1211.10	376.23	285.97
32.53	515.15	531.42	203.60	376.85	86.94	78.05
13.17	234.12	252.36	87.93	111.67	41.36	53.44
5.17	169.51	169.95	2.07	41.83	20.66	12.11
4.05	167.24	171.34	3.29	84.91	26.54	17.64
5.42	267.80	270.21	145.56	184.99	44.97	35.38
-7.13	492.66	493.12	58.19	201.81	82.14	43.33
10.24	86.89	91.29	3.33	51.85	12.55	25.32
11.71	295.82	289.34	11.14	157.20	61.07	20.71
53.60	1435.61	1482.75	31.86	705.86	219.78	144.05
13.52	173.56	184.89	11.95	85.42	28.05	28.06
8.79	527.48	544.75	9.72	301.29	91.69	42.36
-4.45	37.78	38.14	0.37	12.09	5.01	3.26
27.84	399.43	409.53	5.65	199.91	53.76	43.69
-0.03	44.78	46.00	0.29	13.33	6.72	4.07
7.79	173.66	179.47	3.37	67.39	26.51	11.57
0.13	78.91	79.98	0.51	26.42	8.04	11.04
3.37	180.65	192.23	28.44	115.20	23.66	34.15
1.85	70.59	72.77	9.34	52.21	11.79	14.08
1.52	110.06	119.46	19.10	62.99	11.87	20.07
7.75	955.14	960.77	40.16	335.43	146.90	172.13
3.32	444.28	444.48	22.27	149.17	75.78	56
4.43	510.86	516.29	17.89	186.27	71.12	116.13

2-5 续表 15

行业	销售费用	管理费用	税金	财务费用	利息收入	利息支出
非金属矿物制品业	590.41	863.38	56.81	359.27	33.01	349.26
水泥、石灰和石膏制造	159.27	266.06	20.06	170.43	13.65	170.35
石膏、水泥制品及类似制品制造	53.93	79.84	4.58	21.13	2.82	21.53
砖瓦、石材等建筑材料制造	112.90	150.36	10.55	35.55	4.27	34.07
玻璃制造	22.29	52.21	3.89	24.89	2.19	23.86
玻璃制品制造	60.37	90.23	4.08	26.65	2.69	25.27
玻璃纤维和玻璃纤维增强塑料制品制造	21.09	33.43	2.20	19.03	2.00	19.60
陶瓷制品制造	60.74	78.60	3.92	16.08	0.96	14.40
耐火材料制品制造	60.39	54.04	4.23	16.60	1.96	14.26
石墨及其他非金属矿物制品制造	39.43	58.60	3.32	28.91	2.48	25.94
黑色金属冶炼和压延加工业	541.89	1480.51	119.42	871.52	144.77	1008.39
炼铁	22.18	42.46	3.64	42.82	3.01	41.71
炼钢	65.65	265.72	16.35	129.46	25.01	169.64
黑色金属铸造	39.19	70.78	4.08	22.63	1.24	20.37
钢压延加工	367.67	1030.73	89.47	637.82	104.72	730.80
铁合金冶炼	47.20	70.83	5.88	38.78	10.78	45.88
有色金属冶炼和压延加工业	265.89	645.28	50.75	462.37	69.86	489.67
常用有色金属冶炼	129.99	296.87	24.67	276.00	42.62	305.37
贵金属冶炼	7.50	52.37	3.54	15.06	8.10	20.58
稀有稀土金属冶炼	7.45	32.90	4.42	12.73	1.56	12.07
有色金属合金制造	21.44	50.89	1.92	17.21	1.70	17.08
有色金属铸造	1.40	5.86	0.15	1.07	0.06	0.98
有色金属压延加工	98.11	206.39	16.05	140.30	15.83	133.61
金属制品业	315.27	611.29	32.95	155.19	22.04	149.80
结构性金属制品制造	100.58	173.94	9.98	51.70	7.39	49.60
金属工具制造	23.74	44.68	1.80	8.78	0.61	6.63
集装箱及金属包装容器制造	34.98	57.15	3.45	14.35	2.54	12.51
金属丝绳及其制品制造	28.20	49.04	4.44	20.81	2.42	21.55
建筑、安全用金属制品制造	29.99	51.02	2.29	10.94	1.25	10.01
金属表面处理及热处理加工	10.61	26.51	1.49	7.93	1.21	8.58
搪瓷制品制造	3.13	4.98	0.33	0.89	0.05	0.75
金属制日用品制造	34.90	39.87	1.62	7.95	0.99	6.67
其他金属制品制造	49.13	164.11	7.55	31.85	5.58	33.50
通用设备制造业	723.53	1268.30	53.69	192.90	50.43	225.09
锅炉及原动设备制造	106.57	227.24	7.45	20.27	12.93	30.93
金属加工机械制造	68.67	124.59	7.06	33.92	3.69	36.43
物料搬运设备制造	153.18	243.41	9.14	32.88	15.25	46.99
泵、阀门、压缩机及类似机械制造	158.89	238.48	10.81	29.37	5.79	32.36

单位：亿元

投资收益（损失以"-"号记）	营业利润	利润总额	亏损企业亏损额	应交增值税	应交所得税	从业人员平均人数（万人）
26.96	1692.80	1770.74	98.86	845.81	251.01	277.31
-0.31	526.93	592.88	34.31	302.96	104.71	53.09
8.81	161.88	167.54	2.78	79.57	26.62	23.94
1.50	371.71	367.87	4.96	139.71	28.74	62.27
1.02	72.15	69.35	12.88	30.76	9.28	12.51
5.50	124.80	130.29	15.28	60.25	17.96	36.56
0.26	57.79	61.47	5.72	36.32	5.99	10.59
1.04	141.64	141.94	7.09	67.23	17.73	46.55
0.02	132.35	133.41	3.50	70.40	24.47	16.13
9.11	103.55	105.99	12.35	58.62	15.50	15.66
-192.34	1412.06	1321.67	326.30	1282.23	174.16	321.22
3.61	55.10	64.26	20.60	57.91	10.19	16.49
-20.71	98.69	100.01	19.55	181.41	15.83	45.94
-9.24	132.66	129.00	4.13	53.11	13.24	23.41
-152.07	1026.80	918.66	260.10	913.75	123.20	215.98
-13.93	98.81	109.74	21.91	76.06	11.70	19.4
-24.58	1292.22	1149.46	257.16	665.96	129.03	145.66
-25.90	342.17	300.51	185.62	334.23	37.72	72.81
12.77	98.11	94.78	15.81	26.56	15.71	7.32
10.87	101.84	97.87	3.02	39.17	10.70	6.45
-2.10	58.89	62.33	16.99	44.09	7.28	9.7
0.01	2.52	4.06	1.01	2.96	0.61	1.23
-20.23	688.69	589.90	34.71	218.94	56.99	48.15
-57.19	1067.73	998.48	34.60	397.85	134.30	189.48
-40.10	326.68	327.56	10.61	128.49	33.53	49.06
-1.57	63.38	64.76	1.18	28.06	9.65	14.85
-2.15	104.34	106.13	2.76	46.85	17.69	16.07
-1.27	91.03	90.17	4.89	42.77	14.63	13.63
0.75	96.05	95.72	1.30	33.53	13.99	19.56
-12.45	53.55	54.15	1.11	17.61	6.91	10.82
-0.08	6.21	6.05	0.76	3.35	1.33	2.08
2.94	62.17	62.42	2.04	26.54	7.50	21.32
-3.28	264.34	191.52	9.96	70.65	29.07	42.09
12.63	1622.71	1668.93	87.24	669.57	253.92	258.32
11.73	257.71	262.30	18.45	113.38	37.53	34.24
0.62	102.34	113.12	19.56	61.82	16.91	30.51
9.97	367.90	382.02	7.01	131.29	59.97	33.91
-3.18	318.03	320.14	12.79	124.07	44.57	47.44

2-5 续表 16

行业	销售费用	管理费用	税金	财务费用	利息收入	利息支出
轴承、齿轮和传动部件制造	46.44	102.36	5.30	23.62	2.40	23.99
烘炉、风机、衡器、包装等设备制造	106.72	172.36	6.25	24.82	6.78	27.48
文化、办公用机械制造	35.63	61.05	2.42	3.13	1.69	3.44
通用零部件制造	37.11	79.69	4.61	19.00	1.66	17.66
其他通用设备制造业	10.31	19.12	0.64	5.89	0.24	5.80
专用设备制造业	591.35	1003.09	43.06	190.54	50.51	222.73
采矿、冶金、建筑专用设备制造	305.64	483.37	23.08	116.75	34.77	144.40
化工、木材、非金属加工专用设备制造	45.90	117.74	4.54	20.15	3.52	19.98
食品、饮料、烟草及饲料生产专用设备制造	13.07	21.94	0.60	3.20	0.45	3.23
印刷、制药、日化及日用品生产专用设备制造	27.17	37.94	2.22	4.52	1.60	5.45
纺织、服装和皮革加工专用设备制造	23.15	46.35	2.15	8.06	1.65	7.94
电子和电工机械专用设备制造	17.36	39.85	1.55	6.57	1.30	7.52
农、林、牧、渔专用机械制造	39.85	65.66	3.54	9.43	1.32	10.01
医疗仪器设备及器械制造	57.44	89.45	2.00	4.56	3.10	6.42
环保、社会公共服务及其他专用设备制造	61.76	100.78	3.39	17.31	2.80	17.77
汽车制造业	1725.69	2292.34	92.77	132.30	124.20	258.64
汽车整车制造	1286.37	1304.07	55.63	9.14	99.50	115.01
改装汽车制造	40.07	65.92	3.00	15.69	2.54	16.64
低速载货汽车制造	2.89	7.34	0.32	0.42	0.38	1.22
电车制造	0.13	0.10		0.08		0.07
汽车车身、挂车制造	7.93	13.38	0.77	2.82	0.06	2.76
汽车零部件及配件制造	388.30	901.53	33.05	104.16	21.72	122.93
铁路、船舶、航空航天和其他运输设备制造业	193.14	729.52	28.57	90.33	69.09	154.96
铁路运输设备制造	62.19	233.80	6.67	18.41	5.45	22.63
城市轨道交通设备制造	1.83	3.39	0.14	0.17	0.28	0.36
船舶及相关装置制造	30.93	201.40	9.94	20.42	51.33	77.76
航空、航天器及设备制造	23.71	151.88	2.43	28.87	4.88	31.64
摩托车制造	47.58	109.77	8.21	17.14	5.55	17.40
自行车制造	24.08	25.40	0.95	4.59	1.54	4.60
非公路休闲车及零配件制造	1.78	2.34	0.10	0.12	0.06	0.04
潜水救捞及其他未列明运输设备制造	1.04	1.54	0.12	0.60	0.02	0.53
电气机械和器材制造业	1643.73	1785.43	84.08	379.90	89.01	398.39
电机制造	127.66	245.14	8.65	54.20	12.97	57.28
输配电及控制设备制造	347.30	545.98	19.02	155.50	26.21	162.50
电线、电缆、光缆及电工器材制造	173.07	241.34	11.22	81.66	8.27	81.04
电池制造	58.16	118.97	5.72	27.45	6.82	31.25
家用电力器具制造	832.44	479.20	34.17	40.29	29.73	48.26
非电力家用器具制造	29.26	24.04	0.82	5.11	1.85	4.93
照明器具制造	69.94	116.75	3.84	14.46	3.02	12.22
其他电气机械及器材制造	5.90	14.00	0.64	1.24	0.14	0.91

单位：亿元

投资收益（损失以“-”号记）	营业利润	利润总额	亏损企业亏损额	应交增值税	应交所得税	从业人员平均人数（万人）
0.49	127.54	128.39	10.57	51.67	18.69	28.14
0.47	243.50	253.98	5.04	94.97	41.35	32.21
-5.29	63.43	66.43	5.25	27.09	14.33	22.87
0.23	116.74	115.13	6.24	54.19	16.79	24.75
-2.40	25.52	27.43	2.32	11.10	3.76	4.25
31.95	1228.22	1279.69	150.36	557.68	183.83	197.86
15.08	545.13	566.04	117.05	314.86	78.50	83.96
1.14	139.40	141.51	8.67	51.58	23.94	31.7
-0.04	29.64	30.16	0.20	12.29	4.94	4.63
0.98	52.30	54.85	4.07	16.15	6.85	7.04
2.16	47.22	53.24	2.46	21.48	8.28	10.31
2.54	49.63	51.93	8.32	21.30	6.69	9.08
1.48	67.84	71.94	3.92	20.52	8.23	14.66
4.21	129.50	133.27	1.77	36.08	22.49	17.87
4.40	167.56	176.75	3.89	63.43	23.91	18.61
594.62	4315.20	4400.21	176.56	1669.43	735.71	311.33
530.74	2875.19	2923.13	102.77	1101.37	500.27	112.27
-2.56	73.53	91.08	13.23	40.42	9.18	14.29
-2.51	3.90	4.11	3.18	0.52	1.50	1.31
	0.50	0.50	0.12	0.12	0.05	0.24
0.25	32.00	30.76	1.34	15.78	4.55	4.88
68.69	1330.08	1350.64	55.92	511.20	220.16	178.35
13.69	650.34	688.63	83.20	345.10	103.89	142.53
7.37	188.92	195.11	7.13	118.11	26.47	26.52
	2.83	2.93	0.01	2.35	0.43	0.51
13.16	196.72	207.87	63.32	110.97	44.35	47.99
-3.31	84.33	102.11	5.34	25.48	11.74	28.88
-2.48	122.50	124.10	5.54	64.08	13.33	24.72
-1.06	46.51	47.16	1.55	19.33	5.78	11.92
	6.73	7.17	0.08	3.14	1.41	1.15
0.01	1.79	2.18	0.23	1.64	0.38	0.86
68.96	2637.58	2625.44	214.01	1172.76	370.76	422.23
9.14	337.79	344.85	36.02	147.28	50.07	53.87
31.64	658.74	664.25	137.69	335.21	107.44	106.2
-22.39	522.39	476.46	7.97	191.55	60.67	56.67
5.48	167.26	166.34	11.60	74.16	19.22	41.66
41.21	731.31	750.90	16.60	343.53	106.81	113.58
1.20	39.28	40.50	0.47	15.49	4.27	7.42
3.62	167.33	168.15	3.47	60.55	20.35	40.25
-0.94	13.48	14.00	0.19	4.99	1.95	2.57

2-5 续表 17

行　业	销售费用	管理费用	税金	财务费用	利息收入	利息支出
计算机、通信和其他电子设备制造业	1292.40	2424.79	99.95	123.86	128.63	276.09
计算机制造	224.44	406.40	15.93	-16.56	38.31	43.53
通信设备制造	466.00	524.00	16.46	30.00	27.62	54.78
广播电视设备制造	29.07	65.87	1.69	10.82	1.78	9.73
雷达及配套设备制造	9.21	25.07	0.60	2.36	1.16	3.71
视听设备制造	230.48	238.20	20.78	13.12	11.77	30.41
电子器件制造	133.53	546.18	18.14	38.61	24.58	76.09
电子元件制造	153.58	470.66	17.10	40.01	21.51	51.24
其他电子设备制造	46.08	148.43	9.25	5.50	1.92	6.59
仪器仪表制造业	155.14	288.09	7.91	30.16	10.30	33.29
通用仪器仪表制造	100.20	154.94	4.63	17.23	6.22	19.85
专用仪器仪表制造	33.48	72.87	1.73	7.29	2.03	8.08
钟表与计时仪器制造	8.85	14.57	0.25	1.59	0.43	1.48
光学仪器及眼镜制造	11.21	42.03	1.08	3.67	1.60	3.58
其他仪器仪表制造业	1.41	3.68	0.22	0.37	0.01	0.29
其他制造业	32.37	79.27	2.77	9.87	2.77	10.97
日用杂品制造	22.65	32.25	1.80	6.00	1.06	5.67
煤制品制造	0.48	1.68	0.11	0.16	0.01	0.14
废弃资源综合利用业	6.68	17.14	1.48	3.33	1.32	5.60
金属废料和碎屑加工处理	4.96	14.08	1.40	2.94	1.10	5.24
非金属废料和碎屑加工处理	1.72	3.07	0.09	0.40	0.23	0.36
金属制品、机械和设备修理业	13.16	57.65	2.26	6.96	1.87	8.49
金属制品修理	0.39	0.53	0.02	0.07		0.07
通用设备修理	0.09	0.93	0.01	0.04	0.01	0.05
专用设备修理	1.94	3.59	0.08	0.32	0.12	0.40
铁路、船舶、航空航天等运输设备修理	10.08	49.32	2.04	6.24	1.59	7.57
电气设备修理		1.25	0.03	0.06	0.01	0.06
其他机械和设备修理业	0.66	2.04	0.08	0.23	0.14	0.33
电力、热力、燃气及水生产和供应业	**271.65**	**1028.23**	**70.33**	**1497.02**	**70.01**	**1557.39**
电力、热力生产和供应业	130.45	818.53	59.46	1435.34	56.40	1472.54
电力生产	34.85	331.44	43.80	901.77	33.52	932.79
电力供应	89.70	431.80	13.13	503.81	20.09	508.79
热力生产和供应	5.89	55.29	2.53	29.76	2.79	30.96
燃气生产和供应业	73.38	94.04	4.15	18.00	6.88	26.34
水的生产和供应业	67.82	115.65	6.72	43.68	6.73	58.51
自来水生产和供应	66.89	100.77	6.31	35.08	7.00	46.51
污水处理及其再生利用	0.38	6.22	0.35	2.21	0.44	2.79
其他水的处理、利用与分配	0.56	8.67	0.06	6.39	-0.71	9.21

单位：亿元

投资收益（损失以“-”号记）	营业利润	利润总额	亏损企业亏损额	应交增值税	应交所得税	从业人员平均人数（万人）
-4.57	2973.00	3124.44	225.60	1472.76	409.50	761.98
-15.35	731.65	711.89	20.80	259.75	58.14	166.04
-18.52	498.40	578.03	55.17	569.21	102.35	126.86
0.28	78.76	84.27	2.10	27.20	10.99	16.04
0.45	20.02	22.48	0.02	6.40	3.14	4.53
3.03	346.67	361.23	12.75	157.42	39.10	62.54
25.58	662.07	718.56	72.18	187.58	90.32	140.71
-0.02	525.16	529.00	54.55	214.94	86.10	211.96
-0.03	110.27	118.97	8.03	50.27	19.36	33.31
12.69	386.41	403.81	9.98	151.25	62.04	66.67
9.41	248.69	262.04	3.81	96.25	38.73	28.08
1.70	84.19	86.71	1.81	34.80	14.00	12.34
0.36	13.31	14.16	1.31	5.54	1.89	9.06
1.22	35.93	36.56	2.65	9.12	6.52	16.05
0.01	4.29	4.34	0.40	5.54	0.89	1.14
4.21	72.21	79.89	6.64	37.75	13.20	26.41
-0.20	53.70	53.87	0.95	27.29	8.32	16.67
0.02	0.47	0.51	0.91	1.17	0.12	0.6
-1.40	69.73	69.63	3.87	48.06	3.85	6.84
-1.40	65.69	64.91	3.82	44.37	3.27	5.85
	4.04	4.72	0.05	3.69	0.58	0.99
0.64	22.14	27.31	6.36	12.51	4.68	13.4
	2.63	2.64		1.13	0.68	0.33
0.01	0.05	0.05	0.10	0.51	0.01	0.93
0.02	4.79	5.97		1.99	0.69	0.97
0.60	13.64	17.30	5.84	7.11	3.02	9.87
	-0.01	0.25	0.22	0.69	0.11	0.6
	1.05	1.10	0.20	1.07	0.17	0.7
457.78	**3051.26**	**3226.71**	**288.13**	**2040.27**	**547.29**	**287.28**
392.21	2845.71	2991.87	234.53	1942.62	492.35	245.25
107.55	1729.41	1783.14	135.45	851.29	323.92	72.54
280.20	1172.32	1210.23	72.45	1080.79	166.43	159.22
4.46	-56.03	-1.50	26.63	10.53	2.00	13.49
33.40	183.18	193.12	16.77	58.53	39.62	15.07
32.17	22.37	41.72	36.83	39.12	15.33	26.96
29.75	-5.81	12.93	34.94	36.77	10.01	25.34
2.23	13.67	14.42	1.89	2.16	1.73	1.33
0.18	14.51	14.37		0.18	3.58	0.29

2014
中国工业统计
年鉴

下册

CHINA INDUSTRY STATISTICAL YEARBOOK

Volume 2

中华人民共和国国家统计局工业统计司　编

Compiled by Department of Industry Statistics,
National Bureau of Statistics of China

图书在版编目（C I P）数据

中国工业统计年鉴. 2014 / 国家统计局工业统计司编. --北京：中国统计出版社, 2015.3
ISBN 978-7-5037-7411-9

Ⅰ. ①中… Ⅱ. ①国… Ⅲ. ①工业统计－中国－2014－年鉴 Ⅳ. ①F42-54

中国版本图书馆 CIP 数据核字(2015)第 059531 号

中国工业统计年鉴-2014（上、下册）

作　　者/中华人民共和国国家统计局工业统计司
责任编辑/许立舫
封面设计/何　平　张　冰
出版发行/中国统计出版社
通信地址/北京市丰台区西三环南路甲 6 号　邮政编码/100073
电　　话/邮购（010）63376909　书店（010）68783171
网　　址/http://csp.stats.gov.cn
印　　刷/河北天普润印刷厂
经　　销/新华书店
开　　本/880mm×1230mm　1/16
字　　数/1340 千字
印　　张/42.75
版　　别/2015 年 4 月第 1 版
版　　次/2015 年 4 月第 1 次印刷
定　　价/580.00 元

《中国工业统计年鉴—2014》
指导委员会、编辑委员会、编辑部

编 者 说 明

一、《中国工业统计年鉴 2014》是一部全面反映中华人民共和国工业经济发展情况的资料性年刊。本书系统地收录了2013年全国各经济类型、各工业行业和各省、自治区、直辖市等工业经济各方面的统计数据，以及部分重要历史数据。

二、全书包括四大部分内容：综合数据、分行业数据、分地区数据和附录。主要反映中国工业经济的发展、中国工业经济的行业结构、中国工业经济的地区布局。可供社会各界了解和研究我国工业经济发展情况使用和参考。

三、本书所涉及的全国工业统计数据，均未包括香港特别行政区、澳门特别行政区和台湾省的数据。1997年及以前，我国工业统计范围按隶属关系划分，1998年及以后年份改变为按企业规模划分。本书1998年至2006年为全部国有及年主营业务收入在500万元及以上非国有工业企业；2007年至2010年为全部年主营业务收入在500万元及以上的工业企业；2011年及以后年份为年主营业务收入在2000万元及以上的工业企业。

四、因2013年为经济普查年份，本书增加了“全部工业企业主要经济指标”表。此表统计范围为规模以上工业和规模以下工业的总和。

五、“国有控股企业”即为原“国有及国有控股企业”。

目　　录

一、综合数据

1-0　全部工业企业主要经济指标……2
1-1　工业企业和生产单位数……3
1-2　资产合计……3
1-3　流动资产合计……4
1-4　固定资产原价……4
1-5　负债合计……5
1-6　所有者权益……5
1-7　主营业务收入……6
1-8　主营业务税金及附加……6
1-9　利润总额……7
1-10　应交增值税……7
1-11　分注册类型规模以上工业企业主要经济指标……8
1-12　分行业规模以上工业企业主要效益指标……14
1-13　分地区规模以上工业企业主要效益指标……15
1-14　历年主要工业产品产量……16
1-15　主要工业产品产量(2013 年、2012 年)……32
1-16　全国规模以上工业主要产品生产能力(2013 年、2012 年)……39

二、分行业数据

2-1　规模以上工业企业主要经济指标(大、中、小类行业)……42
2-2　国有控股工业企业主要经济指标(大、中类行业)……156
2-3　私营工业企业主要经济指标(大、中类行业)……192
2-4　外商投资和港澳台商投资工业企业主要经济指标(大、中类行业)……228
2-5　大中型工业企业主要经济指标(大、中类行业)……264

三、分地区数据

3-1　规模以上工业企业主要经济指标……302
3-2　国有控股工业企业主要经济指标……308
3-3　集体工业企业主要经济指标……314
3-4　有限责任公司工业企业主要经济指标……320
3-5　股份有限公司工业企业主要经济指标……326
3-6　私营工业企业主要经济指标……332
3-7　港澳台商投资工业企业主要经济指标……338
3-8　外商投资工业企业主要经济指标……344

3-9 大型工业企业主要经济指标……350
3-10 中型工业企业主要经济指标……356
3-11 小型工业企业主要经济指标……362
3-12 采掘业主要经济指标……368
3-13 煤炭开采和洗选业主要经济指标……374
3-14 石油和天然气开采业主要经济指标……380
3-15 黑色金属矿采选业主要经济指标……386
3-16 有色金属矿采选业主要经济指标……392
3-17 非金属矿采选业主要经济指标……398
3-18 开采辅助活动主要经济指标……404
3-19 其他采矿业主要经济指标……410
3-20 制造业主要经济指标……416
3-21 农副食品加工业主要经济指标……422
3-22 食品制造业主要经济指标……428
3-23 酒、饮料和精制茶制造业主要经济指标……434
3-24 烟草制品业主要经济指标……440
3-25 纺织业主要经济指标……446
3-26 纺织服装、服饰业主要经济指标……452
3-27 皮革、毛皮、羽毛及其制品和制鞋业主要经济指标……458
3-28 木材加工和木、竹、藤、棕、草制品业主要经济指标……464
3-29 家具制造业主要经济指标……470
3-30 造纸和纸制品业主要经济指标……476
3-31 印刷和记录媒介复制业主要经济指标……482
3-32 文教、工美、体育和娱乐用品制造业主要经济指标……488
3-33 石油加工、炼焦和核燃料加工业主要经济指标……494
3-34 化学原料和化学制品制造业主要经济指标……500
3-35 医药制造业主要经济指标……506
3-36 化学纤维制造业主要经济指标……512
3-37 橡胶和塑料制品业主要经济指标……518
3-38 非金属矿制品业主要经济指标……524
3-39 黑色金属冶炼和压延加工业主要经济指标……530
3-40 有色金属冶炼和压延加工业主要经济指标……536
3-41 金属制品业主要经济指标……542
3-42 通用设备制造业主要经济指标……548
3-43 专用设备制造业主要经济指标……554
3-44 汽车制造业主要经济指标……560
3-47 铁路、船舶、航空航天和其他运输设备制造业主要经济指标……566
3-46 电气机械和器材设备制造业主要经济指标……572
3-47 计算机、通讯和其他电子设备制造业主要经济指标……578
3-48 仪器仪表制造业主要经济指标……584
3-49 其他制造业主要经济指标……590

3-50　废弃资源综合利用业主要经济指标……596
3-51　金属制品、机械和设备修理业主要经济指标……602
3-52　电力、燃气和水的生产和供应业主要经济指标……608
3-53　电力、热力生产和供应业主要经济指标……614
3-54　燃气生产和供应业主要经济指标……620
3-55　水的生产和供应业主要经济指标……626
3-56　主要工业产品产量(2013 年)……632

四、附录

主要统计指标解释……651

三、分地区数据

3-1 规模以上工业企业

地 区	企业单位数（个）	工业销售产值（当年价格）	出口交货值	资产总计	固定资产合计	固定资产原价
全 国	**369813**	**1019405.30**	**112824.03**	**870751.07**	**316231.10**	**499404.09**
北 京	3641	17186.60	1506.72	30800.73	6060.28	10788.59
天 津	5511	26012.36	2743.50	22388.19	7993.28	12314.88
河 北	13968	45232.82	1523.47	37597.12	16764.62	24837.45
山 西	3979	16585.80	620.59	28339.90	11010.12	15339.42
内蒙古	4404	20108.84	194.28	24376.40	11078.63	15102.34
辽 宁	17305	51734.67	3372.01	38665.07	15137.56	25688.13
吉 林	5376	21690.90	360.97	15677.96	6739.17	14290.03
黑龙江	4398	13415.89	154.62	14215.77	6531.53	11215.05
上 海	9796	31945.81	7829.31	33595.79	8448.43	16476.35
江 苏	48787	132721.45	22846.91	94310.90	31249.18	54693.89
浙 江	39561	61280.59	11223.22	60436.24	16149.64	24447.22
安 徽	16193	32913.47	1629.19	25906.17	10681.91	15416.55
福 建	16120	33003.96	6448.29	24978.49	7930.44	11811.42
江 西	8126	24603.16	1582.38	14057.87	6055.81	9590.70
山 东	40467	128488.73	8283.11	81534.78	30512.77	52197.14
河 南	20573	58779.98	2610.00	43431.82	18603.16	23979.84
湖 北	14650	38107.78	1544.19	30633.98	12044.51	22158.39
湖 南	13598	32157.78	1251.75	20050.53	8531.09	12129.92
广 东	41184	106853.68	30205.44	79655.27	22385.82	39339.68
广 西	5495	17437.82	670.86	13349.56	5253.60	7335.63
海 南	388	1747.45	162.30	2288.03	924.33	1267.57
重 庆	5559	15475.67	2276.75	13462.11	5156.25	7278.63
四 川	12998	34544.52	2996.29	36239.56	14505.83	20574.50
贵 州	3576	7650.47	100.00	10339.98	4326.55	5625.16
云 南	3551	9831.22	130.91	15854.90	6764.19	8728.66
西 藏	76	97.09	0.15	554.55	267.56	343.80
陕 西	4751	18151.04	341.72	22807.15	8237.81	12642.41
甘 肃	1992	7460.39	67.68	10422.52	4716.27	6799.39
青 海	522	2308.34	8.06	4793.88	2369.10	3250.50
宁 夏	1044	3429.23	71.34	5654.60	2487.44	3306.02
新 疆	2224	8447.80	68.01	14331.25	7314.22	10434.84

主要经济指标

单位：亿元

累计折旧	流动资产合计	应收账款	存货	产成品	负债合计
208700.07	**413490.92**	**97402.73**	**97119.22**	**34535.80**	**505694.32**
4745.26	12730.59	3315.13	2218.18	686.89	16207.96
5147.02	12067.66	3140.06	2738.46	930.38	14241.43
8571.78	15343.67	2864.09	3863.94	1369.43	22005.91
6218.56	11312.49	1943.05	2051.76	794.08	20390.05
5022.15	8500.30	1629.40	1582.57	614.61	15088.36
11842.16	17432.94	3565.66	4396.53	1404.01	22396.73
7977.59	6792.23	1298.51	1598.64	564.82	8560.22
5179.93	5916.16	1175.36	1662.40	559.52	8212.96
8505.36	19650.61	5514.19	4478.31	1381.50	17087.14
24411.75	51202.33	15212.05	11410.03	4214.89	53475.49
9799.42	35053.39	9018.20	7792.49	3079.07	36232.63
6192.32	11392.83	2971.35	2863.22	1044.13	15367.17
4482.96	12916.26	3353.06	3232.27	1245.87	13591.05
4127.46	6373.81	1173.76	1687.77	648.20	7662.16
24919.42	39010.28	6908.56	8975.97	3374.64	46142.11
7455.94	20131.51	3508.71	3659.74	1256.49	21050.58
10836.13	13838.57	3091.73	3632.39	1375.49	17570.58
4212.46	8589.68	2333.93	2324.16	747.26	11082.18
18362.55	46450.89	13749.95	11193.01	3787.52	46283.08
2487.26	6183.63	1212.59	1637.59	688.10	8399.72
413.62	922.84	168.11	248.22	97.54	1218.72
2648.47	6229.33	1622.51	1338.85	492.36	8586.42
7470.83	14841.33	3407.07	3526.71	1201.21	22204.87
1689.01	4076.36	668.41	898.22	269.02	6742.06
2541.85	5786.97	840.58	1979.12	518.55	10223.00
84.90	141.07	14.85	18.88	4.44	198.51
4951.26	8699.13	1755.21	2125.40	793.17	12996.26
2624.92	4029.37	566.43	1720.52	575.09	6686.88
1034.52	1422.32	203.34	314.07	111.51	3228.41
1017.42	2119.53	343.65	624.53	230.16	3781.91
3725.84	4332.85	833.24	1325.27	475.82	8779.77

3-1 续表 1

地区	流动负债合计	应付账款	所有者权益合计	实收资本	国家资本
全国	**380845.89**	**104105.91**	**361263.38**	**173673.36**	**34694.96**
北京	10318.63	3530.14	14591.63	6608.45	3055.32
天津	11900.87	3752.86	8125.19	4804.71	933.71
河北	17235.81	4639.59	15394.51	6695.51	1522.45
山西	13611.04	3229.10	7922.49	4441.27	1400.64
内蒙古	9242.29	2184.54	9204.62	5860.55	1710.51
辽宁	16625.95	3937.30	16076.49	7662.33	1893.70
吉林	6204.05	2093.89	7005.24	2922.82	597.52
黑龙江	6053.99	1547.29	5974.25	2326.03	462.60
上海	14983.79	6171.98	16441.44	7449.73	1195.16
江苏	45942.96	12196.29	40748.57	20691.02	1646.98
浙江	31629.00	6874.30	24094.27	11431.45	887.93
安徽	11153.29	2882.27	10428.50	4913.50	1120.79
福建	10379.00	2727.11	11230.48	5668.78	548.44
江西	5907.49	1450.39	6264.29	3510.84	364.59
山东	33897.35	7431.23	34465.68	12673.58	2230.53
河南	15442.92	4011.20	22021.36	10296.35	1034.27
湖北	13340.58	3338.22	12904.96	5668.78	1572.25
湖南	7595.11	1862.70	8894.81	4342.29	734.93
广东	38305.07	13800.07	33092.80	16590.59	2075.52
广西	6219.68	1622.18	4899.61	2247.29	587.53
海南	897.29	247.88	1067.42	591.84	188.46
重庆	6542.33	2096.65	4802.13	2068.90	390.66
四川	13935.65	3547.51	13491.64	6439.83	951.85
贵州	4162.44	876.02	3605.59	2041.23	633.74
云南	6183.80	1258.88	5627.01	2387.09	855.28
西藏	109.04	37.25	357.17	127.26	49.25
陕西	8790.15	2605.79	9760.44	5265.28	2863.02
甘肃	4254.84	1167.06	3812.85	2348.91	1037.03
青海	1794.10	516.64	1560.25	732.05	284.58
宁夏	2431.98	619.04	1862.94	954.87	306.59
新疆	5755.40	1850.53	5534.74	3910.23	1559.15

单位：亿元

集体资本	法人资本	个人资本	港澳台资本	外商资本	主营业务收入	主营业务成本	主营业务税金及附加
3383.92	**61044.70**	**38806.07**	**12366.09**	**22153.57**	**1038659.45**	**880679.68**	**15835.24**
18.92	2110.92	448.85	162.60	805.33	18688.63	15833.59	281.39
52.32	1619.15	684.33	239.18	1125.64	27078.43	23085.79	320.43
87.73	2637.52	1776.25	208.33	459.06	46340.92	40223.28	430.67
127.00	1621.86	1008.30	64.09	153.70	18393.33	15539.93	160.52
167.70	1651.27	2087.61	93.02	112.38	20190.81	16047.25	280.91
277.50	2678.29	1561.89	358.75	886.57	51533.44	44185.02	882.60
248.90	1186.28	643.46	56.51	172.66	22184.99	18641.65	494.13
47.24	1114.45	511.25	45.01	141.22	13701.06	10769.37	673.46
119.51	2215.76	705.14	688.87	2525.28	34631.60	28684.46	908.43
384.15	5495.70	4853.96	2433.42	5876.38	133605.91	115739.98	1138.24
125.79	3778.32	3672.56	1388.65	1578.19	61305.77	52430.01	668.51
65.62	1696.78	1552.99	160.98	316.34	33788.82	28867.56	427.44
70.84	1735.21	1346.54	1074.20	892.50	33126.31	28251.14	400.12
77.49	1753.61	851.84	268.09	196.90	27035.11	23502.37	274.95
360.77	4659.39	3604.77	409.59	1400.90	132130.34	113897.96	1495.83
229.84	3747.40	4798.24	208.72	255.21	59975.16	51549.68	640.78
102.60	1871.43	1385.08	163.32	406.82	38183.39	32183.61	775.09
81.55	1884.24	1305.83	118.38	216.87	31854.65	25797.74	884.40
178.94	5125.22	1920.37	3678.95	3500.07	106361.21	90458.98	1160.99
32.33	911.52	378.25	128.76	189.93	17121.91	14538.64	318.06
7.16	201.12	42.13	14.41	137.39	1564.45	1244.04	80.03
35.59	955.39	403.65	133.52	147.78	15581.78	13301.89	224.25
182.11	3488.11	1152.81	115.87	327.98	35686.14	29660.84	594.44
30.83	623.98	423.86	13.38	37.46	7357.82	5653.41	290.17
56.50	1024.45	349.35	37.70	63.79	10040.21	7685.72	786.38
2.16	60.59	10.20	1.30	3.55	98.10	83.57	1.66
105.67	1472.23	641.57	46.64	117.51	18151.91	13885.16	531.73
52.10	904.53	179.01	10.52	36.71	8691.76	7538.03	264.89
10.86	372.81	83.61	10.12	18.50	2091.02	1673.32	46.29
14.75	453.74	148.18	4.51	25.66	3445.78	2931.02	68.57
29.46	1993.45	274.17	28.69	25.31	8718.71	6794.68	329.88

3-1 续表 2

地　区	销售费用	管理费用		财务费用		
			税金		利息收入	利息支出
全　国	**25945.22**	**39431.90**	**2116.41**	**12008.26**	**1668.02**	**12346.02**
北　京	825.11	868.32	21.13	203.65	50.74	243.48
天　津	646.12	809.01	50.67	206.41	46.28	224.14
河　北	748.85	1309.48	71.05	588.82	42.61	587.46
山　西	546.10	1038.49	40.70	553.23	42.21	558.27
内蒙古	516.57	802.69	98.85	405.54	37.21	399.21
辽　宁	1098.70	2027.02	151.16	489.01	59.08	484.29
吉　林	839.47	950.13	57.86	217.69	20.39	209.83
黑龙江	303.25	635.67	33.06	152.49	31.35	169.30
上　海	1242.87	1960.46	37.28	78.49	138.18	218.81
江　苏	2911.28	4579.69	185.06	1203.05	217.49	1297.51
浙　江	1510.63	2681.06	122.85	1027.94	200.31	1137.49
安　徽	824.76	1167.92	93.60	379.77	39.46	383.96
福　建	873.64	1313.01	72.22	355.51	48.54	369.66
江　西	435.08	611.53	35.10	187.92	19.89	181.28
山　东	2431.54	3642.26	269.20	1457.51	134.58	1337.30
河　南	1125.65	1426.95	72.49	643.00	63.59	619.70
湖　北	1169.77	1625.62	90.11	476.04	40.93	457.65
湖　南	924.69	1735.61	126.89	347.39	33.32	332.63
广　东	3603.16	4585.49	174.04	700.12	159.62	727.26
广　西	421.36	752.70	33.41	214.22	22.15	224.07
海　南	60.31	56.55	1.96	23.41	3.31	26.69
重　庆	435.38	662.44	39.31	192.53	23.87	199.76
四　川	1006.62	1498.64	77.58	569.61	62.39	574.86
贵　州	256.96	389.07	19.79	196.18	18.08	197.02
云　南	274.62	468.02	21.15	285.71	18.42	292.54
西　藏	6.42	9.54	0.13	1.63	1.00	2.56
陕　西	439.55	949.23	61.64	278.07	36.17	291.92
甘　肃	133.34	287.57	16.53	160.21	28.62	190.58
青　海	66.02	87.13	8.02	100.86	3.54	91.02
宁　夏	73.40	132.11	9.56	111.50	3.97	105.43
新　疆	193.98	368.47	24.00	200.74	20.74	210.35

单位：亿元

投资收益（损失以“-”号记）	营业利润	利润总额	亏损企业亏损额	应交增值税	应交所得税	从业人员平均人数（万人）
776.22	**68355.21**	**68378.91**	**5571.32**	**33460.27**	**9476.42**	**9791.46**
461.46	1161.12	1282.88	173.10	537.17	232.59	119.15
40.76	2233.71	2258.93	133.10	1145.89	366.63	163.15
-405.36	2731.57	2734.70	260.16	1169.76	330.23	369.72
18.20	615.25	614.59	372.37	752.18	165.57	218.32
-39.79	2369.21	2014.06	200.75	826.36	241.43	127.70
-55.78	2968.13	2976.15	372.84	1492.37	330.84	400.62
69.82	1291.56	1278.39	182.71	632.66	213.06	150.10
2.22	1180.16	1185.49	178.10	600.24	73.12	138.22
462.64	2268.55	2392.05	279.56	922.78	452.68	259.67
5.33	8513.02	8379.50	501.30	4295.61	1498.70	1150.76
204.73	3384.28	3561.26	234.01	1747.94	544.22	719.38
15.39	2249.35	2108.77	108.92	1023.47	241.70	314.68
-86.56	2243.36	2227.45	113.49	992.09	267.50	424.15
5.23	1816.53	1802.24	69.92	874.54	158.53	236.22
-8.81	8676.63	8715.36	279.35	3889.73	1158.03	948.23
29.63	4520.71	4543.07	251.07	1594.74	555.95	631.74
60.44	2466.15	2475.07	136.46	1181.37	288.59	346.29
-50.71	2115.46	2047.87	66.44	1311.26	211.49	330.32
225.15	6389.56	6496.42	379.15	3343.02	1024.14	1455.82
-108.95	1059.00	1014.24	120.32	583.21	91.00	165.60
7.14	116.05	123.16	13.89	65.26	23.38	12.69
-67.12	891.23	907.60	119.85	599.19	99.49	169.42
-27.00	2312.55	2328.99	321.41	1359.69	309.23	385.05
21.63	631.61	636.60	123.47	336.59	123.67	91.61
11.07	616.04	630.63	163.97	478.02	112.27	103.32
0.37	-3.81	7.34	13.41	8.28	2.85	1.91
7.08	2197.31	2151.37	96.57	938.66	208.89	171.01
11.40	253.40	300.46	86.26	197.46	40.85	61.77
-66.81	129.38	149.07	44.72	98.39	14.14	21.39
14.92	160.81	179.97	40.07	112.86	23.06	33.13
18.51	797.35	855.23	134.58	349.50	72.60	70.32

3-2 国有控股工业

地　区	企业单位数(个)	工业销售产值(当年价格)	出口交货值	资产总计	固定资产合计	固定资产原价
全　国	**18574**	**240315.31**	**8791.96**	**343985.88**	**146122.27**	**226435.38**
北　京	775	9997.79	237.04	22785.56	4840.35	8640.40
天　津	565	8557.98	181.80	10554.40	4676.82	7102.49
河　北	764	10321.51	365.93	15708.16	7592.96	12167.55
山　西	764	8266.39	173.86	17704.74	7693.04	10557.70
内蒙古	629	6566.10	81.32	12833.43	6638.20	9352.92
辽　宁	653	12284.41	1177.50	17214.92	6634.78	11842.08
吉　林	363	7857.48	82.99	8232.19	3611.46	5930.00
黑龙江	460	6387.16	96.53	9095.69	4620.14	8447.67
上　海	747	11930.88	745.56	15337.04	4622.71	9165.47
江　苏	961	14463.54	781.32	16977.67	7096.06	12102.07
浙　江	707	8927.70	296.74	9026.86	4344.53	7203.32
安　徽	678	9042.80	360.96	12146.48	6145.34	8309.26
福　建	457	4101.53	150.20	5906.31	2840.74	4135.11
江　西	486	4574.39	146.62	5203.70	2133.88	3392.24
山　东	1199	20024.81	626.99	23668.11	9034.80	14946.95
河　南	803	10017.88	161.90	12799.42	6069.72	8526.28
湖　北	728	11109.57	434.08	14862.97	6443.02	10028.61
湖　南	752	7170.25	173.96	8380.46	3522.23	5590.26
广　东	1038	16974.75	1525.34	18225.11	7713.37	13129.02
广　西	547	5308.85	87.82	5897.08	2665.85	3870.78
海　南	80	403.34	1.80	682.11	365.95	539.21
重　庆	482	4405.99	168.47	6341.35	2784.20	3780.56
四　川	917	8573.40	351.47	17354.52	7327.31	9389.37
贵　州	497	3454.99	82.80	6522.79	3109.43	4263.17
云　南	571	5189.26	37.26	10227.91	4912.69	6291.73
西　藏	25	47.78		394.30	233.34	299.45
陕　西	719	10549.40	200.33	16811.48	5981.70	9133.50
甘　肃	390	5456.21	35.62	8051.76	3880.13	5458.07
青　海	118	1147.08	0.24	3181.23	1676.82	2376.51
宁　夏	105	1622.69	9.22	2785.30	1570.88	2281.77
新　疆	594	5579.42	16.26	9072.87	5339.84	8181.84

企业主要经济指标

单位：亿元

累计折旧	流动资产合计	应收账款	存货	产成品	负债合计
91660.49	**124529.35**	**22513.92**	**31551.63**	**8458.42**	**214230.57**
3801.28	7342.66	1567.87	1044.47	289.19	11913.98
3034.85	4630.91	793.88	1172.73	410.83	7063.04
4367.17	5146.01	835.30	1498.18	410.34	10223.35
4369.01	5916.70	1020.87	1002.31	347.85	12709.90
3235.38	3664.27	853.46	732.99	225.48	8205.54
5603.60	7184.55	1277.83	2141.36	489.10	11650.59
2512.10	3756.13	484.64	804.39	267.31	5118.71
4081.90	3331.42	588.98	875.24	252.31	5274.08
4878.71	7048.98	1124.71	1504.41	326.76	6972.78
5123.31	6824.45	1672.64	1564.39	396.70	10603.08
3261.51	3022.34	482.84	799.93	171.38	5117.50
3220.42	3990.33	690.61	1019.83	255.35	8026.78
1504.15	1695.98	267.64	548.53	110.59	3624.56
1438.60	2546.40	286.35	652.63	151.16	3394.50
6675.40	8936.77	1561.67	2078.62	686.12	15245.17
3370.87	5084.89	931.65	1310.35	347.18	8624.71
3833.60	5692.43	1067.09	1671.51	490.31	9014.66
2303.19	3744.65	1023.52	1112.90	222.25	5436.07
5827.74	7161.63	1164.76	1602.04	368.19	10615.67
1373.36	2187.17	338.56	615.27	207.71	3865.61
201.50	115.47	14.79	24.93	7.91	292.87
1302.67	2448.28	479.61	532.68	141.91	4196.82
2870.60	5642.11	1257.61	1584.48	359.40	11574.15
1354.79	2139.26	305.69	555.13	126.46	4396.66
1753.03	2985.68	380.89	1307.19	220.58	6574.65
72.70	76.87	5.65	8.43	0.96	118.86
3483.08	5907.01	1105.44	1415.32	464.44	9829.43
2010.99	2880.18	315.01	1391.29	408.78	5292.66
775.84	704.68	104.69	148.58	46.82	2211.03
761.79	628.18	124.57	166.55	55.53	1859.94
3257.37	2092.96	385.09	664.96	199.54	5183.22

3-2 续表 1

地　区	流动负债合计	应付账款	所有者权益合计	实收资本	国家资本
全　国	**140376.51**	**38826.69**	**128655.24**	**63390.89**	**33129.26**
北　京	6489.03	1913.07	10871.58	4936.62	3049.70
天　津	5687.08	1518.50	3484.50	2164.57	898.96
河　北	7257.52	1900.62	5476.60	2844.26	1500.55
山　西	7388.52	1806.10	4987.61	2497.24	1330.85
内蒙古	4634.35	1278.35	4594.17	2517.94	1675.91
辽　宁	8565.36	2018.47	5549.28	3264.41	1823.82
吉　林	3650.32	1368.96	3104.16	1352.00	554.72
黑龙江	3606.23	983.91	3810.70	1301.90	449.98
上　海	5698.35	2068.38	8321.73	2905.61	1108.59
江　苏	7970.41	2507.06	6373.31	3051.69	1508.30
浙　江	3293.24	979.45	3908.16	1716.03	833.55
安　徽	5128.78	1282.77	4111.50	1835.26	1073.00
福　建	1974.42	509.39	2276.54	1210.60	520.37
江　西	2560.57	593.97	1801.42	716.16	325.59
山　东	10194.91	2640.97	7978.63	3614.54	2106.66
河　南	5904.81	1532.15	4096.14	1987.41	901.12
湖　北	6794.01	1664.54	5816.93	2182.89	1514.77
湖　南	3701.51	974.95	2930.58	1311.81	673.13
广　东	7360.64	2267.94	7596.16	4116.81	1980.06
广　西	2508.19	675.29	2008.49	1078.96	554.28
海　南	205.65	36.37	388.58	217.16	138.53
重　庆	2983.09	874.95	2117.46	1002.80	366.07
四　川	6094.54	1522.30	5492.29	3398.65	873.09
贵　州	2446.31	529.47	2123.57	1078.45	619.71
云　南	3374.53	696.20	3649.88	1508.04	769.81
西　藏	55.73	30.34	275.43	82.78	47.74
陕　西	6383.46	1980.76	6980.36	3910.26	2825.91
甘　肃	3284.35	934.33	2751.09	1693.69	1012.06
青　海	1074.60	362.79	968.90	397.38	268.52
宁　夏	1024.07	328.22	926.45	473.18	302.08
新　疆	3081.94	1046.13	3883.04	3021.77	1521.83

单位：亿元

集体资本	法人资本	个人资本	港澳台资本	外商资本	主营业务收入	主营业务成本	主营业务税金及附加
940.65	**24617.45**	**1790.25**	**578.62**	**1827.18**	**257816.87**	**213204.73**	**10732.38**
3.65	1619.00	69.88	22.55	171.85	10644.20	9351.75	246.22
13.90	1028.79	41.89	3.61	63.46	9275.43	7891.52	228.55
30.80	1195.03	66.91	14.02	36.11	11306.71	9899.21	248.73
42.71	1011.58	78.03	0.43	30.65	10285.81	8538.41	112.51
45.53	621.15	128.92	9.41	35.63	6556.98	5151.07	151.56
202.48	1041.99	75.61	8.28	112.23	12256.80	10589.55	502.75
209.74	450.74	117.82	0.74	9.80	8517.65	6983.80	389.05
6.90	788.23	24.23	4.42	26.10	6708.20	4759.29	624.03
45.43	1328.03	93.61	61.46	268.48	13814.05	11178.35	864.26
23.65	1180.40	77.08	65.17	197.08	14764.40	12552.51	541.22
5.94	769.87	26.25	37.93	42.49	9017.52	7617.56	429.07
7.19	639.09	70.98	21.41	23.59	10241.64	8745.53	271.35
14.36	533.49	26.69	18.22	97.47	4164.86	3484.81	242.77
13.61	306.12	71.07	1.78	1.23	6025.13	5340.47	146.89
33.85	1056.68	122.56	102.61	192.17	22140.91	18542.45	763.30
38.86	879.45	110.42	28.39	27.25	11195.92	9712.17	365.54
15.04	406.87	102.14	2.67	92.60	11850.57	9821.70	540.41
7.80	504.27	41.27	43.00	42.15	7132.07	5608.59	578.79
46.87	1683.49	95.17	82.05	188.45	17097.70	14241.26	680.57
4.04	458.03	29.02	3.91	22.56	5280.81	4528.66	243.53
3.67	47.91	19.77	5.09	1.64	351.71	262.48	15.39
6.03	532.93	41.88	13.29	41.21	4441.61	3699.58	147.05
37.69	2182.46	66.46	2.90	27.88	9551.89	7719.30	288.04
8.45	317.42	22.35	0.41	8.27	3457.45	2578.80	228.89
10.29	661.56	39.79	11.91	14.68	5401.36	3829.83	756.71
	27.87	3.97	1.30	1.90	46.33	54.53	0.79
28.71	939.40	79.66	2.44	21.70	10783.70	7953.21	460.13
9.90	630.39	7.01	5.57	23.47	6961.26	6056.44	251.60
5.32	162.84	8.38		0.77	1096.49	802.38	37.00
7.95	158.17	3.69		0.23	1631.76	1336.09	61.93
10.28	1454.16	27.75	3.67	4.09	5815.95	4373.43	313.76

3-2 续表 2

地　区	销售费用	管理费用	税金	财务费用	利息收入	利息支出
全　国	**5201.24**	**11567.94**	**597.95**	**4513.20**	**727.22**	**5197.98**
北　京	234.74	386.97	11.88	172.32	32.08	194.43
天　津	68.85	286.41	19.07	113.15	28.24	125.08
河　北	138.16	497.78	21.93	265.19	21.09	290.11
山　西	340.07	728.10	24.11	322.04	31.76	351.95
内蒙古	151.90	310.41	38.22	211.43	13.63	213.99
辽　宁	171.62	662.78	42.49	217.08	40.20	265.86
吉　林	322.82	388.37	19.51	98.18	15.83	114.63
黑龙江	107.31	399.13	20.53	84.55	27.52	105.90
上　海	240.38	699.85	17.34	-6.96	80.38	85.22
江　苏	239.79	531.21	22.53	175.13	37.58	214.39
浙　江	115.33	279.59	13.70	116.73	18.93	137.76
安　徽	168.44	411.77	28.46	166.72	25.42	194.56
福　建	65.91	146.42	8.13	95.23	9.34	105.16
江　西	80.03	167.66	9.18	61.39	14.20	73.43
山　东	355.39	1008.00	51.45	328.73	48.85	367.35
河　南	149.95	494.54	27.29	245.45	27.09	260.81
湖　北	310.83	561.00	22.72	174.67	23.99	210.30
湖　南	158.67	354.75	15.83	126.55	21.84	146.20
广　东	649.91	526.22	35.32	201.93	40.57	252.68
广　西	109.22	216.38	9.28	100.61	11.58	111.11
海　南	5.71	11.37	0.55	10.59	0.51	10.78
重　庆	167.90	244.37	10.81	84.70	13.84	97.95
四　川	250.77	535.89	25.13	245.77	40.17	278.44
贵　州	84.21	192.27	7.87	133.92	15.38	143.93
云　南	118.16	264.44	12.55	184.63	13.12	196.42
西　藏	1.49	4.77	0.03	1.26	0.61	1.80
陕　西	176.45	659.42	40.37	200.66	31.00	224.93
甘　肃	80.39	221.33	12.98	124.22	25.83	158.01
青　海	29.28	46.93	4.99	66.97	3.10	67.67
宁　夏	19.45	71.21	4.58	61.01	1.91	60.76
新　疆	88.09	258.60	19.12	129.35	11.65	136.37

单位：亿元

投资收益（损失以“-”号记）	营业利润	利润总额	亏损企业亏损额	应交增值税	应交所得税	从业人员平均人数（万人）
1561.14	**15152.88**	**15917.68**	**2792.46**	**10835.46**	**2736.80**	**1889.49**
391.24	641.20	714.24	114.17	291.01	127.07	51.67
7.20	733.14	750.84	60.65	374.97	163.79	38.62
25.39	267.29	311.34	135.78	376.33	70.47	89.96
59.86	336.71	357.11	207.08	483.77	113.99	123.58
22.30	834.49	721.91	128.31	318.44	98.79	50.11
22.84	94.80	239.86	237.48	402.39	58.64	113.60
61.76	504.60	550.79	143.60	331.82	143.45	56.73
11.08	753.55	757.41	132.75	399.01	32.85	73.32
394.60	1218.42	1276.54	108.48	521.27	232.32	45.68
49.05	832.57	877.39	71.85	633.01	161.83	78.87
28.93	543.56	574.34	22.33	371.97	115.32	32.98
43.83	514.58	455.28	62.93	359.25	72.01	84.15
24.93	205.09	208.47	47.19	173.76	48.91	24.25
5.04	227.77	237.99	21.36	175.61	42.53	41.69
55.75	1239.77	1273.04	127.66	853.01	206.12	161.65
26.78	284.33	331.58	149.16	375.80	103.44	131.81
110.05	682.35	707.03	68.21	417.53	106.60	83.94
9.63	360.09	395.83	39.73	368.60	68.13	62.06
138.19	1014.41	1105.48	55.24	1012.16	203.85	81.85
-3.31	145.55	173.62	63.60	237.52	32.46	36.84
4.90	52.17	53.32	5.75	21.25	8.69	3.03
-3.25	167.78	191.52	84.61	191.58	24.09	43.01
13.22	469.53	507.43	239.93	421.65	110.14	98.35
11.52	288.53	301.39	78.41	187.43	84.03	43.57
29.45	320.56	330.95	116.98	323.97	77.75	39.92
0.37	-15.27	-5.06	12.27	3.18	0.89	1.12
10.66	1456.39	1438.03	62.51	626.59	125.59	93.15
-2.54	180.15	222.30	65.46	166.02	32.39	38.21
-10.67	98.04	107.45	18.64	72.47	8.99	12.46
13.61	101.79	104.77	16.58	79.31	15.05	13.02
8.71	598.94	645.51	93.76	264.81	46.64	40.27

3-3 集体工业企业

地 区	企业单位数(个)	工业销售产值(当年价格)	出口交货值	资产总计	固定资产合 计	固定资产原 价
全 国	**3777**	**7504.11**	**293.79**	**4213.94**	**1124.85**	**2056.89**
北 京	52	35.45	0.70	40.25	8.92	16.47
天 津	77	53.83	3.21	35.15	6.49	12.50
河 北	169	377.21	2.44	149.90	44.31	59.19
山 西	72	163.53	0.47	100.25	31.23	58.58
内 蒙 古	55	62.96	0.01	30.75	8.37	27.78
辽 宁	529	856.22	12.12	298.56	119.35	234.86
吉 林	49	69.75	0.48	32.74	13.59	53.71
黑 龙 江	80	93.80		80.33	18.59	35.08
上 海	111	78.91	2.17	73.12	10.32	23.25
江 苏	303	812.47	14.17	742.86	145.71	270.69
浙 江	75	51.57	1.87	39.38	10.23	18.58
安 徽	80	80.64	1.72	44.42	10.86	21.91
福 建	140	129.59	4.65	55.03	14.31	26.32
江 西	68	82.31		24.51	12.16	18.27
山 东	344	1735.06	74.07	1321.35	234.37	456.57
河 南	327	1265.07	6.59	482.26	178.32	308.00
湖 北	128	145.06		51.61	18.43	33.49
湖 南	288	381.68	0.28	104.50	63.05	90.80
广 东	290	437.24	162.33	195.02	71.97	131.86
广 西	119	174.57	6.46	56.00	18.70	25.64
海 南	1	0.87		0.74	0.43	0.38
重 庆	46	28.91		16.87	6.79	9.56
四 川	136	145.71		51.66	17.54	23.81
贵 州	27	21.01		10.46	2.36	3.32
云 南	51	34.51	0.05	34.60	10.17	18.43
西 藏	2	1.09		2.70	0.72	1.15
陕 西	89	100.35		65.34	22.11	43.62
甘 肃	55	71.63		63.86	23.97	30.24
青 海	3	1.79		1.67	0.23	0.27
宁 夏	2	0.22		0.52	0.07	0.16
新 疆	9	11.09		7.55	1.19	2.41

主要经济指标

单位：亿元

累计折旧	流动资产合计	应收账款	存货	产成品	负债合计
1018.20	**2587.80**	**502.68**	**459.60**	**223.42**	**2381.62**
7.95	29.20	6.04	9.47	4.98	25.17
6.39	27.21	8.35	5.54	2.18	18.42
19.57	68.48	19.01	14.54	8.68	67.84
31.68	56.68	16.05	13.89	7.07	91.83
19.61	17.77	5.55	3.84	1.14	17.37
129.55	160.18	48.65	32.70	16.61	161.53
40.35	15.59	4.16	3.56	1.42	14.43
17.60	56.55	22.76	10.21	3.40	64.18
11.17	55.26	20.66	13.02	5.74	39.94
126.22	494.46	76.17	113.25	32.91	427.11
9.88	23.62	6.02	3.56	1.85	18.21
12.77	27.46	9.77	6.00	1.74	22.39
12.55	33.12	9.57	3.66	1.60	27.73
8.23	8.55	2.16	1.70	0.85	8.86
235.03	931.49	126.36	133.93	90.93	880.35
145.11	264.77	43.59	30.87	13.84	126.45
18.00	28.53	9.47	6.48	4.20	27.06
32.30	27.82	6.50	5.77	2.97	41.85
66.59	91.18	18.79	15.15	5.15	138.96
8.51	30.68	6.81	7.96	4.61	25.60
0.14	0.30	0.11	0.05	0.02	0.51
3.35	8.98	2.48	3.06	1.40	10.74
9.10	28.88	8.75	5.14	2.89	28.27
1.21	6.53	2.23	1.77	0.69	6.20
9.23	18.46	5.34	2.84	1.01	19.75
0.53	1.33	0.22	0.27	0.05	0.66
25.13	33.53	7.92	4.24	2.35	33.67
8.98	33.76	6.51	5.48	2.42	31.69
0.17	1.30	0.65	0.20	0.05	0.94
0.10	0.45	0.31	0.10	0.06	0.43
1.22	5.68	1.71	1.36	0.61	3.50

3-3 续表 1

地区	流动负债合计	应付账款	所有者权益合计	实收资本	国家资本
全国	**1954.60**	**494.28**	**1791.69**	**669.50**	**7.33**
北京	21.99	8.88	15.08	4.33	
天津	16.41	7.07	16.13	4.98	
河北	60.67	17.22	81.75	48.51	
山西	88.00	26.26	7.59	7.78	0.74
内蒙古	14.04	5.85	11.73	6.23	
辽宁	128.06	34.09	135.49	52.76	0.55
吉林	12.92	1.99	17.67	3.83	0.02
黑龙江	59.00	27.44	15.88	10.90	0.05
上海	34.28	11.04	32.84	8.55	0.27
江苏	372.16	58.44	314.73	162.89	0.81
浙江	17.36	4.35	21.09	5.87	0.13
安徽	20.09	7.61	21.41	4.65	0.30
福建	25.00	6.40	26.51	6.16	0.02
江西	7.58	3.62	15.52	7.05	0.05
山东	704.12	179.13	424.95	40.67	0.72
河南	95.58	27.45	352.98	165.59	0.78
湖北	22.36	8.52	24.19	11.06	1.13
湖南	27.82	5.44	62.09	30.21	0.43
广东	92.56	16.25	49.65	30.55	0.33
广西	20.97	4.28	30.29	7.89	
海南	0.30	0.09	0.23	0.06	
重庆	9.92	2.48	5.93	5.08	0.13
四川	23.66	6.20	22.65	5.91	0.02
贵州	5.16	1.72	3.59	1.73	0.27
云南	18.40	4.66	14.85	5.24	0.25
西藏	0.63	0.13	2.04	0.61	
陕西	25.36	8.27	29.14	10.73	0.16
甘肃	25.50	8.07	30.80	18.32	0.15
青海	0.94	0.26	0.74	0.32	
宁夏	0.41	0.09	0.09	0.02	
新疆	3.35	0.98	4.06	1.03	

单位：亿元

					主营业务收入	主营业务成本	主营业务税金及附加
集体资本	法人资本	个人资本	港澳台资本	外商资本			
365.13	**137.13**	**147.47**	**6.76**	**2.52**	**7717.20**	**6527.88**	**59.00**
4.02	0.29	0.01			35.41	29.55	0.38
3.58	1.06	0.34			52.19	47.01	0.22
8.30	29.76	10.45			378.64	306.03	2.08
5.69	0.66	0.69			154.41	127.88	1.74
1.26	1.01	3.75			63.36	50.19	0.82
18.76	14.01	17.62			860.17	749.42	6.83
2.51	0.81	0.49			68.58	59.83	0.54
7.42	1.75	1.53	0.13	0.02	89.05	79.02	1.26
5.47	2.17	0.64			79.88	70.17	0.34
117.31	23.30	18.82	2.19	0.46	830.95	759.70	3.06
4.89	0.49	0.35			51.86	44.45	0.40
2.89	0.46	1.00			83.97	68.91	0.58
3.53	0.61	1.36			129.97	112.48	1.78
1.23	3.78	1.99			84.10	71.06	0.92
23.35	12.09	4.38	0.03	0.09	1935.40	1591.30	12.89
89.15	17.86	57.73		0.01	1255.94	1047.82	6.94
6.56	2.11	1.26			137.46	122.33	3.03
5.69	12.99	11.05	0.03	0.03	380.55	310.94	4.66
19.31	2.10	2.80	3.77	1.91	430.77	367.18	2.11
5.08	1.87	0.92	0.02		181.03	148.37	3.15
0.06					0.87	0.78	0.02
1.56	0.19	2.61	0.59		29.04	24.09	0.26
2.61	0.92	2.37			145.76	123.83	2.31
0.82	0.45	0.17			20.30	16.28	0.14
3.36	1.14	0.49			34.37	26.68	0.64
0.61					1.09	0.77	0.01
3.02	3.97	2.96			102.62	86.31	1.05
16.36	0.65	1.68			84.12	71.84	0.73
0.21	0.10	0.01			3.05	2.59	0.01
	0.02	0.01			0.68	0.62	
0.51	0.51				11.60	10.45	0.09

3-3 续表 2

地区	销售费用	管理费用		财务费用		
			税金		利息收入	利息支出
全国	**227.55**	**294.25**	**18.54**	**49.04**	**4.10**	**40.75**
北京	1.61	3.31	0.04		0.15	0.14
天津	0.67	1.82	0.04	0.22	-0.01	0.12
河北	7.02	10.36	0.34	1.73	0.03	1.53
山西	5.86	10.45	0.22	2.65	0.02	1.92
内蒙古	1.64	5.52	0.56	0.39	0.03	0.22
辽宁	19.12	32.46	1.86	3.62	0.08	2.20
吉林	1.26	3.74	0.44	0.32	0.02	0.28
黑龙江	0.58	5.54	0.14	0.18	0.03	0.19
上海	2.04	5.67	0.03	0.72	0.17	1.32
江苏	12.51	20.42	0.97	11.13	0.36	10.31
浙江	1.60	2.73	0.25	0.34	0.05	0.39
安徽	1.59	4.14	0.11	0.25	0.05	0.27
福建	2.43	5.69	0.13	0.46	0.06	0.39
江西	1.26	2.07	0.26	0.25	0.01	0.19
山东	113.44	78.69	9.33	10.85	2.66	8.42
河南	22.74	20.11	0.51	5.23	0.03	4.93
湖北	3.07	7.58	0.50	0.77	0.03	0.64
湖南	9.31	20.82	1.18	3.07		1.45
广东	5.44	22.47	0.60	2.78	0.14	2.20
广西	3.38	9.13	0.34	0.87	0.01	0.72
海南	0.01	0.05		0.01		0.01
重庆	1.78	1.42	0.11	0.13	0.01	0.07
四川	4.02	7.39	0.12	1.34	0.01	1.25
贵州	0.39	1.52	0.04	0.17		0.12
云南	1.82	2.75	0.10	0.30	0.08	0.38
西藏	0.02	0.13				
陕西	1.92	4.56	0.14	0.61	-0.01	0.54
甘肃	0.83	3.00	0.16	0.59	0.10	0.53
青海	0.05	0.18				
宁夏	0.02	0.02				
新疆	0.11	0.50	0.01	0.03	0.01	0.02

单位：亿元

投资收益（损失以“-”号记）	营业利润	利润总额	亏损企业亏损额	应交增值税	应交所得税	从业人员平均人数（万人）
-13.78	**577.76**	**579.67**	**18.70**	**212.07**	**62.14**	**91.50**
0.34	1.28	1.83	0.24	1.78	0.34	0.87
	2.25	2.88	0.61	1.85	0.27	0.93
-4.52	48.00	46.70	1.10	13.81	6.79	3.01
-0.47	5.74	6.01	2.31	9.71	0.44	3.49
0.25	4.73	4.06	0.22	2.34	0.47	0.83
-0.99	49.34	45.84	3.33	23.64	3.66	10.35
	3.13	3.11	0.23	2.00	0.24	0.88
0.05	6.07	2.80	0.60	3.85	0.35	2.41
0.21	1.49	2.43	0.48	3.36	0.50	1.82
-4.01	45.90	45.79	1.29	21.69	6.51	7.18
0.17	2.91	3.05	0.05	1.90	0.48	0.89
	8.40	8.15	0.51	3.00	1.65	1.13
-0.20	7.50	7.25	0.21	6.18	0.82	2.18
0.01	5.15	5.24	1.75	3.34	0.41	1.25
0.23	133.41	144.00	1.19	45.80	22.04	10.66
-0.26	152.89	153.08	0.17	12.89	7.80	8.66
-0.18	10.59	10.71	0.29	6.85	1.15	2.45
-0.65	24.98	23.03	0.46	16.78	1.84	6.06
-0.04	21.65	21.84	1.23	6.46	2.11	15.58
-3.57	15.70	15.56	0.16	6.44	0.76	2.66
	-0.01			0.01		0.03
	1.26	1.39	0.24	1.31	0.14	0.93
-0.34	9.77	8.85	0.29	6.34	1.08	2.45
	2.13	2.31	0.27	0.55	0.04	0.42
0.13	2.48	2.43	0.31	2.35	0.40	1.01
	0.19	0.18	0.04	0.12	0.03	0.04
0.01	7.96	7.96	0.72	5.18	1.34	1.79
0.05	2.11	2.35	0.41	2.00	0.38	1.25
	0.21	0.27		0.03		0.08
	0.01	0.02		0.02		0.01
	0.53	0.55	0.01	0.53	0.06	0.21

3-4 有限责任公司

地区	企业单位数(个)	工业销售产值(当年价格)	出口交货值	资产总计	固定资产合计	固定资产原价
全国	**82310**	**274279.80**	**12121.97**	**301474.92**	**118446.73**	**172060.04**
北京	1233	4224.70	137.05	8097.91	2130.40	3489.97
天津	1041	6171.95	185.29	6975.23	2392.67	3027.42
河北	3245	13753.93	454.47	15719.49	6702.35	9295.56
山西	1184	7351.09	165.46	16523.72	6449.82	8281.60
内蒙古	1924	9722.74	66.18	12660.43	6032.59	8449.07
辽宁	2657	10199.50	607.09	12765.54	4658.94	7018.12
吉林	1822	4857.88	51.60	4214.23	1982.60	4077.55
黑龙江	1530	6518.65	80.24	8372.76	4093.25	7290.75
上海	1073	4989.21	459.71	6626.64	1569.31	2594.71
江苏	5049	20105.20	1211.91	18198.06	6382.57	10019.24
浙江	5548	11899.83	1408.10	13454.28	4430.46	6607.59
安徽	2954	8833.57	384.24	9389.29	4341.86	5433.47
福建	3043	7061.51	438.01	6221.56	2785.51	3800.40
江西	2572	7899.30	274.52	5134.66	2250.04	3435.35
山东	7980	36415.75	1443.59	31198.21	10918.52	17435.23
河南	7607	21855.28	242.62	18416.98	7753.80	9803.49
湖北	5081	11833.01	299.39	9468.78	3539.82	5831.08
湖南	2461	7778.31	339.81	6491.47	2475.86	3616.08
广东	9201	23530.03	2733.34	19558.36	7265.92	11568.07
广西	1450	5175.48	108.23	5101.59	2141.24	3049.01
海南	214	670.19	34.96	916.86	249.37	358.62
重庆	1381	4244.16	256.29	5219.77	2095.09	2921.01
四川	4204	12684.46	358.77	17039.93	7041.33	9756.77
贵州	1463	3885.77	66.28	5602.52	2229.00	2775.81
云南	1328	5138.81	58.63	9865.28	4515.65	5631.88
西藏	37	48.02		399.58	234.88	295.51
陕西	2489	9284.42	184.49	11866.45	4181.30	6010.71
甘肃	979	2986.79	23.59	4789.63	2056.52	3114.12
青海	204	773.11	6.00	1973.85	1012.06	1373.62
宁夏	260	1193.44	28.68	2790.04	1337.92	1803.05
新疆	1096	3193.71	13.42	6421.83	3196.07	3895.18

工业企业主要经济指标

单位：亿元

累计折旧	流动资产合计	应收账款	存货	产成品	负债合计
65446.50	**130143.52**	**26787.37**	**31483.37**	**10391.28**	**190618.20**
1365.10	3697.38	1148.16	635.48	201.40	4709.17
1144.27	3753.25	887.58	916.78	359.96	4884.36
3250.09	6016.40	1113.86	1740.62	528.04	10376.15
3229.19	6208.51	1011.29	1039.91	389.79	12176.50
2841.05	4213.94	913.29	673.52	252.29	8140.74
2838.67	5767.72	1106.49	1435.57	376.47	8749.16
2249.97	1392.90	370.59	428.25	119.01	2385.29
3357.76	3127.40	519.30	818.05	266.10	4841.28
1130.12	3975.19	813.53	983.94	209.26	3519.65
3848.82	9061.23	2374.29	2020.71	764.85	11612.73
2663.44	6852.96	1709.49	1611.43	547.30	8467.71
1907.70	3498.22	859.62	878.90	303.86	6112.07
1267.23	2262.75	459.38	669.94	231.16	3813.58
1382.52	2284.84	385.72	618.31	223.62	3111.26
8021.19	15103.93	2116.76	3462.34	1208.45	19780.15
2997.54	8592.22	1361.89	1796.57	605.94	9502.87
2568.14	4708.26	1126.64	1376.79	482.87	5876.24
1351.75	3056.98	983.09	779.72	254.68	4109.84
4818.51	8783.64	2239.19	1976.92	692.92	11862.64
1074.53	2120.46	394.03	521.68	214.56	3381.23
122.57	440.98	81.75	117.37	62.84	505.04
1060.88	2282.08	549.83	464.56	173.02	3306.37
3235.07	6956.20	1397.52	1812.82	518.21	11197.73
781.22	2343.12	391.83	603.81	161.73	3491.15
1409.54	3133.11	438.53	1272.16	240.34	6366.56
67.91	85.77	7.01	8.59	1.81	136.57
2220.62	5241.89	1000.23	1344.66	460.88	7203.06
1341.58	1817.79	326.44	567.46	182.29	3141.63
433.10	549.48	104.96	113.06	35.34	1486.93
526.94	805.75	156.32	224.98	92.03	1886.00
939.48	2009.17	438.75	568.44	230.23	4484.52

3-4 续表 1

地区	流动负债合计	应付账款	所有者权益合计	实收资本	国家资本
全国	**133373.05**	**32560.71**	**110130.68**	**55635.23**	**16459.95**
北京	3210.97	1116.90	3388.37	2102.07	781.51
天津	4096.62	1221.13	2096.04	1372.15	340.13
河北	7986.77	2002.34	5307.11	2798.04	957.18
山西	7663.90	1739.91	4327.14	2151.03	1052.78
内蒙古	4762.89	1134.02	4502.31	2352.82	1141.79
辽宁	6452.97	1396.87	3973.86	2021.99	712.90
吉林	1717.03	452.13	1777.68	1333.25	331.69
黑龙江	3480.73	890.46	3524.83	1356.06	251.58
上海	2775.35	926.36	3086.83	1557.34	517.99
江苏	8992.44	2073.24	6583.62	3018.11	765.71
浙江	6673.27	1454.18	4973.91	2548.54	540.26
安徽	4064.52	974.91	3255.12	1728.47	803.50
福建	2483.79	590.86	2385.30	1286.88	279.81
江西	2379.17	591.46	1984.43	1074.48	176.03
山东	14180.90	2875.63	11286.09	3845.94	772.07
河南	6852.96	1578.51	8786.65	4523.95	574.70
湖北	4378.38	1086.76	3533.51	1784.76	587.60
湖南	2768.84	704.62	2364.02	1348.38	348.79
广东	8549.72	2339.16	7652.54	3822.43	1126.40
广西	2332.79	571.36	1699.58	807.51	353.21
海南	368.77	114.71	411.53	224.57	84.13
重庆	2466.50	588.63	1900.53	817.58	287.47
四川	6796.63	1577.00	5778.56	3597.48	580.85
贵州	2357.86	526.05	2097.99	1112.02	409.34
云南	3437.21	751.34	3496.16	1505.28	691.96
西藏	71.43	32.72	264.04	84.24	39.71
陕西	5061.49	1319.97	4629.39	2063.01	794.12
甘肃	2075.58	454.98	1750.87	1183.18	366.49
青海	747.60	210.28	483.80	358.02	166.65
宁夏	1130.52	306.72	899.25	470.65	202.38
新疆	3055.48	957.50	1929.61	1385.01	421.19

单位：亿元

集体资本	法人资本	个人资本	港澳台资本	外商资本	主营业务收入	主营业务成本	主营业务税金及附加
1453.84	**27048.55**	**9745.97**	**220.80**	**341.19**	**285143.14**	**240928.56**	**5728.91**
8.72	1240.01	71.20	0.21	0.43	4797.89	4322.93	17.66
18.33	891.64	128.44	0.30	2.15	6763.57	6021.41	32.61
62.73	1338.85	415.89	1.89	17.48	14575.26	12797.71	133.85
73.37	768.19	197.83		2.08	9334.74	7857.80	100.28
59.17	871.08	241.55	0.62	4.66	9412.93	7526.66	107.49
16.40	969.32	273.18	23.04	25.27	10433.44	9032.88	117.94
211.60	484.24	290.32	1.83	4.31	5093.00	4419.82	79.44
19.28	902.60	176.76	2.15	2.99	6630.05	4791.31	472.18
58.63	937.79	40.51	0.14	2.28	5347.22	4055.93	547.52
93.61	1390.52	706.16	18.84	43.27	20600.58	17728.35	128.79
78.33	1265.93	648.83	8.70	6.50	11954.76	10126.70	213.87
32.39	657.47	228.46	1.64	5.01	9874.90	8714.34	96.33
34.38	630.23	328.49	12.60	1.29	7027.56	6029.87	119.38
22.16	587.61	288.56	1.58	1.37	8329.91	7239.83	115.58
163.68	1795.92	906.04	77.99	124.22	38901.52	33944.66	394.50
56.87	1756.26	2084.14	18.39	20.80	22738.81	19478.45	324.28
54.71	703.53	416.76	1.81	14.06	12280.66	10310.78	406.58
23.01	595.38	363.19	6.22	11.08	7642.41	6356.69	81.73
47.59	2150.49	430.93	18.48	33.86	23463.90	19936.45	231.17
12.80	346.07	84.77	0.07	1.44	5061.79	4312.87	124.06
5.05	117.91	12.78	3.36	0.28	563.38	453.24	19.46
18.63	433.62	71.52	3.00	2.22	4209.99	3558.69	102.32
134.08	2444.19	405.87	13.93	4.05	13295.11	10938.45	287.19
17.11	361.25	217.34	0.59	1.16	3792.13	2779.25	237.11
35.93	669.32	103.59	0.21	4.28	5108.06	3474.01	754.95
0.50	37.72	3.82	1.30	1.18	51.93	56.81	0.95
32.66	852.24	362.06	1.06	3.29	9688.03	7791.37	305.73
26.43	581.38	80.21	0.50		3083.59	2643.52	95.63
8.61	209.41	21.79			700.19	580.57	4.82
6.01	220.25	40.93			1176.98	924.23	11.61
21.05	838.15	104.05	0.37	0.20	3208.84	2722.97	63.92

3-4 续表 2

地　区	销售费用	管理费用	税金	财务费用	利息收入	利息支出
全　国	**6459.30**	**11508.01**	**620.31**	**4877.19**	**536.43**	**5011.58**
北　京	113.53	255.46	6.88	54.05	12.26	65.38
天　津	102.91	206.02	8.99	78.66	18.70	86.00
河　北	206.93	486.36	29.76	266.21	14.91	276.31
山　西	244.64	646.85	22.78	329.40	32.11	354.84
内蒙古	250.73	419.21	47.68	237.10	13.13	222.94
辽　宁	193.25	474.18	32.45	178.81	32.17	195.25
吉　林	121.89	219.13	18.13	74.68	2.02	64.30
黑龙江	95.09	337.64	16.24	80.36	25.77	96.31
上　海	123.12	308.85	6.09	22.72	29.78	53.42
江　苏	608.35	796.07	31.90	284.84	37.29	308.90
浙　江	259.24	528.13	27.15	235.64	39.72	263.75
安　徽	157.36	385.30	29.35	144.99	12.82	157.53
福　建	134.29	231.23	17.70	114.19	5.78	111.19
江　西	133.47	205.23	11.81	76.91	8.88	76.44
山　东	672.16	1146.02	78.15	598.93	65.83	597.42
河　南	401.29	583.62	30.64	302.71	24.37	291.53
湖　北	333.51	503.49	24.62	160.35	15.60	152.96
湖　南	213.11	425.26	23.04	112.83	8.61	117.75
广　东	694.97	1003.14	33.28	296.61	32.03	267.24
广　西	115.96	213.37	10.79	94.38	7.41	96.97
海　南	33.77	26.51	1.05	7.38	1.59	8.07
重　庆	103.40	195.15	12.26	76.34	10.21	80.11
四　川	462.63	661.37	33.64	292.04	35.82	303.57
贵　州	129.78	207.10	8.73	90.76	13.81	95.82
云　南	117.83	240.47	12.05	200.65	9.70	202.14
西　藏	3.13	5.17	0.05	1.78	0.44	2.18
陕　西	231.07	427.37	24.94	159.69	14.60	163.83
甘　肃	71.16	142.80	6.63	81.11	4.44	84.77
青　海	20.14	26.77	1.45	53.58	0.39	50.16
宁　夏	25.32	67.60	3.69	57.86	2.34	56.36
新　疆	85.27	133.13	8.39	111.63	3.88	108.16

单位：亿元

投资收益（损失以“-”号记）	营业利润	利润总额	亏损企业亏损额	应交增值税	应交所得税	从业人员平均人数（万人）
-26.92	**16946.73**	**17216.45**	**2064.42**	**9809.55**	**2575.72**	**2590.60**
40.66	70.73	131.36	79.23	108.82	32.10	37.68
4.05	379.12	404.47	44.87	251.75	57.13	37.32
-211.98	549.32	582.52	65.26	360.32	86.83	120.54
53.49	203.47	229.36	232.56	393.02	85.87	121.89
-37.37	1072.52	893.99	135.70	395.52	130.61	61.63
2.34	486.94	600.62	64.92	314.84	72.54	101.44
5.83	209.89	233.03	48.90	114.88	29.89	47.56
0.26	872.08	876.58	82.40	375.82	23.39	70.85
48.37	304.99	347.46	91.98	251.53	83.29	34.59
26.37	1138.30	1190.00	54.36	653.13	204.28	155.31
39.48	678.80	738.86	56.11	370.94	124.89	119.29
13.34	558.78	467.44	63.20	307.26	62.22	92.99
-28.59	466.02	449.82	23.36	249.22	62.85	70.19
3.75	505.15	505.03	33.23	286.61	56.65	75.38
24.98	2025.58	2085.96	108.73	1114.97	326.68	286.02
21.05	1687.40	1662.32	100.39	584.50	228.70	244.41
-5.21	692.44	689.17	54.55	374.44	80.25	114.81
-1.97	471.82	463.31	23.39	300.89	51.06	75.93
52.00	1479.29	1507.79	53.76	839.03	218.08	216.19
-27.95	287.01	238.45	59.45	201.22	29.78	46.48
1.06	31.05	35.28	10.06	24.55	7.40	6.10
-51.50	208.92	227.63	45.88	190.15	31.65	52.36
-20.30	708.19	732.56	171.40	539.17	136.27	146.32
10.37	406.97	410.77	65.76	190.32	92.88	38.23
7.91	360.88	361.69	100.97	305.74	76.45	45.45
0.30	-14.84	-4.83	12.82	3.60	1.03	1.10
1.64	812.49	770.36	56.82	402.91	111.13	86.57
14.18	52.12	91.40	24.76	84.32	18.94	28.17
-34.60	15.54	18.72	21.08	29.31	3.55	6.65
12.40	108.41	118.32	10.57	60.85	14.82	14.16
8.72	117.31	157.00	67.94	129.93	34.49	34.99

3-5 股份有限公司

地　区	企业单位数（个）	工业销售产值（当年价格）	出口交货值	资产总计	固定资产合　计	固定资产原　价
全　国	**10308**	**97971.87**	**6419.96**	**114741.98**	**39081.88**	**67044.94**
北　京	215	2109.65	91.20	4007.41	454.65	940.40
天　津	137	2683.14	66.02	3064.70	1735.34	3089.88
河　北	369	3293.02	112.56	3981.46	1847.66	3948.90
山　西	123	1346.89	3.78	2500.24	1075.54	1684.16
内蒙古	195	2668.55	55.21	3472.33	1220.80	1883.58
辽　宁	391	6097.20	336.47	4622.04	2175.06	4501.02
吉　林	306	3447.08	54.86	3128.48	1374.34	2497.19
黑龙江	223	1607.23	7.58	1612.40	634.04	1147.95
上　海	173	2443.08	231.06	4966.72	935.14	2555.19
江　苏	1056	8394.51	625.28	7813.17	2154.47	3661.45
浙　江	703	5721.49	913.93	6386.54	1444.63	2096.69
安　徽	338	3635.04	369.79	4704.71	1631.18	2442.78
福　建	269	1161.29	164.36	2120.83	489.06	722.85
江　西	263	1769.98	84.73	1325.32	482.84	777.97
山　东	1004	11433.69	685.91	10605.80	4478.31	8003.64
河　南	888	5749.82	198.02	5566.57	2050.55	2943.70
湖　北	609	4048.95	148.01	4967.11	1343.95	2206.09
湖　南	492	3674.59	95.40	3872.90	1397.69	1995.03
广　东	721	8867.19	1851.43	9738.93	1793.07	3278.27
广　西	214	1841.72	68.49	1847.24	746.92	1029.99
海　南	32	193.20	6.16	385.84	148.06	229.75
重　庆	161	992.80	28.18	1374.63	510.69	704.92
四　川	592	2667.57	97.30	4188.18	1341.12	2170.36
贵　州	136	564.03	23.43	1098.61	483.90	676.11
云　南	150	1175.51	7.00	1915.41	607.70	751.42
西　藏	10	22.91		104.50	18.08	28.51
陕　西	272	3579.34	33.58	5540.20	1613.73	3074.89
甘　肃	107	2178.79	33.59	3022.01	1090.87	1570.77
青　海	25	581.18	0.08	1465.76	661.65	927.41
宁　夏	29	592.87	14.52	544.13	311.89	460.39
新　疆	105	3429.57	12.03	4797.84	2828.95	5043.68

工业企业主要经济指标

单位：亿元

累计折旧	流动资产合计	应收账款	存货	产成品	负债合计
29499.34	**50312.60**	**9730.95**	**12324.77**	**4147.35**	**61295.25**
480.36	2122.36	475.59	389.65	129.09	1837.61
1416.90	941.52	138.39	174.47	77.29	1738.55
1227.65	1599.37	243.09	316.51	137.95	2113.46
689.89	798.54	115.94	156.93	54.38	1453.18
791.05	1340.91	162.27	354.46	127.62	2101.02
2377.66	1889.66	303.02	773.40	196.51	2681.41
1217.07	1297.37	284.19	333.21	96.91	1659.19
547.44	740.46	186.65	253.53	76.32	857.03
1655.51	1960.20	365.18	377.53	98.95	1699.04
1587.19	4215.39	1007.16	1080.34	353.04	3951.51
809.90	3555.73	827.03	826.37	293.73	2985.27
1001.79	2195.68	364.11	458.61	159.15	2748.81
269.75	1079.59	242.20	213.91	76.89	1041.78
330.52	594.72	110.26	177.55	71.62	773.07
3803.42	4499.23	812.48	1028.81	390.97	5939.39
1120.42	2685.98	566.08	562.44	198.69	3035.60
983.66	2407.35	494.33	475.15	166.30	2603.72
690.60	1903.58	579.16	428.02	119.11	2312.42
1543.33	6002.10	1208.82	1207.05	465.35	5269.71
340.75	742.35	116.49	200.15	71.72	1020.70
95.53	111.67	13.39	21.31	5.07	132.55
224.82	512.73	100.63	79.27	36.32	840.10
977.90	1611.27	360.18	330.80	130.03	2217.67
243.44	385.36	75.22	91.21	31.36	669.00
262.77	793.22	85.39	237.52	54.44	1211.69
10.53	27.67	3.74	6.12	0.92	47.27
1388.95	1217.83	216.91	240.88	86.40	2786.87
534.23	1438.68	93.42	935.68	282.58	1989.52
314.62	376.89	37.83	94.69	30.04	962.32
169.53	185.84	22.32	66.43	21.87	334.67
2392.16	1079.35	119.47	432.73	106.71	2281.11

3-5 续表 1

地 区	流动负债合计	应付账款	所有者权益合计	实收资本	国家资本
全 国	**44906.53**	**12467.02**	**53242.81**	**21696.07**	**8573.79**
北 京	1455.83	419.75	2169.79	672.30	128.27
天 津	1249.05	396.88	1326.54	644.03	388.20
河 北	1336.63	454.68	1864.80	618.72	312.89
山 西	936.98	274.12	1042.99	506.22	67.31
内蒙古	1395.62	347.40	1358.34	487.25	131.68
辽 宁	1974.04	488.73	1933.96	1157.06	755.20
吉 林	1220.91	308.40	1463.78	459.61	88.12
黑龙江	587.30	196.18	752.11	204.35	80.67
上 海	1424.32	537.55	3267.52	721.00	219.79
江 苏	3449.29	909.12	3860.77	1502.70	252.76
浙 江	2589.37	730.23	3400.54	1173.26	44.75
安 徽	1886.00	446.46	1961.26	641.24	141.20
福 建	767.34	144.66	1075.32	336.54	77.67
江 西	609.96	152.07	547.39	273.02	36.27
山 东	4551.73	1096.31	4649.48	1918.46	1048.44
河 南	2174.93	530.07	2483.98	942.04	204.00
湖 北	1978.82	392.51	2348.84	791.08	309.28
湖 南	1563.73	412.13	1549.86	639.57	180.30
广 东	4640.62	1510.72	4450.11	1359.19	362.78
广 西	681.30	180.19	818.98	438.60	115.24
海 南	107.94	10.28	251.86	135.85	48.90
重 庆	547.51	156.29	513.04	192.73	34.22
四 川	1442.12	366.55	1966.69	567.52	105.69
贵 州	426.52	70.02	425.02	173.34	77.02
云 南	919.20	157.28	703.11	269.24	44.26
西 藏	25.06	2.40	57.23	28.66	8.14
陕 西	1509.27	622.16	2750.81	2122.51	1876.92
甘 肃	1393.64	445.46	1022.57	494.82	313.36
青 海	499.13	168.48	503.44	107.74	38.22
宁 夏	219.75	62.62	209.36	114.16	61.82
新 疆	1342.61	477.32	2513.30	2003.28	1020.44

单位：亿元

集体资本	法人资本	个人资本	港澳台资本	外商资本	主营业务收　入	主营业务成　本	主营业务税金及附加
668.15	**7920.41**	**4094.73**	**176.32**	**217.96**	**101784.95**	**82118.07**	**3307.45**
3.31	344.11	186.16	3.47	0.48	2295.98	1837.03	86.88
3.51	193.16	52.80		2.13	2757.67	1812.50	100.39
3.15	170.28	120.20	10.56	1.64	3404.12	2720.03	118.31
15.44	383.62	39.19	0.15		1358.03	942.00	19.92
87.31	153.81	109.54	0.32	4.20	2669.48	2045.64	88.95
207.94	102.39	89.91	0.63	1.00	6115.25	5201.23	405.54
24.07	262.95	80.04		0.20	3219.60	2708.39	82.17
5.09	56.54	58.42	2.29	0.89	1627.64	1357.68	109.04
7.75	328.69	140.29	8.22	16.26	3003.07	2558.78	80.31
35.17	736.02	429.59	7.11	42.04	8589.74	7184.16	188.92
17.08	598.24	498.23	6.08	8.88	5713.77	4694.92	138.18
9.67	293.97	166.11	23.82	6.48	3769.63	3206.23	47.96
7.20	126.95	108.63	15.37	0.73	1233.79	1008.88	9.71
43.10	91.29	100.61	1.00		1889.52	1615.95	55.10
38.00	474.51	310.04	22.49	24.97	12137.84	9920.16	407.37
9.26	416.35	286.36	3.69	20.01	5908.40	5047.67	120.26
11.86	200.57	265.88	0.26	1.79	3794.24	3106.98	97.13
13.92	285.21	92.05	41.05	27.04	3690.30	3083.06	92.91
26.58	458.50	460.64	22.90	11.39	9038.95	6996.13	237.70
3.08	272.49	44.09	0.88	0.65	1835.68	1504.05	119.57
1.45	62.57	22.33		0.60	188.15	119.43	2.48
7.23	86.14	55.22	0.13	9.51	991.63	792.04	16.22
18.30	270.85	143.62	1.63	26.01	2970.96	2434.01	48.03
3.42	59.48	33.42			533.99	407.72	9.41
6.71	161.39	56.37	0.42	0.09	1384.87	1212.35	4.87
	15.75	4.77			20.73	10.97	0.32
43.29	122.72	68.38	0.13	7.51	3348.55	1990.37	170.28
4.21	155.73	20.41	0.43	0.67	3503.79	3236.82	106.93
1.87	51.98	14.90		0.77	528.00	328.44	33.71
6.39	35.30	10.65			604.19	521.93	51.22
2.80	948.84	25.89	3.29	2.02	3657.39	2512.51	257.68

3-5 续表 2

地 区	销售费用	管理费用	税金	财务费用	利息收入	利息支出
全 国	**3423.58**	**4773.77**	**252.14**	**1340.96**	**322.88**	**1554.12**
北 京	116.45	157.43	3.41	22.03	16.05	34.96
天 津	57.24	98.43	10.64	31.90	5.06	27.61
河 北	74.09	163.74	5.53	63.99	8.75	70.30
山 西	152.04	96.13	3.31	35.13	2.81	37.82
内蒙古	70.89	94.27	10.64	47.26	5.89	47.79
辽 宁	77.16	246.56	13.79	65.39	5.91	72.09
吉 林	180.01	157.08	8.36	56.09	2.13	51.88
黑龙江	37.41	96.16	5.84	23.78	1.31	23.94
上 海	122.65	182.74	4.41	-5.59	33.08	31.46
江 苏	254.94	344.91	13.05	87.06	20.60	96.81
浙 江	166.88	277.46	10.67	66.82	24.38	80.36
安 徽	167.05	165.21	13.55	58.53	15.28	68.28
福 建	43.75	72.87	2.86	24.96	7.90	29.55
江 西	32.40	52.30	3.42	16.93	2.19	19.80
山 东	249.34	510.58	19.05	157.23	21.79	163.57
河 南	145.64	244.73	12.95	87.15	13.51	92.11
湖 北	183.08	235.33	14.04	49.16	9.02	52.13
湖 南	120.48	174.68	7.35	47.92	17.15	65.68
广 东	710.20	448.59	27.39	67.94	32.51	84.16
广 西	67.60	73.24	3.43	24.92	4.44	27.84
海 南	5.08	10.04	0.35	5.19	0.47	5.07
重 庆	63.21	62.43	3.03	21.38	2.68	23.07
四 川	85.76	140.33	7.53	50.93	12.66	59.26
贵 州	38.56	38.60	1.64	21.45	1.88	22.04
云 南	47.76	53.96	2.57	35.11	4.88	41.22
西 藏	1.75	1.99	0.03		0.35	0.34
陕 西	42.85	262.80	20.08	54.34	12.80	64.21
甘 肃	28.27	91.05	4.30	36.21	19.81	61.74
青 海	21.60	28.50	3.93	24.76	2.48	23.03
宁 夏	11.33	18.10	1.50	12.64	0.35	12.76
新 疆	48.09	173.54	13.48	50.34	14.77	63.22

单位：亿元

投资收益（损失以"-"号记）	营业利润	利润总额	亏损企业亏损额	应交增值税	应交所得税	从业人员平均人数（万人）
893.20	**7812.24**	**8042.91**	**927.14**	**4096.28**	**1028.93**	**786.70**
97.07	169.60	190.24	27.54	75.73	21.94	18.21
5.72	665.54	664.52	8.52	138.43	130.20	11.35
27.60	247.31	256.14	80.51	138.18	35.07	28.01
13.17	131.53	129.12	13.85	97.89	33.41	16.91
14.63	344.23	337.53	13.36	151.98	28.70	14.43
6.61	90.96	82.67	146.53	173.59	19.92	30.99
8.07	58.55	51.22	93.31	80.07	13.51	28.01
6.15	5.92	6.06	56.85	53.47	17.11	16.24
291.22	353.71	357.47	15.30	80.07	26.63	10.66
29.85	565.72	577.09	38.79	370.95	110.95	59.48
56.03	426.25	456.69	6.12	167.48	62.95	43.24
27.00	210.48	233.96	5.61	115.25	32.07	34.85
25.38	118.65	126.53	10.69	46.15	15.55	15.09
7.92	113.12	115.00	5.28	57.14	9.55	13.09
17.72	911.01	918.68	41.25	431.65	128.42	81.00
8.71	266.54	293.80	74.34	187.13	54.52	74.06
68.71	297.58	311.39	33.16	120.44	33.23	37.93
-3.18	187.83	201.30	14.83	141.72	22.72	25.20
115.82	684.49	731.66	14.77	564.03	104.62	79.01
-2.59	77.23	89.32	17.47	99.54	9.59	13.20
5.12	51.47	51.58	1.00	13.66	7.38	1.72
23.82	74.98	76.97	5.57	47.80	4.57	10.99
20.62	186.89	184.58	28.90	101.72	23.27	32.93
4.35	18.42	21.43	18.48	29.90	4.72	11.32
10.94	48.55	50.98	28.67	41.10	8.61	9.79
0.07	5.09	5.44	0.17	2.71	0.77	0.41
1.54	893.22	888.28	18.53	293.55	30.04	26.80
-0.32	-5.91	-0.01	45.88	40.70	8.54	13.34
1.16	73.94	83.66	7.26	40.82	4.94	7.61
1.39	-10.55	-8.50	13.88	22.75	0.78	4.10
2.90	549.88	558.11	40.72	170.69	24.66	16.72

3-6 私营工业企业

地区	企业单位数(个)	工业销售产值(当年价格)	出口交货值	资产总计	固定资产合计	固定资产原价
全国	**208409**	**341836.32**	**17084.72**	**187704.40**	**65738.61**	**103175.81**
北京	1079	888.37	38.53	1116.67	164.63	250.83
天津	2436	4186.24	213.14	2465.47	749.66	1007.58
河北	9023	20492.17	426.72	10850.87	5109.46	6752.63
山西	2332	5260.71	55.19	5817.72	1750.44	2723.22
内蒙古	1865	5208.44	24.79	3456.83	1324.04	1679.06
辽宁	11512	24112.55	589.99	9873.00	4685.08	7838.77
吉林	2683	5693.87	66.74	2178.02	1055.38	3706.60
黑龙江	2126	3278.44	26.15	1623.84	609.09	911.55
上海	3934	3539.14	319.70	3557.45	661.76	972.51
江苏	30583	51019.15	2712.21	27503.56	8204.11	13592.74
浙江	26219	24941.22	4585.31	22286.98	5083.72	7267.26
安徽	11806	13707.04	507.51	7004.99	2380.81	3779.35
福建	8183	10567.86	1135.68	5455.12	1624.44	2210.95
江西	4217	9745.74	361.17	3547.83	1612.40	2561.39
山东	25995	55252.76	2046.96	22791.46	9548.49	15406.62
河南	10724	21993.01	148.81	11918.91	5642.63	6746.57
湖北	7686	12064.72	306.69	5305.56	2113.83	5841.67
湖南	9194	15367.17	322.79	5804.35	2783.29	3567.92
广东	15883	20692.26	2575.49	11773.89	2885.49	5209.87
广西	2970	5774.26	122.59	2807.50	927.59	1211.33
海南	46	66.91	6.81	60.51	13.57	19.45
重庆	3548	5741.40	232.26	3250.13	1098.23	1702.58
四川	7115	12181.55	123.46	6674.54	2346.87	4006.85
贵州	1639	1927.53	3.58	1631.37	465.78	517.11
云南	1666	2284.42	48.07	2258.11	638.05	839.41
西藏	19	15.97	0.15	29.46	5.20	5.88
陕西	1448	2153.41	21.04	1468.26	601.34	846.99
甘肃	677	774.06	9.85	743.28	244.92	400.47
青海	242	596.10	1.98	708.17	311.93	398.27
宁夏	688	1104.33	15.75	1709.51	477.65	482.42
新疆	871	1205.53	35.63	2031.03	618.77	717.98

主要经济指标

单位：亿元

累计折旧	流动资产合计	应收账款	存货	产成品	负债合计
43358.32	**99272.00**	**24676.23**	**23118.89**	**10101.74**	**101333.98**
93.48	783.47	269.71	202.44	74.28	634.45
312.87	1418.93	318.73	307.54	108.24	1456.74
1970.40	4608.05	914.27	1069.25	476.14	5356.25
1151.18	3092.22	559.47	662.86	282.31	4336.15
507.33	1536.74	295.88	301.97	133.89	2108.59
3674.92	4043.54	895.12	897.27	427.19	4255.39
2739.29	815.37	177.12	229.66	106.99	954.92
371.37	846.74	216.24	261.77	110.32	867.92
372.32	2486.02	880.05	630.68	258.68	2095.74
5740.47	16157.55	4957.55	3605.54	1534.30	16142.06
2666.59	14281.78	3964.98	3141.47	1400.79	14602.12
1631.87	3767.75	1182.50	990.17	437.35	3579.26
753.90	3177.79	886.36	847.19	406.66	2803.68
1118.44	1502.76	345.08	434.66	220.86	1544.91
6841.10	11015.29	2011.22	2592.32	1101.87	10792.17
1599.78	5285.13	769.10	725.37	316.28	3792.79
3930.56	2640.30	610.37	725.92	360.96	2504.80
995.77	2138.32	517.26	585.19	280.52	2576.10
2619.23	7398.04	2228.54	1988.27	728.54	7160.33
367.90	1591.29	414.51	438.57	203.42	1721.66
7.79	32.93	8.03	9.43	4.95	41.80
736.95	1731.11	509.34	373.93	177.67	1869.16
1893.60	3440.68	750.59	708.71	342.75	3633.93
119.54	874.00	137.27	131.73	52.64	1024.55
293.03	1277.03	217.57	314.87	152.84	1402.92
1.37	17.26	2.88	2.56	1.11	7.34
297.65	671.94	153.64	163.48	81.85	709.76
186.15	392.04	87.42	120.13	64.01	412.13
113.08	320.60	47.99	85.26	39.70	435.18
99.41	959.34	125.21	293.82	98.62	1156.22
150.99	967.96	222.21	276.86	115.98	1354.95

3-6 续表 1

地　区	流动负债合　计	应付账款	所有者权益合计	实收资本	国家资本
全　国	**84505.99**	**18168.08**	**84938.19**	**36729.07**	**150.78**
北　京	586.13	225.29	482.12	215.97	
天　津	1256.74	221.49	996.98	569.04	0.32
河　北	4612.14	1162.65	5339.03	2000.12	1.95
山　西	3562.54	828.78	1472.84	1159.59	7.90
内蒙古	1576.28	347.85	1320.46	589.31	3.15
辽　宁	3166.54	643.73	5524.11	1946.92	6.75
吉　林	693.69	206.80	1179.39	443.18	1.17
黑龙江	715.12	147.36	742.20	356.50	2.45
上　海	1927.02	637.10	1455.18	676.59	0.88
江　苏	14711.57	2859.45	11303.19	5089.04	17.63
浙　江	13522.69	2331.41	7634.60	3489.52	1.14
安　徽	2960.48	714.69	3363.26	1617.88	3.88
福　建	2332.70	542.56	2578.91	1216.15	4.34
江　西	1180.67	266.58	1934.69	1352.45	7.48
山　东	8403.32	1484.29	11719.82	3731.37	20.79
河　南	2800.88	521.07	7955.11	3606.98	9.56
湖　北	1906.80	502.26	2737.83	1462.31	7.19
湖　南	1880.19	356.12	3189.16	1632.56	8.15
广　东	6091.17	1779.97	4528.85	1681.45	1.99
广　西	1393.60	349.15	1095.92	366.15	1.62
海　南	39.99	9.75	18.56	8.61	
重　庆	1492.91	380.94	1355.47	455.79	2.38
四　川	2715.72	581.18	2940.89	1022.57	13.11
贵　州	738.45	136.02	634.34	467.09	7.41
云　南	1219.87	214.15	853.94	311.61	4.50
西　藏	6.57	0.95	22.22	6.89	0.17
陕　西	555.74	139.74	746.22	332.45	0.94
甘　肃	310.54	77.64	322.14	167.49	1.80
青　海	338.88	74.59	270.99	143.21	0.92
宁　夏	824.11	143.54	548.14	282.03	0.75
新　疆	982.93	281.00	671.63	328.26	10.44

单位：亿元

集体资本	法人资本	个人资本	港澳台资本	外商资本	主营业务收入	主营业务成本	主营业务税金及附加
413.74	**14208.00**	**21366.54**	**125.20**	**138.53**	**342002.60**	**293764.75**	**2323.30**
	60.00	155.90	0.06		946.22	753.31	4.00
5.37	105.71	456.66	0.67	0.25	4369.28	3825.70	15.79
3.75	790.78	1200.80	2.34	0.34	20395.77	17619.51	98.04
18.02	367.41	754.28	1.30	0.34	5122.23	4587.45	23.93
5.41	329.71	244.40	1.45	2.82	5190.14	4192.67	40.78
27.47	805.12	1100.44	2.33	2.84	23899.85	20694.06	191.61
8.04	182.09	249.59	0.20	0.89	5557.30	4764.17	45.91
6.30	85.10	260.91	0.10	0.76	3245.19	2837.21	23.44
12.97	243.45	417.96	0.49	0.83	3686.12	3097.03	9.78
45.10	1645.97	3290.12	34.68	55.55	51487.75	44861.05	274.07
4.82	1135.11	2332.72	10.18	5.56	24943.44	21604.19	117.79
17.19	470.20	1109.59	1.74	15.27	13665.18	11767.30	80.78
16.08	396.91	793.46	3.98	1.09	10561.55	9068.63	67.29
5.43	921.34	416.64	0.96	0.31	10216.27	8798.41	66.76
73.87	1440.67	2157.47	12.91	25.28	55679.41	48150.53	391.83
37.92	1285.61	2243.73	21.87	2.40	21819.98	18561.34	139.01
16.36	708.89	619.69	0.71	4.21	11892.61	10154.66	115.69
32.67	778.68	800.05	3.54	9.89	15300.40	12436.24	202.38
23.25	774.85	840.17	19.80	6.38	20638.29	17946.02	95.70
7.25	135.36	216.88	0.95	0.31	5622.49	4815.02	31.38
	4.17	4.44			68.61	62.76	0.24
4.42	198.42	247.41	1.15	1.09	5762.65	4866.81	47.35
17.21	418.38	566.52	0.92	1.54	12216.31	10284.45	148.80
5.02	118.70	163.68	0.29	0.01	1792.30	1393.65	35.24
4.61	125.84	176.50	0.13		2286.80	1935.06	15.02
	4.92	1.61			15.47	8.75	0.30
4.01	139.30	185.86	2.38		2105.17	1671.70	23.94
3.95	87.50	73.71	0.01	0.01	669.38	583.70	2.98
0.17	95.78	46.29	0.06		504.96	444.41	4.65
2.33	182.86	95.56		0.15	1120.69	986.48	3.29
4.75	169.16	143.50		0.41	1220.81	992.48	5.52

3-6 续表 2

地　区	销售费用	管理费用	税金	财务费用	利息收入	利息支出
全　国	**7161.74**	**10719.69**	**671.17**	**3471.55**	**204.37**	**2965.57**
北　京	61.15	81.56	1.13	7.54	1.06	7.32
天　津	51.47	100.42	4.83	28.75	2.33	20.77
河　北	302.29	411.16	24.38	167.98	7.54	151.86
山　西	109.51	149.88	9.42	127.47	3.52	111.23
内蒙古	89.42	168.89	29.83	53.96	2.46	46.80
辽　宁	433.80	741.06	66.23	134.64	3.30	99.01
吉　林	143.08	220.35	13.73	51.26	0.93	37.44
黑龙江	57.53	91.56	3.95	24.40	0.43	20.68
上　海	131.87	254.98	3.47	44.72	2.64	36.08
江　苏	937.38	1585.60	68.60	547.46	44.84	495.30
浙　江	546.28	1038.22	47.61	506.36	55.49	512.24
安　徽	340.68	389.77	29.50	125.83	4.51	106.32
福　建	264.66	376.48	21.76	107.34	5.22	92.82
江　西	171.40	191.02	11.27	54.61	1.93	44.66
山　东	912.96	1154.15	113.35	485.59	19.72	369.38
河　南	433.56	360.40	17.97	162.90	3.71	129.64
湖　北	326.29	441.89	28.80	141.12	3.66	98.89
湖　南	460.81	808.40	72.91	134.77	5.17	104.26
广　东	478.51	801.79	24.56	141.46	14.37	113.77
广　西	123.52	274.93	11.20	50.33	2.18	43.36
海　南	1.68	3.24	0.11	0.97	0.02	0.90
重　庆	150.31	231.23	17.22	58.06	7.58	54.09
四　川	334.28	453.07	26.15	141.06	5.71	119.95
贵　州	60.02	92.64	6.08	26.46	0.58	21.61
云　南	64.21	96.18	4.24	36.44	1.53	34.07
西　藏	0.35	1.48	0.04	-0.17	0.21	0.03
陕　西	63.88	79.94	5.56	23.95	0.92	18.94
甘　肃	19.29	20.71	0.93	12.61	0.71	10.57
青　海	16.48	21.87	1.82	16.40	-0.28	11.90
宁　夏	30.03	31.35	2.78	30.94	0.98	25.86
新　疆	45.08	45.47	1.73	26.36	1.40	25.84

单位：亿元

投资收益（损失以“-”号记）	营业利润	利润总额	亏损企业亏损额	应交增值税	应交所得税	从业人员平均人数（万人）
-579.79	**24038.21**	**23327.08**	**744.33**	**9961.18**	**2584.46**	**3359.39**
2.19	43.84	53.76	4.82	28.96	9.08	14.49
2.43	377.67	361.39	13.35	123.63	30.54	36.24
-213.42	1616.56	1569.64	48.35	479.70	142.87	153.99
-1.52	146.32	124.58	87.69	154.05	18.82	49.43
-23.35	619.87	454.07	28.24	150.39	41.03	32.13
-76.07	1768.00	1660.31	34.02	620.86	140.13	164.87
-0.37	320.39	281.63	3.99	117.14	22.07	35.36
-2.79	207.21	197.01	13.83	91.20	12.04	26.27
6.83	162.44	179.01	27.61	88.37	28.27	54.26
-40.46	3320.12	3204.77	87.59	1788.66	580.94	467.65
42.70	1222.56	1261.80	73.87	662.15	176.35	359.82
-4.54	988.04	967.52	13.85	344.02	89.86	141.96
-36.50	721.05	698.41	7.65	300.44	57.25	144.96
-6.11	821.53	805.06	17.62	366.99	50.43	86.63
-27.47	4099.01	4066.97	36.84	1618.31	480.76	387.87
-8.93	2068.43	2062.45	23.14	532.54	206.92	211.86
-9.80	844.78	820.05	12.92	341.47	66.61	112.60
-46.99	1085.28	1016.52	10.40	602.36	81.49	170.00
8.44	1169.96	1155.77	48.46	446.87	122.65	318.63
-61.94	373.72	370.83	18.57	144.54	20.64	63.42
	0.39	0.29	1.28	1.59	0.24	1.12
-39.06	419.08	410.14	13.82	249.16	39.12	72.50
-24.94	880.29	837.86	20.27	414.13	87.92	136.34
1.29	168.67	163.65	23.97	68.08	19.41	24.69
-7.57	137.33	139.67	21.53	69.44	13.74	33.27
	4.86	5.01	0.21	1.26	0.76	0.20
-2.50	242.47	230.00	6.02	91.34	27.15	22.50
10.13	31.61	32.92	7.71	8.56	2.15	8.05
-24.86	25.78	30.33	8.40	11.24	2.15	4.54
0.79	46.27	53.55	11.16	16.39	4.48	11.31
4.57	104.66	112.12	17.13	27.35	8.59	12.43

3-7 港澳台商投资

地　区	企业单位数（个）	工业销售产值（当年价格）	出口交货值	资产总计	固定资产合　计	固定资产原　价
全　国	**26455**	**88351.20**	**29132.59**	**73052.56**	**22281.06**	**37866.53**
北　京	223	1161.98	142.54	1466.86	186.00	367.49
天　津	333	2862.59	345.09	2540.96	626.79	1106.99
河　北	281	2156.76	175.19	2079.70	879.60	1332.48
山　西	50	623.87	365.46	704.50	310.27	444.34
内蒙古	77	307.42	13.19	607.76	301.23	377.45
辽　宁	464	2211.99	262.53	2174.27	651.93	1022.35
吉　林	73	917.34	45.35	428.82	219.06	351.30
黑龙江	70	314.21	4.40	444.34	225.18	294.02
上　海	1205	5093.99	2278.95	3763.66	903.48	1991.29
江　苏	4107	14531.42	4541.79	11791.97	4099.28	7569.30
浙　江	3298	7563.48	1833.36	7945.71	1761.63	2695.42
安　徽	308	1634.04	151.06	906.99	324.78	522.58
福　建	2712	7287.63	2392.56	5822.23	1410.13	2328.77
江　西	524	1987.79	507.01	1053.33	463.26	673.37
山　东	1080	3968.85	780.32	2832.17	1113.24	1857.53
河　南	264	3099.43	1875.15	2467.38	674.10	878.14
湖　北	374	1928.01	378.46	1252.81	542.18	1028.68
湖　南	336	1164.66	146.02	778.77	340.22	466.28
广　东	9784	23919.13	10214.99	18847.19	4837.35	9284.94
广　西	279	1138.94	277.98	802.55	333.99	485.39
海　南	24	39.08	3.92	49.50	18.75	30.82
重　庆	138	1647.23	934.04	1483.20	654.06	844.13
四　川	203	2131.49	1433.44	1913.92	1007.71	1311.38
贵　州	31	84.87	1.48	126.54	76.43	94.27
云　南	85	207.98	6.64	281.70	106.79	165.42
西　藏						
陕　西	59	222.78	14.91	176.56	75.57	154.68
甘　肃	20	33.88		88.45	56.73	76.93
青　海	12	43.14		97.61	39.22	51.01
宁　夏	11	25.40	2.83	53.09	11.54	14.29
新　疆	30	41.82	3.92	70.02	30.55	45.48

工业企业主要经济指标

单位：亿元

累计折旧	流动资产合计	应收账款	存货	产成品	负债合计
16775.27	**42275.75**	**12002.60**	**9576.44**	**3340.90**	**41957.58**
183.81	1074.80	312.93	245.38	54.72	917.37
511.35	1795.29	691.07	318.77	133.78	1800.31
538.40	967.37	165.76	267.93	84.29	1279.51
140.13	348.66	63.68	60.69	23.98	503.83
99.57	202.01	36.33	42.43	17.39	406.11
411.41	1253.35	186.31	223.98	73.29	1226.26
147.52	172.27	50.76	43.06	18.32	277.31
115.64	194.40	30.37	54.60	14.58	256.28
1095.41	2450.67	817.68	558.23	182.18	2105.67
3562.58	6391.39	1969.53	1400.04	486.54	6416.55
1067.35	5140.65	1139.41	1069.83	437.91	4515.37
215.90	466.58	186.88	110.12	39.00	538.08
991.58	3408.95	975.89	722.73	295.86	2982.35
267.58	408.99	111.77	102.59	46.92	499.89
823.12	1465.18	341.46	356.59	150.26	1514.89
256.18	1587.49	478.20	253.13	34.27	1673.08
524.53	567.64	149.68	139.90	53.87	687.04
150.52	321.31	66.09	60.08	24.13	379.26
4701.45	11944.44	3679.58	3054.50	1018.88	10911.26
173.78	360.64	93.48	95.37	33.74	462.74
13.09	27.36	5.82	4.97	1.28	18.44
227.01	591.16	162.30	168.52	32.41	1072.54
324.45	744.59	200.62	124.43	47.95	967.39
18.04	39.72	8.79	7.52	2.75	107.79
61.45	150.11	35.00	36.81	12.76	143.28
93.14	83.11	18.81	19.00	6.37	78.57
27.60	22.55	5.99	5.13	1.56	40.46
12.99	32.53	1.27	7.74	1.21	94.69
4.19	27.26	6.78	7.85	2.85	40.91
15.50	35.28	10.37	14.55	7.83	40.31

3-7 续表 1

地区	流动负债合计	应付账款	所有者权益合计	实收资本	国家资本
全国	**35592.46**	**12172.48**	**30731.91**	**18879.07**	**637.88**
北京	841.87	398.12	549.49	272.56	5.48
天津	1571.74	684.17	738.51	423.18	6.71
河北	949.69	266.03	797.19	352.15	48.55
山西	386.86	143.01	200.65	160.55	11.58
内蒙古	284.10	55.11	198.96	1610.62	28.95
辽宁	955.46	166.14	915.40	524.07	36.15
吉林	171.73	48.21	150.96	83.38	7.90
黑龙江	213.57	28.60	188.07	67.78	5.74
上海	1968.88	1048.51	1654.14	935.13	24.29
江苏	5560.24	1554.36	5367.39	3270.55	67.06
浙江	4108.91	947.01	3398.83	1936.41	35.02
安徽	464.74	179.98	363.44	234.26	6.18
福建	2499.37	715.50	2806.36	1460.28	14.73
江西	379.51	128.29	540.04	357.69	25.16
山东	1230.12	281.81	1299.33	584.82	28.22
河南	1537.04	767.10	791.05	333.84	35.58
湖北	454.53	146.33	551.66	316.19	14.22
湖南	298.17	77.21	396.61	169.05	6.72
广东	9469.04	3652.65	7853.66	4858.35	141.41
广西	365.03	120.38	334.32	169.59	4.33
海南	17.51	5.90	31.06	15.15	
重庆	731.32	356.25	408.74	240.86	20.76
四川	788.44	312.14	843.81	256.19	19.89
贵州	40.78	9.63	18.67	24.74	2.03
云南	101.88	34.66	138.42	76.63	17.82
西藏					
陕西	55.42	17.73	103.47	65.44	11.03
甘肃	21.24	4.82	47.28	26.59	7.50
青海	56.53	3.51	2.88	20.53	3.57
宁夏	33.69	8.39	12.18	8.83	0.20
新疆	35.07	10.93	29.35	23.65	1.07

单位：亿元

					主营业务收　入	主营业务成　本	主营业务税金及附加
集体资本	法人资本	个人资本	港澳台资本	外商资本			
147.64	**3465.79**	**2242.31**	**10493.84**	**1849.28**	**88811.39**	**76536.83**	**548.15**
0.32	96.07	13.63	156.23	0.83	1508.10	1256.87	4.78
10.00	98.93	10.26	185.89	111.39	3007.55	2588.05	10.51
7.67	96.09	11.43	174.40	14.01	2270.36	1982.44	7.66
	43.32	8.44	60.35	36.86	643.51	512.11	1.60
4.04	38.88	1460.71	62.05	15.06	314.03	260.48	3.89
0.45	164.61	19.83	248.37	54.67	2041.04	1772.35	7.99
0.04	16.80	3.02	48.10	7.51	887.99	818.98	5.74
2.53	8.45	4.67	36.72	9.67	312.63	247.67	2.53
9.75	171.82	45.49	648.63	35.15	5149.64	4529.06	104.54
25.23	572.22	177.57	2001.73	426.31	14473.66	12676.02	57.13
9.51	426.34	100.94	1350.94	13.66	7573.08	6454.65	64.69
0.18	70.73	23.82	117.21	16.14	1608.43	1359.69	10.45
6.94	266.22	56.47	942.07	173.82	7333.46	6219.81	35.39
1.24	60.14	27.03	216.02	28.10	2094.62	1795.99	8.51
21.51	157.72	50.09	246.11	81.18	3951.48	3366.26	22.64
5.63	66.76	42.90	136.46	45.82	3349.74	2986.38	7.57
4.22	71.59	11.71	131.92	78.60	1775.52	1524.47	7.59
1.76	69.34	13.20	58.86	18.97	1143.64	927.55	11.08
23.33	689.95	123.59	3249.35	592.34	23755.20	20412.52	152.43
2.76	33.98	5.72	105.42	16.37	1087.27	942.57	8.73
0.13	4.54	1.31	8.75	0.31	39.54	24.58	0.40
2.59	73.64	10.92	121.44	11.52	1678.01	1577.77	3.17
0.87	116.41	11.69	80.32	26.14	2159.09	1775.95	4.93
0.07	1.80	0.46	11.36	9.02	78.52	60.02	0.64
1.67	16.95	3.92	21.29	14.98	209.38	157.57	1.45
4.90	13.69	2.24	32.56	5.24	212.72	178.24	1.14
	6.79	0.35	8.99	2.97	32.35	26.57	0.12
	6.07	0.63	10.06	0.21	49.20	43.73	0.56
	2.12		4.51	2.00	27.58	22.84	0.17
0.30	3.84	0.26	17.76	0.42	44.04	35.64	0.11

3-7 续表 2

地　区	销售费用	管理费用	税金	财务费用	利息收入	利息支出
全　国	**2440.56**	**3500.33**	**157.15**	**710.20**	**187.65**	**800.43**
北　京	124.18	77.52	1.66	6.71	3.61	10.88
天　津	103.24	80.16	4.47	26.05	5.25	29.48
河　北	77.75	75.90	4.27	31.26	3.64	31.71
山　西	7.82	15.68	1.12	13.20	0.97	10.04
内蒙古	8.93	10.94	1.67	8.10	0.22	11.21
辽　宁	45.28	63.42	5.33	28.36	3.37	24.94
吉　林	62.07	19.18	2.33	7.40	0.24	7.37
黑龙江	14.48	23.98	0.70	3.14	-0.13	4.58
上　海	118.62	222.77	4.73	3.51	25.16	31.00
江　苏	295.25	520.71	19.88	110.29	37.08	136.36
浙　江	197.97	353.05	15.82	106.90	37.13	132.57
安　徽	28.60	50.16	4.66	12.87	1.18	9.71
福　建	227.43	300.35	17.42	65.75	17.07	74.88
江　西	35.83	46.76	3.00	12.24	0.60	11.14
山　东	112.51	140.62	10.67	44.71	5.66	38.39
河　南	54.01	71.28	3.15	12.41	10.41	22.99
湖　北	68.47	77.16	4.20	17.73	1.22	15.94
湖　南	31.41	54.48	3.16	8.15	0.57	8.01
广　东	721.97	1140.61	41.06	134.09	34.10	127.15
广　西	17.75	41.03	2.04	9.10	1.49	10.91
海　南	4.27	2.11	0.07	0.23	0.05	0.21
重　庆	21.57	47.85	1.84	23.43	-3.40	22.26
四　川	31.37	29.18	1.94	13.54	0.86	16.09
贵　州	3.20	3.09	0.28	3.94	0.05	4.17
云　南	9.56	12.41	0.41	3.34	0.43	3.58
西　藏						
陕　西	5.66	10.99	0.48	0.49	0.62	1.55
甘　肃	0.20	2.45	0.24	0.91	0.10	0.88
青　海	5.02	2.10	0.38	1.27		1.24
宁　夏	1.36	1.87	0.09	0.52	0.02	0.46
新　疆	4.79	2.52	0.08	0.57	0.06	0.73

单位：亿元

投资收益（损失以“-”号记）	营业利润	利润总额	亏损企业亏损额	应交增值税	应交所得税	从业人员平均人数（万人）
-20.28	**5387.86**	**5455.83**	**482.81**	**2599.88**	**822.23**	**1206.28**
5.79	45.96	50.23	23.26	29.72	11.07	9.01
22.41	247.64	256.98	11.80	182.59	23.81	22.77
-8.80	94.84	99.88	12.31	59.96	18.52	18.01
-51.40	23.09	22.77	2.40	10.42	2.31	8.47
0.31	24.28	23.75	3.45	10.90	2.87	2.48
1.37	141.08	136.29	15.92	79.76	15.06	13.51
-0.66	25.26	23.05	8.16	27.57	3.17	3.34
-0.08	21.69	23.01	3.38	7.98	2.06	3.15
21.33	213.19	227.71	23.97	88.01	38.97	41.23
-7.04	874.42	876.93	101.63	398.98	164.50	158.83
24.87	443.17	477.53	38.29	216.26	64.25	90.58
-10.79	155.40	110.07	4.29	48.27	10.96	13.29
-35.83	533.79	541.76	27.60	208.70	66.24	112.19
-1.68	165.06	163.33	3.79	65.45	11.08	30.31
-1.15	284.71	287.83	14.09	125.04	50.37	34.14
4.27	173.28	181.63	7.05	158.71	26.91	46.79
-5.53	108.38	114.09	4.58	52.24	14.02	18.95
-0.44	102.01	100.71	2.12	41.72	10.82	18.02
23.47	1320.87	1330.16	125.45	586.02	248.28	502.64
-1.17	90.40	91.02	6.79	36.41	7.92	16.42
0.15	8.32	9.38	0.22	3.42	1.94	0.54
3.04	30.14	31.39	28.59	24.71	7.73	13.65
0.10	205.72	216.67	4.77	108.96	10.53	20.18
-0.19	7.47	8.17	0.08	3.68	1.07	0.68
-0.94	24.33	25.75	1.28	8.87	4.39	2.75
0.50	20.85	21.75	2.50	10.57	2.64	2.11
0.07	2.05	2.36	0.13	0.74	0.21	0.46
-2.25	-2.10	-2.01	3.25	2.42	0.13	0.48
	1.43	1.72	0.48	0.55	0.13	0.42
	1.13	1.92	1.17	1.28	0.24	0.89

3-8 外商投资工业企业

地区	企业单位数（个）	工业销售产值（当年价格）	出口交货值	资产总计	固定资产合计	固定资产原价
全国	**30913**	**152921.96**	**46802.46**	**115608.86**	**36476.71**	**64771.88**
北京	665	5531.34	1089.31	4971.96	1018.54	1878.55
天津	1326	7771.84	1900.28	4747.22	1541.51	2600.56
河北	632	3494.10	348.96	3042.13	1134.12	1869.44
山西	95	524.11	29.81	1018.23	507.27	760.04
内蒙古	107	1131.84	34.89	1876.22	959.74	1046.74
辽宁	1411	6756.74	1473.13	5539.19	1854.86	3142.68
吉林	260	1783.28	113.32	1544.11	501.08	888.34
黑龙江	160	862.46	25.44	1012.97	417.19	697.84
上海	3087	14710.97	4524.85	12426.03	2840.53	5788.08
江苏	7277	33184.90	13643.17	23411.73	7748.59	14798.74
浙江	3246	7745.24	2448.32	7371.23	2091.62	3246.11
安徽	477	2387.32	210.24	1552.37	565.73	991.89
福建	1552	6118.56	2233.55	4680.83	1382.16	2199.19
江西	320	1728.38	322.18	1239.00	620.65	1016.03
山东	3285	14358.54	3177.69	8431.20	2834.17	6815.13
河南	282	1862.12	122.89	1836.25	533.43	803.92
湖北	478	4282.74	161.57	3516.70	1056.07	1915.96
湖南	262	1331.18	316.29	867.16	393.05	574.64
广东	4726	27675.50	12594.32	17938.45	4861.55	8756.09
广西	212	1926.29	73.10	1662.37	573.39	789.38
海南	46	661.68	110.45	705.56	355.44	462.71
重庆	207	2670.74	824.37	1793.66	646.97	886.69
四川	381	2698.48	937.29	2414.47	1137.35	1544.04
贵州	40	133.47	5.16	225.72	63.46	77.62
云南	96	258.70	8.34	385.15	171.52	264.74
西藏	3	7.08		11.43	4.15	6.75
陕西	154	991.45	61.33	838.29	379.83	553.00
甘肃	31	101.46	0.40	177.35	100.75	152.63
青海	18	49.00		103.23	59.36	81.27
宁夏	29	65.60	8.99	96.42	37.54	58.25
新疆	48	116.86	2.82	172.24	85.10	104.81

主要经济指标

单位：亿元

累计折旧	流动资产合计	应收账款	存货	产成品	负债合计
30246.46	**66494.47**	**20458.11**	**14822.61**	**5048.97**	**64239.76**
836.72	2883.19	778.09	587.48	198.48	2551.01
1177.71	2894.33	965.48	656.81	184.64	2542.70
835.05	1581.14	346.33	358.15	111.89	1756.19
314.83	363.62	73.15	60.76	21.47	632.71
276.18	663.25	105.97	129.83	60.89	1045.12
1396.13	2936.11	800.44	749.92	246.09	3251.94
420.17	933.63	295.30	167.23	47.79	992.79
299.15	499.09	100.71	148.82	57.86	652.15
3033.33	8246.11	2553.14	1850.13	609.32	6956.71
7263.23	13419.67	4611.21	2880.15	991.37	12159.85
1343.17	4473.49	1314.30	1002.10	378.07	3939.56
462.05	810.01	254.01	196.00	81.08	839.80
881.95	2700.82	752.84	677.28	222.13	2620.00
463.63	525.12	117.70	106.53	41.67	718.62
4200.05	4651.22	1327.40	1057.17	337.34	4411.75
303.56	992.36	169.41	170.98	51.22	1151.78
786.18	1912.86	438.40	322.10	143.34	2206.25
204.05	374.86	90.29	75.01	28.89	488.13
4138.27	11502.05	4289.58	2655.87	835.51	10137.81
269.34	900.32	119.72	217.28	133.27	1061.14
118.84	286.22	57.78	88.67	21.51	399.04
324.80	1003.23	279.72	222.80	62.82	1278.93
440.85	1084.92	446.42	217.20	92.34	1346.63
21.80	121.37	18.12	18.19	6.23	123.50
108.09	143.85	28.57	40.52	11.48	230.95
2.66	7.15	0.84	0.64	0.09	3.06
200.93	371.27	84.77	104.22	49.19	447.78
53.97	62.25	9.06	14.54	5.12	89.16
25.04	35.48	4.05	6.36	1.28	53.91
21.39	50.25	12.44	19.48	6.46	54.41
23.34	65.25	12.86	20.40	10.14	96.36

3-8 续表 1

地区	流动负债合计	应付账款	所有者权益合计	实收资本	国家资本
全国	**54048.01**	**21009.11**	**51113.22**	**29683.99**	**1869.64**
北京	2106.32	960.29	2420.29	1204.96	91.91
天津	2176.13	885.18	2195.47	1364.01	52.79
河北	1497.78	506.94	1286.36	632.10	50.62
山西	469.95	107.88	384.57	242.03	71.55
内蒙古	579.02	134.71	830.86	328.60	47.73
辽宁	2385.67	889.83	2273.41	1393.14	79.91
吉林	788.65	265.93	548.84	273.11	25.46
黑龙江	545.73	144.62	357.39	207.51	24.08
上海	6274.73	2878.89	5457.46	3246.50	188.07
江苏	10688.05	4001.26	11236.75	7124.80	215.25
浙江	3576.71	1073.83	3418.42	2105.60	131.77
安徽	706.33	253.55	690.49	434.00	22.36
福建	2065.58	669.63	2037.43	1228.39	116.19
江西	567.60	114.05	515.77	309.53	18.11
山东	3528.69	1203.69	3971.17	2082.51	66.01
河南	869.42	260.76	681.82	314.19	8.58
湖北	1915.87	656.76	1305.55	725.66	158.61
湖南	367.11	116.80	378.63	272.50	32.07
广东	8911.84	4315.64	7766.08	4362.83	269.61
广西	918.16	308.81	583.36	324.35	36.19
海南	288.03	91.05	306.51	191.93	39.80
重庆	1144.50	585.87	503.22	286.32	30.38
四川	863.43	386.22	1058.84	455.93	10.24
贵州	111.04	15.35	101.81	63.99	8.86
云南	175.37	39.21	154.20	123.44	26.56
西藏	3.06	0.41	8.37	4.58	
陕西	339.23	92.02	388.91	195.90	21.43
甘肃	41.48	11.77	83.94	65.40	10.67
青海	22.66	7.14	49.27	35.19	13.09
宁夏	44.43	14.95	42.30	31.70	0.89
新疆	75.44	16.07	75.71	53.28	0.83

单位：亿元

集体资本	法人资本	个人资本	港澳台资本	外商资本	主营业务收入	主营业务成本	主营业务税金及附加
221.22	**5698.80**	**857.73**	**1328.47**	**19583.64**	**154152.77**	**130718.91**	**1659.76**
1.69	290.79	14.34	2.63	803.60	5822.54	4639.50	125.69
8.74	170.30	25.03	52.33	1009.72	7768.00	6659.93	71.58
0.21	122.83	15.35	17.86	425.22	3457.67	3110.26	10.90
13.51	35.64	4.71	2.29	114.33	532.52	408.75	4.76
5.07	139.78	21.81	28.58	85.63	1507.06	1220.01	15.87
4.83	381.85	42.15	84.33	800.05	6591.28	5408.44	135.08
0.44	72.83	7.41	6.37	158.25	1789.86	1488.07	33.36
4.78	43.09	4.60	3.60	126.87	992.31	788.82	8.89
21.98	479.31	55.00	31.40	2470.75	16243.30	13325.42	162.44
59.20	960.85	214.20	368.63	5306.68	33073.79	28713.78	179.67
10.08	333.21	74.18	12.76	1543.59	7715.54	6432.01	38.58
3.11	105.61	14.25	16.04	272.64	2212.72	1839.32	14.16
1.68	251.27	47.76	95.97	715.52	6159.97	5293.16	87.29
4.01	59.67	12.09	48.53	167.11	1797.69	1562.08	11.00
33.60	654.65	140.60	48.64	1138.85	14126.74	12289.81	93.59
4.07	74.32	32.86	27.72	165.98	1904.51	1687.77	9.53
6.53	160.72	14.79	28.58	305.84	4100.60	3224.70	131.81
3.17	68.15	10.90	8.47	149.73	1297.91	1096.60	14.78
20.71	785.11	52.59	359.09	2853.79	27424.94	23596.74	273.21
0.82	74.12	18.12	21.43	171.17	1920.58	1574.05	22.57
0.47	11.92	1.23	2.30	136.20	584.21	471.91	57.09
1.10	111.54	12.65	7.21	123.44	2759.12	2351.11	53.34
4.16	142.63	9.21	18.92	270.25	2733.13	2267.67	84.35
0.01	25.98	1.14	0.73	27.27	118.80	83.46	1.65
3.62	31.55	1.60	15.66	44.44	258.35	206.25	4.16
	2.21			2.37	7.38	4.93	0.06
3.10	54.70	7.47	10.51	98.50	928.43	731.25	9.84
0.48	20.27	0.84	0.60	32.55	86.44	56.96	1.69
	4.56		0.01	17.53	46.46	33.69	0.42
	6.45	0.86		23.51	67.90	54.81	1.10
0.02	22.90		7.28	22.26	123.04	97.67	1.32

3-8 续表 2

地 区	销售费用	管理费用	税金	财务费用	利息收入	利息支出
全 国	**5391.66**	**6378.00**	**286.42**	**732.82**	**300.92**	**1052.84**
北 京	388.56	249.74	7.12	18.51	12.22	32.76
天 津	321.34	261.27	19.93	13.04	9.15	28.37
河 北	71.55	97.84	5.08	39.41	6.84	37.10
山 西	18.70	32.26	2.15	19.42	2.06	18.95
内蒙古	72.79	58.77	5.72	22.63	14.34	35.99
辽 宁	289.95	305.91	19.18	49.81	11.16	50.54
吉 林	55.84	100.88	4.55	17.67	2.08	17.10
黑龙江	90.32	46.30	3.04	10.28	3.23	13.76
上 海	738.39	950.90	17.76	11.44	44.29	61.89
江 苏	759.79	1205.79	47.29	130.43	65.12	206.48
浙 江	325.32	398.89	19.12	80.49	24.19	99.22
安 徽	104.64	101.17	11.47	10.33	2.87	12.76
福 建	193.46	300.04	10.91	33.53	11.99	51.48
江 西	29.65	52.85	2.37	17.07	0.70	15.23
山 东	320.55	424.89	28.25	105.97	15.64	106.81
河 南	45.17	58.17	2.94	26.55	6.10	30.88
湖 北	210.08	189.54	8.78	13.37	4.05	28.97
湖 南	47.21	105.07	9.59	12.41	1.01	8.86
广 东	961.92	1076.99	43.24	39.24	43.99	113.23
广 西	80.12	77.48	3.38	13.59	4.42	19.72
海 南	15.24	13.03	0.38	5.17	1.04	7.91
重 庆	90.20	108.55	4.32	8.64	6.30	15.76
四 川	56.67	75.66	4.14	12.99	4.01	15.71
贵 州	10.85	10.07	0.46	1.18	0.11	1.36
云 南	20.07	14.88	0.84	5.94	0.71	6.39
西 藏	0.46	0.30				
陕 西	53.81	44.89	3.29	7.14	1.93	7.96
甘 肃	5.96	2.84	0.39	2.14	0.62	2.97
青 海	0.82	3.28	0.21	1.28	0.34	0.73
宁 夏	4.83	4.64	0.38	0.76	0.04	1.26
新 疆	7.41	5.10	0.17	2.38	0.35	2.68

单位：亿元

投资收益（损失以“-”号记）	营业利润	利润总额	亏损企业亏损额	应交增值税	应交所得税	从业人员平均人数（万人）
157.51	**10344.21**	**10346.75**	**962.36**	**4493.42**	**1823.47**	**1329.80**
87.42	507.20	522.62	36.15	201.36	109.56	31.30
2.65	506.81	505.25	41.25	367.53	115.02	48.09
4.97	149.04	145.73	36.43	56.33	28.41	28.59
4.28	52.92	52.07	15.54	31.85	15.46	8.45
6.02	125.10	127.40	4.59	56.67	19.98	6.24
8.12	437.11	429.92	74.55	222.99	71.49	48.86
5.25	111.17	107.29	12.54	57.65	20.96	10.17
-1.52	42.19	49.33	10.33	34.74	11.17	9.19
84.39	1183.57	1220.46	117.00	371.57	264.33	111.31
-11.95	2302.23	2219.55	205.26	841.73	374.45	283.08
37.84	507.49	523.97	58.43	210.74	94.21	92.52
-6.92	157.46	150.28	11.71	85.26	24.48	16.86
-9.85	344.20	353.05	41.64	145.91	55.59	72.59
-0.97	119.18	113.01	6.59	44.83	10.42	17.64
-28.51	931.64	919.21	53.40	375.10	119.78	115.15
0.69	86.51	92.62	28.72	37.69	14.90	17.80
-26.13	344.52	314.74	19.01	162.46	58.77	28.74
-4.58	78.23	69.63	9.88	42.11	8.50	11.06
21.43	1618.50	1653.91	121.04	822.94	308.64	307.77
-11.64	167.11	171.92	11.82	49.69	18.83	12.69
0.76	23.55	25.18	1.32	18.26	5.85	1.97
-3.59	162.72	165.41	14.83	79.72	15.60	15.45
-2.89	251.56	272.57	11.73	110.52	37.67	17.40
2.72	13.39	14.31	0.72	5.00	2.19	1.88
0.08	10.79	13.75	4.14	10.47	2.79	2.63
	1.47	1.64		0.54	0.26	0.08
0.71	82.30	84.33	3.90	38.04	9.97	8.79
0.03	6.39	6.53	0.37	2.93	0.43	0.84
-2.17	6.92	7.26	3.68	2.22	0.97	0.61
	1.68	2.11	3.71	2.40	0.96	1.03
0.89	11.26	11.70	2.07	4.20	1.84	1.02

3-9 大型工业企业

地区	企业单位数（个）	工业销售产值（当年价格）	出口交货值	资产总计	固定资产合计	固定资产原价
全国	**9806**	**399055.09**	**63464.08**	**419709.73**	**153704.59**	**251389.38**
北京	164	10882.61	1112.05	21902.04	4640.73	8358.89
天津	222	14754.10	1836.48	12126.36	5008.48	8151.77
河北	386	18365.32	706.43	20669.93	9248.55	14732.64
山西	277	8675.65	560.38	15937.27	6005.05	8846.68
内蒙古	158	7136.56	138.04	11459.44	5079.93	6984.39
辽宁	300	15367.96	1528.54	18904.64	6560.30	11858.63
吉林	114	9342.60	127.71	8244.07	3313.07	5762.79
黑龙江	134	6300.14	98.86	8639.43	4167.47	7847.30
上海	311	17319.39	5309.54	18028.70	4966.77	10224.19
江苏	1250	51979.19	14867.22	41350.73	14097.84	26487.18
浙江	601	16408.98	3123.35	15837.33	4329.36	6899.86
安徽	284	11856.76	835.58	13265.96	5923.08	8159.45
福建	442	9481.51	2832.18	8205.86	2268.46	3338.08
江西	177	6212.08	579.34	5571.35	2382.54	3860.79
山东	952	46942.60	4043.27	41048.12	15017.37	27301.91
河南	620	20941.84	2236.17	19029.04	7769.98	10806.26
湖北	344	15160.48	921.48	16681.44	6854.24	11421.93
湖南	215	9152.61	697.86	9321.01	3446.38	5373.80
广东	1462	46178.35	16698.26	35874.07	10712.79	18482.57
广西	187	5897.51	359.39	5201.04	2014.31	2976.50
海南	13	379.80	27.79	698.24	353.76	453.15
重庆	211	7435.98	2004.46	7018.37	2644.24	3749.13
四川	375	13099.87	2389.22	17591.17	6874.10	9621.42
贵州	60	2507.78	79.05	4374.34	1730.47	2524.95
云南	112	4558.02	39.87	7097.91	2845.36	3819.59
西藏	2	18.83		245.80	175.72	230.49
陕西	200	9678.76	207.55	14739.96	4903.83	7795.36
甘肃	65	4572.18	48.29	6455.12	2803.68	3899.16
青海	25	1081.09	2.47	2586.59	1431.87	2109.50
宁夏	46	1989.54	39.29	3285.03	1418.36	1997.98
新疆	97	5376.99	13.92	8319.37	4716.52	7313.04

主要经济指标

单位：亿元

累计折旧	流动资产合计	应收账款	存货	产成品	负债合计
109983.99	**186767.41**	**38390.72**	**45154.92**	**13654.75**	**250741.21**
3712.21	6931.63	1346.06	910.32	270.42	11326.75
3608.94	6032.75	1709.13	1363.81	500.61	7856.61
5440.00	7844.00	1132.89	2019.22	530.09	13037.87
4072.31	6574.51	996.80	1156.33	418.06	11051.74
2416.37	3981.69	728.15	793.57	276.29	6943.52
5772.37	8538.56	1473.86	2440.41	595.72	12174.99
2586.86	3822.15	567.86	775.44	264.75	4914.64
3944.54	3330.57	548.32	913.94	271.90	4989.11
5585.78	9460.89	2134.87	2040.27	482.12	8875.68
12803.44	21084.35	5489.19	4795.33	1579.69	23785.21
2921.56	8520.69	1813.08	1839.77	697.05	8599.45
3285.25	5155.19	1054.76	1277.65	388.41	8371.45
1169.37	4248.29	1063.43	1229.11	383.34	4714.04
1727.22	2710.12	366.79	649.53	194.56	3447.72
13997.92	19670.12	3091.75	4673.41	1572.72	24718.83
4197.37	8911.94	1712.00	1969.21	557.91	11679.32
4970.92	6897.94	1274.65	1857.45	535.10	10089.44
2126.22	4495.02	1244.51	1319.95	296.55	5846.50
8269.81	19707.46	5839.58	4501.03	1485.64	20788.49
1105.10	2375.72	366.16	646.53	249.50	3400.86
118.82	265.38	51.42	66.43	39.86	405.96
1401.99	3195.42	726.72	663.09	207.41	4627.88
3550.77	7111.57	1604.43	1842.53	480.01	10909.06
931.95	1741.23	194.09	456.89	95.64	2687.85
1234.38	2642.65	288.97	1232.59	172.66	4216.13
54.78	34.08	1.80	4.07		61.35
3168.58	5253.51	864.85	1265.84	410.07	8308.70
1416.14	2509.42	209.32	1283.39	358.49	4119.54
749.20	566.10	57.75	138.39	39.38	1750.69
688.18	1118.10	131.36	336.92	107.80	2149.43
2955.62	2036.37	306.18	692.50	193.01	4892.42

3-09 续表 1

地区	流动负债合计	应付账款	所有者权益合计	实收资本	国家资本
全国	**184720.94**	**56034.69**	**168048.24**	**66511.33**	**23137.33**
北京	6116.64	1882.60	10575.29	4469.02	2859.48
天津	6582.53	2389.08	4263.26	2063.13	582.57
河北	10196.43	2994.90	7575.63	2924.56	1117.42
山西	7164.75	1804.29	4874.89	1989.80	839.11
内蒙古	4253.56	1090.80	4485.08	1947.87	978.82
辽宁	9115.12	2265.43	6668.09	3376.20	1430.57
吉林	3661.63	1441.72	3323.28	983.73	410.25
黑龙江	3689.61	997.93	3643.73	1142.57	285.11
上海	7738.36	3392.14	9132.85	3118.50	734.17
江苏	19786.03	5987.39	17565.51	7149.18	922.50
浙江	6992.38	2181.85	7237.50	2446.84	253.98
安徽	5710.74	1537.08	4866.05	1900.97	829.00
福建	3455.22	1055.25	3482.52	1537.23	161.66
江西	2698.20	699.46	2119.20	893.32	163.96
山东	18718.39	4366.75	16243.92	4861.73	1681.87
河南	8870.46	2619.18	7303.99	2896.95	655.63
湖北	7660.49	1881.01	6556.45	2159.52	1274.47
湖南	3955.63	1066.54	3466.90	1138.59	442.65
广东	17375.72	7034.46	15043.52	6318.31	1259.02
广西	2662.22	752.59	1769.07	632.90	221.92
海南	275.22	66.32	292.28	177.54	24.54
重庆	3554.63	1350.14	2363.03	851.18	135.56
四川	6725.22	1900.21	6304.73	2143.42	354.47
贵州	1613.33	317.42	1681.56	506.53	260.36
云南	2588.05	587.22	2879.47	901.36	356.98
西藏	32.09	24.42	184.46	33.81	18.51
陕西	5554.51	1707.86	6422.30	3393.85	2520.41
甘肃	2735.45	774.19	2332.31	1138.67	758.37
青海	788.32	295.20	835.86	305.57	181.01
宁夏	1369.22	391.16	1131.32	471.16	193.83
新疆	3080.80	1180.08	3424.18	2637.29	1229.11

单位：亿元

集体资本	法人资本	个人资本	港澳台资本	外商资本	主营业务收　入	主营业务成　本	主营业务税金及附加
1076.74	**22950.05**	**6039.76**	**4361.22**	**8635.91**	**418215.09**	**352336.92**	**10901.80**
2.57	1041.92	103.78	32.45	428.82	11774.80	10163.96	226.05
11.36	761.32	50.86	102.42	444.88	14948.22	12435.57	265.00
22.64	1123.25	394.89	115.61	150.75	19444.45	17240.21	277.16
26.49	798.96	179.55	37.24	108.46	10760.61	8970.36	102.92
88.76	621.87	145.45	43.50	58.08	7206.72	5592.43	148.85
204.59	1067.67	164.37	170.30	338.70	15353.29	13039.90	522.93
15.08	456.26	30.84	24.61	46.69	9905.28	8159.06	390.89
7.14	752.15	37.19	6.23	54.75	6609.04	4655.61	623.32
5.16	1014.00	143.85	261.18	960.15	19181.09	15852.09	867.01
197.43	1959.20	878.13	832.52	2359.40	52809.25	46155.96	662.64
53.82	961.72	517.58	276.84	382.89	16505.74	13966.10	271.29
16.00	692.18	170.67	71.91	121.22	12913.96	11138.61	304.52
9.50	521.96	153.66	377.05	313.40	9598.79	8070.73	231.15
37.41	328.88	133.34	119.94	109.79	7837.15	6852.66	157.76
134.18	1628.02	711.37	159.48	540.81	50057.62	42990.73	804.19
73.53	1243.80	698.66	125.42	99.90	22451.16	19579.13	410.79
12.94	370.88	281.11	57.60	162.42	15566.19	13019.64	572.72
7.09	452.58	87.67	62.12	86.47	9119.94	7314.81	592.38
28.78	1830.46	472.59	1281.75	1418.63	46032.26	38993.01	772.84
0.97	204.30	75.83	50.90	75.98	5821.86	4882.49	142.83
0.53	51.94	2.00		98.53	354.42	276.78	5.86
7.78	481.31	75.88	83.03	67.62	7529.81	6530.67	159.85
24.25	1207.34	167.24	40.08	150.47	14174.87	11636.01	356.89
1.87	202.63	36.47	0.52	4.68	2610.11	1855.12	221.15
15.48	461.58	54.73	11.80	0.78	4737.95	3320.91	749.11
	15.30				18.83	35.50	0.09
49.48	657.62	119.04	3.91	41.49	9963.35	7397.78	404.51
16.95	351.85	6.40	0.43	4.68	6298.35	5504.77	249.51
0.67	145.29	21.10	5.94		1035.82	773.06	39.48
3.63	209.44	58.59	2.21	3.47	2012.09	1708.97	60.66
0.66	1334.35	66.93	4.22	2.02	5582.07	4224.25	307.45

3-09 续表 2

地区	销售费用	管理费用	税金	财务费用	利息收入	利息支出
全国	**11167.45**	**15788.17**	**846.85**	**4862.24**	**1045.73**	**5748.61**
北京	470.76	362.47	10.84	150.40	31.07	171.98
天津	412.37	374.79	31.58	103.93	29.88	121.13
河北	278.71	630.16	32.63	320.33	28.63	339.83
山西	372.64	636.80	25.01	302.48	34.65	322.09
内蒙古	241.48	306.59	46.08	174.70	27.84	183.95
辽宁	377.62	789.62	49.26	223.49	43.14	268.68
吉林	484.21	413.29	19.02	73.03	16.08	88.18
黑龙江	123.49	382.74	20.78	75.49	26.94	96.43
上海	556.23	887.34	18.69	-34.73	107.90	98.13
江苏	1158.43	1568.78	70.53	420.37	124.51	542.79
浙江	478.47	631.14	28.54	174.81	63.74	221.46
安徽	308.93	510.67	43.57	166.95	28.04	195.54
福建	313.61	441.07	16.53	85.41	20.55	110.02
江西	150.09	210.45	11.54	70.25	13.41	79.05
山东	996.85	1562.18	93.36	691.38	95.57	733.38
河南	382.97	670.99	35.43	309.21	48.05	328.45
湖北	498.38	667.00	36.32	202.90	28.33	238.88
湖南	241.45	462.12	23.45	121.43	24.24	152.94
广东	1927.31	1681.72	78.02	203.10	84.96	283.59
广西	184.39	221.79	10.23	71.28	13.27	86.63
海南	16.74	12.57	0.41	9.87	1.36	11.76
重庆	205.36	311.49	18.64	76.33	12.70	89.34
四川	394.81	618.73	33.27	208.22	42.59	244.19
贵州	83.92	122.84	5.38	74.96	13.40	88.71
云南	105.08	203.38	10.73	120.96	9.48	127.26
西藏	0.05	0.46		0.66	0.20	0.86
陕西	195.45	587.34	39.16	164.59	29.39	187.46
甘肃	68.93	187.02	10.78	81.02	24.87	113.76
青海	28.83	34.76	4.77	57.02	2.18	54.99
宁夏	31.81	80.90	5.21	56.40	2.49	52.16
新疆	78.08	216.97	17.10	105.98	16.27	114.98

单位：亿元

投资收益（损失以“-”号记）	营业利润	利润总额	亏损企业亏损额	应交增值税	应交所得税	从业人员平均人数（万人）
1462.87	**26242.64**	**26557.40**	**2280.02**	**14542.68**	**4123.10**	**3415.17**
405.78	813.52	842.83	67.23	323.48	139.84	53.31
41.89	1500.53	1492.05	26.74	793.74	263.46	76.37
-127.86	584.84	606.21	142.83	483.90	104.09	143.92
17.18	386.72	402.12	137.05	454.22	110.10	130.92
27.16	977.31	854.05	80.60	350.51	97.03	52.30
31.53	381.86	530.71	228.28	473.43	111.17	140.03
67.31	598.24	630.26	135.99	362.52	144.60	65.69
7.16	755.91	751.80	120.11	395.04	29.36	71.22
397.39	1427.94	1483.49	96.01	547.72	261.91	92.47
16.52	3088.69	2992.08	118.92	1612.70	501.05	385.73
84.51	1111.21	1161.92	17.30	459.25	177.81	134.11
20.31	721.84	645.86	51.75	481.91	98.24	109.23
19.26	614.72	624.00	44.38	283.03	84.96	112.94
9.77	364.09	375.16	13.51	203.72	48.35	68.00
46.84	3076.42	3104.13	96.88	1415.52	468.92	333.38
32.20	1124.77	1132.41	148.54	677.49	195.11	243.16
97.12	903.42	915.43	65.21	502.46	132.92	118.80
8.48	477.91	509.30	30.76	421.18	79.15	72.76
188.65	2839.53	2905.92	105.35	1717.63	506.34	508.76
-8.77	367.65	326.21	25.43	202.08	40.45	48.85
0.48	34.50	35.13	2.49	18.49	7.03	2.80
-3.17	347.45	366.31	62.94	256.42	42.96	61.83
7.92	904.17	952.20	170.48	598.21	144.24	143.89
10.34	275.72	288.86	34.92	158.03	78.53	32.24
25.54	283.81	290.62	68.79	271.86	68.53	32.10
	-18.06	-9.55	11.27	0.96	0.29	0.51
24.68	1355.88	1324.40	37.80	561.61	94.18	86.04
7.16	166.53	204.25	47.38	135.83	28.04	31.01
-14.01	88.09	100.56	10.34	67.03	7.63	11.15
11.31	87.63	99.91	14.67	72.13	15.54	18.08
10.23	599.82	618.78	66.08	240.60	41.26	33.56

3-10 中型工业企业

地区	企业单位数（个）	工业销售产值（当年价格）	出口交货值	资产总计	固定资产合计	固定资产原价
全国	**55708**	**246868.94**	**27239.04**	**207021.79**	**75862.22**	**117614.10**
北京	613	2916.84	231.70	4610.18	788.20	1367.41
天津	777	5565.89	549.81	4696.97	1530.65	2163.19
河北	1814	10057.23	431.67	7530.38	3321.90	4806.15
山西	913	4243.39	31.07	8051.00	3299.13	4425.05
内蒙古	703	5531.05	29.82	6312.24	2881.96	4001.67
辽宁	1972	11107.94	1092.30	8424.63	3545.40	5394.47
吉林	533	2822.16	111.38	2614.71	1224.37	2532.30
黑龙江	514	2055.68	16.18	2188.72	934.38	1442.01
上海	1439	6909.13	1397.34	7218.99	1580.52	2884.20
江苏	6059	31341.85	4565.25	22789.42	7895.15	13392.95
浙江	4612	18349.93	3665.90	17749.69	4649.66	6978.20
安徽	1474	6833.20	422.97	4997.67	2064.80	3167.32
福建	3004	11133.65	2164.78	8812.92	3154.49	4951.23
江西	1690	7892.37	599.05	3951.50	1863.23	2815.45
山东	4565	26622.90	2034.22	17219.86	6547.11	11181.38
河南	4033	17351.86	208.75	11855.40	5457.69	6892.08
湖北	1935	8484.15	357.53	6188.42	2113.77	4385.31
湖南	2247	7520.41	317.12	4334.26	1969.57	2844.96
广东	9241	28130.46	7838.93	22390.50	6654.79	11768.97
广西	1258	5921.91	217.90	4588.53	1872.88	2496.28
海南	114	984.21	128.49	956.84	332.83	463.22
重庆	1047	3957.67	173.79	3304.41	1259.98	1910.40
四川	2262	9262.85	472.64	8454.50	3151.12	5042.40
贵州	559	1980.23	5.71	2909.12	1372.22	1646.75
云南	700	2322.90	40.63	3693.79	1532.06	2066.97
西藏	13	35.15		173.19	43.22	49.58
陕西	785	3940.93	70.14	4516.30	2062.59	2981.13
甘肃	264	1017.24	11.18	1327.82	598.12	882.94
青海	100	562.41	1.10	1164.46	428.62	539.24
宁夏	143	750.20	21.01	1210.16	597.69	778.42
新疆	325	1263.15	30.67	2785.20	1134.11	1362.47

主要经济指标

单位：亿元

累计折旧	流动资产合计	应收账款	存货	产成品	负债合计
47922.30	**102221.68**	**24906.87**	**23834.10**	**9236.82**	**119968.06**
590.60	2908.10	982.72	650.76	171.41	2480.11
818.42	2595.56	533.25	534.48	206.88	2955.45
1735.18	3403.20	657.60	845.06	380.22	4233.66
1571.15	2854.62	486.13	478.08	189.87	6149.41
1385.83	2210.50	390.42	372.30	149.85	3983.23
2143.59	3972.36	859.23	916.16	351.06	4856.51
1426.15	1033.15	281.14	244.83	91.14	1420.37
586.89	1002.43	235.76	288.96	110.60	1298.92
1376.37	4700.82	1559.93	1068.94	376.62	3775.94
5735.56	12363.96	3777.03	2870.59	1123.80	12765.18
2779.45	10426.52	2536.36	2388.99	950.52	10635.00
1246.09	2200.22	616.77	559.21	224.48	2931.27
2073.55	4367.39	1063.01	977.40	411.37	4722.73
1126.49	1552.30	325.45	468.12	218.77	1957.04
5258.63	8754.51	1667.43	2092.68	842.59	10207.70
1891.35	5267.84	898.88	866.54	326.37	5268.14
2282.65	3133.88	754.63	811.81	378.27	3560.32
1020.21	1845.69	514.56	425.15	190.16	2227.41
5641.82	13106.00	3721.56	3453.19	1150.09	12700.35
783.18	2116.31	397.17	560.42	223.33	2777.76
167.14	418.84	67.09	134.47	38.77	500.60
767.82	1542.43	448.37	349.14	141.33	2063.70
2152.26	3728.34	856.96	856.84	332.39	4900.27
424.21	1030.60	157.83	190.97	66.04	2078.45
706.85	1453.08	248.23	342.08	138.85	2458.81
12.72	43.03	3.15	5.90	1.60	83.51
1074.69	1698.72	394.96	432.00	184.48	2733.70
388.69	514.20	109.48	169.41	75.56	861.85
153.90	485.91	70.53	89.38	29.79	793.42
219.04	477.12	85.72	132.04	49.43	839.42
381.81	1014.04	205.53	258.19	111.18	1747.84

3-10 续表 1

地　区	流动负债合计	应付账款	所有者权益合计	实收资本	国家资本
全　国	**93531.43**	**23476.47**	**86524.99**	**43926.95**	**6615.43**
北　京	2075.60	773.17	2130.07	1060.49	116.62
天　津	2475.84	592.03	1728.77	1060.74	120.89
河　北	3408.92	784.57	3259.13	1492.01	236.26
山　西	4237.25	848.60	1901.57	1261.71	406.17
内蒙古	2476.99	586.40	2305.26	1023.14	324.51
辽　宁	3668.85	768.03	3538.19	1618.77	320.62
吉　林	1069.78	285.46	1187.69	539.33	133.60
黑龙江	982.41	222.27	884.75	445.02	109.88
上　海	3369.73	1364.78	3440.17	1916.55	282.10
江　苏	10978.72	2887.00	10024.24	5357.26	436.97
浙　江	9603.12	1936.14	7100.09	3202.30	179.02
安　徽	2187.51	535.01	2049.38	1063.14	192.97
福　建	3746.75	900.47	4052.19	1981.29	258.84
江　西	1455.29	332.92	1965.07	1414.62	118.89
山　东	8118.33	1624.69	6951.84	2925.77	362.37
河　南	3692.51	775.75	6559.36	3064.94	267.57
湖　北	2737.87	730.35	2581.39	1305.32	164.69
湖　南	1563.17	390.29	2086.49	1105.22	187.67
广　东	10458.28	3494.73	9650.16	5247.42	578.89
广　西	2115.74	516.35	1791.11	965.56	242.26
海　南	391.31	130.88	454.26	217.58	47.83
重　庆	1613.77	388.87	1231.07	617.15	138.68
四　川	3502.80	902.06	3507.65	1539.23	261.20
贵　州	1269.76	266.36	821.50	534.83	226.30
云　南	1663.23	316.32	1234.41	623.79	222.60
西　藏	37.81	6.21	89.62	56.89	23.65
陕　西	1820.33	478.22	1776.12	986.67	263.18
甘　肃	564.77	130.16	450.86	287.08	99.54
青　海	531.32	127.38	370.73	218.68	65.58
宁　夏	537.66	104.80	371.18	232.02	58.78
新　疆	1175.98	276.22	1030.67	562.44	167.35

单位：亿元

集体资本	法人资本	个人资本	港澳台资本	外商资本	主营业务收入	主营业务成本	主营业务税金及附加
847.86	**16397.25**	**9030.70**	**4198.49**	**6682.84**	**247068.24**	**208738.86**	**2137.30**
3.72	555.70	117.01	65.95	194.99	3181.50	2501.56	40.58
13.90	454.98	117.75	59.30	289.98	5869.86	5113.35	28.47
19.53	618.67	370.70	57.35	186.51	10119.98	8485.83	56.48
67.61	471.85	261.57	19.39	24.79	4142.89	3538.27	36.13
34.49	470.86	150.66	25.62	17.01	5554.10	4456.60	67.73
25.93	616.88	293.81	106.63	254.90	10916.09	9206.01	156.13
18.42	203.09	90.12	18.08	72.26	2764.37	2299.40	25.74
15.86	130.30	118.51	22.95	47.53	2066.36	1695.82	19.91
42.24	545.87	148.74	176.50	721.10	7290.68	5999.05	18.72
69.34	1398.67	1017.14	809.46	1625.68	31555.69	26806.11	175.39
30.43	1153.35	949.01	423.91	466.58	18271.61	15723.01	111.16
23.22	394.16	279.54	54.12	119.11	6752.04	5493.48	40.63
22.86	563.00	373.43	427.72	335.44	11162.52	9534.75	91.88
9.23	883.15	243.44	99.16	59.78	8270.70	7074.94	53.89
95.35	1163.96	801.56	104.37	398.16	26898.30	23371.83	261.67
58.94	1105.01	1463.36	52.34	115.71	17241.53	14817.86	95.18
41.02	564.32	280.76	60.75	136.41	8401.40	7061.74	66.33
19.91	494.05	264.44	39.06	100.08	7394.70	6012.95	81.49
81.21	1456.39	600.80	1374.38	1114.67	27920.50	23779.83	221.40
10.69	464.30	118.03	55.81	69.94	5821.53	4960.31	140.20
1.77	98.71	26.93	9.34	32.36	821.22	659.68	70.25
16.33	251.09	128.76	31.95	49.43	3965.33	3352.61	28.68
36.89	756.94	327.05	34.56	114.40	9332.62	7783.20	96.98
9.48	193.72	75.59	8.01	20.59	1827.38	1428.85	25.89
12.19	245.57	110.79	10.91	21.73	2314.28	1874.61	16.17
	26.93	4.41		1.90	33.35	18.89	0.93
30.70	443.61	162.25	30.66	46.53	3772.91	2868.39	83.84
16.72	123.21	34.46	7.00	5.91	908.34	778.98	6.20
2.56	113.44	19.02	1.37	16.72	483.83	402.10	3.11
3.72	133.30	23.26	0.60	12.35	738.45	618.26	5.08
13.62	302.16	57.81	11.23	10.28	1274.18	1020.57	11.06

3-10 续表 2

地区	销售费用	管理费用	税金	财务费用	利息收入	利息支出
全国	**6421.96**	**10359.73**	**556.15**	**3135.85**	**360.55**	**3128.22**
北京	204.54	255.53	5.44	27.32	11.67	39.24
天津	106.45	182.18	10.25	52.67	9.33	58.90
河北	185.69	306.08	15.26	114.79	9.28	112.45
山西	79.08	290.75	10.65	173.61	5.47	164.93
内蒙古	137.47	240.82	32.85	109.08	6.41	107.21
辽宁	269.80	470.84	32.53	110.48	9.93	109.17
吉林	99.35	159.86	13.95	39.63	1.98	38.09
黑龙江	87.28	105.41	5.48	30.30	1.88	31.11
上海	367.35	482.32	8.08	44.57	17.92	51.97
江苏	784.51	1243.52	48.89	302.30	53.77	320.42
浙江	465.93	845.65	38.86	311.47	62.42	343.05
安徽	175.76	239.79	20.28	82.65	6.50	79.48
福建	267.59	409.37	29.47	132.81	20.61	140.24
江西	137.60	189.12	11.97	58.10	3.43	52.60
山东	502.40	805.48	61.33	326.74	24.62	294.29
河南	329.72	382.26	17.79	178.23	11.86	166.32
湖北	271.09	385.41	22.05	108.21	9.21	97.04
湖南	259.16	504.19	42.46	86.03	4.91	74.01
广东	734.48	1330.66	50.35	245.94	43.42	254.32
广西	109.02	289.99	11.83	74.45	7.23	77.83
海南	30.71	26.78	0.88	5.46	1.26	6.80
重庆	116.37	180.17	11.15	56.96	6.04	56.04
四川	285.66	421.61	23.27	151.18	13.40	146.21
贵州	79.32	119.08	6.58	64.74	1.55	61.13
云南	96.64	141.38	4.76	59.96	5.31	61.39
西藏	1.05	4.05	0.04	0.59	0.42	0.99
陕西	113.92	186.73	10.16	65.39	4.64	64.55
甘肃	25.58	44.38	2.46	25.45	1.15	25.55
青海	25.19	24.95	1.86	24.65	1.16	20.30
宁夏	18.89	25.04	2.51	31.98	1.29	31.76
新疆	54.37	66.31	2.71	40.13	2.48	40.79

单位：亿元

投资收益（损失以“-”号记）	营业利润	利润总额	亏损企业亏损额	应交增值税	应交所得税	从业人员平均人数（万人）
-186.35	**17393.73**	**17449.82**	**1589.94**	**8289.53**	**2411.40**	**3042.08**
28.98	187.24	242.15	57.48	118.68	48.85	33.67
-1.15	430.93	444.76	42.89	189.84	54.32	42.67
-134.72	872.94	869.03	59.38	316.06	105.35	99.61
8.08	83.36	86.43	166.50	182.81	33.57	57.33
-1.24	615.01	538.33	56.51	270.56	70.10	37.00
-10.54	819.69	798.32	69.26	397.04	85.24	106.91
0.86	161.13	170.69	25.76	87.31	25.77	30.56
-5.13	133.26	142.83	26.07	73.91	20.40	30.42
34.02	439.65	469.22	79.03	173.90	95.83	78.17
1.39	2370.85	2351.70	135.21	1117.32	430.05	318.52
51.94	935.47	1003.69	68.23	532.13	153.18	234.31
-3.82	579.70	527.93	29.15	210.29	58.36	77.04
-55.01	851.43	840.50	35.45	381.85	103.57	163.84
-6.57	687.84	671.99	12.41	318.71	52.90	86.12
-6.81	1631.35	1651.64	97.62	778.12	229.60	243.48
6.03	1460.67	1473.13	60.80	430.51	163.45	198.62
-19.40	584.17	600.04	38.09	275.80	66.61	102.31
-15.87	539.77	522.25	19.36	323.63	48.87	117.61
11.00	1771.64	1796.32	112.91	806.85	278.62	569.05
-38.33	354.40	355.50	60.72	227.63	23.82	68.95
5.01	44.03	47.78	4.71	31.29	9.69	6.35
-25.66	257.26	252.88	33.28	181.59	26.60	56.03
-9.04	610.18	615.48	93.28	353.54	78.62	123.33
10.62	160.67	155.00	39.75	85.38	26.66	29.34
-12.36	155.83	159.06	44.87	96.33	23.35	39.59
0.12	7.32	8.11	0.17	3.31	0.99	0.63
4.83	471.59	454.55	34.24	199.90	65.23	44.31
3.83	23.32	27.56	17.94	26.46	5.68	15.12
-13.70	28.85	31.00	22.25	17.88	4.94	5.84
0.89	43.95	45.63	13.88	28.49	4.47	7.90
5.41	80.25	96.32	32.74	52.43	16.70	17.44

3-11 小型工业企业

地　区	企业单位数(个)	工业销售产值(当年价格)	出口交货值	资产总计	固定资产合　计	固定资产原　价
全　国	**304299**	**373481.26**	**22120.91**	**244019.55**	**86664.28**	**130400.61**
北　京	2864	3387.16	162.98	4288.51	631.35	1062.29
天　津	4512	5692.36	357.21	5564.86	1454.15	1999.92
河　北	11768	16810.28	385.36	9396.80	4194.17	5298.66
山　西	2789	3666.76	29.13	4351.63	1705.94	2067.69
内蒙古	3543	7441.22	26.42	6604.72	3116.73	4116.28
辽　宁	15033	25258.76	751.18	11335.81	5031.86	8435.03
吉　林	4729	9526.13	121.89	4819.18	2201.74	5994.94
黑龙江	3750	5060.07	39.58	3387.62	1429.67	1925.73
上　海	8046	7717.30	1122.43	8348.09	1901.14	3367.95
江　苏	41478	49400.40	3414.44	30170.76	9256.19	14813.76
浙　江	34348	26521.68	4433.97	26849.22	7170.62	10569.15
安　徽	14435	14223.52	370.63	7642.54	2694.03	4089.78
福　建	12674	12388.80	1451.33	7959.71	2507.49	3522.10
江　西	6259	10498.71	403.99	4535.02	1810.04	2914.47
山　东	34950	54923.23	2205.62	23266.79	8948.29	13713.85
河　南	15920	20486.28	165.07	12547.38	5375.48	6281.50
湖　北	12371	14463.15	265.18	7764.11	3076.49	6351.15
湖　南	11136	15484.76	236.77	6395.26	3115.13	3911.16
广　东	30481	32544.87	5668.24	21390.69	5018.24	9088.15
广　西	4050	5618.40	93.56	3559.99	1366.42	1862.86
海　南	261	383.45	6.02	632.95	237.74	351.20
重　庆	4301	4082.01	98.51	3139.33	1252.03	1619.10
四　川	10361	12181.80	134.43	10193.89	4480.62	5910.68
贵　州	2957	3162.45	15.23	3056.51	1223.85	1453.46
云　南	2739	2950.29	50.40	5063.20	2386.78	2842.10
西　藏	61	43.11	0.15	135.56	48.63	63.73
陕　西	3766	4531.34	64.03	3550.89	1271.39	1865.93
甘　肃	1663	1870.97	8.21	2639.58	1314.46	2017.29
青　海	397	664.85	4.49	1042.84	508.60	601.76
宁　夏	855	689.50	11.04	1159.41	471.39	529.62
新　疆	1802	1807.66	23.41	3226.68	1463.59	1759.33

主要经济指标

单位：亿元

累计折旧	流动资产合计	应收账款	存货	产成品	负债合计
50793.78	**124501.82**	**34105.13**	**28130.19**	**11644.23**	**134985.05**
442.46	2890.86	986.35	657.10	245.06	2401.11
719.65	3439.34	897.69	840.16	222.89	3429.37
1396.59	4096.48	1073.60	999.67	459.11	4734.38
575.09	1883.36	460.12	417.34	186.16	3188.91
1219.95	2308.11	510.83	416.70	188.47	4161.62
3926.20	4922.02	1232.58	1039.96	457.23	5365.23
3964.58	1936.93	449.52	578.37	208.93	2225.22
648.50	1583.17	391.28	459.50	177.02	1924.93
1543.21	5488.90	1819.40	1369.10	522.77	4435.52
5872.75	17754.02	5945.82	3744.12	1511.40	16925.10
4098.40	16106.18	4668.76	3563.74	1431.50	16998.19
1660.98	4037.42	1299.81	1026.35	431.24	4064.45
1240.04	4300.58	1226.63	1025.77	451.16	4154.29
1273.75	2111.39	481.52	570.11	234.87	2257.39
5662.87	10585.65	2149.37	2209.88	959.34	11215.57
1367.21	5951.72	897.83	823.99	372.21	4103.12
3582.56	3806.75	1062.45	963.13	462.12	3920.81
1066.02	2248.97	574.87	579.06	260.54	3008.28
4450.92	13637.43	4188.82	3238.78	1151.79	12794.24
598.98	1691.60	449.25	430.64	215.28	2221.10
127.66	238.62	49.61	47.33	18.91	312.16
478.66	1491.48	447.42	326.61	143.63	1894.84
1767.79	4001.41	945.68	827.34	388.82	6395.55
332.85	1304.53	316.49	250.36	107.35	1975.76
600.62	1691.24	303.38	404.44	207.03	3548.06
17.40	63.96	9.91	8.91	2.83	53.66
707.99	1746.89	495.39	427.56	198.62	1953.86
820.09	1005.75	247.63	267.72	141.04	1705.48
131.42	370.31	75.05	86.31	42.34	684.30
110.20	524.31	126.56	155.58	72.93	793.06
388.41	1282.43	321.53	374.58	171.63	2139.50

3-11 续表 1

地　区	流动负债合　计	应付账款	所有者权益合计	实收资本	国家资本
全　国	**102593.51**	**24594.75**	**106690.15**	**63235.07**	**4942.20**
北　京	2126.39	874.37	1886.27	1078.94	79.22
天　津	2842.50	771.75	2133.16	1680.85	230.26
河　北	3630.45	860.11	4559.76	2278.93	168.77
山　西	2209.04	576.21	1146.02	1189.76	155.37
内蒙古	2511.74	507.34	2414.27	2889.54	407.17
辽　宁	3841.98	903.84	5870.22	2667.36	142.50
吉　林	1472.63	366.71	2494.27	1399.77	53.68
黑龙江	1381.96	327.10	1445.77	738.43	67.61
上　海	3875.70	1415.06	3868.42	2414.67	178.89
江　苏	15178.22	3321.90	13158.81	8184.58	287.51
浙　江	15033.50	2756.31	9756.69	5782.31	454.94
安　徽	3255.03	810.18	3513.07	1949.39	98.81
福　建	3177.03	771.39	3695.76	2150.26	127.94
江　西	1754.00	418.01	2180.03	1202.90	81.74
山　东	7060.63	1439.79	11269.92	4886.08	186.30
河　南	2879.95	616.26	8158.01	4334.45	111.07
湖　北	2942.23	726.86	3767.12	2203.93	133.08
湖　南	2076.31	405.87	3341.42	2098.48	104.61
广　东	10471.06	3270.89	8399.12	5024.87	237.62
广　西	1441.72	353.23	1339.43	648.83	123.35
海　南	230.75	50.69	320.88	196.73	116.09
重　庆	1373.93	357.64	1208.04	600.57	116.42
四　川	3707.63	745.24	3679.26	2757.18	336.17
贵　州	1279.36	292.24	1102.53	999.87	147.08
云　南	1932.52	355.34	1513.13	861.93	275.70
西　藏	39.14	6.63	83.09	36.56	7.09
陕　西	1415.30	419.71	1562.02	884.76	79.42
甘　肃	954.62	262.71	1029.68	923.16	179.11
青　海	474.47	94.06	353.66	207.80	38.00
宁　夏	525.10	123.08	360.44	251.69	53.97
新　疆	1498.62	394.23	1079.89	710.50	162.69

单位：亿元

集体资本	法人资本	个人资本	港澳台资本	外商资本	主营业务收入	主营业务成本	主营业务税金及附加
1459.32	**21697.40**	**23735.61**	**3806.38**	**6834.81**	**373376.13**	**319603.91**	**2796.14**
12.64	513.29	228.06	64.20	181.52	3732.34	3168.07	14.76
27.05	402.84	515.73	77.46	390.78	6260.35	5536.87	26.96
45.55	895.60	1010.67	35.37	121.80	16776.50	14497.23	97.03
32.90	351.05	567.18	7.47	20.45	3489.83	3031.29	21.48
44.45	558.55	1791.50	23.90	37.28	7429.98	5998.22	64.33
46.98	993.74	1103.71	81.81	292.97	25264.05	21939.12	203.54
215.40	526.94	522.50	13.82	53.72	9515.34	8183.19	77.50
24.24	232.00	355.56	15.82	38.93	5025.66	4417.93	30.23
72.11	655.90	412.55	251.19	844.03	8159.83	6833.31	22.71
117.38	2137.82	2958.70	791.45	1891.30	49240.97	42777.91	300.21
41.54	1663.25	2205.97	687.89	728.72	26528.43	22740.90	286.05
26.39	610.44	1102.78	34.96	76.01	14122.82	12235.47	82.30
38.48	650.24	819.46	269.43	243.65	12365.00	10645.66	77.09
30.85	541.58	475.07	48.99	27.33	10927.26	9574.76	63.30
131.24	1867.40	2091.84	145.74	461.93	55174.43	47535.40	429.96
97.37	1398.59	2636.21	30.96	39.59	20282.46	17152.70	134.81
48.64	936.23	823.22	44.97	107.99	14215.80	12102.23	136.04
54.55	937.60	953.72	17.19	30.32	15340.02	12469.98	210.53
68.95	1838.37	846.98	1022.82	966.76	32408.45	27686.15	166.74
20.67	242.92	184.40	22.05	44.01	5478.52	4695.83	35.04
4.87	50.47	13.20	5.07	6.50	388.80	307.57	3.92
11.47	222.99	199.00	18.53	30.73	4086.64	3418.60	35.72
120.97	1523.83	658.52	41.23	63.12	12178.64	10241.62	140.57
19.48	227.62	311.81	4.84	12.18	2920.32	2369.44	43.12
28.83	317.29	183.82	14.99	41.28	2987.98	2490.20	21.11
2.16	18.36	5.79	1.30	1.65	45.92	29.17	0.63
25.49	371.00	360.27	12.08	29.49	4415.65	3618.99	43.39
18.43	429.48	138.15	3.10	26.11	1485.07	1254.28	9.18
7.63	114.08	43.48	2.82	1.79	571.37	498.16	3.70
7.40	110.99	66.34	1.69	9.84	695.24	603.78	2.82
15.19	356.94	149.44	13.24	13.01	1862.45	1549.86	11.37

3-11 续表 2

地区	销售费用	管理费用	税金	财务费用	利息收入	利息支出
全国	**8355.81**	**13283.99**	**713.40**	**4010.17**	**261.73**	**3469.19**
北京	149.81	250.32	4.85	25.93	8.01	32.26
天津	127.30	252.05	8.85	49.80	7.07	44.10
河北	284.45	373.25	23.17	153.71	4.69	135.18
山西	94.38	110.94	5.04	77.14	2.08	71.25
内蒙古	137.63	255.27	19.92	121.77	2.96	108.05
辽宁	451.28	766.56	69.37	155.04	6.02	106.44
吉林	255.91	376.98	24.89	105.02	2.34	83.55
黑龙江	92.49	147.51	6.80	46.70	2.52	41.76
上海	319.28	590.80	10.52	68.66	12.36	68.71
江苏	968.34	1767.39	65.64	480.39	39.21	434.30
浙江	566.23	1204.27	55.45	541.67	74.15	572.98
安徽	340.08	417.46	29.75	130.17	4.91	108.94
福建	292.43	462.57	26.22	137.29	7.38	119.40
江西	147.39	211.96	11.59	59.57	3.04	49.63
山东	932.29	1274.60	114.51	439.39	14.39	309.63
河南	412.96	373.70	19.27	155.56	3.68	124.93
湖北	400.30	573.21	31.74	164.93	3.39	121.72
湖南	424.08	769.30	60.98	139.93	4.18	105.67
广东	941.38	1573.11	45.67	251.08	31.24	189.36
广西	127.95	240.92	11.35	68.49	1.64	59.61
海南	12.86	17.20	0.67	8.08	0.69	8.13
重庆	113.65	170.79	9.52	59.24	5.13	54.38
四川	326.15	458.30	21.04	210.21	6.40	184.46
贵州	93.72	147.14	7.83	56.48	3.12	47.18
云南	72.90	123.26	5.66	104.80	3.63	103.90
西藏	5.32	5.03	0.09	0.38	0.38	0.71
陕西	130.18	175.15	12.32	48.09	2.14	39.91
甘肃	38.83	56.17	3.29	53.74	2.59	51.26
青海	12.00	27.42	1.39	19.20	0.20	15.73
宁夏	22.69	26.18	1.83	23.12	0.19	21.51
新疆	61.53	85.19	4.19	54.63	1.99	54.58

单位：亿元

投资收益（损失以"–"号记）	营业利润	利润总额	亏损企业亏损额	应交增值税	应交所得税	从业人员平均人数（万人）
-500.30	**24718.84**	**24371.68**	**1701.36**	**10628.06**	**2941.92**	**3334.22**
26.70	160.36	197.90	48.39	95.00	43.90	32.17
0.02	302.25	322.11	63.47	162.31	48.85	44.12
-142.77	1273.79	1259.47	57.95	369.80	120.78	126.18
-7.05	145.17	126.04	68.83	115.15	21.89	30.07
-65.71	776.89	621.68	63.64	205.29	74.30	38.41
-76.76	1766.58	1647.12	75.30	621.90	134.43	153.68
1.65	532.18	477.44	20.96	182.83	42.69	53.85
0.19	290.99	290.85	31.93	131.28	23.36	36.58
31.22	400.96	439.34	104.52	201.16	94.94	89.02
-12.58	3053.48	3035.73	247.16	1565.59	567.60	446.51
68.28	1337.60	1395.65	148.49	756.57	213.24	350.96
-1.09	947.80	934.98	28.02	331.27	85.10	128.41
-50.81	777.21	762.95	33.66	327.21	78.97	147.36
2.03	764.61	755.09	44.00	352.11	57.28	82.10
-48.84	3968.86	3959.59	84.85	1696.09	459.51	371.37
-8.59	1935.28	1937.54	41.73	486.73	197.39	189.96
-17.28	978.56	959.59	33.17	403.12	89.07	125.19
-43.32	1097.79	1016.32	16.32	566.45	83.47	139.95
25.49	1778.40	1794.18	160.90	818.54	239.19	378.00
-61.85	336.95	332.53	34.16	153.50	26.73	47.80
1.66	37.52	40.25	6.69	15.48	6.66	3.54
-38.29	286.53	288.41	23.63	161.18	29.93	51.56
-25.88	798.20	761.31	57.65	407.95	86.36	117.82
0.67	195.22	192.74	48.79	93.18	18.48	30.03
-2.11	176.39	180.96	50.31	109.84	20.39	31.63
0.24	6.93	8.78	1.98	4.02	1.56	0.78
-22.43	369.84	372.42	24.53	177.15	49.48	40.66
0.41	63.55	68.66	20.95	35.17	7.12	15.65
-39.10	12.45	17.50	12.12	13.48	1.57	4.40
2.72	29.23	34.43	11.52	12.24	3.05	7.15
2.87	117.28	140.13	35.76	56.47	14.65	19.32

3-12 采掘业

地 区	工业销售产值（当年价格）	出口交货值	资产总计	固定资产合计	固定资产原价
全 国	**62615.49**	**192.87**	**88145.48**	**36664.09**	**55365.40**
北 京	1094.27	30.84	2883.39	509.63	741.53
天 津	2988.17	34.22	3063.66	1417.35	3018.52
河 北	4409.82	1.53	4616.86	1888.95	2799.37
山 西	6713.24	46.79	14331.00	4999.27	6122.74
内蒙古	5741.26	10.81	7161.44	2743.83	3691.74
辽 宁	3578.18	28.60	3155.40	1424.60	2785.06
吉 林	1312.27	0.04	1779.68	1144.57	2104.55
黑龙江	2718.84	0.06	3951.18	2503.80	4834.77
上 海	9.43		35.86	0.08	0.24
江 苏	716.39	0.75	1167.97	603.76	925.82
浙 江	178.78	0.34	158.58	37.34	52.04
安 徽	1616.20	0.38	3660.04	2006.03	2088.70
福 建	510.12	3.79	316.65	128.21	175.81
江 西	933.06	4.60	627.08	288.27	358.81
山 东	6027.86	2.98	9029.56	3595.59	6282.44
河 南	4681.44		5064.37	2283.54	2771.92
湖 北	1283.82	1.28	804.74	409.22	703.73
湖 南	1897.46	2.41	849.46	480.75	573.30
广 东	1224.44	16.98	1066.37	391.44	765.66
广 西	721.01	2.09	476.61	129.33	168.57
海 南	54.28		139.40	48.03	55.19
重 庆	486.57	0.26	628.39	259.82	283.18
四 川	2556.43	0.81	4088.49	1601.78	1842.42
贵 州	1593.58	0.12	2170.07	633.20	803.08
云 南	1045.30	1.21	1706.16	549.80	660.76
西 藏	25.31		174.70	41.06	44.92
陕 西	4519.24	1.48	7594.21	2462.82	4024.49
甘 肃	928.94		1303.98	704.97	1008.89
青 海	504.55		817.79	347.56	539.48
宁 夏	460.63		1189.45	458.01	696.11
新 疆	2084.61	0.49	4132.93	2571.47	4441.56

主要经济指标

单位：亿元

累计折旧	流动资产合计	应收账款	存货	产成品	负债合计
23809.89	**29626.74**	**5398.95**	**3893.74**	**1610.61**	**51304.46**
225.55	1071.20	334.14	72.79	12.13	1564.48
1608.39	1466.25	653.17	204.04	47.74	2184.80
1205.72	1851.13	369.04	250.11	131.49	2653.56
2473.13	5475.77	762.36	537.48	215.46	10109.45
1277.45	2723.05	555.26	325.04	140.26	3691.84
1511.86	1171.82	204.64	247.79	86.54	1706.01
1034.08	469.78	100.45	54.40	15.99	950.88
2354.58	960.86	77.03	100.89	61.27	1557.19
0.16	28.49	1.02	1.10	0.50	6.35
369.28	337.11	60.74	53.44	23.66	650.18
22.88	71.14	10.76	9.52	5.36	102.59
759.38	800.40	107.63	116.46	44.51	2510.13
62.90	113.20	16.23	16.74	9.27	137.20
124.03	224.64	34.96	48.65	32.28	322.55
2946.66	2969.02	316.41	456.98	186.02	5405.89
967.49	1959.76	259.63	247.56	104.44	2759.12
345.21	291.85	70.66	49.33	27.80	437.75
153.42	227.42	39.73	44.73	20.48	355.32
432.50	237.28	66.98	62.27	22.59	860.61
54.61	200.63	51.32	35.21	18.43	237.65
21.29	35.39	1.86	10.83	2.11	30.41
98.13	185.95	32.93	26.04	14.35	312.51
748.62	1383.73	349.66	172.77	44.07	2338.06
239.80	952.12	157.95	63.29	30.44	1440.27
241.85	730.62	121.41	120.96	49.97	1017.39
10.50	42.60	1.92	4.60	2.13	85.40
1634.47	1832.24	284.80	185.19	74.25	3773.05
360.80	360.72	54.20	81.02	51.46	727.59
210.80	320.72	23.65	35.13	21.80	434.59
241.05	298.30	48.59	96.80	51.80	741.66
2073.30	833.52	229.84	162.60	62.03	2199.96

3-12 续表 1

地 区	流动负债合 计	应付账款	所有者权益合计	实收资本	国家资本
全 国	**33197.46**	**8428.66**	**36631.06**	**17789.91**	**8257.32**
北 京	720.78	271.98	1318.91	630.22	292.66
天 津	1786.76	871.06	878.82	496.43	340.61
河 北	1864.26	429.62	1934.64	853.08	383.86
山 西	6479.32	1359.38	4215.31	1799.83	634.36
内 蒙 古	2124.63	462.74	3451.26	1172.68	518.44
辽 宁	1145.54	300.04	1434.65	777.86	589.01
吉 林	584.40	223.90	823.45	310.92	169.87
黑 龙 江	949.13	305.66	2389.55	591.89	45.74
上 海	2.81	0.10	29.51	9.00	
江 苏	468.02	116.34	517.32	256.25	113.73
浙 江	90.33	9.70	56.60	35.52	4.84
安 徽	1495.88	252.20	1147.58	486.18	357.13
福 建	108.31	13.35	177.68	67.47	19.08
江 西	200.14	33.78	299.37	134.28	26.71
山 东	3288.62	696.22	3605.48	1188.15	934.49
河 南	1875.08	410.86	2221.37	898.18	169.24
湖 北	363.63	71.02	359.95	324.18	160.38
湖 南	235.77	38.49	488.57	291.81	28.54
广 东	649.14	108.87	193.39	59.93	6.48
广 西	173.56	33.69	235.67	58.73	13.41
海 南	20.43	5.70	108.94	47.58	28.40
重 庆	205.37	30.78	312.08	125.50	16.78
四 川	1690.01	490.66	1743.61	1581.34	47.82
贵 州	995.19	170.67	773.26	385.52	70.70
云 南	861.75	105.04	688.06	306.08	167.18
西 藏	40.60	5.54	90.52	62.18	20.61
陕 西	2186.83	720.86	3801.52	2406.95	1934.93
甘 肃	447.01	112.00	574.04	426.10	326.24
青 海	291.40	110.28	381.90	98.33	46.40
宁 夏	488.92	149.37	446.35	132.34	50.60
新 疆	1363.83	518.77	1931.70	1775.41	739.07

单位：亿元

集体资本	法人资本	个人资本	港澳台资本	外商资本	主营业务收入	主营业务成本	主营业务税金及附加
388.63	**6603.98**	**1952.72**	**79.35**	**97.23**	**67563.60**	**50285.84**	**1942.99**
0.04	322.38	5.11	9.42	0.62	1389.56	1316.54	7.81
3.20	118.51	4.67	15.97	13.46	3123.77	2281.52	45.79
4.00	291.72	167.30	3.38	2.81	5219.08	4130.67	75.24
55.58	802.09	211.46	1.53	34.33	7642.92	5977.39	97.75
82.14	371.90	162.45	16.95	5.09	5977.98	4283.44	107.65
6.47	67.31	108.94	3.47	2.09	3637.80	2940.92	74.48
2.71	75.24	61.17	0.08	0.36	1342.73	1058.76	36.29
3.29	506.83	34.07	1.56	0.35	2731.92	1242.07	420.48
	9.00				9.43	5.65	0.95
8.84	110.00	17.70	4.43	1.55	721.10	561.35	28.78
0.05	8.70	16.99	0.89	4.06	182.52	148.96	3.82
0.66	66.97	59.22	0.55	1.64	2146.65	1839.40	22.12
1.18	17.97	26.71	2.19	0.33	510.12	411.16	9.36
2.39	58.82	41.88	2.93	0.41	959.00	806.08	14.49
17.80	147.49	81.26	3.38	3.73	7309.98	5627.67	307.88
84.91	439.78	196.52	0.60	3.14	5339.31	4427.14	96.61
6.65	47.96	48.40	0.39	0.12	1274.25	1035.52	38.00
8.34	123.20	128.55	0.56	2.34	1900.42	1477.37	27.59
5.35	29.87	16.53	0.57	1.13	1257.21	833.90	59.94
0.89	20.67	13.72	0.26	8.67	696.34	539.56	8.16
	17.67	1.40		0.10	55.62	23.75	3.23
0.75	76.49	30.52	0.61	0.34	489.36	389.79	8.30
6.21	1224.96	100.12	0.25	3.06	3032.39	2454.01	48.47
12.04	130.46	118.84	0.64		1406.18	1004.09	41.04
5.82	80.26	47.16	2.10	3.56	1100.20	832.49	21.31
1.55	33.48	6.54			24.98	13.37	0.92
50.53	246.47	156.79	3.23	0.67	4287.32	2433.14	150.45
16.70	48.94	34.74	0.01	0.01	752.27	451.85	22.93
0.27	36.05	14.84		0.77	392.08	214.89	28.24
0.03	71.04	9.75		0.91	442.65	313.42	7.59
0.25	1001.79	29.36	3.38	1.57	2208.49	1210.00	127.32

3-12 续表 2

地区	销售费用	管理费用	税金	财务费用	利息收入	利息支出
全国	**1323.94**	**4066.94**	**267.00**	**1188.15**	**151.34**	**1225.06**
北京	6.57	30.90	1.10	16.60	3.49	18.14
天津	3.17	42.91	10.34	35.57	4.27	28.60
河北	59.13	219.26	8.07	81.67	6.33	79.86
山西	318.97	620.56	21.84	268.33	26.51	276.85
内蒙古	195.83	285.81	35.63	92.91	5.02	85.94
辽宁	43.54	199.69	20.83	41.68	5.79	43.32
吉林	23.13	92.78	6.29	25.96	3.58	26.10
黑龙江	21.99	218.42	8.22	10.04	19.70	28.49
上海	0.02	0.53	0.01	-0.52	0.71	0.06
江苏	14.13	74.93	1.77	12.01	2.59	12.34
浙江	3.55	10.83	0.48	2.79	0.20	2.88
安徽	30.86	157.01	11.84	62.93	2.98	65.16
福建	15.91	32.43	2.43	3.50	0.25	3.26
江西	14.47	32.59	1.59	6.13	0.24	5.53
山东	80.68	478.30	31.41	120.24	16.54	134.55
河南	63.30	227.78	10.74	76.14	9.14	80.10
湖北	30.27	79.80	2.97	16.09	0.44	12.57
湖南	52.31	108.99	10.66	13.55	0.37	10.37
广东	17.84	42.30	4.69	12.22	0.28	4.25
广西	19.50	43.08	3.13	5.93	0.56	5.23
海南	1.41	4.50	0.32	0.60	-0.02	0.30
重庆	16.16	34.78	1.73	7.98	1.27	6.73
四川	65.05	191.31	7.44	53.38	10.61	60.66
贵州	47.56	119.44	5.90	39.47	0.75	33.71
云南	41.49	86.57	3.26	25.70	1.08	25.07
西藏	0.54	3.89	0.04	0.52	0.62	1.13
陕西	75.83	367.63	30.89	74.84	15.04	84.20
甘肃	10.90	37.36	4.07	15.72	2.96	17.91
青海	7.32	26.39	3.83	7.60	2.59	9.51
宁夏	12.12	42.02	1.86	15.79	0.73	14.69
新疆	30.41	154.14	13.63	42.80	6.73	47.56

单位：亿元

投资收益（损失以"－"号记）	营业利润	利润总额	亏损企业亏损额	应交增值税	应交所得税	从业人员平均人数（万人）
108.78	**8666.53**	**8554.52**	**659.55**	**4218.79**	**1078.62**	**820.22**
20.12	27.31	20.11	12.95	22.59	6.61	6.79
1.78	719.55	715.43	11.20	242.69	121.99	7.75
-5.39	652.27	654.03	19.28	290.10	91.66	42.11
54.63	419.61	395.81	170.06	488.71	119.76	108.42
6.78	975.07	939.80	48.46	407.72	122.68	36.64
0.91	309.23	318.38	28.51	214.76	41.29	50.72
-1.15	93.13	94.11	33.59	64.97	7.61	20.36
-0.20	803.11	789.48	29.41	300.84	15.66	40.72
	1.42	1.42		0.50	0.16	0.02
2.35	37.04	39.01	6.81	49.34	11.10	15.19
0.18	13.29	13.73	0.52	7.90	2.13	1.65
22.12	56.43	53.41	38.44	118.97	13.38	37.12
-3.05	37.96	38.11	0.96	26.48	4.93	8.91
0.33	83.83	79.97	10.94	49.05	10.46	15.36
31.64	718.53	717.14	19.34	394.22	120.64	88.66
4.99	436.91	436.41	47.27	203.30	66.72	78.00
0.13	79.75	78.78	16.27	50.55	9.73	16.07
-12.30	166.24	152.77	4.23	100.81	15.14	33.30
-2.69	290.78	291.72	1.15	63.58	63.54	4.93
-2.50	82.50	82.58	3.73	26.16	5.44	7.83
0.25	18.39	18.28	0.58	5.20	4.55	0.76
0.25	31.49	35.06	4.49	38.05	3.18	17.42
2.61	177.96	187.26	51.03	131.48	29.39	44.63
4.81	145.45	132.84	38.35	82.04	24.93	31.66
-0.31	92.14	94.44	14.81	74.43	14.47	22.82
0.12	5.57	5.95	0.90	2.79	0.77	0.48
5.86	1280.21	1253.65	7.77	456.05	87.67	38.26
-13.01	177.19	176.11	4.95	57.98	10.69	10.66
-13.92	91.45	88.61	6.82	37.86	2.75	4.76
1.21	53.21	56.18	3.84	29.16	10.33	7.20
2.23	589.53	593.92	22.88	180.50	39.28	21.05

3-13 煤炭开采和洗选业

地区	工业销售产值（当年价格）	出口交货值	资产总计	固定资产合计	固定资产原价
全国	**28886.79**	**112.56**	**49059.47**	**18107.70**	**23770.06**
北京	713.77	15.23	286.98	6.14	19.80
天津	1488.16	34.08	1265.03	160.87	501.14
河北	1313.01	1.40	1859.52	650.40	856.54
山西	6291.28	46.79	13679.49	4793.51	5868.98
内蒙古	3741.34	10.50	5827.21	2172.68	2858.47
辽宁	411.94	0.47	1048.70	354.07	617.37
吉林	314.79		308.55	184.17	396.34
黑龙江	533.84	0.06	854.60	357.50	655.19
上海					
江苏	287.77		626.51	311.64	415.67
浙江	0.42		0.23	0.06	0.07
安徽	918.35		2919.55	1786.09	1796.63
福建	119.52		105.43	34.83	52.54
江西	194.65		195.20	119.92	135.08
山东	2752.72	1.43	5759.97	1596.97	2390.29
河南	2083.15		3333.68	1492.08	1820.76
湖北	112.91		68.90	35.73	41.81
湖南	870.05		363.16	237.99	297.93
广东	3.18		4.92	0.87	1.35
广西	37.97		119.73	18.53	26.96
海南					
重庆	364.64	0.26	536.53	229.43	242.13
四川	928.35	0.01	932.79	366.62	559.90
贵州	1410.07	0.07	2055.00	607.89	772.19
云南	567.52	1.20	661.31	219.08	274.34
西藏					
陕西	2272.61	1.06	3460.09	1336.95	1724.45
甘肃	301.48		490.47	208.72	353.70
青海	165.38		332.13	63.79	41.26
宁夏	453.60		1178.28	456.44	694.24
新疆	234.34		785.49	304.73	354.92

主要经济指标

单位：亿元

累计折旧	流动资产合计	应收账款	存货	产成品	负债合计
9278.74	**18563.00**	**3239.27**	**2219.16**	**888.46**	**31775.22**
13.66	171.99	86.42	6.05	5.85	142.30
340.28	1081.47	596.48	170.89	33.99	1213.75
383.65	793.46	168.53	110.96	53.56	1258.44
2395.18	5243.67	720.71	475.17	181.08	9715.77
964.30	2224.74	428.98	233.12	103.05	3069.58
319.65	409.32	49.26	125.38	40.25	672.54
218.41	92.07	17.91	11.17	4.71	221.15
316.51	295.71	55.19	57.15	32.77	661.65
150.44	185.40	31.09	33.19	17.02	365.18
0.06	0.16	0.08	0.04	0.04	0.28
646.17	575.03	70.56	87.59	27.68	2101.35
19.94	39.86	5.23	3.16	2.02	49.74
48.01	52.28	8.58	4.88	2.18	137.64
981.84	2178.86	184.12	322.41	124.93	3842.07
633.68	1255.04	140.58	142.26	54.81	2047.22
10.86	26.08	3.35	4.55	2.56	33.63
85.61	90.52	13.57	13.72	7.80	144.58
0.48	3.83	1.18	1.75	1.74	4.28
11.90	28.83	5.87	4.12	2.64	53.86
82.92	148.04	23.39	18.87	10.00	264.26
259.26	416.55	59.96	30.13	11.35	639.71
232.13	895.62	146.91	54.18	25.94	1384.19
92.16	289.79	60.50	33.30	12.24	392.10
548.24	1223.45	238.55	103.19	32.28	1620.32
185.29	172.02	27.61	31.03	16.31	308.27
11.99	178.91	13.82	13.05	11.44	176.66
240.73	291.33	46.36	95.24	51.60	736.00
85.40	198.99	34.48	32.62	18.63	518.67

3-13 续表 1

地　区	流动负债合　计	应付账款	所有者权益合计	实收资本	国家资本
全　国	**20404.70**	**4530.83**	**17275.67**	**6085.69**	**2294.95**
北　京	127.89	79.97	144.68	69.13	
天　津	1123.12	642.07	51.29	34.94	
河　北	841.05	181.59	600.30	233.22	124.25
山　西	6209.44	1276.16	3957.86	1609.67	567.83
内蒙古	1687.46	360.91	2751.58	810.56	357.23
辽　宁	450.28	71.00	376.07	91.57	72.21
吉　林	155.27	33.83	87.88	49.63	27.14
黑龙江	540.92	112.92	189.78	88.43	44.06
上　海					
江　苏	237.13	70.19	261.33	56.59	44.42
浙　江	0.28	0.01	-0.05	0.05	
安　徽	1195.84	200.75	821.33	313.81	269.03
福　建	39.95	4.00	55.53	22.90	10.62
江　西	70.87	9.11	56.89	50.56	17.98
山　东	2056.78	395.63	1915.97	301.26	167.28
河　南	1298.02	259.77	1282.97	476.69	107.44
湖　北	26.95	5.25	34.88	77.00	1.19
湖　南	98.31	18.53	216.36	127.66	11.95
广　东	3.88	1.62	0.64	0.50	
广　西	34.03	2.81	65.86	5.99	1.32
海　南					
重　庆	164.58	24.16	269.37	110.06	10.75
四　川	435.22	68.24	287.72	123.80	5.71
贵　州	947.51	160.29	715.20	364.02	67.19
云　南	328.05	38.01	268.69	90.59	30.69
西　藏					
陕　西	1108.16	233.33	1820.89	510.10	187.74
甘　肃	241.94	43.24	180.95	84.26	59.05
青　海	134.30	31.28	154.48	63.36	37.70
宁　夏	483.43	147.26	440.88	129.57	50.60
新　疆	364.04	58.89	266.35	189.78	21.59

单位：亿元

					主营业务收　入	主营业务成　本	主营业务税金及附加
集体资本	法人资本	个人资本	港澳台资本	外商资本			
240.10	**2322.88**	**942.81**	**43.45**	**48.93**	**32949.89**	**26055.30**	**459.23**
	64.87	4.26			715.18	687.52	2.74
3.00		2.80	15.97	13.17	1647.64	1478.71	4.40
1.72	75.93	30.46		0.86	2083.04	1889.59	12.15
51.73	724.18	177.57	0.20	27.68	7232.00	5648.46	92.00
68.90	269.38	96.35	16.82	1.33	3965.48	2678.46	80.65
0.72	9.12	9.50			434.40	313.24	7.97
1.43	12.75	6.81			296.74	256.90	3.26
1.12	16.12	26.69	0.07	0.33	532.43	463.44	7.95
0.56	10.45	1.17			291.02	234.32	5.88
		0.05			0.70	0.58	
0.20	32.05	12.53			1456.78	1282.03	12.77
0.75	1.76	7.88	1.90		121.71	93.97	2.16
0.30	21.53	10.74	0.01		186.72	151.86	2.62
6.28	93.74	28.38	3.17	2.40	3811.79	3179.34	44.80
29.70	270.75	63.22		2.45	2842.03	2410.68	29.16
1.48	6.61	7.16	0.39		113.04	88.27	3.09
7.74	42.93	64.97	0.03	0.03	878.27	681.95	13.11
	0.50				3.28	3.17	
0.04	2.47	2.17			28.68	20.69	0.68
0.64	72.24	25.81	0.61		369.87	298.57	5.79
1.49	64.87	51.06			909.19	760.08	10.17
11.17	122.02	111.29	0.10		1224.44	876.24	36.38
3.53	27.45	28.91			627.89	483.11	10.20
46.42	126.59	132.03	2.38	0.67	2157.45	1318.23	52.49
1.10	7.08	17.56			218.78	166.07	3.19
	22.96	2.70			129.10	105.41	1.92
	70.66	8.31			434.93	307.86	7.40
0.10	153.87	12.42	1.80		237.30	176.56	6.27

3-13 续表 2

地 区	销售费用	管理费用	税金	财务费用	利息收入	利息支出
全 国	**856.52**	**2245.17**	**135.27**	**776.01**	**65.35**	**787.61**
北 京	5.04	6.70	0.49	1.29	1.26	2.13
天 津	0.55	3.37	0.57	21.35	1.87	20.77
河 北	30.98	90.09	3.53	37.13	1.93	35.62
山 西	315.73	596.72	19.96	253.85	26.25	262.87
内蒙古	172.25	222.32	29.80	72.67	4.53	69.75
辽 宁	6.29	75.32	3.16	16.44	2.22	18.23
吉 林	4.85	36.88	0.75	5.86	0.34	5.21
黑龙江	6.33	60.40	4.12	11.97	0.41	11.46
上 海						
江 苏	4.88	37.06	1.21	5.29	1.79	6.64
浙 江	0.06	0.02		0.04		0.04
安 徽	9.64	118.79	9.25	53.14	2.14	55.64
福 建	3.76	13.38	1.22	0.83	0.06	0.82
江 西	2.90	10.09	0.47	1.85		1.54
山 东	47.28	278.64	22.90	89.48	8.53	98.58
河 南	30.12	134.34	7.05	58.93	6.94	63.18
湖 北	2.84	6.89	0.54	0.65	0.12	0.61
湖 南	23.03	42.34	2.22	4.88	0.14	3.65
广 东	0.32	0.08	0.01	0.97		0.97
广 西	0.75	7.38	0.37	1.18	0.47	1.42
海 南						
重 庆	9.26	27.81	1.21	5.93	1.18	4.84
四 川	19.53	56.80	2.36	17.02	0.57	17.07
贵 州	41.22	105.71	5.42	37.84	0.68	32.45
云 南	24.95	45.25	1.44	7.82	0.48	7.73
西 藏						
陕 西	64.84	174.42	12.79	36.71	1.14	33.80
甘 肃	6.00	21.28	0.51	4.74	0.72	5.29
青 海	3.24	7.60	0.35	3.61	0.44	3.75
宁 夏	11.42	41.64	1.86	15.72	0.73	14.64
新 疆	8.47	23.84	1.69	8.84	0.41	8.90

单位：亿元

投资收益（损失以“-”号记）	营业利润	利润总额	亏损企业亏损额	应交增值税	应交所得税	从业人员平均人数（万人）
120.80	**2748.63**	**2680.19**	**430.44**	**2143.47**	**511.65**	**529.68**
4.63	17.80	17.87		9.02	4.76	1.56
	154.99	148.10		160.84	0.54	1.82
-2.31	23.89	33.29	8.83	66.27	11.32	20.39
62.08	389.42	364.91	165.32	470.53	114.93	104.15
7.54	719.51	698.27	41.91	277.15	100.53	26.34
1.29	7.47	16.70	3.29	37.07	4.91	20.47
-0.23	-8.22	-6.77	18.49	13.99	1.46	10.00
-0.54	-5.79	-5.09	28.91	46.31	6.55	26.85
1.91	9.33	10.27	0.81	26.68	3.98	9.13
	0.01					
21.19	-7.02	0.91	36.98	89.54	7.39	30.42
-1.37	7.99	8.07	0.42	10.04	1.14	4.54
0.06	17.74	13.41	3.78	11.49	2.56	8.49
25.58	227.33	227.06	16.64	199.19	51.70	57.91
5.25	189.41	190.47	9.98	137.58	49.32	53.91
0.02	12.24	11.47	1.04	6.85	1.70	3.29
-2.34	94.38	84.92	2.68	50.94	7.93	21.01
	0.20	0.20		0.03	0.05	0.02
0.01	-0.81	-0.14	1.33	1.80	0.30	1.70
0.34	23.47	27.03	3.60	31.33	2.69	15.52
0.33	48.21	51.53	8.27	47.33	7.87	27.47
4.67	115.43	102.79	38.01	73.43	21.84	29.79
-1.50	50.00	51.88	7.01	43.20	5.72	14.94
5.05	572.20	543.70	6.71	246.54	83.13	20.37
-0.06	14.46	14.88	2.13	21.87	1.93	5.26
-11.80	8.50	7.83	5.43	10.91	1.39	1.15
1.21	52.35	55.31	3.49	28.89	10.23	7.07
-0.22	14.15	11.31	15.36	24.66	5.78	6.11

3-14 石油和天然气开采业

地区	工业销售产值(当年价格)	出口交货值	资产总计	固定资产合计	固定资产原价
全国	**11320.41**	**17.35**	**18971.94**	**11702.55**	**21938.51**
北京	7.19		130.17	11.58	13.48
天津	1297.80		1318.26	1140.28	2346.23
河北	293.68		673.21	545.07	1069.29
山西	36.64		229.89	100.92	111.78
内蒙古	629.75		279.08	130.24	283.23
辽宁	369.22		620.74	513.95	1226.94
吉林	418.00		916.00	675.34	1133.15
黑龙江	1892.67		2769.53	1939.96	3861.92
上海	9.43		35.86	0.08	0.24
江苏	88.94		254.54	173.53	341.55
浙江					
安徽					
福建					
江西					
山东	1233.05		1722.22	1414.15	3088.24
河南	330.15		399.26	201.21	228.47
湖北	82.85	0.54	205.34	173.71	295.58
湖南					
广东	630.00	16.82	712.90	292.50	625.59
广西	19.80		11.68	11.45	11.45
海南	14.01		33.50	20.59	33.55
重庆	9.54		4.52	1.40	3.88
四川	115.60		1617.06	763.02	677.95
贵州					
云南					
西藏					
陕西	1817.13		3596.93	953.57	2042.25
甘肃	379.98		529.88	392.69	432.12
青海	260.53		339.76	235.67	415.89
宁夏	3.11		4.36	0.54	0.59
新疆	1381.37		2567.26	2011.09	3695.13

主要经济指标

单位：亿元

累计折旧	流动资产合计	应收账款	存货	产成品	负债合计
10875.72	**2651.99**	**327.57**	**289.46**	**110.79**	**8884.92**
1.89	17.84	0.14	0.77		66.50
1205.95	126.61	5.15	21.24	10.21	698.45
540.82	70.51	2.07	7.41	3.07	260.18
21.71	61.27	19.65	8.21	0.12	136.45
160.82	103.08	72.95	3.60	1.57	61.15
740.41	106.78	1.39	6.17		305.46
498.79	208.04	34.14	5.57	3.22	410.30
1922.03	583.97	5.50	34.03	25.10	784.26
0.16	28.49	1.02	1.10	0.50	6.35
168.03	37.06	9.17	3.15	0.42	123.76
1676.54	216.93	48.65	19.69	9.07	730.89
123.17	88.82	14.82	13.54	9.54	176.41
151.71	31.62	3.42	2.12	0.99	100.50
374.81	49.64	6.95	31.31	5.37	692.57
1.90	0.23				0.77
12.95	1.30	0.02	0.31	0.06	5.72
2.94	1.96	0.33	0.16	0.01	1.31
242.21	147.35	43.58	11.56	0.80	814.12
983.98	366.18	7.83	45.96	20.14	1896.93
39.76	56.60	0.86	6.14	2.03	264.43
161.26	75.18	0.50	7.28	3.06	171.93
0.05	2.53	0.64	0.05	0.04	0.95
1843.83	269.99	48.79	60.07	15.46	1175.53

3-14 续表 1

地区	流动负债合计	应付账款	所有者权益合计	实收资本	国家资本
全国	**4704.46**	**2001.41**	**10014.34**	**7102.05**	**4486.94**
北京	22.51	13.44	63.67	19.80	9.80
天津	394.71	167.77	619.82	323.11	323.11
河北	64.71	63.20	413.03	223.46	223.46
山西	103.98	44.87	93.44	86.07	25.32
内蒙古	30.02	17.08	212.05	125.31	113.20
辽宁	72.76	64.01	315.28	315.28	315.28
吉林	154.57	134.72	505.69	22.84	2.26
黑龙江	323.85	164.20	1985.27	476.58	0.04
上海	2.81	0.10	29.51	9.00	
江苏	113.38	21.29	130.79	134.40	41.61
浙江					
安徽					
福建					
江西					
山东	552.77	148.09	982.68	690.17	684.53
河南	153.74	48.70	158.20	87.09	
湖北	85.97	12.63	104.84	115.34	115.34
湖南					
广东	523.69	77.05	20.33	1.50	1.50
广西			10.91	10.91	5.56
海南	4.61	3.06	27.77	27.27	27.27
重庆	1.29	0.28	3.21	1.05	0.24
四川	501.85	159.09	809.45	1059.61	8.17
贵州					
云南					
西藏					
陕西	872.32	429.62	1699.99	1740.38	1739.87
甘肃	76.00	50.92	265.44	261.80	261.55
青海	84.30	65.05	167.83		
宁夏	0.95	0.08	3.41	1.41	
新疆	563.67	316.18	1391.73	1369.68	588.85

单位：亿元

集体资本	法人资本	个人资本	港澳台资本	外商资本	主营业务收入	主营业务成本	主营业务税金及附加
0.85	**2389.78**	**11.75**	**1.87**	**12.91**	**11590.08**	**5550.03**	**1144.29**
	10.00				4.82	3.64	0.09
					1267.74	608.04	39.38
					295.75	134.36	15.34
	52.77		1.33	6.65	46.52	33.32	0.33
	9.97	2.15			621.45	499.96	5.94
					350.12	217.91	16.57
0.36	12.52	7.70			420.93	276.38	22.74
	475.00	1.00	0.54		1904.14	560.72	405.53
	9.00				9.43	5.65	0.95
	92.79				88.94	39.09	18.53
0.20	5.35	0.10			1303.49	599.25	239.78
0.29	86.79				244.95	147.05	50.94
					82.98	51.40	15.36
					676.64	390.41	50.57
				5.35	19.80	13.13	0.55
					14.01	4.14	1.80
	0.81				10.01	8.17	0.14
	853.48	0.01			515.28	348.82	14.78
	0.21	0.30			1686.55	752.31	89.61
	0.25				338.79	128.91	16.91
					186.25	57.93	25.21
		0.50		0.91	3.11	1.92	0.17
	780.84				1498.39	667.53	113.07

3-14 续表 2

地区	销售费用	管理费用	税金	财务费用	利息收入	利息支出
全国	**48.52**	**826.25**	**61.86**	**140.75**	**62.01**	**188.27**
北京		3.84	0.05	0.20	0.29	0.46
天津	2.13	28.40	8.59	11.19	1.29	5.59
河北	0.44	37.62	0.37	5.86	2.72	8.59
山西	0.52	5.37	0.23	3.46	0.06	3.34
内蒙古	1.61	6.97	0.97	4.67		2.68
辽宁	1.61	32.50	3.93	7.24	2.76	10.00
吉林	5.96	20.93	2.74	7.95	3.13	10.75
黑龙江	11.59	134.57	3.70	-4.42	19.27	14.65
上海	0.02	0.53	0.01	-0.52	0.71	0.06
江苏	0.61	21.13	0.07	1.53	0.24	1.75
浙江						
安徽						
福建						
江西						
山东	3.45	107.76	0.79	8.15	3.20	11.26
河南	2.23	35.51	0.57	1.00	1.13	2.11
湖北	1.31	21.63	0.11	1.48	0.05	1.53
湖南						
广东	1.02	14.41	3.30	6.18	0.12	
广西	0.01	0.05		0.08		
海南	0.01	0.53	0.17	0.02	0.04	0.06
重庆	0.18	0.44	0.02			
四川	5.21	61.70	2.13	19.03	5.61	27.33
贵州						
云南						
西藏						
陕西	1.83	168.75	16.82	36.19	11.21	46.69
甘肃	0.57	7.31	3.15	5.98	2.26	8.22
青海	0.67	11.55	3.18	2.11	2.04	4.15
宁夏		0.23				
新疆	7.54	104.52	10.95	23.39	5.87	29.06

单位：亿元

投资收益（损失以“-”号记）	营业利润	利润总额	亏损企业亏损额	应交增值税	应交所得税	从业人员平均人数（万人）
-10.98	**3671.20**	**3644.28**	**81.96**	**1048.67**	**268.51**	**77.52**
	-2.60	-1.53	2.26	0.58	-0.11	0.19
	564.05	559.48		74.71	117.69	1.97
0.17	99.45	94.68		29.88	0.14	2.94
0.62	4.31	7.35	0.68	2.44	1.23	0.44
	100.60	100.33	1.70	78.28	0.05	0.62
	61.65	61.05		30.15	0.35	4.88
0.34	79.06	75.50	1.38	29.71	0.88	3.75
0.03	774.93	761.17	0.20	240.45	5.52	11.43
	1.42	1.42		0.50	0.16	0.02
	7.11	7.52	4.09	7.35	2.78	2.12
	320.54	319.69		130.14	42.76	12.73
0.25	-9.78	-10.35	24.99	24.71	4.40	6.04
	-8.38	-8.58	8.58	3.35	0.27	1.89
	213.63	215.49	0.07	35.95	54.78	0.44
	5.98	5.98		0.01		0.01
-0.05	3.82	3.83		0.48	0.84	0.01
0.02	1.10	1.11		0.28	0.07	0.13
0.71	30.75	30.02	37.79	5.79	8.21	3.53
0.05	676.64	672.37		185.32	-0.02	11.64
-13.17	150.20	148.68		29.39	7.20	2.62
-0.03	70.99	68.27		20.24		2.58
	0.80	0.80	0.23	0.12	0.05	0.03
0.07	524.95	530.02		118.81	21.28	7.54

3-15 黑色金属矿

地　区	工业销售产值（当年价格）	出口交货值	资产总计	固定资产合　计	固定资产原　价
全　国	**9521.46**	**0.09**	**9382.60**	**2834.22**	**3872.39**
北　京	165.52		1961.69	373.13	475.35
天　津	90.04		171.72	49.60	56.11
河　北	2637.10		1957.43	629.63	786.12
山　西	360.69		381.25	89.20	120.41
内蒙古	524.83		471.04	188.09	236.73
辽　宁	1808.97		841.79	291.01	525.79
吉　林	249.44		190.35	79.71	216.01
黑龙江	48.87		34.28	23.56	33.91
上　海					
江　苏	80.98		47.59	11.34	18.95
浙　江	15.44		16.79	3.42	6.14
安　徽	420.51		556.07	152.38	188.81
福　建	124.06		83.85	38.79	44.51
江　西	198.94		72.82	37.09	49.92
山　东	471.29	0.08	487.79	171.04	231.04
河　南	203.04		149.53	50.53	64.82
湖　北	427.17		127.96	56.73	83.51
湖　南	194.30		74.36	47.17	53.74
广　东	162.85		127.08	37.20	42.08
广　西	181.51		92.85	29.77	36.88
海　南	35.07		52.58	24.43	18.03
重　庆	13.64		20.85	7.61	6.81
四　川	519.76		497.62	138.26	137.88
贵　州	34.90		18.16	3.43	5.35
云　南	184.46		379.14	125.71	136.23
西　藏	3.90		35.56	5.21	6.74
陕　西	111.00		125.41	46.62	82.54
甘　肃	83.16		79.15	25.27	83.58
青　海	23.24		35.84	15.11	18.81
宁　夏	2.47		4.53	0.75	0.89
新　疆	144.31		287.50	82.43	104.72

采选业主要经济指标

单位：亿元

累计折旧	流动资产合计	应收账款	存货	产成品	负债合计
1418.91	**3823.43**	**680.99**	**543.05**	**278.71**	**5220.70**
102.06	628.05	144.36	30.35	5.02	1144.92
11.50	54.76	2.24	5.55	0.66	92.68
252.57	941.12	190.07	120.28	68.12	1062.77
45.24	147.95	19.63	44.54	28.99	223.01
70.13	209.30	34.20	50.09	16.96	262.81
260.06	356.44	61.14	50.21	28.91	407.87
144.20	48.93	9.10	6.62	2.42	100.13
10.69	5.98	1.93	1.28	0.44	16.51
8.14	27.75	5.35	3.49	1.19	29.65
3.12	9.95	0.69	1.03	0.70	5.42
67.18	142.63	22.08	15.92	7.85	318.44
15.35	26.67	3.24	4.57	2.35	41.02
16.32	27.80	6.03	2.50	1.60	37.17
77.02	181.23	19.46	20.79	10.86	238.86
23.08	75.13	15.81	10.98	6.86	65.44
30.63	57.53	14.74	16.81	10.00	71.52
10.22	23.34	3.83	4.76	1.49	32.24
15.94	66.27	7.09	10.51	4.46	60.30
9.58	47.69	11.87	11.96	5.69	47.38
7.05	28.14	0.95	8.22	1.72	16.79
1.54	9.74	1.70	2.55	1.17	15.70
34.87	256.12	33.27	23.77	14.41	320.66
2.11	10.53	2.81	2.12	0.92	10.15
60.71	174.62	19.65	25.42	14.72	219.66
2.23	11.25	1.50	0.99	0.87	8.62
43.42	48.32	7.84	9.93	7.52	78.97
61.25	41.01	7.37	15.02	13.46	53.88
5.08	16.26	1.24	3.48	0.45	27.76
0.13	2.49	0.09	1.38	0.13	3.24
27.48	146.45	31.70	37.92	18.77	207.13

3-15 续表 1

地　区	流动负债合计	应付账款	所有者权益合计	实收资本	国家资本
全　国	**3665.13**	**747.44**	**4104.44**	**1708.51**	**654.51**
北　京	375.79	108.56	816.77	286.28	282.82
天　津	91.42	13.79	79.00	15.91	
河　北	911.30	176.53	872.69	372.85	31.43
山　西	135.16	33.48	157.92	98.56	40.95
内蒙古	197.42	54.17	204.51	116.44	41.76
辽　宁	337.47	49.30	426.39	105.25	7.54
吉　林	73.13	24.32	87.90	45.29	4.85
黑龙江	8.27	1.80	17.74	5.76	0.01
上　海					
江　苏	26.32	11.38	17.94	6.21	0.78
浙　江	5.40	0.66	11.38	2.32	1.76
安　徽	230.49	38.70	233.32	128.42	84.31
福　建	26.23	2.90	42.79	16.19	5.08
江　西	20.74	3.94	34.95	13.90	0.33
山　东	197.01	37.54	246.09	99.00	40.36
河　南	50.67	6.73	76.90	28.65	0.93
湖　北	59.92	20.77	55.37	33.69	14.15
湖　南	23.44	6.30	41.70	30.90	0.02
广　东	40.07	5.90	64.71	16.81	0.27
广　西	35.62	8.52	45.06	10.85	0.40
海　南	8.92	0.89	35.80	17.03	
重　庆	12.87	1.64	5.21	2.86	1.88
四　川	264.16	45.37	175.54	75.62	6.46
贵　州	6.99	2.73	7.39	1.85	0.03
云　南	198.99	24.31	159.30	93.39	74.61
西　藏	8.20	0.53	28.16	8.58	2.99
陕　西	60.78	13.56	45.66	13.62	1.52
甘　肃	46.77	8.75	24.90	10.18	0.01
青　海	23.93	4.64	7.81	6.63	
宁　夏	3.08	1.20	1.29	1.11	
新　疆	184.61	38.53	80.30	44.34	9.26

单位：亿元

集体资本	法人资本	个人资本	港澳台资本	外商资本	主营业务收入	主营业务成本	主营业务税金及附加
23.21	**593.36**	**427.68**	**5.11**	**4.16**	**9851.79**	**7879.43**	**151.63**
0.04	2.83	0.60			457.96	427.19	1.85
0.01	14.03	1.87			91.36	73.27	0.58
1.64	205.21	131.69	2.41	0.46	2682.28	1980.23	46.07
3.65	21.64	32.32			341.25	276.07	5.14
1.53	43.96	29.10	0.01	0.01	536.81	443.57	5.93
3.20	39.07	54.28	1.11	0.02	1875.64	1575.67	38.03
0.03	24.76	15.65			242.57	200.59	2.50
	3.57	2.18			52.59	41.80	0.32
	0.92	3.92	0.59		81.59	73.64	0.33
	0.50	0.06			15.53	13.22	0.14
0.28	17.59	25.73	0.51		411.60	340.04	4.50
0.21	3.86	6.83	0.20		125.35	104.39	1.69
0.04	4.17	9.16		0.21	204.16	169.55	3.92
1.99	30.22	26.44			479.88	377.61	9.20
3.04	7.40	17.05			205.24	169.89	1.97
2.01	9.73	7.80			423.53	376.21	3.66
0.33	15.99	14.56			191.49	149.68	2.30
	12.49	4.06			156.17	110.28	2.75
0.12	2.57	4.40		3.25	171.72	142.35	1.27
	17.02	0.01			34.76	13.91	1.37
	0.60	0.37			13.73	7.74	0.26
1.97	55.26	11.73	0.20		509.09	398.90	6.09
0.01	0.94	0.86			34.69	24.92	0.44
1.20	14.60	2.79		0.20	185.76	141.73	4.19
		5.60			3.83	2.37	0.13
1.87	5.63	4.54	0.07		89.85	74.09	2.02
0.01	5.06	5.09	0.01	0.01	61.62	53.50	0.64
0.05	6.16	0.42			19.96	16.71	0.26
	0.28	0.83			2.54	2.47	0.01
	27.32	7.76			149.23	97.86	4.07

3-15 续表 2

地　区	销售费用	管理费用	税金	财务费用	利息收入	利息支出
全　国	**149.22**	**378.69**	**29.47**	**141.07**	**6.40**	**127.30**
北　京	0.44	11.70	0.48	12.00	0.79	11.71
天　津	0.31	2.92	0.42	2.40	0.02	1.96
河　北	23.87	81.84	3.96	37.73	1.63	34.75
山　西	2.04	17.00	1.28	10.66	0.16	10.37
内蒙古	7.69	18.68	1.32	7.24	0.11	5.96
辽　宁	12.16	54.42	9.94	10.73	0.29	9.27
吉　林	4.37	11.71	0.69	4.93	-0.13	3.83
黑龙江	1.63	2.30	0.07	0.58		0.54
上　海						
江　苏	0.62	2.85	0.07	0.52	0.18	0.60
浙　江	0.31	1.11	0.03	0.12	0.03	0.14
安　徽	7.66	25.05	1.75	6.28	0.65	6.57
福　建	3.62	6.79	0.75	1.02	0.10	1.06
江　西	2.39	4.26	0.28	0.62		0.57
山　东	5.76	20.35	1.02	6.31	0.61	6.23
河　南	2.58	6.12	0.35	2.32	0.18	1.94
湖　北	9.63	17.48	0.67	3.56	0.04	3.00
湖　南	6.47	11.59	3.11	2.29	0.03	1.57
广　东	5.03	8.46	0.23	2.71	0.04	1.71
广　西	3.59	7.59	0.90	1.18	0.05	0.66
海　南	0.78	3.57	0.09	0.46	-0.06	0.15
重　庆	3.14	2.66	0.03	0.67	0.03	0.70
四　川	20.55	24.57	0.57	10.20	0.62	8.35
贵　州	0.63	2.02	0.15	0.26	0.01	0.10
云　南	9.03	13.77	0.55	7.27	0.40	7.13
西　藏	0.25	0.93	0.01	0.06	0.29	0.35
陕　西	2.35	4.79	0.19	1.59	0.08	1.14
甘　肃	2.15	2.30	0.12	1.67	-0.02	1.54
青　海	1.03	2.13	0.02	0.69		0.45
宁　夏	0.06	0.12		0.05		0.03
新　疆	9.09	9.63	0.43	4.94	0.28	4.94

单位：亿元

投资收益（损失以“-”号记）	营业利润	利润总额	亏损企业亏损额	应交增值税	应交所得税	从业人员平均人数（万人）
1.00	**1172.31**	**1136.64**	**34.81**	**519.44**	**165.39**	**71.04**
13.60	17.77	11.34		10.42	0.82	2.61
	12.78	12.81		4.92	0.87	1.28
-2.55	513.28	508.05	9.80	185.98	78.35	16.58
-8.08	23.45	21.48	3.69	14.40	3.44	3.40
-2.52	53.99	50.33	1.56	24.19	8.62	3.58
-0.58	192.23	185.59	2.74	97.05	26.12	10.33
-0.02	18.57	17.36	0.26	9.21	2.39	1.80
0.09	5.12	5.12	0.05	3.40	0.10	0.39
	3.59	3.60	0.43	4.11	0.85	0.67
0.04	0.70	0.74		0.48	0.08	0.18
0.82	38.81	30.51	0.80	18.70	3.55	3.38
-0.03	7.93	7.91	0.21	4.86	1.05	1.11
	19.67	19.73	0.24	7.97	2.19	1.52
1.96	55.74	55.02	0.34	27.07	8.62	4.35
0.21	21.56	21.37	1.22	5.92	2.02	1.78
0.04	18.62	17.93	0.73	10.02	1.93	2.89
-1.93	12.82	12.41	0.16	10.58	0.94	1.94
	27.21	26.69	0.19	11.74	3.02	0.99
-3.29	15.46	15.33	0.17	3.48	0.66	1.21
0.30	14.85	14.77	0.12	4.42	3.70	0.57
	-0.18	-0.08	0.78	1.68	0.09	0.53
0.66	46.17	46.07	0.95	22.36	5.38	3.56
0.09	7.83	8.01	0.01	1.34	0.36	0.48
0.09	11.13	11.06	4.67	10.29	2.53	2.21
0.07	-0.18	-0.33	0.80	0.65	0.08	0.13
0.01	6.22	5.90	0.34	6.64	0.67	1.34
0.02	1.40	1.43	1.07	1.37	0.42	0.61
0.03	-0.71	-0.49	0.95	1.64		0.18
	-0.13	-0.13	0.13	0.02		0.07
1.97	26.61	27.13	2.40	14.49	6.52	1.38

3-16 有色金属矿

地 区	工业销售产值（当年价格）	出口交货值	资产总计	固定资产合计	固定资产原价
全 国	**6114.82**	**16.81**	**4727.51**	**1790.45**	**2282.31**
北 京					
天 津					
河 北	56.79		46.86	29.34	36.89
山 西	19.29		30.09	13.98	19.47
内蒙古	619.31	0.07	472.93	208.19	262.83
辽 宁	342.25	11.80	161.60	65.25	94.83
吉 林	137.14		110.77	59.32	105.62
黑龙江	30.66		55.46	13.53	18.64
上 海					
江 苏	10.28		12.88	4.86	7.12
浙 江	29.84		26.10	3.80	5.42
安 徽	88.16		75.85	24.17	46.43
福 建	83.53		42.65	19.36	27.61
江 西	368.51	3.85	234.03	81.33	99.63
山 东	868.32	0.15	678.76	245.50	304.37
河 南	1483.44		740.40	301.22	359.90
湖 北	83.02		49.68	18.21	27.42
湖 南	474.96	0.93	252.89	125.45	136.90
广 东	129.72	0.01	69.48	18.20	36.74
广 西	307.37		168.57	38.93	54.98
海 南	2.91		5.32	1.47	1.58
重 庆	4.76		4.04	0.68	0.63
四 川	318.95		312.30	107.46	134.80
贵 州	30.14		25.80	6.10	7.76
云 南	201.35	0.01	461.95	155.02	169.47
西 藏	21.17		138.43	35.81	38.09
陕 西	207.08		145.38	55.41	70.46
甘 肃	90.14		153.38	57.83	83.17
青 海	43.40		81.83	24.53	36.54
宁 夏					
新 疆	62.32		170.08	75.50	94.99

采选业主要经济指标

单位：亿元

累计折旧	流动资产合　计	应收账款	存货	产成品	负债合计
750.28	**1854.53**	**240.85**	**407.49**	**203.02**	**2355.79**
10.52	12.36	0.86	4.34	2.41	29.96
10.47	14.53	0.66	8.70	4.88	24.73
68.32	132.74	9.20	26.37	12.53	232.06
35.43	75.45	18.38	17.80	8.60	71.69
50.94	26.83	1.49	3.77	1.58	42.35
6.96	19.96	0.47	4.67	1.48	27.14
2.28	5.85	0.32	0.60	0.34	9.20
3.18	12.28	1.29	2.89	2.07	14.94
28.32	39.55	2.94	4.91	3.36	37.35
9.63	17.25	2.23	3.16	1.84	18.14
33.26	100.68	14.32	31.16	23.47	101.47
102.76	241.19	9.32	70.94	31.16	387.14
91.82	363.16	35.05	57.05	28.96	256.70
13.99	25.19	3.88	4.62	2.44	24.64
36.82	70.65	12.82	17.99	7.53	103.54
19.46	38.37	17.87	7.17	3.86	43.64
19.39	86.12	26.73	13.82	6.65	85.20
0.12	3.05	0.69	2.01	0.18	4.95
0.27	3.00	0.29	1.46	1.41	3.49
43.31	135.13	14.33	25.35	7.89	174.23
2.01	11.80	1.40	3.54	1.79	14.23
56.42	183.97	24.96	34.54	12.70	272.24
8.21	31.14	0.40	3.60	1.26	76.47
24.42	61.06	11.28	15.49	10.19	89.69
38.49	63.44	14.50	25.01	17.53	82.28
13.32	35.56	6.76	5.62	2.02	41.47
20.15	44.25	8.39	10.91	4.89	86.86

3-16 续表 1

地区	流动负债合计	应付账款	所有者权益合计	实收资本	国家资本
全国	**1823.61**	**279.62**	**2349.62**	**972.57**	**173.47**
北京					
天津					
河北	20.78	3.03	16.90	9.56	3.23
山西	21.59	3.16	5.30	3.86	0.27
内蒙古	155.38	28.52	238.46	84.07	5.63
辽宁	62.77	10.91	85.63	37.15	2.94
吉林	34.92	3.63	66.79	32.12	2.56
黑龙江	15.29	3.80	28.32	12.62	0.88
上海					
江苏	8.54	0.48	3.68	1.45	0.45
浙江	14.55	0.75	10.81	4.67	0.69
安徽	32.56	4.09	38.32	15.55	1.28
福建	16.37	2.23	24.20	11.97	1.45
江西	77.42	14.72	131.03	41.10	6.38
山东	316.89	51.89	291.39	53.11	32.08
河南	186.83	31.72	477.24	189.68	12.32
湖北	22.25	2.80	24.84	8.78	4.21
湖南	65.02	6.09	147.87	80.86	15.49
广东	34.51	4.63	25.97	8.17	1.49
广西	66.38	8.68	80.97	17.42	3.92
海南	4.83	1.71	0.37	0.69	0.40
重庆	3.49		0.52	0.11	
四川	149.92	20.98	137.90	75.83	5.95
贵州	11.66	3.77	11.75	8.04	3.34
云南	240.96	32.01	189.71	87.98	35.52
西藏	32.19	5.04	61.96	53.46	17.60
陕西	69.26	10.88	55.59	25.67	2.73
甘肃	66.13	6.82	70.58	47.49	3.39
青海	33.32	8.06	40.31	21.41	6.67
宁夏					
新疆	59.80	9.22	83.21	39.73	2.61

单位：亿元

集体资本	法人资本	个人资本	港澳台资本	外商资本	主营业务收入	主营业务成本	主营业务税金及附加
87.39	**406.26**	**278.69**	**10.70**	**12.91**	**6195.79**	**4999.28**	**66.22**
0.62	3.67	1.07	0.97		52.41	40.14	0.54
0.20	3.22	0.17			17.81	15.22	0.20
11.63	41.39	21.68		3.74	617.81	469.60	13.20
0.90	8.13	21.28	2.01	1.37	341.94	282.09	3.14
0.21	10.00	19.35			133.86	103.66	1.45
1.29	9.36	1.09			30.19	20.73	0.77
	0.77	0.24			10.32	8.49	0.13
0.01	0.40	3.57			31.66	26.94	0.37
0.15	4.69	9.32		0.11	88.94	66.58	1.21
0.02	6.02	4.39	0.03	0.05	80.97	66.58	1.37
0.63	16.82	13.49	2.49	0.20	390.44	339.89	4.69
6.22	11.17	3.10		0.55	988.20	855.72	4.20
51.76	48.15	76.19	0.60	0.62	1471.28	1216.02	8.73
0.06	2.25	2.16		0.10	81.14	63.11	1.33
0.19	28.32	34.07	0.53	2.27	479.72	376.66	5.97
3.51	2.03	1.14			128.70	103.33	1.49
0.02	9.18	3.67			309.30	242.30	3.31
	0.20	0.08			4.61	3.99	0.01
	0.01	0.10			4.92	3.89	0.07
2.05	47.38	20.15			308.09	241.24	3.12
0.73	1.44	1.63	0.39		29.40	21.15	0.69
0.92	34.11	11.97	2.10	3.36	190.02	144.87	3.37
1.55	33.48	0.83			20.92	10.87	0.78
2.24	12.03	8.62			205.39	159.53	3.25
2.38	34.87	6.84			70.25	55.73	1.02
0.07	5.90	8.77			44.04	26.13	0.67
0.02	31.26	3.73	1.58	0.54	63.47	34.84	1.16

3-16 续表 2

地　区	销售费用	管理费用	税金	财务费用	利息收入	利息支出
全　国	**82.25**	**300.33**	**17.73**	**58.80**	**6.91**	**59.28**
北　京						
天　津						
河　北	0.35	4.15	0.10	0.49	0.01	0.48
山　西	0.52	1.26	0.36	0.02	0.04	0.05
内蒙古	6.72	29.66	3.01	6.15	0.34	5.95
辽　宁	8.78	15.33	0.81	2.26		1.78
吉　林	2.80	12.24	0.48	1.30	0.10	0.76
黑龙江	0.24	2.19	0.02	1.15	0.01	1.06
上　海						
江　苏	0.24	0.94	0.03	0.02	0.04	0.06
浙　江	0.22	1.63	0.06	0.45	0.04	0.47
安　徽	3.22	5.70	0.23	1.93	0.15	1.66
福　建	1.44	4.13	0.06	0.57	0.04	0.57
江　西	3.40	12.47	0.58	2.41	0.20	2.36
山　东	6.38	41.65	3.28	8.69	3.80	11.98
河　南	19.12	30.07	1.12	9.61	0.72	9.58
湖　北	0.85	4.33	0.20	0.38	0.07	0.35
湖　南	8.36	34.99	2.54	3.10	0.14	2.62
广　东	1.23	4.84	0.23	0.65	0.04	0.50
广　西	3.51	19.63	1.17	1.98	-0.07	1.98
海　南	0.29	0.10		0.07		0.07
重　庆	0.09	0.13				
四　川	5.58	23.26	1.59	4.33	0.49	4.25
贵　州	1.46	2.58	0.09	0.34	0.04	0.31
云　南	2.85	19.35	0.68	5.83	0.10	5.49
西　藏	0.29	2.92	0.03	0.45	0.34	0.78
陕　西	1.83	11.98	0.47	1.36	0.14	1.32
甘　肃	0.96	4.63	0.19	2.68	-0.01	2.32
青　海	0.68	3.41	0.23	0.72	0.08	0.73
宁　夏						
新　疆	0.87	6.77	0.18	1.88	0.06	1.79

单位：亿元

投资收益（损失以“-”号记）	营业利润	利润总额	亏损企业亏损额	应交增值税	应交所得税	从业人员平均人数（万人）
-0.95	**670.69**	**666.30**	**30.76**	**206.78**	**73.91**	**55.36**
	7.79	7.64	0.28	3.64	1.33	0.45
	2.24	1.87	0.15	1.16	0.12	0.35
1.75	78.09	78.96	1.40	20.37	12.18	4.20
0.76	35.34	33.22	1.79	17.01	4.90	4.49
-0.62	12.36	11.46	0.49	5.67	1.77	1.66
0.21	5.28	5.32	0.18	1.90	1.10	0.36
	0.94	0.94	0.16	0.47	0.18	0.17
0.05	2.09	2.08	0.02	1.59	0.27	0.31
0.07	9.48	8.00	0.42	3.68	1.17	1.24
-1.30	6.96	6.97	0.04	3.29	1.31	0.93
0.22	29.55	30.89	6.40	19.87	5.02	3.70
4.28	74.03	73.77	0.50	5.49	12.38	5.23
-0.40	186.99	186.98	6.99	13.59	5.76	7.88
	12.63	12.64	0.10	4.29	2.49	1.03
-6.85	33.22	30.75	0.29	25.97	3.67	6.20
	15.60	16.04	0.62	6.44	1.80	0.89
1.40	40.60	40.61	1.36	13.05	2.98	2.96
	-0.06	-0.06	0.12	0.14		0.03
	0.74	0.71		0.43		0.10
0.43	29.74	29.79	3.11	17.41	3.67	3.52
0.04	4.49	4.44	0.07	1.64	0.21	0.35
1.08	17.45	17.41	2.75	13.17	3.35	4.31
0.05	5.71	6.24	0.10	2.10	0.68	0.33
-0.02	22.91	23.34	0.54	10.55	2.07	2.10
0.02	5.75	5.80	1.35	3.10	0.85	1.27
-2.17	12.28	12.26	0.35	4.21	1.24	0.39
0.03	18.49	18.22	1.19	6.54	3.39	0.90

3-17 非金属矿

地　区	工业销售产值（当年价格）	出口交货值	资产总计	固定资产合　计	固定资产原　价
全　国	**4951.26**	**30.04**	**3167.30**	**1164.97**	**1701.03**
北　京	2.29		5.58	0.61	0.79
天　津	12.47	0.14	153.15	11.22	18.76
河　北	109.24	0.13	79.84	34.52	50.53
山　西	5.33		10.27	1.66	2.11
内蒙古	216.01	0.25	106.55	42.65	48.23
辽　宁	512.60	16.33	212.50	114.93	142.96
吉　林	115.95	0.04	32.47	18.58	46.86
黑龙江	44.94		25.23	10.62	11.92
上　海					
江　苏	243.70	0.75	222.25	99.96	138.68
浙　江	133.08	0.34	115.46	30.06	40.40
安　徽	187.36	0.38	107.75	43.28	56.53
福　建	183.02	3.79	84.71	35.23	51.15
江　西	170.96	0.74	125.03	49.92	74.18
山　东	504.59	1.31	218.59	94.29	133.56
河　南	415.80		275.52	149.84	170.95
湖　北	513.84	0.65	275.92	83.83	192.63
湖　南	355.46	1.48	158.13	69.53	83.91
广　东	260.28	0.16	120.95	37.99	51.12
广　西	173.31	2.09	83.38	30.30	37.94
海　南	2.30		48.00	1.53	2.03
重　庆	93.98		62.45	20.70	29.73
四　川	345.19	0.81	245.05	69.84	112.33
贵　州	118.47	0.06	71.11	15.78	17.78
云　南	91.77		203.56	50.00	80.71
西　藏	0.23		0.72	0.04	0.09
陕　西	63.94	0.42	38.96	17.80	21.16
甘　肃	42.16		23.81	10.97	44.72
青　海	11.47		28.04	8.45	26.97
宁　夏	1.45		2.28	0.28	0.39
新　疆	20.07	0.17	30.04	10.57	11.89

采选业主要经济指标

单位：亿元

累计折旧	流动资产合计	应收账款	存货	产成品	负债合计
662.81	**1309.10**	**242.29**	**212.47**	**120.10**	**1534.99**
0.19	3.49	1.14	0.31	0.17	3.19
8.69	111.14	2.21	3.51	2.64	89.98
18.15	33.69	7.51	7.12	4.32	42.21
0.53	8.34	1.70	0.87	0.39	9.47
13.55	51.52	9.83	11.53	6.07	64.71
64.06	75.24	16.74	14.33	7.51	71.28
31.82	10.49	2.28	2.13	1.54	8.62
3.23	12.49	3.36	2.50	1.41	13.27
38.97	79.30	14.02	12.41	4.40	119.02
16.52	48.75	8.70	5.55	2.54	81.96
17.51	42.49	11.94	7.97	5.58	52.78
17.98	29.42	5.52	5.84	3.06	28.30
26.45	43.87	6.03	10.10	5.02	46.26
46.13	90.78	15.21	13.87	9.83	92.93
33.69	100.30	9.89	6.60	3.97	89.81
116.89	129.71	32.34	17.30	11.66	148.50
20.55	42.60	9.34	8.23	3.64	74.82
17.71	53.42	15.31	11.36	7.15	45.55
11.84	37.71	6.82	5.28	3.43	50.35
1.17	2.90	0.20	0.29	0.14	2.95
10.47	23.21	7.23	3.01	1.77	27.75
49.84	101.94	20.24	14.08	9.59	140.48
3.55	34.18	6.84	3.46	1.79	31.71
32.56	82.04	16.27	27.65	10.28	133.19
0.05	0.21	0.02	0.01		0.31
4.63	16.35	3.64	3.47	2.03	16.08
33.90	10.94	2.25	3.59	2.08	11.30
19.15	14.73	1.31	5.62	4.76	16.68
0.14	1.95	1.50	0.13	0.03	1.47
2.87	15.89	2.91	4.35	3.29	20.08

3-17 续表 1

地区	流动负债合计	应付账款	所有者权益合计	实收资本	国家资本
全国	**1134.67**	**178.66**	**1585.92**	**677.06**	**119.24**
北京	3.19	0.82	2.39	0.62	0.04
天津	89.44	2.98	63.17	18.72	17.50
河北	26.43	5.27	31.73	13.98	1.48
山西	9.15	1.72	0.80	1.68	
内蒙古	52.87	1.90	41.58	35.17	0.53
辽宁	50.94	13.39	138.42	37.91	3.20
吉林	4.33	1.07	23.12	9.76	0.15
黑龙江	10.67	1.86	11.55	4.76	0.37
上海					
江苏	79.73	11.63	102.76	56.05	26.48
浙江	70.11	8.27	34.46	28.47	2.39
安徽	36.85	8.53	54.02	28.00	2.52
福建	25.76	4.21	55.16	16.41	1.93
江西	31.11	6.00	76.50	28.72	2.02
山东	52.12	9.54	121.13	36.82	3.25
河南	64.60	9.51	183.62	68.03	1.99
湖北	110.85	16.02	122.03	59.46	0.81
湖南	48.87	7.58	81.86	51.74	1.09
广东	33.98	11.43	64.98	30.19	0.97
广西	37.43	13.60	32.56	13.25	2.22
海南	2.08	0.04	45.00	2.59	0.73
重庆	23.14	4.70	33.78	11.42	3.90
四川	92.11	12.86	98.18	46.24	13.96
贵州	29.03	3.89	38.92	11.61	0.13
云南	93.54	10.70	70.37	34.11	26.36
西藏	0.21	-0.03	0.40	0.13	0.02
陕西	11.33	2.33	23.07	11.41	2.57
甘肃	9.15	1.92	12.35	5.35	0.04
青海	15.47	1.25	11.36	6.83	2.02
宁夏	1.47	0.83	0.77	0.25	
新疆	18.73	4.85	9.89	7.34	0.58

单位：亿元

集体资本	法人资本	个人资本	港澳台资本	外商资本	主营业务收入	主营业务成本	主营业务税金及附加
22.62	**225.76**	**268.51**	**7.22**	**17.15**	**4915.45**	**3912.02**	**86.30**
	0.33	0.26			3.48	2.92	0.03
	1.22				11.74	10.42	0.26
0.02	6.91	4.08		1.49	105.59	86.36	1.14
0.01	0.27	1.40			5.33	4.32	0.07
0.08	7.20	12.15	0.12		226.56	184.44	1.86
1.37	9.80	22.47	0.36	0.70	502.37	419.46	5.96
0.36	4.21	4.61	0.08	0.36	113.46	98.75	0.92
0.11	1.31	2.07	0.90		43.66	35.36	0.43
8.28	5.06	12.38	2.30	1.55	244.51	202.07	3.86
0.04	7.79	13.30	0.89	4.06	134.63	108.22	3.31
0.03	12.28	11.60	0.04	1.53	187.46	149.15	3.62
0.21	6.32	7.61	0.07	0.28	182.09	146.21	4.14
1.42	16.30	8.49	0.44		177.67	144.78	3.26
3.11	6.92	22.55	0.21	0.79	522.31	426.68	7.53
0.11	26.64	38.63		0.07	413.12	338.68	4.04
3.05	24.36	31.11		0.02	493.05	380.82	12.75
0.08	35.95	14.30		0.04	348.23	267.34	6.19
1.85	14.66	11.24	0.57	0.90	254.00	199.37	4.15
0.71	6.15	3.48	0.26	0.07	165.78	120.46	2.35
	0.45	1.31		0.10	2.24	1.71	0.05
0.10	2.84	4.24		0.34	90.83	71.42	2.04
0.70	11.66	16.82	0.05	3.06	345.56	273.03	9.30
0.12	6.06	5.07	0.15		117.65	81.78	3.54
0.17	4.10	3.48			96.33	62.58	3.55
		0.11			0.23	0.13	0.01
	1.48	6.58	0.78		59.93	45.40	0.95
0.51	0.66	4.14			34.13	28.53	0.31
0.15	1.04	2.86		0.77	12.21	8.20	0.18
0.03	0.10	0.12			2.07	1.16	0.01
	3.69	2.04		1.03	19.24	12.24	0.47

3-17 续表 2

地　区	销售费用	管理费用		财务费用		
			税金		利息收入	利息支出
全　国	**180.16**	**215.57**	**15.23**	**53.77**	**2.29**	**42.08**
北　京	0.04	0.30		-0.01	0.02	0.01
天　津	0.13	3.40	0.09	0.03	0.18	0.21
河　北	3.49	5.56	0.12	0.46	0.03	0.42
山　西	0.16	0.21	0.01	0.35		0.22
内蒙古	7.05	7.22	0.48	2.11	0.03	1.53
辽　宁	13.99	15.04	1.85	2.94	0.11	1.90
吉　林	3.62	4.19	0.19	0.73	0.01	0.30
黑龙江	2.09	2.14	0.04	0.14	0.01	0.14
上　海						
江　苏	7.73	12.64	0.40	4.61	0.33	3.26
浙　江	2.96	8.07	0.39	2.17	0.13	2.24
安　徽	10.31	7.41	0.60	1.57	0.04	1.29
福　建	7.09	8.14	0.40	1.08	0.04	0.80
江　西	5.78	5.76	0.27	1.25	0.03	1.06
山　东	17.65	18.73	2.63	4.45	0.39	3.67
河　南	8.93	7.17	0.40	3.10	0.03	2.34
湖　北	15.59	22.16	0.62	8.79	0.14	6.01
湖　南	14.08	19.74	2.79	3.27	0.06	2.52
广　东	9.77	12.75	0.90	1.76	0.05	1.07
广　西	11.63	8.42	0.68	1.51	0.12	1.16
海　南	0.33	0.30	0.06	0.05		0.02
重　庆	3.50	3.74	0.48	1.38	0.05	1.19
四　川	13.98	17.06	0.64	4.29	0.30	3.50
贵　州	4.25	9.13	0.24	1.02	0.03	0.85
云　南	4.67	8.19	0.59	4.77	0.11	4.72
西　藏		0.05		0.01		0.01
陕　西	4.65	3.48	0.22	0.73	0.01	0.57
甘　肃	0.90	0.87	0.07	0.45	0.01	0.34
青　海	1.71	1.69	0.04	0.47	0.03	0.43
宁　夏	0.64	0.04		0.02		0.03
新　疆	3.44	1.96	0.06	0.27	0.01	0.30

单位：亿元

投资收益（损失以“-”号记）	营业利润	利润总额	亏损企业亏损额	应交增值税	应交所得税	从业人员平均人数（万人）
-5.78	**438.54**	**425.78**	**12.78**	**209.10**	**42.81**	**54.00**
	0.19	0.21		0.11	0.05	0.03
0.27	0.65	0.80		0.60	0.07	0.77
-0.70	7.87	10.36	0.37	4.32	0.52	1.75
	0.20	0.20	0.22	0.17	0.04	0.08
-0.06	22.00	11.04	1.89	7.26	1.08	1.82
-0.86	42.24	40.92	0.17	19.88	3.24	4.52
	4.97	4.76		3.24	0.33	0.71
	3.60	3.21	0.05	1.88	0.17	0.56
0.43	15.53	16.14	1.33	10.49	3.13	3.08
0.09	10.50	10.90	0.50	5.82	1.78	1.16
0.03	14.99	13.82	0.25	6.99	1.27	2.05
-0.35	15.09	15.16	0.29	8.29	1.42	2.33
0.04	16.86	15.94	0.52	9.72	0.70	1.65
-0.28	42.14	41.91	0.35	18.93	4.45	5.19
-0.33	47.97	47.24	0.69	14.32	4.83	4.33
0.11	50.23	50.66	0.41	21.82	3.21	4.96
-1.18	25.44	24.63	1.10	13.23	2.60	4.10
-2.69	25.79	24.80	0.27	9.38	2.75	2.46
-0.62	20.85	20.40	0.87	7.82	1.50	1.92
	-0.21	-0.26	0.34	0.16	0.01	0.15
-0.11	6.37	6.29	0.10	4.33	0.34	1.15
0.31	25.56	25.99	0.91	19.29	2.51	4.50
0.01	17.70	17.60	0.26	5.63	2.52	1.04
0.03	13.56	14.10	0.37	7.75	2.86	1.35
	0.04	0.04		0.04	0.01	0.01
	4.41	4.46	0.10	3.39	0.81	0.92
	2.80	2.74	0.37	1.67	0.02	0.45
0.06	0.39	0.73	0.09	0.85	0.12	0.45
	0.20	0.20		0.13	0.05	0.03
0.03	0.63	0.78	0.96	1.60	0.42	0.48

3-18 开采辅助活动

地区	工业销售产值(当年价格)	出口交货值	资产总计	固定资产合计	固定资产原价
全国	**1798.42**	**16.02**	**2821.94**	**1055.00**	**1789.84**
北京	205.50	15.60	498.96	118.16	232.11
天津	99.70		155.49	55.39	96.27
河北					
山西					
内蒙古					
辽宁	132.10		269.49	85.31	177.02
吉林	75.12		217.04	123.35	201.39
黑龙江	167.86		212.09	158.64	253.18
上海					
江苏	4.72		4.19	2.43	3.85
浙江					
安徽	1.82		0.82	0.11	0.30
福建					
江西					
山东	194.19		160.52	72.47	133.65
河南	165.85		165.98	88.66	127.02
湖北	62.65	0.10	75.98	40.77	62.47
湖南					
广东	38.42		31.05	4.68	8.77
广西	1.05		0.40	0.35	0.35
海南					
重庆					
四川	327.00		482.24	155.57	218.29
贵州					
云南	0.20		0.20		0.01
西藏					
陕西	47.48		227.46	52.47	83.63
甘肃	32.03		27.28	9.49	11.60
青海	0.53		0.18	0.01	0.01
宁夏					
新疆	242.19	0.32	292.56	87.15	179.92

主要经济指标

单位：亿元

累计折旧	流动资产合计	应收账款	存货	产成品	负债合计
821.10	**1420.49**	**666.48**	**221.53**	**9.24**	**1528.19**
107.74	249.83	102.08	35.31	1.09	207.57
41.98	92.27	47.09	2.85	0.26	89.95
92.20	148.11	57.33	33.89	1.26	176.72
88.84	83.04	35.43	24.97	2.35	167.75
95.15	42.76	10.58	1.27	0.07	54.36
1.42	1.76	0.78	0.60	0.29	3.36
0.20	0.70	0.12	0.08	0.04	0.22
62.04	59.59	39.55	9.24	0.14	113.51
62.05	77.31	43.48	17.12	0.30	123.54
21.05	21.15	12.39	3.93	0.15	58.41
4.09	25.76	18.58	0.17	0.01	14.27
	0.05	0.03	0.03	0.03	0.10
118.90	326.34	178.17	67.86	0.01	247.95
	0.20	0.03	0.05	0.03	0.21
29.78	116.88	15.67	7.16	2.09	71.07
2.11	16.70	1.60	0.22	0.05	7.44
	0.08		0.07	0.07	0.08
93.57	157.96	103.57	16.72	0.98	191.69

3-18 续表 1

地 区	流动负债合 计	应付账款	所 有 者权益合计	实收资本	国家资本
全 国	**1461.97**	**690.25**	**1291.01**	**1237.61**	**528.06**
北 京	191.41	69.20	291.39	254.39	
天 津	88.07	44.44	65.55	103.75	
河 北					
山 西					
内 蒙 古					
辽 宁	170.90	91.29	92.76	190.65	187.84
吉 林	162.12	26.34	48.16	147.38	132.92
黑 龙 江	50.13	21.08	156.90	3.74	0.38
上 海					
江 苏	2.93	1.38	0.82	1.54	
浙 江					
安 徽	0.14	0.13	0.60	0.40	
福 建					
江 西					
山 东	112.57	53.45	47.01	7.72	7.00
河 南	121.23	54.43	42.45	48.04	46.56
湖 北	57.68	13.55	17.58	29.65	24.63
湖 南					
广 东	13.01	8.24	16.76	2.76	2.25
广 西	0.09	0.09	0.31	0.31	
海 南					
重 庆					
四 川	246.42	184.06	234.29	199.85	7.57
贵 州					
云 南	0.21			0.01	
西 藏					
陕 西	64.98	31.13	156.32	105.77	0.51
甘 肃	7.03	0.35	19.82	17.02	2.20
青 海	0.08		0.10	0.10	
宁 夏					
新 疆	172.97	91.10	100.22	124.53	116.18

单位：亿元

					主营业务收　入	主营业务成　本	主营业务税金及附加
集体资本	法人资本	个人资本	港澳台资本	外商资本			
14.40	**665.74**	**17.24**	**11.01**	**1.17**	**2038.53**	**1872.98**	**35.09**
	244.35		9.42	0.62	208.13	195.27	3.10
0.19	103.26			0.29	105.29	111.08	1.17
0.26	1.15	1.40			132.23	131.64	2.74
0.32	10.99	3.14			133.32	121.36	5.40
0.78	1.47	1.04	0.05	0.02	168.91	120.01	5.48
			1.54		4.72	3.73	0.04
	0.36	0.03			1.87	1.60	0.02
	0.08	0.64			200.74	185.87	2.34
	0.06	1.42			162.71	144.83	1.77
	5.01	0.01			79.27	74.86	1.79
	0.18	0.10		0.23	38.43	27.34	0.98
	0.31				1.05	0.63	
	192.18	0.10			443.42	430.37	5.00
		0.01			0.20	0.20	
0.01	100.52	4.73			88.16	83.59	2.13
12.69	1.02	1.11			28.70	19.12	0.85
		0.10			0.53	0.52	
0.14	4.80	3.41			240.86	220.97	2.27

3-18 续表 2

地区	销售费用	管理费用	税金	财务费用	利息收入	利息支出
全国	**6.04**	**99.03**	**7.26**	**17.55**	**8.37**	**20.33**
北京	1.05	8.37	0.08	3.13	1.13	3.83
天津	0.04	4.82	0.68	0.59	0.91	0.07
河北						
山西						
内蒙古						
辽宁	0.70	7.04	1.14	2.07	0.41	2.14
吉林	1.25	6.56	1.43	5.17	0.12	5.22
黑龙江	0.12	16.81	0.25	0.63	0.01	0.63
上海						
江苏	0.05	0.30		0.06		0.04
浙江						
安徽	0.03	0.07				
福建						
江西						
山东	0.15	11.15	0.79	3.15	0.02	2.82
河南	0.32	14.57	1.25	1.18	0.14	0.95
湖北	0.04	7.08	0.72	1.21	0.02	1.07
湖南						
广东	0.47	1.76	0.03	-0.04	0.03	
广西						
海南						
重庆						
四川	0.17	7.86	0.14	-1.54	3.02	0.10
贵州						
云南		0.01				
西藏						
陕西	0.34	4.21	0.41	-1.74	2.45	0.68
甘肃	0.31	0.97	0.03	0.20		0.20
青海		0.01				
宁夏						
新疆	1.01	7.42	0.32	3.48	0.09	2.56

单位：亿元

投资收益（损失以“-”号记）	营业利润	利润总额	亏损企业亏损额	应交增值税	应交所得税	从业人员平均人数（万人）
4.63	**-36.61**	**-0.11**	**68.79**	**90.48**	**16.10**	**32.35**
1.90	-5.86	-7.78	10.69	2.46	1.08	2.38
1.51	-12.92	-5.75	11.20	1.62	2.82	1.91
0.29	-29.78	-19.16	20.52	13.60	1.76	5.99
-0.62	-13.72	-8.31	12.98	2.98	0.79	2.42
	19.97	19.76	0.02	6.89	2.21	1.13
	0.54	0.54		0.23	0.18	0.03
	0.18	0.18		0.06		0.04
0.10	-1.56	-0.61	1.50	13.31	0.69	3.21
0.01	0.75	0.70	3.40	7.18	0.40	4.06
-0.04	-5.61	-5.37	5.40	4.21	0.13	1.98
	8.36	8.50		0.05	1.14	0.14
	0.41	0.41				0.02
0.16	-2.50	3.85		19.28	1.74	2.04
	-0.01	-0.01	0.01	0.02		
0.78	-2.17	3.89	0.08	3.60	1.01	1.89
0.19	2.58	2.59	0.03	0.58	0.27	0.45
0.36	4.70	6.46	2.97	14.40	1.88	4.65

3-19 其他采矿业

地　区	工业销售产值(当年价格)	出口交货值	资产总计	固定资产合　计	固定资产原　价
全　国	**22.32**		**14.71**	**9.20**	**11.27**
北　京					
天　津					
河　北					
山　西					
内蒙古	10.03		4.62	1.97	2.26
辽　宁	1.10		0.57	0.09	0.14
吉　林	1.84		4.49	4.11	5.18
黑龙江					
上　海					
江　苏					
浙　江					
安　徽					
福　建					
江　西					
山　东	3.70		1.72	1.17	1.29
河　南					
湖　北	1.38		0.96	0.24	0.32
湖　南	2.69		0.92	0.60	0.81
广　东					
广　西					
海　南					
重　庆					
四　川	1.59		1.44	1.02	1.26
贵　州					
云　南					
西　藏					
陕　西					
甘　肃					
青　海					
宁　夏					
新　疆					

主要经济指标

单位：亿元

累计折旧	流动资产合计	应收账款	存货	产成品	负债合计
2.34	**4.18**	**1.51**	**0.58**	**0.29**	**4.65**
0.33	1.67	0.12	0.32	0.09	1.54
0.06	0.48	0.40	0.01		0.46
1.08	0.38	0.09	0.16	0.16	0.58
0.34	0.45	0.09	0.06	0.03	0.49
0.07	0.57	0.53			0.54
0.22	0.31	0.16	0.02	0.01	0.13
0.25	0.31	0.11	0.02		0.91

3-19 续表 1

地区	流动负债合计	应付账款	所有者权益合计	实收资本	国家资本
全国	**2.90**	**0.45**	**10.06**	**6.43**	**0.14**
北京					
天津					
河北					
山西					
内蒙古	1.48	0.16	3.08	1.12	0.10
辽宁	0.42	0.14	0.11	0.06	
吉林	0.06		3.90	3.90	
黑龙江					
上海					
江苏					
浙江					
安徽					
福建					
江西					
山东	0.49	0.08	1.23	0.06	
河南					
湖北	0.01		0.41	0.25	0.04
湖南	0.13		0.78	0.65	
广东					
广西					
海南					
重庆					
四川	0.32	0.06	0.54	0.38	
贵州					
云南					
西藏					
陕西					
甘肃					
青海					
宁夏					
新疆					

单位：亿元

集体资本	法人资本	个人资本	港澳台资本	外商资本	主营业务收 入	主营业务成 本	主营业务税金及附加
0.06	**0.19**	**6.03**			**22.07**	**16.80**	**0.23**
		1.02			9.85	7.41	0.08
0.01	0.05				1.09	0.91	0.07
		3.90			1.84	1.12	0.02
	0.01	0.05			3.58	3.20	0.04
0.06		0.15			1.24	0.84	
		0.65			2.72	1.74	0.02
	0.13	0.25			1.76	1.57	0.01

3-19 续表 2

地区	销售费用	管理费用		财务费用		
			税金		利息收入	利息支出
全国	**1.23**	**1.90**	**0.18**	**0.20**	**0.02**	**0.19**
北京						
天津						
河北						
山西						
内蒙古	0.51	0.96	0.04	0.08	0.01	0.07
辽宁		0.05	0.01			
吉林	0.29	0.26	0.02	0.04	0.01	0.04
黑龙江						
上海						
江苏						
浙江						
安徽						
福建						
江西						
山东	0.01	0.02		0.01		0.01
河南						
湖北	0.02	0.22	0.12			
湖南	0.37	0.33		0.01		0.01
广东						
广西						
海南						
重庆						
四川	0.04	0.06		0.06		0.06
贵州						
云南						
西藏						
陕西						
甘肃						
青海						
宁夏						
新疆						

单位：亿元

投资收益（损失以“-”号记）	营业利润	利润总额	亏损企业亏损额	应交增值税	应交所得税	从业人员平均人数（万人）
0.06	**1.77**	**1.44**	**0.01**	**0.86**	**0.25**	**0.27**
0.06	0.88	0.87		0.47	0.21	0.08
	0.06	0.06				0.04
	0.11	0.11		0.17		0.01
	0.30	0.30		0.10	0.04	0.05
	0.02	0.02		0.01		0.03
	0.38	0.06		0.10		0.04
	0.01	0.01	0.01	0.02		0.02

3-20 制造业

地区	工业销售产值(当年价格)	出口交货值	资产总计	固定资产合计	固定资产原价
全国	**895412.20**	**112433.85**	**667608.78**	**209870.79**	**337387.34**
北京	12080.17	1475.88	14957.17	2449.31	4423.72
天津	22139.58	2709.29	17468.69	5411.36	7540.35
河北	37803.85	1521.93	29113.08	12114.29	16558.74
山西	8178.97	573.80	11154.18	3991.86	6158.21
内蒙古	12036.45	183.47	11515.08	4511.85	6012.53
辽宁	46355.38	3343.41	31567.61	11272.26	19030.91
吉林	19422.11	360.93	12155.27	4312.43	10090.94
黑龙江	9410.67	149.55	7899.69	2545.29	4061.26
上海	30590.58	7829.31	30651.87	6361.09	12905.94
江苏	127052.96	22828.71	85825.97	26122.05	46235.88
浙江	56427.19	11222.10	54752.39	12801.55	18735.45
安徽	28728.26	1628.81	19402.63	6498.09	10059.55
福建	30404.05	6444.50	21203.32	5696.09	8473.93
江西	22567.43	1577.77	12122.37	4841.48	7856.44
山东	117913.04	8280.13	66787.15	24303.52	41838.68
河南	51124.22	2610.00	34685.27	13644.24	17217.82
湖北	35157.67	1542.91	25816.59	8397.30	16871.59
湖南	28732.71	1249.35	16446.24	6029.37	8381.61
广东	98891.58	30106.59	68214.34	15904.00	28364.55
广西	15459.74	665.11	10545.83	3555.35	4828.93
海南	1495.18	162.30	1798.82	602.63	839.25
重庆	14182.33	2199.61	11061.67	3715.46	5280.71
四川	29685.70	2991.74	24545.40	8491.57	13185.20
贵州	4759.77	99.87	5610.14	1860.63	2241.80
云南	7465.52	129.70	8728.59	2516.44	3552.15
西藏	56.69	0.15	116.81	34.98	50.42
陕西	12323.30	340.24	12750.71	4050.12	5973.80
甘肃	5685.78	60.09	6988.99	2422.82	3699.37
青海	1474.62	8.06	2804.11	1131.83	1487.02
宁夏	2283.81	71.02	3150.25	1114.66	1378.63
新疆	5522.92	67.52	7768.57	3166.87	4051.98

主要经济指标

单位：亿元

累计折旧	流动资产合计	应收账款	存货	产成品	负债合计
145123.84	**364516.62**	**88640.66**	**91781.97**	**32787.09**	**379501.44**
1996.65	9454.04	2659.82	2129.42	673.36	8212.23
2852.34	10217.73	2433.07	2492.08	881.25	10911.95
5442.60	12826.31	2390.00	3548.36	1227.68	16891.22
2544.49	5348.93	1056.89	1466.63	576.51	8044.13
1939.72	4734.81	828.68	1206.76	468.20	7245.39
8828.75	15540.02	3237.74	4082.08	1312.20	18039.49
6082.97	6084.73	1138.74	1519.28	547.90	6417.01
1901.78	4408.42	993.19	1469.06	474.51	4941.99
6842.13	19204.60	5437.29	4433.46	1371.25	15981.17
21001.81	49341.11	14891.04	11248.71	4184.64	48100.57
7172.69	33816.53	8862.94	7664.26	3069.73	32916.15
4179.71	10248.64	2760.56	2714.66	996.82	10816.48
3181.97	12177.60	3235.23	3167.10	1235.19	11230.09
3470.34	5885.33	1104.31	1622.70	614.99	6374.09
20291.03	34917.70	6403.59	8432.49	3181.37	36820.50
4969.46	17375.18	3093.19	3335.57	1143.53	15567.75
8948.05	13129.27	2938.63	3548.98	1345.55	14724.40
2833.01	8027.35	2224.91	2248.71	723.98	8623.16
13422.60	44142.30	13375.27	10955.41	3754.67	39867.48
1616.12	5592.79	1094.70	1572.55	667.92	6580.88
261.66	846.26	161.23	233.17	95.19	958.44
1963.60	5737.38	1559.93	1296.87	477.07	7099.50
5458.66	12651.48	2930.57	3306.01	1150.60	14152.94
672.40	2796.87	451.68	811.35	236.05	3190.66
1322.79	4576.29	651.40	1832.22	466.44	4987.03
17.23	66.14	11.51	10.97	2.30	44.22
2345.79	6423.12	1378.14	1874.19	706.30	7325.29
1558.02	3305.38	416.87	1625.37	522.17	4375.89
483.03	975.54	148.26	277.23	89.84	1949.13
411.36	1590.44	241.06	511.40	177.49	2125.58
1111.05	3074.33	530.22	1144.94	412.39	4986.64

3-20 续表 1

地　区	流动负债合　计	应付账款	所有者权益合计	实收资本	国家资本
全　国	**313389.38**	**87596.65**	**285305.45**	**135069.11**	**14661.69**
北　京	7037.17	2743.91	6743.80	3246.26	429.95
天　津	9428.58	2755.64	6535.58	3988.93	490.38
河　北	13941.67	3759.93	12053.65	5085.32	709.22
山　西	6361.47	1631.50	3092.18	2093.64	423.36
内蒙古	5388.42	1257.07	4199.44	3641.07	603.41
辽　宁	13929.22	3271.80	13357.91	6015.86	882.96
吉　林	4984.58	1674.85	5634.10	2293.68	221.95
黑龙江	4151.80	1020.89	2935.53	1412.95	300.83
上　海	14215.90	6024.70	14628.26	6917.69	910.72
江　苏	42482.64	11338.31	37639.03	19242.57	938.43
浙　江	29849.01	6406.75	21727.08	10361.75	240.98
安　徽	8456.12	2291.68	8480.84	3956.19	487.76
福　建	9241.83	2461.63	9820.18	4880.70	194.36
江　西	5165.83	1302.97	5623.13	3171.67	246.21
山　东	28708.27	6426.88	29475.85	10559.52	838.75
河　南	12184.50	3210.73	18850.19	8803.14	516.92
湖　北	11620.26	3038.61	10953.63	4717.76	1017.37
湖　南	6463.78	1643.64	7754.46	3607.08	519.99
广　东	34949.12	13060.67	28081.20	13953.80	879.58
广　西	5408.50	1473.25	3918.47	1819.53	341.40
海　南	720.64	220.48	838.55	479.15	114.13
重　庆	5727.61	1948.58	3893.10	1698.07	229.39
四　川	10913.64	2928.77	10141.73	3779.11	402.57
贵　州	2412.92	533.51	2385.38	1252.95	366.81
云　南	4275.80	1018.97	3738.45	1352.61	314.44
西　藏	35.80	6.55	72.50	31.51	10.94
陕　西	5610.50	1540.58	5399.40	2409.28	699.65
甘　肃	3204.74	852.18	2695.50	1510.86	523.99
青　海	1218.42	327.91	852.08	476.07	115.91
宁　夏	1625.92	356.70	1016.37	578.79	94.41
新　疆	3674.75	1067.00	2767.89	1731.61	594.92

单位：亿元

集体资本	法人资本	个人资本	港澳台资本	外商资本	主营业务收入	主营业务成本	主营业务税金及附加
2712.14	**47834.93**	**36267.90**	**11534.44**	**21371.11**	**909452.71**	**776358.80**	**13551.72**
18.51	1475.02	441.08	146.40	728.80	13270.94	10713.89	254.34
46.85	1322.45	675.05	206.28	1097.54	23058.70	19976.90	269.85
48.38	2123.09	1590.18	185.69	425.10	38115.19	33374.82	338.48
70.68	646.44	783.74	61.18	105.17	9031.87	8082.08	54.23
64.54	942.54	1860.87	59.30	88.34	11873.18	9939.28	162.79
267.15	2265.83	1418.59	330.47	845.78	46088.93	39610.21	798.94
244.73	1027.74	569.05	48.11	166.68	19893.81	16706.89	452.26
38.58	463.66	440.70	37.87	129.57	9613.35	8243.71	247.91
84.02	2032.35	698.98	677.89	2513.73	33224.69	27405.12	902.09
362.11	5065.35	4796.09	2260.16	5820.01	127891.17	110814.62	1085.87
120.69	3472.73	3637.72	1350.47	1539.16	56460.41	48130.70	642.81
62.74	1467.04	1491.16	147.35	300.14	29117.00	24960.38	394.83
53.28	1468.76	1307.28	992.37	863.59	30525.26	26035.67	348.51
73.91	1596.49	805.24	256.75	195.86	24936.68	21692.64	254.87
320.97	4198.07	3481.57	361.80	1350.72	120116.17	104116.04	1169.40
134.40	3165.36	4585.90	166.88	218.55	51629.66	44366.88	533.19
92.13	1700.75	1283.77	128.01	390.08	35230.27	29777.36	723.73
60.82	1623.76	1150.77	70.73	180.80	28443.05	23025.37	846.28
149.53	4003.68	1868.36	3585.56	3396.88	98388.86	83715.27	1068.10
27.98	811.96	359.59	109.94	155.93	15173.90	12887.21	303.71
7.16	169.42	40.73	11.04	135.51	1305.66	1048.66	75.76
32.83	795.99	365.97	128.74	143.94	14273.56	12173.16	211.48
153.16	1798.88	997.92	94.40	314.40	30342.92	25404.22	530.45
12.89	405.04	303.20	12.30	30.29	4739.82	3553.61	243.99
38.58	658.41	273.97	19.69	47.50	7642.14	5808.09	755.75
0.61	11.24	3.67	1.30	3.55	58.52	36.15	0.73
49.96	1037.31	466.23	40.55	111.27	12504.95	10293.35	370.66
29.94	686.13	135.67	4.60	9.25	7167.63	6416.98	238.40
9.36	259.22	65.73	9.32	16.53	1353.72	1175.60	15.30
10.78	308.31	135.65	4.51	24.75	2315.21	2026.55	57.38
24.87	831.88	233.47	24.77	21.69	5665.48	4847.38	199.63

3-20 续表 2

地　　区	销售费用	管理费用	税金	财务费用	利息收入	利息支出
全　　国	**24248.99**	**33940.59**	**1754.23**	**8576.83**	**1415.72**	**8833.00**
北　　京	814.62	799.55	18.11	71.64	42.99	112.47
天　　津	639.04	746.50	39.50	149.41	39.40	172.96
河　　北	681.65	1026.12	60.32	433.36	33.98	432.90
山　　西	220.80	351.17	16.40	207.36	14.73	201.31
内 蒙 古	284.33	425.19	44.92	176.63	28.96	185.27
辽　　宁	1043.75	1774.61	126.32	385.81	49.96	380.94
吉　　林	806.35	824.35	49.84	146.04	16.08	138.64
黑 龙 江	273.17	385.01	21.56	98.65	9.15	96.21
上　　海	1232.09	1937.43	36.12	57.74	135.21	194.93
江　　苏	2861.98	4434.13	177.87	1079.22	203.74	1161.47
浙　　江	1489.85	2558.58	115.32	925.64	193.98	1028.90
安　　徽	786.09	967.67	79.32	263.84	34.40	263.41
福　　建	844.12	1232.87	66.71	286.28	43.02	295.27
江　　西	414.43	558.61	32.78	150.71	19.39	143.07
山　　东	2333.11	3034.64	231.48	1231.93	114.44	1102.83
河　　南	1040.36	1127.15	58.81	466.37	46.75	435.16
湖　　北	1124.64	1508.91	84.75	369.41	38.16	352.83
湖　　南	860.31	1568.59	112.45	256.36	32.50	246.04
广　　东	3540.42	4416.48	160.18	501.27	145.73	518.87
广　　西	394.60	664.89	27.70	143.84	20.25	153.85
海　　南	57.64	49.50	1.57	13.05	2.74	16.25
重　　庆	413.60	607.29	36.19	150.61	19.66	154.90
四　　川	919.51	1249.41	67.45	358.67	47.52	359.62
贵　　州	200.56	239.26	12.64	68.35	9.46	71.55
云　　南	223.49	334.19	16.42	129.74	15.35	137.05
西　　藏	5.37	4.63	0.08	0.23	0.19	0.36
陕　　西	353.35	550.67	28.08	143.17	18.40	148.51
甘　　肃	118.90	239.03	11.60	87.78	23.67	114.78
青　　海	58.40	56.22	4.07	55.72	0.71	44.88
宁　　夏	59.70	76.50	6.27	55.58	2.40	50.88
新　　疆	152.75	191.45	9.38	112.41	12.81	116.87

单位：亿元

投资收益（损失以“-”号记）	营业利润	利润总额	亏损企业亏损额	应交增值税	应交所得税	从业人员平均人数（万人）
164.78	**55551.10**	**55400.63**	**4453.78**	**26681.50**	**7665.43**	**8613.56**
161.04	804.84	883.45	148.55	394.28	172.96	104.02
36.87	1484.34	1507.06	107.87	863.83	234.56	151.22
-405.58	1929.88	1915.43	229.82	776.26	208.66	309.47
-39.53	84.20	106.78	177.64	181.37	26.36	103.17
-51.66	1050.03	718.65	110.22	313.67	81.48	76.82
-58.12	2614.80	2597.81	316.99	1207.62	272.98	333.76
69.66	1209.19	1180.13	124.22	532.93	204.11	118.10
-2.66	379.09	387.26	127.32	256.84	53.02	83.04
443.91	2172.39	2287.13	266.67	864.71	429.91	255.18
-16.76	8023.78	7877.61	489.11	4035.38	1398.12	1120.72
197.27	3054.34	3215.88	222.43	1550.72	475.86	704.72
-9.24	2007.06	1881.11	65.95	830.82	205.69	266.88
-88.98	2035.74	2021.45	105.48	874.45	226.37	407.26
3.74	1671.96	1655.34	57.25	777.65	138.39	207.95
-58.81	7655.53	7683.83	238.53	3339.42	1000.50	835.92
18.43	3990.28	4005.74	180.17	1296.63	470.35	531.03
30.98	2185.25	2192.64	110.35	1022.08	241.88	315.99
-40.17	1864.62	1794.80	55.84	1130.76	181.65	281.08
176.13	5555.59	5627.89	357.30	3000.78	846.75	1423.41
-107.17	945.05	882.18	101.12	488.62	75.76	144.97
6.21	81.09	87.38	12.48	50.07	17.43	10.30
-71.06	828.50	831.88	105.96	522.63	90.50	145.52
-35.01	1905.14	1915.30	246.40	1090.44	260.47	315.64
11.77	469.77	483.67	71.40	203.56	95.09	47.61
9.88	443.89	458.92	105.26	321.53	89.01	71.59
0.24	11.16	13.02	0.78	5.42	2.07	0.99
-3.26	804.47	777.67	80.96	409.10	98.90	122.38
23.55	44.19	90.51	71.36	108.17	26.01	44.33
-53.63	19.34	40.68	36.79	38.50	9.20	15.06
2.93	51.57	70.20	33.96	54.90	9.33	22.71
13.79	174.02	209.25	95.65	138.35	22.07	42.71

3-21 农副食品加工业

地区	工业销售产值（当年价格）	出口交货值	资产总计	固定资产合计	固定资产原价
全国	**59643.06**	**3091.21**	**27717.15**	**9452.21**	**17510.58**
北京	373.69	9.46	342.34	43.25	70.47
天津	820.61	12.17	700.61	83.90	111.83
河北	2056.63	88.60	969.15	335.18	416.53
山西	354.34	2.23	227.53	91.50	111.96
内蒙古	1617.40	2.50	577.63	216.72	356.45
辽宁	4707.18	529.49	1823.03	783.60	1486.55
吉林	3093.77	84.64	1048.17	539.28	1301.95
黑龙江	2755.12	17.69	1410.51	423.17	632.32
上海	362.42	7.94	282.05	41.55	63.92
江苏	3787.83	98.65	1582.21	540.09	1037.26
浙江	1017.97	161.80	737.77	177.17	237.83
安徽	2514.06	37.94	970.30	315.65	523.07
福建	2088.14	437.37	1111.36	258.45	342.79
江西	1402.04	28.95	454.05	180.58	315.76
山东	11391.00	1041.54	4852.30	1744.53	4033.82
河南	4801.05	24.28	2479.40	1076.89	1224.09
湖北	3884.31	125.74	1416.22	553.46	2038.98
湖南	2403.16	24.09	797.78	415.72	595.24
广东	2705.12	201.71	1621.62	280.42	449.41
广西	1866.56	60.10	1351.64	373.64	552.98
海南	132.89	28.72	98.23	23.02	35.60
重庆	650.90	11.43	249.39	103.22	137.79
四川	2491.42	7.71	968.73	336.63	640.94
贵州	208.70	0.31	107.66	36.72	38.72
云南	469.05	34.27	408.68	125.66	183.63
西藏	2.33		5.90	1.77	1.98
陕西	834.21	2.72	327.68	110.41	164.20
甘肃	329.16	4.19	302.93	92.91	220.61
青海	46.40	0.12	42.78	18.46	18.62
宁夏	103.86	1.75	88.33	34.73	33.89
新疆	371.77	3.07	361.18	93.95	131.38

主要经济指标

单位：亿元

累计折旧	流动资产合计	应收账款	存货	产成品	负债合计
8920.10	**15086.67**	**2142.34**	**4435.25**	**1979.45**	**14915.12**
27.76	238.22	30.00	52.07	25.56	209.93
31.77	560.38	41.59	66.62	19.42	585.82
120.16	503.66	57.49	156.39	77.75	514.27
34.88	111.85	16.64	43.33	22.25	122.26
157.39	252.22	38.45	81.63	46.94	240.42
763.45	837.46	117.60	239.67	103.53	848.35
796.40	388.90	76.65	144.41	71.85	503.75
255.24	878.09	84.65	335.03	137.96	928.80
24.89	214.72	35.06	48.36	22.74	159.61
507.77	852.99	152.15	247.16	92.73	956.90
80.28	462.47	91.60	147.63	82.53	459.95
236.15	522.13	89.25	197.49	63.81	480.05
107.62	752.25	145.33	208.36	102.75	669.04
163.19	217.30	27.73	81.85	32.58	222.91
2422.43	2559.05	329.61	788.78	328.25	2533.81
275.33	1100.56	109.96	207.47	88.39	808.13
1531.46	691.56	108.26	277.95	132.45	666.91
223.61	303.89	54.59	111.68	42.69	329.00
197.09	1176.99	168.13	246.67	101.38	1113.65
226.34	873.55	112.62	189.46	96.64	884.30
14.43	64.72	17.13	21.40	11.78	74.28
47.66	117.46	19.52	33.90	14.73	120.36
339.79	495.20	74.32	146.39	76.80	513.16
7.58	55.02	10.27	19.89	8.35	63.06
71.01	213.43	44.38	45.64	22.88	270.32
0.41	2.85	0.78	1.37	0.13	1.84
64.35	183.70	25.61	81.95	36.04	171.77
137.89	168.66	27.07	69.76	42.41	160.08
2.92	22.12	4.18	10.36	5.61	21.52
7.10	45.44	9.25	20.73	8.30	47.58
43.74	219.83	22.48	111.82	60.24	233.31

3-21 续表 1

地区	流动负债合计	应付账款	所有者权益合计	实收资本	国家资本
全国	**12321.73**	**2253.26**	**12647.96**	**6700.60**	**181.18**
北京	191.76	29.83	132.42	60.73	5.69
天津	534.85	100.75	120.53	92.02	6.56
河北	430.42	72.32	423.84	179.95	2.69
山西	104.35	12.59	104.41	33.48	1.87
内蒙古	178.51	20.15	326.13	1562.35	4.23
辽宁	603.06	146.42	961.83	380.12	6.67
吉林	350.97	80.09	522.71	209.88	6.89
黑龙江	820.37	97.19	480.52	263.44	26.95
上海	143.40	31.08	122.23	58.84	2.51
江苏	817.50	235.81	624.18	279.66	18.06
浙江	414.01	68.00	274.51	124.02	1.08
安徽	415.45	77.50	481.98	180.68	5.38
福建	602.63	88.85	435.31	199.00	1.58
江西	178.36	41.47	220.51	97.26	4.20
山东	2045.65	341.99	2273.01	746.20	7.94
河南	610.10	100.72	1642.11	694.29	12.05
湖北	498.35	87.85	721.28	281.12	9.68
湖南	228.47	43.78	455.02	214.77	3.32
广东	1011.69	186.14	501.23	227.59	6.52
广西	794.69	172.91	438.60	167.33	14.68
海南	68.76	14.16	22.51	17.66	
重庆	98.27	27.45	126.36	51.38	11.82
四川	360.63	58.65	449.56	155.24	2.56
贵州	48.79	8.70	45.44	18.25	0.78
云南	224.99	25.68	138.36	49.58	0.74
西藏	1.43	0.10	3.92	1.57	
陕西	148.36	24.08	150.12	61.47	1.54
甘肃	126.75	24.05	260.98	191.75	3.62
青海	16.63	1.80	21.18	7.99	0.30
宁夏	37.29	5.01	39.36	18.23	1.20
新疆	215.23	28.14	127.79	74.74	10.07

单位：亿元

集体资本	法人资本	个人资本	港澳台资本	外商资本	主营业务收入	主营业务成本	主营业务税金及附加
113.14	**1899.28**	**3564.48**	**236.78**	**576.82**	**60117.42**	**53220.82**	**296.01**
0.51	38.11	6.39	1.33	8.70	411.00	347.97	7.78
0.41	28.81	12.54	5.31	38.39	785.50	742.34	2.64
0.44	68.77	89.09	3.19	15.78	2087.81	1863.98	5.69
0.38	11.64	19.54	0.04		349.63	312.07	0.22
0.68	35.79	1513.97	4.98	2.70	1602.55	1338.20	7.62
3.61	148.04	166.05	19.52	36.24	4635.09	4094.92	25.31
2.27	60.47	83.95	13.37	42.11	3039.60	2746.81	14.76
3.90	77.31	120.53	5.42	29.15	2834.74	2583.73	20.79
0.63	13.51	7.21	13.92	21.05	429.30	381.69	0.40
5.34	72.23	102.21	33.15	48.68	3794.13	3367.94	18.88
1.64	39.37	60.91	6.66	14.36	1041.74	941.19	2.60
2.91	51.67	95.69	8.63	16.40	2501.97	2259.55	7.47
6.28	71.16	72.68	17.11	30.08	2084.12	1849.70	6.37
3.75	43.60	39.40	2.76	3.54	1452.52	1305.36	6.55
32.01	288.96	294.96	19.10	103.23	11608.86	10324.89	57.69
7.31	220.68	381.81	23.19	47.65	4973.19	4316.37	25.99
7.20	103.48	137.70	3.87	18.69	3882.59	3425.67	22.64
5.05	133.59	69.47	2.77	1.32	2402.17	1999.06	23.09
4.95	104.29	37.33	26.56	43.44	2747.35	2502.25	6.71
4.81	74.07	30.69	15.69	27.16	1878.14	1653.66	6.65
2.17	8.92	4.40	0.67	1.51	127.19	121.94	0.15
0.11	17.49	17.90	1.03	3.02	649.48	562.95	4.34
1.31	61.11	74.17	5.57	9.94	2494.06	2173.10	14.75
1.32	7.11	9.01	0.03		204.08	181.08	1.23
0.99	21.96	23.93	0.30	1.66	469.93	400.79	1.57
	0.33	1.25			2.33	1.88	0.01
2.21	22.59	29.69	0.25	4.06	802.50	696.50	3.01
9.03	31.61	26.37	0.49	0.63	292.54	261.66	0.35
0.16	2.90	4.64			40.30	36.42	0.06
0.48	5.56	9.59	0.86	0.54	106.80	94.95	0.25
1.28	34.18	21.42	1.02	6.78	386.20	332.20	0.46

3-21 续表 2

地　区	销售费用	管理费用	税金	财务费用	利息收入	利息支出
全　国	**1281.20**	**1430.27**	**102.74**	**493.05**	**51.97**	**473.12**
北　京	25.76	16.74	0.36	3.75	4.08	7.55
天　津	13.38	11.55	0.63	3.93	1.41	5.54
河　北	42.36	36.00	1.94	11.46	2.18	16.19
山　西	4.32	5.80	0.21	4.33	0.15	4.06
内蒙古	26.07	43.18	3.66	11.46	0.54	10.85
辽　宁	87.74	107.68	9.75	29.44	1.46	21.57
吉　林	107.84	76.77	5.06	22.03	0.25	17.51
黑龙江	48.33	50.62	3.28	24.55	1.05	22.75
上　海	22.53	12.83	0.48	1.54	0.92	2.69
江　苏	69.76	71.57	3.04	22.00	6.82	28.03
浙　江	23.47	28.25	1.75	14.41	1.30	15.65
安　徽	52.00	47.10	4.03	19.17	0.66	17.79
福　建	41.57	45.05	3.87	19.01	4.98	21.43
江　西	25.34	28.03	2.32	7.67	0.30	6.63
山　东	189.75	233.83	19.67	105.78	5.89	92.44
河　南	95.07	71.95	4.07	31.80	5.11	30.87
湖　北	92.06	113.67	7.99	36.81	0.82	29.40
湖　南	76.07	122.44	12.62	24.33	0.47	18.22
广　东	49.72	59.10	3.20	16.84	3.96	19.04
广　西	36.88	74.16	3.95	20.02	6.08	27.37
海　南	1.85	3.88	0.25	2.66	0.02	2.14
重　庆	21.56	17.17	1.02	2.61	0.79	2.77
四　川	64.96	87.47	6.62	25.11	1.25	22.66
贵　州	5.39	6.95	0.36	2.65	0.11	2.00
云　南	17.80	18.43	0.62	9.95	0.53	9.35
西　藏	0.05	0.21	0.02	0.02		0.02
陕　西	15.51	15.76	1.05	6.68	0.15	6.23
甘　肃	7.27	7.93	0.30	4.52	0.19	3.89
青　海	0.81	1.23	0.05	0.53	0.01	0.30
宁　夏	2.48	3.05	0.18	1.64	0.08	1.58
新　疆	13.49	11.91	0.39	6.35	0.39	6.60

单位：亿元

投资收益（损失以“-”号记）	营业利润	利润总额	亏损企业亏损额	应交增值税	应交所得税	从业人员平均人数（万人）
-161.91	**3593.71**	**3473.53**	**122.23**	**1269.61**	**319.18**	**418.15**
2.54	12.76	15.77	2.53	5.37	3.00	3.46
-2.21	19.33	20.64	5.42	18.19	4.85	2.60
-34.18	101.81	104.06	5.62	31.64	5.43	12.99
0.03	24.32	25.60	1.56	2.81	0.32	2.94
-29.49	159.84	111.14	1.64	25.69	12.63	7.66
-25.98	303.95	301.82	10.11	98.45	15.38	29.72
1.66	136.06	115.05	2.67	42.77	3.54	12.90
-3.01	136.68	123.35	11.72	51.61	7.67	14.18
1.01	12.67	14.53	0.71	4.24	2.60	3.02
10.81	262.02	259.84	4.51	111.92	43.17	20.94
1.09	34.63	38.77	1.95	14.15	4.33	9.40
-1.11	128.92	131.33	4.09	36.72	8.05	15.86
-1.12	131.72	132.67	2.45	76.03	9.67	19.51
5.17	82.86	81.88	0.55	25.49	4.99	7.63
-44.05	633.84	627.62	14.84	261.30	79.39	85.95
-2.52	431.63	403.86	4.13	88.23	37.72	43.23
-1.50	265.57	261.40	1.67	80.46	17.64	23.45
-0.21	147.32	133.34	1.69	76.88	10.70	19.15
3.50	132.96	134.12	8.99	43.71	15.98	17.21
-24.62	113.19	116.95	14.60	44.16	7.67	14.06
0.06	-2.04	-2.04	4.26	1.21	0.23	2.02
-10.31	39.58	37.60	0.92	23.45	4.16	6.42
-2.72	151.22	147.01	2.93	62.55	10.53	22.28
0.01	9.53	9.94	1.43	3.15	0.96	1.74
-1.97	25.83	26.01	4.52	10.67	2.12	6.21
	0.16	0.18	0.03	0.02		0.07
-4.30	56.03	54.06	0.79	18.63	4.63	6.23
3.21	11.14	12.49	1.52	1.44	1.09	2.87
-2.19	0.81	1.01	0.44	0.31	0.07	0.39
0.01	4.62	5.66	0.73	2.34	0.20	0.92
0.50	24.74	27.87	3.22	6.01	0.49	3.14

3-22 食品制造业

地　区	工业销售产值（当年价格）	出口交货值	资产总计	固定资产合计	固定资产原价
全　国	**18039.24**	**1042.66**	**11609.77**	**4039.02**	**6157.33**
北　京	249.51	14.80	306.77	68.21	119.71
天　津	1131.55	32.10	486.81	200.24	300.92
河　北	800.95	20.91	453.75	186.90	239.15
山　西	117.10	2.05	99.13	38.45	49.41
内蒙古	604.53	14.64	779.89	176.55	254.38
辽　宁	737.21	57.24	420.02	176.79	287.39
吉　林	370.52	7.50	225.40	92.25	195.62
黑龙江	525.55	6.04	342.35	135.45	214.61
上　海	607.33	31.56	612.54	149.58	237.74
江　苏	707.48	86.64	574.15	182.22	258.23
浙　江	517.80	77.51	518.35	143.41	195.61
安　徽	484.90	23.35	236.84	89.26	132.81
福　建	931.45	140.17	543.97	143.17	215.18
江　西	404.54	54.93	169.80	77.55	130.54
山　东	2338.57	194.83	1275.82	503.99	893.18
河　南	1925.22	34.19	1070.58	432.35	511.71
湖　北	837.44	63.99	432.46	168.82	422.37
湖　南	788.43	3.75	296.38	132.45	174.15
广　东	1681.53	83.64	1128.06	285.22	459.47
广　西	270.88	14.59	178.47	71.39	92.55
海　南	43.19	0.68	42.57	10.95	13.01
重　庆	164.67	5.04	118.96	39.12	45.93
四　川	775.63	23.44	426.05	177.27	231.35
贵　州	91.32	0.47	56.53	14.72	15.70
云　南	158.22	14.54	126.78	47.58	57.81
西　藏	1.39		4.68	0.80	1.02
陕　西	362.75	4.18	156.09	56.69	92.89
甘　肃	79.61	1.50	113.98	19.88	51.57
青　海	20.55	0.06	19.92	11.21	12.66
宁　夏	124.75	8.56	108.86	51.45	64.85
新　疆	184.66	19.71	283.81	155.10	185.79

主要经济指标

单位：亿元

累计折旧	流动资产合计	应收账款	存货	产成品	负债合计
2444.50	**5944.04**	**1172.04**	**1268.41**	**553.85**	**5639.13**
52.74	186.04	45.92	37.65	17.70	196.87
109.45	257.56	77.20	31.02	11.54	268.27
67.65	189.57	48.11	46.32	19.07	199.55
15.95	49.07	11.25	17.93	7.09	47.25
85.30	427.85	25.54	31.82	17.29	431.50
125.95	205.10	33.36	36.13	13.76	179.13
118.04	94.18	11.32	32.20	10.65	111.24
95.38	177.21	44.79	44.76	18.61	177.53
100.28	374.33	123.24	77.49	39.78	374.01
90.54	311.62	72.04	70.19	31.31	317.98
65.28	307.42	96.54	77.20	32.93	266.98
49.58	106.79	24.56	34.11	13.44	111.88
85.38	274.63	60.37	79.73	39.79	241.58
60.88	65.82	11.41	19.15	9.95	64.18
427.88	628.22	98.53	142.04	57.74	603.91
111.74	523.78	79.38	81.70	29.56	388.59
264.47	205.19	43.01	52.60	29.51	186.76
49.13	123.62	20.12	31.78	13.09	114.85
191.26	703.25	110.79	126.72	48.87	497.84
24.61	83.42	21.38	19.69	10.10	88.76
5.89	27.66	2.68	3.77	2.04	23.53
11.56	60.71	11.80	12.70	4.87	60.36
71.49	183.25	27.57	54.04	21.04	184.08
3.81	35.54	2.95	5.99	3.08	31.23
14.92	59.61	10.77	17.16	10.03	61.96
0.28	2.61	0.27	0.27	0.02	0.66
40.70	75.75	19.45	18.32	8.98	64.90
34.12	41.01	6.29	12.28	6.28	74.11
1.76	7.48	1.03	3.72	1.45	8.50
17.11	45.52	6.25	11.11	4.78	63.14
51.35	110.26	24.10	38.83	19.52	198.02

3-22 续表 1

地区	流动负债合计	应付账款	所有者权益合计	实收资本	国家资本
全国	**4661.46**	**1078.30**	**5897.51**	**2581.50**	**91.86**
北京	180.85	26.49	109.90	101.40	4.58
天津	163.51	61.26	218.12	79.32	1.29
河北	180.16	46.93	253.00	99.63	0.54
山西	38.14	8.09	50.47	19.42	0.35
内蒙古	368.66	53.71	347.57	98.03	0.40
辽宁	117.36	39.01	238.48	95.66	0.34
吉林	69.61	16.65	111.43	46.22	0.34
黑龙江	157.77	46.85	164.51	86.02	5.72
上海	360.14	100.34	238.48	160.22	8.84
江苏	294.11	62.95	256.17	135.45	6.30
浙江	251.56	53.44	250.44	102.34	3.50
安徽	92.35	30.78	123.13	56.73	1.86
福建	215.07	46.30	300.14	136.87	6.24
江西	48.93	11.08	102.70	47.56	3.69
山东	439.10	79.69	659.20	276.88	6.06
河南	316.15	60.96	670.73	301.40	14.17
湖北	124.14	31.49	239.01	111.78	10.68
湖南	84.87	22.04	177.45	63.55	1.31
广东	463.76	137.31	628.71	219.03	2.94
广西	74.05	17.30	89.22	38.10	0.38
海南	22.75	3.85	19.05	5.13	
重庆	47.22	15.14	47.83	14.94	0.97
四川	136.76	34.23	234.67	86.45	0.70
贵州	23.68	2.97	24.83	7.20	0.23
云南	53.74	9.37	64.83	29.67	0.09
西藏	0.56	0.13	4.02	1.57	0.52
陕西	50.67	16.92	91.50	37.53	0.27
甘肃	40.62	4.43	39.73	20.18	0.76
青海	7.72	0.10	11.36	3.94	0.24
宁夏	51.14	7.64	45.39	26.87	0.14
新疆	186.29	30.83	85.46	72.40	8.40

单位：亿元

集体资本	法人资本	个人资本	港澳台资本	外商资本	主营业务收入	主营业务成本	主营业务税金及附加
48.61	**982.67**	**716.44**	**247.59**	**489.90**	**18546.36**	**14617.09**	**123.77**
0.43	16.83	10.08	6.67	62.81	407.14	270.30	2.48
2.24	27.48	8.24	18.97	21.10	1078.35	784.07	14.32
0.55	52.42	23.96	12.52	9.64	836.55	681.87	3.22
1.44	10.58	5.89	0.75	0.33	121.51	99.68	0.36
2.58	37.33	39.71	0.32	17.34	841.28	699.03	3.74
1.34	61.90	19.40	6.74	5.94	762.34	640.22	5.12
0.16	16.12	16.15	9.29	3.99	363.49	313.43	1.87
3.14	35.13	13.97	8.56	19.43	513.09	398.82	2.53
3.54	29.33	10.55	28.27	79.69	700.17	445.69	3.57
9.76	34.28	24.46	24.18	36.47	728.10	580.04	4.36
0.98	23.87	31.72	10.32	31.95	548.90	435.51	2.55
0.90	9.15	27.39	2.24	15.20	492.57	406.23	3.23
0.60	34.47	62.59	18.23	14.70	920.09	757.08	4.21
0.04	14.54	21.86	3.22	3.89	428.23	349.17	2.39
3.31	125.54	75.11	8.63	58.23	2366.13	1979.44	17.21
4.95	161.21	110.21	3.53	6.89	1951.20	1637.21	11.18
0.50	52.89	30.51	4.41	12.78	821.84	667.17	6.78
2.28	36.24	19.64	0.44	3.64	774.56	629.51	8.19
2.99	57.61	37.93	55.84	60.97	1664.78	1061.78	12.84
0.20	16.62	10.24	3.13	7.05	266.67	212.34	1.53
0.66	1.47	0.87	0.60	1.54	44.37	30.53	0.33
0.61	5.62	7.18	0.49	0.07	174.10	136.26	1.84
1.16	40.45	28.43	10.73	4.55	768.92	627.82	5.65
0.44	1.49	4.94		0.09	87.91	67.45	0.58
0.05	9.24	16.42	2.41	1.44	156.34	121.33	0.52
	0.56	0.49			1.38	0.96	0.01
1.34	15.36	10.26	2.29	6.71	346.43	274.56	1.94
1.08	7.86	10.49			72.79	60.58	0.17
0.21	2.47	1.02			14.01	10.74	0.08
0.02	20.99	4.85		0.87	119.11	98.55	0.39
1.11	23.61	31.88	4.81	2.59	174.00	139.73	0.58

3-22 续表 2

地区	销售费用	管理费用	税金	财务费用	利息收入	利息支出
全国	**1375.51**	**701.50**	**40.48**	**122.20**	**30.94**	**133.41**
北京	95.95	24.22	0.58	1.19	1.01	1.99
天津	90.13	27.64	2.17	-0.87	0.63	2.07
河北	61.74	21.67	1.20	4.69	0.27	4.64
山西	6.79	4.62	0.18	1.90	0.04	1.70
内蒙古	63.07	26.11	2.37	0.60	6.63	6.77
辽宁	25.49	29.70	2.24	3.09	0.41	2.49
吉林	15.88	14.30	1.04	5.95	0.03	5.08
黑龙江	51.24	14.50	1.05	2.21	0.81	2.81
上海	158.69	52.11	1.04	0.53	1.64	2.26
江苏	54.68	31.26	1.55	6.67	1.31	6.89
浙江	37.67	24.90	1.46	6.11	2.31	7.94
安徽	25.85	13.97	0.82	3.27	0.18	2.94
福建	47.69	35.96	2.56	8.45	0.70	7.71
江西	14.93	12.12	0.69	2.37	0.11	1.82
山东	73.21	64.29	4.62	23.39	1.34	20.43
河南	50.41	30.65	1.85	13.44	0.64	11.98
湖北	47.23	40.87	3.23	9.87	2.51	9.50
湖南	36.71	54.46	4.26	7.30	0.55	6.09
广东	271.75	85.20	2.96	-0.45	7.26	5.62
广西	15.76	13.36	0.70	2.74	0.12	2.23
海南	10.88	1.49	0.08	-0.11	0.17	0.07
重庆	12.16	7.67	0.40	2.36	0.14	2.11
四川	44.01	28.59	1.42	6.29	0.41	6.30
贵州	3.09	2.83	0.24	0.57	0.19	0.58
云南	12.22	7.93	0.25	2.57	0.06	2.54
西藏	0.45	0.15				
陕西	20.77	14.61	0.61	0.45	0.98	1.62
甘肃	4.44	3.28	0.09	1.81	0.07	1.42
青海	0.81	0.94	0.20	0.08		0.05
宁夏	10.16	4.95	0.39	2.32	0.10	2.25
新疆	11.62	7.18	0.24	3.39	0.31	3.50

单位：亿元

投资收益（损失以"-"号记）	营业利润	利润总额	亏损企业亏损额	应交增值税	应交所得税	从业人员平均人数（万人）
-8.13	**1635.64**	**1646.98**	**57.10**	**649.27**	**218.38**	**200.94**
1.35	15.40	17.64	3.68	20.52	4.59	5.19
-1.29	176.57	176.62	1.68	40.26	30.72	6.07
-1.23	65.91	67.11	1.89	23.11	6.56	8.18
	8.69	9.11	0.44	2.76	0.94	1.89
1.83	59.87	56.66	1.23	25.94	3.78	5.20
-1.72	56.45	54.58	1.24	18.46	4.54	6.53
-0.55	13.41	11.21	6.64	8.67	1.23	2.67
-6.30	41.39	46.60	1.92	16.57	5.95	4.39
5.94	43.81	45.33	9.84	39.57	12.40	7.73
1.04	55.54	59.24	1.83	25.39	13.33	8.87
5.32	49.14	51.48	3.02	20.64	7.75	7.06
0.15	37.50	37.50	0.58	12.20	3.74	6.23
-2.52	69.61	70.16	2.53	30.09	8.21	13.88
-1.67	40.00	37.57	0.28	15.50	2.57	4.41
-5.91	174.77	177.36	2.31	71.93	24.47	20.43
2.17	202.62	202.81	0.69	48.36	18.92	23.96
-3.71	57.39	55.61	3.11	31.13	4.72	9.50
-2.33	52.99	50.93	0.37	27.72	4.64	9.59
1.16	239.95	238.75	2.80	96.39	38.22	19.91
-3.39	21.50	22.41	1.11	9.20	2.42	3.71
-0.06	2.72	2.76	0.01	2.81	0.82	0.61
-0.73	14.22	14.16	0.74	7.40	2.11	2.35
5.56	61.81	61.66	1.04	28.92	7.89	9.69
0.03	13.78	13.78	0.33	4.25	1.70	1.09
-0.34	11.21	12.24	1.19	3.67	1.25	2.88
	-0.19	0.30		0.08	0.03	0.04
-1.32	30.47	30.77	0.07	8.23	2.32	3.80
0.03	2.52	2.72	0.70	0.72	0.14	1.34
-0.41	1.52	1.30		0.21	0.03	0.24
0.04	3.22	5.09	0.26	3.00	0.53	1.08
0.71	11.88	13.50	5.57	5.53	1.85	2.40

3-23 酒、饮料和精制茶

地 区	工业销售产值(当年价格)	出口交货值	资产总计	固定资产合计	固定资产原价
全 国	**15149.36**	**246.92**	**13119.56**	**4199.19**	**6086.44**
北 京	208.57	1.87	381.84	66.64	132.88
天 津	148.01	0.73	152.59	67.44	115.33
河 北	447.16	5.23	442.86	137.69	190.53
山 西	143.16	0.34	211.76	58.67	77.81
内蒙古	286.29		244.43	86.39	116.09
辽 宁	498.58	11.34	274.59	140.15	242.61
吉 林	468.75	0.48	280.15	140.18	274.95
黑龙江	312.53	0.01	267.36	136.96	194.13
上 海	105.63	7.02	116.07	42.46	85.04
江 苏	938.19	2.68	893.36	298.76	419.39
浙 江	499.94	41.04	554.74	171.11	268.44
安 徽	530.07	9.77	418.34	129.60	179.62
福 建	692.04	12.05	413.55	131.24	196.91
江 西	255.52	1.92	213.30	109.08	145.62
山 东	1313.05	48.32	892.97	318.03	435.78
河 南	1191.94	17.97	862.39	354.69	382.35
湖 北	1269.88	3.27	1001.73	237.13	326.88
湖 南	563.15	9.87	251.57	130.11	171.72
广 东	970.82	10.54	716.27	228.88	441.76
广 西	376.77	1.57	240.19	110.98	147.03
海 南	18.70	0.02	33.88	11.17	16.92
重 庆	157.01	1.97	129.34	49.46	75.97
四 川	2334.80	20.55	2095.73	514.43	728.01
贵 州	515.16	12.44	1071.76	202.71	249.66
云 南	185.40	5.83	237.90	67.37	89.71
西 藏	13.23		33.20	10.68	14.53
陕 西	392.65	16.42	287.68	107.42	159.38
甘 肃	152.07	3.65	173.63	56.75	99.95
青 海	32.81		37.87	16.66	18.77
宁 夏	26.86	0.02	52.06	17.00	20.90
新 疆	100.60		136.48	49.37	67.77

制造业主要经济指标

单位：亿元

累计折旧	流动资产合计	应收账款	存货	产成品	负债合计
2311.67	**6988.83**	**805.87**	**2098.58**	**717.89**	**6253.80**
62.75	166.09	16.08	31.97	10.32	172.78
49.28	63.32	22.39	20.09	8.83	94.09
68.42	226.16	21.72	75.83	28.33	248.08
25.55	119.80	7.66	52.49	25.92	101.75
39.61	98.27	9.23	39.46	8.76	133.21
112.78	100.64	15.17	34.23	11.53	121.90
149.99	100.11	16.17	37.08	10.27	133.77
72.22	106.94	14.38	44.71	15.12	157.91
43.19	64.02	17.88	19.82	3.82	56.98
138.87	451.02	46.45	181.17	30.48	391.92
110.15	290.94	41.35	112.24	41.00	282.43
57.86	227.45	25.65	93.51	35.35	207.14
77.26	226.75	45.90	56.92	27.63	173.88
46.73	81.33	6.61	27.46	14.38	129.41
150.47	397.10	42.93	139.19	50.93	380.67
103.32	409.26	43.69	86.89	30.49	398.88
124.86	650.32	73.34	111.66	46.82	631.32
55.63	91.60	11.28	35.32	12.54	98.95
221.67	385.41	87.33	75.22	24.23	371.43
49.48	105.80	18.69	33.25	15.00	139.39
6.48	20.15	2.58	4.44	1.53	15.25
29.48	62.09	9.98	23.44	7.46	69.51
287.08	1370.93	127.14	334.02	138.37	935.96
61.06	677.07	17.98	216.36	33.90	270.51
30.38	132.54	19.25	55.02	18.96	132.39
4.25	21.91	1.29	1.37	0.50	16.25
57.47	147.42	22.04	62.68	33.06	148.19
47.12	77.18	11.46	35.34	15.19	101.51
2.74	17.69	1.72	4.88	2.72	22.69
4.81	28.28	3.24	13.00	6.21	28.32
20.74	71.24	5.28	39.51	8.25	87.35

3-23 续表 1

地　区	流动负债合　计	应付账款	所有者权益合计	实收资本	国家资本
全　国	**5360.10**	**1005.52**	**6799.22**	**3024.67**	**192.18**
北　京	159.26	29.23	209.06	85.19	1.59
天　津	89.81	23.54	58.53	55.36	3.99
河　北	216.48	37.46	192.81	97.18	4.65
山　西	89.71	13.36	109.99	41.82	12.23
内蒙古	106.61	21.33	110.83	55.80	7.99
辽　宁	102.01	29.27	152.03	79.00	3.52
吉　林	112.98	15.12	136.16	348.33	5.96
黑龙江	138.59	29.50	109.22	70.73	3.52
上　海	54.46	13.31	59.09	71.04	2.02
江　苏	330.62	59.57	501.06	189.17	5.32
浙　江	249.37	53.06	268.95	116.32	4.45
安　徽	184.57	31.20	209.39	79.99	12.59
福　建	154.75	40.44	236.86	89.68	0.12
江　西	109.20	15.83	82.96	42.22	0.53
山　东	321.14	64.96	496.54	164.82	12.41
河　南	330.28	59.08	458.29	175.18	7.16
湖　北	570.59	82.45	363.00	167.06	3.56
湖　南	64.00	14.50	151.31	86.41	7.36
广　东	326.69	94.34	341.71	303.61	4.21
广　西	113.37	24.84	109.07	62.26	7.17
海　南	13.52	4.59	18.62	17.51	0.60
重　庆	63.62	8.03	59.49	21.96	2.21
四　川	791.91	143.93	1155.56	191.96	13.16
贵　州	232.95	27.55	797.23	208.74	50.61
云　南	110.80	20.20	105.51	36.67	0.45
西　藏	14.24	1.03	16.95	9.17	0.07
陕　西	117.17	20.76	137.45	60.63	4.87
甘　肃	79.47	13.38	64.30	41.73	1.57
青　海	22.14	2.32	15.19	9.24	
宁　夏	26.68	2.95	22.95	9.52	0.70
新　疆	63.11	8.40	49.13	36.40	7.61

单位：亿元

集体资本	法人资本	个人资本	港澳台资本	外商资本	主营业务收　入	主营业务成　本	主营业务税金及附加
256.03	**959.46**	**771.83**	**245.66**	**591.87**	**15327.37**	**11197.63**	**531.01**
0.37	22.42	1.63	32.12	27.07	228.07	160.41	9.06
3.86	6.70	0.97	7.46	32.39	188.15	152.54	2.14
0.71	44.73	23.12	2.80	21.16	441.64	326.87	20.46
2.32	12.17	9.59	1.75	3.60	199.53	131.90	14.45
0.68	25.95	16.29	0.21	2.08	276.46	202.81	9.98
0.31	28.23	13.65	4.02	29.26	485.21	389.11	11.54
204.74	24.18	102.16	2.79	8.50	465.12	381.52	13.82
1.95	19.02	19.31	2.36	24.57	308.76	247.61	10.59
0.01	18.45	1.52	15.81	33.23	120.54	81.55	2.56
1.98	102.66	22.08	17.54	39.58	927.62	664.43	27.00
0.43	37.47	15.68	20.54	37.75	490.68	353.12	11.22
0.54	28.10	22.72	3.84	12.21	506.98	342.67	35.43
0.50	31.61	28.31	11.04	18.10	750.76	568.28	12.32
5.00	23.56	5.86	2.91	4.35	263.22	200.73	8.56
5.50	62.47	41.51	12.84	30.09	1360.65	1072.38	45.40
2.38	77.81	68.22	4.55	13.51	1208.06	987.09	20.14
3.00	42.97	85.33	15.35	16.68	1229.67	906.21	29.72
3.77	47.25	19.46	1.55	7.00	544.29	421.65	8.33
4.76	50.68	18.92	64.06	160.99	942.66	638.75	21.12
1.79	32.74	10.73	2.35	4.91	342.10	257.76	10.98
0.47	5.64	0.15	0.02	10.43	19.65	14.51	0.68
0.37	7.08	5.98	2.86	3.46	160.05	114.43	5.23
7.17	70.28	82.39	1.05	17.91	2439.22	1797.07	125.42
0.42	36.94	118.25	0.13	2.38	563.26	180.74	45.91
1.25	17.84	9.75	1.38	6.00	184.93	127.21	4.07
	3.94	0.31	1.30	3.55	13.50	8.28	0.13
0.38	22.74	14.98	9.94	7.35	381.24	272.84	10.13
1.29	27.46	7.45	0.01	3.95	133.29	94.26	5.53
	7.00	0.43	1.38	0.43	27.98	19.08	2.48
	2.50	0.49	0.44	5.39	24.16	14.46	1.26
0.10	18.86	4.57	1.26	4.01	99.93	67.36	5.35

3-23 续表 2

地 区	销售费用	管理费用	税金	财务费用	利息收入	利息支出
全 国	**1230.06**	**683.02**	**51.85**	**102.86**	**41.82**	**129.22**
北 京	39.81	13.01	0.41	1.59	2.93	4.73
天 津	25.12	6.92	0.69	0.91	0.29	1.09
河 北	30.68	15.06	1.22	3.60	0.88	4.25
山 西	23.27	11.28	1.02	1.31	0.76	1.84
内蒙古	13.36	13.41	0.73	2.63	0.14	2.12
辽 宁	23.82	16.37	1.57	1.63	0.24	1.77
吉 林	20.28	20.44	3.09	4.56	0.08	3.83
黑龙江	18.62	15.26	1.05	2.19	0.30	2.16
上 海	20.58	8.45	0.21	0.21	0.49	0.86
江 苏	59.24	35.67	1.92	5.12	3.31	8.84
浙 江	64.44	18.94	1.66	4.35	1.19	5.47
安 徽	47.46	22.37	1.70	2.79	0.97	3.39
福 建	58.35	36.31	1.64	3.75	1.20	4.42
江 西	15.57	9.78	0.50	2.44	0.13	2.48
山 东	87.04	40.08	3.01	9.90	1.93	9.69
河 南	43.31	26.99	1.74	13.68	0.17	11.00
湖 北	122.37	63.11	9.14	10.93	3.92	13.36
湖 南	32.66	38.63	4.45	4.92	0.18	3.87
广 东	181.98	42.22	2.31	3.13	1.78	4.92
广 西	17.93	19.92	0.68	3.01	0.83	3.00
海 南	1.94	1.74	0.03	-0.11	0.18	0.06
重 庆	14.48	9.53	0.59	2.04	1.06	3.06
四 川	156.94	111.61	6.84	8.26	12.50	19.32
贵 州	41.07	42.82	3.02	-0.80	4.56	2.84
云 南	15.29	9.18	0.48	3.40	0.34	3.42
西 藏	0.70	0.78	0.01	0.06	0.04	0.05
陕 西	27.18	20.14	1.28	2.90	0.87	2.94
甘 肃	10.59	5.45	0.49	2.53	0.24	2.38
青 海	4.69	1.80	0.13	-0.01	0.16	0.03
宁 夏	2.95	1.78	0.14	0.66	0.02	0.66
新 疆	8.34	3.97	0.12	1.28	0.11	1.34

单位：亿元

投资收益（损失以“-”号记）	营业利润	利润总额	亏损企业亏损额	应交增值税	应交所得税	从业人员平均人数（万人）
-2.78	**1714.19**	**1716.90**	**69.92**	**656.07**	**308.62**	**157.81**
1.49	7.50	9.96	5.52	13.67	2.71	3.32
-1.63	-1.35	-1.35	5.16	6.96	0.78	1.51
-1.10	45.32	48.46	1.43	17.75	6.82	4.12
0.06	17.63	17.32	1.24	10.88	0.97	2.37
-12.67	31.98	25.79	1.19	8.26	2.51	3.04
-1.29	43.04	40.47	1.69	13.61	4.31	3.90
-0.17	25.26	21.54	1.19	12.11	2.27	4.01
-0.02	12.39	13.63	6.62	11.21	3.21	3.41
2.81	10.33	10.45	1.60	4.94	2.33	1.48
12.15	148.90	150.65	2.75	44.81	32.36	8.75
6.84	48.72	51.03	3.12	22.10	9.91	5.03
0.03	60.73	60.41	1.73	27.20	11.25	6.75
0.38	72.67	72.48	0.80	26.06	6.82	10.45
-1.38	23.21	23.67	1.44	11.13	4.20	3.02
6.81	115.71	118.06	2.88	49.41	19.07	12.04
-0.58	111.99	113.06	3.19	27.57	15.42	12.95
-11.61	118.42	119.09	1.25	44.45	20.02	10.85
0.51	33.13	30.67	1.69	19.55	3.61	5.83
1.87	72.83	73.81	8.45	45.88	17.22	8.66
-7.64	41.02	41.93	1.48	10.66	2.45	4.28
	0.95	1.09	0.23	0.86	0.30	0.47
0.06	15.75	15.89	0.20	9.03	1.64	2.17
0.73	299.08	299.85	5.36	124.22	67.23	22.18
0.48	258.86	257.22	0.40	57.24	59.50	5.52
0.02	26.10	27.13	0.88	5.53	2.67	4.08
	3.39	4.06		1.37	0.61	0.13
-0.49	45.96	44.83	2.59	18.63	4.69	3.59
	5.10	5.75	1.01	3.50	0.82	1.69
1.00	1.73	1.00	2.54	1.64	0.43	0.47
	3.28	3.58	1.08	1.34	0.56	0.43
0.55	14.59	15.36	1.19	4.50	1.90	1.29

3-24 烟草制品业

地区	工业销售产值（当年价格）	出口交货值	资产总计	固定资产合计	固定资产原价
全国	**8722.41**	**35.98**	**7979.59**	**1236.24**	**2296.41**
北京	46.96	1.16	35.76	14.29	23.33
天津	48.90		33.32	15.59	22.80
河北	174.28	0.02	110.13	29.85	54.44
山西	41.35		28.73	8.27	13.58
内蒙古	85.60		63.38	15.84	26.06
辽宁	75.27	0.13	50.23	24.39	30.90
吉林	126.70		124.30	26.97	45.87
黑龙江	114.16		90.18	12.43	28.56
上海	851.83	8.87	1123.01	47.68	103.79
江苏	480.22		485.01	52.53	104.83
浙江	379.45	2.93	346.84	48.76	94.91
安徽	319.15	0.33	269.37	62.19	104.11
福建	244.97	0.18	230.47	68.86	118.20
江西	156.10		137.29	16.70	37.48
山东	517.94	0.14	308.56	52.22	115.54
河南	449.99		349.01	87.22	112.07
湖北	503.55	1.34	417.90	32.55	81.79
湖南	778.30	2.96	695.62	80.77	180.95
广东	525.66	3.58	485.15	68.44	132.95
广西	188.65		148.66	47.46	55.88
海南	24.51		23.24	9.92	10.76
重庆	156.27		92.26	20.84	35.15
四川	254.46	0.03	142.22	48.99	79.40
贵州	343.29	0.04	248.26	56.19	104.85
云南	1463.26	13.71	1657.66	215.04	472.12
西藏					
陕西	195.74	0.55	145.01	34.43	65.74
甘肃	137.42		92.25	17.51	26.99
青海					
宁夏	0.22		0.28	0.03	0.06
新疆	38.21		45.48	20.29	13.32

主要经济指标

单位：亿元

累计折旧	流动资产合计	应收账款	存货	产成品	负债合计
1337.15	**5606.47**	**407.55**	**3376.74**	**215.92**	**2025.08**
9.04	19.97	2.22	11.30	0.13	9.12
7.46	15.58	2.24	3.22	0.42	33.32
27.09	79.03	12.74	50.98	2.34	30.65
5.66	20.18	1.98	3.70	0.97	3.30
10.22	45.34	13.56	12.17	2.16	17.70
12.04	25.81	2.80	19.39	1.36	48.46
20.26	92.39	15.80	62.63	1.33	61.94
148.85	55.89	6.42	24.58	1.39	17.08
56.11	862.54	18.63	227.01	17.28	146.18
53.97	375.32	10.31	145.51	3.63	54.45
46.22	242.98	16.92	173.01	7.22	61.48
48.59	190.60	7.17	150.83	5.14	79.10
52.79	141.10	5.22	124.84	3.67	75.14
20.89	102.93	19.16	56.81	3.92	30.67
64.55	189.20	11.72	136.66	3.54	92.12
66.96	260.73	8.68	177.02	6.81	108.44
49.63	329.11	31.20	253.85	25.93	203.20
102.92	505.56	18.86	341.41	18.60	141.61
65.35	355.75	21.11	238.40	13.00	155.14
30.83	101.01	29.39	49.24	2.39	24.02
2.51	12.14	3.42	1.82	0.58	7.69
21.32	68.15	14.57	38.66	4.24	45.89
33.81	87.17	1.29	83.89	4.68	70.61
51.81	171.39	13.36	124.41	6.82	69.34
274.75	1066.02	98.60	753.32	73.70	377.40
31.31	95.21	10.85	57.88	3.26	31.69
14.29	71.50	7.25	45.51	0.51	17.35
0.03	0.25		0.19	0.19	0.17
7.89	23.62	2.07	8.49	0.69	11.82

3-24 续表 1

地区	流动负债合计	应付账款	所有者权益合计	实收资本	国家资本
全国	**1988.58**	**852.41**	**5952.19**	**973.26**	**373.62**
北京	9.11	0.88	26.64	9.30	
天津	33.32	0.77			
河北	30.30	11.76	79.49	13.16	1.15
山西	3.30	2.49	25.43	6.13	
内蒙古	17.69	16.03	45.68	13.46	12.33
辽宁	47.85	8.43	1.77	1.66	1.62
吉林	61.93	20.51	62.36	18.59	0.68
黑龙江	16.88	9.92	73.10	16.16	15.08
上海	145.93	30.88	976.83	20.30	17.40
江苏	54.15	28.94	430.56	15.82	11.92
浙江	61.46	39.46	285.36	10.32	
安徽	76.71	24.96	190.27	38.48	1.04
福建	75.14	43.77	155.33	37.40	18.43
江西	30.67	12.75	106.62	21.71	21.07
山东	89.15	29.13	216.44	79.04	77.52
河南	107.82	40.25	240.57	60.50	3.19
湖北	202.58	63.69	214.70	23.29	0.13
湖南	141.58	36.46	554.01	46.97	43.92
广东	155.14	89.09	330.00	150.04	3.15
广西	23.73	14.47	124.65	51.71	47.45
海南	5.76	3.49	15.55	4.71	
重庆	34.44	14.97	46.37	11.65	8.20
四川	68.14	26.75	71.61	22.40	0.80
贵州	69.00	35.61	178.93	66.68	30.78
云南	366.94	217.17	1277.94	168.37	47.17
西藏					
陕西	31.69	14.65	113.31	26.27	8.50
甘肃	16.28	6.37	74.90	37.23	0.20
青海					
宁夏	0.16	0.02	0.11	0.02	0.02
新疆	11.72	8.73	33.66	1.87	1.87

单位：亿元

集体资本	法人资本	个人资本	港澳台资本	外商资本	主营业务收　入	主营业务成　本	主营业务税金及附加
2.29	**594.36**	**1.78**	**0.14**	**1.06**	**8308.08**	**2128.02**	**4425.20**
	9.30				46.94	16.54	23.30
					48.90	15.89	21.46
	12.02				164.02	55.66	78.14
	6.13				40.41	13.08	17.57
	1.13				82.04	24.66	42.12
0.03					74.74	23.04	38.88
0.01	17.91				124.24	36.13	56.35
	0.82	0.26			114.30	39.69	51.43
	2.90				849.54	91.31	534.18
	3.90				474.30	96.11	271.65
	9.82	0.36	0.14		377.10	71.59	236.77
0.82	36.62				318.63	94.50	161.45
	18.97				236.66	69.61	129.73
				0.64	155.65	47.60	68.97
0.15	1.34	0.03			322.85	107.83	145.26
0.27	56.52	0.10		0.42	448.38	131.05	202.34
	23.15				489.63	108.21	279.26
0.16	2.89				778.67	153.42	459.60
0.40	145.49	1.00			399.51	128.84	192.91
	4.25				188.65	57.37	93.89
	4.71				24.51	8.99	11.14
0.15	3.31				145.54	49.88	73.81
0.01	21.60				255.61	82.56	142.60
	35.90				339.47	93.84	171.94
0.30	120.87	0.03			1438.12	396.28	734.27
	17.77				193.74	64.48	89.37
	37.03				137.48	36.75	79.89
					0.23	0.12	
					38.21	12.99	16.92

3-24 续表 2

地　区	销售费用	管理费用	税金	财务费用	利息收入	利息支出
全　国	**154.20**	**445.15**	**17.45**	**-11.40**	**23.74**	**12.42**
北　京	1.29	3.00	0.11	0.14	0.06	0.20
天　津	0.71	2.99	0.13	-0.10	0.10	
河　北	1.14	11.31	0.24	-0.01	0.01	
山　西	0.42	2.51	0.08	-0.22	0.22	
内蒙古	0.84	4.79	0.21	-0.25	0.25	
辽　宁	0.90	7.60	0.31	-0.25	0.03	
吉　林	3.20	9.29	0.36	1.21	0.02	1.17
黑龙江	1.26	7.32	0.19	-0.09	0.16	0.06
上　海	5.12	34.71	0.84	-9.05	9.05	
江　苏	5.69	17.46	0.56	-5.46	5.46	
浙　江	11.73	16.97	0.60	-0.55	0.71	0.12
安　徽	6.98	19.35	0.63	0.34	0.45	0.76
福　建	2.00	12.49	0.55	0.84	0.11	0.95
江　西	2.52	8.86	0.30	0.27	0.21	0.53
山　东	9.66	21.35	0.62	0.28	0.12	0.41
河　南	11.24	25.69	0.76	0.02	0.56	0.57
湖　北	16.08	24.45	0.49	3.15	0.26	3.51
湖　南	11.66	43.55	1.41	-1.52	0.02	-1.55
广　东	11.19	25.28	0.91	1.12	0.19	1.30
广　西	3.34	9.14	0.31	-0.64	0.65	0.01
海　南	0.15	1.29	0.05	0.08	0.01	0.09
重　庆	0.29	8.13	0.27	0.96	0.09	1.05
四　川	0.31	12.37	0.48	0.73	0.01	0.73
贵　州	6.77	21.49	0.67	-0.39	0.50	0.09
云　南	34.12	77.22	5.52	-2.15	4.20	2.01
西　藏						
陕　西	3.46	11.21	0.52	0.03	0.19	0.21
甘　肃	1.68	3.40	0.27	0.16	0.02	0.18
青　海						
宁　夏	0.01	0.05				
新　疆	0.46	1.87	0.07	-0.07	0.07	

单位：亿元

投资收益（损失以“-”号记）	营业利润	利润总额	亏损企业亏损额	应交增值税	应交所得税	从业人员平均人数（万人）
55.29	**1230.09**	**1222.61**	**0.33**	**1031.00**	**298.47**	**19.86**
0.02	3.17	3.16		5.53	0.79	0.09
	7.89	7.89		5.67	1.98	0.10
	17.84	17.78		18.68	4.68	0.59
	7.06	7.01		4.84	1.75	0.10
	9.87	9.74		9.51	2.52	0.29
	4.76	4.81		8.23	1.35	0.22
0.10	16.92	16.29		13.04	4.09	0.40
0.02	14.79	15.01		12.65	3.53	0.59
18.04	212.03	211.85		153.39	48.62	0.41
0.86	89.93	90.93		62.38	22.74	0.62
3.39	43.85	41.89		48.26	9.60	0.13
0.06	35.84	35.36	0.08	33.98	9.19	1.10
0.53	23.60	23.13		25.98	6.76	0.48
	27.57	27.51		17.56	4.33	0.53
-0.12	39.23	38.51	0.22	33.78	9.00	1.32
0.54	78.92	78.29		50.48	19.69	2.01
5.45	57.25	56.03		60.59	12.56	0.81
5.62	116.26	118.52		99.50	28.60	1.56
2.80	48.95	45.65		41.49	12.00	0.82
0.91	27.56	27.12		22.74	7.19	0.33
	2.85	3.26		2.54	0.82	0.06
0.04	12.51	12.38		16.84	3.42	0.42
0.21	17.40	17.34	0.01	27.57	4.75	0.53
0.13	46.17	45.08		40.65	12.25	1.06
16.53	220.72	221.52		172.12	54.61	3.84
0.15	25.33	24.93		22.99	6.24	1.00
0.01	15.66	15.48	0.02	15.79	3.87	0.33
	0.04	0.04		0.02		
	6.11	6.09		4.18	1.52	0.10

3-25 纺织业

地区	工业销售产值（当年价格）	出口交货值	资产总计	固定资产合计	固定资产原价
全国	**35446.74**	**3922.84**	**22350.05**	**7934.12**	**12770.92**
北京	34.15	5.83	61.91	12.04	19.36
天津	89.81	18.18	131.51	51.88	77.12
河北	1572.27	78.77	645.73	312.22	395.41
山西	41.98	7.39	63.63	15.66	24.97
内蒙古	435.44	32.18	353.74	76.20	118.23
辽宁	485.06	35.59	228.98	95.41	148.74
吉林	128.84	5.34	82.93	51.36	192.99
黑龙江	81.40	3.38	58.58	20.36	31.22
上海	233.11	49.10	260.84	45.64	99.16
江苏	6336.52	798.43	4186.92	1391.35	2396.71
浙江	5684.13	1189.14	5241.82	1344.95	2164.26
安徽	818.16	114.52	526.75	189.24	300.28
福建	1786.31	121.59	1195.90	399.85	576.95
江西	744.36	38.19	279.73	139.68	207.73
山东	8179.46	618.07	3689.38	1674.40	2527.64
河南	2204.95	29.76	1529.62	680.60	914.24
湖北	1881.02	125.75	823.32	367.20	844.69
湖南	566.17	19.34	268.48	115.84	168.82
广东	2392.25	549.85	1343.32	467.48	906.84
广西	204.10	2.89	120.94	36.93	44.70
海南	2.67	1.59	11.84	1.47	4.05
重庆	183.80	24.00	83.44	40.81	46.52
四川	826.17	18.69	421.86	176.71	284.28
贵州	10.56		9.48	2.60	1.95
云南	18.30	4.49	43.02	7.80	10.55
西藏	0.72		1.54	0.25	0.32
陕西	193.05	7.41	120.97	50.93	75.08
甘肃	23.53	0.60	24.18	7.32	10.57
青海	28.80	0.64	22.92	9.78	12.49
宁夏	140.89	18.29	263.10	45.50	34.77
新疆	118.76	3.86	253.69	102.66	130.30

主要经济指标

单位：亿元

累计折旧	流动资产合计	应收账款	存货	产成品	负债合计
5563.38	**11815.85**	**2362.75**	**3466.14**	**1463.95**	**12406.29**
7.17	38.99	7.91	8.75	5.71	33.41
23.19	69.54	7.59	27.92	17.51	83.17
110.95	279.92	46.49	105.05	49.46	284.31
10.51	40.20	5.99	9.56	3.68	47.88
62.06	141.53	39.83	40.12	12.50	210.95
65.63	100.23	21.29	25.29	11.76	109.12
144.05	29.13	9.32	6.45	2.81	45.88
14.03	29.51	6.24	13.30	7.13	28.56
54.58	159.77	48.80	46.57	19.43	109.87
1048.03	2371.30	564.89	689.07	304.73	2522.43
916.82	3270.06	749.57	763.27	367.60	3356.04
128.70	232.79	55.43	81.46	35.30	276.50
212.00	637.92	136.40	170.23	81.08	596.99
82.37	115.93	27.47	41.25	24.40	138.45
1079.29	1665.12	192.61	538.68	164.94	1886.16
310.31	689.27	69.92	152.67	55.87	621.67
501.46	388.91	66.55	134.40	64.52	400.15
59.69	111.68	18.70	52.65	27.81	150.12
474.25	748.74	176.33	269.08	77.99	707.21
10.83	70.27	10.66	31.83	11.54	110.17
2.58	4.63	0.22	0.36	0.13	3.51
19.60	39.44	6.48	11.25	5.86	33.41
127.86	173.46	29.55	55.06	26.26	198.92
0.31	5.90	1.02	1.26	0.76	5.61
4.21	19.92	4.07	7.26	3.46	26.45
0.07	1.28	0.15	0.29	0.01	0.93
29.91	54.11	6.09	26.58	11.26	68.78
5.04	14.12	4.32	5.09	1.58	12.41
3.23	12.28	1.88	4.19	2.22	12.82
8.74	185.60	29.89	99.07	47.23	155.11
45.92	114.29	17.11	48.14	19.40	169.31

3-25 续表 1

地区	流动负债合计	应付账款	所有者权益合计	实收资本	国家资本
全国	**10295.62**	**1749.89**	**9859.74**	**4630.77**	**98.43**
北京	25.73	8.86	28.49	23.26	1.60
天津	69.29	6.78	48.31	32.03	19.99
河北	227.46	38.48	352.57	173.98	1.98
山西	44.60	3.98	15.62	11.18	0.77
内蒙古	139.19	30.48	140.23	31.38	0.73
辽宁	86.23	25.56	117.39	51.56	0.42
吉林	22.81	8.32	36.40	7.45	0.01
黑龙江	23.66	6.11	29.85	9.13	
上海	98.59	36.88	151.03	73.93	0.08
江苏	2284.72	395.33	1660.26	846.78	11.95
浙江	3082.65	425.72	1866.28	929.69	2.60
安徽	212.25	44.64	247.20	101.92	5.72
福建	501.94	86.56	589.36	336.26	0.84
江西	107.00	21.71	136.85	61.29	1.04
山东	1295.53	204.22	1776.36	492.89	9.36
河南	476.70	54.98	902.87	542.84	8.60
湖北	311.67	53.88	417.00	185.05	5.59
湖南	120.79	19.77	117.22	54.42	4.22
广东	596.25	174.42	622.05	404.98	2.84
广西	65.04	10.40	45.96	26.83	1.05
海南	0.96	0.34	8.33	5.41	0.03
重庆	19.77	5.78	49.20	14.47	0.90
四川	136.82	24.09	215.95	58.85	2.05
贵州	5.00	1.47	3.79	1.34	0.12
云南	19.43	1.89	16.58	7.36	0.51
西藏	0.25	0.05	0.60	0.64	
陕西	56.15	7.50	51.85	34.04	6.10
甘肃	9.29	1.94	11.46	6.35	0.26
青海	8.78	0.63	10.10	3.51	
宁夏	135.37	14.67	107.24	36.46	0.05
新疆	111.71	34.47	83.34	65.50	9.02

单位：亿元

集体资本	法人资本	个人资本	港澳台资本	外商资本	主营业务收入	主营业务成本	主营业务税金及附加
54.85	**1355.82**	**1954.66**	**645.49**	**505.36**	**36076.62**	**31788.31**	**177.91**
0.08	19.34	1.24	0.08	0.92	46.92	40.97	0.17
0.15	1.96	4.03	0.08	5.83	102.45	87.56	0.53
0.62	45.93	120.57	1.77	3.10	1622.21	1431.21	6.71
0.12	2.94	7.28	0.06		41.69	37.74	0.07
0.70	16.68	7.22	0.40	5.53	432.35	329.16	1.16
4.04	12.86	24.83	0.36	9.04	491.94	429.07	4.25
0.11	1.92	4.19	0.40	0.78	119.24	104.33	0.63
	3.07	4.25	1.54	0.27	78.87	70.35	0.19
0.65	23.44	16.14	14.67	18.97	243.70	205.02	0.60
10.75	212.94	329.49	114.27	167.38	6404.39	5715.23	28.43
5.36	274.93	371.14	174.42	101.23	5716.89	5055.99	25.95
0.57	41.93	40.19	5.54	7.96	828.53	731.43	3.78
2.88	61.56	146.99	91.49	32.52	1780.57	1570.60	5.94
0.50	20.51	33.02	4.19	2.04	811.83	711.97	3.31
13.48	204.96	188.39	19.87	50.83	8485.39	7548.98	41.88
2.87	99.13	426.29	1.55	4.18	2276.26	1982.26	13.07
2.29	82.27	82.88	10.67	1.22	1885.96	1625.95	15.78
1.59	28.23	18.15	2.24		562.27	479.99	5.39
1.62	69.52	46.71	186.49	88.38	2375.58	2079.56	9.90
0.46	13.26	6.26	5.55	0.04	198.82	174.56	0.86
	5.38				2.59	2.13	
0.01	6.14	6.18		1.24	187.09	162.50	1.02
1.48	25.92	28.32	0.92	0.10	826.31	725.04	6.12
0.05	0.01	1.16			8.89	8.22	0.01
0.04	4.36	2.31		0.14	21.18	17.88	0.25
	0.21	0.43			0.63	0.51	
0.34	17.04	8.75	0.86	0.95	189.03	158.53	1.24
0.18	2.88	3.04			22.26	20.08	0.10
	2.03	1.48			22.60	20.87	0.01
	19.78	16.02		0.62	157.09	133.54	0.14
3.91	34.68	7.72	8.06	2.10	133.07	127.08	0.42

3-25 续表 2

地　区	销售费用	管理费用	税金	财务费用	利息收入	利息支出
全　国	**506.27**	**946.58**	**63.45**	**494.15**	**40.79**	**464.18**
北　京	1.01	3.62	0.12	0.67	0.05	0.63
天　津	2.21	4.70	0.31	1.42	0.19	1.72
河　北	21.11	28.34	2.21	11.45	0.16	9.90
山　西	0.61	1.19	0.08	1.35	0.05	1.03
内蒙古	9.16	11.97	0.66	7.63	1.31	8.56
辽　宁	7.33	13.36	3.03	3.15	0.19	2.36
吉　林	2.47	9.21	0.98	0.76		0.69
黑龙江	1.30	2.40	0.11	0.65		0.57
上　海	10.43	16.30	0.09	1.73	0.51	1.71
江　苏	86.26	174.85	8.83	82.52	6.16	75.30
浙　江	68.60	180.69	10.37	125.66	15.94	129.09
安　徽	12.71	21.63	2.23	9.15	0.24	8.13
福　建	24.65	57.08	3.29	25.19	1.15	21.93
江　西	8.10	12.67	1.15	4.67	0.08	3.97
山　东	80.26	132.01	13.40	119.65	9.80	118.36
河　南	38.37	36.85	2.18	21.72	1.13	20.18
湖　北	45.84	79.28	4.45	29.77	0.40	18.63
湖　南	16.43	28.55	2.57	7.17	0.19	4.95
广　东	43.23	79.23	3.67	13.08	1.92	11.37
广　西	2.07	10.03	0.94	2.21	0.07	2.12
海　南	0.15	0.38	0.02	0.09	0.15	0.23
重　庆	2.44	3.39	0.37	1.40	0.09	1.36
四　川	14.15	22.73	1.47	9.45	0.28	8.39
贵　州	0.08	0.31	0.01	0.09		0.05
云　南	0.16	1.13	0.08	1.00	0.02	0.97
西　藏	0.06	0.05				
陕　西	1.98	4.32	0.38	2.46	0.09	2.33
甘　肃	0.58	1.02	0.02	0.21	0.01	0.18
青　海	0.28	0.87	0.06	0.95		0.30
宁　夏	1.17	3.48	0.26	6.48	0.57	6.71
新　疆	3.07	4.95	0.10	2.38	0.05	2.44

单位：亿元

投资收益（损失以"-"号记）	营业利润	利润总额	亏损企业亏损额	应交增值税	应交所得税	从业人员平均人数（万人）
-12.62	**2150.21**	**2155.63**	**92.82**	**947.13**	**288.54**	**486.34**
0.24	1.04	1.22	0.53	0.64	0.32	0.59
0.09	6.15	6.50	0.48	3.66	1.17	1.76
-4.31	121.42	118.16	4.53	32.17	8.21	20.72
0.63	0.58	0.59	0.69	1.17	0.25	0.97
3.64	63.43	54.00	0.66	9.38	6.89	2.62
-2.23	37.99	35.51	1.53	14.93	2.96	5.44
0.01	3.58	3.77	0.22	1.16	0.27	2.99
	3.71	3.79	0.45	2.13	0.30	3.19
1.58	11.44	12.52	2.59	5.61	1.78	4.28
2.40	328.98	326.96	18.39	197.61	62.14	89.58
11.87	272.64	276.80	12.90	149.27	37.55	79.06
3.98	51.53	56.35	1.74	17.84	6.25	13.96
-4.92	113.28	114.40	2.26	35.06	6.43	22.33
1.04	60.98	60.27	1.09	24.76	3.14	9.79
-15.16	524.84	531.81	8.35	229.29	84.59	81.06
-6.63	162.40	163.55	14.61	44.41	21.67	33.51
-2.94	110.68	111.90	3.80	52.27	10.95	29.03
-0.13	25.76	23.09	2.13	20.83	2.53	9.49
1.49	139.69	140.31	5.88	51.50	23.25	43.76
-0.01	10.53	10.45	1.22	5.06	0.09	4.76
	-0.11	-0.08	0.09	0.01		0.07
-0.04	13.10	12.72	0.50	11.03	1.21	2.57
2.12	51.63	49.01	1.49	25.56	4.26	12.93
	0.26	0.52	0.27	0.11	0.01	0.25
0.10	0.96	0.94	0.42	0.54	0.35	0.70
	0.01	0.01				0.01
0.09	19.83	21.44	1.38	6.94	0.77	5.48
-0.01	0.26	0.32	0.43	0.20	0.04	0.62
-4.42	0.79	0.87	0.10	0.02		0.28
	15.08	16.74	0.02	1.32	0.94	0.97
0.12	-2.26	1.18	4.08	2.66	0.21	3.56

3-26 纺织服装、服饰业

地区	工业销售产值(当年价格)	出口交货值	资产总计	固定资产合计	固定资产原价
全国	**19382.34**	**4728.30**	**11181.59**	**3105.79**	**5065.05**
北京	136.65	30.06	171.06	21.49	37.97
天津	314.00	71.93	193.03	19.58	31.84
河北	383.24	57.15	162.28	62.99	85.49
山西	19.06		17.29	4.62	7.37
内蒙古	76.58	6.51	50.59	10.28	30.38
辽宁	860.59	206.64	274.60	109.02	181.02
吉林	96.47	29.37	44.48	11.74	132.85
黑龙江	29.25	0.30	15.23	5.89	13.40
上海	425.87	144.96	408.56	60.47	119.47
江苏	3742.18	919.88	2229.63	609.55	943.48
浙江	2291.85	993.77	2216.98	443.12	657.25
安徽	719.07	115.80	287.57	102.20	139.47
福建	1506.88	463.60	1037.53	249.32	360.33
江西	979.63	150.13	284.96	120.84	243.37
山东	2107.94	485.01	895.64	379.18	641.76
河南	757.34	22.69	437.12	216.30	260.51
湖北	809.71	89.61	396.74	126.10	262.59
湖南	263.15	9.80	98.40	47.96	57.07
广东	3387.28	905.80	1701.43	419.85	743.95
广西	99.63	8.14	46.99	11.92	15.54
海南	0.25		0.19	0.05	0.06
重庆	93.61	10.52	47.18	15.70	19.74
四川	186.05	3.32	88.81	36.88	47.59
贵州	11.58	0.20	7.12	2.40	3.13
云南	7.39	0.79	12.13	2.28	2.43
西藏					
陕西	44.39	0.06	27.17	7.48	15.47
甘肃	6.40		3.05	0.91	0.81
青海	20.80	0.93	12.88	5.71	7.90
宁夏	1.46	0.10	6.69	0.75	1.24
新疆	4.03	1.23	6.25	1.20	1.57

主要经济指标

单位：亿元

累计折旧	流动资产合计	应收账款	存货	产成品	负债合计
2215.71	**6788.75**	**1616.29**	**1874.99**	**919.18**	**5552.87**
17.31	130.03	23.68	61.80	36.04	106.51
12.65	169.42	19.12	58.68	52.80	47.01
26.52	86.48	20.16	25.19	12.63	76.58
2.77	9.35	2.32	3.33	1.87	8.37
20.94	35.48	5.45	18.91	8.61	30.76
79.65	137.85	20.65	37.83	21.79	116.11
122.94	28.14	4.22	11.36	7.80	25.96
7.58	5.84	1.67	1.32	0.18	4.15
60.51	300.34	90.26	97.69	65.51	227.98
394.15	1265.06	285.84	351.80	158.02	1229.41
250.70	1458.20	346.39	345.63	160.66	1266.56
45.87	151.74	48.12	38.49	16.53	146.96
122.28	693.76	207.84	160.94	85.81	407.85
131.90	137.54	36.39	39.65	26.29	105.23
290.43	429.46	100.80	121.10	47.94	409.09
59.64	175.41	25.95	28.02	10.42	126.54
145.05	234.39	38.73	50.32	26.62	184.66
13.96	40.88	11.20	8.62	4.84	36.89
373.32	1151.98	285.19	368.54	149.82	874.74
5.57	30.90	12.09	8.53	5.95	27.81
0.02	0.14	0.12	0.01		0.14
5.26	27.90	7.60	12.35	8.00	21.07
13.01	41.45	10.03	9.89	5.66	31.01
1.00	4.12	0.62	1.03	0.50	2.67
0.67	8.68	1.05	1.40	1.07	7.46
8.31	16.54	3.82	7.82	1.29	13.17
0.17	1.70	0.39	0.48	0.40	1.52
2.27	5.94	2.52	1.25	0.35	6.87
0.49	5.88	3.36	1.69	1.08	4.91
0.76	4.15	0.70	1.33	0.69	4.86

3-26 续表 1

地区	流动负债合计	应付账款	所有者权益合计	实收资本	国家资本
全国	**4736.14**	**1260.54**	**5558.47**	**2370.62**	**22.20**
北京	98.84	31.99	64.55	32.19	0.45
天津	44.00	11.22	145.81	21.86	0.03
河北	64.66	20.20	84.63	35.53	1.13
山西	7.97	2.17	8.91	3.22	0.42
内蒙古	23.59	8.64	19.00	10.94	0.58
辽宁	91.14	17.09	156.79	55.50	0.50
吉林	16.90	5.88	18.50	8.48	
黑龙江	3.73	0.43	11.07	2.28	0.02
上海	198.22	77.43	179.98	102.36	0.43
江苏	1051.38	268.39	997.63	404.88	4.85
浙江	1176.32	265.50	943.12	412.61	1.23
安徽	121.14	29.95	137.18	64.97	0.49
福建	334.78	90.14	619.72	217.14	1.98
江西	85.48	24.84	170.52	69.26	0.69
山东	303.63	81.89	478.63	189.27	1.20
河南	89.20	14.06	300.65	135.97	0.26
湖北	154.54	30.59	211.32	125.00	0.73
湖南	25.23	4.45	60.87	25.74	0.09
广东	747.71	251.25	815.26	404.52	0.86
广西	25.56	5.04	18.16	7.26	0.10
海南	0.14	0.05	0.05	0.05	
重庆	17.62	4.18	25.70	6.80	0.14
四川	21.56	6.42	57.00	19.39	4.03
贵州	1.51	0.51	4.46	3.41	0.25
云南	6.32	0.94	4.66	2.57	0.25
西藏					
陕西	9.24	3.57	13.92	4.53	0.22
甘肃	1.30	0.56	1.42	0.73	
青海	5.71	0.45	5.78	2.45	0.72
宁夏	4.70	2.27	1.76	0.11	0.08
新疆	4.04	0.44	1.39	1.61	0.48

单位：亿元

集体资本	法人资本	个人资本	港澳台资本	外商资本	主营业务收入	主营业务成本	主营业务税金及附加
22.60	**779.39**	**748.49**	**471.51**	**318.75**	**19454.61**	**16419.39**	**118.93**
1.22	13.60	9.73	2.77	4.42	156.23	106.61	0.92
0.08	1.91	7.72	10.55	1.58	313.29	217.88	0.96
0.40	11.92	21.16	0.26	0.66	396.06	350.07	1.60
0.21	1.33	1.26			15.91	13.15	0.05
0.05	4.71	5.09	0.10	0.40	75.88	61.14	0.21
2.06	20.13	22.82	2.53	7.47	831.60	711.31	5.06
0.06	3.14	2.54		2.74	95.09	86.69	0.25
0.86	0.50	0.88		0.02	29.19	25.14	0.05
3.62	27.80	12.22	12.55	45.74	440.26	358.71	1.05
2.93	126.72	165.71	44.42	60.26	3839.06	3279.69	23.59
2.08	120.80	124.93	102.02	61.54	2273.50	1906.90	13.12
1.26	22.22	29.49	6.70	4.80	718.04	617.32	5.10
1.44	53.77	46.35	84.33	29.27	1499.38	1244.34	9.00
0.32	27.80	26.67	10.75	2.91	1034.41	887.51	4.56
2.85	89.29	53.98	8.58	33.36	2095.87	1784.18	16.03
0.56	61.23	69.97	1.56	1.62	765.42	654.20	5.14
0.77	78.56	37.36	5.75	1.32	789.53	678.68	6.99
0.11	9.44	14.14	1.67	0.30	259.47	212.88	3.10
1.57	87.57	75.97	172.89	59.53	3352.80	2840.33	18.29
0.09	2.31	2.90	1.42	0.45	99.55	75.31	0.88
	0.04	0.02			0.20	0.16	
	2.56	2.61	1.32	0.17	94.97	74.98	1.17
0.06	5.57	8.48	0.96	0.19	181.68	152.00	1.18
	2.10	0.69	0.37		10.63	9.27	0.04
	0.13	2.20			7.33	5.83	0.06
	1.54	2.77			48.85	39.25	0.44
0.02	0.56	0.15			6.71	5.55	0.03
	1.23	0.50			17.71	15.49	0.05
		0.01		0.03	1.46	1.11	0.01
	0.94	0.19			4.52	3.69	0.02

3-26 续表 2

地 区	销售费用	管理费用	税金	财务费用	利息收入	利息支出
全 国	**661.80**	**833.61**	**39.54**	**161.74**	**21.09**	**138.82**
北 京	23.24	15.09	0.24	1.26	0.11	1.24
天 津	67.27	12.42	0.96	0.53	0.82	1.05
河 北	7.28	8.23	0.35	2.59	0.13	2.03
山 西	0.35	1.15	0.03	0.21	0.01	0.22
内蒙古	2.59	4.13	0.22	0.60	0.01	0.42
辽 宁	19.26	32.60	2.62	5.28	0.12	2.49
吉 林	2.39	2.86	0.14	0.49		0.42
黑龙江	0.31	0.46	0.01	0.08		0.07
上 海	39.53	36.35	0.35	4.28	0.59	3.57
江 苏	104.95	145.69	5.14	34.71	4.86	32.23
浙 江	85.94	124.34	5.14	36.88	8.29	38.92
安 徽	15.48	25.46	1.98	4.02	0.27	3.33
福 建	54.33	59.27	3.67	10.19	2.58	9.82
江 西	24.32	27.83	1.51	5.36	0.12	3.21
山 东	47.76	84.73	5.94	15.63	0.64	11.06
河 南	14.34	16.07	0.75	6.36	0.04	5.39
湖 北	25.50	32.90	2.97	7.81	0.64	6.19
湖 南	10.31	19.58	1.25	2.64	0.02	2.14
广 东	99.09	155.22	4.74	18.26	1.72	12.10
广 西	1.70	12.29	0.95	0.52	0.02	0.43
海 南	0.03	0.02				
重 庆	5.89	4.25	0.24	1.21	0.02	0.58
四 川	7.19	7.85	0.20	1.53	0.03	1.07
贵 州	0.23	0.60	0.01	0.03	0.01	0.03
云 南	0.21	0.68	0.01	0.20	0.01	0.21
西 藏						
陕 西	1.47	1.67	0.01	0.73	0.01	0.44
甘 肃	0.31	0.37	0.01	0.03		0.03
青 海	0.23	0.82	0.08	0.16		0.05
宁 夏	0.14	0.14	0.01	0.03		0.02
新 疆	0.14	0.53	0.01	0.11		0.04

单位：亿元

投资收益（损失以“-”号记）	营业利润	利润总额	亏损企业亏损额	应交增值税	应交所得税	从业人员平均人数（万人）
38.90	**1272.20**	**1272.73**	**49.00**	**581.02**	**185.53**	**455.14**
0.46	10.00	10.50	2.27	7.70	2.06	4.92
24.52	38.18	42.24	0.50	16.13	2.64	11.07
-0.83	27.17	27.08	0.33	6.68	2.36	6.63
	1.05	1.77		0.39	0.32	0.49
-1.09	4.94	2.93	0.18	0.90	0.38	1.34
-0.56	55.38	53.52	1.27	18.62	3.07	13.93
0.02	1.55	3.12	0.09	0.71	0.11	1.35
	3.13	3.06		0.49	0.04	0.30
4.06	7.10	8.66	9.76	10.37	3.07	12.06
4.05	260.51	257.94	8.09	134.75	47.75	75.97
10.18	121.20	124.31	11.00	77.50	23.91	61.03
-0.08	43.13	41.69	0.82	16.62	3.77	20.93
-0.42	129.77	130.12	1.04	49.05	17.62	39.30
-0.43	72.87	70.16	0.49	32.60	7.01	17.40
-0.16	139.00	138.44	3.14	61.24	20.72	37.76
-0.23	63.46	63.04	0.85	17.07	7.55	16.85
-0.38	50.03	49.92	0.83	21.46	4.96	16.66
-0.20	17.93	17.26	0.19	11.91	1.31	5.48
0.89	187.14	186.84	7.36	82.42	33.69	100.92
	8.56	7.99	0.17	3.07	0.39	2.64
				0.02		0.02
0.44	8.14	9.29	0.20	2.55	0.91	2.48
	14.32	14.27	0.27	6.23	1.36	3.12
	0.53	0.60	0.01	0.10		0.27
0.01	0.44	0.47	0.07	0.13	0.09	0.34
-0.13	5.05	5.67	0.05	1.40	0.28	0.91
	0.42	0.43	0.01	0.31	0.09	0.28
-1.22	0.95	0.97		0.45	0.02	0.40
	0.02	0.03		0.07		0.12
	0.24	0.40		0.09	0.04	0.20

3-27 皮革、毛皮、羽毛及其

地　区	工业销售产值（当年价格）	出口交货值	资产总计	固定资产合计	固定资产原价
全　国	**12526.52**	**3129.20**	**6852.86**	**1757.38**	**2701.53**
北　京	12.15	2.57	9.59	0.98	1.71
天　津	53.48	34.36	30.66	5.44	9.15
河　北	1140.44	62.74	282.50	130.41	151.03
山　西	6.97		1.30	0.22	0.33
内蒙古	22.77	1.50	8.46	3.19	3.16
辽　宁	267.25	16.28	89.42	38.48	59.96
吉　林	20.31	1.77	5.90	3.24	23.18
黑龙江	53.39		12.91	1.44	2.75
上　海	183.09	47.40	190.83	17.74	31.50
江　苏	803.89	201.07	318.50	81.40	153.94
浙　江	1468.21	575.37	1105.51	215.00	298.64
安　徽	325.00	53.01	185.37	51.06	62.38
福　建	2618.12	847.58	1468.65	305.49	479.02
江　西	409.16	120.45	137.97	75.52	105.86
山　东	946.64	122.64	347.42	124.79	236.45
河　南	1090.52	52.24	1157.62	338.67	288.04
湖　北	125.51	39.32	63.49	26.44	42.56
湖　南	341.24	39.24	99.45	52.39	67.60
广　东	2013.82	816.77	1058.88	210.24	475.96
广　西	120.33	42.95	44.27	13.11	18.74
海　南	0.95		0.41	0.07	0.09
重　庆	143.78	6.01	35.13	9.91	105.11
四　川	275.16	42.81	127.71	39.77	71.22
贵　州	24.30		13.10	4.22	4.43
云　南	5.26	1.38	4.78	2.57	0.74
西　藏					
陕　西	10.99		7.34	0.80	0.96
甘　肃	25.64	0.02	32.17	1.39	3.21
青　海					
宁　夏	11.08	1.70	7.95	2.58	2.66
新　疆	7.08		5.56	0.81	1.12

制品和制鞋业主要经济指标

单位：亿元

累计折旧	流动资产合计	应收账款	存货	产成品	负债合计
1152.91	**4392.20**	**1085.12**	**993.91**	**350.86**	**3098.76**
0.73	7.77	1.51	3.93	1.56	5.51
3.90	21.19	4.48	7.83	1.54	22.20
23.80	106.22	18.55	31.91	13.56	94.32
0.10	0.86	0.26	0.29	0.16	0.04
0.68	3.77	1.22	0.88	0.38	2.59
24.38	43.85	9.07	17.49	9.91	29.42
19.96	2.58	0.54	0.72	0.47	3.03
1.31	11.00	4.62	3.18	0.85	7.19
15.20	166.14	27.46	29.29	7.93	64.48
73.13	200.70	50.97	54.99	17.30	170.95
105.89	771.82	211.57	188.58	65.00	703.43
20.03	108.27	36.32	29.16	12.24	87.81
187.91	951.17	336.52	186.68	75.32	681.49
37.87	52.01	15.52	12.32	6.57	47.15
124.75	187.48	33.67	61.02	22.08	169.02
56.66	777.01	20.96	55.82	23.03	202.76
20.58	28.82	5.75	10.42	5.68	34.85
17.74	33.83	8.04	11.11	5.33	39.70
274.76	755.63	259.11	225.85	61.49	569.74
6.03	23.23	8.40	7.82	3.89	23.15
0.04	0.27	0.03	0.10	0.10	0.22
95.21	20.97	6.18	6.07	4.16	16.19
37.61	65.56	16.38	21.00	6.80	79.78
1.35	8.21	0.75	2.63	1.51	7.54
0.25	1.80	0.20	1.27	0.95	2.44
0.40	4.64	0.48	1.17	0.65	4.08
1.82	27.96	3.65	18.51	0.95	22.05
0.36	4.76	1.43	1.75	1.05	3.46
0.44	4.65	1.49	2.12	0.39	4.18

3-27 续表 1

地　区	流动负债合计	应付账款	所有者权益合计	实收资本	国家资本
全　国	**2631.88**	**706.27**	**3690.53**	**1852.26**	**4.54**
北　京	5.39	1.24	4.08	1.34	0.06
天　津	20.67	5.64	8.45	5.55	0.08
河　北	81.01	8.97	185.10	33.59	1.24
山　西	0.04	0.04	1.26	0.36	
内蒙古	1.93	0.29	5.87	2.49	
辽　宁	21.59	6.78	59.22	23.35	0.10
吉　林	2.62	0.33	2.85	0.54	
黑龙江	5.39	1.81	5.42	0.66	
上　海	62.01	19.46	124.34	22.34	0.03
江　苏	156.67	33.57	146.55	82.10	0.10
浙　江	683.54	130.44	398.83	201.91	
安　徽	70.44	17.19	95.93	31.76	0.08
福　建	589.00	162.80	775.91	291.65	0.42
江　西	34.22	11.36	87.65	45.49	
山　东	130.74	29.16	173.36	68.78	0.44
河　南	97.61	15.77	937.31	682.29	
湖　北	26.87	6.49	27.82	20.98	
湖　南	24.12	6.42	59.53	31.90	0.70
广　东	513.24	218.80	482.40	267.55	0.35
广　西	15.82	5.74	20.36	8.81	
海　南	0.22	0.13	0.18	0.14	
重　庆	11.11	2.63	18.40	3.73	
四　川	58.18	16.36	47.65	18.00	0.10
贵　州	3.64	0.69	6.82	1.71	
云　南	1.61	0.31	2.34	0.26	
西　藏					
陕　西	3.03	0.37	3.24	1.64	
甘　肃	4.53	1.68	3.90	1.31	0.83
青　海					
宁　夏	2.86	0.66	4.38	1.35	
新　疆	3.76	1.13	1.38	0.66	

单位：亿元

集体资本	法人资本	个人资本	港澳台资本	外商资本	主营业务收入	主营业务成本	主营业务税金及附加
18.22	**330.03**	**956.68**	**294.21**	**244.43**	**12643.39**	**10785.57**	**71.94**
0.02	0.44	0.50	0.01	0.32	13.56	11.71	0.04
0.04	0.36	2.97	0.44	1.66	54.45	46.02	0.32
0.26	12.10	18.73	0.82	0.45	1145.70	941.99	4.65
		0.36			6.97	6.76	0.06
	0.44	1.79		0.26	22.76	15.04	0.10
0.02	6.05	12.64	0.40	4.14	264.95	219.62	1.01
	0.14	0.30	0.03	0.07	20.58	17.98	0.09
	0.09	0.17		0.40	57.13	51.51	0.25
0.82	5.34	2.79	4.96	8.41	184.54	154.17	0.73
0.65	15.07	30.71	14.54	21.02	804.91	703.67	4.45
1.88	45.68	108.03	21.03	25.29	1460.74	1259.84	7.29
0.25	10.74	14.85	2.52	3.32	323.57	281.90	1.24
6.12	76.84	56.70	100.40	51.14	2651.81	2209.93	18.25
0.04	9.76	12.65	15.42	7.62	426.16	363.76	1.64
1.84	24.54	21.76	1.80	18.39	1037.47	905.31	7.24
0.64	54.14	618.34	8.11	0.83	1075.98	905.42	5.22
0.20	5.21	8.10	0.74	3.29	120.41	104.06	1.07
0.08	14.68	9.53	5.70	1.21	339.15	281.69	4.75
5.19	35.30	19.97	113.23	93.40	2004.49	1763.05	10.10
0.02	1.15	1.86	3.45	2.34	116.25	102.93	0.89
		0.14			0.92	0.83	
	2.13	1.55	0.04		143.11	120.48	0.70
0.06	6.81	9.53	0.59	0.90	269.60	230.86	1.56
0.01	0.58	0.83			38.84	36.45	0.09
	0.25	0.01			4.82	4.00	0.01
	0.67	0.97			10.87	9.52	0.11
0.04	0.17	0.27			26.76	21.40	0.05
0.05	0.85	0.46			9.47	8.64	0.02
	0.50	0.16			7.41	7.05	0.02

3-27 续表 2

地 区	销售费用	管理费用	税金	财务费用	利息收入	利息支出
全 国	**312.07**	**475.00**	**24.40**	**106.90**	**11.58**	**95.84**
北 京	0.42	0.66	0.02	0.07	0.02	0.08
天 津	1.44	2.17	0.09	0.51	0.01	0.36
河 北	27.61	39.15	0.88	15.12	0.09	14.47
山 西	0.02	0.03		0.01		0.01
内蒙古	0.45	1.08	0.06	0.11	0.02	0.09
辽 宁	2.94	4.18	0.27	0.76	0.01	0.61
吉 林	0.57	1.56	0.01	0.10		0.05
黑龙江	0.10	0.38	0.02	0.01		0.01
上 海	8.46	11.34	0.09	-0.01	2.04	1.65
江 苏	17.83	29.90	0.94	6.08	0.34	5.20
浙 江	38.18	65.29	2.90	24.51	3.60	24.52
安 徽	6.14	8.60	0.75	2.83	0.07	2.52
福 建	98.41	114.35	8.47	20.45	3.50	18.18
江 西	6.70	9.76	0.63	1.24	0.03	0.89
山 东	17.46	30.08	2.29	7.56	0.13	5.96
河 南	13.96	13.37	0.78	6.60	0.06	5.65
湖 北	2.33	6.31	0.60	1.64	0.09	1.54
湖 南	11.06	16.72	0.90	3.23	0.02	2.71
广 东	46.19	101.06	3.79	10.12	1.38	6.44
广 西	1.54	3.47	0.24	0.62	0.01	0.44
海 南	0.10	0.04				
重 庆	3.98	4.57	0.23	0.59	0.03	0.49
四 川	4.91	8.71	0.33	3.48	0.06	2.93
贵 州	0.33	0.53	0.03	0.09	0.01	0.08
云 南	0.22	0.22	0.01	0.04		0.04
西 藏						
陕 西	0.23	0.31	0.02	0.06		0.04
甘 肃	0.38	0.94	0.01	0.93	0.06	0.72
青 海						
宁 夏	0.05	0.17	0.01	0.09	0.01	0.10
新 疆	0.04	0.05		0.05		0.05

单位：亿元

投资收益（损失以“−”号记）	营业利润	利润总额	亏损企业亏损额	应交增值税	应交所得税	从业人员平均人数（万人）
-14.71	**912.16**	**890.04**	**21.82**	**361.72**	**86.83**	**296.90**
	0.66	0.71	0.02	0.35	0.21	0.25
	2.84	2.82	0.32	2.07	0.23	1.20
0.10	114.29	113.68	0.73	22.71	3.87	10.62
	0.10	0.10		0.04	0.02	0.03
0.07	2.60	2.60		0.49	0.15	0.29
	37.46	37.58		2.57	1.10	1.58
-0.03	1.01	0.99	0.02	0.34	0.16	0.19
	4.77	4.77	0.02	1.20	0.40	0.19
0.36	10.39	10.63	0.87	7.40	0.74	3.71
-0.10	43.34	42.85	2.95	31.19	9.44	15.83
1.71	69.36	71.02	3.05	49.36	10.79	39.74
-0.12	22.35	23.88	0.74	8.95	1.97	5.63
-13.83	213.16	208.63	3.78	84.59	23.05	66.05
-0.09	40.66	39.72	0.99	16.24	2.40	12.33
-0.98	64.15	65.64	1.43	26.52	5.47	13.06
-0.83	135.37	112.90	0.48	25.50	9.75	15.63
0.04	5.14	5.32	0.12	3.22	0.28	3.42
-2.28	21.04	18.94	0.52	12.94	1.67	9.56
2.50	79.51	83.23	5.10	48.57	11.83	82.96
-0.44	6.58	6.63	0.35	3.97	0.39	3.82
				0.03		0.01
-0.14	12.49	12.57		4.38	0.76	2.78
-0.68	18.14	18.29	0.19	7.29	1.66	6.59
	1.46	1.43	0.05	0.73	0.15	0.46
	0.33	0.40		0.06	0.05	0.31
0.01	0.71	0.71	0.01	0.38	0.13	0.18
	2.78	2.88	0.06	0.37	0.14	0.33
0.01	1.22	0.89		0.14	0.06	0.10
	0.22	0.24	0.02	0.12		0.05

3-28 木材加工和木、竹、藤、棕、

地 区	工业销售产值(当年价格)	出口交货值	资产总计	固定资产合 计	固定资产原 价
全 国	**12054.22**	**789.66**	**5246.37**	**2099.71**	**3512.42**
北 京	13.33	0.74	16.90	5.15	10.36
天 津	15.45	1.34	11.71	2.53	4.41
河 北	228.06	2.01	120.99	61.55	78.93
山 西	12.82		52.66	14.09	14.24
内 蒙 古	233.19	0.04	90.56	30.70	56.75
辽 宁	813.75	41.48	237.42	105.81	193.94
吉 林	801.20	93.90	353.54	182.03	491.04
黑 龙 江	435.85	5.10	179.90	86.08	176.78
上 海	74.68	12.26	79.30	16.62	28.90
江 苏	1944.92	186.54	686.82	250.18	417.94
浙 江	449.44	82.97	302.95	72.46	99.99
安 徽	559.77	39.55	221.91	87.03	117.25
福 建	706.29	49.76	291.31	91.08	138.66
江 西	350.06	34.36	164.77	77.40	122.22
山 东	1894.86	105.44	530.22	237.06	491.36
河 南	744.10	2.88	413.72	215.05	270.73
湖 北	345.40	1.60	205.06	82.91	150.69
湖 南	613.19	7.78	165.38	100.93	124.89
广 东	615.15	88.44	413.56	109.74	181.05
广 西	644.21	30.46	286.17	110.62	131.74
海 南	8.08		9.47	3.58	4.87
重 庆	35.18	1.30	24.83	11.58	12.28
四 川	291.72	1.61	229.18	94.79	122.25
贵 州	109.62		33.94	8.76	10.08
云 南	57.49	0.10	68.28	21.54	32.45
西 藏	0.55		3.24	1.17	1.45
陕 西	42.19	0.01	38.47	13.34	19.82
甘 肃	0.61		1.67	0.79	0.83
青 海					
宁 夏	5.75		2.96	1.71	1.98
新 疆	7.32		9.49	3.42	4.56

草制品业主要经济指标

累计折旧	流动资产合计	应收账款	存货	产成品	负债合计
1561.34	**2486.56**	**480.99**	**754.09**	**335.35**	**2329.49**
4.75	9.61	2.42	2.54	0.58	9.30
1.96	8.67	2.65	2.66	0.46	7.32
19.96	46.50	9.08	15.12	7.67	54.82
2.13	22.48	2.23	4.45	0.74	32.78
28.82	53.01	6.12	8.31	4.11	24.11
94.32	96.98	18.47	34.29	9.44	92.21
317.87	105.45	16.64	35.84	18.98	144.85
95.70	83.60	16.31	30.61	17.66	83.97
13.00	55.25	15.26	19.18	6.24	46.05
171.38	364.02	78.58	102.29	44.55	300.02
34.48	191.98	43.87	72.23	29.00	173.93
38.67	114.78	29.71	44.04	19.97	105.61
56.91	165.69	40.58	57.14	28.09	141.61
49.02	61.78	14.41	22.35	13.58	73.82
265.81	240.68	40.57	62.03	30.26	209.68
73.11	157.60	15.95	28.21	12.79	93.29
69.76	98.35	12.11	26.41	11.42	81.42
29.29	50.89	10.27	13.84	7.68	53.52
83.65	225.82	46.22	63.60	23.67	232.42
41.67	143.49	30.92	52.67	24.69	154.11
1.37	4.75	0.54	2.22	1.14	5.45
2.98	9.49	2.15	3.89	1.54	12.30
39.81	97.44	14.28	23.83	10.66	116.65
2.53	20.39	3.78	5.75	1.40	17.46
12.35	32.51	4.83	13.20	5.83	38.02
0.69	2.07	1.35	0.20	0.20	0.73
7.21	16.55	0.83	4.24	1.37	17.33
0.12	0.64	0.20	0.40	0.13	0.27
0.40	1.13	0.37	0.37	0.16	1.30
1.63	4.96	0.28	2.17	1.30	5.17

3-28 续表 1

地　区	流动负债合　计	应付账款	所有者权益合计	实收资本	国家资本
全　国	**1798.85**	**324.86**	**2828.46**	**1268.31**	**17.68**
北　京	8.88	2.18	7.59	7.94	
天　津	6.92	1.70	4.34	3.85	
河　北	40.95	7.32	65.45	25.61	0.01
山　西	27.65	0.44	19.85	3.75	
内蒙古	18.53	2.38	64.83	12.44	0.06
辽　宁	66.03	10.77	141.71	56.73	0.53
吉　林	93.97	15.28	193.01	107.88	4.71
黑龙江	67.19	15.55	94.63	49.21	2.47
上　海	41.60	11.26	32.56	20.08	
江　苏	264.13	54.21	373.47	151.22	0.01
浙　江	162.60	27.13	127.72	64.13	
安　徽	79.77	13.49	114.13	45.47	0.63
福　建	113.58	26.55	145.81	76.01	0.33
江　西	55.79	8.27	83.09	37.23	0.59
山　东	154.78	20.83	312.16	109.53	0.13
河　南	57.23	7.96	305.55	145.68	0.13
湖　北	51.96	10.70	122.82	60.85	0.72
湖　南	32.63	5.72	110.17	51.32	0.15
广　东	188.60	33.46	177.60	93.93	0.64
广　西	124.11	26.56	129.17	52.09	3.25
海　南	3.63	0.74	4.02	3.15	
重　庆	9.76	2.96	11.80	3.77	
四　川	75.63	12.25	112.10	51.13	0.47
贵　州	10.15	2.05	13.75	9.28	0.51
云　南	29.86	3.51	30.25	14.55	1.76
西　藏	0.33		2.51	0.56	0.56
陕　西	6.59	0.83	20.96	6.70	
甘　肃	0.25	0.02	1.40	1.22	
青　海					
宁　夏	1.21	0.13	1.66	0.96	
新　疆	4.57	0.59	4.32	2.06	

集体资本	法人资本	个人资本	港澳台资本	外商资本	主营业务收入	主营业务成本	主营业务税金及附加
14.31	**470.83**	**633.61**	**68.11**	**59.45**	**12004.82**	**10274.05**	**83.07**
	3.29	1.50	3.15		14.10	12.25	0.05
	0.85	2.02	0.15	0.82	16.69	14.07	0.06
	11.08	12.44	0.91	1.17	228.96	195.61	0.85
0.02	3.16	0.56			16.97	15.10	0.06
0.67	1.69	7.14	1.49	1.36	229.88	178.30	0.78
1.09	28.24	19.66	0.81	6.39	804.58	686.75	4.12
1.88	22.44	74.34	1.58	0.75	774.96	655.04	4.93
0.05	16.07	30.32	0.20	0.10	425.43	375.09	1.62
0.02	6.61	5.28	2.63	5.54	77.04	64.68	0.39
1.70	41.79	88.11	4.17	15.45	1955.99	1674.11	13.63
0.08	18.98	26.40	11.58	7.09	444.40	382.77	3.85
1.25	12.80	30.30	0.27	0.23	561.61	498.12	3.15
0.44	23.77	45.78	2.98	2.70	704.76	608.24	4.23
0.23	18.53	15.02	2.66	0.20	367.40	317.82	1.90
0.70	49.24	55.68	0.30	3.48	1912.62	1665.98	13.21
0.84	38.07	106.21	0.06	0.25	728.17	613.91	5.73
0.15	39.71	20.03	0.10	0.14	341.23	285.51	4.63
0.46	25.98	23.89	0.20	0.64	614.50	514.03	7.49
0.91	35.64	14.18	32.47	9.22	611.30	509.80	4.03
0.60	28.00	18.64	0.93	0.42	620.63	536.44	3.53
	1.58	1.57			7.70	7.29	0.06
0.12	0.73	2.92	0.01		34.53	29.00	0.42
1.84	32.69	11.57	0.41	3.50	289.71	245.83	2.03
0.65	2.31	5.78			110.25	95.03	1.65
0.58	3.77	8.42	0.02		60.38	50.05	0.35
					0.55	0.31	0.04
	2.78	2.69	1.05		36.75	31.46	0.23
	0.14	1.08			0.59	0.49	
0.04	0.36	0.56			5.61	4.66	
	0.53	1.52			7.55	6.31	0.03

3-28 续表 2

地区	销售费用	管理费用	税金	财务费用	利息收入	利息支出
全国	**279.14**	**375.51**	**20.51**	**108.62**	**2.93**	**87.73**
北京	0.89	0.93	0.02	0.09	0.01	0.09
天津	0.42	0.85	0.03	0.13		0.05
河北	5.89	6.04	0.39	2.71	0.04	2.58
山西	0.17	0.64	0.02	1.05	0.03	0.85
内蒙古	2.45	5.78	0.56	0.61	0.03	0.76
辽宁	21.11	33.83	1.86	3.03	0.07	2.15
吉林	27.05	36.64	1.62	9.49	0.09	7.32
黑龙江	9.05	9.05	0.22	2.29	0.05	2.11
上海	4.66	5.02	0.12	0.89	0.09	0.83
江苏	45.73	49.14	1.73	19.58	1.04	14.73
浙江	11.54	15.69	0.92	7.59	0.50	7.31
安徽	11.99	12.59	0.91	4.97	0.06	4.18
福建	16.35	23.55	1.22	6.80	0.15	6.11
江西	6.30	8.14	0.59	2.38	0.05	2.19
山东	31.59	31.42	3.87	14.16	0.25	9.23
河南	14.65	12.94	0.91	4.99	0.07	3.82
湖北	8.67	9.83	0.94	4.04	0.05	2.82
湖南	15.67	33.53	1.54	4.53	0.05	2.69
广东	16.63	23.20	0.94	4.92	0.06	5.56
广西	12.83	33.30	0.76	6.34	0.14	5.61
海南	0.21	0.26	0.01	0.17		0.17
重庆	0.88	1.42	0.13	0.39		0.31
四川	8.64	12.73	0.75	4.12	0.05	3.35
贵州	3.02	4.58	0.24	0.77	0.02	0.66
云南	1.54	2.66	0.09	1.59	0.01	1.53
西藏	0.02	0.13				
陕西	0.82	1.04	0.11	0.76	0.01	0.55
甘肃		0.08		0.01		0.01
青海						
宁夏	0.30	0.14	0.01	0.04		0.03
新疆	0.09	0.37	0.01	0.15		0.14

单位：亿元

投资收益（损失以“-”号记）	营业利润	利润总额	亏损企业亏损额	应交增值税	应交所得税	从业人员平均人数（万人）
-20.34	**876.39**	**868.48**	**18.32**	**350.29**	**91.40**	**138.06**
	-0.08	0.47	0.25	0.51	0.08	0.25
	1.16	1.20	0.09	0.54	0.12	0.31
-1.41	17.96	17.90	0.75	4.77	1.11	2.13
	0.34	0.46	0.92	0.14		0.20
-4.11	38.18	32.78	0.30	4.19	1.58	1.68
-0.81	57.34	52.98	1.02	12.37	4.13	5.95
0.16	42.33	39.95	0.29	14.55	2.10	7.52
-0.01	25.89	21.78	2.02	13.99	1.60	4.01
0.28	2.06	3.28	0.81	1.86	0.59	1.07
-0.21	152.86	154.09	1.50	81.76	29.87	19.24
0.67	24.33	25.25	0.64	11.57	2.93	6.07
0.33	33.12	33.92	1.01	12.53	2.63	5.58
-6.18	42.54	42.96	0.50	19.04	3.58	9.71
-0.04	28.70	28.53	0.36	12.39	2.31	4.46
0.44	142.48	142.86	1.01	51.42	17.90	18.67
0.02	69.15	69.40		15.66	6.67	10.47
0.09	26.07	27.16	0.10	11.64	2.18	3.84
0.04	46.89	44.47	0.09	22.90	2.98	8.12
0.08	49.55	50.87	3.22	19.05	3.56	8.91
-10.82	40.93	41.17	1.84	19.80	1.79	11.22
	0.04	0.30	0.18	0.42	0.11	0.29
0.05	2.27	2.27	0.04	1.10	0.21	0.71
1.11	19.26	20.21	0.26	8.39	2.30	3.92
0.15	4.96	5.03	0.27	4.86	0.30	1.57
0.01	4.25	5.05	0.74	2.21	0.56	1.50
	0.08	0.09		0.08		0.09
0.01	2.83	3.05	0.03	2.23	0.17	0.43
		0.01	0.01	0.01		0.01
-0.21	0.28	0.23		0.06	0.03	0.04
0.01	0.60	0.76	0.06	0.29		0.11

3-29 家具制造业

地　区	工业销售产值(当年价格)	出口交货值	资产总计	固定资产合　计	固定资产原　价
全　国	**6618.17**	**1452.47**	**4176.54**	**1271.40**	**2062.61**
北　京	75.31	4.45	86.14	17.67	24.89
天　津	86.68	28.16	72.78	22.10	35.46
河　北	194.09	12.36	105.26	58.49	94.47
山　西	5.75		7.44	1.22	1.37
内蒙古	17.69		5.96	2.88	4.60
辽　宁	403.03	68.52	159.68	72.26	145.48
吉　林	112.45	9.96	37.80	22.17	64.11
黑龙江	70.44	7.88	64.95	21.96	41.11
上　海	269.11	76.57	231.00	32.03	54.18
江　苏	279.47	75.82	191.54	59.70	134.39
浙　江	731.05	391.89	746.76	161.83	220.91
安　徽	202.34	6.67	83.02	29.40	49.35
福　建	330.40	123.15	226.55	44.22	65.17
江　西	137.38	25.50	51.19	15.71	26.21
山　东	785.60	113.64	349.87	147.56	242.93
河　南	461.07	14.47	279.85	162.61	188.68
湖　北	114.33	1.02	79.77	43.21	107.73
湖　南	233.40		76.43	41.97	51.76
广　东	1487.78	484.51	912.91	187.67	318.14
广　西	104.37	4.44	50.65	10.33	13.46
海　南	2.39	0.46	2.12	0.33	0.73
重　庆	84.32	0.88	55.71	10.08	12.46
四　川	387.14	0.21	245.22	97.85	153.30
贵　州	13.88		6.39	1.19	1.33
云　南	1.55		4.05	0.85	1.39
西　藏					
陕　西	16.17		7.61	2.86	3.71
甘　肃	1.13		1.29	0.69	0.82
青　海	1.25		0.24	0.18	0.09
宁　夏	4.77		1.61	0.72	0.98
新　疆	3.84	1.89	32.77	1.64	3.38

主要经济指标

累计折旧	流动资产合计	应收账款	存货	产成品	负债合计
885.10	**2378.88**	**526.21**	**658.86**	**247.57**	**2132.39**
7.57	55.22	14.71	16.10	7.46	48.14
15.95	41.97	8.38	14.06	4.13	50.96
38.69	35.43	5.82	11.06	3.77	42.62
0.25	5.00	0.13	3.08	0.35	4.22
1.75	2.38	0.40	0.45	0.23	2.92
76.59	73.18	12.21	22.78	11.66	53.43
43.32	11.90	3.11	3.61	1.91	13.99
21.98	39.09	5.37	20.18	10.76	41.22
22.81	168.00	61.24	41.09	15.83	140.78
76.08	109.82	29.91	32.80	10.45	95.78
75.29	501.92	106.73	119.57	36.20	494.98
21.04	43.97	12.66	13.33	6.78	40.56
24.40	145.45	29.76	34.83	12.31	123.19
13.30	31.70	7.80	8.01	2.93	25.02
106.45	165.81	28.31	44.45	17.86	162.70
30.20	102.18	9.51	13.12	6.91	38.12
73.27	31.02	5.88	8.40	3.90	31.65
12.58	23.40	7.04	7.67	4.64	23.90
146.10	581.20	135.48	193.65	61.78	488.36
3.94	32.13	4.63	10.39	7.34	33.47
0.39	1.78	0.39	0.69		0.97
3.63	38.17	14.86	4.86	1.85	34.06
65.12	119.65	17.78	29.15	15.62	123.08
0.31	3.98	0.87	1.77	1.43	3.47
0.56	2.65	0.20	0.98	0.23	2.84
1.32	3.98	0.87	1.11	0.59	2.90
0.13	0.58	0.17	0.26	0.15	0.48
	0.06	0.04	0.02	0.01	0.18
0.26	0.63	0.29	0.27	0.14	0.52
1.79	6.64	1.66	1.13	0.36	7.88

3-29 续表 1

地区	流动负债合计	应付账款	所有者权益合计	实收资本	国家资本
全国	**1852.87**	**496.36**	**2017.19**	**1096.08**	**8.19**
北京	42.65	11.35	38.00	19.67	
天津	40.87	7.00	21.78	15.77	0.09
河北	27.96	6.82	61.97	19.46	
山西	4.22	0.02	3.15	2.44	
内蒙古	2.06	0.32	3.04	0.44	
辽宁	47.37	12.34	105.87	23.68	0.30
吉林	12.29	3.03	25.07	5.76	
黑龙江	37.17	6.08	23.64	12.17	0.50
上海	136.49	62.21	89.63	42.59	2.69
江苏	87.85	23.05	94.96	65.35	
浙江	466.72	108.40	250.36	161.33	
安徽	35.48	10.59	42.15	24.14	
福建	104.60	20.51	98.94	67.88	
江西	22.27	9.13	25.70	12.95	0.22
山东	121.18	18.06	182.95	71.11	0.09
河南	26.31	9.05	238.89	156.74	0.20
湖北	25.48	6.77	47.58	11.80	0.25
湖南	10.99	2.58	52.35	32.63	
广东	431.94	131.75	420.08	279.66	0.01
广西	26.66	4.11	16.10	8.11	
海南	0.97	0.03	1.16	1.05	
重庆	29.52	16.89	21.33	6.69	0.40
四川	96.51	23.70	117.52	40.54	0.55
贵州	2.71	0.67	2.26	1.65	0.26
云南	2.41	0.07	1.22	0.89	
西藏					
陕西	2.75	0.85	4.71	3.34	
甘肃	0.48	0.05	0.75	0.32	
青海	0.18		0.06	0.06	
宁夏	0.52	0.05	1.08	0.85	
新疆	6.28	0.86	24.89	7.02	2.63

集体资本	法人资本	个人资本	港澳台资本	外商资本	主营业务收　　入	主营业务成　　本	主营业务税金及附加
9.35	**318.54**	**439.47**	**157.75**	**158.47**	**6641.74**	**5572.08**	**43.75**
0.08	8.31	9.06	0.50	1.72	71.72	56.35	0.46
	4.50	5.35	0.23	5.61	87.83	74.70	0.37
	8.90	8.43	0.49	1.64	191.25	167.71	0.51
	0.31	2.13			5.88	5.16	0.02
	0.27	0.17			17.58	14.86	0.08
0.22	8.67	4.29	1.70	8.51	392.52	339.98	1.53
0.04	2.74	2.62	0.05	0.31	109.81	90.97	2.05
0.42	3.19	7.68	0.24	0.13	70.88	60.22	0.27
0.26	8.82	9.57	4.73	16.52	272.80	220.34	0.51
0.02	16.68	13.66	12.42	22.56	279.03	243.85	1.93
2.47	43.80	44.59	27.69	42.78	730.44	606.92	3.85
0.05	10.05	13.68	0.22	0.15	201.21	167.65	1.61
0.12	19.66	24.29	16.10	7.72	329.54	275.66	2.20
0.68	4.62	6.12	0.75	0.55	145.89	127.45	0.78
1.51	32.78	30.32	1.32	5.04	812.09	687.47	6.75
0.51	16.54	139.48			466.87	381.09	4.15
0.01	4.86	5.85	0.04	0.34	112.50	94.19	1.14
0.03	23.53	7.19	1.88		233.46	188.86	3.24
1.92	80.49	62.16	88.12	43.20	1487.73	1277.95	7.43
	4.28	3.06	0.10	0.67	104.65	88.05	0.90
	0.01	0.02	1.02		2.47	2.39	0.01
	3.24	2.43		0.62	93.22	74.81	0.63
0.71	8.73	30.49	0.07		381.07	292.83	3.05
0.12	0.35	0.86			13.02	10.36	0.06
	0.65	0.24			1.54	1.26	0.01
0.05	1.73	1.55			16.38	12.35	0.13
0.14	0.09	0.10			0.86	0.64	
	0.01		0.06		0.90	0.67	
	0.75	0.10			4.69	3.82	0.02
		3.98		0.41	3.93	3.54	0.06

3-29 续表 2

地　区	销售费用	管理费用	税金	财务费用	利息收入	利息支出
全　国	**231.61**	**301.37**	**13.93**	**68.67**	**5.44**	**56.94**
北　京	5.64	5.94	0.24	0.74	0.13	0.68
天　津	2.47	3.88	0.30	1.06	0.05	0.80
河　北	3.88	4.34	0.30	0.68	0.01	0.56
山　西	0.23	0.15	0.01	0.15		0.14
内蒙古	0.27	0.29	0.02	0.03		0.03
辽　宁	7.59	21.45	0.66	1.76	0.03	1.14
吉　林	4.01	4.08	0.15	1.98	0.11	1.83
黑龙江	2.90	3.46	0.23	0.93	0.01	0.60
上　海	9.44	22.57	0.17	1.41	0.43	0.95
江　苏	8.30	11.36	0.59	2.66	0.26	1.86
浙　江	32.49	38.50	2.32	16.69	2.98	15.60
安　徽	6.58	7.72	0.63	1.52	0.07	1.10
福　建	12.43	15.76	0.91	4.11	0.14	3.05
江　西	2.73	3.29	0.19	0.74	0.01	0.59
山　东	17.61	21.84	2.03	8.74	0.07	6.16
河　南	18.12	6.72	0.34	3.47	0.02	3.27
湖　北	4.06	5.53	0.21	1.08	0.01	0.94
湖　南	8.22	16.98	0.89	2.31	0.04	1.75
广　东	47.65	71.77	2.44	9.51	0.55	7.45
广　西	2.35	3.97	0.10	1.36	0.04	0.96
海　南	0.05	0.03		0.03		0.03
重　庆	3.91	5.99	0.18	0.65	0.05	0.62
四　川	28.80	23.40	0.91	6.64	0.44	6.47
贵　州	0.64	0.95	0.04	0.06		0.05
云　南	0.11	0.08		0.05		0.04
西　藏						
陕　西	0.66	0.48	0.03	0.11		0.11
甘　肃	0.06	0.09		0.03		0.03
青　海	0.02	0.01				
宁　夏	0.19	0.23	0.04	0.04		0.04
新　疆	0.20	0.54	-0.01	0.13		0.09

投资收益（损失以“-”号记）	营业利润	利润总额	亏损企业亏损额	应交增值税	应交所得税	从业人员平均人数（万人）
3.97	**433.86**	**431.97**	**17.60**	**193.51**	**54.37**	**115.83**
0.72	3.75	4.22	0.32	2.93	0.63	1.53
0.05	5.71	5.97	1.23	2.07	0.69	1.72
0.04	14.25	14.14	0.09	3.14	1.28	2.72
	0.17	0.20		0.04	0.03	0.07
-0.48	1.59	1.59	0.01	0.34	0.10	0.13
-0.66	22.63	22.23	0.46	7.81	2.74	4.06
-0.04	6.88	7.08	0.01	3.14	0.58	0.94
	3.25	3.10	0.28	1.79	0.42	1.70
5.55	28.27	28.14	1.33	7.26	3.56	4.45
0.10	11.47	11.26	2.81	7.79	3.01	5.26
0.78	33.19	33.60	3.81	24.08	4.94	17.09
-0.04	14.67	14.67	0.04	4.64	1.10	2.35
-0.18	21.68	21.87	0.45	9.09	2.26	6.19
	10.16	9.88	0.02	3.87	0.84	2.49
-0.19	59.86	58.89	1.25	28.38	6.79	8.29
0.50	50.91	51.33		10.47	6.60	6.71
-0.50	6.43	6.41	0.06	4.79	0.93	1.58
0.26	16.63	16.24		9.72	1.47	2.54
-0.59	75.02	74.07	4.91	42.04	10.80	34.15
-0.24	10.04	10.01	0.08	2.52	0.36	1.22
	-0.03	-0.02	0.03	0.06		0.07
-0.17	8.00	8.02		3.18	0.90	1.22
-1.00	26.21	26.29	0.05	13.33	4.11	8.55
	0.98	0.98	0.02	0.35	0.09	0.20
	0.03	0.03		0.04	0.01	0.08
0.05	1.76	1.71		0.52	0.08	0.31
	0.02	0.02		0.02		0.04
	0.20	0.20			0.05	
	0.54	0.16		0.05	0.01	0.07
0.01	-0.40	-0.31	0.35	0.07	0.01	0.12

3-30 造纸和纸制品业

地　区	工业销售产值（当年价格）	出口交货值	资产总计	固定资产合计	固定资产原价
全　国	**12976.59**	**570.08**	**12847.48**	**5133.92**	**7785.27**
北　京	63.12	4.80	61.95	17.13	34.57
天　津	201.52	7.91	253.65	118.34	139.36
河　北	505.22	3.81	302.83	149.37	178.46
山　西	19.75		21.70	8.98	12.19
内蒙古	92.61		49.31	24.19	42.38
辽　宁	430.29	7.52	173.73	80.35	139.44
吉　林	116.58	0.09	128.93	62.90	77.93
黑龙江	82.89	0.92	93.89	44.24	70.84
上　海	287.78	23.08	288.91	89.30	161.87
江　苏	1301.01	111.80	1720.08	624.00	1127.01
浙　江	1181.08	70.98	1496.89	416.74	643.15
安　徽	258.07	3.21	262.75	99.48	130.69
福　建	791.94	31.65	741.45	213.62	328.70
江　西	264.22	14.88	173.94	64.04	99.59
山　东	2350.73	78.00	2237.29	977.31	1407.74
河　南	902.62	9.83	645.88	314.23	426.40
湖　北	453.00	4.02	276.92	105.77	329.39
湖　南	593.40	5.80	506.10	255.10	347.06
广　东	1674.81	171.28	1719.33	683.83	1058.53
广　西	362.84	2.60	494.65	202.50	253.35
海　南	115.88	6.56	355.76	203.33	242.95
重　庆	199.59	5.06	206.13	98.98	132.14
四　川	454.32	6.18	299.39	121.26	174.35
贵　州	40.99		46.13	31.45	28.68
云　南	61.14		98.46	36.58	54.81
西　藏	0.87		1.81	0.72	0.16
陕　西	102.91		56.31	24.50	57.14
甘　肃	20.37		17.54	8.39	9.91
青　海					
宁　夏	17.88		69.74	34.39	55.25
新　疆	29.17	0.10	46.02	22.90	21.22

主要经济指标

单位：亿元

累计折旧	流动资产合计	应收账款	存货	产成品	负债合计
3051.91	**5854.84**	**1409.48**	**1153.99**	**448.89**	**7398.12**
17.48	37.88	12.98	9.68	2.52	32.91
26.91	122.81	31.24	18.20	7.71	173.94
57.60	129.19	24.90	33.96	14.52	142.64
3.67	9.66	2.35	2.22	0.97	14.21
19.77	22.25	3.97	7.25	2.06	21.76
63.71	62.46	17.14	13.23	7.15	80.39
45.33	41.83	9.98	6.67	2.26	59.40
34.52	39.98	11.16	11.90	4.90	48.17
74.95	176.45	68.90	37.80	16.03	144.04
526.10	761.52	176.47	122.48	46.46	905.98
249.72	871.01	246.98	136.66	59.81	944.75
37.01	84.13	20.38	18.83	9.17	124.09
131.12	423.73	97.07	74.25	35.15	461.54
40.74	60.43	16.38	20.15	8.20	85.84
519.40	933.83	169.94	163.94	66.28	1325.18
134.41	284.40	43.89	51.46	23.29	285.79
231.39	132.38	42.32	29.64	11.55	147.62
106.74	199.16	33.81	78.67	17.33	304.70
422.92	861.79	252.13	191.64	63.98	987.26
62.63	152.75	25.55	27.33	10.24	336.68
39.62	112.46	17.39	16.17	2.65	228.40
35.66	71.93	20.20	14.28	5.02	108.64
67.64	131.41	36.33	28.30	12.03	185.64
5.46	12.95	2.32	3.55	1.64	33.47
30.08	50.40	9.88	12.60	4.85	66.61
0.06	1.07	0.20	0.34	0.24	0.47
36.21	27.03	9.97	8.93	6.41	28.16
2.10	7.26	0.96	3.93	2.23	10.68
21.19	14.52	2.05	4.85	1.31	78.03
7.78	18.19	2.63	5.06	2.92	31.14

3-30 续表 1

地 区	流动负债合计	应付账款	所有者权益合计	实收资本	国家资本
全 国	**5555.32**	**1250.17**	**5393.84**	**3132.42**	**220.85**
北 京	31.27	10.41	29.04	19.32	0.18
天 津	129.81	35.55	79.48	58.53	2.55
河 北	112.18	28.82	158.76	79.60	14.25
山 西	8.56	2.65	7.43	5.49	0.04
内蒙古	21.12	4.27	27.47	11.24	0.74
辽 宁	55.51	13.37	92.23	40.34	0.32
吉 林	38.03	7.60	65.52	45.82	0.44
黑龙江	37.88	8.20	44.24	23.71	2.17
上 海	130.59	53.05	144.48	80.52	0.58
江 苏	686.83	128.77	811.80	612.74	3.38
浙 江	816.56	131.95	547.90	299.53	1.46
安 徽	81.50	18.13	138.06	79.76	0.68
福 建	345.95	97.65	276.91	143.32	10.65
江 西	52.70	9.40	86.73	47.26	7.26
山 东	930.87	180.34	903.41	288.48	4.94
河 南	214.67	36.46	356.12	144.65	16.89
湖 北	114.93	27.71	129.71	107.05	1.49
湖 南	210.19	29.57	190.24	121.17	48.60
广 东	763.45	229.56	728.95	485.51	78.45
广 西	226.02	69.93	156.84	145.69	1.26
海 南	150.51	34.26	127.21	104.39	
重 庆	60.09	20.26	96.65	70.15	0.04
四 川	134.70	28.14	108.64	49.90	2.16
贵 州	20.35	4.26	12.39	2.93	0.30
云 南	50.15	15.05	31.84	20.12	0.01
西 藏	0.47	0.01	1.34	0.32	0.10
陕 西	21.82	10.26	27.11	12.79	
甘 肃	8.14	1.59	6.75	3.27	0.12
青 海					
宁 夏	74.69	7.42	-8.29	22.71	20.49
新 疆	25.77	5.54	14.88	6.11	1.33

单位：亿元

集体资本	法人资本	个人资本	港澳台资本	外商资本	主营业务收入	主营业务成本	主营业务税金及附加
74.96	**852.89**	**560.17**	**419.06**	**956.06**	**12891.85**	**11067.93**	**64.55**
0.51	3.40	2.72	3.11	9.39	73.68	59.06	0.29
0.57	11.29	8.19	2.42	33.50	208.34	176.18	0.54
0.67	32.23	27.02	1.35	4.08	491.51	425.26	2.10
0.14	2.00	3.31			20.12	17.83	0.06
0.17	1.52	2.87	3.67	5.03	86.58	67.69	0.43
0.26	16.45	17.51	2.88	2.92	425.04	367.77	2.02
4.95	29.33	11.10			108.73	88.92	0.46
1.97	6.22	5.66	4.99	2.69	90.29	76.75	0.35
3.80	5.74	13.57	23.96	32.87	296.74	236.45	0.86
0.26	83.98	43.42	57.12	424.58	1296.27	1115.70	4.89
2.56	100.42	110.87	34.02	50.21	1126.02	960.31	5.31
10.52	50.89	10.36	1.64	5.69	255.65	225.13	0.81
1.97	37.64	42.71	31.91	18.31	783.52	663.23	4.32
0.27	16.96	8.35	6.74	7.67	280.01	239.35	1.44
5.84	113.31	64.09	23.08	77.23	2410.09	2092.74	12.78
11.13	67.42	48.77	0.21	0.18	900.91	777.82	3.97
1.80	29.44	23.43	0.78	9.93	447.22	388.44	3.40
0.73	41.99	16.55	0.52	12.79	588.74	489.93	7.40
21.88	77.48	36.38	156.10	105.61	1633.30	1439.24	5.35
0.17	62.30	27.16	2.89	51.91	344.26	293.39	1.51
	6.84	0.35		97.20	99.73	80.68	0.50
0.04	8.69	3.36	57.51	0.51	200.44	165.80	1.24
1.74	23.61	16.91	1.99	2.33	455.99	396.20	2.84
0.04	1.05	1.44	0.05		42.39	34.96	0.35
1.86	13.06	3.24	1.15	0.81	60.23	48.25	0.29
	0.19	0.03			1.00	0.87	
1.12	4.66	6.00	0.55	0.45	102.61	85.98	0.85
	1.25	1.89			18.50	16.08	0.03
	0.61	1.61			15.19	14.16	0.05
	2.90	1.27	0.43	0.17	28.74	23.78	0.08

3-30 续表 2

地　区	销售费用	管理费用		财务费用		
			税金		利息收入	利息支出
全　国	**354.14**	**456.83**	**31.77**	**211.21**	**27.76**	**227.08**
北　京	2.34	3.54	0.13	-0.02	0.22	0.20
天　津	5.24	8.16	0.43	4.65	0.21	4.06
河　北	8.54	13.70	0.65	3.61	0.12	3.23
山　西	0.28	0.46	0.06	0.56	0.02	0.53
内蒙古	1.92	4.96	0.70	0.15	0.07	0.18
辽　宁	8.25	12.29	0.78	1.88	0.06	1.50
吉　林	3.33	5.34	0.29	1.55	0.01	1.36
黑龙江	3.08	3.75	0.33	1.86	0.04	1.81
上　海	30.89	17.20	0.38	1.29	0.64	2.11
江　苏	45.48	46.28	2.68	17.95	4.61	21.26
浙　江	27.88	47.00	2.85	34.33	5.70	39.09
安　徽	6.43	7.78	0.58	4.36	0.28	4.59
福　建	23.50	31.15	2.89	10.42	2.71	11.68
江　西	3.81	6.42	0.40	2.44	0.09	2.12
山　东	52.05	61.24	6.27	47.22	7.22	50.48
河　南	18.87	14.66	0.78	8.89	0.62	8.24
湖　北	15.78	15.76	1.07	5.61	0.39	4.71
湖　南	18.67	41.46	3.56	14.68	1.22	14.97
广　东	40.95	60.98	2.92	19.55	2.08	23.23
广　西	9.18	17.88	0.91	11.07	0.08	10.88
海　南	5.09	1.43	0.03	4.86	0.64	6.65
重　庆	5.79	6.28	1.23	2.40	0.21	3.13
四　川	9.14	16.60	1.24	6.18	0.22	5.63
贵　州	1.19	2.10	0.08	1.23	0.07	0.92
云　南	3.02	4.38	0.15	1.20	0.16	1.31
西　藏		0.02			0.01	0.01
陕　西	2.19	2.58	0.25	1.25	0.02	1.18
甘　肃	0.31	0.68	0.02	0.33		0.31
青　海						
宁　夏	0.31	1.20	0.09	1.11		1.08
新　疆	0.61	1.58	0.03	0.63	0.03	0.61

单位：亿元

投资收益（损失以"–"号记）	营业利润	利润总额	亏损企业亏损额	应交增值税	应交所得税	从业人员平均人数（万人）
-9.25	**777.29**	**775.94**	**59.76**	**374.20**	**107.80**	**140.35**
0.19	9.02	10.66	0.19	3.07	2.57	0.62
	13.70	14.52	0.92	6.82	2.88	2.21
-3.30	35.31	34.22	0.98	15.21	2.76	4.79
	0.92	0.94	0.14	0.34	0.08	0.38
0.06	11.40	11.09	0.70	4.88	1.59	0.60
-1.02	34.15	31.18	0.19	9.89	1.64	3.75
	7.92	11.07	0.75	3.49	1.06	1.51
0.01	4.60	4.35	1.47	2.70	0.62	1.16
0.72	12.42	13.42	2.44	6.50	2.93	3.38
2.59	73.85	71.93	7.83	38.83	14.99	11.23
0.57	55.37	58.66	3.78	32.14	7.15	13.01
1.00	13.60	14.13	2.15	8.12	2.53	2.83
-3.72	68.39	69.86	1.78	28.18	6.61	9.90
-0.18	23.17	22.01	0.11	8.80	1.03	2.77
-0.01	138.98	134.55	2.88	63.76	22.28	18.59
0.08	74.37	74.10	3.47	23.63	10.63	10.73
0.28	25.30	21.74	2.43	12.75	2.83	4.67
0.08	26.85	29.71	2.46	22.41	2.44	6.68
0.82	68.01	70.05	6.11	39.42	11.26	23.43
-8.15	10.62	10.34	9.53	9.06	0.77	4.48
	6.64	6.75	0.07	4.02	1.67	0.66
-0.32	20.27	17.72	0.10	7.70	2.52	1.96
-0.03	27.96	26.94	3.66	14.26	2.81	5.90
0.05	0.26	0.56	1.93	1.91	0.22	0.47
0.27	3.55	3.76	1.49	2.27	0.90	1.25
	0.10	0.10		0.02	0.02	0.02
0.19	9.10	8.95	0.10	2.50	0.67	1.74
0.01	0.57	0.61	0.04	0.29	0.02	0.49
0.56	-0.99	-0.87	1.27	0.53	0.08	0.61
0.01	1.90	2.89	0.77	0.68	0.27	0.54

3-31 印刷和记录媒介

地区	工业销售产值（当年价格）	出口交货值	资产总计	固定资产合计	固定资产原价
全国	**6063.27**	**394.70**	**4606.26**	**1575.13**	**2723.61**
北京	123.28	0.98	194.55	64.23	147.10
天津	80.44	2.50	70.74	25.73	47.51
河北	287.07	0.56	160.47	73.03	114.56
山西	16.77	0.17	26.88	9.74	15.26
内蒙古	16.74		9.03	3.36	4.36
辽宁	167.06	3.79	102.63	38.58	70.36
吉林	59.91	0.36	63.33	14.38	26.56
黑龙江	24.24		25.24	7.20	14.26
上海	178.56	18.47	217.67	73.03	153.99
江苏	668.14	61.37	587.73	210.56	354.20
浙江	358.36	42.52	448.11	128.16	206.88
安徽	317.86	2.38	194.34	68.54	107.25
福建	213.90	11.49	143.13	43.59	66.30
江西	229.88	5.33	131.41	63.77	97.42
山东	722.57	11.85	288.95	122.84	180.08
河南	349.34	0.16	216.79	87.50	114.88
湖北	252.33	2.23	156.61	48.85	102.80
湖南	310.36	0.13	133.19	59.28	87.46
广东	1046.49	225.02	910.14	233.02	460.07
广西	99.55	1.25	57.87	25.40	44.60
海南	2.77		10.48	4.41	5.57
重庆	106.20	2.60	75.92	30.80	47.61
四川	251.86	1.42	179.83	67.94	121.32
贵州	18.17		16.98	6.36	11.52
云南	62.53		80.66	19.98	49.98
西藏	1.99		2.34	0.75	1.18
陕西	76.19	0.10	69.36	30.88	49.11
甘肃	6.03		12.45	4.35	8.46
青海	4.96		5.16	2.79	3.43
宁夏	5.45		6.20	2.51	3.42
新疆	4.27		8.09	3.58	6.13

复制业主要经济指标

单位：亿元

累计折旧	流动资产合计	应收账款	存货	产成品	负债合计
1255.27	**2446.18**	**709.04**	**484.45**	**187.13**	**2217.49**
83.53	106.67	19.60	25.94	9.76	81.04
23.35	34.77	11.61	6.87	1.78	44.19
45.50	69.12	17.17	16.58	7.47	68.87
7.17	12.65	3.40	2.89	0.80	14.01
1.33	3.34	0.88	1.01	0.16	3.20
36.15	53.33	9.94	5.19	1.83	55.05
13.37	16.38	4.86	3.29	1.37	23.30
7.36	14.86	3.86	2.93	0.89	12.09
83.05	124.43	36.48	24.50	8.56	90.72
151.51	315.11	103.48	56.26	24.18	313.07
88.65	264.01	83.60	36.11	13.34	270.14
47.04	108.70	37.24	26.46	10.68	93.63
26.61	78.01	22.95	15.45	5.52	77.12
41.88	52.50	12.44	9.49	3.66	39.34
69.11	130.01	33.40	28.42	11.53	128.67
33.37	102.26	18.11	18.48	7.93	74.16
55.78	85.78	26.09	22.18	9.09	79.28
33.82	61.53	17.92	17.35	7.57	57.71
239.65	551.76	184.56	101.21	32.85	468.23
19.74	24.80	9.55	5.62	2.40	26.33
1.21	4.35	0.13	0.51	0.17	0.69
19.68	34.73	9.12	7.81	3.77	42.57
59.23	92.61	18.80	22.29	9.22	75.62
5.39	9.48	2.87	2.08	0.74	5.80
31.86	47.17	12.09	12.07	5.81	32.06
0.47	1.00	0.30	0.47	0.26	0.51
20.84	31.71	4.69	8.45	3.39	25.75
4.33	5.77	1.09	2.06	1.09	4.68
0.64	2.37	1.28	0.26	0.18	2.40
1.03	3.16	0.91	1.18	0.51	3.54
2.62	3.78	0.59	1.07	0.63	3.69

3-31 续表 1

地区	流动负债合计	应付账款	所有者权益合计	实收资本	国家资本
全国	**1896.53**	**518.33**	**2364.40**	**1139.07**	**106.91**
北京	70.53	23.87	113.51	66.42	9.75
天津	38.19	10.61	26.55	24.57	1.76
河北	50.56	14.51	91.26	41.63	2.80
山西	11.97	3.29	12.85	5.05	1.18
内蒙古	2.63	0.71	5.76	1.53	0.72
辽宁	46.76	6.23	47.11	22.54	2.75
吉林	20.64	3.08	39.76	9.66	0.07
黑龙江	10.81	3.68	12.88	6.56	2.99
上海	82.90	31.21	126.57	71.33	16.96
江苏	275.58	62.20	274.46	136.90	4.49
浙江	249.59	50.10	177.38	87.98	2.99
安徽	74.83	21.94	98.59	38.23	0.85
福建	64.47	13.60	64.84	33.56	1.38
江西	33.54	7.29	91.78	43.55	18.56
山东	101.79	25.21	158.02	68.12	1.73
河南	60.46	12.46	137.09	58.15	1.08
湖北	60.01	16.72	75.27	33.01	3.91
湖南	45.09	14.26	74.44	29.18	0.82
广东	410.42	141.88	437.07	225.48	5.65
广西	21.68	6.94	31.19	12.51	1.81
海南	0.69	0.14	9.79	1.35	1.30
重庆	29.46	8.83	33.11	17.02	0.46
四川	62.69	16.94	102.78	49.13	1.00
贵州	5.02	1.69	11.17	4.33	0.10
云南	29.80	10.89	48.60	20.20	3.98
西藏	0.49	0.31	1.83	0.47	0.23
陕西	23.20	6.37	43.19	24.16	14.44
甘肃	4.03	1.41	7.76	2.35	1.34
青海	2.29	0.73	2.76	0.64	0.07
宁夏	3.42	0.50	2.64	1.75	0.62
新疆	3.00	0.73	4.39	1.70	1.10

单位：亿元

集体资本	法人资本	个人资本	港澳台资本	外商资本	主营业务收入	主营业务成本	主营业务税金及附加
19.22	**415.96**	**311.65**	**167.63**	**115.86**	**6014.77**	**4987.25**	**41.45**
1.86	38.96	7.80	4.55	3.50	129.84	97.91	0.93
0.80	4.11	9.61	2.36	5.93	80.53	67.63	0.47
0.12	24.59	11.84	1.03	1.26	279.34	238.68	1.16
0.04	2.79	0.80		0.26	18.51	14.91	0.10
	0.43	0.35			17.03	13.00	0.11
0.35	9.80	7.18	0.13	2.34	165.90	137.30	0.86
1.20	4.45	2.44		1.50	58.25	42.63	2.59
	1.05	2.32		0.19	25.08	21.68	0.09
1.40	23.88	6.37	9.17	13.55	188.52	149.28	0.77
2.08	44.60	38.43	18.07	29.23	662.09	549.58	3.92
0.35	30.21	39.76	9.50	5.18	357.69	303.31	1.68
1.80	9.51	22.58	1.30	2.18	313.26	258.79	1.57
0.29	12.59	14.44	3.10	1.76	213.16	180.64	1.17
0.28	14.34	7.98	1.55	0.84	240.27	198.50	1.80
0.86	24.14	24.16	2.88	14.16	724.89	619.35	5.72
1.39	22.76	31.74	0.35	0.74	336.36	283.81	2.11
1.07	13.62	12.40	0.92	0.17	238.29	199.38	1.63
0.27	16.60	9.94	0.83	0.52	306.68	245.57	3.95
1.64	49.77	36.51	102.74	29.10	1030.43	867.36	5.22
	4.40	5.29	0.95	0.03	100.00	82.10	0.61
	0.05				2.77	1.69	0.05
1.61	9.82	3.07	0.74	1.33	103.37	86.84	0.81
0.90	35.98	8.04	2.40	0.80	249.92	201.92	2.43
	2.75	0.29	1.18		14.67	10.74	0.10
0.05	6.68	4.61	3.57	1.31	60.92	42.73	0.43
		0.24			1.52	1.26	0.01
0.85	6.29	2.24	0.26		73.87	54.03	0.97
	0.49	0.25	0.04		7.97	5.69	0.16
	0.57				3.97	2.85	0.03
	0.35	0.78			5.42	4.77	0.01
	0.41	0.19			4.23	3.31	0.02

3-31 续表 2

地　区	销售费用	管理费用	税金	财务费用	利息收入	利息支出
全　国	**151.62**	**315.21**	**14.50**	**58.65**	**6.99**	**51.98**
北　京	4.16	16.34	0.43	0.14	0.70	0.78
天　津	1.95	4.50	0.20	0.67	0.05	0.73
河　北	4.00	8.37	0.36	1.43	0.11	1.24
山　西	0.72	1.65	0.08	0.44	0.02	0.41
内蒙古	0.26	0.68	0.02	0.08		0.09
辽　宁	4.27	8.61	0.51	1.30	0.08	0.63
吉　林	2.54	3.82	0.13	2.36	0.25	2.12
黑龙江	0.33	1.66	0.05	0.26	0.02	0.15
上　海	5.86	19.56	0.30	1.19	0.45	1.40
江　苏	20.28	32.56	1.30	8.91	0.72	7.35
浙　江	8.36	19.65	0.75	7.77	1.22	8.57
安　徽	8.98	14.33	0.84	2.58	0.37	2.26
福　建	4.77	9.14	0.51	2.39	0.17	2.19
江　西	4.05	8.35	0.31	1.36	0.08	0.85
山　东	14.19	27.50	2.00	4.60	0.24	3.41
河　南	7.21	9.91	0.43	3.36	0.10	2.96
湖　北	7.47	17.94	1.30	2.22	0.12	1.81
湖　南	8.44	14.47	0.74	2.22	0.14	1.76
广　东	27.91	55.74	2.19	8.33	1.23	6.96
广　西	1.85	4.93	0.20	1.50	0.02	1.18
海　南	0.06	0.29	0.02	-0.02	0.03	0.01
重　庆	2.40	4.29	0.19	1.36	0.09	1.28
四　川	6.83	14.14	0.91	2.34	0.22	2.14
贵　州	0.29	0.90	0.05	0.08	0.01	0.09
云　南	1.23	5.96	0.21	0.44	0.17	0.58
西　藏	0.01	0.13		0.01		0.01
陕　西	2.26	6.82	0.38	0.87	0.29	0.69
甘　肃	0.62	1.40	0.01	0.06	0.02	0.07
青　海	0.12	0.52	0.04	0.16	0.05	0.05
宁　夏	0.08	0.33	0.03	0.18	0.01	0.18
新　疆	0.10	0.72	0.02	0.06	0.01	0.06

单位：亿元

投资收益（损失以“-”号记）	营业利润	利润总额	亏损企业亏损额	应交增值税	应交所得税	从业人员平均人数（万人）
6.19	**483.55**	**487.14**	**17.59**	**196.61**	**69.03**	**92.26**
0.09	12.56	12.95	1.75	6.84	3.28	2.69
0.02	5.33	5.76	0.42	2.56	0.97	1.38
0.08	26.00	26.16	0.14	8.05	2.98	2.92
	0.77	1.25	0.07	0.36	0.08	0.53
0.04	3.20	2.59	0.01	0.21	0.02	0.21
-0.65	15.36	13.86	0.65	3.42	0.80	1.47
1.97	5.70	5.83	0.11	1.95	0.53	0.56
	1.12	1.22	0.49	0.88	0.20	0.48
1.37	14.45	16.60	2.06	8.02	2.99	3.22
0.96	49.83	50.23	3.22	22.44	10.10	10.69
0.74	19.20	20.20	0.79	11.39	3.28	6.53
0.14	27.82	26.61	0.21	8.28	2.83	3.63
-0.46	16.54	16.96	0.51	6.80	2.14	3.54
	21.21	21.04	0.01	7.49	2.48	2.39
-0.89	50.38	50.66	0.53	21.36	6.08	6.42
0.08	30.65	30.68	0.04	9.80	3.37	5.58
-0.07	15.76	15.80	0.86	8.01	2.06	3.04
-0.93	31.68	30.37	0.06	11.57	3.84	2.98
4.26	69.27	70.32	4.19	29.89	12.01	24.14
-0.54	10.17	10.18	0.20	2.91	0.68	1.26
	0.71	0.76		0.23	0.19	0.07
0.12	7.90	8.18	0.33	4.13	0.90	1.42
-0.61	24.62	24.78	0.55	11.26	3.81	3.71
0.16	2.70	2.75	0.02	0.74	0.22	0.23
0.27	10.48	10.63	0.21	3.76	2.02	1.05
	0.12	0.11		0.05	0.02	0.05
0.08	8.78	8.79	0.04	3.57	1.03	1.21
	0.12	0.39	0.12	0.20	0.03	0.43
	0.79	0.87	0.01	0.26		0.09
	0.17	0.26		0.10	0.03	0.19
	0.17	0.37		0.08	0.04	0.14

3-32 文教、工美、体育和娱乐

地区	工业销售产值(当年价格)	出口交货值	资产总计	固定资产合计	固定资产原价
全国	**12693.76**	**3914.86**	**6410.78**	**1649.44**	**2614.88**
北京	87.66	8.35	89.51	11.79	18.57
天津	328.26	70.28	134.19	32.37	54.37
河北	271.05	34.64	123.80	64.32	85.83
山西	10.84	0.27	20.06	5.18	5.67
内蒙古	34.60	2.57	3.81	0.71	1.07
辽宁	202.79	29.37	59.78	27.07	61.89
吉林	28.44	1.41	6.55	3.23	15.09
黑龙江	54.03	0.49	13.85	7.54	17.18
上海	398.13	68.53	213.25	31.19	54.00
江苏	1583.99	416.41	727.75	231.64	395.54
浙江	1183.71	479.29	946.70	214.57	291.98
安徽	296.96	121.56	131.80	46.95	68.57
福建	1081.36	465.42	495.00	118.11	168.75
江西	371.59	93.58	137.20	68.95	96.70
山东	1837.97	435.34	649.31	263.65	456.97
河南	610.19	145.28	356.62	130.70	153.91
湖北	140.33	11.87	74.73	19.72	54.66
湖南	181.13	6.33	51.31	29.09	33.44
广东	3637.34	1475.29	2003.98	279.58	503.65
广西	80.73	17.03	22.82	7.82	9.41
海南	1.11		1.24	0.01	0.01
重庆	54.09	2.74	41.11	20.87	23.98
四川	89.28	10.10	32.91	13.11	18.55
贵州	6.91	0.47	6.07	1.18	1.29
云南	57.55	0.28	26.33	4.70	6.02
西藏	1.07	0.12	2.30	0.86	0.91
陕西	21.96	14.34	13.73	2.12	2.43
甘肃	3.85		2.36	1.09	1.45
青海	28.84	2.39	19.72	10.26	11.75
宁夏					
新疆	8.00	1.11	2.97	1.05	1.25

用品制造业主要经济指标

单位：亿元

累计折旧	流动资产合计	应收账款	存货	产成品	负债合计
1082.26	**4105.44**	**1046.63**	**1441.11**	**667.79**	**3411.83**
6.80	71.23	14.23	36.69	26.35	55.96
24.17	82.67	17.87	26.88	7.82	79.72
24.87	49.26	11.59	18.44	9.44	47.41
0.84	13.25	2.20	5.83	3.26	15.18
0.36	3.00	0.22	0.98	0.78	1.32
36.42	25.74	3.69	10.15	5.66	20.22
12.11	2.87	0.86	1.27	0.48	2.68
9.83	5.33	1.06	2.21	1.13	5.36
26.75	159.75	23.77	79.70	30.58	119.61
171.36	412.20	111.31	112.10	46.81	385.26
99.51	610.35	131.90	172.93	80.62	562.37
26.32	75.12	22.56	21.32	10.13	65.15
59.44	317.77	81.33	103.09	37.93	237.92
33.60	52.31	13.59	17.88	8.13	47.63
209.45	336.19	69.49	92.69	37.56	291.92
31.61	192.61	27.73	57.92	13.77	117.13
36.64	45.42	5.60	18.51	6.64	42.43
7.91	18.87	5.12	6.81	5.11	20.14
246.08	1542.16	478.99	627.44	323.32	1214.07
2.47	13.46	5.22	3.64	1.61	10.43
0.01	0.95	0.01	0.36	0.36	0.87
3.73	14.73	1.89	3.34	2.45	17.22
6.67	15.31	2.56	3.02	1.85	15.10
0.13	4.15	0.24	0.63	0.36	4.03
1.72	16.30	1.22	11.45	1.72	6.35
0.07	1.25	0.12	0.03		1.16
0.62	11.50	9.57	0.87	0.41	10.17
0.49	0.90	0.30	0.24	0.12	0.77
1.95	8.94	2.08	3.56	2.85	12.52
0.32	1.82	0.30	1.14	0.54	1.72

3-32 续表 1

地区	流动负债合计	应付账款	所有者权益合计	实收资本	国家资本
全国	**2982.13**	**924.57**	**2955.23**	**1348.79**	**44.42**
北京	52.29	23.40	33.55	21.17	12.63
天津	62.83	18.76	54.01	28.49	
河北	36.81	11.20	75.62	30.21	
山西	12.76	2.99	4.89	3.14	
内蒙古	1.01	0.37	2.49	0.44	
辽宁	16.12	3.31	39.23	18.76	0.02
吉林	1.98	0.61	3.87	1.31	0.02
黑龙江	4.10	0.69	8.47	5.00	0.21
上海	115.95	44.82	93.45	43.56	3.73
江苏	363.21	79.56	342.04	173.10	0.48
浙江	515.95	85.95	381.97	171.30	0.34
安徽	55.43	13.72	65.80	24.42	0.10
福建	206.90	70.15	253.60	112.83	
江西	37.02	7.07	86.87	30.78	
山东	239.87	80.98	349.08	137.81	9.32
河南	85.02	14.26	229.20	100.03	0.03
湖北	36.43	4.65	31.41	13.94	0.93
湖南	14.88	3.07	30.74	13.39	0.40
广东	1062.19	440.33	779.71	391.84	13.93
广西	8.48	1.88	11.80	5.46	0.02
海南	0.77		0.37	0.03	
重庆	15.55	1.84	23.01	4.60	
四川	8.99	2.22	17.43	5.56	2.25
贵州	3.04	0.23	2.02	1.42	0.01
云南	4.56	1.05	19.97	4.40	
西藏	1.05	0.56	1.14	0.54	
陕西	10.17	9.00	3.56	1.33	
甘肃	0.57	0.10	1.53	1.05	
青海	6.57	1.52	7.15	2.04	
宁夏					
新疆	1.64	0.27	1.24	0.85	

单位：亿元

集体资本	法人资本	个人资本	港澳台资本	外商资本	主营业务收入	主营业务成本	主营业务税金及附加
13.26	**363.34**	**419.88**	**284.01**	**222.42**	**12935.36**	**11275.73**	**67.90**
0.07	6.64	0.77	0.28	0.78	101.76	94.11	0.19
0.14	7.96	7.03	1.06	12.30	348.26	298.15	1.13
0.12	10.23	19.28	0.06	0.51	267.80	232.28	1.22
0.01	1.71	1.42			8.06	6.99	0.03
	0.16	0.28			34.49	23.95	0.08
0.58	7.05	8.27	0.23	2.63	204.08	179.49	1.52
	1.00	0.24	0.05		28.33	24.43	0.17
	2.63	1.69		0.47	52.72	47.13	0.15
1.34	14.86	6.16	3.02	14.45	490.58	445.81	1.11
4.33	35.99	67.40	22.25	42.64	1602.44	1375.44	9.14
0.25	48.24	63.25	28.88	30.33	1182.26	1012.79	5.58
0.13	8.18	13.83	0.65	1.52	291.57	245.34	2.28
0.69	19.81	45.71	26.75	19.87	1082.22	918.77	7.29
0.05	11.51	7.16	9.44	2.63	390.08	327.37	2.93
1.83	55.30	43.81	5.79	21.61	1857.96	1585.79	15.13
0.43	34.90	59.57	4.19	0.81	611.42	508.63	3.38
0.10	6.21	4.54	1.65	0.49	141.49	118.02	1.22
0.24	5.93	5.56	0.69	0.58	181.77	140.68	2.76
2.82	77.31	51.69	175.28	69.60	3708.34	3398.59	10.64
0.03	1.87	1.95	1.08	0.51	81.46	70.34	0.35
		0.03			1.11	1.04	
	1.16	1.63	1.81		55.56	44.34	0.32
0.11	1.31	1.88	0.01		88.54	77.66	0.61
	0.18	1.09	0.14		6.48	5.53	0.04
	0.39	3.55	0.17	0.29	56.33	37.54	0.26
	0.34	0.20			1.07	0.85	0.06
	0.27	0.73	0.33		18.95	17.36	0.06
	0.10	0.95			3.70	3.24	0.01
	1.89	0.15			28.55	26.65	0.15
	0.21	0.05	0.20	0.39	7.99	7.41	0.07

3-32 续表 2

地　区	销售费用	管理费用	税金	财务费用	利息收入	利息支出
全　国	**278.19**	**442.52**	**22.20**	**108.49**	**12.87**	**90.83**
北　京	2.71	4.84	0.15	1.10	0.04	0.99
天　津	7.34	8.39	0.37	1.07	0.19	1.07
河　北	5.30	5.06	0.36	1.28	0.03	1.02
山　西	0.46	0.69	0.05	0.06		0.05
内蒙古	0.21	0.37	0.03	0.06		0.06
辽　宁	2.93	4.93	0.58	1.36	0.07	0.75
吉　林	0.69	0.87	0.03	0.35		0.26
黑龙江	0.88	1.03	0.02	0.25		0.21
上　海	10.39	14.23	0.36	2.95	0.27	2.46
江　苏	36.44	63.22	2.21	12.26	1.00	9.73
浙　江	31.46	50.49	2.36	22.19	3.40	21.89
安　徽	10.06	11.46	1.45	3.11	0.09	2.47
福　建	31.48	39.97	1.87	9.10	0.79	7.09
江　西	6.84	8.47	0.73	2.08	0.03	1.60
山　东	40.60	56.49	5.65	17.23	0.60	11.22
河　南	17.44	16.54	0.67	7.57	0.19	6.03
湖　北	4.78	6.01	0.30	1.84	0.03	1.64
湖　南	5.23	8.65	0.98	1.16	0.02	0.99
广　东	53.05	125.79	3.57	21.39	5.92	19.83
广　西	2.39	2.88	0.13	0.64	0.01	0.35
海　南	0.06			0.01		0.01
重　庆	1.06	1.54	0.17	0.11	0.08	0.17
四　川	2.19	2.39	0.08	0.74	0.08	0.54
贵　州	0.08	0.16	0.01	0.04		0.03
云　南	2.87	6.44	0.02	0.19		0.16
西　藏		0.07	0.03	-0.01	0.02	
陕　西	0.16	0.23		0.05	0.01	0.04
甘　肃	0.06	0.06		0.06		0.06
青　海	0.31	0.70	0.03	0.24		0.12
宁　夏						
新　疆	0.74	0.56		0.03		0.02

单位：亿元

投资收益（损失以“-”号记）	营业利润	利润总额	亏损企业亏损额	应交增值税	应交所得税	从业人员平均人数（万人）
-4.85	**760.98**	**744.12**	**21.46**	**321.70**	**92.21**	**222.86**
0.12	-0.92	0.03	1.42	1.15	0.07	0.78
2.09	30.86	12.59	0.53	8.79	1.33	3.45
-0.03	22.57	22.44	0.16	5.71	1.87	4.11
-0.31	0.41	0.51	0.11	0.39	0.01	0.32
	9.81	9.60		0.23	0.17	0.22
-1.17	13.83	13.24	0.22	5.91	1.04	1.93
	2.43	1.75		0.87	0.23	0.31
	2.72	2.77		1.18	0.29	0.73
3.77	20.80	22.93	1.32	4.52	3.88	3.64
0.56	109.03	108.19	2.46	57.99	22.16	26.34
2.06	64.10	63.47	3.28	26.71	7.68	21.19
-0.07	19.36	19.62	0.09	7.01	2.09	5.55
-10.30	79.54	77.91	0.87	24.18	6.55	21.01
-0.15	38.32	36.94	0.13	16.00	2.65	5.73
0.29	124.84	125.05	2.07	71.64	16.77	21.53
0.15	58.07	60.40	0.08	15.82	4.62	11.85
0.04	8.84	8.99	0.81	4.23	0.88	1.97
-0.64	15.06	14.12	0.05	6.27	1.59	2.38
1.50	110.80	112.83	7.58	52.34	16.39	82.45
	5.23	5.04	0.03	2.34	0.15	3.70
				0.01		0.01
0.54	8.57	8.84	0.03	4.15	0.44	0.87
	3.76	4.05		2.16	0.36	1.13
	0.55	0.47	0.08	0.06	0.03	0.14
0.02	9.06	9.06	0.12	1.71	0.90	0.75
	0.19	0.08		0.02		0.02
	1.28	1.28	0.01	0.13	0.01	0.15
	0.17	0.18		0.03		0.11
-3.33	0.64	0.65	0.01	0.09		0.45
	1.04	1.09		0.06	0.06	0.07

3-33 石油加工、炼焦和核燃料

地　区	工业销售产值（当年价格）	出口交货值	资产总计	固定资产合计	固定资产原价
全　国	**40168.42**	**553.42**	**23169.70**	**8927.19**	**15122.87**
北　京	769.19		295.83	84.76	277.40
天　津	1378.78	0.61	539.49	174.80	400.91
河　北	1903.50	10.24	1079.98	464.78	730.86
山　西	1266.62	0.16	2361.17	654.35	1133.15
内蒙古	687.62		905.49	431.65	521.54
辽　宁	4322.42	306.86	1843.37	841.22	1460.47
吉　林	213.35		71.78	36.20	110.66
黑龙江	1403.89	0.35	718.72	407.84	762.95
上　海	1760.32	50.53	544.94	243.59	608.53
江　苏	2213.51	58.70	722.30	245.70	488.83
浙　江	1666.39	1.71	552.50	255.77	377.91
安　徽	412.24		183.93	124.91	223.17
福　建	648.53	0.12	497.49	228.54	327.23
江　西	544.18	16.92	322.06	118.60	168.05
山　东	6847.55	8.88	3515.08	1221.16	2352.66
河　南	1281.18		652.03	212.00	349.95
湖　北	846.40		220.55	121.50	197.73
湖　南	850.76		277.88	167.38	273.00
广　东	3614.70	3.02	1289.39	499.18	989.60
广　西	870.74	1.20	409.11	191.38	243.77
海　南	467.24	93.83	200.68	106.87	146.99
重　庆	50.51		26.70	9.53	13.53
四　川	550.18		623.23	128.72	187.34
贵　州	95.40		77.02	25.28	29.53
云　南	275.31	0.13	338.38	120.45	168.12
西　藏					
陕　西	1838.26		2484.22	651.31	827.99
甘　肃	1161.74	0.13	685.23	363.01	546.00
青　海	19.43		57.12	26.90	36.02
宁　夏	496.43	0.01	671.34	253.16	268.08
新　疆	1712.03		1002.67	516.65	900.91

加工业主要经济指标

单位：亿元

累计折旧	流动资产合计	应收账款	存货	产成品	负债合计
6894.85	**10626.29**	**1199.76**	**4073.82**	**1112.57**	**15299.92**
192.58	134.21	15.79	79.58	20.55	171.94
203.54	318.03	83.20	142.00	32.08	333.41
326.53	505.49	66.61	167.39	39.49	811.09
560.84	1230.86	175.62	234.77	104.83	2019.30
97.61	329.58	66.11	76.86	31.65	554.72
615.97	861.57	75.13	406.61	94.66	1235.96
75.46	28.76	3.11	9.23	3.92	41.59
379.02	251.90	20.40	136.84	54.45	461.14
370.36	225.52	29.85	159.98	20.91	304.84
243.23	387.21	67.91	158.60	30.39	464.61
187.53	270.20	55.44	96.16	17.33	314.99
93.30	53.27	10.78	28.90	11.60	116.93
99.53	170.20	10.36	127.75	16.59	394.14
65.78	148.76	32.63	43.83	18.33	240.89
1338.10	1982.63	173.35	669.37	229.53	2488.34
131.44	335.47	34.84	84.83	25.97	412.00
84.70	86.26	16.77	44.35	14.69	131.64
113.50	98.46	23.03	45.56	15.38	156.90
514.17	625.89	78.43	345.75	51.21	928.08
52.64	143.71	5.79	82.95	21.34	161.91
49.19	91.74	11.22	61.10	16.14	127.37
6.23	14.67	2.43	5.59	2.84	14.61
68.69	155.55	15.68	62.86	10.88	320.24
7.14	33.52	11.40	7.33	3.30	54.67
53.75	152.91	29.52	26.35	8.70	241.71
245.92	949.78	50.76	171.11	97.42	1338.62
246.91	333.11	3.88	250.99	30.94	455.80
9.13	23.82	3.44	9.18	4.73	31.96
78.07	299.09	9.15	50.65	21.33	490.02
383.98	384.12	17.12	287.37	61.40	480.52

3-33 续表 1

地区	流动负债合计	应付账款	所有者权益合计	实收资本	国家资本
全国	**12353.12**	**3210.40**	**7793.25**	**5347.36**	**2031.68**
北京	171.61	74.35	123.90	8.69	2.43
天津	312.85	140.31	205.42	175.76	29.70
河北	716.84	194.43	266.98	170.41	45.97
山西	1676.09	399.04	335.86	636.08	30.65
内蒙古	408.69	123.16	320.80	224.42	94.58
辽宁	921.88	228.09	606.00	288.05	190.85
吉林	36.77	7.35	27.96	12.94	2.43
黑龙江	363.17	100.10	257.67	122.81	45.98
上海	295.04	117.50	240.06	202.25	0.90
江苏	414.83	107.83	256.84	169.04	83.72
浙江	307.52	148.61	237.09	237.91	
安徽	112.06	14.72	66.99	101.36	85.15
福建	168.83	64.67	103.21	157.65	0.54
江西	222.60	37.48	80.75	79.76	7.53
山东	2107.40	426.31	1008.28	515.08	159.12
河南	290.72	51.96	237.30	170.95	4.83
湖北	117.49	15.29	88.85	129.33	113.32
湖南	140.09	17.51	120.96	92.61	38.90
广东	898.25	331.83	362.04	367.69	299.29
广西	123.59	78.31	247.20	232.94	54.91
海南	101.66	44.76	73.31	42.76	29.90
重庆	13.96	1.91	12.04	4.25	
四川	194.54	84.39	299.61	148.34	20.37
贵州	37.59	7.41	21.31	15.57	0.09
云南	184.75	40.75	96.24	41.24	9.34
西藏					
陕西	903.63	158.00	1144.44	309.05	179.58
甘肃	364.05	59.29	228.85	24.17	18.14
青海	21.20	5.79	24.17	9.88	
宁夏	322.09	55.07	181.31	156.21	53.79
新疆	403.32	74.20	517.83	500.16	429.66

单位：亿元

集体资本	法人资本	个人资本	港澳台资本	外商资本	主营业务收　入	主营业务成　本	主营业务税金及附加
58.47	**1964.81**	**936.53**	**79.49**	**162.31**	**40980.89**	**35615.47**	**3111.03**
	4.64	0.74	0.63	0.24	818.63	731.79	61.30
1.41	14.01	4.35		12.63	1375.70	1191.30	112.34
0.89	65.91	43.24	8.92	5.48	2170.09	1967.07	111.34
18.59	171.35	401.18	5.36	8.95	1322.77	1223.78	4.01
	110.04	19.80			675.02	561.75	51.83
7.17	46.52	34.70	1.31	7.51	4253.23	3738.40	361.77
1.96	5.05	3.42		0.08	208.49	184.46	7.38
2.38	52.70	20.85	0.78		1452.26	1268.85	139.58
2.38	144.22	18.24	35.16	1.35	1770.91	1532.47	171.26
2.20	32.93	37.32	3.61	9.26	2223.24	1935.89	150.07
0.07	226.20	3.16	4.63	3.85	1665.28	1419.90	154.25
	3.69	2.27	10.05	0.20	432.02	378.61	44.88
0.06	75.15	7.55	0.52	73.83	650.91	580.53	53.73
2.10	11.99	56.74		1.40	558.71	477.77	49.31
8.57	254.39	89.62	1.52	1.86	7088.53	6335.62	297.69
1.47	117.21	44.92	0.90	1.61	1227.85	1069.51	61.71
0.04	2.88	3.15		9.91	836.98	720.62	97.78
	47.03	3.46	0.07	3.15	819.53	699.21	84.36
0.95	48.06	7.91	4.02	7.46	3626.49	3135.65	323.68
0.22	175.94	1.67	0.06		867.21	749.99	114.34
	2.39	0.33		10.14	414.16	347.79	56.10
	1.37	2.88			51.31	42.98	0.56
0.05	114.62	12.82		0.47	561.23	475.43	26.72
0.21	12.80	2.39	0.01	0.08	79.83	68.68	0.86
	23.25	7.85		0.80	274.11	246.64	0.74
5.29	64.25	57.77		2.06	2159.58	1668.55	218.44
	5.57	0.46			1124.94	931.10	138.93
	0.63	7.30	1.95		23.36	22.02	0.09
	86.37	16.05			494.95	414.80	51.17
2.47	43.63	24.40			1753.57	1494.30	164.85

3-33 续表 2

地区	销售费用	管理费用	税金	财务费用	利息收入	利息支出
全国	**333.43**	**911.80**	**41.91**	**375.24**	**28.56**	**376.46**
北京	6.86	24.13	0.32	2.70	0.16	2.85
天津	5.98	35.23	0.43	6.65	0.77	7.52
河北	15.13	38.64	1.78	25.45	0.97	22.40
山西	54.62	39.52	2.55	58.75	2.54	51.57
内蒙古	9.55	20.36	2.05	15.04	1.12	13.55
辽宁	26.06	115.68	5.42	32.83	1.61	35.53
吉林	2.36	7.10	1.50	1.42	0.08	1.30
黑龙江	7.30	57.12	3.26	14.56	0.29	13.81
上海	10.80	43.41	1.26	1.93	0.92	6.82
江苏	14.44	32.03	0.77	6.60	3.33	8.38
浙江	3.62	20.32	1.20	3.89	1.53	5.41
安徽	1.69	9.56	0.32	4.07	0.06	4.02
福建	3.29	15.62	0.42	7.36	0.25	12.64
江西	7.21	11.85	1.65	5.01	0.73	5.82
山东	42.40	115.85	6.00	75.08	5.31	71.22
河南	16.15	19.94	1.12	11.94	0.59	10.60
湖北	2.79	11.89	0.33	2.77	0.27	2.86
湖南	4.44	20.22	0.79	4.91	0.40	5.19
广东	18.32	46.23	1.62	6.53	1.76	10.70
广西	5.21	10.89	0.26	2.60	0.42	2.91
海南	0.75	4.02	0.13	0.07	0.12	0.67
重庆	1.64	2.04	0.10	0.50	0.06	0.40
四川	6.16	32.99	2.59	6.69	0.04	2.79
贵州	2.11	1.70	0.16	1.67	0.04	1.51
云南	3.96	6.89	0.34	8.48	1.05	7.89
西藏						
陕西	33.40	58.54	2.70	34.95	1.61	34.70
甘肃	6.08	47.27	0.91	11.49	1.67	13.01
青海	0.59	1.19	0.09	1.33	-0.01	1.23
宁夏	3.57	12.37	0.83	6.86	0.64	6.88
新疆	16.95	49.18	1.02	13.11	0.24	12.29

单位：亿元

投资收益（损失以“-”号记）	营业利润	利润总额	亏损企业亏损额	应交增值税	应交所得税	从业人员平均人数（万人）
-24.73	**677.59**	**636.16**	**504.93**	**1551.45**	**149.94**	**94.51**
-2.31	-10.40	-11.81	18.50	16.13	2.83	1.56
1.01	37.35	44.83	1.64	43.72	3.53	1.69
-5.59	7.87	11.97	20.84	51.16	5.89	6.11
4.79	-41.77	-40.33	62.32	27.52	1.31	12.28
0.29	18.50	17.70	5.62	20.68	1.92	3.22
-9.08	-12.14	-19.16	98.21	129.32	3.44	10.01
-0.30	7.01	6.90	1.01	3.38	1.06	0.86
0.64	-41.27	-46.18	54.94	34.24	0.53	5.52
0.81	14.04	20.09	11.66	56.19	5.78	2.03
-4.82	78.09	80.85	3.71	172.37	16.60	2.97
2.19	66.30	69.23	4.06	66.90	17.59	1.03
-2.29	-2.89	-2.81	8.36	8.88	0.82	0.66
	-15.13	-15.65	20.70	14.33	0.12	0.76
0.22	4.30	5.96	0.58	16.03	2.46	2.17
1.22	224.03	214.96	27.40	201.01	27.82	12.44
-0.33	48.50	48.09	13.05	23.94	5.58	3.98
	0.23	0.22	3.33	17.32	0.78	1.18
0.31	7.36	7.61	5.66	36.81	2.15	2.16
-0.70	109.01	83.75	9.37	343.62	16.03	2.61
-0.01	-14.45	-14.07	18.67	58.89	0.72	0.51
0.23	7.11	8.94	0.14	9.44	2.05	0.14
-0.99	2.28	2.21	0.49	1.71	0.51	0.50
-0.02	5.36	5.48	28.29	23.64	2.98	1.98
	3.22	3.21	0.47	0.97	0.10	0.61
0.90	10.65	12.67	1.74	5.86	0.80	1.60
-11.87	166.88	145.95	9.68	85.18	23.35	5.71
0.19	-14.57	-16.05	28.96	26.55	0.30	3.02
-0.06	1.85	2.17		1.16	0.04	0.30
0.40	7.85	8.57	2.78	15.27	1.12	2.43
0.43	2.43	0.88	42.73	39.20	1.71	4.46

3-34 化学原料和化学制品

地区	工业销售产值（当年价格）	出口交货值	资产总计	固定资产合计	固定资产原价
全国	**75771.09**	**3984.60**	**61317.66**	**24558.44**	**38379.55**
北京	345.45	11.68	500.71	108.91	237.03
天津	1285.77	74.78	1390.31	714.95	888.35
河北	2308.93	90.33	1797.18	730.81	954.28
山西	654.31	8.49	1226.50	624.35	825.41
内蒙古	1723.87	20.14	2248.27	1141.72	1378.95
辽宁	3170.32	62.59	2351.92	1040.75	1444.11
吉林	1609.65	7.83	810.94	439.49	1203.92
黑龙江	531.25	2.60	376.11	152.83	226.82
上海	2606.34	288.92	2399.03	806.21	1556.89
江苏	14732.83	1067.81	9786.77	3583.09	6489.00
浙江	5479.04	466.85	4963.02	1486.15	2099.99
安徽	1926.28	73.62	1530.80	621.70	864.89
福建	1278.26	96.34	1187.82	286.87	562.54
江西	1859.53	199.02	1294.06	595.07	1110.23
山东	14385.03	474.03	8516.58	3360.90	5680.37
河南	3090.39	45.71	2651.29	1361.28	1683.63
湖北	3270.48	123.56	2531.73	1027.26	2256.86
湖南	2700.40	161.57	1129.04	521.04	740.10
广东	5300.97	469.08	3611.66	1025.15	1885.15
广西	879.77	40.50	719.68	265.38	376.57
海南	128.57	0.72	298.49	39.95	90.69
重庆	740.92	19.33	866.36	444.26	585.25
四川	2229.18	77.64	2344.39	1056.35	1402.20
贵州	607.35	40.51	1116.61	445.18	494.11
云南	783.28	17.38	1124.51	413.66	577.59
西藏	2.02		4.84	1.18	1.32
陕西	643.10	25.46	1159.05	525.96	769.64
甘肃	331.67	3.39	365.91	181.32	224.34
青海	244.94		1122.62	467.96	492.04
宁夏	300.21	12.97	369.84	180.20	230.16
新疆	621.01	1.77	1521.61	908.51	1047.12

制造业主要经济指标

单位：亿元

累计折旧	流动资产合计	应收账款	存货	产成品	负债合计
15766.29	**27382.19**	**5568.16**	**5965.54**	**2535.52**	**35600.54**
128.49	301.30	69.64	45.91	18.34	285.79
243.09	528.76	156.74	134.80	51.98	852.33
323.65	826.97	148.54	160.62	73.34	1026.33
268.14	451.91	67.06	104.22	39.47	889.95
278.56	660.18	97.74	127.18	57.07	1571.48
556.24	1108.00	155.36	200.83	84.29	1519.87
732.95	268.31	41.23	89.69	27.24	364.26
85.67	180.80	41.42	44.74	19.75	222.15
770.76	1261.57	389.76	295.46	114.74	1167.52
3009.92	4817.19	1238.00	1078.14	444.12	5350.03
750.59	2783.12	582.37	533.38	219.48	2842.27
289.37	674.20	170.35	155.34	78.16	887.54
300.11	543.58	128.37	136.83	46.23	675.58
596.32	531.83	90.84	98.60	48.77	750.93
2654.30	3976.11	592.72	822.99	350.09	4932.73
505.79	1013.79	119.55	179.54	71.38	1390.83
1134.34	1001.54	166.64	263.36	114.91	1594.01
264.78	420.51	100.06	121.66	63.46	534.41
919.36	2125.70	597.81	440.30	178.21	1812.46
129.98	361.83	61.79	106.46	51.02	441.34
49.58	98.87	9.93	27.54	2.92	110.02
205.36	295.65	43.22	76.55	36.23	543.27
531.90	906.37	158.55	198.69	94.92	1300.37
154.45	409.50	71.95	91.89	58.98	774.60
215.28	530.93	69.71	128.97	51.31	762.58
0.16	2.63	0.23	0.09	0.04	1.63
240.01	335.74	66.67	68.07	35.77	799.25
87.26	153.04	19.57	45.65	21.50	191.76
101.75	316.71	27.53	74.59	28.49	779.04
65.96	155.46	25.02	37.71	18.21	249.67
172.14	340.09	59.79	75.74	35.13	976.54

3-34 续表 1

地区	流动负债合计	应付账款	所有者权益合计	实收资本	国家资本
全国	**27029.55**	**5793.15**	**25547.85**	**13598.64**	**1797.95**
北京	252.45	51.03	214.92	167.68	7.97
天津	598.32	190.49	534.92	330.72	51.99
河北	786.68	155.20	761.51	357.26	57.88
山西	672.53	130.47	334.67	220.11	62.55
内蒙古	962.60	193.00	674.41	506.01	162.10
辽宁	1210.71	124.33	826.67	584.55	189.89
吉林	273.59	69.16	441.66	250.60	2.17
黑龙江	188.73	51.18	152.09	95.50	31.52
上海	938.26	365.52	1229.73	890.29	88.25
江苏	4544.89	989.92	4435.05	2471.59	119.38
浙江	2436.87	553.66	2118.10	978.82	54.84
安徽	656.39	167.86	644.71	296.74	37.03
福建	487.06	133.30	507.28	318.94	22.59
江西	565.47	91.86	532.60	314.61	17.35
山东	3673.68	577.83	3525.24	1335.51	81.16
河南	1044.70	190.78	1254.32	699.65	97.04
湖北	1103.07	219.37	927.34	439.04	37.00
湖南	399.24	70.60	590.16	341.88	56.81
广东	1525.03	455.52	1787.65	865.69	85.17
广西	337.70	60.31	275.75	118.09	13.87
海南	75.25	15.85	188.40	121.34	52.35
重庆	413.38	61.67	322.42	190.33	45.39
四川	980.00	174.67	1030.66	439.44	51.77
贵州	571.01	82.92	341.64	208.40	136.82
云南	676.35	155.24	361.83	220.12	84.11
西藏	1.33	0.03	3.21	1.58	1.38
陕西	438.48	92.29	356.47	252.76	42.67
甘肃	138.36	35.88	171.30	85.35	26.29
青海	366.89	106.07	343.18	123.95	33.70
宁夏	202.51	43.07	115.77	55.52	2.65
新疆	507.98	184.08	544.21	316.61	44.25

单位：亿元

集体资本	法人资本	个人资本	港澳台资本	外商资本	主营业务收入	主营业务成本	主营业务税金及附加
287.33	**5198.91**	**2845.95**	**942.53**	**2463.81**	**76645.34**	**65871.88**	**585.75**
0.18	107.54	19.25	5.44	27.31	368.18	307.23	1.94
0.90	102.97	22.16	11.36	141.24	1344.25	1192.27	4.15
3.72	142.26	104.20	18.50	30.70	2312.22	1981.78	8.74
13.92	78.95	42.89	15.86	5.94	780.43	708.25	2.02
18.41	237.44	49.06	15.63	11.26	1401.92	1133.40	6.50
3.93	234.94	72.50	42.47	38.98	3196.35	2816.77	78.18
2.98	207.25	29.70	0.30	8.31	1590.75	1398.13	71.52
2.21	38.36	20.10	0.11	2.77	523.88	446.99	3.24
2.32	232.48	52.03	54.32	460.89	2763.34	2313.54	7.22
43.38	779.61	447.19	344.35	737.67	14864.98	12991.93	89.80
44.88	326.89	210.23	93.02	248.96	5721.61	5007.20	20.66
2.89	119.71	90.06	4.90	42.15	1879.97	1574.98	8.85
1.03	108.38	60.83	21.08	105.03	1288.22	1101.29	5.06
2.81	80.02	54.14	81.86	78.43	1929.35	1656.70	16.80
42.57	570.82	507.24	28.22	105.49	14719.24	12828.25	90.71
6.86	207.97	368.42	8.12	10.18	3175.99	2793.58	15.07
16.36	181.42	102.18	6.33	51.53	3347.22	2883.92	22.78
7.45	150.81	119.00	3.78	4.02	2635.55	2125.76	52.23
14.68	193.38	145.32	162.35	263.64	5292.94	4241.04	29.53
2.81	62.88	31.32	1.60	5.50	872.13	734.01	5.83
0.09	47.40	19.14	2.00	0.36	96.75	65.03	0.80
4.35	93.30	22.20	1.68	23.39	728.88	637.89	5.61
10.92	239.41	99.54	16.15	21.65	2250.78	1922.18	11.16
1.44	51.03	17.44		1.62	695.70	610.32	5.36
4.42	100.21	23.78	0.69	6.91	765.87	659.36	2.84
	0.20				1.51	0.77	0.02
14.56	147.10	38.44	0.74	8.55	658.25	542.45	2.69
4.97	39.17	10.84		3.57	285.54	260.93	1.51
4.03	44.45	27.46		14.31	224.85	153.84	9.00
5.90	28.87	17.05	0.24	0.80	290.37	265.41	0.65
2.37	243.69	22.21	1.42	2.66	638.31	516.70	5.27

3-34 续表 2

地区	销售费用	管理费用	税金	财务费用	利息收入	利息支出
全国	**2081.34**	**2751.11**	**153.36**	**987.12**	**100.68**	**988.70**
北京	26.36	27.85	0.45	4.62	0.75	5.43
天津	25.46	54.71	1.94	21.48	2.23	19.56
河北	55.05	82.25	4.66	31.35	1.93	27.93
山西	18.35	41.06	2.09	28.51	1.94	28.34
内蒙古	45.54	70.62	7.47	48.35	2.87	44.92
辽宁	52.59	110.62	7.70	33.94	2.75	36.15
吉林	26.83	76.58	6.97	12.14	0.49	10.92
黑龙江	7.49	18.75	1.21	4.50	0.25	4.29
上海	163.66	148.23	2.66	12.70	5.09	21.48
江苏	287.96	473.97	19.93	147.96	20.58	159.05
浙江	141.68	212.96	9.78	69.25	18.54	90.17
安徽	61.79	84.17	5.29	24.95	1.30	23.60
福建	34.71	41.96	2.90	17.88	1.14	25.78
江西	29.73	44.05	1.98	15.52	0.38	12.20
山东	223.48	316.46	26.00	170.06	15.79	145.41
河南	59.38	81.30	4.92	42.62	3.21	38.34
湖北	104.19	115.09	6.77	49.86	1.89	45.27
湖南	89.08	149.51	12.63	30.61	1.12	24.21
广东	371.35	238.84	8.58	21.47	7.30	28.86
广西	27.65	37.23	1.83	10.47	0.94	11.04
海南	2.31	4.68	0.19	0.26	0.08	0.34
重庆	25.50	43.22	2.35	18.20	1.24	18.17
四川	64.27	99.32	5.88	45.04	3.19	42.49
贵州	16.32	30.22	1.39	21.86	0.45	23.43
云南	34.31	41.56	1.85	25.26	1.53	25.56
西藏	0.10	0.18		0.01		0.01
陕西	23.57	38.49	1.83	16.65	1.77	19.47
甘肃	6.99	16.59	0.70	4.17	0.71	4.46
青海	23.69	14.25	0.46	22.84	-0.13	17.50
宁夏	6.66	9.51	0.91	6.28	0.25	5.82
新疆	25.32	26.86	2.03	28.30	1.13	28.52

单位：亿元

投资收益（损失以“-”号记）	营业利润	利润总额	亏损企业亏损额	应交增值税	应交所得税	从业人员平均人数（万人）
46.69	**4502.22**	**4522.41**	**714.13**	**2123.19**	**671.86**	**494.91**
0.58	0.58	1.26	18.77	11.54	2.96	3.59
0.82	44.30	45.31	7.99	36.91	8.75	6.06
-0.35	155.57	156.04	13.60	42.16	20.95	19.24
0.71	-15.15	-12.19	38.46	12.31	3.72	10.23
-5.65	87.38	73.58	42.86	34.72	11.09	9.73
-5.81	122.07	119.27	69.10	94.98	12.08	16.83
-1.93	1.72	-1.92	60.13	35.27	6.57	9.07
-0.69	35.26	34.82	6.37	10.93	4.05	4.15
17.81	133.67	142.84	35.09	69.08	28.79	11.84
-3.49	915.81	904.58	81.56	447.64	165.80	71.08
26.83	329.34	348.08	22.91	123.22	53.57	25.64
1.30	144.60	133.02	4.33	43.89	14.35	13.89
-1.90	51.55	52.85	13.50	38.47	7.35	9.43
-0.84	143.27	139.63	16.55	55.53	9.11	15.50
-4.74	1018.84	1030.44	41.23	395.41	129.96	66.40
0.84	196.88	205.41	28.76	58.28	25.20	28.68
2.20	221.01	213.44	13.22	87.84	18.24	21.72
-6.34	178.09	169.51	13.42	102.39	13.82	35.94
4.83	401.88	401.07	26.16	196.23	73.59	34.33
-8.47	55.07	60.42	6.31	23.00	5.89	9.57
4.81	29.00	29.25	1.42	5.35	5.35	0.43
-4.01	11.72	7.98	24.55	36.28	2.30	8.28
-0.34	121.22	122.58	36.72	63.46	20.89	22.74
9.32	29.88	35.05	14.94	11.98	4.36	5.92
2.27	16.34	19.06	21.77	17.35	4.58	8.03
0.24	0.69	0.70	0.01	0.17	0.08	0.04
1.95	15.85	17.02	18.28	17.01	3.70	7.90
2.97	-0.60	2.21	7.67	5.06	1.22	4.26
11.31	10.78	21.44	17.26	10.71	5.14	3.80
0.14	2.13	3.30	4.73	7.35	1.08	3.71
2.32	43.45	46.36	6.47	28.67	7.31	6.91

3-35 医药制造业

地　区	工业销售产值（当年价格）	出口交货值	资产总计	固定资产合计	固定资产原价
全　国	**20129.16**	**1184.17**	**18450.01**	**5370.51**	**8218.48**
北　京	593.04	5.98	907.50	124.89	198.16
天　津	451.84	31.61	676.05	168.85	239.49
河　北	663.06	75.70	804.37	251.86	340.11
山　西	148.74	16.29	265.01	118.07	124.69
内蒙古	256.04	10.79	263.25	155.98	195.46
辽　宁	711.80	16.59	542.70	177.41	252.84
吉　林	1304.03	8.92	951.67	236.72	592.30
黑龙江	320.03	7.03	444.18	123.85	210.51
上　海	554.55	45.35	764.16	145.64	233.92
江　苏	2672.72	202.37	1766.36	529.56	783.03
浙　江	1001.04	261.28	1387.70	351.07	462.66
安　徽	505.51	20.05	384.41	119.06	152.67
福　建	214.20	20.67	226.37	62.46	94.21
江　西	844.69	20.50	431.22	148.15	272.62
山　东	3139.91	214.22	2276.68	880.03	1387.17
河　南	1317.54	19.04	916.02	343.42	529.23
湖　北	820.79	65.35	710.41	227.70	344.85
湖　南	667.72	11.38	355.79	146.57	182.16
广　东	1156.80	74.46	1376.48	269.83	429.71
广　西	312.87	9.01	260.19	91.46	126.70
海　南	99.85	0.45	190.21	36.92	46.19
重　庆	306.55	15.45	383.74	114.22	141.07
四　川	972.64	11.61	879.46	213.40	373.44
贵　州	254.16	0.23	251.10	49.19	55.26
云　南	233.75	4.44	351.22	58.22	81.96
西　藏	9.74	0.03	26.51	3.90	4.80
陕　西	399.74	5.51	290.04	85.40	194.94
甘　肃	93.86	0.27	155.05	35.86	45.41
青　海	54.17	0.15	93.03	50.54	57.53
宁　夏	25.21	8.84	74.38	40.95	54.23
新　疆	22.55	0.60	44.76	9.33	11.17

主要经济指标

单位：亿元

累计折旧	流动资产合计	应收账款	存货	产成品	负债合计
3500.51	**9965.17**	**2233.95**	**2240.20**	**971.56**	**8112.30**
75.91	569.61	128.68	131.91	54.45	406.19
84.36	339.20	90.05	92.56	21.76	275.65
126.19	416.15	80.70	79.30	34.83	425.04
32.35	106.08	20.82	31.46	14.96	159.05
51.56	87.63	17.40	17.20	6.90	156.38
99.45	285.16	61.70	64.07	32.77	249.53
375.61	472.75	120.33	103.91	51.56	345.79
99.67	267.35	61.16	69.18	20.16	200.27
105.87	481.16	111.44	142.54	62.31	345.16
302.00	1011.95	336.08	212.09	80.19	717.58
175.64	763.88	172.42	188.78	82.28	664.62
56.91	215.40	80.90	53.18	22.37	187.93
42.90	128.65	28.48	34.98	13.70	87.53
138.73	208.57	50.50	46.48	24.83	187.65
648.73	1099.38	197.98	209.40	108.03	902.41
212.15	448.57	82.86	86.48	37.33	354.96
134.98	341.80	74.82	72.66	34.40	346.43
53.30	160.89	32.35	36.51	17.07	134.70
179.25	823.72	156.80	175.81	88.30	561.97
45.89	143.17	24.57	34.77	13.87	125.11
15.06	122.68	21.71	18.71	9.98	78.29
42.30	187.32	31.36	37.74	15.04	211.16
189.53	529.87	102.87	103.93	45.63	421.36
18.65	165.01	38.53	32.71	13.80	100.83
27.73	233.73	37.50	60.69	20.71	167.91
1.05	15.16	3.69	3.13	0.53	7.66
123.66	165.85	36.09	48.60	22.83	123.10
13.61	85.69	19.18	22.99	9.91	71.22
7.19	37.20	4.57	10.96	4.19	25.41
16.37	24.44	3.40	6.45	3.27	44.41
3.93	27.14	5.01	11.03	3.58	27.02

3-35 续表 1

地区	流动负债合计	应付账款	所有者权益合计	实收资本	国家资本
全国	**6529.79**	**1434.32**	**10251.13**	**3859.54**	**283.42**
北京	341.34	102.33	501.31	168.29	12.20
天津	230.45	58.51	400.11	247.59	10.34
河北	326.85	88.62	379.04	172.55	6.30
山西	112.88	18.62	105.21	50.13	8.80
内蒙古	142.00	26.20	106.25	71.76	1.77
辽宁	195.98	38.90	291.60	109.62	13.34
吉林	282.68	53.39	603.63	171.57	12.25
黑龙江	180.54	55.15	243.42	82.41	17.02
上海	298.96	106.56	417.60	205.31	59.49
江苏	635.51	152.94	1041.23	341.43	10.44
浙江	548.12	96.90	718.20	226.68	16.85
安徽	152.28	38.29	192.80	82.76	9.50
福建	72.12	12.27	137.17	48.75	2.22
江西	152.72	35.52	239.58	85.01	6.72
山东	681.16	116.11	1344.98	314.40	10.23
河南	277.42	44.10	554.87	230.62	6.57
湖北	252.36	49.93	360.79	147.14	12.48
湖南	105.58	26.99	218.08	87.63	6.32
广东	440.80	84.30	813.22	282.31	8.62
广西	100.71	19.27	131.83	47.88	0.57
海南	63.48	27.02	111.92	35.76	1.06
重庆	165.44	28.18	171.07	57.53	5.87
四川	304.62	59.38	454.34	128.09	5.70
贵州	90.46	13.71	148.96	43.36	0.55
云南	145.63	35.05	183.31	56.97	10.82
西藏	5.56	1.57	18.85	7.54	2.36
陕西	104.29	20.10	165.95	69.02	2.89
甘肃	50.97	13.76	80.53	244.71	18.70
青海	16.87	0.33	67.54	22.15	1.00
宁夏	31.71	7.24	29.97	12.60	0.06
新疆	20.27	3.05	17.74	7.96	2.41

单位：亿元

集体资本	法人资本	个人资本	港澳台资本	外商资本	主营业务收　　入	主营业务成　　本	主营业务税金及附加
108.80	**1648.99**	**1078.21**	**226.16**	**496.46**	**20484.22**	**14461.95**	**152.67**
0.58	70.88	33.94	12.20	34.07	609.69	279.27	6.15
3.02	72.77	94.22	0.82	66.43	512.50	317.61	4.13
3.14	60.42	59.95	29.08	13.62	835.84	672.65	4.20
0.91	24.88	11.39	0.33	3.52	148.56	99.50	1.10
0.49	29.78	12.89	21.91	0.10	255.55	195.93	1.00
0.48	44.64	36.85	3.74	10.52	769.46	571.41	6.91
3.44	84.14	52.98	2.88	12.39	1245.95	869.00	7.42
0.94	17.99	23.64	3.12	19.71	414.14	279.50	2.82
1.90	50.66	21.39	15.27	56.60	580.18	330.91	2.92
17.61	91.40	77.15	31.70	113.13	2683.07	1779.67	19.53
3.20	91.73	64.97	17.04	32.88	999.63	649.28	7.12
2.29	27.58	39.65	1.49	2.26	532.58	427.57	2.77
1.14	16.51	13.02	7.58	8.28	209.98	142.98	1.44
2.11	41.97	29.95	0.77	3.50	892.25	689.26	5.86
9.08	117.32	126.85	3.49	47.43	3124.50	2350.77	27.73
24.90	101.89	92.23	1.80	3.01	1334.45	1094.21	7.06
5.83	70.96	41.35	13.71	2.64	816.59	625.01	5.69
0.90	45.11	33.97	0.58	0.75	663.00	504.41	7.93
7.56	122.24	70.84	37.76	34.47	1144.59	765.45	7.45
1.05	24.18	13.58	3.76	4.73	309.92	197.62	2.61
0.75	17.99	5.90	2.48	7.58	99.53	54.51	0.83
4.59	29.89	16.92	0.11	0.16	308.20	222.20	2.00
2.22	72.73	38.36	1.86	6.70	967.70	712.09	9.17
0.51	23.27	16.03	0.40	2.61	228.35	120.52	2.52
2.32	29.85	9.50	2.69	1.79	237.57	142.43	1.66
0.05	5.00	0.13			11.84	4.05	0.17
2.92	24.47	19.57	9.59	7.31	377.24	248.29	3.36
2.63	211.70	11.61		0.08	85.59	56.30	0.55
2.14	18.91	0.10			41.72	26.44	0.33
	4.56	7.62			24.59	20.65	0.10
0.09	3.58	1.67		0.22	19.48	12.44	0.12

3-35 续表 2

地区	销售费用	管理费用	税金	财务费用	利息收入	利息支出
全 国	**2357.13**	**1278.19**	**47.71**	**194.93**	**38.93**	**193.23**
北 京	166.34	61.82	0.96	8.47	2.65	5.14
天 津	97.69	41.47	1.05	5.04	1.44	4.77
河 北	65.65	36.31	1.83	6.91	2.46	8.40
山 西	19.98	14.88	0.46	3.35	0.29	3.18
内蒙古	11.08	13.33	0.96	2.00	0.06	1.59
辽 宁	67.74	45.37	2.04	5.66	0.55	4.70
吉 林	188.35	77.77	3.45	8.70	0.48	7.25
黑龙江	57.17	33.52	1.43	1.40	0.95	2.54
上 海	127.53	57.02	0.69	3.22	2.17	4.57
江 苏	426.15	190.91	4.45	11.49	3.98	14.40
浙 江	136.66	101.40	3.76	15.91	3.27	17.95
安 徽	27.43	25.82	1.46	4.40	0.76	4.10
福 建	22.17	16.28	0.71	2.90	0.22	2.69
江 西	80.10	37.22	1.49	6.05	0.76	5.77
山 东	222.34	129.04	6.04	34.48	4.45	30.83
河 南	49.19	38.53	1.74	15.62	1.38	12.88
湖 北	63.15	49.31	2.85	11.75	0.87	10.99
湖 南	47.41	45.48	2.49	4.82	0.42	3.94
广 东	134.48	81.35	2.21	7.13	5.87	11.77
广 西	45.67	20.45	0.86	3.23	0.17	2.96
海 南	20.37	10.63	0.19	0.81	0.53	1.21
重 庆	27.98	22.02	0.94	5.52	0.75	5.44
四 川	79.51	61.62	2.94	12.42	2.61	13.30
贵 州	57.45	13.82	0.40	2.53	0.44	2.62
云 南	40.37	16.86	0.55	2.82	0.64	3.08
西 藏	3.22	1.47	0.02		0.06	0.06
陕 西	56.15	20.64	0.90	3.79	0.28	2.75
甘 肃	6.25	5.90	0.30	1.54	0.24	1.48
青 海	5.95	3.25	0.38	0.58		0.49
宁 夏	0.60	2.72	0.13	1.82	0.14	1.80
新 疆	2.99	1.99	0.03	0.58	0.05	0.58

单位：亿元

投资收益（损失以“–”号记）	营业利润	利润总额	亏损企业亏损额	应交增值税	应交所得税	从业人员平均人数（万人）
50.72	**2091.58**	**2132.71**	**60.50**	**990.29**	**297.60**	**208.55**
14.78	105.86	109.93	5.12	51.51	18.47	6.98
4.70	57.69	59.87	3.78	41.30	8.11	4.42
1.49	51.82	56.13	2.12	23.02	7.68	8.60
0.17	10.17	10.84	1.80	7.62	1.65	3.19
-9.35	26.91	27.18	1.47	15.87	2.26	2.81
0.97	72.49	71.26	3.28	36.29	9.98	5.38
7.59	109.81	100.63	4.17	50.62	9.50	13.28
0.50	38.51	40.48	0.44	21.91	7.17	5.41
5.34	70.31	74.49	4.95	33.65	12.50	6.26
4.04	266.86	272.88	6.21	147.37	47.24	18.94
10.27	102.51	108.76	5.91	56.27	19.44	12.89
0.10	45.51	46.92	0.51	16.07	3.81	5.79
0.48	26.44	26.26	0.35	8.53	3.71	3.01
1.42	62.52	65.06	0.91	35.90	7.16	8.59
4.64	320.25	327.59	3.12	133.86	49.54	22.59
0.77	131.38	132.36	1.69	33.57	15.92	16.26
2.63	71.38	73.56	1.39	35.34	8.96	10.47
-0.31	59.11	57.84	2.00	29.25	3.81	6.59
-8.15	146.07	150.13	3.35	55.23	21.86	11.81
-1.26	41.29	41.70	1.26	16.72	4.69	3.99
0.50	12.82	13.68	0.39	6.97	1.94	1.28
-0.27	30.80	31.31	0.59	19.68	3.27	4.41
0.77	98.80	98.11	1.22	48.82	12.48	12.53
0.49	26.76	27.49	1.30	13.87	3.66	3.15
8.27	39.66	38.31	0.73	16.69	4.98	2.55
	2.90	3.26	0.12	1.32	0.50	0.15
-0.02	42.93	43.26	0.90	25.37	4.25	4.45
0.02	13.73	14.24	0.17	3.66	1.87	1.32
	5.92	7.68		2.28	0.86	0.50
0.11	-1.03	-0.24	1.12	0.67	0.12	0.55
0.04	1.42	1.73	0.11	1.05	0.19	0.42

3-36 化学纤维制造业

地　区	工业销售产值（当年价格）	出口交货值	资产总计	固定资产合计	固定资产原价
全　国	**6974.78**	**479.24**	**6205.37**	**2122.89**	**3306.75**
北　京	1.98	0.89	3.63	1.68	2.33
天　津	16.73	0.75	5.61	1.78	2.89
河　北	76.51	2.74	66.59	22.32	36.93
山　西	0.19		0.58	0.05	0.05
内蒙古	0.58		0.51	0.13	0.14
辽　宁	48.49	2.18	38.21	12.77	20.59
吉　林	63.77	0.01	102.88	47.08	84.25
黑龙江	0.89		34.05	12.58	0.49
上　海	42.19	11.12	53.15	14.87	35.00
江　苏	2690.67	203.07	2189.43	782.64	1222.15
浙　江	2384.78	141.88	2084.44	547.76	829.47
安　徽	71.00	7.36	102.52	49.58	64.17
福　建	680.77	38.84	660.82	268.73	398.92
江　西	61.44	2.03	79.56	35.54	51.23
山　东	223.80	14.85	203.72	84.70	140.90
河　南	83.88	10.35	89.87	38.07	64.22
湖　北	75.79	2.84	47.14	17.77	36.26
湖　南	25.80		15.23	7.56	9.70
广　东	131.33	22.22	119.26	43.21	101.03
广　西	0.58		0.59	0.08	0.12
海　南	0.50		3.28	1.99	6.73
重　庆	4.93	0.01	2.77	0.71	1.00
四　川	162.59	15.98	160.14	69.97	95.88
贵　州					
云　南	14.96		10.44	1.57	6.22
西　藏					
陕　西	15.69		10.05	3.63	7.91
甘　肃	4.94		4.03	1.31	13.18
青　海					
宁　夏					
新　疆	89.99	2.13	116.90	54.80	75.02

主要经济指标

单位：亿元

累计折旧	流动资产合计	应收账款	存货	产成品	负债合计
1411.71	**3143.15**	**436.46**	**789.99**	**403.73**	**3942.19**
0.65	1.67	0.30	0.76	0.46	1.08
1.28	3.68	1.11	1.62	0.91	3.25
17.17	26.28	2.80	9.52	4.59	36.43
0.01	0.35	0.07	0.02	0.02	0.46
0.04	0.38	0.18	0.16	0.12	0.46
8.45	16.94	2.49	5.94	4.86	22.51
66.62	37.15	4.11	11.50	6.27	77.50
0.05	16.34	1.13	0.42	0.16	20.22
20.74	32.32	5.80	6.57	3.34	25.93
509.17	1090.13	166.69	306.11	154.12	1390.00
343.95	1166.05	153.99	242.57	132.50	1324.58
23.84	39.82	3.83	14.09	6.84	65.65
144.77	313.56	41.00	69.04	35.88	415.33
16.72	36.28	3.98	6.41	1.63	57.85
71.98	88.69	10.17	23.63	11.16	127.46
29.29	36.66	7.20	12.26	7.70	45.77
19.21	20.76	3.73	6.29	2.56	25.87
2.27	5.51	0.48	1.57	0.83	5.13
55.65	60.05	17.57	13.13	6.77	59.53
0.04	0.48	0.02	0.08	0.07	0.56
1.99	1.00	0.79	0.20	0.10	4.16
0.31	1.44	0.08	0.20	0.02	1.52
35.79	78.27	2.88	27.39	7.15	126.18
4.66	8.66	0.40	1.93	0.45	2.07
4.28	5.02	0.54	1.64	0.53	2.17
11.89	2.68	0.71	0.85	0.55	2.75
20.94	52.99	4.42	26.08	14.15	97.74

3-36 续表 1

地区	流动负债合计	应付账款	所有者权益合计	实收资本	国家资本
全国	**3312.88**	**492.22**	**2256.47**	**1256.77**	**70.66**
北京	0.87	0.15	2.55	0.98	
天津	3.21	1.74	2.35	2.01	
河北	26.94	5.54	30.15	16.28	4.44
山西	0.46	0.08	0.12	0.12	
内蒙古	0.15	0.11	0.05	0.02	0.02
辽宁	16.82	2.35	15.69	8.40	
吉林	61.14	7.32	25.39	17.23	8.09
黑龙江	19.74	0.24	13.82	2.35	
上海	24.08	3.04	27.21	21.38	
江苏	1144.20	148.70	799.38	455.52	27.58
浙江	1204.53	181.79	757.76	331.95	5.91
安徽	48.59	10.33	36.81	22.01	4.52
福建	309.60	27.58	243.10	207.46	3.44
江西	40.18	20.82	20.53	11.48	
山东	107.57	21.90	76.13	43.02	0.49
河南	35.54	7.88	44.17	11.47	3.44
湖北	20.46	3.83	21.27	17.51	
湖南	4.16	0.29	10.10	5.62	
广东	47.88	13.24	59.27	35.75	3.06
广西	0.56	0.07	0.03	0.01	
海南	4.16	0.84	-0.88	3.13	3.13
重庆	1.50	0.45	1.24	0.28	
四川	110.10	10.79	33.86	14.57	0.72
贵州					
云南	2.07	1.64	8.36	4.14	2.86
西藏					
陕西	2.12	1.10	7.87	5.70	1.74
甘肃	2.59	0.99	1.16	0.58	
青海					
宁夏					
新疆	73.65	19.41	18.94	17.80	1.20

单位：亿元

					主营业务收　　入	主营业务成　　本	主营业务税金及附加
集体资本	法人资本	个人资本	港澳台资本	外商资本			
8.32	**416.92**	**328.63**	**283.58**	**142.22**	**7055.20**	**6441.77**	**19.45**
	0.92	0.06			1.95	1.50	0.01
	1.54	0.12		0.36	16.49	13.71	0.17
0.02	2.13	9.45		0.24	76.35	69.23	0.30
		0.12			0.22	0.20	
					0.48	0.44	
0.01	3.35	1.62	2.63	0.81	53.23	48.60	0.06
	1.67	1.02			51.15	48.57	0.17
		2.35			0.88	0.70	0.01
1.12	4.08	1.98	9.76	4.44	42.72	36.00	0.04
3.29	171.97	146.94	62.54	43.20	2712.49	2506.25	7.18
0.31	119.05	95.59	63.70	47.39	2384.90	2214.93	5.47
	5.62	11.62	0.25		85.08	73.45	0.23
	30.62	25.99	134.70	12.71	686.85	600.77	1.12
	2.11	0.25	0.24	8.88	75.94	65.37	0.17
0.49	23.68	11.82	2.09	4.45	231.21	204.39	1.01
	2.71	4.90		0.41	86.84	75.64	0.36
	7.75	2.43		7.34	75.39	68.23	0.38
	4.91	0.46	0.25		25.18	21.49	0.49
0.89	11.50	6.39	7.18	6.73	130.32	111.92	0.60
		0.01			0.34	0.31	
					0.50	0.57	
	0.10	0.18			4.75	4.49	0.04
2.20	6.13	1.99	0.26	3.27	182.52	162.64	1.32
		0.05		1.23	14.96	10.37	0.09
	3.04	0.18		0.74	15.61	13.20	0.08
	0.28	0.30			4.29	4.08	
	13.77	2.83			94.55	84.72	0.15

3-36 续表 2

地　区	销售费用	管理费用	税金	财务费用	利息收入	利息支出
全　国	**68.35**	**187.96**	**9.96**	**113.84**	**19.09**	**125.70**
北　京	0.06	0.25	0.01	0.04		0.03
天　津	0.42	0.59	0.02	0.08		0.06
河　北	1.25	2.75	0.15	0.91	0.05	0.75
山　西		0.01		0.01		0.01
内蒙古	0.01	0.02		0.01		0.01
辽　宁	0.32	1.85	0.09	1.05	0.01	0.91
吉　林	1.41	3.59	0.26	3.72	0.16	3.46
黑龙江	0.05	0.13		0.02		0.02
上　海	2.16	2.92	0.02	0.51	-0.01	0.44
江　苏	25.90	56.24	3.06	41.21	7.89	47.31
浙　江	10.64	44.01	3.53	34.08	8.50	41.57
安　徽	1.87	3.54	0.21	2.22	0.06	2.14
福　建	5.66	39.93	0.97	13.02	1.05	12.01
江　西	0.80	1.57	0.07	1.29	0.12	1.48
山　东	4.06	7.07	0.55	4.64	0.08	3.82
河　南	1.49	2.69	0.24	2.02	0.08	1.77
湖　北	1.18	5.03	0.04	0.98	0.11	1.00
湖　南	0.37	0.71	0.14	0.18	0.01	0.13
广　东	2.02	5.73	0.22	1.20	0.18	1.37
广　西	0.01	0.03		0.01		0.01
海　南		0.16	0.01			
重　庆	0.01	0.04		0.04		0.03
四　川	4.38	4.80	0.27	3.69	0.53	4.39
贵　州						
云　南	0.05	0.72	0.01	-0.15	0.15	
西　藏						
陕　西	0.12	0.43	0.02	0.02	0.01	0.03
甘　肃	0.02	0.05		0.05		0.05
青　海						
宁　夏						
新　疆	4.12	3.11	0.07	2.99	0.09	2.86

单位：亿元

投资收益（损失以“-”号记）	营业利润	利润总额	亏损企业亏损额	应交增值税	应交所得税	从业人员平均人数（万人）
4.60	**261.74**	**274.24**	**42.80**	**153.33**	**35.45**	**48.51**
	0.11	0.15		0.08	0.03	0.06
	1.77	1.76	0.10	0.95	0.32	0.10
0.05	1.74	1.63	3.13	1.96	0.23	1.42
						0.01
	-0.01					0.01
0.01	0.31	0.45	1.10	1.87	0.08	0.67
0.01	-5.18	-4.01	4.13	1.10	0.12	0.88
	0.01	0.01	0.02	0.02		0.07
0.83	2.40	2.62	0.75	0.52	0.54	0.40
1.30	85.86	88.12	16.13	71.57	15.04	18.20
2.13	86.06	89.94	6.24	41.12	9.67	12.13
0.11	3.65	4.12	0.56	1.82	0.29	1.10
-1.83	30.55	32.39	6.00	10.04	3.05	3.53
	6.17	6.51	0.01	2.50	0.16	0.49
0.30	11.23	11.45	0.45	5.43	1.54	2.09
1.57	5.96	5.83	0.44	1.00	0.27	1.80
0.05	4.66	4.60	1.43	1.67	0.09	0.85
0.02	1.40	1.22		0.91	0.11	0.30
0.01	9.26	9.62	1.24	3.75	1.79	1.43
	-0.23	-0.23	0.23	0.02		0.04
	0.38	0.39	0.01	0.18		0.09
0.04	7.31	8.60	0.07	3.31	1.17	1.78
	3.89	3.90		0.84	0.58	0.04
	2.31	2.37	0.03	0.63	0.28	0.12
	0.06	0.04		0.05		0.04
	2.10	2.78	0.73	1.99	0.07	0.88

3-37 橡胶和塑料制品业

地区	工业销售产值(当年价格)	出口交货值	资产总计	固定资产合计	固定资产原价
全国	**27639.65**	**3713.67**	**18641.13**	**6482.12**	**10485.57**
北京	110.17	14.19	166.09	31.76	57.35
天津	448.40	43.80	389.94	165.21	241.23
河北	1105.99	38.38	620.10	240.32	336.57
山西	81.25	5.52	91.75	25.12	35.67
内蒙古	127.42		71.10	26.71	46.48
辽宁	1705.99	54.95	1052.53	490.54	735.64
吉林	265.12	2.34	439.42	194.67	333.79
黑龙江	189.43	1.69	127.68	44.55	73.38
上海	901.54	220.05	962.50	235.21	463.21
江苏	2450.37	404.86	1813.19	636.46	1091.27
浙江	2714.13	520.20	2462.59	627.93	914.33
安徽	1131.03	105.20	718.59	250.20	401.91
福建	1327.09	196.71	901.88	267.47	410.02
江西	474.24	22.32	154.83	67.24	109.82
山东	5447.92	873.54	2885.90	1208.19	1832.17
河南	1445.30	38.24	808.26	387.45	478.51
湖北	922.23	8.12	478.47	173.02	551.70
湖南	507.01	3.15	189.68	98.33	121.76
广东	4111.83	1108.33	2824.96	802.97	1364.43
广西	237.46	2.66	182.18	67.93	42.03
海南	20.10	1.19	17.08	7.00	6.95
重庆	387.35	21.18	223.64	99.14	213.66
四川	754.27	4.15	428.62	148.50	252.32
贵州	134.82	19.31	140.79	31.50	53.30
云南	125.50		78.51	15.96	29.55
西藏					
陕西	299.19	1.89	196.08	77.32	200.53
甘肃	58.44		59.78	15.17	22.04
青海	3.32		3.04	0.77	0.70
宁夏	34.98	0.05	39.81	12.89	23.78
新疆	117.75	1.67	112.15	32.58	41.45

主要经济指标

单位：亿元

累计折旧	流动资产合计	应收账款	存货	产成品	负债合计
4629.19	**10069.50**	**2870.31**	**2373.21**	**1003.67**	**9490.53**
25.99	92.97	26.13	19.78	10.27	83.31
99.44	194.50	68.19	49.98	23.03	229.66
111.90	310.03	110.87	70.24	33.47	268.20
11.51	52.45	15.96	16.34	9.90	55.50
18.99	31.76	7.02	5.35	3.29	24.96
311.00	432.76	88.91	88.71	43.78	472.42
146.34	200.19	64.90	108.10	6.65	162.36
32.41	75.21	19.90	20.80	6.62	73.30
238.32	599.17	200.01	128.25	52.45	483.68
470.36	1008.35	386.29	233.77	100.95	836.23
381.08	1522.15	403.96	291.37	130.43	1514.04
182.09	387.27	129.15	94.72	37.50	340.15
163.33	505.94	130.37	122.43	50.76	432.88
48.90	67.61	18.97	17.32	10.35	60.63
724.90	1451.49	294.30	331.00	154.78	1528.52
111.06	363.60	59.69	43.58	23.50	267.37
399.64	252.03	69.82	64.05	32.98	227.62
29.90	68.46	18.53	19.74	11.60	78.65
659.52	1664.47	540.36	431.10	147.42	1511.22
14.03	100.84	28.18	24.31	12.15	98.59
1.42	8.18	1.67	2.87	1.86	10.80
122.20	101.89	32.96	31.84	18.53	134.60
118.79	226.75	64.24	52.45	27.25	222.75
23.17	74.34	21.61	17.70	4.01	85.59
14.89	49.54	11.15	14.49	9.01	46.42
137.22	95.10	22.45	26.81	14.98	115.64
7.65	37.73	12.31	11.51	7.70	34.53
0.10	1.98	0.67	0.44	0.32	2.04
11.42	25.38	7.16	6.67	4.06	26.12
11.62	67.36	14.59	27.49	14.05	62.77

3-37 续表 1

地　区	流动负债合计	应付账款	所有者权益合计	实收资本	国家资本
全　国	**7898.65**	**1926.93**	**9041.54**	**4904.21**	**126.06**
北　京	70.94	19.53	82.78	44.69	2.13
天　津	177.65	44.86	160.12	118.16	15.97
河　北	214.99	43.63	347.84	166.89	0.73
山　西	40.46	8.96	35.36	19.53	0.73
内蒙古	18.44	3.62	45.38	20.68	1.31
辽　宁	320.31	70.70	574.06	264.16	0.53
吉　林	145.54	21.10	269.31	199.68	1.06
黑龙江	64.95	18.90	54.08	21.94	1.78
上　海	416.18	133.41	477.57	272.05	7.90
江　苏	749.93	196.05	973.67	568.30	11.50
浙　江	1387.67	226.75	945.61	421.85	5.93
安　徽	254.81	67.44	375.51	169.57	5.29
福　建	373.88	94.28	460.73	228.74	1.37
江　西	48.96	12.47	88.62	539.33	0.10
山　东	1247.00	241.82	1343.86	365.59	11.10
河　南	200.24	51.71	532.81	243.29	4.27
湖　北	184.04	44.87	247.33	114.44	3.20
湖　南	57.72	13.44	110.61	71.68	0.61
广　东	1276.33	456.79	1296.10	733.64	9.73
广　西	70.23	20.70	80.10	21.00	4.18
海　南	9.38	4.05	6.25	4.94	
重　庆	91.90	28.79	87.84	46.59	2.36
四　川	175.54	29.96	203.85	101.33	2.15
贵　州	67.33	15.90	43.07	19.56	2.74
云　南	42.56	6.19	31.94	16.53	0.20
西　藏					
陕　西	84.62	23.51	79.17	53.59	20.88
甘　肃	29.50	5.41	24.27	15.24	1.16
青　海	1.41	0.51	1.00	0.56	
宁　夏	25.26	9.68	13.31	12.37	0.10
新　疆	50.88	11.89	49.38	28.33	7.05

单位：亿元

集体资本	法人资本	个人资本	港澳台资本	外商资本	主营业务收入	主营业务成本	主营业务税金及附加
65.02	**1905.63**	**1268.28**	**571.58**	**956.87**	**27848.79**	**23847.35**	**156.14**
0.38	20.67	8.81	1.26	11.43	133.57	113.21	0.55
2.37	17.12	20.55	27.96	34.18	450.55	383.08	2.66
0.25	63.16	89.54	5.55	7.65	1084.68	929.27	4.38
0.37	8.70	6.58	0.02	3.14	87.03	76.29	0.27
0.71	10.25	7.38		1.13	128.75	99.81	1.19
2.60	103.56	60.16	1.61	95.71	1699.98	1456.91	10.38
0.43	179.59	8.22	10.02	0.26	555.36	495.61	2.39
0.97	4.85	9.50	0.52	4.28	190.17	167.33	0.78
10.01	50.62	41.56	35.57	126.38	925.56	768.37	1.77
9.24	96.00	125.72	70.12	255.71	2481.56	2120.38	12.93
1.69	99.73	197.38	52.54	64.58	2694.14	2317.22	12.45
0.91	56.52	62.78	4.07	40.00	1092.76	927.05	5.73
1.40	59.10	55.46	63.82	47.58	1332.73	1126.26	8.13
0.08	512.86	18.77	1.38	6.15	492.53	431.59	2.37
13.40	132.54	154.37	9.66	43.85	5362.13	4629.83	31.59
1.84	82.37	150.38	3.76	0.35	1442.17	1216.15	11.08
5.03	45.38	54.58	2.31	2.07	906.08	763.84	7.13
1.30	30.93	21.62	1.02	16.18	501.10	416.68	5.84
5.02	191.65	74.42	270.91	175.35	4111.50	3563.60	20.13
0.75	5.97	7.55	1.61	0.27	242.14	204.62	1.39
1.70	3.13	0.07	0.03	0.01	20.14	17.87	0.02
0.91	20.58	11.10	2.75	8.88	386.28	325.39	3.68
1.67	55.49	38.30	2.66	0.93	762.44	641.79	4.71
0.02	6.00	8.86	0.96	0.65	134.37	110.81	1.05
0.49	7.89	6.71		1.23	126.08	114.47	0.33
0.36	20.00	12.29			291.86	247.06	2.41
0.78	5.45	7.04	0.70		51.23	44.22	0.24
0.02	0.23	0.31			3.22	2.82	0.03
0.01	1.52	3.83		6.90	35.87	32.25	0.23
0.29	13.75	4.46	0.77	2.02	122.82	103.57	0.30

3-37 续表 2

地区	销售费用	管理费用	税金	财务费用	利息收入	利息支出
全国	**657.32**	**1069.63**	**60.99**	**277.88**	**24.75**	**252.83**
北京	4.24	8.88	0.23	1.87	0.22	2.00
天津	9.71	19.03	1.05	4.17	0.37	4.38
河北	18.09	25.02	1.27	9.18	0.25	7.51
山西	2.25	2.54	0.11	1.81	0.07	1.68
内蒙古	2.77	5.61	0.63	0.61	-0.01	0.56
辽宁	41.03	78.92	5.24	12.67	1.92	11.28
吉林	5.42	19.59	4.34	4.01	0.12	2.21
黑龙江	3.24	5.36	0.44	1.27	-0.39	1.63
上海	34.49	67.26	2.44	9.10	2.05	9.24
江苏	64.96	114.36	4.45	20.27	2.61	20.54
浙江	67.77	110.74	5.21	46.98	8.17	51.05
安徽	28.44	40.92	3.25	11.86	0.43	10.11
福建	33.43	53.09	4.50	9.63	1.66	10.75
江西	6.30	7.68	0.56	2.22	0.07	1.79
山东	106.32	126.33	9.50	66.70	2.07	57.08
河南	30.04	26.91	1.33	10.13	0.19	8.13
湖北	25.40	35.33	2.04	11.00	0.42	8.40
湖南	13.94	35.30	2.33	3.67	0.11	2.85
广东	95.58	192.37	6.40	26.51	3.01	19.39
广西	4.67	9.03	0.28	1.86	0.14	1.53
海南	0.54	0.80	0.02	0.17		0.11
重庆	10.19	14.73	1.09	4.72	0.12	4.48
四川	26.61	33.41	1.33	7.99	0.42	7.12
贵州	6.02	6.98	0.35	3.09	0.07	2.57
云南	2.19	4.03	0.17	1.59	0.17	1.69
西藏						
陕西	7.25	17.08	1.97	1.91	0.32	1.97
甘肃	1.77	2.05	0.08	1.08	0.01	0.91
青海	0.09	0.11		0.10		0.10
宁夏	1.15	1.55	0.15	0.42	0.01	0.46
新疆	3.42	4.61	0.21	1.29	0.12	1.34

单位：亿元

投资收益（损失以"-"号记）	营业利润	利润总额	亏损企业亏损额	应交增值税	应交所得税	从业人员平均人数（万人）
-2.87	**1913.37**	**1900.58**	**94.36**	**724.38**	**254.09**	**334.90**
0.30	6.65	7.46	1.39	4.00	1.65	2.06
0.08	30.81	32.28	3.98	13.79	3.35	6.31
-3.96	95.82	93.18	3.43	26.46	7.22	10.45
0.08	4.14	4.44	0.16	0.88	0.72	1.15
-3.82	12.69	11.00	0.48	3.37	0.92	1.03
-2.50	105.88	106.10	10.98	39.80	7.16	14.99
0.06	30.97	27.37	0.77	4.62	4.92	2.16
	11.74	11.60	0.43	5.14	0.88	1.96
2.30	58.07	60.25	8.28	21.89	12.05	14.10
0.06	153.44	154.72	13.39	76.79	32.17	34.57
21.00	166.10	168.19	8.92	70.05	24.81	34.35
-0.17	79.14	80.57	3.52	28.53	10.52	12.14
-1.75	124.40	126.95	2.33	43.93	16.52	17.26
-1.46	38.26	38.40	0.02	13.68	2.43	4.72
-1.28	396.40	392.30	6.72	136.77	59.74	35.81
-1.23	144.69	141.65	2.31	35.43	15.63	14.95
0.25	67.78	66.22	0.82	28.58	7.18	9.96
-0.34	30.89	28.87	0.27	17.83	2.25	4.80
5.33	216.28	215.33	18.22	89.65	30.70	85.46
-12.04	13.61	11.98	0.82	6.03	0.70	3.09
	0.38	0.11	0.30	0.73	0.14	0.19
-2.48	28.51	28.16	0.98	16.46	2.28	4.55
-1.26	55.62	49.41	2.04	23.42	5.41	9.27
0.16	6.07	6.98	0.45	3.38	0.43	1.83
0.03	3.61	3.83	1.16	1.62	0.51	1.98
-0.13	21.36	21.78	0.30	7.79	2.66	2.88
-0.05	1.40	1.52	0.51	0.77	0.24	0.90
-0.01	0.10	0.17	0.03	0.07		0.08
-0.04	0.33	0.46	1.09	0.79	0.19	0.56
0.01	8.24	9.32	0.29	2.14	0.74	1.34

3-38 非金属矿制品业

地 区	工业销售产值（当年价格）	出口交货值	资产总计	固定资产合计	固定资产原价
全 国	**52253.06**	**1785.89**	**41451.58**	**16778.62**	**24588.60**
北 京	489.61	13.23	839.31	112.15	209.51
天 津	320.72	8.73	489.05	188.78	258.11
河 北	1899.01	50.40	2121.39	1029.48	1367.98
山 西	383.05	20.55	657.63	302.62	397.90
内蒙古	770.23	3.80	826.01	405.61	525.42
辽 宁	3676.97	155.19	1948.02	786.72	1209.18
吉 林	1469.10	5.46	1003.89	387.59	972.40
黑龙江	535.52	4.62	574.55	204.95	237.96
上 海	557.97	71.37	765.75	155.29	277.98
江 苏	4119.80	154.16	3385.59	1134.89	1876.66
浙 江	1863.70	105.86	2374.03	632.11	956.43
安 徽	1892.24	28.35	1614.27	692.50	998.59
福 建	2266.75	312.89	1616.08	533.30	758.14
江 西	2075.17	44.88	1181.03	598.09	852.10
山 东	6941.80	161.68	3994.98	1721.30	2599.29
河 南	6888.44	44.04	4601.35	1976.91	2423.02
湖 北	2505.27	25.68	1619.44	741.84	1187.55
湖 南	2366.82	47.55	1235.45	656.56	878.65
广 东	3884.72	437.45	2944.00	1104.17	1911.54
广 西	1219.33	35.75	816.43	406.37	527.66
海 南	124.07	0.52	172.47	66.19	91.06
重 庆	814.51	16.03	939.60	390.94	531.83
四 川	2262.62	17.47	1898.01	825.15	1287.47
贵 州	594.26	7.23	651.29	327.45	357.77
云 南	425.89	0.47	646.08	300.79	399.27
西 藏	21.05		28.47	12.75	22.48
陕 西	910.43	1.17	626.57	342.03	522.95
甘 肃	360.48	8.23	493.50	196.14	275.02
青 海	106.32	0.01	209.34	78.14	93.34
宁 夏	134.44	3.10	205.55	86.62	117.79
新 疆	372.77		972.45	381.19	463.55

主要经济指标

累计折旧	流动资产合计	应收账款	存货	产成品	负债合计
9016.54	**19241.15**	**5253.59**	**3838.01**	**1674.95**	**22711.80**
97.27	590.91	297.37	107.43	24.97	518.83
78.33	263.31	99.87	46.54	18.99	273.71
390.30	808.63	175.64	184.57	80.36	1255.77
125.56	283.55	88.41	82.07	34.56	471.32
165.89	318.46	69.27	76.35	29.02	490.48
523.08	884.83	255.89	188.39	91.72	1034.67
601.05	470.55	81.19	122.29	34.65	586.17
75.53	269.84	76.56	57.71	16.60	369.48
147.08	540.02	224.39	100.32	42.34	466.39
768.55	1910.74	691.38	292.52	121.95	2061.64
370.96	1375.37	456.00	237.27	117.51	1492.30
359.71	738.27	242.02	129.71	51.88	847.12
256.68	787.95	206.71	210.80	105.51	788.22
310.46	448.98	94.26	101.31	55.29	561.50
1014.41	1770.46	396.44	350.14	146.94	2015.53
583.97	2162.38	366.11	301.30	145.05	1803.58
490.69	654.28	164.12	136.05	74.44	838.83
261.89	419.66	128.04	89.50	46.86	577.62
857.39	1453.50	337.22	380.64	166.55	1701.58
153.50	325.33	89.53	70.95	29.49	406.71
25.75	74.34	15.64	9.56	2.21	93.36
171.74	417.79	114.16	58.99	26.47	610.76
500.94	799.94	198.85	174.42	85.04	1063.25
65.36	247.77	63.24	44.04	17.95	432.27
130.33	249.61	49.85	58.39	23.40	443.81
9.62	12.60	3.02	2.35	0.22	10.46
210.77	229.54	64.28	63.37	27.08	350.65
94.04	222.37	62.62	51.01	19.34	268.81
22.97	68.20	17.44	14.40	3.91	161.07
42.18	104.93	35.32	22.36	8.72	115.20
110.57	337.07	88.78	73.27	25.94	600.73

3-38 续表 1

地区	流动负债合计	应付账款	所有者权益合计	实收资本	国家资本
全国	**17924.21**	**4324.30**	**18424.87**	**9082.82**	**773.99**
北京	485.39	214.82	320.48	152.87	10.01
天津	228.84	65.30	205.36	135.06	9.34
河北	937.88	200.67	857.46	425.03	45.00
山西	366.57	90.77	184.42	168.48	29.43
内蒙古	411.04	82.50	325.67	149.49	9.97
辽宁	796.56	193.55	896.16	408.22	22.60
吉林	343.46	65.26	409.14	139.16	5.98
黑龙江	275.46	61.55	195.22	97.35	9.85
上海	444.70	175.76	298.96	194.87	20.20
江苏	1872.81	370.65	1321.47	779.29	36.35
浙江	1271.85	302.51	859.08	467.62	32.40
安徽	659.55	170.03	756.73	381.74	89.37
福建	670.30	165.24	810.44	391.31	10.42
江西	440.95	96.89	604.00	345.33	15.84
山东	1547.06	367.43	1934.42	780.20	61.31
河南	1363.94	260.09	2753.08	1014.53	65.79
湖北	614.90	151.65	765.35	362.91	14.35
湖南	403.55	97.21	652.74	347.37	30.15
广东	1364.44	362.86	1231.21	606.60	27.86
广西	317.21	102.92	400.76	177.22	15.15
海南	65.90	21.30	79.53	34.44	23.21
重庆	458.34	88.72	327.31	170.64	16.82
四川	788.93	169.26	801.36	370.41	41.31
贵州	290.08	66.48	213.74	278.41	22.75
云南	379.25	78.25	202.18	138.83	30.55
西藏	8.22	1.99	18.06	7.31	5.72
陕西	262.92	71.41	278.27	160.46	12.27
甘肃	210.39	55.87	217.86	112.99	19.45
青海	95.88	28.52	47.78	43.04	4.66
宁夏	107.21	33.40	89.99	44.23	0.45
新疆	440.63	111.42	366.66	197.44	35.44

集体资本	法人资本	个人资本	港澳台资本	外商资本	主营业务收　入	主营业务成　本	主营业务税金及附加
219.05	**3580.66**	**3041.76**	**567.74**	**761.03**	**51967.15**	**43570.12**	**391.21**
4.07	86.52	39.72	3.27	9.26	531.35	451.67	2.55
1.70	41.81	35.00	21.86	25.35	340.15	289.72	2.38
21.71	172.45	142.00	12.11	28.44	1885.69	1600.99	11.86
6.93	66.58	55.61	2.02	7.92	372.10	316.44	2.16
11.24	87.51	34.19	2.12	0.25	774.55	621.31	6.46
6.11	154.28	168.16	16.43	40.32	3686.89	3136.47	28.30
1.24	65.73	61.78	1.09	3.13	1413.57	1214.65	11.97
2.91	34.19	44.38	0.45	4.92	531.59	441.89	3.50
0.73	49.45	40.54	24.68	59.27	590.86	498.68	2.31
9.93	230.53	271.90	73.13	157.45	4122.22	3526.06	25.87
3.70	216.35	140.88	38.90	35.39	1884.94	1580.40	10.70
3.51	103.38	142.13	26.79	16.56	1873.16	1538.69	14.22
8.77	147.66	147.72	44.60	31.99	2276.39	1902.00	19.68
5.97	198.15	94.96	27.65	2.72	2134.38	1761.41	12.16
24.74	275.68	327.57	31.54	59.37	7054.20	5986.04	53.55
11.72	408.79	494.17	3.17	26.46	6826.85	5700.62	42.82
11.65	162.61	135.88	4.85	32.47	2422.95	1989.91	28.47
12.92	168.48	121.72	2.61	10.97	2304.03	1841.26	31.06
11.40	205.16	121.92	153.91	82.68	3825.19	3266.92	22.01
6.24	64.02	37.53	42.20	12.64	1164.87	942.20	8.79
0.20	4.86	5.10	0.48	0.30	115.09	100.11	0.67
8.78	79.72	40.08	11.66	13.59	815.12	674.93	7.19
12.96	133.43	124.34	8.41	45.48	2268.54	1910.73	22.69
3.72	62.91	47.00	8.09	13.66	553.64	440.29	5.48
6.15	53.06	31.02	4.72	13.32	409.54	341.92	2.19
0.56	0.25	0.58			21.40	14.63	0.27
7.55	56.78	63.91	0.52	24.10	864.14	729.89	6.84
3.28	71.08	18.67	0.50		310.58	253.76	2.51
0.01	31.53	6.84			83.33	65.35	0.39
0.89	31.81	8.21		2.86	134.15	111.75	0.56
7.73	115.90	38.23		0.15	375.70	319.46	1.59

3-38 续表 2

地　区	销售费用	管理费用	税金	财务费用	利息收入	利息支出
全　国	**1412.88**	**1895.95**	**119.29**	**677.20**	**44.80**	**616.70**
北　京	23.99	34.54	0.68	7.37	1.63	7.83
天　津	8.94	17.93	0.77	5.19	0.30	4.57
河　北	51.20	77.99	3.70	41.38	1.25	39.40
山　西	14.42	22.02	0.96	13.11	0.19	11.81
内蒙古	17.36	41.44	4.06	12.18	0.57	12.78
辽　宁	84.53	116.43	10.93	28.83	1.68	22.93
吉　林	36.77	60.48	4.26	25.82	0.26	23.44
黑龙江	12.96	26.04	1.55	9.63	0.40	7.37
上　海	24.75	40.74	0.81	6.44	1.39	6.20
江　苏	103.21	152.49	5.88	59.02	5.80	52.14
浙　江	69.12	78.58	4.36	42.77	6.69	47.36
安　徽	60.02	70.93	6.60	23.35	1.40	20.94
福　建	69.42	91.02	5.97	27.32	1.82	24.67
江　西	39.76	45.90	2.41	15.79	2.03	15.09
山　东	140.54	177.93	15.50	76.62	4.39	62.95
河　南	172.94	137.94	5.98	59.51	2.02	51.05
湖　北	84.54	99.33	6.52	35.34	1.25	29.07
湖　南	82.94	136.96	10.54	27.61	1.50	22.72
广　东	98.82	153.74	8.86	27.49	2.20	27.89
广　西	35.50	56.92	3.40	11.25	0.62	10.63
海　南	4.12	4.65	0.20	2.51	0.06	2.38
重　庆	24.01	36.72	2.62	17.56	2.02	16.69
四　川	63.20	86.01	4.35	36.16	1.45	34.25
贵　州	17.79	26.37	2.00	12.51	0.23	11.58
云　南	12.45	20.62	1.00	11.25	0.39	10.75
西　藏	0.75	1.32		0.16	0.06	0.19
陕　西	21.57	31.23	2.29	10.38	0.50	9.66
甘　肃	11.75	17.13	1.09	8.00	0.50	7.87
青　海	3.69	4.63	0.63	4.63	0.01	2.81
宁　夏	7.79	6.10	0.55	3.30	0.24	3.35
新　疆	14.01	21.81	0.81	14.75	1.97	16.35

投资收益（损失以"-"号记）	营业利润	利润总额	亏损企业亏损额	应交增值税	应交所得税	从业人员平均人数（万人）
-0.81	**3972.50**	**4040.14**	**222.75**	**1911.68**	**515.73**	**568.55**
5.90	13.69	22.02	6.28	10.71	4.03	5.96
-0.22	16.17	18.19	6.51	10.59	3.75	3.81
-10.09	101.95	113.84	18.82	60.30	15.89	24.03
0.28	5.20	8.19	12.81	15.25	2.63	9.28
-3.83	73.84	59.03	10.44	28.86	5.17	6.71
-10.89	276.51	263.26	8.86	128.23	35.83	25.33
4.53	69.75	70.18	4.91	29.43	10.14	8.08
-0.04	36.75	40.88	5.65	19.57	4.46	5.42
3.48	26.55	29.06	8.54	18.60	5.43	6.69
3.42	259.24	267.44	22.38	168.09	54.31	39.66
5.50	111.38	122.68	8.34	73.36	20.28	20.39
1.38	167.21	169.86	4.19	78.51	25.82	20.62
-5.28	189.07	189.66	6.19	70.73	16.16	33.42
0.45	215.80	215.60	2.29	76.94	18.49	22.07
2.29	562.05	574.11	11.85	274.81	65.79	58.95
-0.83	700.67	713.16	6.87	239.16	98.28	66.17
-0.63	195.00	197.93	5.10	94.23	19.34	24.72
-8.35	167.79	163.19	2.70	103.00	21.45	31.52
6.96	268.44	270.44	12.34	115.53	28.42	59.16
0.25	121.20	119.53	3.08	52.05	10.43	17.72
0.01	4.72	5.38	3.32	6.12	1.93	1.01
-1.78	59.04	55.08	11.07	41.67	6.64	11.31
-4.55	149.37	148.52	7.93	84.01	17.42	30.81
0.21	50.74	52.77	3.93	19.93	6.14	6.14
-0.12	21.26	23.01	7.73	17.31	2.80	6.36
	3.85	4.28	0.46	2.26	0.79	0.35
0.32	63.19	65.06	4.82	35.09	7.23	9.53
11.23	25.33	29.66	3.18	12.08	3.04	4.58
-2.90	2.57	4.82	0.85	3.07	0.79	1.09
	5.43	8.33	2.33	5.43	1.45	1.69
2.48	8.74	14.99	8.98	16.75	1.39	5.94

3-39 黑色金属冶炼和

地　区	工业销售产值（当年价格）	出口交货值	资产总计	固定资产合　计	固定资产原　价
全　国	**72197.85**	**2308.04**	**64725.45**	**24965.19**	**41721.40**
北　京	150.77	9.26	269.60	88.94	202.14
天　津	3940.38	92.74	3934.14	1385.88	1494.96
河　北	11789.57	375.74	10719.83	4768.24	6941.02
山　西	2668.21	96.52	2815.67	1080.29	2007.07
内蒙古	1662.39	49.89	2239.69	696.56	1085.23
辽　宁	5339.53	353.37	5818.17	1866.74	4058.05
吉　林	898.97	2.00	711.02	263.64	635.79
黑龙江	327.51	11.10	505.75	161.73	219.23
上　海	1529.54	127.18	2232.03	718.74	1999.76
江　苏	10356.03	440.27	6873.35	2688.95	4498.50
浙　江	2621.24	93.32	2042.08	553.11	854.03
安　徽	2051.75	43.17	1569.61	725.04	1282.60
福　建	1677.15	19.72	1145.37	411.57	569.43
江　西	1177.59	38.70	795.58	389.10	632.91
山　东	5540.35	150.73	5095.06	1827.23	3474.94
河　南	3294.95	21.10	2189.11	993.70	1364.79
湖　北	3047.10	67.88	3414.68	1515.57	2651.67
湖　南	1610.37	73.34	1515.81	682.32	1022.77
广　东	2540.55	179.96	1550.91	638.44	1101.91
广　西	2170.48	5.58	1108.23	404.95	561.46
海　南	7.57		8.96	0.68	0.93
重　庆	733.99		684.69	310.46	399.32
四　川	2412.72	39.75	2444.88	904.98	2013.91
贵　州	599.39	0.09	433.18	140.58	215.77
云　南	1083.25	0.84	961.81	388.16	522.15
西　藏	1.10		0.47	0.04	0.05
陕　西	840.11	6.48	623.91	277.55	323.64
甘　肃	941.33	0.70	1484.36	482.67	806.08
青　海	209.12	0.47	312.47	139.83	199.41
宁　夏	277.76	5.80	304.20	88.39	107.18
新　疆	697.07	2.34	920.82	371.10	474.70

压延加工业主要经济指标

累计折旧	流动资产合计	应收账款	存货	产成品	负债合计
18759.59	**28092.00**	**3009.20**	**8572.88**	**2782.87**	**43674.87**
112.28	62.67	16.26	23.80	7.98	157.29
482.91	2153.03	127.53	519.84	272.36	3034.74
2491.15	3965.61	292.60	1326.45	316.42	7173.16
950.61	1117.47	107.10	395.69	141.00	1966.29
507.91	897.29	146.01	295.04	113.02	1596.43
2306.60	2209.73	214.73	782.00	255.60	3642.22
421.83	219.41	20.69	58.25	16.45	518.90
70.92	229.19	30.26	97.66	38.69	414.20
1359.32	817.85	177.46	270.18	55.06	994.49
1885.74	3406.66	429.47	930.55	350.06	4516.20
345.36	1262.93	201.89	336.31	120.07	1420.59
650.01	678.52	66.84	207.09	63.23	976.84
175.98	527.72	71.11	188.38	73.15	747.27
251.96	343.76	28.82	108.56	32.14	541.51
1939.84	2846.37	138.03	506.61	179.23	3636.28
470.44	948.69	89.24	240.12	85.18	1148.24
1167.95	1133.54	150.24	482.16	129.87	2266.56
373.18	484.20	50.11	166.30	30.02	1093.70
512.55	707.03	126.13	242.65	75.11	1083.50
167.39	563.25	61.46	227.68	57.74	773.97
0.27	4.24	0.35	1.36	0.62	6.31
102.18	242.61	20.11	116.29	19.02	508.86
1136.67	1063.57	196.12	257.16	75.38	1758.45
89.64	233.45	36.00	58.16	21.84	308.92
149.21	444.12	57.09	151.74	56.78	666.54
0.02	0.44		0.35	0.13	0.53
98.61	323.44	43.59	91.38	45.43	496.87
323.07	568.97	32.31	235.81	56.74	1023.91
63.39	102.28	10.53	41.52	9.84	247.15
25.82	159.99	22.02	54.54	20.87	241.10
126.76	374.00	45.08	159.24	63.85	713.86

3-39 续表 1

地 区	流动负债合计	应付账款	所有者权益合计	实收资本	国家资本
全 国	**35768.71**	**7990.98**	**20889.99**	**9605.75**	**1759.43**
北 京	69.62	28.78	111.64	65.19	1.48
天 津	2712.66	403.00	911.53	518.24	36.95
河 北	6015.96	1630.96	3487.90	1408.00	337.88
山 西	1479.61	357.51	847.44	305.75	92.77
内蒙古	1227.65	375.11	636.99	393.69	149.96
辽 宁	2884.39	372.05	2160.87	954.99	118.07
吉 林	409.13	160.59	188.16	165.25	8.72
黑龙江	355.19	65.11	91.30	53.72	9.12
上 海	858.38	346.82	1237.32	433.17	209.92
江 苏	3898.44	740.04	2356.77	1005.53	16.24
浙 江	1343.92	207.31	620.92	380.66	35.30
安 徽	706.62	157.46	590.42	223.59	55.49
福 建	631.98	97.48	381.28	244.18	32.06
江 西	481.70	130.73	248.85	161.21	6.48
山 东	2650.51	606.86	1445.56	435.27	78.64
河 南	992.38	231.33	1028.90	458.56	50.49
湖 北	1740.93	316.66	1145.89	397.70	197.21
湖 南	961.88	137.59	420.75	291.94	30.54
广 东	936.16	187.69	460.80	275.66	2.72
广 西	683.13	138.20	321.32	131.91	39.98
海 南	3.81	1.00	2.65	2.69	0.90
重 庆	364.35	141.05	173.82	84.07	3.71
四 川	1274.47	281.56	682.47	369.94	75.80
贵 州	274.07	93.31	123.62	99.42	9.81
云 南	606.89	146.44	295.27	160.84	43.67
西 藏	0.53		-0.05	0.03	
陕 西	439.33	115.99	124.56	151.81	3.80
甘 肃	737.87	200.61	459.19	168.97	107.39
青 海	202.86	50.55	65.25	54.64	
宁 夏	206.67	58.19	62.92	48.64	0.24
新 疆	617.60	210.96	205.70	160.50	4.11

集体资本	法人资本	个人资本	港澳台资本	外商资本	主营业务收入	主营业务成本	主营业务税金及附加
447.59	**4327.57**	**2227.99**	**290.91**	**551.75**	**76096.64**	**69987.96**	**228.37**
	46.17	13.32	0.11	4.13	161.76	153.81	0.25
8.02	344.87	107.61	2.20	18.58	4491.95	4184.11	3.85
2.55	652.78	320.89	43.01	50.88	11570.65	10706.24	15.56
2.81	70.95	134.47	0.20	3.51	3270.97	3085.82	4.73
0.83	146.91	73.81	1.50	20.46	1665.33	1487.09	11.19
201.29	472.27	129.99	10.31	21.95	5305.78	4729.64	24.91
8.56	141.07	5.28		1.62	738.14	702.93	1.41
0.17	23.22	21.03		0.19	322.68	294.86	0.68
11.74	120.73	31.15	4.52	55.11	1980.74	1839.42	2.99
106.74	358.14	281.24	109.99	133.19	10811.59	9910.06	30.90
7.90	143.15	138.26	29.88	26.16	2647.31	2453.97	7.31
0.89	52.97	80.68	18.46	15.09	2319.98	2136.53	10.35
4.69	92.08	57.61	3.73	54.02	1672.80	1525.28	5.21
32.58	101.37	18.72	0.55	1.51	1392.36	1289.98	4.17
24.37	188.74	126.89	8.02	8.51	6052.91	5564.86	19.45
2.22	263.33	133.59	0.66	8.68	3330.97	3008.84	17.12
3.46	71.25	86.86	2.32	36.60	3454.16	3193.43	6.31
1.50	124.82	133.57	0.04	1.43	1635.55	1458.32	16.28
1.01	124.02	26.20	45.58	75.78	2437.64	2250.76	7.31
1.58	30.12	52.39	2.52	4.98	2125.31	1875.95	8.72
	0.43	1.36			7.54	7.44	0.02
0.46	45.78	28.69	5.38	0.05	726.52	672.80	5.05
4.58	238.52	49.31	0.04	2.24	2661.31	2468.39	12.72
0.39	67.62	20.78	0.38	0.36	596.36	573.65	1.87
13.64	56.40	42.97		4.17	1135.42	1082.34	0.93
	0.03				1.14	1.11	
0.69	96.06	50.88		2.18	906.59	813.89	2.55
1.61	55.30	4.67			1436.99	1343.36	3.45
	52.05	2.59			202.45	187.57	1.08
0.69	19.23	26.58	1.51	0.38	287.40	271.18	0.54
2.61	127.18	26.59			746.35	714.34	1.48

3-39 续表 2

地 区	销售费用	管理费用	税金	财务费用	利息收入	利息支出
全 国	**749.14**	**1836.27**	**143.08**	**1002.82**	**152.41**	**1120.46**
北 京	4.73	3.62	0.27	2.09	0.21	2.55
天 津	12.58	60.29	4.15	56.62	13.07	66.14
河 北	56.75	207.78	17.93	166.48	14.88	176.94
山 西	33.12	79.68	4.24	47.84	6.15	51.70
内蒙古	28.01	51.87	8.77	32.61	11.46	38.47
辽 宁	69.60	225.40	21.95	82.71	8.05	92.83
吉 林	5.37	17.19	2.26	8.57	0.72	4.42
黑龙江	6.81	8.67	1.17	11.19	1.20	10.70
上 海	12.77	70.36	3.45	-9.57	16.49	16.08
江 苏	103.75	208.63	18.12	116.10	17.23	135.91
浙 江	19.71	62.30	4.73	36.18	13.27	46.38
安 徽	21.52	34.99	4.73	22.74	3.65	23.14
福 建	16.04	32.47	2.68	20.31	2.18	17.62
江 西	9.17	25.90	2.15	13.60	4.95	18.43
山 东	50.17	101.11	8.98	84.57	11.60	90.00
河 南	35.62	59.10	4.53	33.92	4.13	34.34
湖 北	40.59	142.75	7.43	53.80	5.35	66.16
湖 南	26.55	66.88	3.80	20.11	3.11	26.67
广 东	28.34	41.49	3.48	24.21	1.53	25.82
广 西	22.13	68.41	2.44	18.73	2.08	21.60
海 南	0.04	0.15	0.01	0.05		
重 庆	10.44	13.58	1.23	12.74	2.11	14.82
四 川	43.84	101.46	5.89	60.93	4.38	54.88
贵 州	7.24	14.88	1.16	4.91	0.81	6.02
云 南	13.74	25.59	1.44	15.90	1.43	15.73
西 藏		0.05				
陕 西	11.59	26.23	1.13	9.00	0.42	7.87
甘 肃	33.92	54.97	2.31	24.76	1.27	27.63
青 海	5.72	6.29	0.47	7.25	0.10	6.20
宁 夏	4.99	6.09	0.72	5.74	0.15	4.33
新 疆	14.31	18.10	1.46	18.72	0.43	17.08

投资收益（损失以"-"号记）	营业利润	利润总额	亏损企业亏损额	应交增值税	应交所得税	从业人员平均人数（万人）
-274.91	**2184.06**	**2060.63**	**416.25**	**1622.80**	**252.53**	**415.99**
3.04	0.75	1.18	4.12	1.81	0.87	0.95
1.44	221.85	222.49	9.86	133.75	17.92	15.97
-258.13	217.64	179.47	43.54	143.61	18.42	61.20
2.07	20.01	23.04	30.60	53.39	4.61	19.41
2.72	56.04	51.20	11.79	49.38	6.48	12.08
-4.70	193.11	186.79	26.75	124.25	19.88	40.43
-0.49	-2.46	-2.91	16.03	8.18	1.39	4.89
1.87	1.52	6.76	3.52	8.72	0.26	3.27
12.28	76.51	69.85	14.56	25.85	13.54	4.48
-12.82	470.93	384.52	20.45	251.96	65.71	42.67
3.15	75.60	77.53	7.31	44.17	8.45	15.38
0.10	112.06	116.55	1.45	77.16	5.21	11.58
1.92	68.92	56.23	5.70	73.01	3.58	9.91
0.07	46.37	49.40	0.46	35.27	3.30	7.27
2.38	177.94	177.31	22.43	102.18	23.70	33.18
0.70	175.66	180.26	4.23	81.19	21.97	20.83
-2.70	26.45	46.71	7.51	66.10	5.98	18.84
7.66	66.19	68.10	0.97	59.11	3.48	13.18
1.84	110.72	104.67	5.56	50.55	7.87	11.71
-6.25	86.31	65.83	8.19	61.25	4.38	8.68
	-0.15	-0.14	0.31	0.16	0.04	0.09
-6.72	12.41	10.69	26.65	35.43	2.15	4.77
-21.72	-13.48	-16.72	70.46	60.81	6.78	21.87
-0.40	-4.52	1.09	16.33	12.52	0.61	5.23
0.38	1.05	3.39	11.25	13.47	1.46	7.78
	-0.02	-0.02	0.02	0.03		0.01
0.03	44.50	12.33	11.48	19.00	0.66	5.13
5.98	-36.44	-9.24	11.11	11.74	3.94	4.87
-10.77	-5.56	-1.14	4.14	4.65	0.64	2.48
0.04	-0.55	2.80	4.82	3.87	0.26	3.01
2.09	-15.28	-7.39	14.64	10.20	-1.04	4.86

3-40 有色金属冶炼和

地区	工业销售产值（当年价格）	出口交货值	资产总计	固定资产合计	固定资产原价
全国	**42667.56**	**1226.85**	**32337.92**	**10906.05**	**15431.84**
北京	67.19	15.38	68.43	9.62	15.85
天津	867.25	14.49	273.13	55.14	72.01
河北	561.07	5.66	333.30	114.47	161.92
山西	486.15	2.20	734.21	342.77	531.08
内蒙古	1766.51	6.20	1292.60	540.72	685.77
辽宁	1372.36	31.37	993.97	330.48	507.74
吉林	167.06	2.77	543.82	232.64	266.33
黑龙江	42.09	0.97	73.83	10.35	21.94
上海	473.16	56.17	339.12	88.84	134.49
江苏	3654.97	134.11	1718.94	405.10	646.94
浙江	2280.79	136.75	1473.34	227.42	321.83
安徽	1741.73	53.15	1066.11	259.39	348.55
福建	896.60	72.98	955.98	238.54	317.77
江西	4246.67	70.05	2350.88	792.35	1308.61
山东	5540.97	37.41	3434.78	1416.26	1966.78
河南	4185.25	47.95	3362.00	1268.64	1783.63
湖北	973.35	30.74	549.36	147.57	229.20
湖南	2627.28	57.26	1095.51	425.88	581.46
广东	2948.08	253.02	1762.63	604.99	1016.99
广西	885.89	68.66	1076.73	447.68	607.73
海南	2.58		4.73	2.20	2.93
重庆	546.61	10.43	463.39	198.12	253.47
四川	743.37	46.65	549.91	151.66	235.92
贵州	392.90	1.27	534.74	288.00	326.05
云南	1380.86	12.51	1738.99	515.08	606.67
西藏					
陕西	1180.94	23.23	1163.62	360.69	485.03
甘肃	1233.89	9.76	2130.85	679.38	921.36
青海	565.34	3.16	735.80	252.78	475.57
宁夏	379.89	8.85	594.44	187.77	265.06
新疆	456.77	13.71	922.80	311.52	333.15

压延加工业主要经济指标

单位：亿元

累计折旧	流动资产合计	应收账款	存货	产成品	负债合计
5659.05	**16550.50**	**2387.12**	**5306.56**	**1567.95**	**20748.08**
6.27	47.31	13.69	12.88	4.80	30.08
23.45	190.26	43.89	42.69	12.86	181.43
57.32	166.58	40.77	52.20	19.28	225.81
206.03	288.41	26.81	118.77	34.79	565.67
231.24	503.90	85.40	167.52	56.93	818.91
221.41	589.79	53.98	103.81	31.70	564.30
70.47	288.31	54.71	46.55	16.11	403.61
11.80	24.10	6.70	9.54	1.88	49.80
52.43	224.98	58.72	69.29	21.42	207.31
248.91	1140.52	312.58	234.67	84.04	1089.38
119.72	988.79	193.87	239.34	83.41	991.57
129.04	562.80	80.39	243.24	33.42	763.43
86.72	453.97	55.60	143.71	52.94	520.98
580.31	1400.46	174.09	437.59	122.31	1231.58
811.07	1796.82	203.38	531.17	86.01	1748.54
630.48	1606.57	243.63	384.22	92.36	2222.16
92.27	317.66	39.14	92.72	23.24	373.77
190.26	532.79	57.65	189.19	58.77	616.06
452.77	1005.42	257.37	284.82	97.13	1229.15
185.74	460.57	50.14	164.13	57.03	853.60
0.77	0.52		0.03	0.01	3.20
68.38	182.59	33.88	51.93	18.17	344.07
96.15	294.17	38.42	80.31	26.41	394.64
88.92	154.45	19.55	47.63	11.89	405.53
178.55	792.07	43.86	324.07	94.10	1206.25
138.01	581.58	60.96	221.61	69.92	642.08
280.11	1003.95	48.29	670.74	270.86	1392.23
250.71	297.83	51.85	86.08	17.89	558.11
81.06	312.54	17.71	125.90	14.46	416.89
68.66	340.79	20.07	130.22	53.82	697.92

3-40 续表 1

地区	流动负债合计	应付账款	所有者权益合计	实收资本	国家资本
全国	**15944.85**	**3134.81**	**11487.99**	**5298.62**	**1248.72**
北京	28.56	10.97	38.25	12.15	2.29
天津	171.33	27.10	85.16	62.23	10.67
河北	185.93	44.33	105.20	96.24	19.91
山西	373.86	78.17	167.43	117.93	55.38
内蒙古	561.32	95.87	472.38	248.70	59.03
辽宁	414.20	57.61	426.64	209.48	18.18
吉林	294.63	33.25	140.11	30.23	1.12
黑龙江	29.39	6.61	23.63	19.49	16.10
上海	191.43	41.16	131.22	84.13	0.83
江苏	1003.19	170.40	623.24	382.77	10.60
浙江	913.97	142.99	475.97	251.95	0.69
安徽	551.93	89.41	301.30	132.69	49.08
福建	391.85	87.50	434.63	171.51	32.22
江西	969.03	205.77	1106.95	400.05	65.79
山东	1500.59	194.66	1667.11	396.58	50.88
河南	1586.87	345.42	1126.37	488.81	81.39
湖北	291.16	47.59	172.51	89.53	56.26
湖南	438.21	63.64	475.04	210.57	14.51
广东	1030.31	252.96	527.47	272.49	18.41
广西	671.36	115.99	226.31	166.96	65.04
海南	3.17	0.17	1.53	0.42	
重庆	254.52	25.96	116.39	94.70	13.23
四川	331.58	81.08	152.36	88.03	17.01
贵州	240.65	50.11	122.29	97.14	63.33
云南	957.86	132.73	532.74	224.34	36.84
西藏					
陕西	470.84	98.18	518.90	210.46	108.50
甘肃	954.48	288.87	737.27	403.97	285.05
青海	400.24	116.03	177.32	169.46	72.44
宁夏	264.10	61.39	177.52	71.92	9.46
新疆	468.27	168.89	224.74	93.70	14.46

单位：亿元

集体资本	法人资本	个人资本	港澳台资本	外商资本	主营业务收入	主营业务成本	主营业务税金及附加
67.37	**2156.40**	**1169.69**	**355.80**	**297.72**	**47192.14**	**43481.25**	**152.89**
0.03	5.73	3.13	0.15	0.81	75.72	65.45	1.39
0.51	18.67	21.90	4.62	5.86	942.26	875.00	1.96
0.04	23.12	18.59	3.56	31.02	557.01	487.41	1.14
4.89	41.38	15.17	0.25	0.86	514.72	479.80	1.92
12.84	122.85	32.45	4.55	16.98	1754.98	1585.21	11.59
1.11	46.27	50.60	88.35	4.96	1360.19	1175.33	9.41
0.02	6.01	8.10		14.99	196.35	170.07	1.07
0.04	1.91	0.93		0.51	42.43	36.79	0.34
2.38	36.62	12.44	5.97	25.89	482.22	447.20	0.34
0.96	97.07	139.66	34.47	100.00	3685.73	3405.20	9.55
2.24	101.96	115.72	21.84	9.50	2286.31	2136.69	4.29
0.05	34.49	46.45	0.64	1.98	2199.88	2062.24	4.12
1.20	55.00	51.18	23.58	8.32	951.00	857.69	3.88
1.17	149.47	178.29	1.39	3.84	5605.05	5205.21	23.16
11.75	228.07	85.75	10.11	10.01	5683.33	5161.48	13.42
5.03	231.49	116.18	40.84	13.69	4317.34	4028.69	12.74
1.11	13.00	16.89	0.09	2.08	1473.16	1416.17	2.44
3.36	124.26	64.37	3.11	0.97	2672.18	2248.56	23.61
0.77	82.31	40.98	94.88	34.86	2910.44	2726.44	5.47
3.54	81.88	12.65	2.44	0.16	868.49	819.31	2.92
	0.32	0.10			2.58	1.76	
0.01	67.26	13.43	0.76		535.84	499.83	2.18
0.04	48.92	17.86	2.64	1.47	763.40	712.85	1.66
2.29	16.54	11.79	0.19	2.91	363.22	346.30	1.21
3.80	134.02	45.80	0.76	3.11	1560.93	1456.66	2.54
3.59	67.73	28.76	0.05	1.04	1349.12	1228.43	4.94
0.04	111.22	5.96	1.68		2633.20	2547.54	3.31
1.34	83.59	4.35	5.94	1.80	551.78	526.28	1.24
2.04	58.26	1.31	0.85		410.62	379.23	0.96
1.19	66.98	8.88	2.09	0.09	442.67	392.44	0.13

3-40 续表 2

地　区	销售费用	管理费用	税金	财务费用	利息收入	利息支出
全　国	**386.26**	**899.88**	**66.34**	**576.72**	**84.66**	**598.03**
北　京	1.24	4.46	0.10	0.82	0.18	0.66
天　津	3.11	10.47	0.57	5.85	0.72	5.12
河　北	4.10	11.50	0.69	7.01	0.24	5.54
山　西	7.32	13.29	1.15	17.78	0.25	16.74
内蒙古	19.66	39.03	5.39	25.09	1.76	25.36
辽　宁	16.79	46.35	3.31	16.52	0.82	16.02
吉　林	3.05	8.06	0.39	12.48	0.07	9.91
黑龙江	0.72	3.19	0.22	0.96	0.01	0.95
上　海	5.28	15.15	0.28	4.83	0.39	5.00
江　苏	33.87	64.45	2.88	27.28	7.93	29.64
浙　江	11.81	39.70	2.61	27.40	7.38	35.65
安　徽	8.14	23.81	2.37	17.23	3.85	22.10
福　建	9.44	26.08	1.78	11.49	3.56	14.50
江　西	21.77	58.33	4.41	27.43	3.39	24.92
山　东	32.69	57.68	4.84	71.88	6.59	62.11
河　南	36.14	74.71	7.50	81.91	11.30	81.49
湖　北	7.97	23.75	1.14	10.52	3.32	8.79
湖　南	29.83	90.93	7.25	23.12	1.54	21.25
广　东	27.14	55.00	4.82	25.90	3.05	25.70
广　西	11.80	44.21	1.39	19.81	0.89	19.71
海　南		0.40	0.02	0.01		0.01
重　庆	6.99	9.42	0.89	10.20	1.08	10.93
四　川	7.16	15.55	0.91	10.83	0.78	10.50
贵　州	10.57	13.70	0.93	7.04	0.79	7.08
云　南	13.02	48.43	2.14	37.50	3.60	41.63
西　藏						
陕　西	10.66	31.10	1.99	14.75	3.07	17.27
甘　肃	14.66	38.37	3.29	19.22	17.20	42.94
青　海	9.06	12.37	1.10	15.96	0.42	14.83
宁　夏	7.68	8.13	1.09	15.39	0.22	12.54
新　疆	14.56	12.24	0.91	10.48	0.27	9.13

单位：亿元

投资收益（损失以"–"号记）	营业利润	利润总额	亏损企业亏损额	应交增值税	应交所得税	从业人员平均人数（万人）
-88.85	**1974.04**	**1789.98**	**323.63**	**1013.08**	**193.01**	**204.91**
0.05	2.58	3.88	0.09	1.40	0.52	0.57
-0.04	49.40	52.10	0.68	26.48	3.67	1.83
-15.79	33.25	32.26	4.57	9.18	3.16	3.35
0.14	-0.55	-0.98	10.94	12.30	0.80	6.01
10.71	129.83	89.71	18.16	42.73	11.83	7.12
-0.79	89.60	182.10	3.57	34.44	13.24	6.69
4.47	7.06	7.38	0.23	2.55	1.12	1.17
	0.58	1.13	0.28	0.72	0.22	0.84
-0.05	10.15	11.60	1.22	3.52	2.27	2.43
1.49	156.48	137.34	14.66	79.90	21.47	14.59
3.45	64.39	72.97	5.03	29.61	7.86	9.23
-1.30	188.19	47.07	2.22	25.45	4.55	5.61
4.98	73.50	56.83	3.99	12.42	5.61	4.85
-0.68	277.55	268.31	18.28	188.71	22.29	14.06
0.26	331.27	331.63	11.17	127.97	28.83	16.24
7.28	91.64	101.54	62.58	62.57	16.64	20.62
-16.78	19.43	20.14	5.71	13.92	2.13	5.11
-6.03	130.66	123.38	2.18	109.52	9.20	13.16
0.81	123.92	99.07	17.40	55.23	7.27	16.30
1.22	60.36	7.70	19.51	33.02	-0.20	6.20
	0.40	0.79		0.44	0.18	0.05
-35.04	14.00	14.30	6.88	17.06	1.17	2.89
-0.77	24.91	25.38	10.40	15.37	2.90	4.71
0.47	2.99	-0.05	16.51	8.39	1.16	3.45
-10.86	5.10	5.10	46.26	31.23	4.74	11.68
0.74	69.42	71.78	2.72	27.43	10.26	7.76
-1.44	5.12	8.78	13.90	16.39	6.84	8.43
-37.18	-4.36	-2.85	10.88	12.46	1.01	3.45
1.44	-2.48	1.09	9.82	7.04	0.70	3.26
0.41	19.63	20.50	3.81	5.65	1.59	3.27

3-41 金属制品业

地区	工业销售产值(当年价格)	出口交货值	资产总计	固定资产合计	固定资产原价
全国	**33207.42**	**3589.29**	**22235.49**	**7011.32**	**10682.01**
北京	302.82	19.35	470.94	74.65	128.85
天津	1146.48	84.30	883.66	237.92	281.56
河北	2403.49	118.12	1632.57	909.21	1090.76
山西	244.22	16.71	313.08	108.96	147.80
内蒙古	438.08	18.21	454.60	134.85	165.50
辽宁	1963.59	91.77	1129.48	468.72	680.86
吉林	299.35	0.78	160.21	71.97	206.90
黑龙江	182.62	2.29	113.29	44.83	76.71
上海	966.94	269.74	966.75	220.91	377.53
江苏	5335.62	545.02	3453.04	956.25	1582.87
浙江	2304.91	619.38	2175.35	498.47	684.99
安徽	1074.97	29.50	664.72	178.01	317.64
福建	743.77	131.24	505.62	129.43	187.97
江西	514.90	25.29	209.21	92.04	135.88
山东	4953.87	278.78	2460.41	824.03	1359.52
河南	1305.11	3.63	743.68	335.02	396.71
湖北	1196.94	28.40	841.71	286.92	573.99
湖南	842.98	28.67	396.52	148.65	182.12
广东	4804.07	1226.90	2764.45	760.89	1354.63
广西	266.69	8.44	172.00	40.10	58.65
海南	28.19	2.15	22.17	4.96	10.06
重庆	364.55	20.41	321.80	103.71	138.61
四川	899.36	7.60	650.32	176.86	258.21
贵州	100.92	2.78	98.26	25.27	34.58
云南	72.38	2.45	103.00	22.05	24.98
西藏	0.01		0.24	0.05	0.12
陕西	228.34	5.38	287.76	88.52	133.27
甘肃	82.53	1.50	82.82	17.98	39.03
青海	12.84		16.67	8.64	5.32
宁夏	34.79		46.61	12.89	18.03
新疆	92.12	0.50	94.55	28.60	28.35

主要经济指标

单位：亿元

累计折旧	流动资产合计	应收账款	存货	产成品	负债合计
4281.53	**12658.41**	**3553.00**	**3197.47**	**1205.45**	**11770.21**
55.08	289.05	73.90	81.41	26.65	244.31
92.57	510.44	116.84	114.54	39.52	535.66
215.62	618.08	146.04	165.94	78.93	613.12
57.32	181.04	43.99	50.64	17.42	189.00
52.15	272.00	39.65	68.35	16.83	301.30
284.48	538.38	159.44	136.33	40.48	533.01
148.58	72.40	20.58	22.03	6.69	81.87
36.88	61.53	20.62	16.23	5.75	66.02
168.75	647.13	206.52	160.68	57.40	517.56
669.83	2111.95	717.31	513.75	200.94	1904.10
231.20	1428.37	384.15	335.76	132.11	1344.28
159.69	409.65	130.48	103.44	50.42	361.50
71.99	306.85	88.15	75.33	25.99	233.35
53.60	87.06	23.13	26.32	11.19	76.18
601.39	1398.09	299.74	324.87	135.06	1306.96
83.90	358.09	64.88	63.71	29.85	243.14
303.23	460.45	119.49	160.25	79.67	470.76
55.64	173.91	54.75	41.01	17.51	175.18
651.79	1650.65	532.23	453.17	131.63	1474.50
21.67	66.62	16.47	16.94	6.10	89.52
5.74	16.33	4.31	4.72	1.28	12.54
47.59	171.94	44.85	39.35	15.34	188.71
101.69	390.13	100.13	93.32	37.50	370.21
11.20	57.92	15.78	18.44	8.42	52.35
5.17	61.09	20.73	16.51	6.72	76.17
0.07	0.18	0.01	0.02	0.02	0.14
57.94	179.43	66.15	48.87	13.74	172.22
22.42	53.49	19.50	16.84	3.77	44.69
1.13	7.52	1.69	1.01	0.29	6.63
6.03	25.51	5.20	13.42	2.80	25.05
7.15	53.10	16.28	14.27	5.43	60.20

3-41 续表 1

地区	流动负债合计	应付账款	所有者权益合计	实收资本	国家资本
全国	**10065.41**	**2337.12**	**10303.23**	**4663.15**	**363.40**
北京	215.72	68.28	226.63	109.07	27.48
天津	434.46	89.88	341.91	175.09	8.44
河北	550.29	115.05	1009.68	275.75	11.25
山西	150.71	34.50	124.00	47.41	6.13
内蒙古	259.73	65.06	152.28	78.61	55.43
辽宁	424.59	123.33	564.54	230.14	17.18
吉林	64.52	13.08	74.46	36.51	9.40
黑龙江	58.14	17.39	46.73	25.20	6.74
上海	470.79	164.11	447.22	229.51	21.76
江苏	1767.99	349.36	1538.55	807.66	25.02
浙江	1225.22	192.61	831.80	408.31	4.27
安徽	307.79	79.92	300.54	128.66	13.85
福建	200.81	56.85	259.06	140.61	0.14
江西	61.72	18.15	127.45	54.68	3.39
山东	1033.53	174.81	1132.23	464.14	7.45
河南	201.26	40.81	491.53	218.41	1.53
湖北	375.21	104.33	366.89	190.30	43.17
湖南	136.20	36.19	220.10	88.71	10.88
广东	1244.21	358.07	1257.17	613.25	21.16
广西	44.94	13.40	81.72	38.03	1.96
海南	11.99	5.39	9.63	3.37	
重庆	159.43	38.76	131.41	41.34	13.07
四川	310.86	62.30	276.54	107.09	7.04
贵州	43.93	10.73	46.06	22.96	11.20
云南	70.16	18.20	26.83	15.14	5.99
西藏	0.14		0.10	0.01	0.01
陕西	132.76	54.01	114.92	58.30	17.58
甘肃	35.19	9.47	37.35	14.21	4.30
青海	4.58	1.65	10.04	7.37	
宁夏	19.43	6.00	21.54	8.69	0.57
新疆	49.11	15.44	34.32	24.60	7.01

单位：亿元

集体资本	法人资本	个人资本	港澳台资本	外商资本	主营业务收入	主营业务成本	主营业务税金及附加
80.02	**1480.31**	**1620.97**	**473.31**	**634.06**	**33228.95**	**28674.16**	**195.89**
0.44	33.65	29.09	7.67	10.74	332.39	277.89	1.58
2.31	63.94	66.78	4.97	28.65	1220.98	1067.17	5.09
0.65	129.94	111.51	6.00	16.29	2399.97	2078.33	7.01
1.19	25.58	13.91		0.10	241.84	211.86	0.67
5.66	10.56	5.00	0.86	1.10	430.50	382.35	2.34
5.85	62.53	77.67	31.10	35.73	1955.36	1685.63	15.82
0.72	10.09	15.69	0.62		291.19	247.54	2.56
1.29	6.00	10.00	0.74	0.44	178.83	158.77	0.79
4.76	66.81	38.56	22.55	75.06	1003.94	851.34	3.02
11.58	201.43	312.09	70.77	186.35	5343.54	4637.29	25.59
0.58	105.45	196.27	62.76	38.99	2289.59	1963.63	11.43
11.34	39.44	57.09	2.13	4.82	1091.47	947.26	6.86
1.56	34.15	36.06	27.47	41.24	750.85	656.19	3.89
0.82	24.55	18.35	4.00	3.56	538.50	466.09	5.55
14.19	164.49	208.09	20.25	49.67	4952.11	4281.70	37.48
2.66	65.83	143.89	0.60	3.51	1307.72	1133.04	6.74
4.00	61.08	71.85	7.59	2.58	1164.39	995.77	10.33
1.68	50.12	25.36	0.51	0.15	845.75	691.93	9.84
2.90	180.59	78.70	197.53	127.86	4730.51	4103.97	24.28
0.41	27.29	6.41	0.53	1.30	269.80	228.54	1.43
0.35	1.95			1.07	25.45	21.96	0.05
0.65	13.94	10.78	1.40	0.61	375.68	309.89	3.24
1.13	45.66	44.86	2.51	2.32	900.78	766.09	6.73
0.29	7.02	4.44			94.65	81.45	0.62
0.30	2.73	5.80		0.32	75.91	66.10	0.34
					0.01	0.02	
0.85	26.43	11.06	0.74	1.61	230.88	198.65	1.69
0.45	3.54	5.52			61.80	53.06	0.37
0.64	0.40	6.33			5.59	4.72	0.02
	3.63	4.48			34.68	29.88	0.20
0.76	11.49	5.34			84.30	76.06	0.33

3-41 续表 2

地 区	销售费用	管理费用		财务费用		
			税金		利息收入	利息支出
全 国	**669.35**	**1256.38**	**71.80**	**329.67**	**30.74**	**292.93**
北 京	11.53	26.11	0.50	3.14	0.94	3.76
天 津	15.90	36.04	2.12	9.07	1.98	8.12
河 北	38.59	51.02	3.70	16.42	0.96	14.17
山 西	4.02	19.07	0.37	4.32	0.36	4.22
内蒙古	5.88	21.34	0.98	3.54	1.05	4.28
辽 宁	37.46	75.76	6.82	16.27	1.14	12.02
吉 林	7.03	12.78	0.52	4.29	0.03	3.68
黑龙江	1.87	8.49	0.52	1.19	0.05	0.90
上 海	29.17	69.79	0.97	9.21	0.45	7.50
江 苏	103.29	190.13	9.70	62.47	7.09	58.49
浙 江	50.71	103.32	5.50	48.76	5.41	47.92
安 徽	20.88	37.17	2.86	10.85	0.56	9.61
福 建	14.94	27.18	1.28	5.14	1.10	5.31
江 西	7.73	12.69	0.61	2.39	0.05	1.86
山 东	82.76	144.40	14.96	48.11	3.04	38.51
河 南	23.73	24.79	1.19	9.58	0.23	8.36
湖 北	34.83	52.70	2.12	14.06	0.54	12.03
湖 南	23.78	49.26	4.21	6.26	0.29	4.94
广 东	97.61	191.69	8.56	26.98	3.77	21.62
广 西	11.24	21.25	0.38	2.28	0.08	1.94
海 南	1.03	0.65	0.03	-0.05	0.01	0.24
重 庆	7.44	15.07	0.99	4.42	0.24	3.82
四 川	24.15	36.65	1.46	12.71	0.81	11.68
贵 州	3.40	4.94	0.27	1.26	0.08	1.21
云 南	1.44	3.48	0.11	0.97	0.08	1.00
西 藏		0.03				
陕 西	5.12	12.37	0.53	2.66	0.16	2.73
甘 肃	1.12	2.33	0.22	1.20	0.09	0.98
青 海	0.58	0.71	0.05	0.03	0.01	0.02
宁 夏	0.89	1.76	0.11	0.76		0.70
新 疆	1.21	3.42	0.15	1.41	0.13	1.33

单位：亿元

投资收益（损失以"-"号记）	营业利润	利润总额	亏损企业亏损额	应交增值税	应交所得税	从业人员平均人数（万人）
-104.48	**2194.07**	**2096.40**	**87.78**	**886.27**	**265.72**	**371.97**
4.14	18.54	20.04	3.23	7.40	3.22	4.42
-1.22	92.44	90.81	5.80	32.52	9.83	10.06
-72.29	144.31	139.40	4.04	41.37	12.83	18.00
0.61	3.78	7.09	1.29	3.22	0.99	5.13
0.23	99.03	15.58	0.79	8.09	2.17	3.83
-7.54	126.54	119.01	4.60	51.14	10.43	17.69
-3.79	18.89	16.63	1.59	6.71	1.54	2.30
0.01	8.00	9.33	1.01	3.84	1.10	2.38
2.83	54.23	57.06	6.80	22.41	12.60	15.56
-3.91	340.75	339.82	12.87	182.89	60.34	52.78
3.93	120.37	123.62	8.14	57.89	16.69	35.92
0.35	68.83	68.58	1.61	26.57	8.42	13.01
-15.30	48.30	48.82	1.18	18.42	5.91	9.07
0.05	36.94	35.85	1.10	13.90	2.23	4.49
-4.19	341.10	333.82	7.56	133.77	43.62	35.44
-1.36	106.43	107.05	1.40	24.52	12.51	14.40
-2.37	67.72	65.03	4.10	30.36	7.20	11.48
-2.32	59.82	55.84	0.68	28.23	4.43	8.28
2.13	311.96	311.66	11.73	122.01	34.95	80.05
0.01	12.62	12.27	0.54	8.30	0.81	2.73
	1.85	1.85		0.39	0.38	0.14
-0.71	32.11	32.13	0.24	18.71	2.83	5.22
-3.97	55.95	57.81	3.62	29.78	6.86	9.99
0.03	3.05	3.34	0.60	1.84	0.44	1.69
0.04	3.17	3.16	0.68	1.88	0.45	1.32
	-0.03	-0.03	0.03			
0.60	11.29	12.86	0.86	6.65	1.65	4.06
-0.02	2.36	2.56	0.38	1.83	0.42	0.97
-0.63	-0.17	-0.10	0.29	0.07	0.01	0.17
0.01	1.59	1.74	0.17	0.60	0.28	0.50
0.17	2.28	3.77	0.84	0.98	0.57	0.89

3-42 通用设备制造业

地 区	工业销售产值（当年价格）	出口交货值	资产总计	固定资产合计	固定资产原价
全 国	**43314.80**	**4969.76**	**36067.21**	**9201.48**	**14541.42**
北 京	509.31	78.27	844.21	112.29	194.31
天 津	967.05	180.31	900.03	213.64	310.67
河 北	1221.44	64.29	819.14	299.82	374.19
山 西	206.19	1.37	225.21	57.55	68.54
内蒙古	200.92	0.87	139.85	50.60	65.18
辽 宁	4427.38	221.47	2772.94	1059.23	1716.27
吉 林	398.65	0.22	166.85	64.02	319.59
黑龙江	341.13	23.05	690.98	105.87	163.72
上 海	2502.86	500.24	3234.08	572.16	940.79
江 苏	7282.65	1071.48	6445.08	1545.94	2529.84
浙 江	4087.26	915.16	4525.32	919.07	1334.51
安 徽	1662.11	63.87	1236.61	338.23	574.73
福 建	820.57	148.34	687.75	162.85	246.66
江 西	542.13	50.41	299.18	108.28	161.66
山 东	7014.89	323.53	3996.37	1396.68	1932.12
河 南	2370.38	13.41	1541.51	513.77	704.95
湖 北	1136.39	35.14	1225.91	313.85	592.80
湖 南	1298.23	15.46	754.04	247.31	315.59
广 东	3147.10	1146.56	2312.42	427.03	796.04
广 西	309.48	3.82	324.96	61.82	105.22
海 南	0.67		0.86	0.13	0.61
重 庆	474.59	33.61	468.93	105.71	150.95
四 川	1638.46	57.36	1516.68	301.63	564.98
贵 州	63.96	0.14	67.41	11.21	12.78
云 南	76.53	2.56	89.02	20.11	32.42
西 藏					
陕 西	469.77	13.83	540.11	112.17	229.91
甘 肃	65.24	4.01	111.07	42.67	50.46
青 海	22.29	0.05	32.60	9.49	13.84
宁 夏	38.14	0.82	71.74	23.09	33.45
新 疆	19.04	0.11	26.35	5.25	4.62

主要经济指标

单位：亿元

累计折旧	流动资产合计	应收账款	存货	产成品	负债合计
6173.22	**22292.14**	**6968.69**	**5762.92**	**1996.28**	**19670.94**
85.92	616.60	159.81	186.91	56.33	394.25
112.01	571.70	186.77	151.76	48.92	520.89
113.21	445.74	132.54	130.73	51.67	397.91
23.68	144.43	48.65	46.07	15.15	154.76
17.78	71.38	18.12	20.89	7.50	87.50
781.12	1472.86	479.83	412.68	136.67	1395.66
259.23	88.29	27.59	21.13	9.53	85.15
67.47	509.99	189.11	149.77	23.24	492.45
415.38	2281.11	700.25	635.52	157.66	1887.04
1035.68	3990.45	1401.57	939.74	367.27	3485.30
501.45	2893.49	864.84	679.69	264.79	2605.34
260.79	715.70	208.68	197.27	91.47	671.37
97.32	435.10	120.82	112.48	49.36	321.98
76.82	165.77	40.42	42.95	22.09	153.76
705.92	2073.64	499.09	506.83	206.56	1881.99
244.95	873.37	255.31	182.86	74.94	701.62
303.34	642.11	191.44	151.02	45.57	729.17
92.45	431.49	171.77	103.10	44.45	383.88
397.01	1647.14	579.69	418.00	145.75	1288.14
45.97	225.52	42.13	47.71	22.14	194.52
0.48	0.57	0.14	0.33	0.16	0.62
58.75	318.18	140.82	71.76	26.12	283.65
295.00	1064.48	333.92	384.66	71.97	1013.91
5.08	44.35	13.11	11.11	4.11	41.93
14.16	58.67	15.51	20.32	8.17	51.89
135.20	372.55	98.60	93.97	30.28	294.83
9.09	57.89	14.21	20.41	5.57	70.78
4.35	17.90	5.26	6.29	2.86	18.30
12.00	42.45	19.44	11.54	4.24	43.03
1.63	19.22	9.25	5.43	1.72	19.31

3-42 续表 1

地 区	流动负债合计	应付账款	所有者权益合计	实收资本	国家资本
全 国	**16989.25**	**5089.06**	**16256.13**	**6967.16**	**523.31**
北 京	364.78	129.45	449.95	192.25	13.86
天 津	465.54	179.05	376.59	234.35	12.04
河 北	350.62	89.16	417.66	170.95	8.48
山 西	125.31	44.38	70.31	37.19	5.88
内蒙古	75.65	18.77	52.03	27.45	10.15
辽 宁	1106.15	334.12	1360.13	549.00	47.81
吉 林	65.55	19.99	80.19	37.80	8.57
黑龙江	451.42	152.87	198.92	90.60	35.88
上 海	1734.25	536.16	1341.39	600.13	64.51
江 苏	3001.18	942.20	2955.87	1322.23	56.89
浙 江	2431.12	598.07	1917.23	853.09	8.73
安 徽	507.58	160.12	556.49	234.58	25.86
福 建	259.33	73.70	360.35	162.93	5.86
江 西	134.69	41.71	144.10	74.21	8.20
山 东	1492.14	374.21	2081.46	756.76	76.58
河 南	535.57	152.52	829.72	426.16	8.69
湖 北	598.17	99.16	491.51	170.89	38.54
湖 南	304.82	99.78	366.10	142.53	14.79
广 东	1184.20	491.40	1000.98	438.61	2.09
广 西	172.42	52.74	130.18	33.02	6.31
海 南	0.62	0.17	0.24	0.06	
重 庆	247.57	89.06	184.06	78.76	25.98
四 川	922.30	253.52	493.56	187.45	8.36
贵 州	35.38	11.44	25.40	12.99	3.15
云 南	46.67	15.97	37.13	16.05	3.36
西 藏					
陕 西	256.35	86.60	244.36	76.34	13.94
甘 肃	53.13	14.12	40.28	14.44	6.17
青 海	13.45	3.37	14.24	4.69	0.50
宁 夏	35.33	13.85	28.71	16.01	1.48
新 疆	17.96	11.40	6.98	5.65	0.65

单位：亿元

集体资本	法人资本	个人资本	港澳台资本	外商资本	主营业务收入	主营业务成本	主营业务税金及附加
131.04	**2270.75**	**2253.43**	**404.68**	**1378.60**	**43575.01**	**36389.03**	**271.58**
0.28	75.80	22.61	8.33	69.31	563.02	444.49	2.62
1.74	99.42	34.62	15.01	71.22	1010.82	838.82	3.85
2.68	65.39	75.34	1.29	17.72	1209.07	1027.25	5.38
1.46	17.43	11.84	0.02	0.57	197.31	166.10	0.48
1.95	10.88	3.91	0.01	0.50	201.31	164.19	1.06
7.12	152.02	200.06	9.31	131.51	4368.07	3698.14	40.10
2.52	10.26	12.75		3.72	393.15	337.49	2.00
5.55	28.07	20.68		0.42	336.21	280.54	1.79
7.28	131.56	115.33	43.21	238.23	2649.01	2150.16	8.47
25.85	369.03	405.04	85.87	379.54	7361.65	6130.09	39.43
11.17	250.13	362.06	95.23	125.77	4093.48	3374.48	20.16
2.85	100.06	87.69	6.64	11.49	1685.33	1453.55	9.62
0.77	48.69	48.78	13.83	45.01	824.18	683.92	4.42
1.86	44.37	14.46	1.53	3.78	577.85	491.91	3.19
33.41	246.67	285.39	18.60	96.11	7068.52	5915.41	56.55
5.21	160.35	246.31	2.22	3.33	2394.96	2059.17	11.85
4.06	59.28	57.17	2.88	7.35	1101.27	889.04	12.60
3.14	72.65	48.09	0.95	2.91	1287.85	1038.91	13.70
5.28	129.23	71.07	93.68	137.06	3127.16	2688.27	14.30
1.17	10.51	7.77	0.08	7.18	304.49	248.67	1.35
	0.06				0.54	0.47	
1.33	28.44	13.29	1.72	7.98	474.29	381.94	2.80
1.38	97.27	70.83	2.69	7.08	1657.51	1360.51	11.82
0.55	4.96	4.45			59.33	46.12	0.73
0.30	3.94	4.23	1.41	2.81	76.01	67.16	0.26
1.45	38.62	20.10	0.19	1.89	418.38	342.96	2.63
	5.69	2.35		0.22	55.27	44.90	0.13
0.67	1.93	1.59			19.01	15.39	0.09
	4.70	3.93		5.87	38.17	31.99	0.15
	3.32	1.67			21.78	17.02	0.05

3-42 续表 2

地　区	销售费用	管理费用		财务费用		
			税金		利息收入	利息支出
全　国	**1245.28**	**2221.25**	**101.38**	**386.45**	**62.09**	**384.84**
北　京	32.59	44.84	1.05	0.53	2.68	4.67
天　津	32.90	59.40	2.25	5.07	2.16	5.74
河　北	27.69	41.95	2.58	9.25	0.39	8.62
山　西	5.37	12.54	0.31	2.52	0.09	2.26
内蒙古	3.24	8.68	1.21	1.64	0.01	1.63
辽　宁	111.35	195.09	11.79	34.99	1.97	31.69
吉　林	8.70	15.40	0.75	2.61	0.30	2.09
黑龙江	9.81	28.67	1.29	2.40	1.09	2.90
上　海	112.81	213.67	4.51	13.30	9.36	20.71
江　苏	220.08	394.24	12.85	74.11	9.49	73.78
浙　江	115.73	262.80	9.06	70.60	10.71	73.07
安　徽	37.42	68.71	5.80	14.34	0.99	13.12
福　建	27.11	42.52	2.17	8.78	0.98	8.62
江　西	10.41	20.70	1.15	2.86	0.50	2.96
山　东	177.57	250.29	20.06	58.80	5.99	48.45
河　南	42.78	58.20	3.07	17.59	1.14	14.97
湖　北	34.07	55.35	2.11	15.67	1.75	14.43
湖　南	36.83	78.30	5.12	9.48	0.88	8.42
广　东	91.26	161.87	4.52	8.98	4.95	11.37
广　西	15.54	22.30	0.81	2.03	0.63	3.12
海　南	0.02	0.06		0.02		0.02
重　庆	17.34	30.00	1.43	5.90	0.47	5.48
四　川	49.73	98.96	4.50	17.60	2.87	18.30
贵　州	1.90	5.04	0.11	0.76	0.21	0.42
云　南	2.61	5.19	0.23	0.89	0.05	0.86
西　藏						
陕　西	14.07	35.61	1.85	3.00	2.23	4.02
甘　肃	2.57	4.59	0.48	1.68	0.09	1.67
青　海	0.88	2.04	0.09	0.41	0.08	0.45
宁　夏	2.07	3.10	0.21	0.52	0.03	0.89
新　疆	0.85	1.17	0.05	0.11	0.01	0.11

单位：亿元

投资收益（损失以“-”号记）	营业利润	利润总额	亏损企业亏损额	应交增值税	应交所得税	从业人员平均人数（万人）
6.35	**3077.23**	**3071.03**	**173.16**	**1295.75**	**432.79**	**476.14**
0.85	41.81	43.98	10.69	19.49	9.93	5.86
-0.02	78.08	81.60	7.06	30.88	16.55	9.78
-2.82	96.10	97.94	3.55	29.82	9.72	14.05
0.19	10.36	11.04	1.39	3.17	0.75	3.41
0.19	28.77	11.50	0.46	4.87	1.38	1.95
-7.89	318.43	289.35	20.87	110.66	29.53	40.51
-0.09	27.82	25.33	0.85	7.83	3.24	2.86
0.48	11.51	12.49	9.07	9.70	2.19	5.16
21.63	171.33	181.82	13.50	69.02	32.65	23.85
-0.31	531.10	534.78	27.64	248.72	98.39	78.14
16.67	267.49	276.59	16.05	125.71	45.87	62.44
-4.12	109.65	115.87	3.20	46.82	12.99	17.04
-9.67	65.66	66.99	1.32	20.86	7.42	11.55
-0.12	41.96	42.37	1.22	13.39	2.85	6.23
-2.69	529.86	529.71	15.53	238.59	66.28	59.13
0.02	190.16	193.12	4.06	53.50	19.98	24.63
-6.25	71.92	77.47	5.89	30.33	7.24	11.59
-1.70	98.01	92.65	1.92	46.15	6.80	12.57
0.26	170.85	177.35	11.55	73.62	30.53	46.38
-1.82	18.81	19.64	1.01	8.90	2.77	3.43
		0.01		0.04		0.04
-0.42	38.18	40.98	3.07	19.41	5.41	6.57
2.56	122.94	106.53	5.91	64.38	14.15	17.25
0.10	3.93	4.75	0.74	1.53	0.41	0.98
0.01	0.81	1.40	1.20	1.68	0.24	1.51
2.27	26.21	28.71	2.70	13.25	4.53	6.41
	1.38	1.82	0.25	1.11	0.28	1.27
-0.97	-0.14	0.65		0.68	0.03	0.52
	1.37	1.62	2.40	1.35	0.53	0.79
	2.86	2.99	0.06	0.29	0.15	0.26

3-43 专用设备制造业

地区	工业销售产值（当年价格）	出口交货值	资产总计	固定资产合计	固定资产原价
全国	**32467.75**	**2994.31**	**30704.89**	**7612.51**	**11772.78**
北京	600.15	69.16	1388.58	105.81	170.65
天津	1068.79	73.35	1313.97	325.85	517.41
河北	1267.58	50.30	1245.74	468.81	571.44
山西	360.40	14.26	695.19	130.63	160.29
内蒙古	189.41	0.93	148.87	72.02	90.65
辽宁	2336.25	240.05	2111.59	645.51	990.80
吉林	557.06	5.07	246.36	101.12	390.54
黑龙江	368.78	13.51	697.89	145.86	213.25
上海	1094.60	269.67	1530.81	233.39	381.28
江苏	5036.21	776.08	4404.36	1091.90	1796.00
浙江	1515.06	316.29	1797.34	394.95	558.87
安徽	1117.13	29.54	778.16	230.62	353.62
福建	604.53	65.90	606.67	127.69	184.40
江西	372.30	20.71	171.15	68.64	117.39
山东	5411.21	245.08	3005.64	925.01	1596.12
河南	2611.70	31.67	1954.61	631.35	776.32
湖北	875.23	17.70	873.49	267.71	527.15
湖南	2602.16	111.36	2709.22	435.17	566.67
广东	1790.70	452.04	1856.60	416.19	719.12
广西	433.39	38.50	514.57	62.97	91.42
海南	2.23	0.08	3.84	0.58	0.84
重庆	271.11	12.78	217.51	55.08	86.22
四川	1104.30	89.43	1195.34	330.42	514.63
贵州	66.10	2.40	113.86	27.80	28.41
云南	91.00	2.92	92.84	13.96	25.59
西藏					
陕西	509.28	41.36	697.99	186.91	266.41
甘肃	107.74	4.14	204.11	82.66	38.02
青海	2.49		1.72	1.02	1.03
宁夏	46.43		63.56	12.66	14.53
新疆	54.43	0.04	63.31	20.22	23.71

主要经济指标

累计折旧	流动资产合计	应收账款	存货	产成品	负债合计
4833.43	**19245.56**	**6432.44**	**4753.36**	**1606.48**	**16994.26**
65.96	918.51	253.50	178.93	50.06	751.11
226.49	879.24	333.58	240.75	59.96	712.36
135.79	658.88	212.62	177.62	66.50	579.65
50.72	491.85	213.67	112.87	44.67	521.95
19.72	69.50	19.14	23.75	8.14	64.90
389.28	1256.98	440.37	283.94	58.90	1241.12
295.95	116.75	31.53	35.79	17.81	106.62
74.49	469.37	181.32	142.95	38.53	375.31
155.32	1126.81	367.85	308.06	91.77	897.10
740.20	2858.17	984.93	710.18	231.08	2425.63
201.94	1167.81	340.03	286.71	98.53	1026.28
138.21	446.60	151.56	106.74	34.21	427.16
75.07	405.07	125.65	120.23	39.03	327.91
53.51	72.74	24.23	20.57	11.18	78.35
795.06	1729.45	505.21	441.89	203.54	1556.90
203.94	1129.00	284.20	242.21	82.02	816.86
289.35	546.97	165.80	136.53	51.22	538.77
153.45	1747.61	737.59	323.14	119.55	1606.43
318.82	1183.09	368.23	317.45	95.34	989.16
31.36	313.31	103.31	70.50	31.43	290.96
0.28	1.52	0.26	0.59	0.06	1.03
36.27	128.11	52.91	32.77	11.21	129.97
249.87	753.56	254.23	206.87	79.20	788.20
4.73	64.76	14.56	13.05	3.77	73.33
12.59	67.39	32.07	19.80	5.51	69.80
94.90	447.83	161.49	147.00	55.91	412.89
12.21	111.70	41.18	33.44	8.74	113.96
0.17	0.64	0.28	0.23	0.09	1.00
3.58	45.52	19.21	9.52	2.00	33.87
4.18	36.83	11.92	9.32	6.53	35.68

3-43 续表 1

地区	流动负债合计	应付账款	所有者权益合计	实收资本	国家资本
全国	**13958.46**	**4385.91**	**13595.68**	**6016.23**	**724.52**
北京	624.04	225.31	637.47	263.98	21.44
天津	661.99	358.13	600.65	411.64	102.04
河北	523.47	156.06	660.67	276.24	61.49
山西	446.71	181.51	172.58	111.27	57.85
内蒙古	55.87	14.46	83.84	29.82	3.31
辽宁	979.09	301.32	869.60	353.18	77.05
吉林	82.12	20.50	128.59	39.94	2.99
黑龙江	270.96	99.44	323.01	89.43	30.23
上海	835.14	284.00	629.17	312.97	9.36
江苏	2214.01	614.35	1974.57	1031.82	36.29
浙江	953.95	232.31	767.40	374.05	6.02
安徽	349.90	95.57	343.83	166.74	11.29
福建	263.14	54.80	275.16	103.97	5.48
江西	61.30	18.16	91.66	50.13	3.53
山东	1193.89	333.48	1415.94	507.69	18.60
河南	621.39	205.93	1128.73	514.66	39.15
湖北	406.50	144.33	329.08	198.42	44.98
湖南	980.74	263.43	1099.96	237.25	19.35
广东	848.32	291.30	863.70	402.02	2.82
广西	213.69	57.54	213.62	65.49	30.94
海南	1.01	0.26	2.81	0.84	
重庆	111.49	40.47	87.16	32.10	4.28
四川	633.46	178.66	401.43	160.66	12.53
贵州	63.06	14.61	40.29	33.35	8.78
云南	61.94	23.48	23.04	13.60	4.13
西藏					
陕西	333.62	118.66	285.13	180.27	85.26
甘肃	100.53	25.47	88.66	34.96	20.99
青海	0.93	0.08	0.71	0.32	
宁夏	32.37	16.01	29.61	9.84	1.84
新疆	33.83	16.26	27.62	9.57	2.51

集体资本	法人资本	个人资本	港澳台资本	外商资本	主营业务收入	主营业务成本	主营业务税金及附加
84.03	**2169.44**	**1668.15**	**407.54**	**957.39**	**32714.72**	**27225.69**	**195.15**
0.92	133.05	74.35	12.20	22.03	668.62	504.95	4.63
0.71	210.80	38.49	3.77	55.78	1084.95	929.12	7.86
2.93	111.00	68.50	3.51	28.81	1279.13	1054.93	5.54
3.95	30.78	16.78		1.80	383.10	328.36	1.14
4.12	13.59	7.60	0.10	1.10	184.49	150.06	0.93
1.34	118.50	83.44	2.20	70.65	2323.14	1986.65	11.95
0.81	13.82	17.42	1.49	3.41	536.77	449.49	2.95
1.67	21.98	23.11	6.11	6.13	369.13	312.25	2.01
2.60	131.20	31.93	29.12	108.77	1129.02	883.51	2.93
15.29	248.09	314.47	99.67	318.02	5063.25	4192.65	28.54
2.93	95.46	133.74	78.12	57.79	1515.41	1230.32	7.70
2.64	77.32	49.41	3.12	22.96	1104.00	930.96	7.63
0.46	24.98	44.11	10.97	17.96	643.81	537.83	4.05
0.10	16.41	13.54	14.53	2.02	386.49	329.14	2.32
13.53	188.75	212.75	9.53	64.52	5429.37	4597.62	37.79
6.00	206.01	245.09	6.02	10.80	2727.20	2337.93	13.28
1.25	113.65	32.73	0.33	5.17	841.72	707.16	6.23
3.81	137.25	51.22	14.63	10.98	2561.68	2116.20	18.41
8.89	81.74	91.11	85.91	130.24	1783.19	1433.94	9.79
0.07	10.66	16.68	1.25	5.21	431.54	358.08	2.36
0.70		0.14			2.37	1.62	0.01
0.53	12.94	10.54	3.56	0.25	275.16	216.28	2.47
4.44	80.07	43.56	14.01	5.46	1166.67	957.50	10.73
0.09	17.80	4.20		2.18	56.48	45.72	0.28
0.63	5.64	3.04	0.15	0.01	93.15	78.83	0.33
1.26	54.51	27.47	6.54	5.23	475.16	390.82	2.46
2.33	5.55	5.40	0.69		89.99	75.59	0.46
	0.31	0.01			2.43	1.98	0.01
0.03	3.30	4.67			48.26	36.42	0.27
0.01	4.28	2.65	0.01	0.10	59.03	49.82	0.12

3-43 续表 2

地 区	销售费用	管理费用	税金	财务费用	利息收入	利息支出
全 国	**980.60**	**1733.64**	**78.68**	**324.65**	**58.85**	**331.55**
北 京	40.32	72.29	1.24	5.69	2.22	7.67
天 津	22.73	65.84	2.14	4.61	3.23	6.76
河 北	35.47	58.42	3.16	11.73	0.76	10.17
山 西	11.04	27.52	0.55	8.42	0.34	7.77
内蒙古	4.71	8.94	0.78	1.75	0.10	1.32
辽 宁	50.59	115.18	8.08	24.09	3.55	22.37
吉 林	12.19	23.44	0.94	4.60	0.29	3.53
黑龙江	9.93	26.92	1.74	8.42	0.63	8.67
上 海	62.85	112.89	1.26	7.86	3.69	7.40
江 苏	140.33	288.95	10.44	51.26	7.69	53.48
浙 江	47.59	111.50	3.69	26.43	4.33	27.50
安 徽	28.81	48.70	4.08	9.10	0.90	9.33
福 建	20.13	32.72	1.55	8.58	0.66	7.66
江 西	6.82	10.36	0.61	2.11	0.07	1.66
山 东	122.76	168.63	13.46	43.59	2.17	37.25
河 南	57.17	89.90	3.69	20.56	3.20	20.40
湖 北	25.21	44.17	2.35	13.32	0.67	11.09
湖 南	114.67	120.73	6.04	14.98	15.60	32.09
广 东	72.19	132.53	3.05	12.80	2.39	12.33
广 西	17.59	23.98	0.89	7.08	2.49	8.06
海 南	0.17	0.30		0.01		0.01
重 庆	10.54	16.06	0.90	1.97	0.37	1.92
四 川	36.00	68.42	4.32	23.86	1.74	21.19
贵 州	3.16	5.95	0.11	0.76	0.05	0.65
云 南	2.58	6.70	0.25	1.44	0.10	1.51
西 藏						
陕 西	18.96	36.35	1.69	7.83	1.22	7.83
甘 肃	2.25	8.08	0.35	1.41	0.12	1.31
青 海	0.12	0.10	0.02	0.03		0.03
宁 夏	1.81	4.09	0.17	0.24	0.14	0.36
新 疆	1.92	4.00	1.13	0.11	0.11	0.24

投资收益（损失以“–”号记）	营业利润	利润总额	亏损企业亏损额	应交增值税	应交所得税	从业人员平均人数（万人）
26.42	**2301.51**	**2333.98**	**219.92**	**987.74**	**317.12**	**352.10**
27.25	71.42	78.00	6.16	29.44	9.04	7.46
1.75	57.61	60.22	10.62	43.92	8.56	11.18
-4.44	109.66	113.19	7.48	38.28	12.90	15.00
0.52	7.97	9.89	2.78	6.52	1.53	6.21
0.05	27.28	12.02	1.42	3.35	1.65	1.22
-1.93	150.72	137.82	10.53	58.57	14.44	18.73
0.03	34.26	34.25	0.64	10.85	2.71	3.40
0.75	13.46	16.50	4.37	9.36	4.21	4.82
6.29	74.18	82.70	28.82	27.03	17.29	12.97
-1.15	365.11	368.57	34.25	173.29	73.90	56.36
4.62	101.54	109.07	6.14	45.22	16.14	24.04
-0.55	79.83	82.86	2.85	31.42	9.25	11.41
-1.63	38.78	40.61	7.91	19.28	3.88	7.97
0.02	32.16	29.46	0.26	11.28	2.77	4.64
3.59	410.18	412.06	10.86	176.76	47.22	40.01
2.53	198.22	203.76	12.71	62.87	23.86	30.69
-2.61	43.92	45.07	5.33	21.44	5.29	10.04
-11.66	186.86	186.43	2.53	88.16	16.64	18.29
1.81	132.48	137.73	11.86	48.71	22.84	33.92
0.47	22.55	21.84	4.45	8.44	2.49	4.54
0.02	0.27	0.34	0.03	0.11	0.05	0.06
-1.69	28.27	29.25	0.22	10.93	4.18	3.29
-2.58	70.95	71.81	34.90	39.74	9.61	13.78
-0.01	0.38	0.72	2.14	1.61	0.44	0.78
-0.03	4.11	4.64	1.01	2.30	0.37	1.50
4.72	27.15	30.54	8.99	13.43	4.46	6.68
-0.02	2.39	3.81	0.49	2.52	0.41	1.96
	0.19	0.19		0.12	0.01	0.03
0.32	5.35	5.72	0.05	2.10	0.69	0.65
	4.27	4.91	0.12	0.71	0.30	0.46

3-44 汽车制造业

地区	工业销售产值（当年价格）	出口交货值	资产总计	固定资产合计	固定资产原价
全国	**58552.74**	**2753.19**	**46873.54**	**11204.92**	**17858.13**
北京	3237.19	49.59	2857.61	550.44	806.42
天津	1844.95	60.66	1088.31	354.53	625.43
河北	1769.72	123.19	1371.36	350.84	503.57
山西	76.44	4.74	128.80	42.29	58.16
内蒙古	206.44	11.42	304.51	84.87	100.90
辽宁	2794.36	95.57	2207.64	558.08	787.47
吉林	5993.87	48.96	3869.67	882.82	1698.85
黑龙江	123.32	5.88	192.43	59.95	149.92
上海	4830.07	206.04	5023.31	713.98	1431.75
江苏	5661.42	355.14	3485.81	973.43	1613.69
浙江	2204.61	375.89	2948.13	572.69	793.62
安徽	1905.55	185.23	1905.40	557.45	818.18
福建	920.18	120.61	694.73	174.22	270.55
江西	837.00	64.36	577.33	180.86	280.22
山东	5479.93	358.98	3741.01	1004.49	1779.66
河南	1946.44	76.08	1352.50	411.42	509.00
湖北	4915.01	64.36	4577.55	886.50	1469.15
湖南	987.40	26.99	799.64	268.90	327.51
广东	4655.57	367.41	3520.90	851.51	1463.34
广西	1821.46	17.58	1195.71	271.65	362.52
海南	104.50	1.82	104.85	21.54	43.55
重庆	2990.54	65.32	2376.70	665.19	942.22
四川	1892.49	13.51	1451.64	446.62	614.71
贵州	144.80	0.81	115.63	38.24	45.44
云南	162.88	4.87	135.39	32.51	46.72
西藏					
陕西	973.89	48.15	773.95	226.00	288.41
甘肃	13.64		14.94	4.18	5.07
青海	21.77		10.94	7.72	8.65
宁夏	5.71		9.08	1.94	1.71
新疆	31.54	0.01	38.07	10.06	11.78

主要经济指标

单位：亿元

累计折旧	流动资产合计	应收账款	存货	产成品	负债合计
7543.82	**27105.67**	**7029.55**	**4763.75**	**2014.23**	**26885.89**
248.87	1547.63	370.47	231.34	113.05	1645.28
298.88	642.64	193.89	94.22	29.55	564.24
172.89	832.56	191.35	126.93	61.04	758.29
17.80	60.19	12.34	18.82	9.78	90.56
27.53	166.71	66.22	29.93	13.74	234.54
279.09	1178.13	324.04	283.28	101.77	1441.44
835.36	2495.57	335.19	450.90	204.10	2117.93
85.20	107.56	26.06	15.99	7.18	192.80
726.98	2787.46	520.98	310.08	114.61	2230.16
664.82	2136.76	736.98	380.74	164.02	2074.26
282.73	1612.01	517.75	293.63	120.15	1793.40
324.33	1020.89	232.94	174.97	58.73	1236.93
110.14	423.49	140.59	98.22	41.13	381.47
119.93	346.53	56.08	72.30	29.19	335.64
905.64	2249.39	667.56	516.57	176.67	2292.14
138.27	715.50	180.67	114.83	49.54	654.05
699.16	2541.51	567.33	392.17	177.26	2394.08
87.11	439.68	123.54	72.18	28.76	530.88
645.93	2220.24	909.73	324.49	115.99	2033.48
133.02	802.93	179.48	188.85	128.25	892.63
22.12	68.01	4.92	36.75	32.05	42.83
382.13	1303.50	279.21	250.84	96.03	1472.21
188.43	820.88	253.37	134.06	65.09	825.60
14.21	60.17	18.49	15.21	5.93	70.85
20.02	78.04	18.16	18.48	6.48	69.85
109.28	416.99	97.03	110.42	62.17	467.78
1.11	8.53	1.24	1.01	0.23	9.59
0.93	3.23	1.20	0.83	0.03	4.85
0.16	4.20	0.74	1.65	0.91	3.91
1.77	14.73	1.99	4.05	0.81	24.23

3-44 续表 1

地 区	流动负债合 计	应付账款	所 有 者权益合计	实收资本	国家资本
全 国	**22938.59**	**9336.78**	**19871.89**	**7620.44**	**1063.19**
北 京	1374.16	679.53	1212.33	527.96	102.76
天 津	511.77	268.99	522.70	246.17	32.44
河 北	653.50	281.74	608.16	146.81	10.80
山 西	71.52	15.85	38.23	30.53	4.26
内 蒙 古	182.66	36.06	69.97	38.57	19.72
辽 宁	1195.70	518.40	756.52	332.90	19.84
吉 林	1781.07	904.37	1750.46	284.72	130.92
黑 龙 江	165.99	45.54	-0.38	37.10	6.72
上 海	1945.64	1004.10	2792.55	725.11	116.27
江 苏	1851.91	736.87	1410.56	826.65	98.00
浙 江	1539.19	452.89	1150.80	524.91	1.90
安 徽	916.98	287.11	658.43	264.61	22.70
福 建	322.49	111.50	311.05	181.81	6.51
江 西	301.59	109.94	240.17	79.84	22.12
山 东	1802.93	651.30	1433.16	742.16	30.49
河 南	523.10	180.06	695.59	259.84	2.65
湖 北	2094.79	799.73	2167.40	717.70	296.60
湖 南	446.99	184.48	267.95	182.75	31.04
广 东	1861.72	776.19	1484.04	619.64	17.86
广 西	825.51	338.48	298.99	91.81	21.12
海 南	42.16	16.53	62.02	24.31	
重 庆	1302.99	505.72	882.77	287.60	31.95
四 川	663.07	240.85	612.43	265.68	7.96
贵 州	57.09	12.56	44.67	23.99	2.15
云 南	54.78	17.05	65.54	27.04	7.71
西 藏					
陕 西	410.49	150.15	305.33	104.12	17.41
甘 肃	8.35	2.99	5.36	5.25	0.62
青 海	4.85		6.09	2.11	
宁 夏	3.42	0.45	5.17	3.21	
新 疆	22.17	7.35	13.84	15.55	0.66

单位：亿元

集体资本	法人资本	个人资本	港澳台资本	外商资本	主营业务收入	主营业务成本	主营业务税金及附加
157.04	**2955.95**	**998.06**	**354.62**	**2076.88**	**59692.60**	**49312.52**	**1359.42**
1.57	234.22	5.71	2.10	181.61	3287.61	2718.53	114.16
1.59	69.34	17.46	2.64	122.65	1777.88	1485.13	56.27
0.40	72.55	23.32	11.67	28.07	1821.12	1521.62	24.84
7.36	14.54	4.27		0,02	76.52	68.83	0.15
0.58	13.43	4.16		0.68	203.30	186.85	0.64
6.92	125.38	25.63	8.04	146.57	2751.54	2171.87	87.23
2.29	72.95	26.02	3.56	47.05	6607.37	5366.84	237.91
2.27	17.50	5.47		5.15	125.12	114.80	1.43
4.27	290.73	45.83	14.43	253.59	5999.99	4826.10	142.53
3.14	276.64	100.44	45.51	302.91	5454.96	4511.54	104.61
0.80	186.48	138.36	93.05	104.31	2230.83	1835.58	15.93
4.39	143.82	62.73	7.42	23.54	1809.87	1564.04	20.23
1.87	69.12	23.58	27.01	53.72	917.27	775.44	13.14
2.54	26.16	12.84	0.63	15.45	890.65	734.73	11.92
12.47	323.85	128.99	73.38	172.97	5523.43	4831.82	52.02
3.07	140.40	97.27	1.60	14.10	1933.94	1603.78	12.91
12.19	162.50	109.85	3.80	126.88	4602.63	3757.50	127.25
0.61	88.56	23.44	1.46	37.64	964.71	838.34	12.81
1.83	185.43	20.97	50.43	341.42	4714.55	3758.31	137.42
0.63	34.86	18.38	0.65	14.57	1780.79	1533.97	25.39
	20.04	0.34	2.23	1.71	98.06	83.91	3.43
0.93	154.91	47.62	3.96	48.23	3041.62	2462.78	68.34
81.65	105.26	35.54	1.06	32.10	1896.46	1538.82	81.36
0.08	12.05	9.59		0.11	147.08	134.26	0.43
	17.03	2.29			149.60	121.38	0.52
2.38	75.00	7.51		1.83	832.46	715.57	6.39
	4.47	0.13		0.03	7.48	6.98	0.03
	2.11				4.15	3.31	0.03
0.40	2.51	0.30			5.57	4.77	0.02
0.80	14.09				36.03	35.13	0.07

3-44 续表 2

地 区	销售费用	管理费用	税金	财务费用	利息收入	利息支出
全 国	**1942.59**	**2780.80**	**115.29**	**227.14**	**144.75**	**354.92**
北 京	124.06	115.59	4.14	5.82	8.56	15.70
天 津	16.80	76.04	2.47	0.02	2.27	4.48
河 北	34.25	72.03	2.70	6.59	2.38	8.40
山 西	3.54	6.05	0.26	1.46	0.28	1.45
内蒙古	5.55	7.40	0.89	8.45	0.37	8.76
辽 宁	170.94	125.41	5.99	25.95	4.21	20.10
吉 林	300.56	276.49	9.49	-3.09	11.60	16.17
黑龙江	4.38	12.50	0.62	2.55	1.06	3.30
上 海	115.87	387.52	7.00	-18.90	32.23	10.86
江 苏	132.91	232.37	8.88	23.26	5.34	28.83
浙 江	65.90	155.10	6.63	35.58	20.53	49.19
安 徽	67.42	97.84	6.20	19.57	10.47	26.61
福 建	31.38	40.75	2.02	6.30	1.50	6.89
江 西	31.12	48.80	2.16	2.83	3.15	5.16
山 东	104.02	141.89	9.43	36.65	11.52	39.35
河 南	74.68	76.71	3.00	13.63	2.14	12.85
湖 北	189.88	255.09	11.56	8.60	8.80	22.63
湖 南	31.53	54.19	4.50	7.33	0.84	7.55
广 东	185.39	230.23	9.64	1.92	2.28	15.00
广 西	65.37	84.43	2.85	8.23	2.78	9.51
海 南	0.45	4.30	0.15	-0.40	0.61	0.18
重 庆	124.25	166.42	7.13	14.52	7.29	19.91
四 川	31.59	62.89	4.49	10.71	2.61	12.49
贵 州	3.01	5.46	0.28	1.37	0.15	1.26
云 南	2.68	5.48	0.32	2.44	0.27	2.29
西 藏						
陕 西	24.45	33.41	2.24	5.28	1.29	5.47
甘 肃	0.04	0.63	0.04	0.11	0.11	0.08
青 海	0.08	3.39	0.11	0.11		0.04
宁 夏	0.15	0.41	0.04	0.05		0.06
新 疆	0.34	2.00	0.09	0.22	0.13	0.35

单位：亿元

投资收益（损失以“-”号记）	营业利润	利润总额	亏损企业亏损额	应交增值税	应交所得税	从业人员平均人数（万人）
587.85	**5144.13**	**5230.37**	**234.56**	**1994.95**	**832.90**	**426.03**
59.16	277.74	291.42	8.56	100.28	65.84	13.01
2.68	166.78	171.20	13.17	97.43	39.67	12.41
15.93	182.73	186.35	2.90	56.85	25.04	15.76
0.05	2.81	-0.55	2.48	1.06	0.24	1.81
-0.23	39.01	-4.05	8.20	3.22	0.88	1.42
21.37	195.93	201.61	21.06	94.23	39.91	14.96
56.31	596.87	613.87	15.40	240.52	139.62	27.49
1.00	-8.42	-8.09	12.12	2.52	0.42	2.05
304.84	857.62	872.32	13.99	179.50	140.78	22.85
-6.48	477.59	486.51	19.35	228.29	72.15	38.66
11.65	151.62	165.54	11.42	69.24	22.61	33.01
14.80	92.88	106.21	7.91	43.16	12.71	18.28
1.05	55.36	57.87	2.28	32.10	9.54	10.48
1.43	52.26	60.09	2.92	30.20	9.53	7.31
-5.34	336.82	344.97	9.95	123.41	47.29	37.34
10.08	166.36	172.58	4.10	47.73	14.23	19.92
82.06	481.73	457.29	19.18	168.75	55.17	39.39
-0.09	39.36	39.61	10.43	29.45	5.30	9.58
5.55	428.34	433.17	23.64	178.06	68.99	32.57
-0.70	81.20	83.27	3.60	40.81	13.25	13.91
-0.01	6.52	7.26		1.93	0.79	0.71
19.14	242.56	250.96	9.02	108.66	17.35	25.56
-0.54	178.01	187.64	7.07	79.10	26.45	14.18
-0.10	1.06	1.77	1.97	9.16	0.59	1.55
-5.88	10.50	11.25	0.46	2.16	0.34	1.46
0.12	37.57	38.90	1.71	26.85	4.15	9.79
	-0.09	-0.03	0.09	0.04		0.16
	0.24	0.24		0.05		0.04
	0.54	0.55	0.03	0.02	0.08	0.16
	-1.74	0.68	1.54	0.17		0.24

3-45 铁路、船舶、航空航天和其他

地　区	工业销售产值（当年价格）	出口交货值	资产总计	固定资产合计	固定资产原价
全　国	**16824.64**	**3443.22**	**20091.20**	**4978.47**	**7104.81**
北　京	254.54	1.12	470.03	94.45	112.67
天　津	762.99	55.97	930.28	228.66	271.50
河　北	436.92	16.68	469.16	169.18	161.25
山　西	130.52	0.48	180.40	61.24	59.37
内蒙古	42.88	0.96	57.49	26.50	14.88
辽　宁	1101.53	230.62	2354.58	505.01	701.19
吉　林	280.72	30.88	370.28	89.86	113.73
黑龙江	213.70	17.73	306.14	61.98	106.71
上　海	723.98	333.06	1309.02	286.48	446.36
江　苏	3535.31	972.54	3500.83	915.68	1444.01
浙　江	1188.11	559.62	1614.73	431.58	545.24
安　徽	228.72	7.45	182.39	58.60	73.62
福　建	333.39	95.64	288.39	93.06	93.82
江　西	290.86	15.11	475.45	49.74	108.25
山　东	1456.20	147.06	1314.40	359.81	495.46
河　南	623.64	9.30	357.45	128.69	153.07
湖　北	568.93	186.71	676.58	176.93	216.23
湖　南	748.85	22.62	738.39	181.22	400.81
广　东	1188.98	439.27	1409.31	275.60	435.90
广　西	129.71	1.25	76.45	20.90	29.53
海　南	0.84		9.57	1.03	1.19
重　庆	1297.86	188.58	1076.81	264.93	418.20
四　川	504.97	40.73	554.53	179.39	249.04
贵　州	107.69	10.00	228.23	53.96	81.26
云　南	34.39		62.29	18.02	16.19
西　藏					
陕　西	628.48	59.83	1056.73	242.21	348.49
甘　肃	7.95		18.26	3.27	6.19
青　海	0.50		0.41	0.15	0.21
宁　夏	1.02		1.87	0.26	0.35
新　疆	0.46		0.76	0.10	0.10

运输设备制造业主要经济指标

单位：亿元

累计折旧	流动资产合计	应收账款	存货	产成品	负债合计
2727.57	**12269.31**	**2779.26**	**3315.24**	**500.98**	**13151.57**
50.04	335.65	103.14	128.44	11.72	306.31
84.02	539.72	76.14	196.99	16.14	565.98
41.77	255.45	87.60	96.84	24.86	305.47
24.43	112.19	47.53	28.58	5.91	132.75
4.49	28.89	4.01	5.27	1.54	30.70
254.54	1570.29	247.23	379.00	28.64	1755.93
35.46	253.88	121.60	57.70	2.30	261.66
50.58	191.86	33.86	82.30	4.77	218.48
165.57	786.72	83.64	197.40	10.69	920.68
553.20	1981.00	397.73	531.72	90.40	2101.09
156.55	952.58	234.01	259.32	40.44	1178.54
20.35	90.81	30.68	28.37	9.36	106.55
28.56	171.44	31.27	55.62	5.92	190.34
50.52	339.72	26.82	100.29	6.14	359.52
168.67	812.92	222.79	211.81	48.82	906.37
48.33	202.88	51.79	31.88	10.67	133.49
69.33	418.91	127.66	109.31	18.03	472.88
251.57	477.17	174.19	112.42	27.34	398.36
172.98	828.23	158.86	181.42	31.83	904.96
10.85	51.30	14.30	8.91	2.78	43.87
0.35	7.53	0.05	0.79		8.03
185.00	652.10	180.75	95.21	35.02	689.01
99.95	326.86	115.25	88.41	16.73	304.79
38.39	137.30	37.59	47.81	9.45	177.09
3.67	43.42	4.97	18.73	7.80	34.50
155.16	687.49	160.33	257.80	32.86	634.96
3.07	11.25	4.47	2.61	0.59	8.24
0.06	0.23	0.14	0.08	0.07	0.10
0.08	0.98	0.58	0.14	0.12	0.66
0.06	0.54	0.27	0.05	0.05	0.29

3-45 续表 1

地　区	流动负债合　计	应付账款	所 有 者权益合计	实收资本	国家资本
全　国	**10856.31**	**3118.53**	**6895.63**	**3408.99**	**1071.35**
北　京	257.40	90.33	163.72	72.14	11.38
天　津	480.83	136.89	362.31	234.42	111.70
河　北	241.48	112.91	162.35	83.48	46.88
山　西	111.74	51.39	47.64	34.82	24.22
内 蒙 古	30.34	5.26	26.78	7.42	1.32
辽　宁	1271.65	336.72	595.57	341.93	95.26
吉　林	239.58	85.81	108.61	35.35	5.97
黑 龙 江	176.91	51.36	87.67	51.96	22.42
上　海	674.25	212.33	373.75	273.74	62.75
江　苏	1782.13	442.83	1393.65	542.51	75.22
浙　江	1079.80	250.37	435.23	236.45	6.38
安　徽	84.40	23.04	74.73	32.94	4.65
福　建	151.42	25.95	97.60	40.26	5.01
江　西	334.89	84.46	115.84	50.75	23.96
山　东	778.86	226.68	402.37	239.57	92.82
河　南	103.78	36.83	221.64	72.52	7.77
湖　北	402.69	126.02	201.29	129.50	59.23
湖　南	355.16	165.16	339.97	131.85	86.93
广　东	709.85	188.72	502.08	330.05	175.47
广　西	40.34	15.46	32.48	10.57	3.88
海　南	8.03	0.02	1.54	1.74	
重　庆	557.33	126.62	386.15	152.94	8.65
四　川	278.10	104.32	250.44	84.55	26.04
贵　州	136.43	43.35	51.07	33.65	16.68
云　南	33.99	7.62	27.79	12.79	12.41
西　藏					
陕　西	524.57	165.06	421.37	163.23	81.04
甘　肃	9.32	2.66	10.02	6.49	2.60
青　海	0.10	0.02	0.31	0.20	
宁　夏	0.66	0.02	1.21	0.42	
新　疆	0.29	0.28	0.46	0.72	0.72

单位：亿元

集体资本	法人资本	个人资本	港澳台资本	外商资本	主营业务收入	主营业务成本	主营业务税金及附加
46.96	**1348.41**	**481.81**	**157.32**	**308.56**	**16362.54**	**14110.52**	**87.27**
0.41	53.14	5.99	0.20	1.02	273.72	221.09	0.95
0.06	32.66	62.97	5.03	22.01	766.95	671.52	2.91
0.34	25.53	9.03	0.31	1.39	439.97	367.20	2.42
0.91	6.19	2.10		1.40	127.83	104.62	0.56
0.19	2.18	3.73			42.97	33.45	0.19
1.52	204.37	9.60	6.59	24.58	1093.63	967.43	3.94
1.99	24.14	1.59		1.59	286.34	231.90	2.51
1.67	25.06	1.72		1.09	233.22	200.59	0.29
0.21	181.39	5.10	5.69	18.59	708.88	614.08	1.88
8.60	171.50	94.60	89.32	103.28	3431.89	2963.62	18.48
0.79	121.56	77.09	9.37	21.26	923.44	819.92	4.46
0.09	13.89	13.41		0.90	226.80	202.57	1.07
0.17	8.66	18.54	3.82	4.06	320.69	279.22	1.86
9.74	14.91	4.42	0.37	4.39	293.55	266.19	0.42
6.40	64.86	23.50	3.39	48.60	1396.35	1210.80	8.44
5.48	21.22	34.73	0.08	3.23	620.85	526.51	2.10
0.24	56.43	12.79		0.78	535.97	465.60	3.70
1.58	22.88	8.13	0.63	11.71	704.77	570.67	4.57
0.87	80.54	23.78	26.76	22.56	1159.66	1024.44	9.85
0.02	6.15	0.52			127.44	102.51	1.29
	1.69		0.06		0.95	0.82	
4.84	82.11	48.38	3.80	4.85	1291.64	1114.91	9.30
0.51	40.36	9.82	0.52	7.30	532.39	454.35	2.86
	11.35	3.84		0.66	103.04	84.79	0.25
	0.38				34.58	25.91	0.32
0.13	71.65	5.74	1.37	3.31	675.13	579.18	2.60
0.20	3.63	0.06			7.97	5.19	0.01
		0.20			0.40	0.29	0.01
		0.42			1.06	0.78	0.01
					0.46	0.39	0.01

3-45 续表 2

地　区	销售费用	管理费用		财务费用		
			税金		利息收入	利息支出
全　国	**273.33**	**934.41**	**36.31**	**130.61**	**74.76**	**193.68**
北　京	5.11	25.44	0.37	1.96	1.03	2.88
天　津	9.40	33.39	0.72	2.13	1.65	3.02
河　北	7.73	25.26	0.80	4.20	0.78	5.64
山　西	2.52	12.19	0.34	2.79	0.07	2.80
内蒙古	0.68	3.05	0.09	-0.30	0.32	0.07
辽　宁	13.97	65.57	3.07	-5.86	18.05	18.30
吉　林	5.38	19.06	0.79	5.44	0.13	4.92
黑龙江	4.56	23.35	0.61	2.61	0.63	2.91
上　海	9.43	59.66	1.26	-2.29	11.83	12.41
江　苏	52.94	138.18	5.77	26.52	13.45	35.36
浙　江	14.22	48.77	2.40	24.84	6.70	26.44
安　徽	4.32	9.68	0.43	1.71	0.23	1.72
福　建	4.73	12.76	0.67	3.55	0.37	3.17
江　西	1.10	12.26	0.08	0.84	1.41	2.38
山　东	24.26	90.09	2.86	10.10	2.47	10.88
河　南	11.33	15.22	0.38	3.06	0.47	2.89
湖　北	7.69	31.81	1.16	3.59	0.68	4.04
湖　南	20.05	57.73	1.33	4.14	1.24	4.68
广　东	20.24	66.08	2.49	5.57	7.33	12.22
广　西	1.33	10.90	0.70	0.30	0.25	0.60
海　南	0.01	0.07	0.01	0.28		0.29
重　庆	25.15	70.72	7.16	17.94	3.45	17.46
四　川	13.44	32.38	1.25	5.87	0.97	5.60
贵　州	1.80	16.48	0.13	4.58	0.34	4.52
云　南	0.57	4.38	0.12	0.45	0.07	0.49
西　藏						
陕　西	11.22	48.44	1.30	6.32	0.83	7.72
甘　肃	0.10	1.24	0.01	0.26	0.01	0.26
青　海	0.03	0.03		0.01		0.01
宁　夏	0.03	0.10	0.01	0.01		0.01
新　疆		0.13				

单位：亿元

投资收益（损失以"-"号记）	营业利润	利润总额	亏损企业亏损额	应交增值税	应交所得税	从业人员平均人数（万人）
8.65	**888.10**	**928.23**	**115.07**	**462.16**	**140.83**	**187.53**
0.44	19.71	22.07	2.67	7.23	3.31	3.38
0.64	49.00	53.04	2.24	16.01	4.33	4.39
-3.31	31.41	31.96	0.15	14.35	4.19	5.37
1.32	6.24	6.39	0.34	4.02	0.65	2.17
	5.45	4.60	0.08	0.72	0.60	0.26
3.21	56.41	55.48	6.23	15.30	11.00	11.72
0.04	20.82	20.91	0.62	17.95	2.93	2.43
0.56	2.99	6.45	1.32	3.87	0.97	3.08
1.53	-6.43	3.18	17.62	9.31	3.71	6.67
5.64	245.79	250.39	26.55	128.30	48.53	38.78
0.62	18.74	20.97	13.99	16.35	3.86	12.38
0.38	11.35	11.85	1.80	6.42	0.91	2.94
-0.57	21.28	17.88	1.59	8.25	3.04	4.34
0.82	14.09	12.34	0.21	2.67	0.93	1.39
-1.44	85.62	88.61	12.09	44.63	13.57	11.19
0.68	58.02	58.58	0.13	10.40	5.19	7.50
-2.62	25.16	26.25	4.40	12.33	5.02	6.94
0.94	54.39	53.42	0.17	37.41	6.31	6.25
6.57	36.93	41.81	8.43	24.23	6.60	15.74
0.02	11.20	11.00	0.36	3.90	0.30	2.38
	-0.22	-0.21	0.22	0.01		0.10
-10.65	70.55	70.92	3.95	50.60	7.23	17.21
1.00	22.05	26.12	1.76	12.04	2.93	7.51
0.37	-3.83	-2.73	6.46	1.10	0.38	1.54
0.04	2.99	3.00	0.19	2.63	0.31	0.22
2.33	27.07	32.53	1.52	12.01	3.86	11.32
	1.13	1.15		0.03	0.16	0.28
	0.03	0.03		0.04	0.01	0.01
0.07	0.21	0.23		0.04	0.01	0.02
0.02	-0.04	0.03				0.02

3-46 电气机械和器材设备

地区	工业销售产值(当年价格)	出口交货值	资产总计	固定资产合计	固定资产原价
全国	**61442.08**	**9376.47**	**47487.70**	**10627.10**	**17677.46**
北京	698.97	59.56	1144.64	73.06	138.77
天津	959.25	288.97	878.30	227.38	341.14
河北	1729.93	57.39	1528.21	481.59	613.78
山西	135.79	1.88	199.85	51.67	58.28
内蒙古	311.63	0.16	218.09	76.10	89.45
辽宁	2241.35	139.13	1377.43	442.55	796.54
吉林	300.29	2.20	160.93	63.89	223.13
黑龙江	218.79	13.19	338.98	57.64	90.77
上海	2169.92	540.75	2099.80	349.05	587.21
江苏	14171.94	1979.28	9903.99	2272.03	4271.64
浙江	5540.26	1333.77	5643.64	1019.27	1445.99
安徽	3945.08	185.98	2223.98	559.22	1029.99
福建	1501.17	418.43	1125.43	204.68	295.12
江西	1965.44	181.23	881.43	381.18	608.08
山东	5871.68	302.79	3669.73	946.39	1516.83
河南	2291.06	19.77	1592.16	488.94	600.06
湖北	1587.76	75.29	1085.47	316.74	635.48
湖南	1266.43	50.20	1008.13	267.46	306.51
广东	10525.39	3580.10	8507.63	1475.51	2686.91
广西	607.95	24.00	288.92	98.52	119.64
海南	73.12	22.51	133.92	36.77	44.23
重庆	787.46	27.82	536.93	106.56	148.96
四川	1007.46	33.83	914.63	260.85	350.63
贵州	113.37	1.09	96.06	15.99	19.91
云南	100.23	2.15	130.99	25.47	28.08
西藏	0.62		1.27	0.06	0.09
陕西	612.45	21.12	828.60	225.15	367.17
甘肃	290.23	0.56	154.54	23.07	172.93
青海	21.74		29.38	10.31	14.36
宁夏	48.53		65.68	16.86	17.17
新疆	346.79	13.31	718.94	53.14	58.60

制造业主要经济指标

单位：亿元

累计折旧	流动资产合计	应收账款	存货	产成品	负债合计
7879.33	**30729.25**	**10398.69**	**6130.90**	**2619.22**	**27371.48**
65.17	904.36	403.78	189.37	36.75	684.37
136.97	584.08	205.19	124.42	50.31	488.14
181.64	850.67	303.56	156.10	82.92	908.46
19.00	114.26	59.41	27.61	14.08	136.46
22.83	126.96	34.10	32.53	10.67	124.51
398.48	776.46	224.55	133.86	62.05	672.98
165.82	86.91	23.77	21.15	8.63	72.26
41.49	234.91	62.90	72.91	13.33	193.22
260.81	1519.18	646.33	331.16	128.55	1168.59
2067.15	6400.67	2469.61	1097.42	481.88	5654.06
517.94	3691.25	1246.88	718.73	313.74	3422.08
515.15	1411.41	490.50	292.95	163.03	1211.49
107.19	765.89	270.13	159.77	56.38	569.50
256.98	369.54	125.41	80.16	40.20	450.01
663.44	2285.22	593.40	401.77	199.18	2080.34
155.73	947.64	302.42	169.99	65.32	696.69
354.05	664.55	245.65	156.10	67.68	630.95
75.69	634.12	229.49	134.03	46.36	602.68
1290.73	5899.13	1604.57	1284.13	564.57	5300.55
41.10	184.21	52.10	44.37	23.85	164.55
8.68	67.66	37.85	7.41	3.86	77.86
53.18	365.85	144.51	82.53	44.72	314.97
120.69	554.99	179.70	136.02	39.96	552.28
4.97	64.52	17.44	12.12	7.08	60.51
9.77	89.64	29.19	27.37	14.52	85.64
0.03	1.11	0.10	0.69		1.26
170.24	535.29	178.42	132.82	56.56	465.31
155.05	111.88	44.16	29.26	7.82	107.65
4.53	14.17	5.79	1.68	0.41	17.88
4.45	39.25	13.11	13.47	4.52	34.54
10.38	433.45	154.66	59.02	10.31	421.71

3-46 续表 1

地区	流动负债合计	应付账款	所有者权益合计	实收资本	国家资本
全国	**23951.83**	**7714.86**	**19928.34**	**9701.79**	**509.53**
北京	610.13	255.59	459.90	241.71	16.58
天津	445.69	144.63	387.85	254.29	8.93
河北	677.26	249.35	612.85	349.28	12.62
山西	108.46	31.47	63.23	41.99	19.07
内蒙古	111.09	49.79	93.43	33.98	5.76
辽宁	511.61	146.65	677.44	262.95	27.24
吉林	60.43	24.92	86.67	33.69	0.26
黑龙江	175.19	53.85	142.44	56.38	4.99
上海	1082.42	490.98	929.11	508.37	66.16
江苏	5133.57	1358.25	4243.14	2160.62	72.38
浙江	3130.32	787.38	2218.89	1085.31	6.43
安徽	1064.13	340.53	985.79	576.85	13.37
福建	517.98	190.16	548.04	265.31	12.32
江西	342.18	122.71	420.02	221.04	1.90
山东	1700.87	461.74	1565.42	512.87	15.06
河南	579.66	202.05	880.42	509.21	53.66
湖北	525.63	197.45	447.01	238.94	17.31
湖南	445.94	154.04	402.64	407.29	48.82
广东	4846.11	1847.62	3186.22	1278.06	21.78
广西	125.32	29.45	122.25	54.04	2.50
海南	43.35	16.78	56.07	36.31	0.05
重庆	252.45	104.01	216.68	75.69	8.72
四川	458.66	126.12	354.97	202.72	24.83
贵州	47.30	9.78	35.78	22.95	0.06
云南	77.98	20.93	45.35	25.16	3.58
西藏	1.20	0.75	0.01	0.20	
陕西	421.77	143.37	360.69	124.63	41.39
甘肃	94.92	31.38	46.03	28.70	1.74
青海	12.21	5.46	11.49	5.70	0.40
宁夏	24.39	8.68	31.90	13.20	0.48
新疆	323.59	108.98	296.62	74.33	1.17

单位：亿元

					主营业务收　入	主营业务成　本	主营业务税金及附加
集体资本	法人资本	个人资本	港澳台资本	外商资本			
202.73	**3278.90**	**3467.25**	**764.07**	**1473.18**	**61553.59**	**52253.90**	**281.57**
2.10	136.37	42.08	7.17	37.41	738.97	593.73	3.28
11.30	80.47	46.18	18.08	98.22	965.68	841.22	3.33
4.43	155.68	99.58	0.92	75.90	1714.22	1479.02	6.37
1.27	10.76	10.39		0.49	106.78	94.69	0.43
0.63	16.91	9.81	0.39	0.08	308.87	257.01	1.18
5.17	83.19	90.13	6.83	50.39	2234.12	1932.31	10.10
0.43	9.27	15.76		7.88	295.43	258.89	1.48
2.21	18.16	22.54	2.02	6.40	217.39	180.97	1.46
11.71	158.55	106.65	24.65	140.65	2238.50	1853.78	4.51
56.71	663.73	770.39	149.36	448.06	14193.08	12216.45	60.13
14.54	342.71	487.24	107.93	126.46	5562.00	4726.19	22.43
7.54	143.83	363.26	8.72	40.13	3769.84	3155.56	19.64
4.96	86.46	68.84	67.78	24.37	1478.45	1244.34	8.38
0.34	104.19	71.40	34.84	7.53	2044.31	1779.78	7.16
30.19	216.52	196.58	13.39	40.98	6077.49	5146.41	37.16
11.57	174.99	252.10	1.85	13.73	2275.88	1939.16	10.18
5.75	101.10	69.39	12.35	31.21	1474.80	1258.90	8.66
4.82	78.59	236.86	4.19	34.01	1252.18	1048.94	11.42
16.29	375.98	303.60	300.63	255.38	10783.39	9023.07	45.99
0.91	18.76	27.68	0.83	1.01	599.75	508.25	1.87
	32.49			3.67	65.19	53.98	0.28
1.40	32.08	30.22	0.61	2.65	809.34	688.57	4.41
2.91	84.57	72.50	0.98	15.65	1006.31	841.98	6.40
0.26	14.81	4.87	0.36	2.80	106.14	92.21	0.52
1.38	6.76	13.39		0.05	102.45	87.84	0.36
	0.20				0.62	0.65	
2.31	48.07	23.49	0.20	7.49	548.90	463.50	2.63
1.24	19.73	5.88		0.11	153.53	141.65	0.33
	4.87	0.43			22.62	20.59	0.05
0.23	6.67	5.35		0.48	43.48	35.69	0.30
0.12	52.39	20.66			363.89	288.59	1.13

3-46 续表 2

地区	销售费用	管理费用	税金	财务费用	利息收入	利息支出
全国	**2133.19**	**2665.96**	**120.80**	**597.61**	**103.52**	**583.66**
北京	38.07	51.98	0.87	8.05	2.26	9.66
天津	20.08	48.00	2.76	7.14	1.31	5.77
河北	38.01	67.07	3.67	34.08	1.99	32.64
山西	3.26	8.78	0.30	4.33	0.03	4.21
内蒙古	6.78	12.93	2.24	1.74	0.24	1.75
辽宁	49.78	86.02	4.77	14.83	0.52	11.75
吉林	7.28	11.23	0.68	2.46	0.29	1.81
黑龙江	6.68	13.84	0.63	1.63	0.51	1.85
上海	90.53	160.88	1.93	17.76	3.12	16.84
江苏	347.85	511.48	18.02	144.35	21.21	144.84
浙江	176.92	311.54	11.57	102.56	17.45	105.64
安徽	177.41	126.98	15.18	28.42	3.27	26.34
福建	48.19	68.81	2.40	13.13	3.53	12.94
江西	28.51	46.67	2.81	14.49	0.40	12.86
山东	209.61	226.14	16.09	54.92	4.01	43.83
河南	59.55	68.16	2.44	19.44	2.21	17.46
湖北	48.00	69.41	3.57	10.80	1.09	9.61
湖南	44.64	83.82	4.33	15.41	1.83	15.01
广东	610.41	512.44	17.96	57.06	27.40	61.25
广西	12.91	25.61	0.62	5.13	0.39	4.40
海南	3.77	4.50	0.09	1.46	0.05	1.13
重庆	22.23	30.69	2.17	7.46	0.54	7.15
四川	30.76	53.59	2.14	15.24	1.44	14.18
贵州	3.47	5.27	0.40	1.42	0.10	0.92
云南	3.38	5.86	0.31	1.87	0.17	1.86
西藏	0.01	0.05		-0.03		
陕西	24.36	36.74	1.90	4.30	1.18	4.43
甘肃	3.77	5.22	0.30	1.16	0.19	1.22
青海	0.58	0.74	0.08	0.24		0.16
宁夏	3.08	3.30	0.12	1.23	-0.23	0.71
新疆	13.31	8.23	0.42	5.55	7.02	11.47

单位：亿元

投资收益（损失以"–"号记）	营业利润	利润总额	亏损企业亏损额	应交增值税	应交所得税	从业人员平均人数（万人）
42.77	**3869.06**	**3822.89**	**316.51**	**1717.68**	**523.43**	**623.21**
4.62	41.68	45.74	22.55	21.87	7.48	5.88
-1.52	56.81	55.16	7.26	36.96	9.17	7.23
-2.71	43.74	42.02	82.62	29.73	9.57	14.49
1.46	0.78	1.27	4.49	3.00	0.61	1.61
-0.85	42.72	21.25	1.98	6.61	1.89	1.29
-0.25	141.12	120.48	7.26	42.38	12.57	15.63
0.03	13.62	13.04	1.73	7.06	1.46	1.88
1.01	12.63	13.74	1.33	7.35	1.65	2.83
10.76	123.91	136.05	29.58	42.78	27.98	23.56
-5.65	936.40	902.12	39.57	482.21	150.45	105.09
22.67	275.52	287.91	29.02	140.01	43.85	78.23
-10.98	289.87	273.80	5.16	122.11	29.86	26.70
-3.19	131.62	129.91	2.18	45.55	18.16	19.57
0.15	152.57	152.14	4.74	56.59	11.47	18.58
3.32	375.50	377.13	8.42	155.33	48.92	37.61
5.09	175.48	182.02	5.63	42.78	14.71	21.07
-7.80	89.90	88.81	2.85	36.98	11.55	14.98
-4.73	83.64	81.47	1.32	37.13	6.97	11.21
66.20	645.95	657.85	30.44	292.49	86.64	180.15
-18.50	51.74	53.42	1.91	12.64	3.40	3.99
0.52	3.21	3.51	0.90	3.53	0.35	0.84
-15.47	59.76	58.77	1.98	26.10	10.73	6.43
-5.03	54.60	52.50	14.05	33.27	6.97	11.66
0.11	2.98	3.36	0.50	1.39	0.46	1.02
-0.09	3.72	4.65	1.16	2.19	0.72	1.44
	-0.09	-0.09	0.09		0.01	
0.94	19.77	22.73	5.85	20.88	2.88	7.01
	1.61	2.13	0.64	1.68	0.30	1.51
-1.24	0.33	0.35	0.25	0.11	0.05	0.18
0.01	2.81	3.10	1.01	0.86	0.19	0.59
3.90	35.17	36.57	0.03	6.11	2.42	0.97

3-47 计算机、通讯和其他电子

地　区	工业销售产值（当年价格）	出口交货值	资产总计	固定资产合　计	固定资产原　价
全　国	**78318.64**	**44915.73**	**52287.18**	**12836.46**	**24678.34**
北　京	2173.51	1020.35	2370.30	445.34	884.66
天　津	3013.76	1389.92	1232.58	272.42	591.28
河　北	391.98	67.68	426.48	160.13	227.81
山　西	490.26	371.67	399.02	121.09	194.39
内蒙古	83.74	0.13	66.34	6.00	7.77
辽　宁	909.48	265.04	743.71	207.79	406.02
吉　林	81.85	6.88	84.79	31.31	56.40
黑龙江	20.97	1.74	38.79	7.21	7.93
上　海	5415.22	4194.23	3653.89	764.23	1986.36
江　苏	16932.52	11157.29	9688.21	3138.81	7078.07
浙　江	2448.34	978.76	2567.22	455.19	770.15
安　徽	1036.41	259.54	1110.42	372.14	464.35
福　建	2952.78	1746.20	1805.78	333.84	542.90
江　西	851.02	214.28	447.44	160.12	244.62
山　东	4369.62	1366.18	1920.48	464.68	1828.29
河　南	2364.07	1861.85	1633.41	314.04	361.83
湖　北	1426.28	334.26	1306.16	270.70	494.75
湖　南	1505.49	471.19	575.38	237.51	316.37
广　东	24976.81	14867.15	17072.40	3014.95	5393.53
广　西	720.22	218.93	277.73	90.68	178.36
海　南	44.11	0.87	16.60	1.55	4.30
重　庆	2111.37	1684.64	1018.45	337.23	433.57
四　川	3605.59	2384.07	3212.15	1461.33	1955.90
贵　州	55.07		21.09	2.21	3.33
云　南	23.09	0.59	52.81	6.62	10.62
西　藏					
陕　西	265.73	34.94	453.14	130.07	188.97
甘　肃	46.53	16.98	91.19	28.83	45.32
青　海	2.36		0.86	0.28	0.46
宁　夏					
新　疆	0.45	0.38	0.36	0.17	0.05

设备制造业主要经济指标

单位：亿元

累计折旧	流动资产合计	应收账款	存货	产成品	负债合计
12312.15	**34152.85**	**12666.63**	**6909.79**	**2148.58**	**30565.84**
425.42	1551.94	397.33	307.04	76.41	1280.03
335.46	858.31	343.01	210.85	50.44	669.26
84.55	210.65	58.63	27.91	7.72	195.72
77.27	241.55	58.28	40.63	20.16	237.16
2.11	58.44	5.48	8.93	7.33	41.95
218.15	409.92	119.44	73.62	24.56	341.68
25.83	43.61	10.66	9.58	3.58	38.90
2.71	24.56	6.63	3.48	1.03	18.52
1210.31	2556.37	1025.25	469.49	152.33	2295.05
4015.60	5772.74	2383.53	1097.70	350.10	5084.89
340.78	1757.69	624.43	350.23	129.00	1315.20
129.39	614.42	254.03	90.32	29.68	625.40
221.04	1204.57	507.69	184.93	67.67	1080.98
103.67	232.15	90.44	52.46	22.35	223.74
1390.64	1232.25	373.15	213.16	87.62	1022.83
69.26	1206.03	399.30	191.57	13.28	1235.16
239.26	931.73	328.86	232.15	87.35	792.09
91.40	261.50	72.55	55.84	20.26	275.81
2502.14	12373.02	4665.40	2701.08	801.87	10599.29
91.56	146.59	60.69	32.91	9.86	142.20
2.76	14.64	6.30	5.97	2.56	8.70
112.84	593.31	264.26	125.59	31.40	870.65
516.60	1524.35	488.59	337.44	121.40	1829.60
1.31	16.38	6.12	4.83	3.68	13.74
4.36	35.56	12.33	6.99	1.84	20.27
78.91	236.04	90.31	63.27	20.16	260.81
18.61	43.98	13.81	11.61	4.88	45.37
0.18	0.39	0.14	0.21	0.07	0.62
0.03	0.16	0.01	0.03	0.01	0.22

3-47 续表 1

地 区	流动负债合计	应付账款	所有者权益合计	实收资本	国家资本
全 国	**26538.52**	**13245.78**	**21507.70**	**11321.78**	**677.73**
北 京	1032.36	485.73	1090.27	654.55	145.04
天 津	589.94	312.19	561.78	367.10	11.47
河 北	145.27	51.75	230.67	99.91	1.01
山 西	232.70	123.95	161.86	121.80	1.99
内 蒙 古	40.16	2.40	24.39	5.21	0.07
辽 宁	255.01	71.78	399.27	183.18	13.97
吉 林	25.54	9.04	45.07	17.72	2.25
黑 龙 江	12.22	3.53	19.97	6.50	1.81
上 海	2085.83	1442.02	1357.26	1011.17	57.57
江 苏	4624.37	2245.70	4598.85	2817.34	159.73
浙 江	1225.14	419.61	1247.51	599.61	29.92
安 徽	433.39	201.98	482.32	317.82	9.50
福 建	957.69	440.15	718.97	351.26	11.01
江 西	170.27	85.32	220.24	117.26	2.52
山 东	853.11	450.55	887.15	358.41	8.60
河 南	1201.94	729.02	391.58	189.18	12.42
湖 北	571.17	260.61	509.44	186.47	37.99
湖 南	215.69	91.75	298.49	153.11	16.89
广 东	9458.22	4583.49	6425.73	3134.71	50.14
广 西	127.16	59.85	129.62	37.87	3.75
海 南	8.70	4.18	7.35	3.27	1.05
重 庆	727.67	494.03	143.97	90.80	16.08
四 川	1280.54	577.10	1279.41	311.39	55.91
贵 州	11.09	7.06	7.34	5.21	0.02
云 南	18.80	8.02	32.54	7.44	2.37
西 藏					
陕 西	206.25	73.44	190.90	148.54	24.28
甘 肃	27.73	11.38	45.39	24.74	0.38
青 海	0.33	0.02	0.24	0.10	
宁 夏					
新 疆	0.22	0.11	0.14	0.10	

单位：亿元

集体资本	法人资本	个人资本	港澳台资本	外商资本	主营业务收入	主营业务成本	主营业务税金及附加
67.08	**3071.38**	**1167.36**	**2182.11**	**4091.20**	**78817.80**	**69792.49**	**233.98**
1.60	229.91	65.62	25.73	186.65	2593.85	2275.25	5.11
1.67	39.20	14.49	35.84	219.32	3032.70	2653.54	13.04
0.02	35.92	22.19	15.00	25.78	387.44	331.26	1.81
1.15	17.73	3.17	34.22	62.69	494.26	395.71	1.25
1.24	1.71	1.12	1.04	0.03	82.38	71.72	0.21
0.70	44.41	33.20	58.01	32.90	916.54	787.09	4.35
0.91	10.22	2.45	0.58	1.31	81.09	66.18	0.30
	2.28	1.85	0.43	0.14	22.76	16.46	0.22
3.72	182.73	27.89	205.83	533.43	5549.05	5229.97	1.48
4.31	343.93	196.40	601.74	1511.24	17041.87	15529.37	30.83
6.54	156.07	165.21	95.26	146.62	2465.83	1994.11	11.60
1.95	243.29	39.22	18.40	5.46	1024.85	878.32	5.86
3.16	128.21	42.27	78.14	88.47	2937.72	2633.13	6.87
0.10	48.96	25.24	24.20	14.27	918.02	789.88	4.32
4.41	102.16	56.16	20.83	166.26	4455.78	3940.88	14.25
10.85	42.16	49.31	46.65	27.76	2344.30	2157.29	2.90
2.18	86.94	26.21	25.74	5.44	1303.76	1127.48	6.46
1.59	67.98	30.70	18.04	17.91	1499.86	1265.18	9.84
13.51	1054.75	311.56	816.88	879.22	24668.39	21399.37	97.28
0.02	10.96	3.39	14.66	2.88	696.05	623.06	2.05
	0.22		1.45		12.95	9.86	0.05
0.50	22.06	6.90	25.43	19.83	2149.94	2075.13	1.84
6.08	86.81	26.57	14.59	119.75	3742.00	3212.81	9.88
	4.03	1.07		0.08	48.46	41.30	0.67
	3.62	1.17	0.18	0.10	31.30	25.85	0.12
0.27	84.85	11.43	2.83	22.98	269.66	223.80	1.31
0.62	20.12	2.53	0.43	0.67	44.17	35.80	0.09
	0.10				2.36	2.31	
	0.05	0.05			0.45	0.39	

3-47 续表 2

地　区	销售费用	管理费用	税金	财务费用	利息收入	利息支出
全　国	**1761.03**	**3334.62**	**118.20**	**243.81**	**147.22**	**349.53**
北　京	101.81	138.94	3.13	6.35	8.71	19.69
天　津	132.43	79.60	10.27	-1.37	3.59	6.18
河　北	8.25	18.67	1.09	2.61	0.42	3.03
山　西	1.40	17.14	0.82	1.10	0.67	2.49
内蒙古	2.62	2.28	0.12	0.06		0.07
辽　宁	21.33	47.67	2.90	4.93	0.06	4.13
吉　林	2.37	5.67	0.24	0.99	0.22	1.00
黑龙江	0.98	2.68	0.05	0.40	0.02	0.38
上　海	77.41	182.06	2.23	-9.52	26.90	23.84
江　苏	163.52	524.46	17.52	29.05	29.01	61.05
浙　江	73.11	176.90	5.45	24.51	9.86	29.35
安　徽	15.82	47.57	3.09	8.27	2.03	10.35
福　建	75.01	183.41	4.02	5.46	4.28	11.37
江　西	9.05	24.69	0.99	4.16	0.11	2.95
山　东	104.27	140.37	5.46	14.58	6.26	17.00
河　南	14.47	43.54	1.62	-1.28	5.34	5.81
湖　北	53.23	74.19	1.38	8.10	1.73	8.81
湖　南	25.07	107.43	9.05	7.18	0.41	4.92
广　东	755.18	1332.18	41.87	112.55	42.16	100.13
广　西	8.19	17.10	0.94	1.26	0.20	0.89
海　南	1.88	1.80	0.01		0.03	0.03
重　庆	15.82	40.91	1.53	9.62	-3.28	7.61
四　川	84.08	93.78	3.38	9.77	7.67	23.18
贵　州	3.38	1.14	0.09	0.06		0.08
云　南	0.79	1.81	0.06	0.26	0.07	0.30
西　藏						
陕　西	8.77	24.19	0.74	3.91	0.50	3.95
甘　肃	0.78	4.39	0.16	0.77	0.23	0.92
青　海	0.01	0.01		0.02		0.02
宁　夏						
新　疆	0.02	0.03				

单位：亿元

投资收益（损失以“-”号记）	营业利润	利润总额	亏损企业亏损额	应交增值税	应交所得税	从业人员平均人数（万人）
15.54	**3650.13**	**3826.33**	**315.80**	**1835.13**	**522.24**	**880.50**
28.43	98.44	113.84	20.55	26.84	15.23	13.56
4.41	195.39	197.04	8.74	160.42	46.78	19.23
2.81	31.65	32.53	1.12	11.34	4.98	8.21
-51.47	5.99	8.06	2.43	5.51	0.86	10.07
	4.28	6.88		0.99	0.90	0.35
3.44	53.86	60.82	3.51	11.72	6.65	8.27
0.04	7.49	7.35	0.03	1.64	1.10	0.98
0.32	2.38	2.68		0.74	0.36	0.40
6.42	82.01	102.23	31.27	18.96	18.98	45.83
-18.41	879.54	841.16	84.36	225.77	114.70	183.96
15.17	204.13	232.98	12.88	61.93	22.28	38.66
-12.20	70.67	80.80	4.34	34.42	6.33	11.27
-8.87	113.21	121.54	11.21	30.10	18.53	29.15
-0.28	62.62	59.37	1.22	26.17	4.29	14.79
2.51	255.74	255.47	7.85	89.29	23.82	34.19
-0.13	86.64	90.04	4.48	129.28	12.74	37.53
0.15	32.23	48.09	13.98	30.59	5.91	13.76
-6.83	107.80	98.34	1.96	43.45	10.90	19.12
60.40	1025.50	1105.92	87.94	721.22	189.07	330.90
-5.32	69.87	69.62	0.58	12.32	1.47	7.53
	0.80	1.08		0.56	0.05	0.32
-1.44	26.59	28.42	8.56	16.13	3.15	14.55
-3.77	215.72	241.03	3.27	167.80	10.18	30.94
	2.41	2.66	0.11	1.02	0.24	0.29
0.01	2.31	2.58		0.90	0.33	0.51
0.52	9.85	12.14	5.35	4.93	1.98	5.08
0.19	3.01	3.61	0.07	1.08	0.39	1.04
-0.58						0.01
	0.01	0.03				0.01

3-48 仪器仪表制造业

地　区	工业销售产值（当年价格）	出口交货值	资产总计	固定资产合计	固定资产原价
全　国	**7521.52**	**1156.12**	**6482.51**	**1446.05**	**2321.02**
北　京	243.87	12.74	410.00	34.37	53.76
天　津	55.76	11.05	79.68	10.17	16.60
河　北	83.16	4.61	96.57	15.80	21.24
山　西	39.03	0.51	60.95	7.90	10.84
内蒙古	5.62		0.65	0.14	0.24
辽　宁	250.59	59.57	197.21	62.72	93.83
吉　林	38.77	1.77	32.18	7.41	17.30
黑龙江	20.04	0.15	39.70	8.00	13.37
上　海	317.04	106.96	345.38	42.74	83.08
江　苏	2971.42	288.91	2102.67	579.17	911.04
浙　江	663.50	157.47	828.58	147.94	214.76
安　徽	151.55	7.37	124.98	33.07	58.03
福　建	161.47	87.22	117.22	25.99	40.31
江　西	87.13	8.34	66.79	24.93	40.67
山　东	644.00	42.11	322.48	74.68	170.37
河　南	271.01	11.35	246.91	69.70	94.79
湖　北	116.33	2.13	126.30	45.52	66.57
湖　南	223.17	1.90	133.28	41.11	52.14
广　东	730.93	332.69	624.92	111.40	197.65
广　西	31.70	2.01	18.90	4.22	8.07
海　南	31.58	0.14	10.36	2.79	3.46
重　庆	134.49	6.99	141.43	19.42	36.14
四　川	62.39	1.49	66.92	10.84	15.28
贵　州	9.38	0.07	15.76	1.73	2.32
云　南	14.96	1.93	23.95	5.68	7.28
西　藏					
陕　西	150.86	6.09	224.05	54.68	87.27
甘　肃	2.50	0.46	11.26	1.31	1.95
青　海	1.18	0.09	1.86	0.64	1.01
宁　夏	7.17		8.33	1.96	1.54
新　疆	0.92		3.26	0.06	0.10

主要经济指标

单位：亿元

累计折旧	流动资产合计	应收账款	存货	产成品	负债合计
977.50	**4202.88**	**1396.91**	**995.24**	**309.34**	**3117.09**
23.11	308.60	94.39	79.92	13.52	204.34
7.02	60.06	17.09	15.41	5.94	42.49
7.79	71.56	29.71	13.94	3.46	44.23
4.23	45.02	11.93	6.83	1.01	28.82
0.10	0.42	0.18	0.05	0.01	0.27
47.69	103.64	31.47	26.70	6.54	89.21
10.01	15.91	4.40	4.02	1.34	11.25
5.74	25.71	7.11	8.67	3.90	22.00
43.04	268.58	86.39	62.33	20.60	156.22
349.50	1266.02	405.05	311.52	94.31	1040.84
82.39	552.96	193.42	120.41	43.11	399.38
27.29	80.27	26.50	10.13	4.03	54.97
15.78	79.40	24.44	20.36	7.98	48.87
18.63	31.65	7.97	6.08	2.18	31.28
104.28	203.45	71.96	39.09	14.34	146.82
28.23	150.38	51.07	26.80	10.85	96.18
23.93	71.71	25.51	14.76	4.84	78.23
12.43	77.91	26.47	12.31	5.08	48.20
91.62	433.78	153.17	129.59	39.60	298.98
4.13	10.37	2.58	2.34	1.01	6.39
0.68	7.20	0.73	1.65	0.71	6.56
18.63	106.48	36.11	26.74	8.12	85.05
5.02	47.30	16.38	14.25	3.72	32.54
1.02	12.15	6.99	1.71	0.77	9.92
3.62	17.77	10.70	3.06	0.99	6.40
39.72	140.62	50.42	33.62	10.54	115.90
0.80	4.87	1.28	0.78	0.25	4.18
0.53	1.10	0.72	0.15	0.08	0.18
0.52	5.77	2.25	1.59	0.47	5.90
0.04	2.20	0.53	0.39	0.05	1.49

3-48 续表 1

地 区	流动负债合计	应付账款	所有者权益合计	实收资本	国家资本
全 国	**2774.88**	**949.82**	**3344.64**	**1293.24**	**92.82**
北 京	190.82	79.61	205.65	68.20	6.23
天 津	38.63	14.19	37.18	16.82	1.97
河 北	40.81	17.71	52.28	21.54	4.44
山 西	26.41	9.00	32.13	10.05	4.78
内 蒙 古	0.27		0.34	0.15	
辽 宁	69.91	22.34	107.06	37.03	2.95
吉 林	5.94	1.35	20.76	6.22	0.60
黑 龙 江	16.73	3.92	17.70	9.61	
上 海	148.21	60.80	189.09	72.74	5.94
江 苏	927.50	273.29	1061.37	378.80	29.68
浙 江	373.30	116.70	428.97	174.10	2.41
安 徽	44.57	17.77	69.58	19.73	5.50
福 建	42.50	16.30	66.64	38.30	0.17
江 西	22.91	6.06	35.30	15.12	1.93
山 东	124.09	36.13	172.57	68.98	4.63
河 南	85.22	27.91	148.19	47.79	4.68
湖 北	71.63	14.13	47.97	20.66	2.97
湖 南	39.84	12.94	84.16	20.78	0.45
广 东	268.08	134.32	324.48	147.74	1.58
广 西	4.55	1.70	12.21	2.91	
海 南	4.03	-0.89	3.81	1.24	
重 庆	74.77	25.21	55.16	30.10	4.74
四 川	31.17	10.96	27.61	13.13	2.69
贵 州	9.46	2.71	5.85	2.88	0.81
云 南	6.14	3.55	17.55	14.49	0.09
西 藏					
陕 西	97.62	39.73	108.06	49.58	3.31
甘 肃	2.80	0.55	7.09	1.98	0.03
青 海	0.18	0.06	1.68	0.15	
宁 夏	5.33	1.45	2.43	1.63	
新 疆	1.45	0.33	1.77	0.80	0.26

单位：亿元

集体资本	法人资本	个人资本	港澳台资本	外商资本	主营业务收　入	主营业务成　本	主营业务税金及附加
11.30	**407.40**	**410.79**	**120.40**	**248.88**	**7567.75**	**6099.27**	**45.02**
0.69	28.83	21.17	4.13	7.14	286.54	205.84	1.69
0.18	4.51	5.69	1.45	3.02	74.42	58.39	0.39
	3.52	11.85	0.05	1.67	79.84	65.22	0.46
	3.70	1.26	0.31		44.62	32.70	0.21
	0.04	0.12			4.62	4.58	
0.11	9.36	14.54	2.23	7.85	248.38	210.87	1.36
0.40	1.44	3.61		0.18	37.97	30.39	0.19
0.03	5.38	4.20			19.65	15.55	0.11
0.73	8.53	12.07	6.28	39.19	345.47	252.46	1.21
2.02	111.86	126.63	15.79	92.83	2986.90	2491.97	17.41
0.98	45.15	74.07	26.40	25.09	652.08	490.12	3.95
	4.34	8.00		1.90	153.59	114.79	0.96
0.72	7.44	7.15	14.21	8.62	160.67	135.72	0.80
0.24	6.20	5.64	0.02	0.40	88.30	72.83	0.55
1.17	18.43	35.04	0.59	9.12	644.51	533.81	3.91
0.38	16.95	24.00	1.16	0.63	270.57	216.70	1.56
0.37	9.11	6.42	0.66	0.98	113.65	87.08	0.86
0.99	9.76	9.12	0.24	0.03	217.59	165.90	2.82
0.82	34.26	20.41	45.91	44.60	731.80	591.52	3.81
0.30	0.85	1.76			29.97	24.29	0.13
0.07	1.17				5.76	4.53	0.54
0.54	17.22	5.07	0.10	2.42	133.77	108.48	0.72
0.31	3.07	4.42	0.12	2.08	61.51	47.22	0.35
	0.59	1.40		0.08	9.52	6.58	0.08
0.03	13.96	0.32	0.09		15.61	13.38	0.05
0.07	40.61	4.55		1.05	139.86	110.21	0.85
	0.65	1.24	0.06		2.18	1.60	0.02
0.15					1.05	0.80	0.01
	0.34	0.69	0.60		6.60	5.22	0.02
	0.18	0.37			0.75	0.52	

3-48 续表 2

地　区	销售费用	管理费用	税金	财务费用	利息收入	利息支出
全　国	**267.43**	**501.95**	**14.20**	**55.27**	**12.96**	**54.85**
北　京	20.34	32.79	0.38	1.04	1.02	1.89
天　津	3.93	7.63	0.17	0.49	0.09	0.43
河　北	3.10	6.67	0.23	0.27	0.15	0.39
山　西	1.37	3.26	0.02		0.10	0.08
内蒙古		0.02				
辽　宁	6.33	13.41	0.68	1.88	0.12	1.22
吉　林	1.11	1.97	0.05	0.20	-0.03	0.17
黑龙江	1.05	2.51	0.09	0.41	0.01	0.38
上　海	20.99	39.26	0.67	1.48	0.93	1.40
江　苏	75.02	136.59	3.91	20.38	3.88	20.98
浙　江	30.80	62.42	1.45	8.58	2.88	9.66
安　徽	4.99	13.83	0.40	0.51	0.35	0.62
福　建	4.47	9.57	0.26	1.32	0.09	1.09
江　西	1.98	3.90	0.10	0.32	0.03	0.32
山　东	20.30	28.19	1.66	4.95	0.45	4.18
河　南	8.64	16.69	0.42	2.17	0.38	2.10
湖　北	4.99	9.94	0.34	1.37	0.07	1.02
湖　南	10.44	15.96	1.26	2.37	0.26	2.01
广　东	28.96	56.49	1.19	4.16	1.39	3.26
广　西	0.84	2.52	0.07	0.09	0.02	0.09
海　南	1.56	0.92	0.01	0.17	0.01	0.14
重　庆	7.62	10.89	0.26	0.94	0.26	1.13
四　川	2.74	5.70	0.15	0.65	0.04	0.52
贵　州	0.52	1.48	0.02	0.20	0.01	0.18
云　南	0.17	1.24	0.05	0.05	0.01	0.03
西　藏						
陕　西	4.39	16.66	0.31	1.07	0.38	1.31
甘　肃	0.13	0.43	0.02	0.04	0.03	0.09
青　海	0.06	0.09	0.01			
宁　夏	0.55	0.87	0.02	0.16	0.02	0.15
新　疆	0.05	0.06				

单位：亿元

投资收益（损失以“-”号记）	营业利润	利润总额	亏损企业亏损额	应交增值税	应交所得税	从业人员平均人数（万人）
11.23	**634.93**	**663.37**	**21.50**	**263.04**	**100.49**	**104.56**
5.54	31.19	35.75	1.08	12.14	5.49	3.34
0.68	4.05	5.20	0.43	2.36	0.84	1.04
-0.16	8.94	9.81	0.06	3.07	1.69	1.62
0.20	7.21	4.76	0.01	0.85	0.36	0.38
	0.82	0.02				0.02
0.05	17.23	17.42	1.54	8.68	1.70	2.60
	4.03	3.90	0.01	0.77	0.39	0.45
0.23	0.40	0.95	0.46	0.82	0.15	0.60
1.16	33.26	36.11	1.92	7.97	6.69	4.29
1.65	250.10	253.03	6.67	112.48	44.68	25.11
1.67	57.04	62.96	2.08	24.96	9.70	13.44
-0.58	19.00	17.85	0.05	5.41	2.80	1.58
-2.56	10.48	11.01	0.07	3.43	0.89	3.65
0.21	8.59	8.77		3.07	0.70	1.41
0.54	52.03	53.60	0.65	21.51	7.48	5.76
-0.27	25.64	27.93	0.10	8.06	3.19	4.85
0.12	9.33	11.12	0.11	4.53	0.86	2.34
-0.28	17.89	17.89	0.19	8.56	1.44	2.07
2.55	50.02	53.48	3.32	16.99	7.41	22.37
0.04	2.31	2.35	0.08	0.57	0.11	0.44
	2.67	2.73	0.33	1.95		0.39
0.22	9.78	10.94	0.30	5.16	1.48	2.51
-0.25	4.02	4.83	1.27	2.72	0.68	0.88
-0.01	0.67	0.90	0.01	0.54	0.12	0.24
	0.74	0.64	0.01	0.27	0.11	0.28
0.45	7.30	9.04	0.54	5.83	1.41	2.64
0.01	-0.03	0.04	0.03	0.07		0.10
	0.10	0.10		0.07	0.01	0.05
		0.12	0.19	0.19	0.08	0.11
0.02	0.14	0.13		0.02	0.02	0.01

3-49 其他制造业

地区	工业销售产值(当年价格)	出口交货值	资产总计	固定资产合计	固定资产原价
全国	**2324.28**	**482.64**	**2095.31**	**624.62**	**911.64**
北京	64.21	2.47	129.85	28.97	51.35
天津	76.95	11.96	37.47	10.29	17.45
河北	31.99	3.00	21.27	10.74	13.76
山西	6.98		9.97	3.04	5.16
内蒙古	11.57		29.31	11.42	13.06
辽宁	66.80	8.85	41.28	15.72	32.43
吉林	27.00		6.31	3.26	12.96
黑龙江	22.59	1.84	40.04	29.51	44.24
上海	51.72	5.54	57.04	18.13	37.09
江苏	286.04	56.97	120.59	48.10	69.89
浙江	306.57	105.83	370.86	86.85	115.12
安徽	77.00	0.89	47.42	12.93	18.65
福建	221.42	89.19	168.80	28.82	45.89
江西	36.41	15.39	16.04	6.40	8.52
山东	132.19	23.36	51.67	21.09	33.71
河南	109.61	2.61	107.24	47.18	62.51
湖北	128.52	4.63	114.11	30.50	41.33
湖南	117.92	37.43	25.82	13.41	16.77
广东	213.41	90.80	141.80	34.94	53.95
广西	21.75	1.21	10.49	3.74	4.77
海南					
重庆	80.43	5.47	128.07	34.23	61.41
四川	101.41	14.08	226.33	57.05	78.94
贵州	18.06		22.97	7.97	10.09
云南	14.30	1.08	15.30	4.87	5.56
西藏					
陕西	21.33	0.02	33.05	7.60	10.10
甘肃	69.79		97.73	44.38	41.39
青海	0.98		14.69	1.60	1.76
宁夏	7.01		9.59	1.84	3.70
新疆	0.32		0.22	0.04	0.06

主要经济指标

单位：亿元

累计折旧	流动资产合计	应收账款	存货	产成品	负债合计
369.33	**1184.92**	**257.32**	**389.90**	**91.87**	**1223.38**
22.64	80.27	29.57	16.54	2.71	53.41
7.54	23.69	7.09	7.06	2.70	21.26
3.42	9.39	3.33	2.37	1.04	7.87
2.52	6.34	0.48	0.89	0.38	4.39
4.23	16.85	5.83	6.75	0.05	16.43
16.93	20.60	4.48	5.66	0.94	17.22
10.09	2.62	0.94	0.68	0.39	1.91
16.34	13.23	5.38	3.57	1.34	32.56
18.99	35.63	10.45	11.99	2.92	18.84
25.29	60.02	21.09	17.39	6.38	57.12
35.05	206.03	42.11	44.03	17.06	225.53
7.14	26.41	6.70	9.66	3.84	18.32
18.54	99.21	30.62	26.19	9.32	67.57
2.40	8.63	3.68	2.22	0.91	7.10
13.75	24.69	6.26	5.89	2.15	23.87
26.31	53.00	7.79	13.79	7.61	40.42
20.66	71.46	11.26	26.60	4.80	73.40
4.09	8.88	3.22	2.53	0.95	7.39
21.15	88.26	23.05	28.24	8.66	90.80
1.55	5.66	2.60	1.62	0.87	6.26
28.28	70.19	11.26	17.73	7.17	95.22
32.84	145.51	4.60	108.06	5.91	197.67
3.28	11.72	1.73	1.91	0.30	13.07
1.96	9.87	1.44	2.51	0.40	7.48
2.54	22.07	5.57	2.01	0.81	16.24
19.55	52.85	1.31	21.46	0.66	89.89
0.36	5.42	2.25	1.33	1.22	7.29
1.87	6.25	3.24	1.12	0.32	4.71
0.02	0.17	0.01	0.08	0.05	0.16

3-49 续表 1

地区	流动负债合计	应付账款	所有者权益合计	实收资本	国家资本
全国	**957.77**	**284.83**	**858.97**	**413.76**	**42.23**
北京	40.75	22.36	76.44	29.51	8.94
天津	20.20	7.30	16.20	10.01	
河北	6.55	1.46	13.36	4.08	0.07
山西	3.39	0.60	5.59	0.89	0.39
内蒙古	10.83	4.32	12.88	3.07	1.12
辽宁	12.74	2.41	23.82	14.46	2.32
吉林	1.64	0.23	4.40	1.60	
黑龙江	16.36	5.19	7.17	2.80	1.03
上海	17.68	6.03	37.93	13.77	0.02
江苏	55.30	10.55	63.47	26.04	
浙江	179.56	31.26	144.05	68.73	0.52
安徽	15.39	4.07	28.92	7.65	0.47
福建	64.25	12.16	99.99	59.68	0.10
江西	5.46	2.73	7.78	5.84	0.01
山东	15.73	3.70	26.62	12.99	0.30
河南	32.08	7.45	66.60	23.15	3.99
湖北	41.76	11.76	39.26	10.43	4.12
湖南	5.00	1.76	18.38	7.18	1.16
广东	79.37	25.07	49.98	36.10	0.24
广西	2.84	0.93	5.36	1.02	
海南					
重庆	75.55	16.47	29.23	28.72	3.40
四川	142.06	65.32	27.08	16.27	6.53
贵州	10.89	4.44	9.89	5.63	3.95
云南	6.45	0.89	7.82	2.41	1.45
西藏					
陕西	15.01	1.88	16.82	7.01	0.22
甘肃	70.37	31.81	7.75	8.97	
青海	6.42	1.90	7.39	1.88	1.88
宁夏	4.00	0.75	4.75	3.78	
新疆	0.16		0.06	0.10	

单位：亿元

					主营业务收　　入	主营业务成　　本	主营业务税金及附加
集体资本	法人资本	个人资本	港澳台资本	外商资本			
3.85	**147.07**	**90.75**	**69.55**	**60.26**	**2345.15**	**1983.53**	**14.84**
0.10	15.43	3.46	0.87	0.70	79.03	60.05	0.31
0.15	2.60	1.46	0.03	5.78	92.56	76.24	0.26
	2.20	0.46	0.16	1.18	32.52	28.03	0.28
	0.39	0.11			7.13	5.94	0.01
	1.90	0.05			11.62	9.86	0.01
0.49	1.78	1.52		8.35	65.93	55.66	0.39
	0.43	1.17			27.00	19.81	0.92
0.50	0.25	1.01			22.98	20.45	0.48
	1.37	2.17	2.46	7.75	50.89	36.86	0.20
0.66	2.96	9.02	2.16	11.24	282.69	246.73	1.43
0.02	32.85	22.90	4.49	7.96	312.27	266.17	1.56
	2.82	4.36			76.18	62.10	0.36
	7.88	6.72	40.21	4.77	222.74	189.56	1.10
0.01	1.24	1.01	2.42	1.14	37.71	33.30	0.16
0.18	4.82	4.12	0.06	3.51	134.29	116.38	1.19
1.38	4.23	13.39	0.17		112.06	86.54	0.65
	3.00	3.31		0.01	128.82	108.02	1.60
0.19	3.34	2.49			119.99	97.96	1.65
0.12	9.12	5.62	14.22	6.79	213.99	187.73	0.87
0.06	0.11	0.80	0.03	0.02	21.87	18.01	0.11
	24.10	0.58		0.63	69.75	63.64	0.20
	7.37	2.22		0.15	96.86	82.74	0.78
	1.26	0.36			16.16	10.79	0.05
	0.14	0.82			11.15	9.14	0.02
	2.76	1.49	2.26	0.28	21.06	16.86	0.12
	8.95	0.02			62.47	61.96	0.02
					7.99	7.73	0.05
	3.78				7.14	4.99	0.05
		0.10			0.31	0.25	

3-49 续表 2

地 区	销售费用	管理费用	税金	财务费用	利息收入	利息支出
全 国	**59.68**	**121.90**	**4.84**	**21.18**	**3.19**	**20.23**
北 京	3.04	8.79	0.17	-0.04	0.34	0.27
天 津	1.92	2.51	0.11	0.40	-0.11	0.15
河 北	0.79	0.86	0.08	0.21	0.01	0.21
山 西	0.25	0.41	0.03	0.05	0.04	0.08
内蒙古	0.17	1.20	0.02	0.10	0.05	0.15
辽 宁	2.17	3.87	0.17	0.45	0.06	0.33
吉 林	1.35	1.48	0.02	0.59		0.57
黑龙江	0.71	2.49	0.13	0.18		0.17
上 海	3.92	5.47	0.10	0.30	0.12	0.37
江 苏	6.61	7.83	0.20	1.93	0.05	1.45
浙 江	8.49	15.66	0.84	4.94	0.77	5.67
安 徽	2.11	2.56	0.11	0.42	-0.01	0.28
福 建	6.60	10.08	0.39	2.63	0.24	2.00
江 西	0.50	0.81	0.04	0.22		0.10
山 东	2.71	3.07	0.36	0.99	0.03	0.52
河 南	2.28	6.81	0.20	1.19	0.03	1.17
湖 北	3.09	7.63	0.24	1.66	0.09	1.23
湖 南	4.81	6.81	0.73	0.60	0.04	0.55
广 东	4.07	11.62	0.26	1.86	0.18	1.51
广 西	0.52	1.22	0.05	0.04		0.04
海 南						
重 庆	0.61	9.22	0.32	1.42	0.31	1.68
四 川	1.13	4.16	0.13	0.96	0.15	0.99
贵 州	0.16	1.52	0.03	-0.10	0.19	0.07
云 南	0.21	0.87	0.01	0.10	0.02	0.13
西 藏						
陕 西	0.59	0.79	0.05	0.29		0.26
甘 肃	0.08	3.31	0.02	-0.41	0.56	0.11
青 海		0.13	0.01	0.09	0.01	0.10
宁 夏	0.75	0.69	0.03	0.09		0.09
新 疆	0.04	0.02				

单位：亿元

投资收益（损失以“-”号记）	营业利润	利润总额	亏损企业亏损额	应交增值税	应交所得税	从业人员平均人数（万人）
3.27	**149.52**	**154.95**	**10.72**	**66.42**	**19.94**	**41.56**
0.44	7.59	7.82	0.30	2.33	1.15	0.84
0.01	14.04	14.09	0.58	2.00	0.45	1.31
-0.08	2.30	2.28	0.19	0.63	0.10	0.61
0.16	0.47	0.47		0.09	0.03	0.19
0.09	0.52	0.64		0.05	0.01	0.21
0.29	4.71	4.24	0.43	2.11	0.57	1.06
	1.87	1.91		0.57	0.05	0.15
0.02	-0.54	-0.16	0.84	0.65	0.02	0.62
0.18	4.36	4.49	0.31	2.14	0.95	1.05
-0.79	16.80	16.60	0.57	11.95	3.50	4.05
0.40	16.97	17.35	0.73	8.58	2.69	6.46
	7.95	7.53	0.11	2.32	0.42	0.91
0.02	13.46	13.66	1.14	6.84	2.43	5.71
	2.59	2.65	0.04	1.02	0.07	0.77
-0.32	8.75	8.70	0.26	4.74	1.87	1.52
0.31	8.60	9.02	0.08	3.00	1.28	2.27
0.13	6.82	7.17	0.03	2.46	0.34	2.18
0.03	14.02	13.32		4.64	0.78	1.51
0.04	7.65	7.59	1.69	5.20	1.25	5.93
	1.87	1.87	0.07	0.72	0.02	0.36
1.66	-2.17	-1.09	3.03	0.81	0.32	1.48
-0.03	5.05	5.59	0.06	1.77	0.72	1.23
0.02	2.91	2.96	0.12	0.06	0.07	0.12
	0.88	0.94		0.22	0.08	0.22
-0.55	2.50	2.16	0.13	1.22	0.34	0.16
1.22	-1.06	2.24		0.05	0.32	0.49
0.02	0.01	0.03			0.02	0.03
	0.60	0.91		0.22	0.09	0.10
				0.01		

3-50 废弃资源综合

地区	工业销售产值(当年价格)	出口交货值	资产总计	固定资产合计	固定资产原价
全国	**3384.61**	**5.09**	**1702.83**	**385.02**	**751.77**
北京	7.57		11.16	5.31	7.53
天津	200.43	0.63	134.94	25.76	14.25
河北	69.79	0.47	38.10	10.69	13.11
山西	0.93		1.67	0.32	0.38
内蒙古	24.85		8.01	2.66	10.77
辽宁	83.92	0.16	54.69	20.56	23.59
吉林	21.71		14.40	6.56	6.17
黑龙江	4.21		3.84	0.91	1.06
上海	31.47	0.45	29.40	10.39	14.27
江苏	349.37	0.89	266.77	55.60	89.87
浙江	334.83	0.48	182.93	21.81	24.68
安徽	415.57		108.84	28.53	73.81
福建	51.72		27.02	7.44	8.49
江西	81.50		33.14	15.20	16.88
山东	83.89	0.25	48.04	15.55	20.47
河南	124.70	0.16	53.07	19.48	22.81
湖北	94.47		51.28	11.72	13.77
湖南	139.76		45.00	19.82	25.06
广东	940.37	1.47	412.21	62.37	286.45
广西	119.24		48.48	3.03	4.23
海南	2.36		4.08	1.51	2.20
重庆	43.41		19.40	2.66	27.85
四川	105.01		55.05	20.84	24.62
贵州	7.36		2.56	0.55	0.53
云南	5.83		4.35	1.29	1.56
西藏					
陕西	20.36		5.96	2.94	3.10
甘肃	9.62		17.34	2.31	3.17
青海					
宁夏	3.09	0.13	6.44	1.84	1.86
新疆	7.27		14.68	7.38	9.23

利用业主要经济指标

单位：亿元

累计折旧	流动资产合计	应收账款	存货	产成品	负债合计
410.99	**1068.93**	**243.32**	**262.51**	**130.61**	**1104.86**
2.10	4.67	1.06	0.67	0.25	6.24
4.12	95.47	29.53	19.72	9.10	105.09
3.23	21.63	7.26	4.42	1.62	23.39
0.10	1.07	0.21	0.14		1.56
8.12	3.46	0.70	0.96	0.42	6.50
4.74	23.94	5.77	5.10	1.50	25.55
1.16	6.77	1.40	0.94	0.33	5.15
0.17	2.75	0.34	0.75	0.28	2.19
5.22	15.84	3.16	4.96	3.27	17.95
36.50	192.21	59.37	34.98	21.33	194.67
7.81	145.36	20.39	58.94	31.63	142.12
46.79	74.92	29.28	16.03	6.89	67.56
1.75	16.96	2.63	3.94	2.02	16.22
2.69	13.42	3.12	2.87	1.29	16.05
6.02	24.52	3.48	5.46	2.02	23.76
4.41	26.69	4.23	3.87	1.36	18.70
3.87	36.73	6.51	10.14	7.36	37.71
6.30	15.30	3.63	3.78	2.30	21.86
229.28	251.58	38.79	64.70	25.03	257.01
1.43	31.59	10.28	7.54	7.08	29.13
0.69	1.66	0.34	0.28	0.03	1.25
25.68	14.84	1.79	1.89	1.59	16.50
4.56	27.74	6.45	7.33	2.17	39.31
0.14	1.22	0.52	0.34	0.29	1.24
0.32	2.24	0.70	0.47	0.08	3.46
0.64	2.76	0.34	0.31	0.20	3.19
0.99	4.96	1.08	0.95	0.65	11.00
0.28	3.51	0.45	0.46	0.23	4.44
1.86	5.12	0.51	0.57	0.30	6.07

3-50 续表 1

地　区	流动负债合　计	应付账款	所有者权益合计	实收资本	国家资本
全　国	**953.40**	**252.81**	**587.37**	**310.45**	**20.69**
北　京	3.41	1.04	4.92	2.06	0.77
天　津	99.40	26.97	29.73	25.84	0.08
河　北	20.25	4.68	14.57	10.08	0.31
山　西	1.35	0.25	0.37	0.43	
内蒙古	6.00	1.56	1.51	1.07	
辽　宁	19.00	3.59	29.13	9.51	0.79
吉　林	4.81	0.85	9.24	2.21	0.03
黑龙江	1.71	0.53	1.55	0.91	
上　海	15.10	3.68	11.28	9.23	1.60
江　苏	186.49	54.15	72.06	59.48	2.57
浙　江	124.41	19.93	41.08	30.40	
安　徽	61.81	19.90	41.22	21.21	10.01
福　建	15.35	3.53	10.41	6.81	0.30
江　西	13.75	1.87	16.56	9.42	0.99
山　东	20.14	3.96	23.57	13.85	0.09
河　南	15.73	4.05	33.84	19.54	
湖　北	20.09	3.74	13.57	9.68	0.47
湖　南	15.89	3.72	22.87	13.70	0.41
广　东	216.32	76.81	149.68	35.60	0.40
广　西	27.76	7.78	16.95	2.03	
海　南	1.25	0.27	2.83	1.38	
重　庆	16.16	1.37	2.93	3.44	
四　川	27.52	3.30	15.74	7.06	0.06
贵　州	1.22	0.55	1.19	0.46	
云　南	2.89	0.83	0.89	0.86	
西　藏					
陕　西	1.96	0.87	2.73	2.21	
甘　肃	5.71	1.27	6.34	3.70	1.01
青　海					
宁　夏	3.40	0.14	2.00	1.70	
新　疆	4.51	1.62	8.61	6.59	0.82

单位：亿元

集体资本	法人资本	个人资本	港澳台资本	外商资本	主营业务收入	主营业务成本	主营业务税金及附加
9.55	**119.52**	**103.00**	**32.12**	**25.10**	**3443.83**	**3139.41**	**18.06**
0.02	1.10	0.18			8.32	7.67	0.03
0.91	8.35	11.28	0.40	4.82	231.17	221.86	0.15
0.20	3.42	4.48	0.84	0.80	72.33	66.21	0.46
0.10		0.33			0.93	0.84	0.01
	0.21	0.86			24.45	23.34	0.05
1.06	3.23	2.83		1.61	87.72	77.01	0.82
0.09	0.27	1.82			22.48	19.25	0.09
	0.62		0.29		4.55	4.25	0.03
0.05	0.83	2.18	1.48	3.09	34.34	29.47	0.08
0.77	26.04	13.16	7.94	8.99	352.03	331.17	1.37
	8.78	11.39	7.37	2.86	331.03	317.77	1.16
0.39	1.05	8.67	0.06	1.03	415.06	379.24	4.23
	2.55	3.02	0.94		51.50	46.52	0.45
0.16	5.84	2.42			84.26	74.25	0.44
0.17	3.64	6.52	2.94	0.18	85.91	74.44	0.85
0.45	6.66	12.43			125.60	112.93	0.53
0.51	6.10	1.81	0.78		96.69	90.02	0.41
0.21	9.63	3.31	0.15		137.70	110.64	1.96
0.87	21.78	7.99	2.85	1.72	949.63	858.68	3.14
0.05	1.07	0.73	0.19		118.18	111.63	0.54
	0.66	0.72			2.66	2.37	0.01
	1.36	2.08			42.46	39.14	0.21
3.55	0.99	1.14	1.20		107.38	90.64	0.77
	0.23	0.23			7.32	5.97	0.02
0.01	0.33	0.52			5.82	5.14	0.02
	1.37	0.84			24.41	23.72	0.15
	1.73	0.97			9.39	7.44	0.05
	1.01	0.69			3.08	2.78	0.01
	0.67	0.40	4.70		7.40	5.04	0.01

3-50 续表 2

地 区	销售费用	管理费用	税金	财务费用	利息收入	利息支出
全 国	**35.52**	**76.06**	**4.20**	**19.60**	**3.61**	**21.84**
北 京	0.12	0.48	0.02	0.01	0.03	0.03
天 津	0.70	2.31	0.17	2.46	0.36	1.33
河 北	0.65	1.32	0.11	0.76		0.59
山 西	0.04	0.08		0.03		0.03
内 蒙 古	0.09	0.17	0.01	0.01		0.01
辽 宁	1.45	4.20	0.50	0.84	-0.01	0.63
吉 林	0.44	0.76	0.01	0.16	0.01	0.06
黑 龙 江	0.03	0.19	0.01	0.12		0.12
上 海	0.60	2.08	0.07	0.30	0.02	0.46
江 苏	4.10	6.85	0.48	2.80	1.28	4.29
浙 江	3.10	5.24	0.29	0.97	0.75	3.40
安 徽	4.85	4.61	0.24	1.71	0.06	1.50
福 建	0.88	1.67	0.06	0.31	0.08	0.35
江 西	1.17	1.45	0.21	0.56	0.01	0.46
山 东	1.41	2.14	0.24	0.82	-0.02	0.44
河 南	1.27	1.44	0.06	0.63		0.40
湖 北	0.84	7.91	0.06	1.13	0.02	1.00
湖 南	2.59	8.69	0.76	0.65		0.36
广 东	8.00	16.98	0.69	2.19	0.80	3.51
广 西	0.61	2.85	0.05	0.05	0.07	0.23
海 南	0.06	0.16		0.02		0.02
重 庆	0.78	0.88	0.03	0.80	-0.03	0.84
四 川	0.84	2.48	0.08	1.52	0.02	1.06
贵 州	0.08	0.10	0.03	0.01		0.01
云 南	0.16	0.20		0.15		0.12
西 藏						
陕 西	0.04	0.17		0.10	0.01	0.11
甘 肃	0.16	0.28	0.01	0.15		0.09
青 海						
宁 夏	0.08	0.19		0.12		0.09
新 疆	0.38	0.17	0.01	0.24	0.12	0.30

单位：亿元

投资收益（损失以“-”号记）	营业利润	利润总额	亏损企业亏损额	应交增值税	应交所得税	从业人员平均人数（万人）
-14.40	**178.73**	**180.77**	**22.03**	**127.05**	**11.86**	**17.72**
	0.07	0.47	0.01	0.29	0.12	0.09
-0.01	3.53	5.25	0.57	19.48	0.42	0.87
	2.93	3.46	0.85	2.85	0.24	0.36
	-0.06	0.17	0.02	0.06		0.03
	0.40	0.39	0.40	0.05		0.11
	4.59	4.88	0.52	4.32	0.32	0.84
0.01	1.58	1.47		0.87	0.03	0.26
	-0.63	0.55		0.18	0.10	0.04
-0.20	1.55	1.89	0.70	0.63	0.45	0.21
-11.78	5.93	8.30	2.28	7.87	1.71	1.38
0.05	2.87	4.51	5.03	7.11	0.38	1.88
0.01	27.95	21.87	0.35	37.29	1.12	1.27
-2.36	1.58	2.03	0.12	2.97	0.16	0.40
	4.21	4.27	0.98	2.95	0.21	0.46
0.07	6.54	7.16	0.05	2.68	0.78	0.58
	8.67	8.73		1.79	0.51	0.80
-0.02	2.48	3.22	0.65	3.28	0.56	0.69
0.06	9.39	8.05	0.15	6.26	0.35	1.06
-0.58	81.69	80.87	6.67	14.50	3.25	4.19
0.14	3.40	3.38	0.07	5.40	0.17	0.38
0.14	0.19	0.23		0.11	0.02	0.03
0.05	-0.27	-0.38	1.31	1.78	0.15	0.25
0.01	7.08	6.68	0.95	3.58	0.42	1.01
	0.97	0.97	0.04	0.11	0.02	0.07
	0.16	0.16	0.25	0.22	0.09	0.10
	0.22	0.22	0.01	0.10	0.01	0.14
	0.29	0.34		0.16	0.03	0.14
	-0.06	0.10	0.04	0.11		0.05
	1.51	1.52		0.06	0.24	0.01

3-51 金属制品、机械和

地　区	工业销售产值(当年价格)	出口交货值	资产总计	固定资产合　计	固定资产原　价
全　国	**936.47**	**193.30**	**1184.10**	**378.26**	**545.85**
北　京	36.25	7.59	50.42	19.07	34.06
天　津	14.59	4.99	20.18	4.23	4.99
河　北	29.76	0.22	42.01	13.19	13.35
山　西	9.77		9.41	2.93	5.80
内蒙古	3.20		3.65	0.59	1.24
辽　宁	184.18	0.67	94.08	47.83	65.01
吉　林	7.84		6.39	2.46	3.78
黑龙江	5.05		7.83	2.11	3.13
上　海	83.62	36.16	317.68	93.98	116.89
江　苏	25.74	0.47	14.97	6.76	9.67
浙　江	59.62	22.37	95.18	35.14	51.02
安　徽	36.98	0.45	61.09	16.32	25.51
福　建	111.90	79.45	85.23	43.61	62.59
江　西	0.77		0.41	0.12	0.21
山　东	41.93	1.86	16.43	5.78	8.60
河　南	31.26		34.19	6.37	11.21
湖　北	33.57	0.36	21.32	5.83	19.41
湖　南	9.07	0.21	6.32	1.55	2.32
广　东	91.21	38.22	97.74	31.31	44.91
广　西	2.39		1.14	0.39	0.50
海　南	3.72		7.21	1.65	1.71
重　庆	11.72		5.33	2.01	2.77
四　川	58.68	0.28	115.55	21.37	37.25
贵　州	0.28		0.14	0.01	0.01
云　南					
西　藏					
陕　西	22.16		38.42	8.12	12.14
甘　肃	17.86		29.56	5.32	7.20
青　海	1.45		0.07	0.02	0.05
宁　夏					
新　疆	1.91		2.13	0.18	0.51

设备修理业主要经济指标

单位：亿元

累计折旧	流动资产合计	应收账款	存货	产成品	负债合计
195.96	**642.08**	**192.02**	**134.17**	**23.40**	**685.33**
15.26	28.38	13.77	8.36	0.40	26.58
0.82	13.71	7.01	2.29	0.75	12.39
7.26	25.43	5.00	8.44	0.14	31.20
2.87	5.58	2.13	1.09	0.37	7.93
0.65	2.58	1.21	0.70		2.51
20.96	37.39	11.54	5.88	1.39	30.44
1.49	2.74	1.34	0.32	0.16	4.36
1.65	4.88	1.76	0.84	0.28	5.85
31.55	171.46	22.05	20.69	5.15	196.35
3.27	7.70	3.06	1.32	0.45	8.82
17.07	33.29	8.00	6.57	0.28	56.02
9.47	41.55	5.90	9.48	1.63	31.14
20.84	29.81	11.98	3.64	0.57	42.61
0.08	0.28	0.01	0.02	0.01	0.25
2.85	9.96	3.01	1.82	0.70	5.80
4.85	21.81	14.68	2.94	0.37	23.04
13.76	14.01	4.99	1.99	0.55	11.36
0.77	4.41	0.52	1.45	0.20	4.26
14.39	60.91	24.48	10.95	1.32	63.05
0.12	0.69	0.18	0.06	0.02	0.46
1.33	5.55	0.39	1.46	0.16	4.50
0.76	3.16	0.91	0.79	0.07	3.13
16.43	67.78	24.31	27.51	5.30	62.00
	0.13	0.02	0.02		0.04
4.12	27.87	9.87	11.52	2.42	25.90
2.97	19.14	12.62	3.58	0.42	23.60
0.03	0.05	0.04			
0.33	1.82	1.22	0.46	0.30	1.73

3-51 续表 1

地区	流动负债合计	应付账款	所有者权益合计	实收资本	国家资本
全国	**562.01**	**153.57**	**498.04**	**280.05**	**118.94**
北京	26.26	4.98	23.83	16.36	0.42
天津	10.74	2.52	7.79	6.09	
河北	21.15	11.87	10.82	5.03	3.32
山西	7.44	2.88	1.48	3.65	1.62
内蒙古	2.39	1.13	1.15	0.42	
辽宁	21.88	4.98	63.51	25.22	8.00
吉林	1.75	0.74	2.64	1.32	
黑龙江	5.46	2.42	1.97	1.81	
上海	169.28	18.78	121.18	90.40	62.01
江苏	7.63	1.86	6.15	2.75	
浙江	42.21	5.97	38.55	27.84	4.84
安徽	28.04	12.07	29.90	8.39	5.73
福建	32.41	6.88	42.34	19.60	0.65
江西	0.25	0.12	0.16	0.04	
山东	4.55	0.93	10.63	3.53	0.03
河南	21.43	14.81	11.16	7.07	4.81
湖北	10.67	5.18	9.95	6.25	0.51
湖南	4.26	0.49	2.07	1.20	0.54
广东	42.43	14.17	34.61	24.45	11.65
广西	0.25	0.03	0.67	0.59	0.08
海南	4.00	1.00	2.71	0.56	0.55
重庆	2.36	1.16	2.19	1.05	
四川	53.59	21.53	53.55	14.42	5.95
贵州	0.04	0.04	0.10	0.10	
云南					
西藏					
陕西	23.04	11.06	12.52	7.77	6.96
甘肃	16.76	4.81	5.92	3.94	1.25
青海			0.07	0.01	
宁夏					
新疆	1.73	1.18	0.40	0.19	0.03

单位：亿元

集体资本	法人资本	个人资本	港澳台资本	外商资本	主营业务收入	主营业务成本	主营业务税金及附加
9.74	**63.36**	**30.15**	**13.00**	**44.37**	**918.01**	**766.67**	**5.95**
	9.81	0.45	0.36	5.33	37.07	26.27	0.16
	1.49	1.06	1.22	2.32	14.00	10.09	0.11
0.51	0.76	0.44			34.20	29.93	0.10
0.19	1.77	0.01		0.05	9.59	8.00	0.06
0.12	0.26	0.04			3.20	3.09	0.03
0.25	7.83	9.10	0.01	0.03	181.41	145.44	1.74
0.56	0.53	0.24			7.80	6.82	0.05
1.47	0.06	0.28			5.04	4.47	0.05
0.03	9.12	0.55	3.26	15.44	85.30	76.09	0.21
0.01	1.65	1.03		0.06	26.11	22.52	0.36
0.26	9.42	5.55	2.14	5.62	49.97	42.59	0.44
	1.35	0.60	0.68	0.03	31.00	24.24	0.13
	4.29	2.29	4.94	7.44	111.93	100.93	0.29
0.04					0.78	0.67	0.01
	0.79	0.52		2.19	37.52	31.20	0.30
0.03	0.37	1.86			31.93	27.73	0.14
1.02	3.94	0.78			33.68	28.18	0.37
	0.29	0.37			9.14	7.74	0.16
5.22	0.76	0.81	0.38	5.62	89.20	76.70	0.61
	0.51				2.41	1.96	0.02
	0.01				2.24	1.89	
	0.85	0.20			11.53	9.63	0.12
	4.13	3.76		0.09	56.49	42.58	0.37
		0.10			0.27	0.20	
	0.57	0.12		0.13	25.43	19.48	0.05
	2.69				17.57	15.12	0.06
	0.01				1.40	1.38	
0.04	0.10	0.02			1.83	1.75	0.01

3-51 续表 2

地区	销售费用	管理费用	税金	财务费用	利息收入	利息支出
全国	**19.31**	**76.27**	**3.05**	**9.93**	**2.24**	**11.28**
北京	0.60	8.83	0.41	0.39	0.03	0.59
天津	0.69	1.84	0.04	0.39	0.01	0.32
河北	0.35	3.36	0.08	-0.03	0.07	0.06
山西	0.29	0.98	0.02	0.02		0.02
内蒙古		0.15	0.01	0.06		0.06
辽宁	8.13	9.18	0.71	0.78	0.14	0.57
吉林	0.12	0.55	0.01	0.11		0.09
黑龙江	0.05	0.71	0.03	0.02		0.02
上海	0.52	8.41	0.11	2.09	0.95	2.82
江苏	0.41	1.04	0.06	0.15		0.14
浙江	0.49	4.62	0.19	1.47	0.12	1.35
安徽	0.50	3.91	0.18	-0.01	0.33	0.32
福建	0.96	6.87	0.52	0.46	0.11	0.64
江西		0.09		0.01		
山东	0.24	3.11	0.12	0.27	0.01	0.15
河南	0.51	2.22	0.11	0.22		0.21
湖北	0.83	2.59	0.06	0.32	0.01	0.36
湖南	0.23	0.67		-0.03		-0.03
广东	1.70	4.81	0.13	0.97	0.15	1.35
广西	0.03	0.21	0.01			0.01
海南		0.39		-0.02	0.02	
重庆	0.20	0.45	0.01	0.05	0.01	0.02
四川	1.88	6.64	0.13	1.17	0.23	1.18
贵州		0.01				
云南						
西藏						
陕西	0.40	3.04	0.01	0.61	0.01	0.59
甘肃	0.16	1.51	0.09	0.41	0.01	0.41
青海						
宁夏						
新疆	0.02	0.11		0.03		0.03

单位：亿元

投资收益（损失以"–"号记）	营业利润	利润总额	亏损企业亏损额	应交增值税	应交所得税	从业人员平均人数（万人）
1.98	**46.31**	**49.37**	**9.44**	**22.97**	**7.55**	**16.90**
0.59	1.94	2.95		1.51	0.49	0.74
0.03	0.90	1.21	0.10	0.63	0.21	0.17
0.01	0.62	0.76	0.18	0.52	0.04	1.06
0.03	0.19	0.37	0.15	0.44	0.13	0.32
	-0.10	-0.10	0.16	0.10		0.19
0.01	15.06	14.87	0.23	5.08	1.10	2.94
	0.21	0.21		0.20	0.03	0.15
	-0.20	-0.10	0.15	0.16	0.03	0.12
0.17	-1.11	0.14	3.78	1.95	1.44	1.69
0.01	1.69	1.76	0.19	1.06	0.36	0.41
0.07	0.65	0.52	0.90	1.87	0.30	1.90
0.17	3.05	3.13	0.15	0.49	0.12	0.66
0.21	4.18	4.46	0.75	1.04	0.60	0.85
				0.05		0.03
	3.32	3.39	0.03	1.23	0.17	0.34
-0.05	1.13	1.18		0.52	0.07	0.60
-0.02	1.23	0.93	0.26	1.02	0.05	0.92
	0.40	0.40		0.30	0.06	0.16
	4.98	5.54	1.78	1.25	1.47	1.10
	0.19	0.19		0.18	0.02	0.06
	0.02	0.03	0.03			0.11
	1.23	1.22		0.93	0.19	0.31
0.77	4.26	3.71	0.61	1.68	0.42	0.99
	0.06	0.06		0.01		
	2.00	2.09		0.28	0.24	0.60
	0.38	0.40		0.40		0.44
-0.04	0.02	0.02				0.01
	0.01	0.01		0.07		0.04

3-52 电力、燃气和水的生产和

地区	工业销售产值（当年价格）	出口交货值	资产总计	固定资产合计	固定资产原价
全国	**61377.61**	**197.31**	**114996.81**	**69696.21**	**106651.35**
北京	4012.17		12960.18	3101.35	5623.34
天津	884.60		1855.85	1164.57	1756.01
河北	3019.16		3867.17	2761.38	5479.34
山西	1693.60		2854.72	2018.99	3058.48
内蒙古	2331.13	0.01	5699.88	3822.95	5398.07
辽宁	1801.12		3942.06	2440.70	3872.16
吉林	956.51		1743.02	1282.17	2094.54
黑龙江	1286.38	5.01	2364.90	1482.44	2319.02
上海	1345.81		2908.06	2087.25	3570.17
江苏	4952.10	17.44	7316.96	4523.36	7532.20
浙江	4674.63	0.77	5525.26	3310.74	5659.74
安徽	2569.02		2843.50	2177.79	3268.31
福建	2089.79	0.01	3458.52	2106.14	3161.68
江西	1102.67		1308.42	926.06	1375.46
山东	4547.83		5718.06	2613.66	4076.01
河南	2974.32		3682.18	2675.39	3990.10
湖北	1666.29		4012.65	3237.98	4583.07
湖南	1527.61		2754.84	2020.97	3175.01
广东	6737.66	81.87	10374.56	6090.37	10209.47
广西	1257.06	3.66	2327.12	1568.93	2338.13
海南	197.99		349.81	273.68	373.12
重庆	806.77	76.89	1772.05	1180.97	1714.74
四川	2302.39	3.74	7605.67	4412.48	5546.88
贵州	1297.13		2559.76	1832.72	2580.28
云南	1320.40		5420.15	3697.95	4515.75
西藏	15.09		263.04	191.53	248.46
陕西	1308.49		2462.22	1724.87	2644.13
甘肃	845.67	7.59	2129.55	1588.48	2091.12
青海	329.18		1171.98	889.71	1224.00
宁夏	684.79	0.32	1314.90	914.76	1231.28
新疆	840.28		2429.76	1575.88	1941.29

供应业主要经济指标

单位：亿元

累计折旧	流动资产合计	应收账款	存货	产成品	负债合计
39766.34	**19347.56**	**3363.12**	**1443.50**	**138.10**	**74888.42**
2523.06	2205.35	321.17	15.97	1.40	6431.25
686.28	383.67	53.83	42.34	1.39	1144.67
1923.46	666.23	105.05	65.47	10.26	2461.13
1200.94	487.78	123.80	47.65	2.11	2236.48
1804.97	1042.44	245.46	50.78	6.15	4151.13
1501.55	721.10	123.28	66.66	5.28	2651.22
860.54	237.72	59.32	24.97	0.93	1192.32
923.57	546.88	105.14	92.46	23.74	1713.78
1663.07	417.51	75.88	43.75	9.75	1099.62
3040.66	1524.11	260.27	107.88	6.59	4724.74
2603.84	1165.72	144.51	118.72	3.98	3213.89
1253.23	343.79	103.16	32.09	2.81	2040.55
1238.09	625.46	101.61	48.44	1.42	2223.76
533.08	263.85	34.48	16.42	0.93	965.52
1681.73	1123.55	188.56	86.50	7.26	3915.72
1518.98	796.56	155.89	76.61	8.51	2723.72
1542.87	417.45	82.44	34.08	2.13	2408.44
1226.03	334.91	69.29	30.72	2.81	2103.69
4507.45	2071.31	307.71	175.32	10.27	5554.99
816.52	390.21	66.57	29.84	1.75	1581.20
130.67	41.19	5.02	4.22	0.24	229.87
586.74	306.00	29.65	15.93	0.94	1174.41
1263.54	806.12	126.84	47.93	6.55	5713.87
776.81	327.37	58.78	23.58	2.53	2111.13
977.21	480.06	67.77	25.94	2.13	4218.58
57.17	32.32	1.43	3.31		68.89
971.00	443.77	92.26	66.02	12.63	1897.91
706.10	363.27	95.36	14.13	1.47	1583.40
340.70	126.05	31.43	1.72	-0.13	844.69
365.00	230.79	53.99	16.33	0.87	914.67
541.49	425.00	73.18	17.73	1.40	1593.17

3-52 续表 1

地 区	流动负债合 计	应付账款	所有者权益合计	实收资本	国家资本
全 国	**34259.04**	**8080.60**	**39326.88**	**20814.34**	**11775.96**
北 京	2560.68	514.25	6528.93	2731.96	2332.71
天 津	685.53	126.16	710.79	319.35	102.72
河 北	1429.87	450.03	1406.22	757.11	429.37
山 西	770.26	238.22	615.00	547.80	342.92
内 蒙 古	1729.23	464.73	1553.92	1046.80	588.65
辽 宁	1551.19	365.46	1283.93	868.61	421.72
吉 林	635.06	195.14	547.68	318.22	205.71
黑 龙 江	953.06	220.74	649.17	321.19	116.03
上 海	765.09	147.19	1783.68	523.04	284.44
江 苏	2992.30	741.64	2592.22	1192.19	594.82
浙 江	1689.66	457.85	2310.60	1034.17	642.11
安 徽	1201.29	338.39	800.08	471.13	275.90
福 建	1028.86	252.13	1232.62	720.62	335.00
江 西	541.52	113.64	341.79	204.89	91.66
山 东	1900.45	308.13	1384.35	925.90	457.29
河 南	1383.35	389.61	949.80	595.03	348.11
湖 北	1356.70	228.60	1591.38	626.84	394.50
湖 南	895.57	180.56	651.79	443.40	186.40
广 东	2706.80	630.54	4818.21	2576.86	1189.46
广 西	637.63	115.24	745.47	369.04	232.71
海 南	156.22	21.70	119.93	65.11	45.93
重 庆	609.34	117.29	596.95	245.34	144.49
四 川	1332.00	128.08	1606.30	1079.38	501.46
贵 州	754.33	171.84	446.94	402.77	196.23
云 南	1046.25	134.87	1200.50	728.40	373.66
西 藏	32.63	25.17	194.15	33.58	17.71
陕 西	992.82	344.35	559.53	449.05	228.44
甘 肃	603.09	202.88	543.31	411.95	186.80
青 海	284.28	78.45	326.27	157.65	122.28
宁 夏	317.14	112.96	400.23	243.74	161.58
新 疆	716.82	264.77	835.15	403.21	225.16

单位：亿元

集体资本	法人资本	个人资本	港澳台资本	外商资本	主营业务收入	主营业务成本	主营业务税金及附加
283.15	**6605.80**	**585.45**	**752.30**	**685.23**	**61643.15**	**54035.04**	**340.53**
0.38	313.52	2.66	6.79	75.91	4028.14	3803.16	19.24
2.27	178.19	4.61	16.93	14.63	895.95	827.37	4.79
35.34	222.71	18.77	19.25	31.14	3006.66	2717.78	16.95
0.74	173.34	13.10	1.38	14.20	1718.53	1480.45	8.55
21.02	336.83	64.29	16.78	18.95	2339.66	1824.53	10.47
3.88	345.15	34.35	24.81	38.70	1806.71	1633.89	9.18
1.46	83.30	13.25	8.32	5.62	948.46	876.00	5.58
5.37	143.96	36.48	5.58	11.30	1355.79	1283.59	5.07
35.49	174.41	6.16	10.99	11.54	1397.48	1273.69	5.39
13.20	320.35	40.18	168.83	54.81	4993.64	4364.02	23.60
5.06	296.89	17.85	37.29	34.98	4662.84	4150.35	21.87
2.21	162.77	2.61	13.08	14.56	2525.17	2067.77	10.49
16.38	248.48	12.55	79.64	28.57	2090.93	1804.31	42.25
1.19	98.30	4.72	8.40	0.62	1139.43	1003.64	5.58
22.01	313.82	41.94	44.40	46.45	4704.19	4154.25	18.55
10.54	142.27	15.82	41.24	33.52	3006.20	2755.66	10.99
3.82	122.72	52.92	34.92	16.62	1678.88	1370.74	13.37
12.40	137.28	26.51	47.09	33.73	1511.18	1295.00	10.53
24.05	1091.67	35.48	92.82	102.06	6715.13	5909.82	32.95
3.46	78.89	4.94	18.56	25.34	1251.68	1111.87	6.19
	14.02		3.37	1.79	203.16	171.63	1.04
2.01	82.91	7.15	4.17	3.50	818.85	738.95	4.48
22.74	464.27	54.77	21.21	10.53	2310.83	1802.60	15.51
5.91	88.48	1.82	0.44	7.17	1211.81	1095.71	5.13
12.10	285.78	28.22	15.91	12.73	1297.88	1045.13	9.32
	15.87				14.60	34.04	0.01
5.18	188.45	18.55	2.85	5.57	1359.64	1158.67	10.62
5.46	169.46	8.59	5.92	27.44	771.86	669.20	3.56
1.23	77.54	3.04	0.80	1.21	345.22	282.83	2.76
3.93	74.38	2.78			687.93	591.05	3.59
4.34	159.78	11.34	0.54	2.05	844.74	737.30	2.92

3-52 续表 2

地 区	销售费用	管理费用	税金	财务费用	利息收入	利息支出
全 国	**372.29**	**1424.37**	**95.17**	**2243.28**	**100.96**	**2287.96**
北 京	3.92	37.87	1.92	115.41	4.26	112.87
天 津	3.91	19.60	0.83	21.44	2.61	22.57
河 北	8.07	64.11	2.66	73.79	2.30	74.70
山 西	6.33	66.76	2.46	77.53	0.97	80.11
内蒙古	36.42	91.70	18.30	136.00	3.22	128.00
辽 宁	11.41	52.72	4.01	61.51	3.32	60.03
吉 林	9.99	33.00	1.73	45.68	0.74	45.09
黑龙江	8.09	32.24	3.27	43.80	2.50	44.61
上 海	10.75	22.49	1.15	21.28	2.27	23.83
江 苏	35.17	70.63	5.42	111.82	11.16	123.70
浙 江	17.24	111.66	7.05	99.51	6.13	105.71
安 徽	7.81	43.25	2.44	53.01	2.07	55.39
福 建	13.61	47.71	3.08	65.73	5.27	71.13
江 西	6.18	20.33	0.72	31.09	0.26	32.68
山 东	17.75	129.31	6.31	105.34	3.60	99.92
河 南	21.99	72.02	2.94	100.50	7.70	104.44
湖 北	14.86	36.91	2.40	90.53	2.33	92.25
湖 南	12.07	58.04	3.78	77.48	0.45	76.21
广 东	44.90	126.71	9.17	186.63	13.60	204.14
广 西	7.27	44.73	2.59	64.45	1.33	65.00
海 南	1.26	2.55	0.07	9.75	0.59	10.14
重 庆	5.61	20.37	1.39	33.94	2.94	38.13
四 川	22.06	57.92	2.69	157.57	4.26	154.58
贵 州	8.84	30.36	1.26	88.36	7.88	91.76
云 南	9.64	47.25	1.46	130.27	1.99	130.42
西 藏	0.51	1.02		0.88	0.19	1.07
陕 西	10.38	30.93	2.67	60.06	2.73	59.20
甘 肃	3.55	11.19	0.86	56.71	1.99	57.89
青 海	0.30	4.53	0.12	37.54	0.24	36.62
宁 夏	1.58	13.59	1.42	40.14	0.85	39.85
新 疆	10.82	22.88	0.98	45.53	1.19	45.93

单位：亿元

投资收益（损失以"−"号记）	营业利润	利润总额	亏损企业亏损额	应交增值税	应交所得税	从业人员平均人数（万人）
502.66	**4137.58**	**4423.76**	**457.99**	**2559.98**	**732.37**	**357.68**
280.30	328.98	379.33	11.59	120.30	53.03	8.35
2.11	29.82	36.43	14.04	39.38	10.08	4.18
5.61	149.41	165.24	11.06	103.40	29.90	18.14
3.10	111.43	112.00	24.68	82.10	19.45	6.73
5.09	344.11	355.60	42.07	104.97	37.28	14.25
1.44	44.10	59.96	27.34	69.98	16.57	16.14
1.31	-10.77	4.15	24.90	34.76	1.34	11.65
5.08	-2.04	8.75	21.38	42.56	4.44	14.46
18.72	94.74	103.50	12.89	57.57	22.61	4.47
19.74	452.21	462.88	5.37	210.88	89.48	14.84
7.28	316.65	331.65	11.06	189.32	66.24	13.01
2.51	185.86	174.25	4.53	73.68	22.64	10.67
5.48	169.65	167.88	7.06	91.16	36.20	7.98
1.16	60.74	66.93	1.74	47.83	9.67	12.91
18.36	302.57	314.39	21.48	156.09	36.89	23.65
6.21	93.52	100.93	23.63	94.81	18.88	22.72
29.32	201.14	203.65	9.84	108.74	36.97	14.23
1.76	84.60	100.30	6.37	79.69	14.70	15.94
51.71	543.19	576.80	20.71	278.65	113.86	27.47
0.72	31.45	49.49	15.46	68.42	9.80	12.80
0.68	16.57	17.50	0.82	9.98	1.40	1.63
3.69	31.24	40.67	9.40	38.50	5.80	6.48
5.40	229.45	226.43	23.98	137.77	19.37	24.78
5.05	16.39	20.08	13.72	50.99	3.66	12.34
1.50	80.00	77.27	43.90	82.07	8.80	8.91
	-20.55	-11.63	11.73	0.06	0.01	0.45
4.48	112.64	120.05	7.85	73.52	22.32	10.37
0.86	32.02	33.84	9.96	31.31	4.14	6.78
0.73	18.60	19.78	1.11	22.03	2.19	1.58
10.78	56.03	53.60	2.27	28.80	3.41	3.22
2.48	33.80	52.06	16.06	30.64	11.25	6.55

3-53 电力、热力生产和

地　区	工业销售产值（当年价格）	出口交货值	资产总计	固定资产合计	固定资产原价
全　国	**55938.99**	**135.32**	**102468.39**	**63792.39**	**98642.02**
北　京	3737.87		12026.58	2699.65	5024.53
天　津	750.17		1436.81	911.05	1512.60
河　北	2867.61		3538.77	2617.83	5290.82
山　西	1588.98		2586.86	1884.90	2890.63
内蒙古	2154.32	0.01	5400.53	3686.33	5211.72
辽　宁	1653.12		3461.49	2194.28	3528.54
吉　林	867.00		1623.26	1214.10	1971.09
黑龙江	1160.18	5.01	2224.25	1421.50	2250.05
上　海	1144.81		2239.89	1802.50	3060.18
江　苏	4447.23		5857.20	3870.20	6671.15
浙　江	4235.09	0.36	4469.01	2774.28	4926.79
安　徽	2433.48		2575.06	2043.81	3089.82
福　建	1861.71	0.01	3072.83	1900.45	2895.65
江　西	1013.73		1122.24	843.29	1262.86
山　东	4221.19		5041.78	2292.49	3670.54
河　南	2761.29		3301.82	2479.36	3755.15
湖　北	1521.36		3631.05	3086.90	4376.75
湖　南	1373.38		2464.66	1867.51	2975.18
广　东	5814.32	37.75	8683.53	5328.28	9029.55
广　西	1211.07	3.66	2184.51	1472.95	2233.45
海　南	178.79		281.52	243.07	332.38
重　庆	673.05	76.89	1493.33	1037.27	1556.09
四　川	1992.45	3.72	6910.50	4136.59	5205.56
贵　州	1254.30		2440.33	1777.99	2518.76
云　南	1264.11		5231.66	3581.11	4378.49
西　藏	13.96		260.69	189.92	245.90
陕　西	1185.13		2254.26	1651.83	2524.69
甘　肃	806.12	7.59	2047.99	1535.35	2023.16
青　海	323.96		1150.94	881.53	1211.65
宁　夏	643.25	0.32	1210.68	864.73	1175.25
新　疆	785.96		2244.35	1501.31	1843.07

供应业主要经济指标

累计折旧	流动资产合计	应收账款	存货	产成品	负债合计
37044.96	**15322.45**	**2885.20**	**1213.18**	**85.48**	**67772.25**
2326.06	1960.09	269.32	13.58	0.14	6056.85
622.27	269.14	39.18	39.10	1.28	896.82
1860.00	552.88	89.74	57.83	8.68	2262.06
1162.23	416.16	112.96	44.50	1.83	2052.12
1751.02	937.21	231.23	44.51	5.00	3961.09
1379.31	556.12	100.04	60.20	4.36	2417.71
802.66	211.65	56.25	21.49	0.71	1131.89
888.74	485.65	100.87	88.84	23.17	1623.98
1438.43	248.70	43.55	16.83		737.14
2809.82	954.86	222.40	84.75	4.15	3798.74
2335.00	833.99	122.57	101.02	2.29	2584.67
1194.85	257.05	94.48	27.05	1.43	1896.36
1150.49	512.36	88.30	39.88	0.67	2032.58
493.90	217.38	29.44	12.83	0.11	865.29
1561.52	882.28	148.78	71.33	5.11	3533.19
1460.69	652.66	143.52	67.13	4.79	2492.47
1469.64	272.38	64.78	27.70	1.15	2191.19
1162.48	249.12	56.33	25.55	0.41	1916.16
4016.00	1566.52	232.64	152.19	4.11	4558.60
782.52	361.59	63.39	27.80	1.29	1489.53
117.25	24.11	2.68	3.31	0.11	210.33
536.84	207.76	24.77	11.33	0.40	1028.09
1152.62	574.86	102.88	32.03	1.39	5353.01
759.04	286.84	51.64	21.03	2.19	2031.16
949.03	433.41	61.72	20.50	1.46	4096.55
56.20	31.83	1.39	3.27		68.74
920.74	350.36	85.32	55.60	6.87	1782.29
681.07	346.69	94.07	12.01	1.23	1546.28
336.33	118.50	30.90	1.78		836.62
353.17	192.88	50.87	13.94		843.14
515.04	357.44	69.20	14.30	1.15	1477.59

3-53 续表 1

地区	流动负债合计	应付账款	所有者权益合计	实收资本	国家资本
全国	**30035.06**	**7454.27**	**33948.31**	**17756.63**	**10302.61**
北京	2351.29	496.25	5969.73	2403.84	2109.45
天津	548.60	109.30	539.62	203.22	84.64
河北	1278.41	397.72	1276.83	652.52	379.68
山西	691.40	220.54	531.50	510.01	319.29
内蒙古	1628.66	439.57	1444.97	996.13	570.84
辽宁	1396.37	349.39	1039.82	701.43	325.04
吉林	596.72	188.62	488.39	286.04	185.06
黑龙江	893.01	213.39	598.32	289.77	102.87
上海	519.96	104.76	1498.85	295.43	182.65
江苏	2443.77	702.62	2058.46	875.01	442.90
浙江	1338.57	410.72	1884.19	771.17	459.44
安徽	1094.51	323.51	679.19	419.34	251.48
福建	908.80	220.06	1038.74	585.47	259.24
江西	482.71	106.71	255.91	160.77	73.44
山东	1624.12	266.31	1092.74	784.26	389.04
河南	1234.99	374.45	799.99	518.49	326.42
湖北	1199.26	210.56	1428.07	558.98	362.83
湖南	777.95	164.76	549.35	391.51	167.04
广东	2208.42	534.51	4123.76	2255.55	1096.40
广西	594.09	110.31	694.58	348.17	225.63
海南	142.22	20.65	71.19	33.62	26.43
重庆	531.19	110.10	465.00	186.68	128.94
四川	1122.71	104.67	1273.18	938.36	418.07
贵州	703.81	160.31	407.55	372.50	179.78
云南	975.90	123.43	1134.04	681.51	349.22
西藏	32.48	25.17	191.95	32.68	16.80
陕西	912.67	328.23	467.29	390.13	212.72
甘肃	575.07	197.32	498.92	380.55	165.06
青海	280.61	77.72	313.30	154.15	120.25
宁夏	282.06	107.52	367.55	220.09	155.77
新疆	664.73	255.09	765.34	359.26	216.19

集体资本	法人资本	个人资本	港澳台资本	外商资本	主营业务收入	主营业务成本	主营业务税金及附加
219.92	**5677.99**	**488.30**	**541.26**	**409.67**	**56080.66**	**49428.85**	**302.75**
0.38	253.38	1.50	5.21	33.92	3742.89	3543.17	17.23
2.03	106.22	4.57	2.79	2.97	754.57	694.17	3.96
27.69	195.07	16.28	6.15	28.11	2852.85	2593.02	15.96
0.74	161.45	11.36	1.23	13.83	1608.53	1398.77	7.89
18.62	314.09	61.63	12.83	17.83	2152.03	1666.96	9.36
3.68	311.93	27.85	15.70	17.22	1660.50	1509.04	8.06
1.42	75.27	10.94	7.69	5.09	857.27	798.54	4.69
4.45	137.79	30.74	1.55	9.88	1223.80	1164.63	4.76
34.56	59.15	6.16	9.51	3.40	1145.54	1042.32	4.04
5.68	255.26	30.93	112.26	27.98	4506.32	3987.18	20.69
3.65	242.88	12.89	29.73	22.58	4217.53	3758.72	20.22
2.17	147.76	1.62	7.47	8.83	2389.31	1957.72	9.43
16.20	206.90	9.84	67.93	25.37	1861.02	1614.04	41.37
0.73	83.13	3.02		0.45	1042.99	930.05	4.54
16.02	285.36	33.69	26.38	33.75	4364.69	3866.72	16.29
9.70	107.19	11.12	36.33	26.01	2783.63	2576.63	9.37
3.52	100.22	49.75	31.35	11.04	1521.78	1245.21	12.02
6.09	121.89	24.04	45.13	27.32	1357.40	1176.69	8.94
6.40	988.48	22.30	80.27	25.59	5817.27	5174.03	28.47
2.93	70.57	3.42	17.24	23.40	1202.42	1076.25	5.84
	6.44			0.75	183.00	157.50	0.84
	52.30	4.34			674.90	614.52	3.29
21.14	434.15	45.42	13.28	2.00	1987.33	1559.31	11.98
5.66	82.43	1.47	0.44		1168.04	1055.32	4.96
11.98	272.95	27.74	6.89	12.73	1243.07	1000.04	7.00
	15.87				13.96	33.61	
2.16	161.68	12.03	1.55		1244.93	1068.46	9.85
5.20	166.11	7.64	1.01	27.44	738.08	640.68	3.34
1.23	76.28	3.04	0.80	1.00	340.12	279.74	2.72
3.93	56.76	2.57			643.98	555.99	3.34
1.95	129.02	10.40	0.54	1.15	780.92	689.80	2.31

3-53 续表 2

地　区	销售费用	管理费用	税金	财务费用	利息收入	利息支出
全　国	**166.08**	**1076.61**	**78.12**	**2127.83**	**81.69**	**2149.48**
北　京	0.70	19.50	1.24	114.08	3.09	108.30
天　津	2.58	10.92	0.58	18.29	0.96	18.81
河　北	2.15	50.42	2.05	71.31	1.97	71.92
山　西	0.99	56.72	2.13	74.14	0.78	76.79
内蒙古	30.35	84.01	17.12	132.28	2.87	124.32
辽　宁	2.47	35.60	3.02	57.35	3.14	55.90
吉　林	4.48	26.36	1.43	44.24	0.71	43.74
黑龙江	3.23	26.21	2.92	43.13	2.27	42.54
上　海	0.01	6.56	0.73	15.48	1.79	18.03
江　苏	4.21	42.85	4.10	98.27	9.39	109.32
浙　江	7.19	89.40	5.71	87.16	3.28	90.35
安　徽	2.42	34.69	2.03	52.98	1.43	53.95
福　建	6.91	40.58	2.54	63.83	4.21	67.71
江　西	2.77	14.30	0.50	28.91	0.22	30.44
山　东	6.13	105.27	5.20	99.32	2.73	94.19
河　南	12.61	59.74	2.27	96.34	7.05	100.05
湖　北	7.57	26.66	1.67	86.97	2.06	88.64
湖　南	5.69	42.78	2.87	74.96	0.40	71.87
广　东	23.34	82.20	7.33	159.36	11.35	171.21
广　西	5.50	40.22	2.35	62.27	1.28	62.34
海　南		0.55	0.02	9.53	0.19	9.64
重　庆	0.95	12.13	1.01	34.64	1.91	36.57
四　川	9.72	34.42	1.79	153.31	3.39	150.05
贵　州	7.07	26.78	1.05	86.78	7.71	89.95
云　南	6.17	43.21	1.37	128.27	1.71	128.15
西　藏		0.83		0.88	0.19	1.07
陕　西	4.37	22.33	2.33	58.08	1.67	58.03
甘　肃	2.45	7.63	0.51	56.91	1.79	57.67
青　海	0.05	3.41	0.10	37.45	0.23	36.55
宁　夏	0.70	11.38	1.30	37.30	0.86	37.04
新　疆	3.30	18.94	0.84	43.97	1.06	44.32

投资收益（损失以"–"号记）	营业利润	利润总额	亏损企业亏损额	应交增值税	应交所得税	从业人员平均人数（万人）
428.03	**3701.74**	**3943.88**	**381.44**	**2397.34**	**635.96**	**294.09**
259.60	307.14	343.50	10.84	104.17	50.01	6.15
1.87	30.99	35.90	8.78	34.09	8.72	3.04
3.07	137.92	153.39	8.48	99.95	27.31	14.99
2.65	101.04	104.54	22.10	78.96	16.93	5.14
4.79	331.32	342.26	40.32	101.26	35.44	12.64
1.17	52.13	59.54	16.62	65.30	14.77	12.22
1.31	-10.78	3.04	21.82	32.59	1.19	9.96
5.02	-3.61	5.72	20.57	40.94	3.78	13.19
15.27	100.16	105.73	1.40	52.73	21.54	2.24
18.92	390.63	397.09	2.44	196.52	76.24	10.43
5.67	301.69	311.67	1.36	179.41	61.50	9.90
1.33	170.82	158.80	4.36	70.28	18.59	8.86
3.50	139.34	135.54	6.15	85.12	27.91	6.61
0.55	49.99	55.64	1.50	44.73	7.74	11.36
15.39	280.73	287.23	16.83	145.58	31.76	19.17
5.94	75.61	79.93	22.16	89.11	13.81	19.15
8.94	168.12	187.71	8.37	104.25	33.33	11.35
1.11	72.14	86.95	4.85	74.55	12.55	13.23
43.79	459.17	490.22	15.36	255.28	96.57	21.13
0.66	26.78	44.68	15.16	67.14	9.00	11.73
0.05	13.53	13.69	0.80	9.38	0.73	1.23
1.30	17.84	25.61	9.16	34.82	3.99	4.85
3.19	183.43	179.28	22.30	124.42	12.15	20.59
4.04	16.96	19.61	12.12	50.20	3.42	11.44
1.45	80.08	76.15	41.62	80.42	7.81	8.17
	-20.50	-11.58	11.69	0.03	0.01	0.43
3.48	100.26	106.95	7.35	70.30	20.82	8.79
0.80	29.73	31.15	9.46	29.64	3.54	5.94
0.15	17.23	18.42	0.99	21.69	1.98	1.46
10.77	52.20	49.76	1.70	25.08	2.86	2.91
2.27	29.66	45.74	14.78	29.39	9.95	5.81

3-54 燃气生产和供应业

地 区	工业销售产值(当年价格)	出口交货值	资产总计	固定资产合 计	固定资产原 价
全 国	**3965.28**	**28.08**	**5008.06**	**2138.81**	**2691.58**
北 京	232.04		396.07	130.88	177.92
天 津	93.09		164.86	109.15	97.30
河 北	115.51		200.99	69.96	81.29
山 西	88.12		198.01	96.72	108.34
内 蒙 古	149.43		153.08	63.61	87.75
辽 宁	73.35		186.17	88.75	114.56
吉 林	59.98		63.22	27.87	43.45
黑 龙 江	110.97		42.21	23.30	31.14
上 海	146.02		284.51	75.94	160.15
江 苏	371.28	17.44	463.34	195.29	237.81
浙 江	300.26		255.24	121.85	146.06
安 徽	103.25		137.74	63.18	75.16
福 建	191.63		177.58	76.64	102.10
江 西	50.80		54.75	30.20	36.47
山 东	232.64		291.75	132.47	157.63
河 南	176.12		276.74	136.05	155.37
湖 北	99.95		147.31	66.22	82.17
湖 南	97.88		95.84	46.32	56.63
广 东	617.56	10.63	475.88	223.14	280.10
广 西	22.20		33.50	17.58	21.60
海 南	13.35		41.16	12.19	17.00
重 庆	110.41		138.11	59.31	60.53
四 川	218.32	0.01	264.07	89.59	124.72
贵 州	31.30		56.89	16.00	22.14
云 南	36.97		56.10	22.86	28.70
西 藏					
陕 西	106.80		147.90	51.21	74.53
甘 肃	31.03		38.81	23.40	24.62
青 海	2.77		5.99	2.32	3.08
宁 夏	35.70		73.46	26.05	30.39
新 疆	46.56		86.78	40.74	52.89

主要经济指标

单位：亿元

累计折旧	流动资产合计	应收账款	存货	产成品	负债合计
723.96	**1774.51**	**251.54**	**156.09**	**43.07**	**2883.92**
46.96	99.73	30.45	1.32	0.82	142.75
10.39	49.77	6.51	2.56	0.06	82.16
23.62	74.68	9.81	4.35	1.35	133.53
14.47	50.07	8.75	1.60	0.29	153.31
26.90	49.77	5.95	4.40	1.15	91.53
27.96	65.88	6.37	3.54	0.68	98.15
17.24	15.01	1.69	3.03	0.15	31.61
13.85	16.06	2.66	2.77	0.57	26.38
83.38	97.86	26.90	22.74	9.68	130.07
53.76	197.95	25.58	10.35	1.23	276.66
30.96	87.96	9.98	10.84	0.98	150.52
18.77	47.13	4.04	2.40	0.90	86.00
25.48	66.32	10.61	7.61	0.34	106.11
10.60	13.31	2.82	1.62	0.50	28.30
42.02	108.90	15.92	6.35	1.40	161.50
29.10	108.48	8.58	8.71	3.54	173.08
17.02	50.74	6.26	3.58	0.59	97.24
14.71	33.73	3.58	3.23	1.73	60.87
73.62	154.90	30.95	15.34	4.11	288.17
4.57	7.54	1.95	1.26	0.43	24.43
5.99	10.30	1.00	0.23	0.02	12.90
23.30	63.98	2.86	2.62	0.53	78.10
42.74	116.14	9.48	11.55	4.31	142.46
7.64	22.68	4.83	2.11	0.34	52.50
5.87	18.66	3.98	4.88	0.59	33.29
26.58	63.77	3.84	9.69	5.66	84.73
6.90	12.22	0.79	1.99	0.20	24.00
0.88	1.72	0.20	-0.11	-0.13	2.13
4.65	33.25	2.31	2.24	0.81	55.11
14.03	35.99	2.90	3.29	0.24	56.33

3-54 续表 1

地 区	流动负债合计	应付账款	所有者权益合计	实收资本	国家资本
全 国	**2102.46**	**398.53**	**2115.71**	**1180.09**	**357.34**
北 京	122.95	11.91	253.33	62.63	3.89
天 津	39.45	7.70	82.70	63.37	2.62
河 北	111.76	47.99	68.30	54.84	19.63
山 西	58.87	9.99	44.70	18.85	5.57
内蒙古	46.61	17.40	61.52	24.50	7.02
辽 宁	80.28	6.96	88.00	69.17	16.85
吉 林	22.30	4.70	31.61	10.03	0.93
黑龙江	21.12	4.68	15.83	11.63	3.02
上 海	119.09	34.89	152.38	119.10	76.08
江 苏	245.42	19.10	186.68	95.50	8.15
浙 江	96.01	16.63	104.66	83.42	59.38
安 徽	63.96	11.74	48.48	20.96	5.18
福 建	75.20	27.21	70.93	45.24	9.86
江 西	26.07	3.50	26.44	16.14	3.56
山 东	132.04	23.22	129.36	68.04	31.17
河 南	116.43	13.10	104.42	48.59	7.96
湖 北	74.55	9.95	49.11	25.07	6.47
湖 南	47.37	5.00	34.94	14.49	2.08
广 东	199.49	58.76	187.06	117.69	25.80
广 西	21.23	3.79	9.04	6.24	1.49
海 南	11.44	0.68	28.26	18.69	11.02
重 庆	50.67	3.81	59.93	31.79	7.47
四 川	108.63	11.57	120.52	54.46	14.10
贵 州	32.00	8.65	4.39	9.29	3.98
云 南	29.18	6.40	22.80	17.59	6.30
西 藏					
陕 西	62.20	12.10	62.95	38.79	7.00
甘 肃	20.41	4.57	14.75	10.85	7.11
青 海	1.76	0.52	3.86	1.06	
宁 夏	30.24	4.49	18.35	8.00	0.42
新 疆	35.73	7.49	30.43	14.08	3.23

单位：亿元

集体资本	法人资本	个人资本	港澳台资本	外商资本	主营业务收入	主营业务成本	主营业务税金及附加
26.77	**468.24**	**46.83**	**127.73**	**144.44**	**4059.32**	**3455.14**	**21.60**
	15.38	0.66	0.73	41.99	233.87	208.97	1.79
0.24	53.30	0.04	6.10	1.08	97.44	90.43	0.45
7.60	11.29	1.21	11.39	2.73	119.26	98.45	0.70
	11.17	1.59	0.15	0.37	93.54	67.61	0.50
1.58	9.59	2.36	3.95		157.83	135.60	0.67
0.15	21.01	1.24	8.46	21.45	72.25	60.86	0.46
	7.69	0.24	0.63	0.53	62.00	51.91	0.61
0.44	1.91	2.76	3.49	0.03	115.93	108.54	0.20
	42.50		0.07	0.45	186.02	172.70	0.47
2.48	32.79	3.56	36.86	11.64	357.42	289.46	1.75
0.44	7.56	2.76	5.27	8.00	302.48	277.71	0.80
	9.05	0.81	2.61	3.30	102.55	84.90	0.56
	26.70	1.02	7.65		191.66	161.51	0.64
0.40	7.93	0.88	3.20	0.17	57.97	45.05	0.65
2.78	14.19	3.50	9.98	6.40	243.14	205.32	1.50
0.76	27.47	0.95	3.39	6.22	184.23	148.76	1.21
0.13	9.59	1.52	3.57	2.72	109.26	86.23	0.83
0.70	5.60	2.01		4.11	95.99	74.90	0.83
0.04	58.35	0.69	9.90	18.40	594.42	524.57	1.65
	3.44		1.03	0.23	25.53	21.41	0.17
	7.27			0.40	13.50	10.12	0.11
2.01	16.00	2.81		3.50	121.10	106.09	0.95
1.01	19.53	7.70	6.70	5.32	230.56	181.83	2.37
0.24	4.76	0.31			33.54	33.51	0.05
0.12	9.89		1.28		36.40	33.33	0.09
3.00	16.20	6.09	1.30	5.20	98.65	77.88	0.65
0.27	2.35	0.96			26.66	23.05	0.14
	0.85			0.21	2.77	2.07	0.02
	7.36	0.22			37.59	30.94	0.20
2.38	7.53	0.94			55.75	41.44	0.56

3-54 续表 2

地 区	销售费用	管理费用	税金	财务费用	利息收入	利息支出
全 国	**115.52**	**163.03**	**6.96**	**39.66**	**10.48**	**47.90**
北 京	2.92	12.20	0.23	1.62	0.63	2.29
天 津	0.45	4.05	0.15	1.25	0.30	1.44
河 北	4.08	7.55	0.26	1.41	0.27	1.55
山 西	4.40	6.41	0.17	3.08	0.16	2.99
内 蒙 古	4.39	3.92	0.93	1.78	0.26	2.06
辽 宁	4.22	7.25	0.34	2.45	0.12	2.47
吉 林	3.43	2.49	0.08	0.85	0.01	0.84
黑 龙 江	4.05	2.55	0.13	-0.23	0.20	0.19
上 海	5.83	10.54	0.20	0.29	0.27	0.60
江 苏	11.12	12.57	0.38	3.92	0.77	4.10
浙 江	3.36	5.75	0.28	2.18	0.22	2.28
安 徽	3.14	4.10	0.12	-0.36	0.18	0.69
福 建	3.46	2.53	0.26	0.86	0.57	1.98
江 西	1.94	2.45	0.04	0.28	0.01	0.31
山 东	8.68	11.87	0.46	2.48	0.61	2.58
河 南	6.72	7.55	0.28	2.82	0.60	3.12
湖 北	4.08	4.38	0.28	1.51	0.26	1.60
湖 南	2.86	6.64	0.45	0.72	0.12	0.74
广 东	8.12	10.23	0.62	4.34	1.54	6.08
广 西	0.77	1.01	0.05	0.80		0.77
海 南	0.49	1.08	0.01	0.21	0.34	0.43
重 庆	3.29	4.74	0.13	-0.82	0.77	0.43
四 川	9.55	14.66	0.62	1.97	0.75	2.33
贵 州	1.10	1.56	0.05	1.15	0.17	1.38
云 南	0.95	2.09	0.04	0.09	0.10	0.18
西 藏						
陕 西	4.63	6.53	0.21	1.69	1.03	0.96
甘 肃	0.87	1.84	0.07	-0.16	0.19	0.10
青 海	0.13	0.22		0.03		
宁 夏	0.34	1.61	0.07	2.39	-0.02	2.37
新 疆	6.16	2.66	0.06	1.07	0.05	1.04

单位：亿元

投资收益（损失以"–"号记）	营业利润	利润总额	亏损企业亏损额	应交增值税	应交所得税	从业人员平均人数（万人）
38.29	**362.49**	**375.75**	**22.88**	**99.03**	**70.19**	**23.92**
18.87	26.07	31.02	0.61	14.59	2.23	1.15
0.24	1.72	3.00	1.04	2.14	0.83	0.65
2.35	11.22	10.75	1.21	2.11	2.28	1.30
0.30	12.60	9.29	0.68	2.20	2.50	0.66
0.33	12.65	12.76	0.02	2.64	1.50	0.58
0.03	-2.64	-0.07	7.29	1.95	1.53	1.45
	2.48	2.83	0.07	1.17	0.11	0.55
0.06	2.08	2.95	0.30	1.04	0.57	0.55
2.83	-1.07	-0.18	5.18	2.08	0.14	1.04
-0.57	53.03	53.14	0.25	7.88	10.54	1.51
0.33	16.03	15.91	1.33	4.31	2.06	0.61
0.61	12.03	12.00	0.04	2.30	2.77	0.73
1.52	28.28	28.92		4.27	7.75	0.43
0.13	6.43	6.56	0.09	1.78	1.31	0.47
1.05	22.04	22.67	0.51	7.04	4.34	1.77
0.19	18.43	19.90	0.39	4.17	4.71	1.50
-0.36	13.97	13.95	0.12	2.45	3.33	0.85
0.53	11.01	11.03	0.06	2.77	1.74	0.68
3.23	51.07	50.70	1.06	11.82	9.53	1.40
	0.85	0.85	0.21	0.23	0.26	0.20
0.64	2.11	2.23		0.28	0.46	0.11
2.28	10.67	11.13		2.22	1.17	0.98
1.71	28.61	29.15	0.20	8.47	4.88	2.24
1.00	-1.01	-0.26	1.41	0.24	0.10	0.41
	0.94	0.93	0.03	0.73	0.21	0.29
0.94	11.97	12.00	0.32	2.35	1.31	0.83
-0.01	2.43	2.38	0.13	1.31	0.51	0.43
	0.55	0.55	0.05	0.18	0.09	0.02
	3.20	3.05	0.25	3.40	0.28	0.12
0.05	4.77	6.59	0.03	0.89	1.16	0.45

3-55 水的生产和供应业

地区	工业销售产值(当年价格)	出口交货值	资产总计	固定资产合计	固定资产原价
全国	**1473.34**	**33.91**	**7520.36**	**3765.01**	**5317.75**
北京	42.25		537.53	270.81	420.89
天津	41.35		254.18	144.37	146.11
河北	36.05		127.41	73.58	107.22
山西	16.50		69.85	37.37	59.51
内蒙古	27.38		146.27	73.00	98.60
辽宁	74.64		294.40	157.67	229.06
吉林	29.53		56.53	40.20	80.00
黑龙江	15.23		98.45	37.64	37.84
上海	54.99		383.66	208.81	349.84
江苏	133.59		996.42	457.86	623.24
浙江	139.27	0.42	801.01	414.62	586.88
安徽	32.28		130.70	70.81	103.32
福建	36.46		208.11	129.05	163.93
江西	38.14		131.43	52.57	76.14
山东	94.00		384.53	188.69	247.85
河南	36.91		103.61	59.98	79.58
湖北	44.98		234.29	84.86	124.16
湖南	56.35		194.34	107.14	143.20
广东	305.78	33.49	1215.15	538.95	899.82
广西	23.79		109.11	78.40	83.09
海南	5.85		27.13	18.41	23.75
重庆	23.30		140.60	84.39	98.12
四川	91.62		431.11	186.30	216.59
贵州	11.52		62.54	38.73	39.37
云南	19.32		132.40	93.99	108.56
西藏	1.13		2.35	1.60	2.57
陕西	16.57		60.06	21.83	44.91
甘肃	8.52		42.76	29.72	43.34
青海	2.45		15.05	5.85	9.27
宁夏	5.84		30.76	23.99	25.64
新疆	7.76		98.64	33.82	45.34

主要经济指标

单位：亿元

累计折旧	流动资产合计	应收账款	存货	产成品	负债合计
1997.42	**2250.60**	**226.38**	**74.23**	**9.55**	**4232.24**
150.04	145.53	21.39	1.07	0.44	231.66
53.62	64.76	8.14	0.68	0.04	165.70
39.84	38.67	5.51	3.29	0.23	65.53
24.24	21.56	2.09	1.55		31.05
27.05	55.47	8.28	1.87		98.51
94.28	99.10	16.87	2.92	0.24	135.37
40.64	11.06	1.37	0.45	0.07	28.83
20.98	45.17	1.62	0.84		63.42
141.26	70.94	5.43	4.18	0.07	232.41
177.08	371.30	12.29	12.78	1.21	649.34
237.88	243.77	11.96	6.86	0.70	478.70
39.60	39.61	4.64	2.64	0.48	58.20
62.12	46.78	2.71	0.95	0.41	85.06
28.59	33.16	2.23	1.98	0.32	71.92
78.19	132.37	23.85	8.82	0.74	221.03
29.20	35.42	3.79	0.77	0.19	58.17
56.21	94.33	11.40	2.80	0.39	120.01
48.83	52.06	9.38	1.94	0.67	126.66
417.83	349.89	44.12	7.79	2.05	708.22
29.43	21.08	1.23	0.78	0.03	67.24
7.44	6.79	1.34	0.68	0.10	6.64
26.60	34.25	2.02	1.98	0.01	68.22
68.18	115.12	14.47	4.35	0.85	218.40
10.13	17.86	2.31	0.45		27.47
22.32	27.98	2.07	0.56	0.08	88.74
0.96	0.50	0.03	0.05		0.15
23.68	29.63	3.10	0.74	0.11	30.89
18.13	4.36	0.50	0.12	0.03	13.11
3.48	5.83	0.32	0.05		5.94
7.19	4.66	0.82	0.15	0.06	16.43
12.42	31.57	1.07	0.14	0.01	59.25

3-55 续表 1

地区	流动负债合计	应付账款	所有者权益合计	实收资本	国家资本
全国	**2121.52**	**227.80**	**3262.85**	**1877.61**	**1116.01**
北京	86.44	6.09	305.87	265.49	219.38
天津	97.48	9.16	88.48	52.76	15.46
河北	39.70	4.32	61.09	49.75	30.06
山西	19.99	7.69	38.80	18.94	18.06
内蒙古	53.97	7.75	47.42	26.17	10.78
辽宁	74.53	9.11	156.11	98.02	79.83
吉林	16.04	1.82	27.69	22.15	19.71
黑龙江	38.94	2.67	35.03	19.79	10.14
上海	126.03	7.54	132.45	108.51	25.72
江苏	303.11	19.92	347.08	221.69	143.76
浙江	255.08	30.50	321.74	179.59	123.28
安徽	42.82	3.14	72.40	30.83	19.24
福建	44.86	4.85	122.96	89.91	65.90
江西	32.74	3.43	59.43	27.98	14.66
山东	144.29	18.60	162.25	73.61	37.07
河南	31.93	2.06	45.39	27.95	13.73
湖北	82.89	8.08	114.20	42.79	25.19
湖南	70.24	10.80	67.50	37.40	17.28
广东	298.90	37.27	507.39	203.62	67.26
广西	22.32	1.13	41.85	14.63	5.59
海南	2.56	0.36	20.49	12.80	8.48
重庆	27.48	3.38	72.02	26.87	8.09
四川	100.66	11.84	212.60	86.56	69.29
贵州	18.53	2.88	34.99	20.97	12.47
云南	41.18	5.04	43.66	29.30	18.14
西藏	0.15		2.20	0.90	0.90
陕西	17.95	4.02	29.29	20.13	8.72
甘肃	7.61	0.99	29.64	20.54	14.64
青海	1.92	0.21	9.11	2.44	2.03
宁夏	4.83	0.95	14.33	15.66	5.39
新疆	16.37	2.19	39.39	29.87	5.73

单位：亿元

集体资本	法人资本	个人资本	港澳台资本	外商资本	主营业务收入	主营业务成本	主营业务税金及附加
36.46	**459.57**	**50.32**	**83.31**	**131.13**	**1503.17**	**1151.06**	**16.19**
	44.76	0.50	0.85		51.38	51.02	0.22
	18.68		8.03	10.59	43.94	42.78	0.38
0.06	16.34	1.28	1.71	0.30	34.54	26.30	0.29
	0.72	0.15			16.46	14.08	0.16
0.82	13.16	0.30		1.11	29.80	21.97	0.44
0.05	12.21	5.26	0.64	0.02	73.96	64.00	0.65
0.04	0.33	2.06			29.18	25.54	0.28
0.48	4.26	2.98	0.54	1.39	16.07	10.43	0.12
0.93	72.76		1.41	7.70	65.92	58.68	0.88
5.04	32.30	5.68	19.71	15.18	129.90	87.38	1.15
0.97	46.44	2.20	2.28	4.40	142.84	113.92	0.85
0.04	5.95	0.18	3.00	2.42	33.31	25.15	0.50
0.17	14.88	1.68	4.06	3.20	38.25	28.76	0.24
0.07	7.23	0.82	5.20		38.47	28.55	0.40
3.20	14.27	4.75	8.04	6.29	96.36	82.21	0.76
0.07	7.60	3.75	1.52	1.29	38.34	30.27	0.41
0.17	12.92	1.65		2.85	47.83	39.30	0.52
5.61	9.79	0.46	1.97	2.30	57.79	43.41	0.76
17.61	44.84	12.48	2.65	58.07	303.44	211.22	2.84
0.53	4.88	1.52	0.28	1.71	23.72	14.21	0.19
	0.31		3.37	0.64	6.66	4.00	0.09
	14.61		4.17		22.86	18.34	0.23
0.58	10.59	1.66	1.23	3.21	92.94	61.46	1.17
	1.29	0.04		7.17	10.23	6.88	0.12
	2.94	0.48	7.74		18.40	11.77	2.23
					0.63	0.43	0.01
0.02	10.58	0.44		0.37	16.07	12.33	0.12
	1.00		4.91		7.12	5.47	0.08
	0.41				2.33	1.02	0.02
	10.26				6.35	4.12	0.05
	23.23			0.91	8.08	6.06	0.05

3-55 续表 2

地　区	销售费用	管理费用	税金	财务费用	利息收入	利息支出
全　国	**90.69**	**184.73**	**10.09**	**75.79**	**8.78**	**90.59**
北　京	0.30	6.17	0.45	-0.29	0.54	2.29
天　津	0.88	4.63	0.10	1.90	1.34	2.32
河　北	1.84	6.14	0.35	1.08	0.06	1.23
山　西	0.94	3.63	0.17	0.31	0.03	0.33
内蒙古	1.68	3.77	0.25	1.94	0.09	1.61
辽　宁	4.72	9.87	0.65	1.71	0.06	1.66
吉　林	2.08	4.16	0.22	0.58	0.02	0.51
黑龙江	0.81	3.48	0.23	0.90	0.03	1.88
上　海	4.91	5.39	0.22	5.51	0.21	5.19
江　苏	19.84	15.22	0.94	9.63	1.00	10.28
浙　江	6.69	16.50	1.07	10.17	2.63	13.08
安　徽	2.26	4.46	0.29	0.39	0.46	0.75
福　建	3.24	4.59	0.28	1.05	0.49	1.44
江　西	1.47	3.57	0.18	1.90	0.04	1.93
山　东	2.95	12.17	0.65	3.54	0.26	3.16
河　南	2.66	4.73	0.39	1.34	0.06	1.26
湖　北	3.21	5.87	0.45	2.05	0.01	2.01
湖　南	3.52	8.62	0.46	1.81	-0.06	3.59
广　东	13.44	34.28	1.22	22.93	0.71	26.84
广　西	1.00	3.50	0.19	1.38	0.05	1.89
海　南	0.77	0.92	0.04	0.01	0.06	0.07
重　庆	1.37	3.50	0.24	0.12	0.27	1.13
四　川	2.79	8.83	0.28	2.28	0.13	2.20
贵　州	0.67	2.03	0.16	0.42		0.43
云　南	2.52	1.95	0.05	1.91	0.18	2.09
西　藏	0.51	0.19				
陕　西	1.38	2.07	0.13	0.28	0.03	0.21
甘　肃	0.23	1.72	0.28	-0.04	0.01	0.12
青　海	0.12	0.90	0.01	0.06	0.01	0.07
宁　夏	0.54	0.60	0.06	0.44	0.01	0.45
新　疆	1.36	1.28	0.08	0.49	0.08	0.57

单位：亿元

投资收益（损失以“-”号记）	营业利润	利润总额	亏损企业亏损额	应交增值税	应交所得税	从业人员平均人数（万人）
36.34	**73.35**	**104.13**	**53.67**	**63.61**	**26.22**	**39.67**
1.83	-4.23	4.80	0.14	1.53	0.79	1.05
	-2.88	-2.46	4.22	3.15	0.53	0.50
0.19	0.27	1.10	1.37	1.34	0.31	1.85
0.15	-2.20	-1.83	1.89	0.94	0.01	0.93
-0.02	0.14	0.57	1.72	1.07	0.34	1.03
0.23	-5.38	0.49	3.43	2.73	0.27	2.48
	-2.47	-1.72	3.01	1.00	0.03	1.14
	-0.51	0.07	0.51	0.58	0.10	0.72
0.63	-4.35	-2.05	6.31	2.76	0.93	1.19
1.39	8.54	12.65	2.68	6.48	2.70	2.91
1.28	-1.06	4.06	8.37	5.59	2.68	2.50
0.57	3.01	3.44	0.14	1.10	1.28	1.09
0.45	2.03	3.41	0.90	1.77	0.54	0.94
0.48	4.32	4.72	0.14	1.32	0.62	1.08
1.92	-0.20	4.49	4.15	3.47	0.79	2.71
0.07	-0.51	1.10	1.07	1.52	0.36	2.07
20.74	19.05	1.99	1.35	2.05	0.32	2.03
0.13	1.45	2.33	1.46	2.37	0.40	2.03
4.70	32.95	35.88	4.28	11.55	7.76	4.95
0.06	3.82	3.96	0.09	1.05	0.54	0.88
	0.93	1.57	0.02	0.32	0.21	0.29
0.11	2.73	3.93	0.24	1.46	0.64	0.66
0.51	17.40	18.01	1.48	4.88	2.33	1.96
	0.45	0.73	0.19	0.54	0.14	0.49
0.05	-1.01	0.19	2.25	0.91	0.78	0.45
	-0.04	-0.04	0.04	0.04		0.02
0.07	0.41	1.10	0.17	0.86	0.19	0.75
0.07	-0.14	0.31	0.37	0.37	0.09	0.41
0.58	0.81	0.81	0.07	0.15	0.12	0.10
	0.63	0.78	0.33	0.32	0.26	0.19
0.15	-0.62	-0.26	1.25	0.36	0.15	0.30

3-56 主要工业产品产量(2013年)

地　区	铁矿石原矿 (万吨)	硫铁矿石 (折含硫35%) (万吨)	磷矿石 (折含五氧化二磷30%) (万吨)	原盐 (万吨)	精制食用植物油 (万吨)
全　国	**148636.41**	**1703.99**	**11139.40**	**7367.60**	**5590.55**
北　京	2115.99				3.37
天　津				154.76	572.94
河　北	57268.89	19.11	59.53	302.35	142.44
山　西	10740.81				24.92
内蒙古	8774.23	62.98		224.62	75.20
辽　宁	17901.34	214.23	12.12	128.08	243.55
吉　林	1809.71				81.71
黑龙江	551.73				339.86
上　海					104.65
江　苏	213.56	38.73	10.22	799.96	525.23
浙　江	157.38	11.93		13.90	37.59
安　徽	5075.79	300.99	56.68	156.14	106.30
福　建	1224.42	21.83	7.33	23.44	116.72
江　西	1977.13	243.05		342.60	197.37
山　东	2127.49	27.07		2462.37	606.74
河　南	1665.67	20.30	53.82	412.28	299.32
湖　北	2924.72	22.30	4115.46	466.23	603.75
湖　南	1075.76	32.07	12.74	256.94	254.14
广　东	1898.45	339.03		9.86	548.63
广　西	671.07	52.62		11.09	237.45
海　南	603.55			6.55	
重　庆	4.06		28.73	236.28	68.67
四　川	19096.81	121.11	919.81	453.24	114.44
贵　州	170.42	11.43	2905.37		17.00
云　南	3165.88	53.40	2956.28	129.88	17.38
西　藏	38.52				
陕　西	1500.61	64.13	1.31	111.88	127.34
甘　肃	1814.11	14.34		17.11	4.17
青　海	388.15			329.41	9.25
宁　夏					7.34
新　疆	3680.16	33.34		318.63	103.08

3-56 续表 1

地　区	成品糖(万吨)	乳制品(万吨)	罐头(万吨)	饮料酒(万千升)	#啤酒(万千升)
全　国	**1592.76**	**2636.87**	**1163.62**	**6558.26**	**4982.79**
北　京		58.90	0.69	197.99	168.27
天　津		60.45	6.91	31.04	26.17
河　北	9.47	310.85	45.21	192.43	157.00
山　西	2.74	49.86	2.93	58.40	47.31
内蒙古	41.31	300.27	0.35	178.26	100.94
辽　宁	4.06	109.36	53.57	327.35	266.76
吉　林		15.10	0.89	229.72	148.77
黑龙江	15.60	211.15	7.47	283.97	214.20
上　海		47.06	3.48	67.68	55.41
江　苏	0.83	134.00	26.64	326.56	220.67
浙　江	0.21	55.69	80.27	359.03	289.46
安　徽		92.23	56.91	225.89	162.76
福　建	3.63	26.24	254.95	215.29	200.43
江　西	3.27	32.15	14.63	138.95	126.18
山　东	3.55	259.36	107.80	855.78	678.02
河　南	0.09	183.89	35.48	541.42	402.62
湖　北		76.40	126.48	339.75	240.53
湖　南	7.19	29.75	90.11	100.99	71.11
广　东	146.90	49.73	42.98	489.69	471.70
广　西	1010.55	28.14	54.84	199.67	185.25
海　南	43.72	0.45	26.52	10.27	8.37
重　庆	1.51	13.74	9.32	98.24	80.79
四　川	2.99	96.71	36.86	574.23	238.10
贵　州	6.58	6.74	1.30	80.56	49.70
云　南	238.07	50.49	2.57	107.93	96.41
西　藏		0.48		17.46	16.32
陕　西		184.01	3.69	119.05	102.18
甘　肃	3.76	29.56	2.97	86.53	68.18
青　海		16.64		13.72	11.61
宁　夏		65.47	0.06	29.87	25.90
新　疆	46.73	42.00	67.74	60.54	51.67

3-56 续表 2

地　区	软饮料（万吨）	方便面（万吨）	卷烟（亿支）	布（亿米）	印染布（亿米）
全　国	**15661.76**	**986.31**	**25603.86**	**897.59**	**577.84**
北　京	474.52	8.58	201.05	0.04	
天　津	481.98	38.55	234.00	2.12	0.19
河　北	401.56	124.27	847.50	72.81	3.09
山　西	147.87	5.42	158.50	0.75	1.48
内蒙古	404.78		332.50		
辽　宁	495.62	21.52	278.88	6.96	3.13
吉　林	735.52	9.70	485.00	0.42	
黑龙江	332.63	16.99	439.55	0.13	
上　海	292.26	2.95	934.17	1.59	0.52
江　苏	488.93	37.09	1021.29	147.21	60.20
浙　江	910.06	28.34	923.47	250.50	315.92
安　徽	320.44	51.34	1313.35	11.85	2.09
福　建	493.95	19.58	948.62	58.08	39.31
江　西	311.50	1.25	639.00	8.07	0.20
山　东	647.27	43.43	1420.14	138.77	25.48
河　南	1217.41	328.99	1712.96	40.24	12.45
湖　北	844.01	21.08	1397.99	82.05	4.31
湖　南	495.91	60.01	1862.10	3.85	0.69
广　东	2443.69	52.53	1391.91	37.65	101.26
广　西	690.25	17.05	768.51	0.50	0.04
海　南	51.13		115.00		
重　庆	285.42	7.03	571.00	7.25	2.01
四　川	1141.05	30.51	998.67	18.06	4.87
贵　州	257.26	1.10	1271.44	0.10	
云　南	317.86	3.79	3787.76	0.03	0.33
西　藏	13.29				
陕　西	555.39	49.30	899.50	7.58	0.27
甘　肃	214.65	0.14	470.00		
青　海	27.55				
宁　夏	9.32			0.11	
新　疆	158.68	5.77	180.00	0.86	

3-56 续表 3

地　区	绒线(毛线)(万吨)	机制纸及纸板(万吨)	硫　酸(折100%)(万吨)	盐　酸(氯化氢含量31%)(万吨)	烧碱(折100%)(万吨)
全　国	**37.93**	**11323.06**	**8154.49**	**899.28**	**2927.44**
北　京	0.08	10.03			
天　津	0.13	238.00	28.06	20.35	110.99
河　北	7.86	517.32	182.43	51.88	101.64
山　西	0.01	32.69	18.45	2.99	45.10
内蒙古	0.01	17.30	283.10	32.34	201.61
辽　宁	0.28	55.99	102.82	26.94	56.36
吉　林		34.64	46.88	6.45	18.49
黑龙江		75.54	6.23	10.67	12.68
上　海		92.12	19.47	38.18	71.19
江　苏	12.44	1263.20	379.75	80.73	476.32
浙　江	4.18	1650.11	124.54	50.11	144.67
安　徽	0.16	231.91	591.10	21.73	40.15
福　建	0.24	611.09	155.82	10.84	22.82
江　西	0.01	177.50	324.04	24.36	50.57
山　东	5.79	1991.74	640.61	96.07	610.02
河　南	4.13	807.91	383.59	49.31	183.46
湖　北	0.09	240.12	680.76	63.50	99.26
湖　南		402.60	284.37	63.58	75.78
广　东	2.25	1682.52	275.95	67.62	32.72
广　西		365.51	281.26	41.10	36.44
海　南		147.77			
重　庆	0.06	250.91	209.35	6.97	33.63
四　川		212.24	600.83	19.48	106.21
贵　州		24.24	650.01	9.93	6.94
云　南		42.19	1331.78	16.40	25.08
西　藏		3.16			
陕　西		69.85	129.61	21.77	70.53
甘　肃	0.05	18.02	271.19	20.53	20.35
青　海			55.22		18.07
宁　夏	0.13	21.36	44.08	10.69	45.23
新　疆	0.03	35.48	53.18	34.76	211.14

3-56 续表 4

地　　区	纯碱(碳酸钠)(万吨)	碳化钙(电石,折300升／千克)(万吨)	农用氮、磷、钾化学肥料总计(折纯)(万吨)	#氮肥(折含N 100%)(万吨)	磷肥(折合P2O5 100%)(万吨)
全　　国	**2431.63**	**2287.52**	**7026.18**	**4832.61**	**1673.08**
北　　京					
天　　津	53.14		15.95	14.33	0.81
河　　北	257.07		225.30	222.25	3.04
山　　西	9.82	53.66	464.25	457.21	6.34
内 蒙 古	59.89	710.73	113.88	107.34	6.54
辽　　宁	46.85	5.82	77.62	77.62	
吉　　林		0.17	46.76	40.93	2.92
黑 龙 江			61.47	60.93	0.54
上　　海			2.11	1.61	0.51
江　　苏	325.50		256.25	240.93	12.66
浙　　江	26.73	4.51	33.07	31.58	1.49
安　　徽	54.69	8.14	276.85	207.49	69.36
福　　建	0.68	2.99	54.70	42.00	12.71
江　　西		19.43	110.87	91.39	19.47
山　　东	394.56	2.93	764.18	646.02	91.98
河　　南	331.45	112.82	452.24	422.21	29.79
湖　　北	133.43	89.29	1155.31	600.07	553.97
湖　　南	62.46	8.95	124.15	107.82	16.32
广　　东	60.71		45.03	0.05	44.99
广　　西	5.66	11.20	107.70	65.54	42.16
海　　南			65.88	65.88	
重　　庆	118.69		207.53	152.16	55.07
四　　川	180.95	79.26	468.23	338.60	129.63
贵　　州		21.87	517.28	219.89	296.40
云　　南	15.42	67.54	338.65	114.72	223.93
西　　藏					
陕　　西	38.17	167.29	101.65	79.09	22.56
甘　　肃	20.80	123.23	64.44	50.03	14.41
青　　海	228.21	15.80	432.32	21.68	0.39
宁　　夏		315.37	68.97	56.71	12.25
新　　疆	6.75	466.52	373.55	296.54	2.84

3-56 续表 5

地　区	合成氨(无水氨)(万吨)	乙烯(万吨)	化学农药原药(折有效成分100%)(万吨)	初级形态的塑料(塑料树脂及共聚物)(万吨)	合成橡胶(万吨)
全　国	**5739.00**	**1599.31**	**303.14**	**6293.03**	**480.64**
北　京		72.30		108.48	20.27
天　津	19.05	130.85	0.31	343.63	5.86
河　北	306.44		3.79	89.37	3.58
山　西	527.95		0.05	48.95	2.18
内蒙古	128.75		8.45	335.49	
辽　宁	106.01	138.55	2.31	250.47	3.61
吉　林	54.49	73.37	0.99	92.79	17.90
黑龙江	72.92	76.02	0.97	140.09	9.30
上　海		212.00	1.25	383.89	24.53
江　苏	383.25	147.71	86.38	945.60	144.73
浙　江	62.50	111.56	27.24	704.71	33.32
安　徽	328.28	0.34	17.75	81.48	1.32
福　建	91.23	71.41	0.19	185.51	
江　西	12.85		2.22	15.35	0.43
山　东	783.15	75.74	90.15	444.18	59.83
河　南	485.11	30.06	10.11	266.11	7.90
湖　北	487.85	25.67	21.19	129.61	9.86
湖　南	141.06		8.49	67.33	30.57
广　东	6.30	238.26	2.90	588.71	50.33
广　西	110.33			25.21	0.55
海　南	82.59			17.70	
重　庆	200.10		0.23	5.41	3.44
四　川	417.54		13.84	118.91	16.63
贵　州	208.02		0.15	4.20	
云　南	245.06			27.21	8.87
西　藏					
陕　西	146.12		0.38	119.57	0.42
甘　肃	70.07	63.55	0.21	116.24	16.54
青　海	0.18			28.48	
宁　夏	112.94		3.59	96.97	0.20
新　疆	148.86	131.92		511.38	8.47

3-56 续表 6

地　区	合成洗涤剂（万吨）	化学药品原药（化学原料药）（万吨）	中成药（万吨）	化学纤维（万吨）	橡胶轮胎外胎（万条）
全　国	**1094.27**	**263.30**	**272.05**	**4160.28**	**110440.12**
北　京	11.48	0.07	4.08	0.12	504.07
天　津	21.49	1.00	0.77	12.09	17832.81
河　北	13.36	44.57	5.29	55.32	2701.79
山　西	10.85	2.07	1.19	0.24	166.57
内蒙古		5.06	1.13	3.00	
辽　宁	16.39	10.17	2.87	18.01	1960.83
吉　林	32.16	0.59	23.09	27.35	349.48
黑龙江	0.01	0.55	5.71	7.43	484.16
上　海	34.14	3.52	0.79	49.07	1268.40
江　苏	19.00	17.44	2.26	1346.96	11157.54
浙　江	82.44	29.48	2.51	1841.62	9722.50
安　徽	89.48	2.61	7.67	32.23	2943.19
福　建	13.24	2.25	2.05	358.12	5418.62
江　西	1.90	5.18	12.50	37.31	356.31
山　东	69.86	55.83	15.99	70.97	39404.84
河　南	72.12	32.72	28.42	50.57	2399.06
湖　北	26.54	19.90	30.10	24.15	895.74
湖　南	44.56	2.92	11.33	5.54	248.57
广　东	386.48	13.12	23.66	56.10	5906.40
广　西	25.30	0.66	25.28	0.29	181.80
海　南			0.11	0.35	
重　庆	5.75	1.26	8.22	4.60	3250.97
四　川	86.22	6.26	36.75	95.12	2250.29
贵　州	8.83	0.05	8.24		602.15
云　南	1.11	0.09	4.28	4.97	2.86
西　藏			0.17		
陕　西	16.71	4.20	5.44	2.88	105.86
甘　肃		0.36	1.28		
青　海		0.07	0.27		
宁　夏		1.17	0.10		165.89
新　疆	4.85	0.13	0.50	55.87	159.42

3-56 续表 7

地　区	塑料制品（万吨）	水泥熟料（万吨）	水泥（万吨）	平板玻璃（万重量箱）	生铁（万吨）
全　国	**6938.65**	**137146.40**	**241923.89**	**79285.80**	**71149.88**
北　京	37.42	633.67	867.41	31.75	
天　津	152.18	163.17	961.63	2251.42	2214.20
河　北	229.45	5930.40	12768.46	12695.43	17015.66
山　西	24.54	2805.50	5154.07	2065.29	4235.58
内蒙古	50.90	3257.41	6468.98	521.63	1361.13
辽　宁	528.93	3377.42	6270.93	3015.69	5826.77
吉　林	80.75	3076.19	3470.92	364.40	1116.22
黑龙江	40.88	1550.61	4047.02	415.96	681.01
上　海	207.71	40.39	753.45		1638.72
江　苏	537.87	5291.34	18510.29	5962.49	6688.32
浙　江	1082.41	5452.93	12495.73	3782.28	1059.79
安　徽	296.27	12296.84	12827.11	3002.82	2030.59
福　建	303.44	4838.04	7591.54	4700.93	614.37
江　西	78.92	5177.97	9095.17	674.16	2014.48
山　东	474.92	9167.96	16275.41	8279.76	6586.55
河　南	387.54	7474.88	16288.34	1129.71	2719.78
湖　北	353.48	5785.03	11020.23	8156.52	2417.61
湖　南	173.16	5959.89	11391.49	1967.03	1769.72
广　东	993.04	7039.58	12943.18	8583.49	1091.22
广　西	188.38	7473.13	10922.99	638.14	1571.16
海　南	3.27	1365.65	1988.36		
重　庆	111.96	4382.07	6143.74	1807.59	567.21
四　川	305.53	8133.65	13928.48	4021.19	2014.67
贵　州	55.78	**5550.48**	7868.39	525.46	543.24
云　南	39.39	6281.91	9234.42	1021.96	1896.25
西　藏		225.78	295.82		
陕　西	47.12	5130.49	8670.45	1891.85	882.93
甘　肃	34.81	2960.02	4439.89	600.07	895.35
青　海	3.02	1300.22	1928.67	676.90	135.15
宁　夏	13.46	1302.28	1929.46	0.39	122.97
新　疆	102.12	3721.50	5371.87	501.49	1439.23

3-56 续表 8

地 区	粗钢 (万吨)	钢材 (万吨)				
			#大型型钢 (万吨)	中小型型钢 (万吨)	钢筋 (万吨)	线材(盘条) (万吨)
全 国	**81313.89**	**108200.54**	**1282.61**	**5723.80**	**20774.38**	**15001.38**
北 京	2.31	221.80				10.85
天 津	2305.06	6966.03	48.18	313.61	356.46	160.27
河 北	18635.30	22962.73	309.12	2078.40	2465.72	2596.74
山 西	4670.21	4482.64	76.82	48.81	809.90	1820.56
内蒙古	1995.47	1747.84	22.50		238.93	396.26
辽 宁	6188.12	6913.15	9.28	706.96	732.07	768.60
吉 林	1285.25	1507.86	18.15	0.74	351.22	335.33
黑龙江	706.55	610.00	35.97	4.88	369.07	30.60
上 海	1811.08	2359.74		72.61		71.44
江 苏	9323.00	13038.96	1.37	220.49	3237.51	1479.83
浙 江	1716.88	3934.06	9.50	125.47	111.49	316.09
安 徽	2694.28	3164.44	231.88	311.82	1240.34	319.22
福 建	1705.41	2784.83		136.27	899.77	558.90
江 西	2156.63	2438.58		13.27	841.23	476.31
山 东	6380.47	8148.90	440.30	684.67	1372.96	981.47
河 南	2392.02	4250.08	17.75	43.90	766.01	1183.37
湖 北	2992.38	3346.99	0.94	120.73	612.59	213.37
湖 南	1807.74	1966.49		14.02	616.74	279.79
广 东	1673.99	3429.14	7.92	25.23	1160.94	573.86
广 西	1860.59	2916.65		457.43	746.72	608.96
海 南	23.10	25.72			20.90	
重 庆	876.43	1290.55	0.72	61.81	87.80	78.94
四 川	2205.82	2828.64	12.27	166.76	1048.71	246.38
贵 州	489.28	573.28		4.02	360.32	183.90
云 南	1892.42	2054.01	39.25	76.17	954.20	525.28
西 藏		3.16			3.16	
陕 西	985.08	1522.62	0.69	14.42	692.14	195.47
甘 肃	1022.20	1021.57		7.24	161.11	302.82
青 海	147.60	130.82			15.43	
宁 夏	136.67	149.35			140.06	9.30
新 疆	1232.55	1409.91		14.07	360.88	277.47

3-56 续表 9

地区	热轧薄宽钢带（万吨）	冷轧薄宽钢带（万吨）	中厚宽钢带（万吨）	无缝钢管（万吨）	焊接钢管（万吨）
全国	**5444.56**	**3977.09**	**12192.53**	**3192.83**	**5319.62**
北京		111.39			1.18
天津	124.06	302.02	722.69	341.36	1595.20
河北	2035.68	733.23	3503.18	95.37	1355.31
山西	202.94	132.06	348.20	18.14	141.91
内蒙古	3.98	87.21	118.33	157.25	30.67
辽宁	635.59	527.78	1555.69	101.53	130.36
吉林	330.01		143.40	43.27	52.88
黑龙江				67.18	25.83
上海	102.31	525.94	404.51	73.97	67.65
江苏	783.30	212.02	932.03	570.79	212.70
浙江	174.50	74.24	384.90	154.04	300.44
安徽	34.79	162.52	229.56	82.15	47.17
福建	94.34	14.90		1.99	109.02
江西	76.72	58.53	150.07	14.98	11.11
山东	58.25	123.55	1322.10	714.76	301.48
河南	149.08		213.09	272.90	96.87
湖北	130.26	237.74	499.54	155.96	34.63
湖南	78.14	74.42	226.87	132.35	15.42
广东	150.45	128.27	0.39	15.93	123.28
广西	60.51	252.60	423.21	6.82	28.33
海南					
重庆	19.22	15.66	245.70	17.96	45.82
四川	70.11	70.89	397.95	138.10	113.97
贵州				1.26	5.18
云南	49.31	1.85	42.98		68.61
西藏					
陕西	0.29			10.88	185.63
甘肃	10.63	106.74	169.23	2.22	18.94
青海					
宁夏					
新疆	70.09	23.53	158.91	1.67	200.03

3-56 续表 10

地 区	铁合金 (万吨)	十种有色金属 (万吨)		
			#精炼铜(铜) (万吨)	铅 (万吨)
全 国	**3709.57**	**4412.13**	**664.45**	**438.64**
北 京	0.80			
天 津	7.54	3.59	3.59	
河 北	28.19	19.85	15.92	
山 西	181.67	137.31	8.86	0.23
内蒙古	439.85	288.28	12.27	11.75
辽 宁	124.17	77.31	5.72	8.83
吉 林	36.93	0.85		
黑龙江				
上 海		8.56	8.56	
江 苏	160.42	35.03	11.53	9.72
浙 江	23.27	38.66	25.50	0.12
安 徽	7.47	128.56	120.93	6.59
福 建	33.09	38.77	21.17	0.15
江 西	1.81	161.11	130.03	15.41
山 东	147.85	626.88	82.67	
河 南	195.69	578.71	16.89	144.58
湖 北	38.70	107.91	50.16	33.76
湖 南	333.66	301.86	4.34	117.24
广 东	0.13	48.62	16.40	5.71
广 西	480.50	120.69	0.04	12.45
海 南				
重 庆	56.60	34.01		2.33
四 川	248.37	76.04		
贵 州	328.84	123.52		0.60
云 南	133.44	303.62	48.05	49.76
西 藏		0.01	0.01	
陕 西	59.19	167.54	0.08	4.74
甘 肃	134.29	323.54	77.96	3.08
青 海	223.54	238.31	0.04	3.94
宁 夏	257.73	164.04		3.47
新 疆	25.83	258.95	3.73	4.18

3-56 续表 11

地 区	锌（万吨）	原铝(电解铝)（万吨）	氧化铝（万吨）	铜材（万吨）	电站锅炉（蒸发量吨）
全 国	**537.00**	**2543.81**	**4774.96**	**1485.66**	**471623.70**
北 京				0.78	8972.00
天 津				33.31	
河 北	0.71	2.12		28.31	4240.00
山 西		104.19	784.59		11427.00
内蒙古	40.99	221.14		32.07	
辽 宁	25.34	29.23	1.53	24.00	
吉 林					
黑龙江				0.25	171800.45
上 海			0.28	30.07	61922.00
江 苏	7.62	6.03		226.75	24822.82
浙 江	4.30	8.44		243.28	11756.00
安 徽	1.03		0.16	169.44	
福 建	2.56	14.90		18.37	
江 西	9.04			252.84	4305.00
山 东		544.16	1506.94	59.70	29034.10
河 南	28.49	331.66	1216.31	55.76	9734.00
湖 北	0.71	23.11		25.49	
湖 南	116.81	33.00		39.39	
广 东	26.34			164.48	
广 西	38.96	64.77	727.99	8.63	250.00
海 南					
重 庆		31.49	112.13	13.21	
四 川	15.79	58.96	7.76	4.27	133360.33
贵 州	2.77	112.28	360.32	0.16	
云 南	97.29	93.65	56.95	17.23	
西 藏					
陕 西	79.89	44.51		1.11	
甘 肃	27.34	200.51		22.89	
青 海	9.78	223.62		13.54	
宁 夏		149.77		0.04	
新 疆	1.24	246.28		0.29	

3-56 续表 12

地　区	发动机（万千瓦）	金属切削机床（万台）	大中型拖拉机（万台）	汽车（万辆）	#基本型乘用车(轿车)（万辆）
全　国	**193670.93**	**87.55**	**66.56**	**2212.09**	**1210.43**
北　京	10869.78	1.13		199.93	90.65
天　津	3219.68	0.11	1.45	55.68	50.05
河　北	1188.05	0.13	0.03	97.4	20.09
山　西	30.55	0.05			
内蒙古				1.66	0.26
辽　宁	13497.19	11.64		107.42	57.05
吉　林	26371.47	0.21	0.14	164.72	110.09
黑龙江	2375.33	0.4	1.32	10.45	7.94
上　海	22648.33	3.89	0.43	226.89	201.03
江　苏	9877.29	13.18	9.92	107.53	63.14
浙　江	5675.52	17.66	4.53	33.97	27.45
安　徽	5557.52	8.19	0.19	100.11	45.08
福　建	216.06	0.67		20.58	11.41
江　西	24.49	0.57	0.06	36.79	8.28
山　东	23042.25	15.1	18.07	102.55	59.9
河　南	981.86	1.01	12.02	40.63	4.72
湖　北	8842.25	0.34	0.05	158.41	66.59
湖　南	74.62	0.36	1.25	32.06	25.12
广　东	18301.25	3.38		199.93	155.08
广　西	16762.71	0.37		186.91	9.85
海　南	923.80			10.85	5.44
重　庆	18095.07	0.46	9.38	183.97	104.26
四　川	3216.86	0.67		80.34	52.87
贵　州		0.17		0.03	0.02
云　南	1547.86	5.57	6.88	7.99	
西　藏					
陕　西	331.14	1.63		42.15	31.7
甘　肃		0.29		2.15	2.15
青　海		0.05			
宁　夏		0.32	0.04		
新　疆			0.80	0.99	0.21

3-56 续表 13

地 区	摩托车整车（万辆）	两轮脚踏自行车（万辆）	发电机组（发电设备）（万千瓦）	变压器（万千伏安）	家用洗衣机（万台）
全 国	**2527.10**	**7545.25**	**14197.66**	**157294.27**	**7300.53**
北 京			506.41	1047.44	
天 津		3230.31	517.48	139.80	26.03
河 北	65.06	14.88		16243.95	
山 西			22.55	567.02	
内蒙古			72.51	41.99	
辽 宁	0.16		121.52	14344.29	
吉 林			13.70	1028.74	
黑龙江			1903.42	1146.00	
上 海	89.29	437.44	3068.21	5861.68	201.97
江 苏	172.44	921.04	666.97	30474.25	1354.55
浙 江	196.57	1980.68	501.03	8289.15	1909.93
安 徽			4.77	5389.68	1723.82
福 建	30.53	4.02	103.72	686.53	
江 西			21.61	2609.99	46.38
山 东	53.82	0.05	1180.64	21370.06	651.37
河 南	228.21	2.61	93.02	1583.19	83.25
湖 北			145.70	1980.09	137.62
湖 南	19.32	2.01	135.86	9927.22	37.19
广 东	827.39	893.75	385.20	5904.64	666.16
广 西	14.34	0.37	41.27	1337.21	
海 南				907.09	
重 庆	810.94	32.27	306.49	3866.22	241.88
四 川	18.25	25.82	3888.42	1698.10	220.38
贵 州	0.78			165.60	
云 南			77.16	1713.91	
西 藏					
陕 西				11836.83	
甘 肃			8.80	381.85	
青 海					
宁 夏			22.45	792.98	
新 疆			388.75	5958.77	

3-56 续表 14

地　区	家用电冰箱（万台）	房间空气调节器（万台）	程控交换机（万线）	电话单机（万部）	传真机（万部）
全　国	**9255.74**	**13069.30**	**2698.53**	**12519.67**	**172.08**
北　京	83.74		755.07	18.60	
天　津	49.26	218.19		135.38	3.70
河　北		633.26	7.75		
山　西					
内蒙古					
辽　宁	73.82	110.70	58.38	2.33	
吉　林					
黑龙江					
上　海	151.08	410.47	127.08	216.60	
江　苏	1201.21	270.93	2.48	128.47	
浙　江	915.13	569.84	113.16		
安　徽	2980.93	2711.77	3.33		
福　建			6.35	615.50	
江　西	101.51	319.87			
山　东	525.18	637.21	30.89	320.98	
河　南	519.52	1.31		0.69	
湖　北	226.07	1189.35	56.10		
湖　南	20.04		1.68		
广　东	1843.31	4871.70	1532.02	10905.72	168.38
广　西					
海　南					
重　庆	319.95	984.99		0.71	
四　川	89.66	139.71		174.69	
贵　州	155.33				
云　南			2.10		
西　藏					
陕　西			2.14		
甘　肃					
青　海					
宁　夏					
新　疆					

3-56 续表 15

地 区	移动通信手持机(手机)(万台)	微型计算机设备(万台)	#笔记本计算机(万台)	显示器(万台)	集成电路(亿块)
全 国	**152343.90**	**35348.41**	**24041.53**	**13631.16**	**903.46**
北 京	18713.90	1106.95	198.49	305.29	38.02
天 津	10580.98	1072.18		420.40	13.68
河 北					3.25
山 西	2387.60				
内蒙古					
辽 宁	2815.00	0.22			0.06
吉 林					
黑龙江		3.47			2.78
上 海	4503.83	7921.21	6007.97	102.17	166.46
江 苏	3080.67	8994.19	8295.01	4701.68	295.16
浙 江	5436.77	164.22	161.98	3.38	49.30
安 徽	8.72	671.80	671.78	0.53	0.31
福 建	3851.07	1284.76	854.73	2846.40	0.47
江 西	5513.44				
山 东	5096.74	22.31		109.24	4.67
河 南	9720.69				0.03
湖 北	714.76	97.91		1372.37	
湖 南	87.53	34.70	10.20	2.76	0.06
广 东	75317.36	2179.52	1010.15	1871.25	185.35
广 西		0.61		900.88	
海 南					
重 庆	3695.78	5593.34	5470.91	994.81	
四 川	814.40	6201.02	1360.31		40.67
贵 州	4.66				0.06
云 南					
西 藏					
陕 西					11.54
甘 肃					91.59
青 海					
宁 夏					
新 疆					

3-56 续表 16

地 区	彩色电视机（万台）	组合音响（万台）	照相机（万台）	复印和胶版印制设备（万台）
全 国	**12745.21**	**12527.94**	**4690.89**	**698.20**
北 京	100.04		17.88	
天 津	277.10	0.74	627.09	
河 北				
山 西				
内蒙古	180.94			
辽 宁	385.15	24.73		0.23
吉 林				
黑龙江				
上 海	99.38			37.29
江 苏	884.42	457.21	1563.28	172.89
浙 江	619.42	555.36	26.62	19.70
安 徽	320.95	154.76		
福 建	893.17		157.54	2.19
江 西	18.21		379.06	
山 东	1469.69	0.02		0.30
河 南	46.39	309.72		
湖 北	20.60			
湖 南	11.03			
广 东	6423.44	11025.40	1919.42	465.60
广 西	77.21			
海 南				
重 庆	0.89			
四 川	795.21			
贵 州	121.97			
云 南				
西 藏				
陕 西				
甘 肃				
青 海				
宁 夏				
新 疆				

四、附　录

主要指标解释

工业销售产值(当年价格)：指以货币形式表现的，工业企业在报告期内销售的本企业生产的工业产品或提供工业性劳务价值的总价值量。工业销售产值包括的内容为:

（1）销售成品价值: 指企业在报告期内实际销售（包括本期生产和非本期生产）的全部成品、半成品的总价值，即按报告期产品的实际销售数量乘以不含增值税（销项税额）的产品实际销售平均单价计算。销售成品价值中包括企业生产的自制设备及提供给本企业在建工程、其他非工业部门和生活福利部门等单位使用的成品价值，但不包括用订货者来料加工，并且只收取加工费的成品（半成品）价值。

（2）对外加工费收入: 指企业在报告期内完成的对外承接的工业品加工（包括用定货者来料加工的产品）的加工费收入；对外工业品修理作业可收取的加工费收入和对内非工业部门提供的加工修理、设备安装等收入。对外加工费收入按不含增值税（销项税额）的价格计算。

对于以对外加工生产为主，对外加工费收入所占比重较大的企业，如果对外加工费收入出现跨报告期支付的情况，为保证总产值生产口径计算的准确性，则应将对外加工费收入按实际情况调整，记录本报告期应实际收取的对外加工费收入。

区分来料加工与自备原材料生产的依据同工业总产值中的规定。

资产总计: 指企业过去的交易或者事项形成的、由企业拥有或者控制的、预期会给企业带来经济利益的资源。资产一般按流动性（资产的变现或耗用时间长短）分为流动资产和非流动资产。其中流动资产可分为货币资金、交易性金融资产、应收票据、应收账款、预付款项、其他应收款、存货等；非流动资产可分为长期股权投资、固定资产、无形资产及其他非流动资产等。根据会计“资产负债表”中“资产总计”项目的期末余额数填报。

执行 2006 年《企业会计准则》的企业: 资产总计=流动资产合计+非流动资产合计；未执行 2006 年《企业会计准则》企业的资产包括流动资产、长期投资、固定资产、无形资产和其他资产等。

固定资产合计: 指企业为生产商品、提供劳务、出租或经营管理而持有的，使用寿命超过一个会计年度的有形资产。包括使用期限超过一年的房屋、建筑物、机器、机械、运输工具以及其他与生产、经营有关的设备、器具、工具等。固定资产合计是时点指标，表示固定资产经过扣减折旧、减值准备等后的期末余额。执行 2006 年《企业会计准则》的企业，根据会计“资产负债表”中“固定资产”项目的期末余额数填报。

固定资产原价: 指固定资产的成本，包括企业在购置、自行建造、安装、改建、扩建、技术改造某项固定资产时所发生的全部支出总额。根据会计“固定资产”科目的期末借方余额填报。

累计折旧: 指企业在报告期末提取的历年固定资产折旧累计数。根据会计“累计折旧”科目的期末贷方余额填报。

流动资产合计: 资产满足以下条件之一应归为流动资产: （1）预计在一个正常营业周期中变现、出售或耗用，主要包括存货、应收账款等；（2）主要为交易目的而持有；（3）预计在资产负债表日起一年内（含一年）变现；（4）自资产负债日起一年内，交换其他资产或清偿负债的能力不受限制的现金或现金等价物。包括货币资金、应收票据、应收账款、存货等项目。根据会计“资产负债表”中“流动资产合计”项目的期末余额数填报。

应收账款: 指企业因销售商品、提供劳务等经营活动，应向购货单位或接受劳务单位收取的款项，主要包括企业销售商品或提供劳务等应向有关债务人收取的价款及代购货单位垫付的包装费、运杂费等。根据会计“资产负债表”中“应收账款”项目的期末余额数填报。

存货: 指企业在日常活动中持有以备出售的产成品或商品、处在生产过程中的在产品、在生产过程或提供劳务过程中耗用的材料或物料等，通常包括原材料、在产品、半成品、产成品、商品以及周转材料等。根据会计“资产负债表”中“存货”项目的期末余额数填报。其中：“年初存货”根据会计“资产负债表”中“存货”项目的年初余额数填报。注意：“存货”具有实物形态，不属于无形资产，由于企业持有存货的最终目的是为了出售，所以房地产开发企业（单位）购置的土地、尚未销售的商品房等均计入“存货”。

产成品：指工业企业已经完成全部生产过程并验收入库，可以按照合同规定的条件送交订货单位，或者可以作为商品对外销售的产品。根据会计“产成品”科目的借方余额填报。

负债合计：指企业过去的交易或者事项形成的，预期会导致经济利益流出企业的现时义务。负债一般按偿还期长短分为流动负债和非流动负债。根据会计“资产负债表”中“负债合计”项目的期末余额数填报。

执行 2006 年《企业会计准则》的企业：负债合计=流动负债合计+非流动负债合计；未执行 2006 年《企业会计准则》企业的负债包括流动负债和长期负债。

流动负债合计：负债满足下列条件之一的应归为流动负债：（1）预计在一个正常营业周期中清偿；（2）主要为交易目的而持有；（3）自资产负债表日起一年内到期应予清偿；（4）企业无权自主地将清偿推迟至资产负债表日后一年以上。包括短期借款、应付票据、应付账款、应付职工薪酬、应交税费等项目。根据会计“资产负债表”中“流动负债合计”项目的期末余额数填报。

应付账款：指企业因购买材料、商品和接受劳务供应等经营活动应支付的款项。根据会计“资产负债表”中“应付账款”项目的期末余额数填报。

所有者权益合计：指企业资产扣除负债后由所有者享有的剩余权益。公司的所有者权益又称股东权益。包括实收资本、资本公积、盈余公积、未分配利润等。根据会计“资产负债表”中“所有者权益合计”项目的期末余额数填报。

实收资本：指企业各投资者实际投入的资本（或股本）总额，包括货币、实物、无形资产等各种形式的投入。实收资本按投资主体可分为国家资本、集体资本、法人资本、个人资本、港澳台资本和外商资本。根据会计“资产负债表”中“所有者权益”项下“实收资本”的期末余额数填报。

国家资本：指有权代表国家投资的政府部门或机构、直属事业单位对企业形成的资本金。根据会计“实收资本”科目计算填报。

集体资本：指由本企业职工等自然人集体投资或各种机构对企业进行扶持形成的集体性质的资本金。根据会计“实收资本”科目计算填报。

法人资本：指法人以其依法可支配的资产投入企业形成的资本金。根据会计“实收资本”科目计算填报。

个人资本：指自然人实际投入企业的资本金。根据会计“实收资本”科目计算填报。

港澳台资本：指我国香港、澳门和台湾地区投资者实际投入企业的资本金。根据会计“实收资本”科目计算填报。

外商资本：指外国投资者实际投入企业的资本金。根据会计“实收资本”科目计算填报。

主营业务收入：指企业确认的销售商品、提供劳务等主营业务的收入。根据会计“主营业务收入”科目的期末贷方余额（结转前）填报。执行 2006 年《企业会计准则》的企业，如未设置该科目，以“营业收入”代替填报。

主营业务成本：指企业经营主要业务所发生的成本总额。根据会计“主营业务成本”科目的期末借方余额（结转前）填报。执行 2006 年《企业会计准则》的企业，如未设置该科目，以“营业成本”代替填报。

主营业务税金及附加：指企业因从事生产经营活动按税法规定缴纳的应从经营收入中抵扣的税金和附加，包括营业税、消费税、城市维护建设税、教育费附加等。根据会计“利润表”中“营业税金及附加”项目的本期金额数填报。

销售费用：指企业在销售商品和材料、提供劳务的过程中发生的各种费用，包括保险费、包装费、展览费和广告费、商品维修费、预计产品质量保证损失、运输费、装卸费等以及为销售本企业商品而专设的销售机构（含销售网点、售后服务网点等）的职工薪酬、业务费、折旧费等经营费用。建筑业企业销售费用指企业从事施工生产活动过程中发生的各项费用，包括应由企业负担的运输费、装卸费、包装费、保险费、维修费、展览费、差旅费、广告费和其他经费。房地产企业销售费用指企业在从事主要经营业务过程中所发生的各项销售费用，包括转让、销售、结算和出租开发产品等。根据会计"利润表"中"销售费用"项目的本期金额数填报。未执行 2006 年《企业会计准则》的企业，根据会计"利润表"中"营业费用（或经营费用）"项目的本期金额数填报。

管理费用： 指企业为组织和管理企业生产经营所发生的费用，包括企业在筹建期间内发生的开办费、董事会和行政管理部门在企业经营管理中发生的，或者应当由企业统一负担的公司经费等。根据会计"利润表"中"管理费用"项目的本期金额数填报。

税金： 指企业按照规定从管理费用中支付的房产税、印花税、车船使用税和土地使用税。根据"管理费用明细账"中"管理费用——税金"的期末借方余额（结转前）分析填报。

财务费用： 指企业为筹集生产经营所需资金等而发生的筹资费用，包括企业生产经营期间发生的利息支出（减利息收入）、汇兑损失（减汇兑收益）以及相关的手续费等。根据会计"利润表"中"财务费用"项目的本期金额数填报。

利息收入： 指非金融企业存款业务所确认的利息金额。根据企业"财务费用明细账"中"财务费用——利息收入"科目的本期发生额填报。如果企业没有设置该科目，此处可填"0"。

利息支出： 指企业短期借款利息、长期借款利息、应付票据利息、票据贴现利息、应付债券利息、长期应付引进国外设备款利息等利息支出。根据企业"财务费用明细账"中"财务费用——利息支出"科目的本期发生额填报。如果企业没有单独设立"利息收入"科目，应填报利息支出减去银行存款等的利息收入后的净额。

投资收益(损失以"−"号记)： 指企业确认的投资收益或投资损失，反映企业以各种方式对外投资所取得的收益。根据会计"利润表"中"投资收益"项目的本期金额数填报。如为投资损失以"-"号记。

营业利润： 指企业从事生产经营活动所取得的利润。执行 2006 年《企业会计准则》的企业，营业利润为营业收入减去营业成本、营业税金及附加、销售费用、管理费用、财务费用、资产减值损失，再加上公允价值变动收益和投资收益。未执行 2006 年《企业会计准则》的企业，营业利润为主营业务收入减去主营业务成本、主营业务税金及附加，加上其他业务利润后，再减去销售费用、管理费用、财务费用后的金额。根据会计"利润表"中"营业利润"项目的本期金额数填报。

利润总额： 指企业在一定会计期间的经营成果，是生产经营过程中各种收入扣除各种耗费后的盈余，反映企业在报告期内实现的盈亏总额。根据会计"利润表"中"利润总额"项目的本期金额数填报。执行 2006 年《企业会计准则》的企业，利润总额为营业利润加上营业外收入，减去营业外支出后的金额；未执行 2006 年《企业会计准则》的企业，利润总额为营业利润加上投资收益、补贴收入、营业外收入，再减去营业外支出后的金额。

应交增值税： 指企业按税法规定，从事货物销售或提供加工、修理修配劳务等增加货物价值的活动本期应交纳的税金，不含期初未抵扣税额。根据会计相关科目贷方累计发生额，按下述公式计算填报：

应交增值税=销项税额－（进项税额－进项税额转出）－出口抵减内销产品应纳税额

－减免税款+出口退税。

应交所得税： 指企业按税法规定，应从生产经营等活动的所得中缴纳的税金。执行 2006 年《企业会计准则》的企业，根据会计"利润表"中"所得税费用"项目的本期金额数填报；未执行 2006 年《企业会计准则》的企业，根据会计"利润表"中 "所得税"项目的本期金额数填报。